法总合同管理全书

FAZONG
HETONG GUANLI
QUANSHU

夏志宏 / 著

法律出版社 | LAW PRESS
北京

图书在版编目(CIP)数据

法总合同管理全书 / 夏志宏著. -- 北京：法律出版社，2024
ISBN 978 - 7 - 5197 - 9049 - 3

Ⅰ.①法… Ⅱ.①夏… Ⅲ.①合同法－中国 Ⅳ.①D923.6

中国国家版本馆CIP数据核字(2024)第097275号

| 法总合同管理全书
FAZONG HETONG GUANLI QUANSHU | 夏志宏 著 | 策划编辑 冯雨春
责任编辑 张　颖
装帧设计 汪奇峰　鲍龙卉 |

出版发行　法律出版社　　　　　　　　　开本　710毫米×1000毫米　1/16
编辑统筹　法律应用出版分社　　　　　　印张　46.5　　　字数　845千
责任校对　王　丰　郭艳萍　　　　　　　版本　2024年7月第1版
责任印制　刘晓伟　　　　　　　　　　　印次　2024年7月第1次印刷
经　　销　新华书店　　　　　　　　　　印刷　三河市龙大印装有限公司

地址:北京市丰台区莲花池西里7号(100073)
网址:www.lawpress.com.cn　　　　　　　销售电话:010 - 83938349
投稿邮箱:info@ lawpress.com.cn　　　　 客服电话:010 - 83938350
举报盗版邮箱:jbwq@ lawpress.com.cn　　 咨询电话:010 - 63939796
版权所有·侵权必究

书号:ISBN 978 - 7 - 5197 - 9049 - 3　　　　定价:186.00元
凡购买本社图书,如有印装错误,我社负责退换。电话:010 - 83938349

前　言 Foreword

　　企业投资经营、政府采购以及人们生活消费等活动多通过合同方式得以实现，合同在市场和经济领域以及社会生活中发挥着越来越重要的作用。本书总结近三十年实践经验与研究成果，揭示合同和合同管理的本质认知：合同的价值体现在"一个目标三项功能"，而合同管理则体现应有的保障、监督和救济功能。

　　目前，关于合同著述多用法律视角来看待合同或合同管理。本书认为，法律规范是合同和合同管理活动应当遵循的基本准则，而合同交易业务、商务条件以及合同履行和履约成果才是合同实体性内容。因此，需要从法律、业务、商务以及管理等多视角去认识和践行合同与合同管理，这对合同实务将具有更系统、更贴切的指导意义和价值。为此，本书用多维度多视角并以多类型合同实务为基础，纵向全流程、横向全方位论述合同和合同管理。

　　多维度多视角。本书从法律、商务、业务、审计、管理、裁判等多个维度和视角论述合同和合同管理。在述及具体合同或主要管理内容时，把相关法律规定、商务、业务等内容糅合到一起，可以帮助在合同和合同管理实践中精通法律但不熟悉商务业务或从事商务业务但不熟悉相应法律的专业人士同时了解和掌握相关法律、业务和商务等内容。例如，关于合同缔结过程，大多数著作基于法律规定着墨于"邀约"和"承诺"，本书则侧重于招投标、询价、竞争性谈判等合同主要缔结方式，这样安排对法律专业人士和商务专业人士更有实践指导意义；又如，第二十章合同谈判，既论述如何实现谈判目标，也论述谈判注意事项，还强调谈判过程和结果要经受未来包括审计在内各种监督考验。另外，本书在涉及法律性结论意见或观点时，把所依据法律规定相应引注出来，既避免读者对书中意见产生疑虑，也帮助读者掌握具体法律规定，为此，本书多次述及或援引法律和行政法规56件、司法解释和司法文件38件、国务院部门规章、规范和准则等35件，读者可借此触类旁通。

　　全流程全方位。本书从合同启动策划开始到合同形成方式、谈判、签约、履约、交付、变更、收尾、关闭、后评价等全流程，逐项叙述合同和合同管理活动每个环节的主要内容，读者可对合同和合同管理全周期以及每个主要环节有更清晰、更系统的掌握。同时，本书也把流程中各主要环节重点内容进行横向展开，以便读者对同类问题系统掌握并触类旁通。例如，第七章把各类合同主要通用事项汇总到一起，便于读者系统掌握法律对合同活动的相关要求；在具体知识点上，力求将相关要点横向全面述及，如在合同签订方式方面，将签字、摁指印、盖章、电子签名、真假印章之争等系统汇集到一起，通过此点便可掌握合同签订各种方式的具体要求；再如，第三十三章诉讼与仲裁，除述及通常内容外，更从当事人双方以及裁判等三个角度分别论述法律纠纷案件应对和管理，更具实践指导价值。

  立足现实紧贴实务。本书力求理论与实践相结合，突出合同和合同管理实务，并列举大量事例和案例。第二部分合同缔结阶段，用20章篇幅论述从合同启动策划到合同形成方式、合同谈判直至签约管理，并将买卖、工程、担保、技术、融资租赁、投资并购等10大类主要合同纳入合同缔结阶段，重点从合同业务、商务、法律等多角度分别论述每类合同实践，力求读者看完每章后能够系统了解和掌握该类合同。例如，买卖合同是最常见最普遍一类合同，第八章在论述买卖合同通用内容和通用事项基础上，还分别以设备类、工矿与工业原料类、生活类物品为代表突出各类买卖合同重点内容，对买卖合同实务具有针对性参考借鉴价值；同时，还分别介绍特种买卖合同、非典型买卖合同；此外，还针对货物进出口合同的一些特殊情形做进一步介绍；为此，读者将对买卖合同有更系统、更全面的掌握。又如，《民法典》合同编仅有保证合同，但合同实务中仅掌握保证合同是远远不够的，为此，第十章专述担保合同，包括抵押、质押、保证、定金、留置等担保，每类担保合同逐项展开；另外，还将非典型担保以及具有担保性质的信用证和可转为担保性质的安慰函等进行分别论述，通过该章可系统掌握各类担保合同及其应用。此外，本书还有针对性地选择近年一些热点合同，特别将物业服务合同、二手房和二手车买卖合同纳入本书中，希望有关合同当事人基于诚实信用基本原则为社会和谐和人民生命财产安全肩负起应有责任。第三部分合同履约阶段，从履约前期、再定义、履约过程、履约交付、变更以及纠纷等管理，用8章分别论述合同履行阶段管理。例如，第二十六章履约交付管理，既从清查验收、交接手续、交付物照管、瑕疵处理等8个方面分述履约交付管理重点内容，还分别指出货物、工程、服务、权利等不同类别交付物管理应当特别关注的事项。第四部分合同收尾阶段，用5

章分别对合同文档、合同审计、合同关闭、合同后评价以及诉讼仲裁进行分述。最后,还用2个章节分述合同管理体系与工具,以及合同管理不当带来的风险与应对。

通过这种纵向全流程和横向全方位安排,更有实务操作和理论研究的指导价值和意义。

创新理念提升实务。本书总结多年实践与理论研究,形成并创建诸如合同利益共同体、合同再定义、合同表面欺骗性、"认识"裁判、证据表面欺骗性等理念,并在实务中得到很好检验。例如,第二十八章合同纠纷管理,除述及多数著作已着墨的为"打官司"铺垫的准备外,更多从预防纠纷、化解纠纷和解决纠纷从而促进履约的角度进行论述。通过这些理念,对进一步理解合同和合同管理以及提升合同和合同管理实务具有相应指导意义。

本书可供广大企事业单位从事法务、商务和合同管理人士参考借鉴,也可作为民商事律师参考书;本书还可作为合同法学和合同管理教学研究参考读本,对即将走上社会的法律院系毕业生从理论到实践的过渡具有很好的引导价值。

本书出版得到了法律出版社的鼎力支持,责任编辑张颖老师为本书出版付出了诸多心血;本书写作过程中也参考了一些优秀著作和文章,在此一并致谢!

由于作者水平和视野局限,一些理念、观点以及实践方法和所列举案例、事例难免有不妥之处,敬请读者、同仁批评指正。

目录 Contents

第一部分　导　论　001

第一章　合同与合同管理价值揭示　003

一、合同的价值功能　003

（一）合同的目标　004

（二）合同的三项功能　004

二、合同管理价值与功能　011

（一）合同管理的保障功能　011

（二）合同管理的监督功能　015

（三）合同管理的救济功能　016

第二部分　合同缔结阶段　019

第二章　合同启动与策划　021

一、合同交易目的和目标　021

二、合同交易业务　022

三、合同交易关系　023

四、合同相对方资格条件　024

五、合同风险与应对　026

六、合同商务结构与条件　027

七、设计合同文件　027

八、合同采购方式　028

九、合同谈判预设　029

十、合同实施预设　030

十一、内部程序与审批　　030

第三章　合同形成之招投标　　033
一、招标概述　　033
二、法定招标范围　　034
　（一）招投标法招标范围　　035
　（二）政府采购法定招标范围　　039
　（三）机电产品国际采购公开招标范围　　042
　（四）招标方式转非招标方式　　044
三、招标条件　　045
　（一）招投标法关于招标条件　　045
　（二）政府采购招标条件　　047
　（三）机电产品国际招标条件　　048
四、投标　　048
　（一）投标基本方面　　048
　（二）投标保证金　　050
　（三）非法定招标必须遵守规则　　052
五、公开招标若干特别规定　　053
　（一）不合理限制与排斥　　053
　（二）利害关系人和关联人投标限制　　057
　（三）投标人串标　　059
　（四）招标人与投标人串标　　061
　（五）弄虚作假　　063
　（六）评标办法与公布　　064
　（七）标后澄清　　066
　（八）中标前禁止实质性谈判　　067
　（九）中标后实质性谈判与限制　　068
　（十）履约保证金　　070
六、建设工程"阴阳合同"　　071
　（一）"阴阳合同"法律效力　　071
　（二）"阴阳合同"法律处理　　072

第四章　合同形成之竞争性谈判与询价　　074
一、竞争性谈判　　074
　　（一）竞争性谈判概述　　074
　　（二）竞争性谈判　　075
二、询价　　089
　　（一）询价概述　　089
　　（二）询价采购　　090
三、询价与竞争性谈判异同　　091
　　（一）询价与竞争性谈判共同点　　092
　　（二）询价与竞争性谈判不同点　　093

第五章　合同文件　　095
一、合同文件概述　　095
　　（一）合同文件功能　　095
　　（二）合同文件构成　　096
二、合同文件形成　　099
　　（一）主动起草合同文件　　099
　　（二）起草合同文件把握事项　　100
　　（三）合同再定义　　103
三、合同示范文本　　103
　　（一）合同范本设计基础与合同应用基础　　104
　　（二）合同主条款与合同附件联动　　105
　　（三）适应法律环境与市场环境　　105
四、格式条款　　106
　　（一）格式条款提示和说明义务　　106
　　（二）无效格式条款　　107
　　（三）格式之争　　108

第六章　合同主体　　109
一、合同主体一般要求　　109
　　（一）合同主体之自然人　　109
　　（二）合同主体之法人　　111

（三）合同主体之非法人组织　　114
　　（四）合同主体之法人分支机构　　115
　　（五）清算期的法人　　116
二、合同主体的特殊要求　　117
　　（一）专业资质　　117
　　（二）经营许可　　118
三、招投标合同主体特殊情形　　119
　　（一）联合体　　119
　　（二）代理商投标后的合同主体　　122
　　（三）中标人关联方可否作为合同主体　　123
　　（四）签约前主体条件发生变化　　124
　　（五）单位挂靠　　126
四、合同执行中的主体变化　　127
　　（一）主体名称变更　　128
　　（二）主体合并　　129
　　（三）主体分立　　131

第七章　合同主要通用事项　　132

一、合同形式　　132
　　（一）书面形式　　132
　　（二）口头形式　　133
　　（三）其他形式　　133
二、书面合同签订方式　　134
　　（一）签名　　134
　　（二）按指印　　135
　　（三）盖章　　135
　　（四）签名加盖章　　136
　　（五）电子签名　　136
　　（六）真假印章之争　　138
三、合同签订时间　　139
　　（一）约定时间与实际时间不一致　　140

（二）当事人签字时间不一致　　140
　　（三）倒签合同与反倒签合同　　141
　　（四）特殊方式合同成立时间　　142
四、合同签订地点　　143
五、合同效力与生效方式　　145
　　（一）合同效力概述　　145
　　（二）合同成立生效　　146
　　（三）合同生效特别情形　　146
　　（四）合同效力特殊情形　　149
　　（五）合同法定无效情形　　152
　　（六）合同法定可撤销情形　　155
　　（七）合同未生效与合同无效区别　　158
六、明显不合理价格　　158
七、合同严守原则　　160
　　（一）概述　　160
　　（二）合同严守原则内涵　　161
　　（三）合同严守原则例外　　162
八、情事变更制度　　167
　　（一）情事变更　　167
　　（二）情事变更效果　　169
　　（三）情事变更应用　　170
九、违约与违约责任　　173
　　（一）违约与预期违约　　173
　　（二）履行僵局　　174
　　（三）违约责任　　175
　　（四）预约合同违约与违约责任　　180
十、涉外合同法律适用　　181
　　（一）法定适用中国法律　　182
　　（二）当事人选择适用法律　　182
　　（三）推定适用法律　　184

（四）涉外合同实践注意事项　　185

　十一、诉讼时效　　191
　　（一）诉讼时效制度　　192
　　（二）诉讼时效期间　　193
　　（三）诉讼时效法律效果与法定制度　　198

　十二、电子商务　　199
　　（一）电子商务概述　　199
　　（二）电子商务经营者　　200
　　（三）电子商务合同　　202

第八章　买卖合同　　204

　一、买卖合同综述　　204
　　（一）买卖合同概述　　204
　　（二）买卖合同的主要内容　　205

　二、买卖合同的通用事项　　208
　　（一）合同形式　　208
　　（二）买卖合同效力　　208
　　（三）交付与所有权转移　　212
　　（四）标的物损毁灭失风险承担　　214
　　（五）货物质量与验收　　218
　　（六）货物质量瑕疵与价款　　221
　　（七）买卖合同标的物被设置担保物权　　222
　　（八）货物运输　　224
　　（九）质量保证与质量保证期　　226

　三、主要类型买卖合同实践　　229
　　（一）设备类买卖合同　　229
　　（二）工矿与工业原料类买卖合同　　236
　　（三）生活类物品买卖合同　　239

　四、特种买卖合同　　244
　　（一）分期付款买卖合同　　245
　　（二）凭样品买卖合同　　246

（三）试用买卖合同　　　　　　　　　　　247
　　五、非典型买卖合同　　　　　　　　　　　　248
　　　（一）易货合同　　　　　　　　　　　　　249
　　　（二）权利转让合同　　　　　　　　　　　250
　　六、货物进出口合同特别事项　　　　　　　　253
　　　（一）进出口货物分类　　　　　　　　　　253
　　　（二）原产地　　　　　　　　　　　　　　256
　　　（三）进出口合同支付　　　　　　　　　　261

第九章　借款合同　　　　　　　　　　　　　　　263
　　一、概述　　　　　　　　　　　　　　　　　263
　　　（一）书面形式要求　　　　　　　　　　　263
　　　（二）利息约定明确　　　　　　　　　　　263
　　　（三）不得预扣利息　　　　　　　　　　　264
　　　（四）禁止高利贷　　　　　　　　　　　　264
　　二、金融机构借款合同　　　　　　　　　　　265
　　三、委托借贷合同　　　　　　　　　　　　　265
　　　（一）商业银行委托借贷合同　　　　　　　265
　　　（二）财务公司委托借贷合同　　　　　　　269
　　四、民间借贷合同　　　　　　　　　　　　　270
　　　（一）民间借贷概述　　　　　　　　　　　270
　　　（二）民间借款合同的"民间性"　　　　　270
　　　（三）民间借款合同的效力　　　　　　　　271
　　　（四）民间借款合同利息的特别规定　　　　274
　　　（五）民间借款合同法定无效的情形　　　　275
　　　（六）职业放贷合同无效　　　　　　　　　277
　　　（七）非法集资合同无效　　　　　　　　　277
　　五、单位内部集资借款合同　　　　　　　　　278

第十章　担保合同　　　　　　　　　　　　　　　281
　　一、担保合同　　　　　　　　　　　　　　　281
　　　（一）担保合同概述　　　　　　　　　　　281

(二)担保合同的共同事项　282
二、抵押担保　293
　(一)抵押担保概述　293
　(二)抵押合同　294
　(三)抵押合同的关注事项　296
三、质押担保　298
　(一)质押概述　298
　(二)质押合同　300
四、保证担保　300
　(一)保证合同关系　300
　(二)保证合同的主体限制　301
　(三)保证责任的范围与承担方式　302
　(四)保证期间　304
　(五)债务加入与保证的区别　305
五、最高额保证合同　306
　(一)最高额保证概述　306
　(二)最高额保证的保证期间　307
六、银行保函　309
　(一)银行保函的概念　309
　(二)独立保函　310
七、信用证(L/C)　312
八、定金担保　313
　(一)定金担保的关注事项　313
　(二)定金与订金　315
九、留置担保　315
十、非典型担保　315
　(一)所有权保留买卖　316
　(二)融资租赁　316
　(三)保理担保　317
　(四)让与担保　318

十一、安慰函 319
 （一）安慰函综述 319
 （二）安慰函构成担保新趋势 320

第十一章　建设工程承包合同 322

一、建设工程承包合同概述 322
二、建设工程承包合同的法律特别规定 324
 （一）专业资质要求 324
 （二）书面形式要求 325
三、建设工程总承包（EPC）合同 326
 （一）工程总承包合同的文件体系 326
 （二）工程总承包合同的关键事项 330
四、建设工程施工合同 363
 （一）建设工程施工合同概述 363
 （二）建设工程施工合同无效的特别规定 364
 （三）建设工程的优先受偿权 370
五、国际工程承包合同 372
 （一）我国对外承包工程概述 372
 （二）国际工程合同的注意事项 372
 （三）国际工程合同问题处置原则 377
 （四）国际工程合同"魔鬼"条款的思考 379

第十二章　建设工程勘察设计合同 384

一、建设工程勘察合同 384
 （一）勘察合同的主要内容 385
 （二）勘察合同的关注事项 385
二、建设工程设计合同 387
 （一）工程设计概述 387
 （二）设计合同的主要内容 388
 （三）设计合同的关注事项 389

第十三章　技术合同 394

一、技术合同总述 395

  （一）技术合同　　　　　　　　　　　　　　　395
  （二）技术合同的主要内容　　　　　　　　　　395
  （三）技术合同的特殊规定　　　　　　　　　　396
 二、技术开发合同　　　　　　　　　　　　　　　　403
  （一）技术开发合同概述　　　　　　　　　　　403
  （二）技术开发成果归属　　　　　　　　　　　405
  （三）技术开发合同实务　　　　　　　　　　　407
 三、技术转让与许可合同　　　　　　　　　　　　　412
  （一）技术转让与许可合同概述　　　　　　　　412
  （二）五类技术转让合同　　　　　　　　　　　413
  （三）技术许可合同实务　　　　　　　　　　　422
 四、技术咨询与技术服务合同　　　　　　　　　　　432
  （一）技术咨询与技术服务分类　　　　　　　　432
  （二）法律的特别规定　　　　　　　　　　　　435
  （三）技术咨询与技术服务合同实务　　　　　　437
 五、技术进出口合同　　　　　　　　　　　　　　　438
  （一）技术进出口的特别规定　　　　　　　　　438
  （二）技术进出口所得税与税收饶让　　　　　　440
  （三）出口技术保护　　　　　　　　　　　　　442
  （四）对第三国或地区的限制　　　　　　　　　442

第十四章　融资租赁合同　　　　　　　　　　　　444
 一、融资租赁概述　　　　　　　　　　　　　　　　444
 二、融资租赁合同　　　　　　　　　　　　　　　　445
  （一）书面形式要求　　　　　　　　　　　　　445
  （二）合同主体的特别要求　　　　　　　　　　445
  （三）融资租赁物的特殊规定　　　　　　　　　448
  （四）融资租赁合同的分类　　　　　　　　　　449
  （五）融资租赁合同的主要内容　　　　　　　　449
 三、融资租赁合同的关注事项　　　　　　　　　　　454
  （一）合同效力　　　　　　　　　　　　　　　454

（二）登记公示　　454

第十五章　合伙合同　　455

　一、合伙合同　　455
　　（一）合伙合同关系的认定　　455
　　（二）约定保底条款的合伙合同　　456
　　（三）合伙合同的主要内容　　456
　二、合伙企业　　458
　　（一）合伙企业概述　　458
　　（二）合伙企业协议　　461

第十六章　物业服务合同　　467

　一、物业服务概述　　467
　二、物业服务合同要件　　468
　　（一）合同形式　　468
　　（二）合同主体　　468
　　（三）物业服务合同的主要内容　　469
　　（四）物业服务合同的特别规定　　471
　三、物业服务合同执行中的突出问题　　473
　　（一）常见突出问题　　473
　　（二）物业服务改进建议　　475

第十七章　投资并购合同　　476

　一、并购概述　　476
　二、并购业务的主要流程　　478
　　（一）并购的主要流程——收购方　　478
　　（二）并购的主要流程——转让方　　479
　三、企业国有资产并购交易的特别规定　　481
　　（一）国有资产　　481
　　（二）进场交易　　482
　　（三）信息披露　　484
　　（四）底价与价格　　485
　四、投资并购实务主要事项　　488

（一）可行性研究 488
  （二）决策审批 491
  （三）尽职调查 491
  （四）重要事项冻结与替代安排 497
  （五）对价与支付 500
  （六）交割 503
 五、并购合同 505
 六、重组 509
  （一）法人组织重组 510
  （二）经营业务重组 511
  （三）人员重组 511
  （四）资产重组 511
  （五）企业文化融合 512
 七、夹层公司股权并购 512
  （一）夹层公司股权并购概述 512
  （二）夹层并购的注意事项 514

第十八章　二手房二手车买卖合同 517
 一、二手房买卖合同 517
  （一）二手房买卖合同概述 517
  （二）二手房买卖合同内容 518
  （三）二手房买卖合同注意事项 519
 二、二手车买卖合同 524
  （一）二手车买卖合同概述 524
  （二）二手车买卖合同内容 525
  （三）二手车买卖合同注意事项 526

第十九章　长期协议与框架协议 531
 一、长期协议 531
  （一）长期协议概述 531
  （二）长期协议的优点 532
  （三）长期协议的注意事项 533

二、框架协议 ... 534
（一）框架协议的合同关系 ... 534
（二）框架协议的优点 ... 536
（三）框架协议实务注意事项 ... 536

第二十章 合同谈判 ... 540
一、合同谈判概述 ... 540
（一）一个目标 ... 541
（二）两个关键 ... 542
二、谈判准备 ... 543
（一）谈判组 ... 543
（二）明确目的与目标 ... 545
（三）摸底与调查研究 ... 546
（四）制订谈判策略 ... 547
（五）谈判文件 ... 547
三、合同谈判的注意事项 ... 548
（一）合理利益 ... 548
（二）相互尊重 ... 550
（三）内部注意事项 ... 551
（四）外部注意事项 ... 553
四、招标合同谈判的特别情形 ... 556
五、合同谈判与报告 ... 558
（一）合同谈判技巧 ... 558
（二）合同谈判逻辑安排 ... 560
（三）合同谈判报告 ... 561
六、谈判成果与固化 ... 563

第二十一章 合同签约管理 ... 565
一、合同签约管理概述 ... 565
二、合同签约文本 ... 566
三、合同评审 ... 566
（一）合同评审意义 ... 566

(二)合同评审内容 567
(三)如何进行合同评审 568
四、合同签约仪式 569
五、合同签字盖章 570
六、合同审批与登记备案 573
七、合同文件分发 573

第三部分：合同履行阶段 575

第二十二章 合同履约前期管理 577
一、合同交底 577
二、合同履约前期事务 579
　(一)合同生效与登记报备 579
　(二)主体资格条件 581
　(三)组建履约团队 581
　(四)履约担保 581
　(五)履约计划与批准 582
　(六)开设银行专门账户 582
　(七)关联合同履约 583
三、合同履约再确认 584
四、合同履约客观条件 585

第二十三章 合同再定义 586
一、合同再定义概述 586
二、合同再定义约定 587
三、合同再定义常见情形 587
四、合同再定义注意事项 589

第二十四章 合同表面欺骗性 591
一、合同表面欺骗性综述 591
　(一)合同表面欺骗性的定义和特征 591
　(二)常见合同表面欺骗性 592

二、避免合同表面欺骗性　　594
　　（一）细化合同约定　　594
　　（二）按合同整体履约　　595
三、合同表面欺骗性处置　　595
　　（一）遵循诚实信用原则　　596
　　（二）遵循公平合理原则　　596

第二十五章　合同履约过程管理　　597
一、履约过程管理概述　　597
二、履约过程管理主要事项　　598
　　（一）履约条件　　599
　　（二）履约活动　　600
　　（三）履约进度　　602
　　（四）履约质量　　603
　　（五）价款收支　　605
　　（六）担保管理　　607

第二十六章　履约交付管理　　612
一、履约交付概述　　612
二、履约交付管理　　613
　　（一）交付管理事项　　613
　　（二）常见履约交付注意事项　　619

第二十七章　合同变更管理　　621
一、合同变更概述　　621
二、常见合同变更情形　　622
　　（一）合同主体变化　　622
　　（二）合同主权利义务变更　　622
　　（三）合同保障辅助内容变更　　625
三、合同变更管理　　626
　　（一）合同变更内部管理　　626
　　（二）合同变更外部管理　　627

第二十八章　合同纠纷管理　　630
　一、合同纠纷管理概述　　630
　二、合同纠纷管理功能与价值　　631
　　（一）预防纠纷发生　　631
　　（二）化解合同纠纷　　633
　　（三）解决合同争端　　635

第四部分：合同收尾阶段　　639

第二十九章　合同文档管理　　641
　一、合同文档管理价值　　641
　二、合同文档保管期限　　642
　三、合同文档范围　　644
　四、合同文档管理　　645

第三十章　合同审计　　647
　一、合同审计概述　　647
　二、合同管理体系审计　　649
　三、合同缔结阶段审计　　650
　　（一）合同立项阶段　　650
　　（二）采购方式　　651
　　（三）招标询价过程与评标　　654
　　（四）招标转非招标　　657
　　（五）定标与签订合同　　658
　四、合同执行阶段　　660
　　（一）合同实际履约主体情况　　660
　　（二）合同内容调整情况　　661
　　（三）合同实际履行情况　　661
　　（四）合同结算情况　　664
　　（五）违约及违约处理情况　　665
　　（六）合同收尾阶段　　665

第三十一章　合同关闭管理　667
一、合同关闭管理概述　667
二、合同关闭管理内容　668
（一）内部关闭管理　668
（二）外部关闭管理　670

第三十二章　合同后评价　672
一、合同后评价概述　672
二、合同后评价内容　673
（一）合同自我后评价　673
（二）第三方独立后评价　674

第三十三章　诉讼与仲裁　676
一、诉讼与仲裁基本制度概述　676
（一）诉讼或仲裁适用　676
（二）一裁终局与二审终审制度　677
二、法律案件管理　677
（一）诉前管理　677
（二）诉中管理　678
（三）诉后管理　678
三、法人分支机构的诉讼主体地位　679
四、涉诉代理人员配备　680
五、"配合"裁判　681
（一）"认识"裁判　681
（二）不要"考验"裁判　683
（三）回应裁判关注　685
六、回应对方意见　685
（一）应诉方回应诉求方意见　685
（二）诉求方回应应诉方意见　686
七、证据的表面欺骗性　687
（一）证据表面欺骗性概述　687
（二）证据表面欺骗性应对　688

第五部分：合同管理体系与工具　　　693

第三十四章　合同管理体系与工具　　　695
一、合同管理体系　　　695
（一）合同管理组织体系　　　696
（二）合同管理制度体系　　　700
（三）合同管理体系注意事项　　　703
二、合同管理工具　　　705

第三十五章　合同管理不当带来的风险与应对　　　706
一、合同管理不当带来的风险　　　706
（一）丧失商业机会　　　707
（二）影响效率　　　707
（三）影响预期目标　　　707
（四）增加成本　　　708
（五）重程序轻实体风险　　　709
（六）引起新的法律风险　　　709
二、不当合同管理风险应对　　　710
（一）适宜的管理制度　　　710
（二）适宜的管理机制　　　711
（三）适宜的合同设置　　　711
（四）适宜的合同监管　　　712

附：法律文件缩略对照表　　　713

第一部分

导 论

第一章 合同与合同管理价值揭示

在合同或合同管理理论和实务中,绝大多数情况是把合同和合同管理混到一起的,以至于经常看到从合同的角度谈合同管理,或从合同管理的角度谈合同。严格来说,合同和合同管理并不完全是一回事,合同更多关系当事人双方之间权利、义务和责任;合同管理既涉及合同当事人各方,也关系监管合同当事人各方。当然,两者也不是可以割裂而论的,只不过两者各自侧重点不同。

一、合同的价值功能

《民法典》定义合同是民事主体之间设立、变更、终止民事法律关系的协议。原《合同法》定义合同是平等主体的自然人、法人、其他组织之间设立、变更、终止民事权利义务关系的协议。① 原《合同法》对合同的定义比较直观,《民法典》将自然人、法人、其他组织实施平等民事行为的主体统称为民事主体,因此,两部法律对合同的定义并无本质不同。

本书所论述合同不包括劳动合同,以及婚姻、收养、监护等有关身份关系的协议。劳动合同适用《劳动法》和《劳动合同法》,是一类比较特殊的合同法律体系;婚姻、收养、监护等有关身份关系的协议适用有关该身份关系的法律规定,没有规定的,可以根据其性质参照适用《民法典》合同编以及相关司法解释的规定。相应地,本书所述及合同主要是针对平等主体之间的合同。当然,劳动合同等合同管理可以借鉴。

虽然从法律对合同定义看,主要关注当事人之间权利义务关系,但法律同时

---

① 随着《民法典》2021 年 1 月 1 日实施,原《合同法》于同日废止。

也规定违背法律法规强制性规定的合同无效,可见,合同关系还要接受国家法律和公权力监管。除此之外,在合同实践中,合同行为还要经受国家公权力之外的监管,如公司上级单位监管等。因此,本书认为,合同的价值体现在"一个目标三项功能",这种价值概述如图1-1所示。

```
            ┌─────────────┐
            │  一个目标    │
            └──────┬──────┘
                   │
         ┌─────────┴──────────┐
         │ 实现合同交易业务的目的 │
         └─────────┬──────────┘
                   │
            ┌──────┴──────┐
            │  三项功能    │
            └──────┬──────┘
       ┌───────────┼───────────┐
┌──────┴──────┐ ┌──┴────────┐ ┌┴──────────┐
│调整当事人合同关系│ │回应国家监管要求│ │回应合同管理要求│
└─────────────┘ └───────────┘ └───────────┘
```

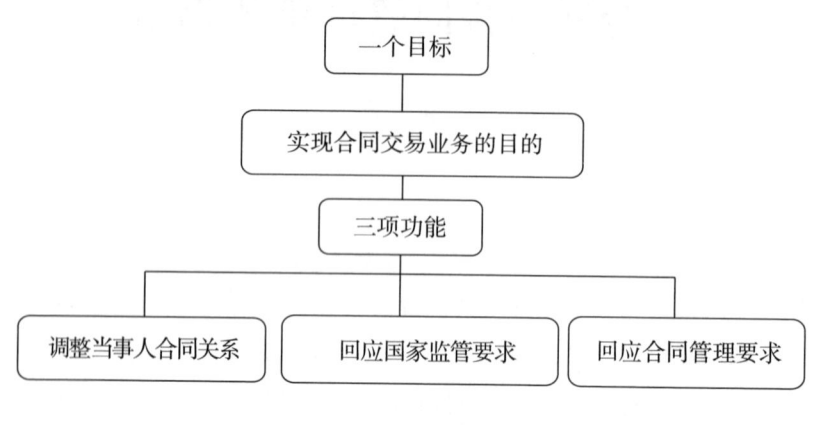

图1-1 合同的价值

(一)合同的目标

合同的目标就是实现合同交易业务的目的。除少数单务合同外,在所有双务合同中,都存在当事人在本合同项下交易业务以及交易目的,如买卖合同,出卖人的目的是通过出卖货物、知识产权、服务以获得经济收益,买受人则通过支付合同价款获得相应的货物、知识产权或服务;借款合同,贷款人目的是通过向借款人出借金钱,获得利息回报,借款人则是通过付出借款利息获得一定期间资金融通;等等。当然,单务合同虽然没有双方相互交易,但也有相应的合同目的,如赠与合同,是赠与人将自己财产无偿给予受赠人。关于合同的目标,大家都比较清楚,不再赘述。

(二)合同的三项功能

实践中,一般认为合同具有规范当事人权利、义务和责任的功能,除此之外,合同还有两项主要功能容易被忽视或忽略,分别是回应国家监管要求的功能、回应合同管理要求的功能。

1. 调整当事人合同关系功能

合同最主要、最直接的功能是调整当事人之间权利、义务和责任。为实现这个功能，合同一般应从以下几个层面调整当事人关系：

一是调整当事人权利和义务。合同首先要明确当事人在合同中的权利和义务，包括主权利和从权利以及主义务和附随义务等。在双务合同中，多数情况下一方的权利往往是对方的义务，如货物买卖合同，出卖人的主要义务是向买受人按约交付货物，主要权利是获得约定货款；而买受人主要权利是获得约定货物，主要义务是支付合同货款。

在合同实务中，要约定清楚双方的合同权利和义务，特别是那些合同标的比较复杂的合同，约定清楚双方权利和义务对履行合同和实现当事人合同目标十分重要，如买卖合同，这类合同标的物非常广泛，同一类货物品质、等级也不尽相同，即使是一般普通货物，品质不同价格也不同，如购买A品种苹果，该种苹果因产地、等级等不同而价格也不尽相同，在合同中需要约定清楚。有些标的非常复杂，如工业使用的系统成套设备买卖，就质量而言至少包括：系统工艺、实体质量（如材料材质、制造工艺、焊接、成套安装等）、机械性能（如系统运行、噪声、震动等）、工艺性能质量（如处理能力、产品品质、能耗等），这些都要在合同中约定清楚。再如，股权投资，表面看起来很简单，投资方出资多少钱获得相应比例的股权。实际上，股权定价基础包括很多因素，需要对目标企业资产、债权、债务等进行盘查，再进行评估，在此基础上商定股权定价，而且，还可设定交易发生后再审计和股权价格再调整等。

二是调整权利实现和义务履行的保障措施。这部分内容主要是促使和要求履约方如何去实际履行合同义务，并且，所履行义务满足合同要求。过去国内合同非常简单，有的就几个条款，即使到今天，这种现象仍然普遍存在。这也是合同得不到严格履行并容易产生纠纷的一个原因。其实，保障措施内容对严格履行合同和实现合同权益十分重要。

例如，关于货物买卖合同标的物质量，约定出卖人生产、加工、制造所用原料和原材料质量以及生产、加工、制造过程的质量控制，出厂质量检验等，这是保障产出的标的物质量合格；标的物包装以及运输等环节安全要求，这是保障标的物在转运环节不受到损害和损坏；交货检验标准、检验方式，如外观检验、样品对照、化验、测试、安装调试、性能考核等，这是保障接收环节标的物质量合格。通过各个环节质量保障,使买受人最终获得质量合格的货物。

再如,技术开发合同,需要从开发技术和预期技术成果方面定义。技术开发本身存在技术风险,也就是说在合理范围内允许技术开发失败,为保障技术开发目标实现,需要约定相应的保障和促使内容:如技术开发方案,包括基础、路径、方法等,从技术层面尽可能保证技术开发成功;技术开发团队与人员,组建合适的技术开发团队和配备专业人员是技术开发成功的重要保证;技术开发设施、装备,包括试验设施、器具、试剂、条件等,以及放大试验,如中试、评价等设施、设备、原料等;技术开发保证条件,如实验室、能源保障、外协支持等;技术成果评价和验证等。通过各个环节和各个方面保障技术开发成功。

近些年来,国内合同在合同保障措施方面有非常大进步,但在涉外合同方面还需要进一步提升;另外,仍有不少国内合同在保障措施方面非常欠缺,导致合同纠纷增加,合同履行困难。例如,买受人购买熔喷布用于加工医用外科口罩,与出卖人签订熔喷布买卖合同。合同仅约定进口某国熔喷布,没有约定这个熔喷布验收标准、验收办法以及如产生分歧如何检测等保障措施内容。出卖人交付货物时,买受人认为所交付货物不是熔喷布,而是无纺布;出卖人则认为是熔喷布,双方为此产生纠纷。买受人支付了高价货款,但因认为是无纺布而拒收货物,既发生经济损失,也影响生产。

三是调整违约补救措施。绝大多数合同的目标是当事人实际履行合同。多数人会认为,既然对方违约,那让对方支付违约金、赔偿损失直至解除合同,但实务与法律规定或合同约定是有差距的,并不是简单用违约金、赔偿损失或解除合同等就可以解决问题,多数情况下采取补救措施所获得的效果要比违约金、赔偿损失或解除合同好得多。如建设工程,某个承包商施工进度滞后,若建设单位解除该施工合同,就需要重新招标选择承包商,所耗费的时间可能是几个月,这对整个工程影响将非常大,不是违约金和赔偿金所能补偿得了的。因此,当发生履约方违约情形时,如未能按约定时间、数量、质量交付,在合同中设定相应的补救措施,以使履约方按约交付,意义更为重大。

在合同实务中,不同类合同的违约补救措施不尽相同,要根据各个合同可能发生的违约情形设置,当合同履约方发生履约偏离时,设置相应的纠正和补救机制,可以更好促使当事人回归履约轨道并实现交付。

例如,建设工程项目安装施工现场安全措施十分重要,安全措施不到位,容易发生多种安全事故,造成人身伤亡和财产损失。合同虽要求承包商采取安全措施,但如果承包商现场安全措施不到位,不符合合同要求该如何处理?合同除约定相应惩罚措施,如罚款、[①]下达停工令等,更主要的是设置补救措施,如责令承包商在规定时间内按照合同要求标准建立安全措施,如承包商未在规定时间内完成整改,发包人有权自行或委托第三方来建立安全措施,所发生的费用全部由承包商承担或从合同价款中抵扣。采取这样的补救措施,最终目的还是促使承包商安全施工,保障工程顺利建成。

四是调整违约后果承担。这部分是调整当事人违约最终后果承担,包括违约金和损失赔偿等金钱责任,也包括其他责任,如知识产权方面的停止使用、停止侵权等,交付返还,中止或终止合同等,不同交易业务,违约后果也不尽相同。

2. 回应国家监管要求功能

合同第二项功能是回应国家监管要求,包括响应和回应国家监管要求。在合同实务和合同管理实务中多有忽略这项功能的情况。

虽然法律规定合同是民事主体之间的协议,强调当事人缔约自由和意思自治,但合同所设定的交易及内容不得违反强制性法律和行政法规规定,也不得违背公序良俗,因此,国家从公权力层面对合同行为实施干预和监管。例如,限制类技术进出口需要国家主管部门审批同意方可订立合同并按约履行;违反法定招标的合同将被认定为无效;等等。

合同所包含交易业务是否符合法律和国家监管要求,通常有以下几个方面标准:

一是合同交易是否触犯强制性禁令。如禁止进出口货物不得订立进出口合同,限制类技术进出口合同需要获得国家主管部门批准同意。禁止进口某些货物,如犀牛角、鸦片液汁及浸膏、显像管玻壳及其零件、甘蔗糖蜜、可使用气体燃料的家用炉灶、过热水锅炉、具有录音功能的激光唱机、X射线断层检查仪、医疗废物、城市垃圾、焚化城市垃圾所产生的灰渣、废的金属酸洗液、旧衣物、空调、电冰箱、微波炉、二噁英、含汞燃料电池等,截至2020年12月30日,共有7批禁止进口货物目录,其中第7批目录共75类物品;禁止出口特定货物,如木炭、长纤维青石

[①] 虽然平等合同主体之间不应使用"罚款"概念,但在合同实务中,使用"罚款"用语比较常见,为更贴近合同实践,本书借用"罚款"一词。

棉、氟乙酸钠、泥炭(草炭)、氧化汞的原电池和原电池组、含汞燃料电池、紧凑型热阴极荧光灯、零售包装和非零售包装的含汞杀菌剂等,截至 2020 年 12 月 30 日,共有 6 批禁止出口货物目录,其中第 6 批目录共 75 类物品。① 如果违反国家法律禁令,不但合同无效,当事人还需承担相应法律责任。

二是合同内容安排是否损害国家利益。常见如下:

政策性补贴。国家为鼓励创新,在高新技术、新能源、新能源汽车、农业机具等方面给予一些政策性补贴。合同当事人是否利用合同形式骗取或套取国家政策性补贴等。

税收优惠。国家鼓励出口和进口某些技术、商品,给予出口退税、进口减免税等税收优惠政策。合同当事人是否利用合同形式骗取或套取税收优惠等。

偷逃税收。如进口合同业务走私逃税,采用"阴阳合同"不正当避税,恶意掩盖合同交易业务性质偷税或不正当避税等。

三是合同活动是否违反法律强制性要求。如招投标法和政府采购法规定的法定招投标,合同采购过程是否经过招投标;法律规定合同需经法定审批或备案的,是否经过审批或备案等。

四是合同交易是否违反公平交易和市场秩序。违反公平交易和市场秩序的行为主要包括违反《反不正当竞争法》规定的禁止不正当竞争行为和《反垄断法》规定的垄断行为。如仿造、仿冒商品交易、商业贿赂、侵犯商业秘密等不正当竞争行为;经营者达成垄断协议、滥用市场支配地位、具有或者可能具有排除、限制竞争效果的经营者集中等垄断行为。

关于反垄断,通常在某领域处于较高支配地位的市场主体强强联合,如合资合作、并购重组等合同,以及具体业务合同等方面容易产生垄断,既是法律所禁止问题,也是国家重点监管内容。

案例 1

美国 GEENERGY 公司所属的通用电气(中国)有限公司与中国某公司在中国境内设立中外合营企业经营者集中反垄断申报。中国商务部予以立案,经初步

---

① 商务部、海关总署、生态环境部公告 2020 年第 73 号公布的《禁止进口货物目录(第七批)》和《禁止出口货物目录(第六批)》。

审查认为此项集中对水煤浆气化技术许可市场可能具有排除、限制竞争效果,决定对此项集中实施进一步审查,并经征求政府有关部门、行业协会、同业竞争者的意见,利用第三方信息对申报方提供的数据进行了核实,就有关问题咨询了行业专家的意见。最终,中国商务部决定附加限制性条件批准。附加限制条件要求,合营企业从事水煤浆气化技术许可,不得利用限制供应水煤浆气化技术原料煤,或者以供应原料煤为条件,迫使技术需求方使用该合营企业的技术,或者提高使用其他技术的成本。①

案例 2

2019 年 11 月,国家市场监管总局根据举报,对扬子江药业集团有限公司(以下简称扬子江药业)涉嫌达成并实施垄断协议行为立案调查。经查,2015 年至 2019 年,扬子江药业在全国范围内(不含港澳台地区)通过签署合作协议、下发调价函、口头通知等方式,与药品批发商、零售药店等下游企业达成固定药品转售价格和限定药品最低转售价格的协议,并通过制定实施规则、强化考核监督、惩罚低价销售经销商、委托中介机构监督线上销售药品价格等措施保证该协议实施……市场监管总局认为,扬子江药业的行为违反了《反垄断法》第 14 条"禁止经营者与交易相对人达成下列垄断协议:(一)固定向第三人转售商品的价格;(二)限定向第三人转售商品的最低价格……"的规定。责令停止违法行为,应立即全面修订经销协议,废除固定和限定价格条款,加强企业内控合规管理,不得干涉下游企业自主定价权;处以 2018 年度销售额 3% 罚款,计 764,007,948 元人民币。②

在各种不正当竞争行为中,商业贿赂行为不仅为市场竞争所禁止,也为刑事法律所不容。因此,合同实务中,尤其国有企事业单位或国有控股企业,一谈到支付折扣或回扣就担心陷入"贿赂"问题。其实,商业贿赂和正常商业支付折扣、回扣是不同性质的问题。商业贿赂主要是指一方采用财物或者其他手段贿赂对方单位或者个人,以谋取交易机会或者竞争优势。但经营者在交易活动中,以明示

---

① 参见《商务部公告 2011 年第 74 号 关于附条件批准通用电气(中国)有限公司与中国神华煤制油化工有限公司设立合营企业反垄断审查决定的公告》,载商务部网,http://www.mofcom.gov.cn/article/b/c/201111/20111107824510.shtml。
② 参见《扬子江药业集团实施垄断协议被罚 7.64 亿元》,载新浪网 2021 年 4 月 15 日,http://k.sina.com.cn/article_3164957712_bca56c1002001kv5h.html。

方式向交易相对方支付折扣,或者向中间人支付佣金,并且如实入账的,不构成商业贿赂。①

五是合同行为是否违背公序良俗。《民法典》规定,违背公序良俗的合同不发生法律效力。如因赌博、吸毒而形成借款合同,高利贷协议,"包养"协议等,因违背公序良俗而无效。

六是合同行为是否损害第三方利益。原《合同法》第52条规定,恶意串通,损害国家、集体或第三人利益的合同无效。《民法典》第154条规定,行为人与相对人恶意串通,损害他人合法权益的民事法律行为无效。据此,当事人恶意串通损害第三人合法权益的合同为无效合同。合同实务中,这种情形时常发生,如通过合同不合理定价转移财产规避履行债务,签订虚假合同套取银行贷款,签订虚假基础交易合同套取银行等金融机构的独立保函,一物多卖等。其中,通过合同不合理定价转移财产规避履行债务,包括为躲避履行债务,采取无偿转让财产、不合理高价买入、不合理低价卖出等手段。不合理高价,一般掌握为合同交易价格高于交易当地指导价或市场价30%;不合理低价,一般掌握为合同交易价格达不到交易当地指导价或市场价70%。②

关于合同的这项功能,主要是当事人通过合同(包括合同文本和合同履行)来回应国家主管部门监管,如接受海关稽查、税务机关税务稽核、商务部审查或审批、市场监管部门核查等。

3. 回应合同管理要求功能

合同第三项功能是回应合同管理要求的功能,主要是响应和回应合同主体内部监管机构、股东、上级单位等的监管要求,为区别于国家公权力监管要求,这里统称为监管层。这种功能在合同实务和合同管理实务中多有体现,如监管层对合同采购方式、审批流程、决策方式等作出规定性要求,有的企业集团甚至要求采用统一的合同文本、合同管理平台,上报合同信息和履行情况等。

监管层通过检查、审计等手段对合同和合同履行进行监管,并采取考核乃至处罚等措施。因此,虽然从法律层面说当事人缔约自由,但法人单位的合同行为仍必须满足其监管层的各项要求,包括合同业务决策要求,如履行"三重一大"决

---

① 参见《反不正当竞争法》第7条第2款。
② 参见《贯彻实施民法典工作会议纪要》(法〔2021〕94号);原《合同法司法解释(二)》(法释〔2009〕5号)也有同样规定。

策程序,①上级审批程序,如投资、并购重组等合同业务;合同采购方式;合同文本、审批流程;合同报备;等等。一旦违背这些要求,轻则批评整改、考核扣分,重则相关人员受到处分。

揭示合同上述价值,在于提示当事人在实施合同行为时,既要考虑实现合同目标,当然,这是重要因素,同时,还要考虑合同行为符合或满足法律和监管要求。

二、合同管理价值与功能

合同管理是企业经营管理的重要组成部分,也是政府采购业务管理的一项重要内容。实务中,多数合同管理着力点放在合同行为的合规管理和风险管理上,其目的在于防范合同业务风险和合规风险,特别是近些年来在国有或国有控股企事业单位、政府采购业务以及其他大型企业集团尤为关注合同风险管理。合同风险管理当然是合同管理的一个重要方面内容。

合同管理实践中多侧重监督,这种监督的取向在于防范合同法律风险和合规风险,这是合同管理的一项重要内容。本书认为,合同管理是基于合同和合同业务全流程的管理,既包括监督管理,还应从促进和保障合同履行从而实现合同目标角度进行管理,另外,也应从促进合同履行以及违约等救济方面进行管理。因此,合同管理应体现保障功能、监督功能和救济功能。

(一)合同管理的保障功能

合同管理的保障功能,是通过合同管理,保障合同合规有效,并在此基础上促进和保障合同当事人履约,进而顺利实现合同目的。本书认为,保障合同目的顺利实现,本身也是防范和化解相应的合同风险,因此,保障功能是合同管理首要功能。但在合同管理实务中,多数认为合同管理的主要任务或功能在于风险管理,这是实践中合同管理价值取向问题,也是实践中存在诸多抱怨的根源之一。实践中,企业特别是一些企业集团以及国有或国有控股企业的合同管理与合同执行是分层的,合同管理侧重监管,更多关注合同缔结过程是否按照企业及其上级的规章制度办理,而对合同缔结过程的有效性、效益性关注相对较少;在合同执行阶段

---

① "三重一大"决策程序,一般针对机关、国有企事业单位以及国有控股企业等机构,在重要人事任免、重要决策、重大项目安排和大额资金运作事项中需要履行特定决策程序。

的监管更多关注是否严格按照合同约定执行,而对合同履行中遇到的障碍、困难关注和支持不够。

当把合同管理价值取向于风险监管时,更多体现为"监管";而取向于合同履行时,更多体现为"促进"和"帮助",即保障。本书认为,合同管理的价值取向应趋于保障功能。

合同管理的保障功能体现在以下几个方面:

一是保障合同合规有效。通过设置科学的合同管理流程,促进和保障合同活动的合规性,同时,更好促进合同的有效性和效益性。合同管理体系除为合同活动设置科学流程外,还要通过这个体系中的组织、人员帮助实现合同业务的效益。如在合资企业合同策划阶段,更好设置合营业务、合营条件、未来合营企业运营等;在重要物资、工程或服务采购阶段,设置好相应交易条件,以获得合理的报价;合同条件设置上让双方更能自觉遵照合同履行等。

二是促进合同履行。合同管理促进合同履行体现在合同缔结和合同履行两个阶段。

合同缔结阶段。通过合同管理机制对合同可执行性进行完善,提高合同可执行性。如企业管理部门对合同文件进行评审过程中,除关注合同合规风险外,更要关注合同文件中不完整、不完善以及缺乏可执行性的地方,并与合同相对方沟通协商进行完善和调整,从而提高合同可执行性。

例如,某公司为装修商铺,向电缆供应商购买电缆,合同价款约20万元。这本是货物买卖合同,但该合同把货物买卖和装修工程相关内容纳入进去,如约定相应质量保修保函,并约定质量保修期,质量保修期自电缆安装调试完成并经质检站等有关部门及业主、监理、总承包商共同验收合格,发出竣工验收证书之日起计算。在合同履行过程中,买方既没有组织申请质检站等有关部门参加验收,也没有签发竣工验收证书,主要原因是实际难以操作,导致合同尾款支付遇到困难,为此,双方发生合同纠纷并最终通过诉讼途径解决。

上述案例主要是电缆买卖合同中约定的部分内容实际可操作性不强。其实,如任何一方当事人在合同缔结阶段关注这个问题,并与对方协商修改调整合同约定,使合同履行更具可操作性,也不至于在合同后期发生纠纷。

合同履行阶段。遵守契约严守精神,通过检查、检视合同履行情况,督促己方和对方忠实履行合同义务,进而促进合同顺利履行。在合同实践中,大多数合同纠纷源于履约细微偏差、成于双方爽约叠加。如设备买卖合同，出卖方需要买受方提供关键数据输入，买受方未能及时提供，出卖方就不能订购制造设备的特殊材料，出卖方再三催促未得买受方回应，只好将设备制造计划放到一边。若干时间后，买受方没有收到出卖方提交设备制造进度情况，意识到设备供应将迟延，于是催促出卖方加班加点制造设备；出卖方则不同意，因为生产线已被占用，另外，加班加点需要增加费用。于是，双方产生纠纷。

本书认为，如果一项合同任务重要，合同当事人在合同管理中既要监管对方履约情况，也要监管己方履约情况，通过己方忠实履行合同义务带动和促进对方严守合同约定。这在合同管理实践中容易被忽视，在合同履行遇到挫折时，合同当事人多将责任推到对方身上，少有检视己方是否履约不到位影响对方违约问题。其实，只有双方都严守合同约定，才能促进和保证合同顺利履行。

案例3

国内C公司承包中东某国K公司的石油工程项目，合同约定：如工程不能按照合同约定时间建成交工，C公司需要向K公司支付工程延期完工违约金；相反，若K公司未按照合同约定支付工程进度款，K公司需要向C公司支付逾期付款利息，作为违约金。因工程规模大，工期长，工程款按照每月进度支付。在合同执行中，K公司有几次未按时支付工程款，在后续的每月付款申请中，C公司只是按照当期实际工程进度对应工程款申报，并未列出此前逾期付款利息，但K公司在审核C公司付款申请时自行计算此前逾期付款利息并主动支付给了C公司。

上述合同关于逾期付款违约金的约定并不特别，特别之处在于K公司在合同管理过程中，检视己方履约情况，当发现己方未能按约执行合同时，勇于承认己方违约并主动承担违约责任。由此，C公司在执行合同中更不敢掉以轻心。当然，合同执行过程中，如发现对方履约发生偏差，及时向对方提出并予以纠正，也是促进合同履行的重要方面。

可见，合同管理之于促进合同履行具有重要意义。

三是保障合同履行。合同履行过程中会遇到各种新情况，或发生合同缔结时所依据或依托的条件变化，对合同顺利履行有或多或少的影响或阻碍，特别是那些周期较长的合同，如建设工程、工艺技术开发、重大设备制造、投资等合同，在合同履行过程中时常遇到一些问题和情况,需要双方为合同履行创造条件、改善条件。

有些企业的合同监管部门与合同履行部门是分离的。如合同执行部门办理合同付款,财务部门既要查看合同约定,也要遵循企业现行财务制度,合同所约定付款条件符合缔约时财务制度,但企业为加强风险防控修订了财务制度,原先约定的合同支付条款就不符合现行财务制度,合同价款就无法支付。对于合同执行部门来说,既不能修改合同,也无法突破企业制度,导致合同付款陷入僵局。在这种情况下,合同监管部门要从合同履行角度出发,组织协调企业内部解决该合同支付问题,保障履约顺利实现。

另外,合同执行过程中客观情况和条件发生变化,如货物供应方,因市场突变导致难以购买原材料或市场价格大幅上涨等,例如,2021年3月初煤炭价格中国沿海电煤采购价格指数(CECI沿海指数)报收于584元/吨,10月中旬报收于1528元/吨,与此同时,动力煤期货主力合约一度冲高至1982元/吨,环渤海港口现货报价甚至突破了2500元/吨。[①] 此外,由于市场变化,某些材料短期内供不应求,如2021年下半年,随着各地大量上马光伏发电项目,一度造成光伏组件供不应求等。合同执行过程中遇到类似问题,仅靠合同执行部门难以解决,在这种情况下,合同监管部门要组织企业研究对策,为执行合同创造条件、清除障碍。当然,有些问题仅靠一个企业也无法解决,那么,合同监管部门要组织与合同相对方进行沟通协商,共同拿出解决问题的办法,为执行合同创造条件。

四是及时解决合同履约分歧。提及合同纠纷时,一般反应是准备"打官司",也就是通过仲裁或诉讼等法律途径解决合同纠纷,合同监管部门通常会提醒要求合同执行部门注意收集保存证据材料等,当然,这也是合同管理的一个重要内容。

实践中,除少数合同当事人恶意违约外,大多数当事人本意是按约执行合同,但由于客观情况发生变化,或者当事人双方在履行合同中分别发生这样或那样偏离合同约定的情形,或者某些内容如技术标准等约定不明确,或者双方对合同约定内容理解和解读不同等,此时,如果合同双方都及时正视这些问题并积极协调解决,合同纠纷或分歧就能得到化解,化干戈为玉帛,双方重新回到执行合同的轨

---

① 参见刘纯丽:《2021年煤炭市场分析及2022年预测》,载北极星电力会展网,http://ex.bjx.com.cn/html/20220120/40433.shtml。

道,共同推进合同目标的实现。

案例4

中国S公司从意大利B公司订购高压容器,容器烧嘴部分使用含钒等多种微量元素的特殊合金材料,根据烧嘴压力调配微量金属含量,容器的最终压力需要由S公司根据工艺流程确定并提供给B公司作为容器设计输入,但设计单位迟迟不能完成工程工艺设计,不能最终确定容器的压力,相应地,S公司无法向B公司确认容器压力输入的数据,B公司因此无法订购用于加工烧嘴的特殊合金材料,进而无法安排制造高压容器。但S公司与B公司之间买卖合同约定了迟延供货违约金。为此,B公司一方面要求S公司提供压力数据,另一方面要求S公司调整供货期,并给予一定经济补偿。B公司主张的理由是由于S公司耽误了高压容器排产,即使加班加点,也不能按约定期限交货。S公司合同执行部门采用"冷处理",既不回应B公司,也不向S公司上报情况。后来,S公司与B公司交流设备制造进展情况,得知B公司制造高压容器遇到的问题,于是立即协调双方对压力确认与容器交货期作出适当调整,B公司在保证质量前提下安排加班加点,自己消化加班加点费用和材料涨价成本。最终,高压容器顺利交货。

从某种意义上讲,当合同进入执行阶段,合同管理过程也是不断解决和化解分歧的过程。

(二)合同管理的监督功能

合同管理的监督功能主要是通过对合同及履约的监督管理,保障合同与履约符合国家法律规定和企业管理要求,避免或减少合同法律风险与合规风险。这项功能在合同缔结阶段和合同履行阶段侧重点有所不同。

合同缔结阶段。通过内部决策程序、合同评审以及合同缔结流程等,如合同缔结流程设置方面,目前不少企业集团设置合同平台,将合同起草、谈判、评审、授权签约等全部纳入合同平台操作。通过各项程序、措施和手段,监督合同内容和履行,使其符合国家强制性法律规定和政策要求、上级单位管理制度要求以及本单位管理制度要求等,保障合同内容和履行的合法合规性;监督合同主要权利义务等内容,使其符合合同目的;监督消除或尽可能消除合同民事法律风险。

合同履约阶段。通过检查、监督、管理要求等手段,监督检视合同内容和履约行为是否符合国家现行强制性法律规定和政策要求、是否符合本单位和上级单位现行规章制度硬性要求,保障合同和履约行为合法合规性。

检视现行相关法律和政策对合同及履约行为的影响,并依法调整合同内容。如2018年4月4日财政部和国家税务总局财税〔2018〕32号通知,一般纳税人销售行为增值税税率原适用的17%调整为16%,2019年3月20日由财政部、国家税务总局和海关总署联合发布2019年第39号公告,自2019年4月1日起,一般纳税人销售行为增值税税率由原适用的16%调整为13%。如设备买卖合同于2018年12月订立,约定合同货款固定总价,并按16%增值税率计算,货物交付时间为2019年5月20日,合同订立后15日内支付总价款20%,设备交付验收合格后支付总价款65%,设备安装调试合格支付剩余价款。按照第39号公告,80%合同货款的增值税率可适用13%。合同双方于2019年3月20日后应调整合同价款,并签订补充协议。

监督合同履行是否背离约定。从合同履约总体情况看,特别是重大复杂合同以及履约周期较长的合同,通常都存在这样或那样偏离合同约定的情况,如履约关键时间节点、质量标准、价款支付、单价调整、合同变更、一方或双方违约等。通过对履约情况监管、检查、审计等监管手段,发现问题,及时预警、纠偏和补救,在合同履约过程中发现问题的,提出预警和纠偏;在合同后期发现问题的,采取措施补救和纠正,保障合同约定得到遵守、合同目的得到实现。如某工厂锅炉单元工程,工程竣工结算阶段,发包方对承包商申报工程结算报告审查核减,双方合同执行部门确认后,发包方委托第三方机构进行审计,审计机构审核再次核减300多万元。通过对合同结算监督,发现并纠正双方合同执行部门对工程结算标准规范理解偏差。

(三) 合同管理的救济功能

合同管理的救济功能体现在三个方面,即合规救济、业务救济和违约救济。在实践中,多数关注违约救济,对前两者关注相对较少。

1. 合同合规救济

合同合规救济,是指合同在缔约阶段或履约阶段违背强制性合规管理要求,通过采取补救措施使合同缔约或履约符合或尽可能符合强制性合规管理要求。

在合同实务中,使用财政资金的政府采购机关、团体和事业单位,国有或国有控股企业,上市公司以及管理严格的其他类型企业集团,对合同缔约和履约都有严格的规定和要求。① 合同管理通过自行检查、内部审计、上级对下级检查等手段发现缔约和履约中违背合规规定或管理要求等问题,及时整改和补救,以保障合同缔约或履约符合或尽可能符合强制性合规要求。

例如,按照《政府采购法》或《招标投标法》规定必须招标的采购项目,采购方通过"化整为零"等手段规避招标,如该合同尚未执行或尚未实质性执行,要及时废止该合同,通过招标方式重新采购。又如,建设工程等法律规定勘察设计单位或施工单位必须具备相应等级资质的,如合同相对方不具备相应等级资质,要向相对方确认在合同履行期间能否取得相应等级资质,②如果不能取得该资质,也要采取废止合同或其他合适措施。

另外,在履行合同中,如己方或对方违背合同约定、履约行为违反现行强制性合规管理规定或管理要求,应及时纠正整改。

2. 合同业务救济

合同业务救济,即合同交易业务救济,指合同约定欠缺不明或客观条件发生变化导致合同业务交易遭遇困难或障碍时,通过明确或调整交易条件等手段消除交易困难或障碍。如工厂购买离心泵,关于离心泵的扬程要求,在离心泵性能描述部分要求为 20 米,而在设备数据表中标示为 25 米,合同文件关于离心泵扬程的约定不一致,在这种情况下,买受方需要尽快确定离心泵的扬程并向出卖方确认,以便出卖方安排制造。又如,2020 年初暴发新冠疫情,因各地采取疫情防控措施,货物运输受到限制或影响,制造商一方面缺乏原材料,另一方面制成品又无法交付运输,履约所面临的客观环境和条件发生根本性变化,而且买卖双方相隔几个省区。在这种情况下,如买受方坚持合同约定的交付时间,制造商其实也难以做到,双方需要结合当前客观情况协商救济办法,如采用专车"点对点"运送,并商定运送货物所发生的额外费用的承担办法,进而保障合同设备尽快交货。

---

① 合同合规管理不仅仅是单位或企业集团内部管理要求,还包括合同实践应符合国家政策、法律要求,如符合招投标法律、进出口方面等法律要求。
② 《施工合同司法解释(一)》(法释〔2020〕25号)第4条规定,承包人超越资质等级许可的业务范围签订建设工程施工合同,在建设工程竣工前取得相应资质等级,当事人请求按照无效合同处理的,人民法院不予支持。据此规定,承包人在建设工程竣工前取得相应资质等级的,建设工程施工合同应认定有效。

3. 合同违约救济

违约救济包括合同当事人违约所采取的救济措施,以及为对方违约行为导致将来可能进入仲裁、诉讼等法律程序所采取的准备措施。

合同当事人违约救济措施,包括按照合同约定或双方商定的补救措施以促使合同得以履行,以及按合同约定或法律规定或双方商定因一方违约给对方造成损失的补偿或赔偿。在实务中,本书认为当事人应尽可能促使合同得以履行,以实现各自合同目的。

此外,就合同管理而言,无论是己方违约还是对方违约,除及时协商补救措施以促使合同得以全面履行外,还要考虑将来通过索赔或进入仲裁、诉讼等法律途径解决纠纷的可能性,并为此做好相应准备,如收集证据材料、及时向对方发出书面通知、谨慎处理对方通知等。

案例 5

中国 C 公司购买意大利 B 制造商中东分公司的设备,用于正在中东地区建设的工程项目。因 B 制造商中东分公司同期接收多份订单,产能不能满足订单要求,且 C 公司合同金额和利润相对低一些,B 制造商中东分公司为保其他大订单供货,把 C 公司订单设备制造计划排到后面,按照排产计划,C 公司设备将严重延期数月。该设备延迟交货,将影响整个工程项目建成竣工。为此,C 公司与 B 制造商协商,由其中东分公司采取加班等措施向前赶工,尽最大可能缩短延误时间,而 C 公司支付 B 制造商中东分公司部分赶工费用,最大限度压缩设备交货延误时间,保障工程按计划竣工。

与此同时,C 公司内部组织准备后期对 B 制造商索赔工作,待设备交货后,双方进行合同结算时,C 公司依据合同约定和履约实际,向 B 制造商提出延期交货违约金索赔。B 制造商对此提出异议。因 C 公司准备充分,最终 B 制造商不得不接受赔偿超过 24 万美元的延期交货违约金。

PART 02

第二部分

合同缔结阶段

第二章 合同启动与策划

从合同实务层面看,目前没有关于合同策划的统一论述,本书按照全生命周期合同管理划分,将合同策划设定在合同谈判之前阶段。从合同买方角度看,合同策划是指为实现合同交易目标和目的,对合同交易条件、合同缔结和合同履行等重要事项进行研究并作出相应安排的活动。从合同卖方角度看,合同策划是指为实现合同交易目标和目的,对邀约合同交易进行系统评估并作出响应和对价安排的活动。

虽然合同策划设定在前期,但对保障合同顺利缔约和履约具有重要意义。当然,合同交易业务不同,所需合同策划也不同。实务中,合同策划既包括交易业务单个合同策划,如企业购买一批笔记本电脑,可以用一个采购合同;也包括集群合同策划,如建设工程项目,可从整个项目所涉及的咨询、技术转让、勘察设计、物资采购、工程施工、工程总承包、监理等合同系统策划;也可将集群合同按合同类别进行策划。在实践中,合同策划根据实际需要而定。

从合同买方角度看,合同策划一般包括:合同交易目的和目标、合同交易业务、合同交易关系、合同交易条件、合同风险与应对、合同商务结构与条件、合同设置、合同相对方资格条件、合同采购方式、合同谈判预设、合同实施预设、内部程序与审批等;从合同卖方角度看,合同策划一般包括:合同交易目的和目标、对邀约合同评估(包括实施合同业务能力、合同风险、合同绩效等评估)、决定响应、合同对价、合同谈判预设、合同实施预设、内部程序与审批等。

一、合同交易目的和目标

合同是一种特殊民事法律行为,特别是民商事双务合同活动,当事人希望通过实际履行合同来实现各自的合同目的和目标。买卖合同的买受人希望通过合同交易获得价廉物美的货物，出卖人则希望通过合同交易售出产品并获得价款，同时获得产品市场份额；合资企业合同各方(合资企业股东)希望设立合资企业并有效运营，以获取投资回报、产品市场份额等；合作开发技术合同的投资方则希望通过与对方合作开发出一项新技术，而对方则希望获得相应技术开发经费用以开发出新技术，并获得一定的酬金；建设工程承包合同的发包方希望承包方在工程预算费用范围内能够按时保质保量把工程建设起来，而承包方则希望通过实施工程建设获得工程款报酬等。

有些合同的目的和目标简单，并且目的和目标重合，如企业购买笔记本电脑供员工办公使用，其目的就是用合理价格购买笔记本电脑，其目标是通过竞争方式将笔记本电脑单价控制在目标价以内，并于设定时间收到合格笔记本电脑。但有些合同的目的和目标相对复杂，对合同双方来说都要做细致策划和决策。例如，大型高新技术成套设备买卖合同，从买方角度来说，目的是希望用 25,000 万元购得该套设备，但实现这个目标，需要对潜在供应商的技术能力、制造能力(包括制造装备、制造经验等能力)、设备质量保障(包括物理实体质量、工艺性能等)、制造周期等方面进行研究，此外，还要研究决定最高价格控制目标，如供应商报价超过预期的比例仍可接受等。从卖方角度来说，目标是拿到更多合同订单，但对于该套设备的合同目的可能有多种：为通过履行合同赚取高额利润，那么在报价时更多考虑价格因素，甚至在中标与否和价格之间优先选择价格，或者为掌握该类设备制造优先权，为今后获取更多这类设备合同，在报价时更多考虑中标因素，甚至为中标合同而不惜微利甚至亏本。

由此可见，合同活动都有其各自目的和目标，而且，在合同启动阶段分析找准合同目的和目标，对后面策划合同交易关系、商务条件、风险应对、采购方式、合同谈判以及预设合同实施等都有直接或间接的影响。

二、合同交易业务

除少量单务合同外，双务合同一般是当事人之间的业务交易，如货物买卖合同的货物出卖与买受交易、房屋租赁合同的房屋出租与承租交易、借款合同的资金借贷交易、货物运输合同的货物托运与承运交易等。

交易业务是合同赖以存在的基础，在合同启动和策划阶段，需要把合同交易业务定义清楚。法律理论或合同理论把合同缔结过程分为要约与承诺两个环节，按此理论，一般认为合同交易业务由要约人提出，如商场售卖空调机，由出卖人定义空调机及价格；但在合同实务中，很多情况下则相反，如通过招标、竞争性谈判、询价等方式采购工程、货物、服务等，投标报价为要约，接受投标报价为承诺，但合同交易业务并非由投标报价人来定义，而是承诺人在邀约阶段定义交易业务，如设备买卖合同，买受人在招标阶段定义所招标设备质量（各项标准和性能指标）、数量、到货时间等，投标人的投标文件必须响应招标文件要求，否则导致废标；有些合同交易业务则由当事人共同提议和定义，如合资合同、合作合同等。

不管哪种情形，在合同策划阶段，都要明确定义交易业务。多数情况下一方相对主动一些，另一方相对被动一些，如招标或询价采购合同，采购方对定义交易业务相对主动，如限价招标房屋建设工程总承包合同，采购人定义建设房屋、最高限价、竣工日期、承包商资格和其他条件等房屋建设工程承包交易业务；对于承包商来说，虽然相对被动，但在决定投标报价前也要做好交易业务策划，如对建设房屋标准、质量、工程量、工期以及建设管理要求等充分理解，在此基础上决定以什么样的对价成交。

三、合同交易关系

正确界定交易关系，是准确设置交易商务结构和合同关系的前提，也是保障合同顺利签约和履约的基础。实务中，大多数合同交易结构是清晰的，如货物买卖、技术服务、借款、工程设计、工程施工承包、房屋租赁、货物运输等，交易关系简单清晰，对应合同关系也清晰。但也有不少交易业务关系并不如前述情况那么简单明了，这种情况下就需要研究分析并正确界定交易关系，为后面正确设置商务结构和合同关系打好基础。例如，工厂采购成套设备或设施，并由供应商负责安装调试，这个交易业务既可以按货物买卖关系考虑，也可以按建设工程供货安装总承包关系考虑，前者是买卖合同关系，而后者是建设工程总承包合同关系，两种合同关系下供应商所承担的法律责任有所不同；又如，委托技术开发和合作技术开发、来料加工与货物买卖、技术咨询与技术服务等，交易关系并非可以简单界定。有时合同交易业务复杂，包含多种合同交易关系，如不能明确界定交易关系，会导致合同谈判难以进行，甚至合同履约困难。

案例6

生产企业将新建工厂的某独立运行原料生产设施的投资运营外包给专业公司,并采取国际招标。生产企业合同策划把交易关系界定为该原料买卖供应关系,即专业公司向生产企业供应该原料,生产企业向专业公司支付费用。

参加投标的专业公司投标报价不统一,导致合同谈判困难,历时半年多几乎没有进展。生产企业更换谈判团队后,谈判团队分析发现问题出在原设定合同交易关系上,表面看来是两个企业之间原料买卖关系,但实际是专业公司在生产企业厂区投资运营原料生产设施,双方之间定向供应:生产企业向专业公司供应电力等公用工程,专业公司定向供应生产企业工业原料。因生产消耗该原料量大,设施投资十几亿元人民币,价格丝微变化都带来巨额总额变化。新谈判团队根据该案交易性质,调整双方合同交易关系,如表2-1所示。

表2-1 合同交易关系对照

原合同交易关系	调整后合同交易关系
普通买卖关系 (按投标价格和物价系数调整)	特殊合作关系 统一生产设施投资基数 统一生产设施投资回收期 统一物价系数调价机制(固定投资成本不参与调价) 投资回收期后价格大幅下调(去掉固定投资成本) 专业公司向生产企业工厂定向专供原料 专业公司设施生产受生产企业工厂统一调控 由合作协议、生产设施项目转移协议、公用工程供应协议、原料供应协议以及十几个附件组成双方合同关系

经过合同交易关系调整,在原招标基础上,各投标专业公司按照统一交易关系重新报价,并重新谈判,实现签约目标,并在招投标价格基础上大幅下调签约单价基准价,仅此就为生产企业每年节省成本1亿多元。

上述案例充分说明,合同策划的重要性和价值。

四、合同相对方资格条件

一般来说,由采购方对供应方资格提出要求。[①] 在常规合同业务中,关于供应

[①] 这里所称采购方、供应方并非特指货物买卖关系的买受方和出卖方,而是泛指合同付款义务一方为合同采购方,相对方为供应方。

方资格条件的要求,通常从供应方能力、专业资格、专业资质等方面考虑,有的因素是法定的,如建设工程专业资质,有的因素主要关系供应方能否顺利履行合同。

1. 履约能力。供应方履约能力是合同得以顺利实施的基本保障。这方面因素比较多,因交易业务而异,主要考虑供应方能否顺利履行合同,如设备供应企业的技术装备、技术人员、财务状况(一般以近几年财务审计报告反映)、设备销售业绩等。

在实务中,不少类型合同的供应方业绩往往被作为能力的评价因素,但依法必须通过招标方式采购的,法律不允许将特定业绩作为加分项或中标条件。招投标法允许要求潜在投标人提供有关资质证明文件和业绩情况,但以特定行业的业绩作为加分条件或者中标条件将被视为设置不合理限制或排斥潜在投标人或投标人;[①]在政府采购活动中,允许采购人要求供应商提供有关业绩情况,但以特定行业的业绩作为加分条件或者中标、成交条件将被视为设置不合理条件对供应商实行差别待遇或者歧视待遇。[②]

2. 资格条件。除履约能力外,供应商的主体资格还包括几个方面:首先是法律规定的行政许可资格,如融资租赁公司需获得银保监会[③]行政许可。其次是法律规定的处置权利,如房屋租赁合同,出租方是否有权利出租房屋;技术许可合同的许可方是否有权向第三方许可实施专利技术。最后是代理权或经销权,如设备销售代理权等。

3. 专业资质。有些合同业务需要供应方拥有相应专业资质,如工程设计、建设工程施工等需要相应工程设计资质和施工承包资质。专业资质是合同主体一个法定资格条件,包括两个方面:一是拥有该专业资质;二是达到相应专业资质等级。没有相应专业资质或没有达到相应资质等级要求的,合同无效。

在实践中,也有供应方(卖方)对采购方(买方)提出资格要求,如股权转让业务中,股权转让方在特殊情况下可对受让方提出资格条件要求。例如,转让方出售设计院全部股权时,为设计院未来生存发展考虑,要求意向受让方具有为设计

---

① 参见《招投标法》第18条,《招投标法实施条例》第32条第2款第3项。
② 参见《政府采购法》第23条,《政府采购法实施条例》第20条第4项。
③ 2018年银保监会挂牌之前,存在银监会和保监会,其中,保险公司的许可证由保监会颁发,商业银行的许可证由银监会颁发。2023年5月18日,国家金融监督管理总局正式挂牌成立,并取代原中国银行保险监督管理委员会(银保监会)职能。

院的发展提供市场、技术等专业支持的综合能力。当然,对受让方设置的资格条件不应有明确指向性或违反公平竞争原则。[①]

五、合同风险与应对

风险是未来不确定发生并且一旦发生将带来损失的事件。风险是客观存在的,但风险事件是否发生、何时发生以及风险事件发生所带来的后果等是不确定的,因此,需要相应风险识别、评估和应对。同样,所有双务合同都存在各种各样的风险,如货物买卖合同,对买方来说,存在卖方能否按时交货、所交货物是否满足合同约定要求等风险;对卖方来说,存在买方是否及时接收货物、能否按约付款等风险。

因此,在合同启动策划阶段,要充分分析评估合同可能的风险,并对可能的重大风险事项制订相应应对策略。风险应对常用策略包括风险承担、风险规避、风险转移、风险降低、风险控制等。就合同风险应对而言,一般采用风险承担、风险转移、风险降低、风险控制等策略。风险承担或风险自担,主要针对不可规避、不可转移或转移成本更大的风险,由自己承担该风险,如现有科学技术认知和科学技术条件等因素导致技术开发失败风险等。风险自担通常与风险控制和风险降低相配套使用,如买卖合同卖方交货延误风险,通过加强合同过程管理促进买方按时交货或缩短延期交货时间,以及加重延期交货违约责任等。风险转移是将风险后果转移给合同对方或第三方,如建设工程承包合同执行期间物价上涨风险,业主可将项目概算中价格上涨不可预见费给承包商,但约定合同价格不随物价变化而调整;货物买卖合同的标的物在运输途中损毁风险,将损毁后果通过投保运输险转嫁给保险公司等。

在合同策划阶段,首先分析查找本合同及合同履行期间的可能风险,并按照风险发生的概率、造成后果等进行评估,区分出重大风险和一般性风险,重点为重大风险制订相应应对策略,并嵌入合同。

对于合同相对方来说,有的合同设置主动权不在己方,如招投标、询价以及其他竞争性方式,但在这个阶段,也要研究分析合同风险并制订应对策略,如买卖合同现场交货,运输过程货物损毁风险在出卖人一方,可通过货物运输保险转移风

[①] 参见《国有资产交易监管办法》第15条第1款第5项、第14条。

险,在货物定价时要考虑货运保险费用等。

六、合同商务结构与条件

合同交易最终反映到合同商务结构与条件上,合同商务结构与条件直接关系和影响供应方报价,有的商务条件甚至影响潜在供应方是否参与竞争报价。

商务结构与条件设置需要与业务交易结构相对应。在前述案例6中,确定双方业务交易结构后,相应设置了生产企业与专业公司之间公用工程供应和结算各项商务条件,例如,在生产企业每月批准计划用量范围内的公用工程如何计量、结算和支付;超出批准计划用量公用工程的计量、结算和支付办法等。关于工业原料供应和结算各项商务条件,包括如果实际用量达不到约定最低用量标准时,如何适用照付不议(take or pay)机制;当实际用量在正常范围内时,如何计量、结算和支付;当实际用量超过正常范围时,如何计量、结算和支付等。

另外,关于合同支付条件,如合同价款是一次性支付或分期支付,①约定好支付时应具备条件以及相应支持文件等;关于支付工具,包括现金电汇、信用证、汇票承兑等,都要根据企业财务实际情况设定;关于合同担保,如是否设置预付款担保、合同履约担保以及担保方式等。

七、设计合同文件

在合同策划阶段,大多数策划内容最终都会被纳入合同中,因此,设计和起草合同文件是合同策划阶段的一项重要内容。首先,确定合同形式,法律规定必须采用书面合同的,应当按照法定要求;没有法定要求的,按照习惯,一般多采用书面合同形式,实践中,特别是国有企事业单位及国有控股企业、上市公司等一般都要求采用书面合同,适用政府采购的合同一般也是要求采用书面合同。其次,设置好合同结构,合同一般由合同主条款即通常所称的"合同书"或"协议书"和各项附件文件组成,具体根据合同情况而定。最后,把合同主要内容,尤其把前面策划的交易结构、商务条件、风险应对、合同通常条款等设置清楚,形成较为完备的

---

① 合同实务中,对于合同履约周期长、合同价款额度大的项目,合同价款一般采用分阶段或分期支付。

合同格式文件。①

对于招标、询价等采购合同,法律规定原则上不能实质性改变合同,所以,合同文件应尽可能系统、完整、完善。

八、合同采购方式

合同采购方式是合同策划的一项重要内容。合同采购方式通常有公开招标、邀请招标、竞争性谈判、询比价、竞价(卖方采用拍卖,买方采用反拍卖)、直接谈判等,相关采购方式在第三章和第四章中都有详细论述,这里不再重复。

合同策划中选择合同采购方式时,通常考虑以下因素:

1. 法律规定。按照《政府采购法》和《招投标法》的规定,属于法定招标范围并达到招标标准的合同必须采用招标采购方式,当然,依法属于例外情形的除外。除前面两部法律规定外,还有其他相关法律规定,如国有土地使用权出让合同、国有土地租赁合同,需要采取招标、拍卖、挂牌等竞争性方式确定土地使用者;②另外,国有及国有控股企业对外转让股权或资产,原则上要通过产权交易机构采用挂牌竞争方式。

除法律规定因素外,一些企业集团,所属企业在确定合同采购方式时,还要考虑集团内部制度关于合同采购方式的要求。

2. 客观因素。这方面因素较多,如合同价值大,对价格额度准确性把握程度不高,可采用有竞争性的采购方式;对于技术标准统一,市场资源充足,可采用询价方式。还有诸多因素影响合同采购方式:市场能否形成竞争,交易业务保密性,采用招标等竞争性方式发生的成本,合同交易时间限制等。合同采购方式根据各个合同交易实际情况而定。

需要注意的是,虽然影响合同采购方式的客观因素很多,法律也认可某些客观因素对合同采购方式的影响,并规定一些例外情形,但属于法定招标而采用非招标方式的,需要依法履行审批、备案手续;未按照上级管理制度规定采购方式的,

---

① 合同实务中,对于相对复杂的合同业务,合同附件文件多由采购方要求文件和供应方报价文件并经过谈判后经整合而成,在合同策划阶段需要对这些文件提出要求并指明将作为合同附件。如建设工程承包合同中的一个附件"工程进度计划",在合同策划阶段设定好关键控制点,并要求供应方在报价中提交二级或三级计划,经双方谈判确认后作为合同附件。

② 参见《土地管理法实施条例》第17条、第18条。

也应当履行管理制度规定的审批手续。这些情形都是日后审计重点关注的地方。

九、合同谈判预设

合同谈判是合同交易系统性协商过程,在合同策划阶段需要对下一步合同谈判作出具体安排。第二十章"合同谈判"对合同谈判有详细论述,这里不再赘述。

实践中,多数合同交易业务单一、交易结构和商务条件比较简单,合同谈判也没有太复杂,可根据各个合同的具体情况安排合同谈判工作。

但对于交易业务复杂或合同内容复杂的合同谈判安排要非常重视,特别是合同谈判组织安排,尤其在谈判内容所涉领域多的情况下,谈判组织的设置要体现出谈判过程的"主轴"以及对整个合同及谈判过程"主题思想"的把握,否则,将影响合同谈判的进展和效果。

案例 7

S 公司拟收购 Z 公司所属 J 公司股权,预期标的额巨大,涉及多方面内容,且 S 公司和 Z 公司均为上市公司。为此,S 公司内部成立相应谈判组织,如图 2-1 所示。

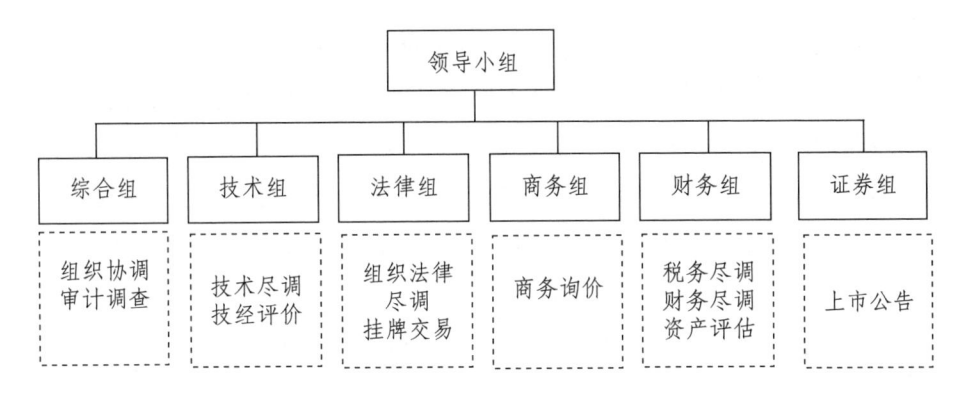

```
                        领导小组
     ┌──────┬──────┬──────┼──────┬──────┬──────┐
   综合组  技术组  法律组  商务组  财务组  证券组
   ┌──┐   ┌──┐   ┌──┐   ┌──┐   ┌──┐   ┌──┐
   组织协调 技术尽调 组织法律 商务询价 税务尽调 上市公告
   审计调查 技经评价 尽调              财务尽调
                    挂牌交易            资产评估
```

图 2-1 谈判组织与职责

在图 2-1 的并购谈判组织机构中,基本上按照该宗并购案所涉及的业务领域设置相应组别,其优点是各个组别的职责划分清楚;缺点是各组职责缺少交叉融合,把审计与财务资产脱钩放到综合组,不利于审计推进和审计结果应用,这个谈判组织机构设置难以形成谈判"主轴"和"主题思想",容易形成各组背靠背工作,容易出现"一盘散沙"局面。由于综合组并不熟悉股权并购业务,但综合组又指挥协调并购业务,事实表明,这个谈判组织在并购推进中遇到诸多困难,甚至举步维艰。

后来对谈判组织进行调整,如图 2-2 所示。

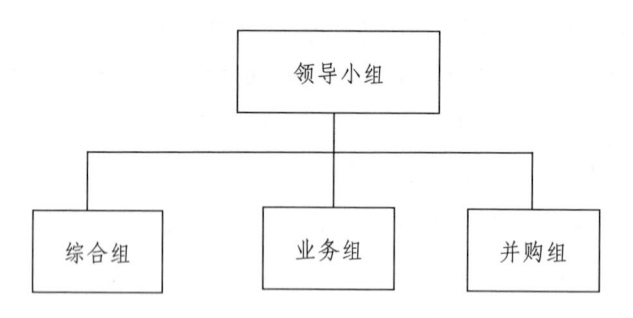

图 2-2　调整后谈判组织

图 2-2 的谈判组织强化各业务领域融合,相较图 2-1 的谈判组织更具可操作性。但在实际操作过程中仍需要注意进一步加强尽职调查、并购方案、商务谈判等方面的紧密融合。

十、合同实施预设

合同策划阶段,需要对合同实施阶段主要路径、关键环节、重点保障措施、合同执行阶段可能出现对履约产生较大影响的客观情况以及相应应对办法、当事人可能发生的违约情形及相应救济措施等进行预设。国内合同对这方面内容还有较大改进余地。把这些内容设置到合同文件中,在合同谈判阶段作为谈判基础,并结合双方商谈情况做相应修正和充实。通过这种方式,促进和保障合同得以顺利执行,从而保障实现合同目标和目的。

从供应方角度看,在决定响应合同采购邀约前,更要研究并响应对方关于合同实施的要求,并将其作为合同组成部分。

当然,对于简单的交易合同无须设计很复杂的流程,但对于较为重要、影响较大的合同,对合同实施进行预设就显得十分重要。本书中重点合同的各章节都有相应介绍,这里不再赘述。

十一、内部程序与审批

合同启动阶段需要注意相应的启动程序,包括单位内部各项程序和上级强制性规定程序。例如,国有及国有控股企业、上市公司等企业的重大融资、资产重组、对外担保等合同交易业务以及法定招标合同采用非招标方式的,在启动阶段需要经过内部各项决策程序,包括"三重一大"决策程序,有的需要经过股东、政府主管部门或由政府授权的国有资本投资、运营公司审批,这些内部决策程序和外部审批程序是该方当事人启动合同的合规合法依据,也是将来内部审计和后评价重点关注的事项。

当然,在合同实务中,虽然上述类型合同的绝对数不少,但占总体合同数量比例较低,大多数合同属于普通类型合同。即便如此,对企事业单位等法人或非法人组织来说,合同启动都应履行相应的内部程序。这种内部程序包括两个方面:一是合同启动程序,也是本章所重点述及内容;二是业务程序,这在使用国有资产方面更为突出,例如,单位购置非生产使用轿车,需要履行购车一系列审批,有些单位还需要上级审批,获得批准后方可启动合同程序。

实践中,一般由提起合同动议的业务部门提出启动合同申请,申请中应当对启动该合同业务关键内容进行必要的说明,然后交由合同管理部门组织内部合同启动审批程序,必要时也可召开评审会进行评价论证,有的合同业务需要经过单位招投标领导机构审批。完成内部启动审批程序后,开展合同各项流程。

例如,企业生产管理部门需要采购劳动保护用品合同启动程序,其中,生产管理部门是合同动议部门,物资采购部门是合同经办部门。从合同动议到合同采购,一般经过如图2-3所示流程。

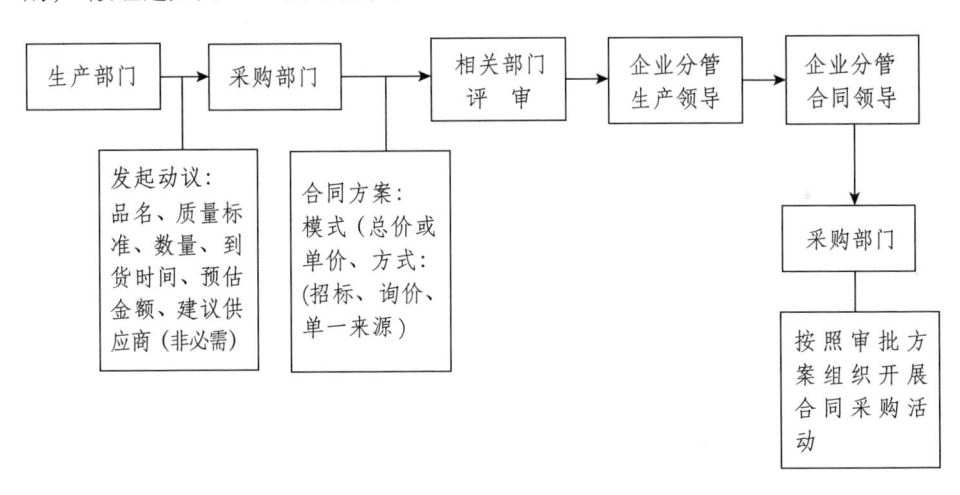

图2-3 合同启动流程示意

上述是一般性流程，如按照企业管理制度需要经过招投标领导机构审议或其他决策程序，在流程中相应加入该环节。另外，每个单位的组织机构以及内部流程并不完全一样，因此，在实践中，可根据具体情况设定合同启动审批流程。

第三章 合同形成之招投标

招投标是合同形成的一种重要方式,特别在工程、货物、服务等领域。目前,规范招投标活动的法律体系主要有两套,一是以《招投标法》为基础形成的法律体系,二是以《政府采购法》为基础形成的法律体系。《政府采购法》规定,政府采购合同适用合同法采购人和供应商之间的权利和义务,应当按照平等、自愿的原则以合同方式约定。据此,政府采购的采购人即使是政府机关,该类合同仍属于民事合同。据财政部2022年7月15日再次发布征求意见通知,《政府采购法(修订草案征求意见稿)》扩大了政府采购范围,并在第71条规定,政府采购合同适用《民法典》,但创新采购合同、政府和社会资本合同不适用《民法典》,而是适用行政协议的相关法律规定。据此,有关政府采购的工程、货物、服务合同仍属民事合同范畴。

一、招标概述

招标分公开招标和邀请招标两种方式。

公开招标,是指招标人以招标公告的方式邀请不特定的潜在投标人参加投标;邀请招标,是指招标人以投标邀请书的方式邀请特定的潜在投标人参加投标。公开招标主要特征:一是以招标公告的方式公开邀请投标人,二是邀请对象是不特定的;邀请招标主要特征:一是以投标邀请书的方式不公开邀请投标人,二是邀请特定对象。

按照《民法典》关于合同形成要经历要约与承诺的过程,招标公告邀请潜在投标人参加投标的活动不是《民法典》中的要约,而是要约邀请。投标人按照招标公告的要求参加投标并按照公告要求提交投标文件的行为,属于法律上的要约行为;招标人经过评选,接受某投标人的投标内容并确定其为中标人的行为,属于法律上的承诺。招投标活动与要约承诺关系,如图3-1所示。

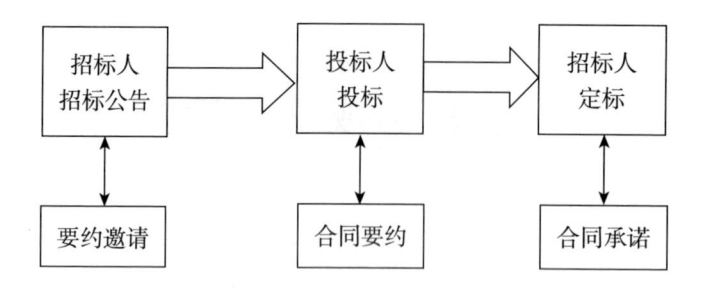

```
招标人招标公告  →  投标人投标  →  招标人定标
    ↕                ↕              ↕
 要约邀请         合同要约        合同承诺
```

图3-1 招投标活动与要约承诺活动示意

需要注意的是关于公开招标概念中投标人的界定。

按照《招投标法》的规定,无论是公开招标还是邀请招标,投标人只能是法人组织或其他组织,自然人不能参加投标。这个规定是因为《招投标法》主要是针对建设工程领域相关的工程施工或工程勘察、设计、监理等工程或服务以及设备、材料等货物采购,自然人个人无法提供这些工程、服务或设备材料。但依法招标的科研项目如果允许自然人个人参加投标,投标的自然人个人适用《招投标法》有关投标人的规定。[①]

按照《政府采购法》的规定,政府采购供应商是指提供货物、工程或者服务的法人、其他组织或者自然人。[②] 据此规定,在政府采购的货物或服务招标采购活动中,自然人个人可以参与投标,当然,自然人个人参与政府采购投标的,主要在服务采购方面,应当具备招标要求的条件。

《机电产品国际招投标》第32条第1款规定,投标人是响应招标、参加投标竞争的法人或其他组织,据此,机电产品国际招标的投标人只能是法人或者其他组织,自然人个人不能作为投标主体。

二、法定招标范围

法定招标是指须依法通过招投标方式形成合同。法定招标范围主要包括两方面要素:一是法定招标范围,即哪些采购项目合同必须通过招投标方式形成;二

[①] 参见《招投标法》第25条第2款。
[②] 参见《政府采购法》第21条。

是法定招标规模,即在法定招标范围内的项目,达到什么样规模必须进行招标。按照现行法律体系,主要按招标投标法律体系(《招投标法》)、政府采购法律体系(《政府采购法》)和机电产品国际招标投标实施办法体系(《机电产品国际招投标》)三套法律制度,严格地讲,机电产品国际招投标不算单成法律体系,而是招投标法和政府采购法中国际招标特例,为直观了解,本章将机电产品国际招标单独提出。

(一)招投标法招标范围

根据《招投标法》及其实施条例和《必须招标的工程项目规定》的规定,在中华人民共和国境内进行工程建设项目包括工程、与项目建设有关的货物、服务等的采购,必须进行招标。工程,是指建设工程,包括建筑物和构筑物的新建、改建、扩建及其相关的装修、拆除、修缮等;工程建设有关的货物,是指构成工程不可分割的组成部分,且为实现工程基本功能所必需的设备、材料等;工程建设有关的服务,是指为完成工程所需的勘察、设计、监理等服务。

1. 招投标法招标范围

按《招投标法》及其配套相关规定,下列三类工程建设项目必须进行招标。

第一类:关系社会公共利益、公众安全的大型基础设施和公用事业工程建设项目,包括[①]:

(1)煤炭、石油、天然气、电力、新能源等能源基础设施项目。

(2)铁路、公路、管道、水运,以及公共航空和A1级通用机场等交通运输基础设施项目。

(3)电信枢纽、通信信息网络等通信基础设施项目。

(4)防洪、灌溉、排涝、引(供)水等水利基础设施项目。

(5)城市轨道交通等城建项目。

上述基础设施工程建设项目,不管投资主体或资金来源如何,只要属于所列工程项目范围,都必须进行招标,达到《必须招标的工程项目规定》所规定的规模和标准的,必须进行公开招标。

第二类:全部或者部分使用国有资金投资或者国家融资的工程建设项目,包括:

---

① 参见《必须招标项目范围》(发改法规规〔2018〕843号)。

(1)使用预算资金200万元人民币以上,并且该资金占投资额10%以上的项目。预算资金,包括一般公共预算资金、政府性基金预算资金、国有资本经营预算资金、社会保险基金预算资金。

(2)使用国有企业事业单位资金,并且该资金占控股或者主导地位的项目。

全部或者部分使用上述国有资金投资或者国家融资的工程建设项目,都必须进行招标,达到《必须招标的工程项目规定》所规定的规模和标准的,必须进行公开招标。

第三类:使用国际组织或者外国政府贷款、援助资金的项目,包括:

(1)使用世界银行、亚洲开发银行等国际组织贷款、援助资金的项目。

(2)使用外国政府及其机构贷款、援助资金的项目。

国际组织贷款项目中,招投标法列举了世界银行、亚洲开发银行等国际金融组织。但随着世界的发展,一些新型国际组织陆续产生,如亚洲基础设施投资银行(亚投行),以及金砖国家新开发银行等,使用这些国际组织贷款资金在国内建设项目的工程建设以及与工程建设相关的货物和服务采购,原则上也应采用招标方式。

2.招投标法招标标准

根据《招投标法》及其实施条例和《必须招标的工程项目规定》的规定,在中华人民共和国境内进行工程建设项目包括与项目建设有关的货物、服务等的采购,只要在前述招标范围内,达到以下标准的,必须进行招标[①]:

(1)估算价在400万元人民币以上的单项施工合同。

(2)估算价在200万元人民币以上的重要设备、材料等货物的单项采购合同。

(3)估算价在100万元人民币以上的勘察、设计、监理等服务的单项采购合同。

同一项目中可以合并进行的勘察、设计、施工、监理以及与工程建设有关的重要设备、材料等的采购,合同估算价合计达到上面规定标准的,必须招标。

达到上述招标标准的,如果全部使用国有资金投资或者国有资金投资占控股或者主导地位的,应当公开招标。

---

① 参见《招投标法》第3条第2款,《招投标法实施条例》第8条,《必须招标的工程项目规定》第5条。

在实践中,一些大型国有集团公司或国有控股集团公司,以及其他一些公司,依据招投标法规定和国务院主管部门授权,制定本集团系统的招投标范围和标准。在这种情况下,该集团系统的各企业进行合同采购单项合同金额尽管没有达到招投标法规定的招标标准,但达到该集团公司规定的招标标准,也应当采用公开招标方式进行采购。

另外,按照《招投标法》的规定,按照国家有关规定需要履行项目审批、核准手续的依法必须进行招标的建设工程项目,其招标范围、招标方式、招标组织形式应当报项目审批、核准部门审批、核准。在实践中,一般在项目申请报告中列出"招标采购"专章,一并上报项目审批或核准部门审批或核准。

3. 法定招标例外

在实践中,一些采购项目尽管属于法定招标范围,并且也达到了法定招标标准,但因技术因素或其他客观原因,不宜采用公开招标或采用公开招标成本过高的,招投标法规定例外情形,允许采用邀请招标或非招标方式。

(1) 法定公开招标可采用邀请招标

按照《招投标法实施条例》的规定,国有资金占控股或者主导地位的依法必须进行招标的项目,应当公开招标;但有下列情形之一的,可以邀请招标:

①技术复杂、有特殊要求或者受自然环境限制,只有少量潜在投标人可供选择;

②采用公开招标方式的费用占项目合同金额的比例过大。

依此规定,尽管采购项目达到了法定公开招标条件,但只要存在上述情况,就可以采用邀请招标方式。

需要注意的是,按照《招投标法》及其配套相关规定,对属于"技术复杂、有特殊要求或者受自然环境限制,只有少量潜在投标人可供选择"的情形,采购人可自行采取邀请招标。但对属于"采用公开招标方式的费用占项目合同金额的比例过大"的情形,需要由相关部门对公开招标方式的费用占项目合同金额的比例过大作出认定,采购人才能采取邀请招标。按照规定认定部门具体如下:按照国家有关规定需要履行项目审批、核准手续的依法必须进行招标的项目,由项目审批、核准部门在审批、核准项目时作出认定;其他项目,国家层面由国务院工业和信息化、住房和城乡建设、交通运输、铁道、水利、商务等部门,按照规定的职责分工对招标进行认定;县级以上地方人民政府有关部门按照规定的职责分工对招标进行认定。[1]

(2)法定招标可采用非招标

按照《招投标法》及其实施条例和配套管理规定,尽管采购项目属于法定招标范围并达到招标标准,但在特定情形下,这些采购项目可采用非招标方式。具体包括下列情况[2]:

①涉及国家安全、国家秘密,不适宜进行招标的。

②抢险救灾或者属于利用扶贫资金实行以工代赈、需要使用农民工等特殊情况,不适宜进行招标的。

③需要采用不可替代的专利或者专有技术的。主要针对某些特殊专利技术或专有技术,并且,这些技术是不可替代的,掌握或拥有这些专利技术或专有技术的所有人或拥有人少于三人,构不成有效竞争,可以采用不招标方式采购。

④采购人依法能够自行建设、生产或者提供的。

采购人依法能够自行建设、生产或者提供,包含三个层面含义:一是依法,如采购人建设办公楼,采购人除具备建设办公楼的能力和装备外,必须具备国家规定的专业资质;二是采购人自行建设、生产或提供,如采购人建设办公楼,而采购人刚好是建筑公司,并具有承建该办公楼需要的相应资质和能力,采购人可自己建设办公楼,不需要招标;三是采购人仅指符合民事主体资格的法人或者其他组织,不包括与其相关的母公司、子公司,以及与其具有管理或利害关系的,具有独立民事主体资格的法人、其他组织。

⑤已通过招标方式选定的特许经营项目投资人依法能够自行建设、生产或者提供的。

这种情况主要针对特许经营项目建设招标问题,涉及两个方面:一是特许经营项目投资人是通过招标方式选定的;二是该投资人依法能够自行建设、生产或者提供。那么,特许经营项目投资人可直接建设项目。

⑥需要向原中标人采购工程、货物或者服务,否则将影响施工或者功能配套要求的。

这类情况主要是为保持原招标项目功能,其前提是如果不向原中标人采购,

---

[1] 参见《招投标法实施条例》第7条、第8条。
[2] 参见《招投标法》第66条、《招投标法实施条例》第9条。

将影响工程施工或功能配套要求。如采购人通过公开招标方式为工厂采购大型反应塔,工厂建成生产若干时间,需要更换反应塔内件,如果向其他供应商采购反应塔内件,将影响整个反应塔使用功能,那么,采购人可以直接向原供应商采购反应塔内件,而不需要通过招标方式采购反应塔内件。

⑦国家规定的其他特殊情形。

需要注意,尽管上述各种情况可以不招标,但有些地方政府主管部门要求不招标需履行事先审批手续,有些国有企业集团或国有控股集团公司对下属企业采用非招标方式采购需要履行事先审批手续,那么,在实际操作中,应当事先履行不招标审批手续。

4. 总承包工程分包采购方式

实践中,对于通过招投标方式获得的法定总承包工程项下施工、货物和服务等分包采购方式,一直困扰着工程总承包单位。《招投标法》没有触及总承包工程项下分包采购方式。《招投标法实施条例》第29条第1款规定,招标人可以依法……实行总承包招标;以暂估价形式包括在总承包范围内的工程、货物、服务属于依法必须进行招标的项目范围且达到国家规定规模标准的,应当依法进行招标。该条仅对总承包工程中以暂估价形式的工程、货物、服务明确分包采购方式,未明确规定非暂估价部分分包采购方式。实践中,一些总承包单位尤其是国有或国资控股总承包单位采取保守政策,只要分包采购项目达到法定招标标准的,即采用招标采购方式,以至于经常出现层层招标情况。这实际上是对前述立法本意的误解。《招投标法实施条例》第29条本意主要是两个方面:一是建设工程可以总承包方式采购,属于法定招标范围并达到招标标准的,发包人须依法招标;二是通过招投标的总承包工程,暂估价部分分包采购达到招标标准的,应依法招标,除此之外,非暂估价部分分包并不属于法定招标范围,总承包单位可据分包采购具体情况,自行决定使用采购方式。实践中需要注意,总承包单位需要注意上级单位规章制度对采购方式的要求,避免合法不合规情况发生。

(二)政府采购法定招标范围

1. 政府采购概述

政府采购在世界各国都是一项专门规定的采购活动。在我国,政府采购是指各级国家机关、事业单位和团体组织,使用财政性资金采购依法制定的集中采购目录以内的或者采购限额标准以上的货物、工程和服务的行为。① 政府采购中的采购,是指以合同方式有偿取得货物、工程和服务的行为,包括购买、租赁、委托、雇用等。

依此定义,政府采购包含三个方面关键要素:

一是采购主体,主要是各级国家机关、事业单位和团体组织。其中,各级国家机关因全部实行财政预算管理,全部使用财政性资金,因此,各级国家机关属于政府采购主体。事业单位使用财政性资金采购货物、工程、服务时,该事业单位属于政府采购主体,但当前一些事业单位企业化改革,改制后事业单位实行自主经营、自负盈亏,这类事业单位使用自有资金采购货物、工程或服务时,不纳入政府采购范畴,但采购活动达到招标条件的,按招投标法规定执行。团体组织使用财政性资金的,其采购行为属于政府采购范畴。

二是采购使用资金性质,是财政性资金,即纳入各级财政预算管理的资金。

三是采购对象,政府采购对象包括货物、工程和服务。其中:

货物,是指各种形态和种类的物品,包括原材料、燃料、设备、产品等;工程,是指建设工程,包括建筑物和构筑物的新建、改建、扩建、装修、拆除、修缮等;服务,是指除货物和工程以外的其他政府采购对象。政府采购中的服务包括政府自身需要的服务和政府向社会公众提供的公共服务。② 政府自身需要的服务如政府部门计算机服务器运行维护服务,政府向社会公众提供的公共服务如公共绿化养护服务等。

相较于《招投标法》规定的范围,政府采购活动对象范围更为宽广。但政府采购中的工程、与工程相关的货物、服务的招标适用《招投标法》及其实施条例;工程、与工程相关的货物、服务等之外的政府采购货物、服务适用《政府采购法》及其实施条例。

关于政府采购方式,按照《政府采购法》的规定,政府采购采取集中采购与分散采购相结合的方式。

政府采购中的集中采购,是指采购人将列入集中采购目录的项目委托集中采购机构代理采购或者进行部门集中采购的行为。

---

① 参见《政府采购法》第2条第2款。
② 参见《政府采购法实施条例》第2条第4款。

政府采购的集中采购目录,包括集中采购机构采购项目和部门集中采购项目。其中,采购项目的技术、服务等标准统一,采购人普遍使用的项目,列为集中采购机构采购项目;采购人本部门、本系统基于业务需要有特殊要求,可以统一采购的项目,列为部门集中采购项目。

列入集中采购目录的项目,需要采取集中采购。

政府采购中的分散采购,是指采购人将采购限额标准以上的未列入集中采购目录的项目自行采购或者委托采购代理机构代理采购的行为。换言之,符合政府采购范围的采购人,采购集中采购目录之外并且达到政府采购限额标准以上的货物、工程和服务,不需通过集中采购,采购人可以自行采购或委托采购代理机构代理采购。

集中采购主要是通过采购机构集中采购,在这里不再赘述。

分散采购主要是采购人自主采购行为,包括自行采购或者委托代理机构代为采购,这与通常的经济合同主体进行合同采购类似。

因此,本部分及后续涉及的政府采购内容,主要论述政府采购中的分散采购。

政府采购中的分散采购有两个关键要素:一是采购项目金额在政府采购限额标准以上;二是采购项目未列入集中采购目录中。政府集中采购目录和限额标准一般定期修订发布,其中,中央预算单位的政府集中采购目录及标准由国务院制定发布,如2016年12月21日,国务院办公厅发布《中央预算单位2017—2018年政府集中采购目录及标准》(已失效),包括集中采购机构采购项目、部门集中采购项目、分散采购限额标准、公开招标数额标准四个部分。其中,除集中采购机构采购项目和部门集中采购项目外,各部门自行采购单项或批量金额达到100万元以上的货物和服务的项目、120万元以上的工程项目应按《政府采购法》和《招投标法》有关规定执行。这与《中央预算单位2015—2016年政府集中采购目录及标准》规定的分散采购标准相比,均增加一倍。[①]

地方预算单位的政府集中采购目录及标准由省、自治区、直辖市人民政府或者其授权的机构根据实际情况,可以确定分别适用于本行政区域省级、设区的市级、县级的集中采购目录和采购限额标准。

---

① 《中央预算单位2015—2016年政府集中采购目录及标准》规定:除集中采购机构采购项目和部门集中采购项目外,各部门自行采购单项或批量金额达到50万元以上的货物和服务的项目、60万元以上的工程项目应按《政府采购法》和《招投标法》有关规定执行。

2.政府采购法定招标范围与标准

政府采购中属于集中采购部分,由政府集中采购机构或政府部门按照规定集中统一采购。

无论是集中采购,还是分散采购,达到公开招标条件的,除法定原因外,应当采用公开招标方式采购。

《政府采购法》规定,政府采购人采购货物或者服务应当采用公开招标方式的,其具体数额标准,属于中央预算的政府采购项目,由国务院规定;属于地方预算的政府采购项目,省、自治区、直辖市人民政府规定。

对于中央预算的政府采购项目公开招标标准,由国务院每两年发布一次。如《中央预算单位政府集中采购目录及标准(2020年版)》(国办发〔2019〕55号)第四部分规定:政府采购货物或服务项目,单项采购金额达到200万元以上的,必须采用公开招标方式。政府采购工程以及与工程建设有关的货物、服务公开招标数额标准按照国务院有关规定执行。因《政府采购法》第4条规定,政府采购工程进行招标投标的,适用招标投标法,因此,政府采购的工程以及与工程建设有关的货物、服务公开招标数额标准可按照《招投标法》、《招投标法实施条例》以及配套规定的标准执行。

对于地方预算的政府采购项目公开招标数额标准,各个地方有所不同,因此,各地方应按照本地区政府采购目录和标准执行。

如《北京市2020—2022年政府采购集中采购目录及标准》规定公开招标方式采购标准为:各预算单位采购单项或批量金额达到以下标准时,应采用公开招标的方式进行采购:货物和服务类400万元以上(含400万元);工程类按照国家招标投标有关规定执行。

《四川省政府集中采购目录及标准(2020年版)》关于公开招标数额标准为:政府采购货物和服务项目,单项或批量采购预算在400万元以上的,应当采用公开招标方式;政府采购工程以及与工程建设有关的货物、服务公开招标数额标准按照国务院有关规定执行。

(三)机电产品国际采购公开招标范围

机电产品国际采购具有其特殊性,为保护国家利益、社会公共利益和招标投标活动当事人的合法权益,提高经济效益,保证项目质量,特定机电产品国际采购需采用招标方式。目前,我国机电产品国际招标活动的专门规范主要为商务部2014年2月21日公布并于2014年4月1日起施行的《机电产品国际招投标》。①

按此规定,机电产品,是指机械设备、电气设备、交通运输工具、电子产品、电器产品、仪器仪表、金属制品等及其零部件、元器件。

按照《机电产品国际招投标》附件1规定,共六大类产品。

机电产品国际招标投标活动,是指中国境内的招标人根据采购机电产品的条件和要求,在全球范围内以招标方式邀请潜在投标人参加投标,并按照规定程序从投标人中确定中标人的一种采购行为。

按此规定,机电产品国际招标包含以下关键要素:一是采购人在中国境内,并采取招标方式采购;二是招标机电产品的原产地在中国关境外;三是招投标过程特殊性;四是确定中标人要经过规定程序。

按照《机电产品国际招投标》的规定,通过招标方式采购原产地为中国关境外的机电产品,属于下列情形的必须进行国际招标:

1. 关系社会公共利益、公众安全的基础设施、公用事业等项目中进行国际采购的机电产品。

《机电产品国际招投标》没有进一步界定"关系社会公共利益、公众安全的基础设施、公用事业项目"范围,可参照《招投标法》及其配套规定的界定范围。如煤炭、石油、天然气、电力、新能源等能源基础设施项目;铁路、公路、管道、水运,以及公共航空和A1级通用机场等交通运输基础设施项目;电信枢纽、通信信息网络等通信基础设施项目;防洪、灌溉、排涝、引(供)水等水利基础设施项目;城市轨道交通等城建项目。

2. 全部或者部分使用国有资金投资项目中进行国际采购的机电产品。

依此规定,国有企业或国有控股企业投资项目,进行国际采购的机电产品,需要通过国际招标方式采购。

3. 全部或者部分使用国家融资项目中进行国际采购的机电产品。

4. 使用国外贷款、援助资金项目中进行国际采购的机电产品。

---

① 在《机电产品国际招投标》实施之前,由商务部于2004年11月1日公布并于2014年4月1日废止的《机电产品国际招标投标实施办法》规范机电产品国际招标活动。

5. 政府采购项目中进行国际采购的机电产品。

政府采购按照《政府采购法》及其配套政策和规定执行,但政府采购货物涉及《机电产品国际招投标》附件1"机电产品范围"中机电产品的,除遵守政府采购法基本规定外,须按照机电产品国际招标的方式进行采购。

6. 其他依照法律、行政法规的规定需要国际招标采购的机电产品。

上述1至6所规定适用国际招标的机电产品具体按照《机电产品国际招投标》附件1"机电产品范围"中所列的各项产品确定。具体见表3-1所列各项。

表3-1 机电产品范围

商品类别	海关商品编号
一、金属制品	7307-7326、7412-7419、75072、7508、7609-7616、7806、7907、8007、810192-810199、810292-810299、81039、81043、81049、81059、8106009、81079、81089、81099、8110009、8111009、811219、811299、82-83章
二、机械及设备	84章
三、电器及电子产品	85章
四、运输工具	86-89章(8710除外)
五、仪器仪表	90章
六、其他 (含磨削工具用磨具、玻壳、钟表及其零件、电子乐器、运动枪支、飞机及车辆用坐具、医用家具、办公室用金属家具、各种灯具及照明装置、儿童带轮玩具、带动力装置的玩具及模型、健身器械及游艺设备、打火机等)	680421、6804221、6804301、6805、7011、91章、9207、93031-93033、9304、93052、93059、93061-93063、94011-94013、9402、94031、94032、9405、9501、95031、95038、95041、95043、95049、95069、9508、9613

(四)招标方式转非招标方式

实务中,对于一些达到法定招标条件的合同采购项目,依法进行招标后,因各种原因招标失败而"流标",法律基于尊重客观事实和保护采购方正当利益,允许将招标程序转换为非招标程序。如《招投标法》第28条规定,投标人少于三个的,招标人应当依照本法重新招标。但如果第二次招标仍然失败,是否继续再次招标呢?《招投标法》及其实施条例没有给出明确答案。但《工程施工招标投标办法》

第 38 条第 3 款和《工程货物招标投标办法》第 34 条第 3 款规定,重新招标后投标人仍少于三个,按国家有关规定需要履行审批、核准手续的依法必须进行招标的项目,报项目审批、核准部门审批、核准后可以不再进行招标。不属于必须审批、核准的其他工程建设项目,招标人可自行决定不再进行招标。也就是说,法定招标采购项目经过两次招标仍流标的,除取消采购项目外,可以采用非招标方式,包括询价、竞争性谈判或单一来源采购。

需要注意:虽然法律允许两次流标可以转换为非招标方式,但在采用非招标方式前需要履行相应的审批手续。对于审批、核准项目,招标方式转为非招标方式的,需要报经审批、核准项目的政府部门进行审批、核准;不属于政府审批、核准的项目,虽然法律并不要求履行审批、核准手续,但企业内部应当有相应的审批手续,甚至集团企业还需要履行上级审批手续。

三、招标条件

招标条件包括招标人(招标主体)条件和招标项目条件。招投标法对此作了原则性规定。因政府采购和机电产品国际招标具有各自特点,其招标条件也有所不同。

(一)招投标法关于招标条件

1. 招标人条件。依据《招投标法》及其实施条例之规定,招标人是依照《招投标法》规定提出招标项目、进行招标的法人或者其他组织。依此规定,招投标法项下的招标人只能是法人或其他组织。自然人不属于招投标法所调整的招投标关系中招标人的范围。

2. 招标项目条件。进行招标的招标项目需要具备三个基本条件:

一是招标项目履行批准、核准或备案手续。《招投标法》第 9 条第 1 款规定"招标项目按照国家有关规定需要履行项目审批手续的,应当先履行审批手续,取得批准"。《招投标法》实施后,国家对投资项目的审批制度进行改革,投资项目按资金来源和项目类型划分为审批制、核准制和备案制。

政府直接投资项目采取由政府主管部门审批制。国家发展和改革委员会(以下简称国家发展改革委)2014 年 1 月 29 日发布的《中央预算内直接投资项目管理办法》规定,国家发展改革委安排中央预算内投资建设的中央本级(包括中央部门及其派出机构、垂直管理单位、所属事业单位)非经营性固定资产投资项目,实行审批制。申请安排中央预算内投资3000万元及以上的项目,以及需要跨地区、跨部门、跨领域统筹的项目,由国家发展改革委审批或者由国家发展改革委委托中央有关部门审批,其中特别重大项目由国家发展改革委核报国务院批准;其余项目按照隶属关系,由中央有关部门审批后抄送国家发展改革委。

企业投资项目,采取政府主管部门对项目核准或备案制度。按照国家发展改革委2023年3月23日颁布的《企业投资项目核准和备案管理办法》第35条第1款规定,项目核准机关对项目审查内容包括"是否危害经济安全、社会安全、生态安全等国家安全;是否符合相关发展建设规划、产业政策和技术标准;是否合理开发并有效利用资源;是否对重大公共利益产生不利影响"。对于项目的市场前景、经济效益、资金来源、产品技术方案等,应当依法由企业自主决策、自担风险,项目核准、备案机关及其他行政机关不得非法干预企业的投资自主权。第5条第1款规定,实行核准管理的具体项目范围以及核准机关、核准权限,由国务院颁布的《政府核准的投资项目目录》确定。

另外,国家发展改革委2014年5月17日发布并于同年12月27日修改的《外商投资项目核准和备案管理办法》,对外商投资项目核准有专门规定。需要注意的是,该办法所规范的外商投资项目包括中外合资、中外合作、外商独资、外商投资合伙、外商并购境内企业、外商投资企业增资及再投资项目等各类外商投资项目。对属于外商投资项目核准范围以及核准内容的项目,按照《外商投资项目核准和备案管理办法》执行。

中国境内企业在境外从事投资项目,也需要进行核准或备案。2017年12月26日,国家发展改革委发布的《企业境外投资管理办法》规定,中国境内企业直接或通过其控制的境外企业进行的境外投资项目,根据不同情况实行核准和备案管理。其中,境内企业直接或通过其控制的境外企业开展的敏感类项目实行核准管理;境内企业直接开展的境外非敏感类项目,实行备案管理。

敏感类项目包括涉及敏感国家和地区的项目以及涉及敏感行业的项目。敏感国家和地区包括与我国未建交的国家和地区,发生战争、内乱的国家和地区,根据我国缔结或参加的国际条约、协定等,需要限制企业对其投资的国家和地区等;敏感行业包括:武器装备的研制生产维修、跨境水资源开发利用、新闻传媒等根据我国法律法规和有关调控政策,需要限制企业境外投资的行业。

地方政府主管部门备案制。除政府核准的投资项目外,其他投资项目实行地方政府主管部门备案制。对于《外商投资项目核准和备案管理办法》第4条之外的外商投资项目由地方政府投资主管部门备案。对于《企业境外投资项目管理办法》第14条规定之外的境外投资项目实行备案管理,其中,中央管理企业实施的境外投资项目、地方企业实施的投资额3亿美元及以上境外投资项目,由国家发展改革委备案;地方企业实施的投资额3亿美元以下境外投资项目,由投资主体注册地所在省、自治区、直辖市及计划单列市和新疆生产建设兵团等省级政府发展改革部门备案。

二是项目资金或资金来源落实。《招投标法》第9条第2款规定"招标人应当有进行招标项目的相应资金或者资金来源已经落实,并应当在招标文件中如实载明"。

三是招标范围、方式和组织形式获得审批或核准。按照《招投标法实施条例》的规定,按照国家有关规定需要履行项目审批、核准手续的依法必须进行招标的项目,其招标范围、招标方式、招标组织形式应当报项目审批、核准部门审批、核准。需要注意,按照《招投标法实施条例》的规定,实行备案制的项目招标范围、方式等并未被强制要求列入备案中。实践中,对于审批或核准项目的招标范围、方式和组织形式一般在项目申报文件中专门列出,项目审批或核准部门在审批或核准投资项目时对招标事项一并审批或核准。

(二)政府采购招标条件

1. 招标人条件。按照《政府采购法》及其实施条例之规定,采购人是指依法进行政府采购的国家机关、事业单位和团体组织。依此规定,政府采购的采购人只能是国家机关、纳入政府采购的事业单位和团体组织。

公司、企业和自然人不属于政府采购的采购人。纳入政府采购的事业单位、团体组织使用非财政性资金或非以财政性资金作为还款来源的借贷资金进行采购活动,并且能够与财政性资金或以财政性资金作为还款来源的借贷资金清晰分割的,不属于政府采购。

2. 招标项目条件。政府采购项目包括工程、货物和服务项目,按照《政府采购法实施条例》第29条的规定,政府采购项目招标前"采购人应当根据集中采购目录、采购限额标准和已批复的部门预算编制政府采购实施计划,报本级人民政府财政部门备案"。

另外,政府采购工程项目招标的,按照《政府采购法》第 4 条的规定,"政府采购工程进行招标投标的,适用招标投标法"。因此,政府采购工程项目招标,除应满足《政府采购法实施条例》第 29 条规定外,还应满足《招投标法》及配套要求的条件。

(三)机电产品国际招标条件

1. 招标人条件。机电产品国际招标是招投标法体系下的一种特别招投标活动,另外,综合机电产品国际招标项目条件,机电产品国际招标的招标人包括招投标法项下国际招标的招标人和政府采购法项下国际招标的采购人。

2. 招标项目条件。按照《机电产品国际招投标》的规定,机电产品国际招标项目应当具备四个条件:

一是招标项目确立。主要是指《机电产品国际招投标》第 6 条规定的 6 类项目已经按照法定程序确立,即已经履行项目审批、核准手续并获得批准、核准。

二是招标项目资金到位或资金来源落实。

三是招标范围、方式和组织形式获得审批或核准。按照《机电产品国际招投标》第 9 条第 2 款规定,"按照国家有关规定需要履行项目审批、核准手续的依法必须进行招标的项目,其招标范围、招标方式、招标组织形式应当先获得项目审批、核准部门的审批、核准"。

四是招标项目具备招标所需的技术资料和其他条件。

四、投标

投标是投标人响应招标并参加投标竞争的活动。投标是合同形成过程的要约,但投标要约与一般意义上要约在方式上有所区别,投标虽然是要约行为,但投标人必须按照招标的各项要求条件和格式进行投标报价,即使投标格式并不是实质性的,但投标人未按照招标要求的格式进行投标可能导致废标;投标不具备招标要求的实质性条件的,将导致废标。因此,投标要约行为基本限制因素较多。

(一)投标基本方面

有效和有竞争力的投标应具备多方面条件和因素。

1. 投标主体。有些企业因业务发展或公司重组以及上市等各种原因,公司总部以投资和管理功能为主,具体业务按照业务板块"下放"到分公司,由分公司投标、签订合同和履行合同。虽然招投标法和政府采购法允许"其他组织"参与投标,但有些招标项目要求投标人具有独立法人资格,这种情况下,分公司投标将被评标委员会否决。因此,要注意招标文件中关于投标人主体要求,并满足招标文件的要求。

2. 投标人资格。包括资质要求和其他要求。关于资质要求,如法律要求承揽施工工程的施工企业必须具备相应资质和资质等级,另外,招标人也会对投标人资质提出要求,多数情况下,招标文件要求的资质可能比法律要求更高一些,在这种情况下,投标人要按照招标文件要求,以避免投标文件被评标委员会否决。

3. 投标人能力。一方面,投标人要按照招标文件要求提供证明能够承担招标项目能力的各项文件,如近三年财务审计报告等;另一方面,客观自我评估,如因业务多导致承担招标项目有困难,或者目前承担招标项目有难度,那么,尽量谨慎参与投标,避免中标后履约困难,甚至造成损失。

4. 响应招标。这部分是投标业务中的重点部分,通常包括招标项目实体要求响应,如招标工程或货物的实体质量、技术标准、各项指标等;实施要求响应,如何能够顺利实施招标项目,如组织、人员、装备、实施方案等;能力(或验证性)要求响应,如同类业绩、财务状况、近年经营情况、在履行重大合同情况、法律纠纷等;商务要求响应,如投标保证金(保函)、投标授权、商务设置及合同格式内容是否接受等。

特别注意:虽然法律规定不得以特定业绩、奖项等作为加分项或中标条件,但在招投标实践中,不少招标人担心投标人缺乏该领域经验,要求具有相应业绩,虽不作为加分项,但作为评分要素,变相加减分,甚至可能直接被否决。投标时要注意招标文件要求。

5. 报价。投标属于要约行为,一旦招标人授予中标,投标人就需要按照投标报价与招标人签订合同。因此,投标阶段的报价十分重要。一方面,要对招标项目充分认识,包括实体工作量、标准等,这是报价基础;另一方面,了解市场行情,作出合理报价,避免价格高了不能中标,价格低了将给自己带来履约困难和损失。从报价得分角度看,如果采用综合评分法,报价得分采用评标价格与评标基准价差率计算时,招标文件会给出偏差范围对应得分,一般情况是评标价格在评标基准价附近得高分,反之得低分。

6. 格式要求。投标文件应按照招标文件中有关格式要求,如商务报价,有总价、汇总价、分项价格明细等,相互之间能够对应。另外,对投标文件格式以及提交投标文件密封要求等,都要注意遵守。另外,随着电子商务的发展,一些招投标通过电子平台进行,投标人应按照招标文件要求的电子格式文件和加密要求递交投标文件,并按照要求解密。

7. 投标时间。投标文件应在招标文件规定的截标时间前递交,逾时将被拒绝接收。需要注意,多数招标文件规定的截标时间是以小时为时间单位,如某年某月某日上午9时。另外,在实践中,投标人也不要过早递交投标文件。

8. 撤标。实践中,有的投标人对招标项目认识不足或有其他方面原因,导致报价过低,如果中标将履约困难和带来经济损失,或者由于其他原因退出竞争,在已递交投标文件情况下,如撤回投标,应在招标文件规定的截标时间前书面通知招标人撤回投标文件;在截标后撤销投标文件的,投标保证金可被没收。

9. 偏离。招标文件一般都给出投标人偏离招标要求的格式文件,包括技术、业务、商务、合同条件等。需要注意两个方面:一是注意禁止偏离项,检查招标文件要求中是否有特别备注或加注符号,表示不允许偏离,一旦对这些事项提出偏离,将导致投标文件被否决,禁止偏离项在招投标领域的俗语为"砍头项",投标文件不能对此提出偏离;二是多数招标对投标偏离项作出处置,一般采用扣分或折算经评审价方式,偏离项越多,扣分越多或折算的经评审价越高,影响中标机会,但如果投标人确实难以接受而不提出偏离的,中标后修正难度也大,因此,需要做好综合平衡。

(二)投标保证金

虽然投标行为属于要约,按照《民法典》关于合同要约的规定,要约可以撤回,也可以撤销,但在招投标活动中,投标要约与一般合同形成之要约存在一定差异,为保障招标人组织的招投标活动得以顺利进行,特别是法律规定必须招标采购项目能够按计划实现采购目标,对投标行为严肃性要求比一般要约更为严格,投标保证金是其中一项约束措施。因此,在招投标活动中,普遍要求投标人提交投标保证金。

1. 招投标法律制度下投标保证金①。允许招标人要求投标人提交投标保证金,但规定投标保证金额度不得超过招标项目估算价的2%,其中,工程项目的货物、施工、勘察设计的投标保证金除受2%上限限制外,还受绝对数金额限制,分别为不超过80万元、80万元和10万元;投标保证金有效期应当与投标有效期一致;对于两段招标的,如招标人要求投标保证金,投标保证金应当在第二阶段被要求提交;投标保证金交付时间,需要在投标文件截止时间前提交投标保证金。

关于投标保证金提交形式,从《招投标法实施条例》可以看出主要是现金或支票形式,但依建设工程项目货物、施工、勘察设计招投标管理办法,勘察设计投标保证金为现金或支票;货物、施工投标保证金除现金外,还可以是银行出具的银行保函、保兑支票、银行汇票或现金支票。

需要注意,为防止围标或串标等不法行为,依法必须进行招标的项目的境内投标单位,以现金或者支票形式提交投标保证金的,必须从其基本账户转出。

正常情况下,投标保证金及银行同期存款利息最迟应当在招标人与中标人签订书面合同后5日内向中标人和未中标的投标人退还。

发生下列情况,投标保证金将得不到退还,即招投标领域所称投标保证金被没收:

(1)投标截止后投标人撤销投标文件的,招标人可以不退还投标保证金。(2)中标人无正当理由不与招标人订立合同,或在签订合同时向招标人提出附加条件的,取消其中标资格,投标保证金不予退还。(3)中标人不按照招标文件要求提交履约保证金的,取消其中标资格,投标保证金不予退还。

机电产品国际招标中,对投标保证金的要求与招投标法要求有一定不同,主要如下②:投标保证金不得超过招标项目估算价的2%,但没有要求保证金绝对数额上限;投标保证金除采用现金外,还可以是银行出具的银行保函或不可撤销信用证、转账支票、银行即期汇票,也可以是招标文件要求的其他合法担保形式;投标人未按招标文件要求提交投标保证金或保证金金额不足、保函有效期不足、投标保证金形式或出具投标保函的银行不符合招标文件要求的,投标将被否决。

---

① 参见《招投标法实施条例》第26条、第30条、第35条、第57条、第74条,《工程货物招标投标办法》第27条,《工程施工招标投标办法》第37条,《工程建设项目勘察设计招标投标办法》第24条。
② 参见《机电产品国际招标》第23条、第43条、第57条。

2. 政府采购法律制度下投标保证金。① 政府采购法规定政府采购工程招标适用招投标法，因此，按照招投标法关于投标保证金的规定，政府采购投标保证金不得超过采购项目预算金额的2%，没有明确保证金绝对数额上限；投标保证金需要以非现金形式提交，可以是支票、汇票、本票或者金融机构、担保机构出具的保函等；因政府采购投标保证金不使用现金形式，因此，没有相应投标保证金存款利息退还问题；投标人未按照招标文件要求提交投标保证金的，投标无效。

注意，在政府采购招标实务中，一些省市地方政府为响应"放管服"政策，近年纷纷对政府采购投标保证金作出改革，如有的省份建设工程投标保证金不超过合同估算价的1%，最高不超过50万元；有的省市对本辖区中小微企业参与政府采购项目投标的，免收投标保证金等。有些中央企业或其他国有企业，也对中小微企业减免投标保证金。

(三) 非法定招标必须遵守规则

非法定招标即通常所称的自愿招标。非法定招标项目包括两个方面：一是不属于法律规定的招标范围，二是虽然属于法定招标范围，但没有达到招标标准。非法定招标项目可以不采用招标方式，也可以采用招标方式。由于招标投标活动需要遵循公开、公平、公正和诚实信用的原则以及具有通过竞争能有效降低招标人的成本和提高采购效率等优势，一些采购人仍愿选择招标采购。但一旦采用招标方式，就应当遵守《招投标法》的规制，招投标活动既要遵守招投标法律规定，招标投标活动及其当事人也要接受政府主管部门依法监督。②

非法定招标项目的招投标与法定招标项目的招投标存在一些非本质性例外，主要表现在以下方面：

1. 招标文件标准文本。依据《招投标法实施条例》第15条的规定，依法必须进行招标项目的资格预审文件和招标文件，需要使用国家发展改革委会同有关行政监督部门制定的标准文本，如2017年9月国家发展改革委会同工业和信息化部等九部委发布设备、材料、勘察、设计、监理等五套标准招标文件。由此可理解，非法定招标项目并非必须使用规定标准文本。

---

① 参见《政府采购法实施条例》第33条。
② 参见《招投标法》第2条、第7条。

2. 关于不合理限制、排斥投标人。《招投标法实施条例》第32条规定七类不合理限制、排斥潜在投标人或投标人情形中，在第3项关于特定行政区域或者特定行业的业绩、奖项作为加分条件或者中标条件和第6项关于投标人所有制形式或者组织形式方面都强调了法定招标项目。据此，可理解非法定招标项目的招标不受该两项限制。

3. 关于招标公告发布媒介。按照《招投标法》第16条的规定，法定招标项目应当通过国家指定的报刊、信息网络或者其他媒介发布。据此，可理解非法定招标项目不受此约束。但在实务中，潜在投标人通常关注国家指定的招标公告发布媒介，如招标人希望获得充分投标人参与竞争，最好使用这些指定媒介或招标代理机构常用媒介。

4. 关于投标保证金。《招投标法实施条例》第26条规定，法定招标项目的境内投标单位，以现金或者支票形式提交的投标保证金应当从其基本账户转出。据此，可理解非法定招标项目的投标保证金并非必须从投标人基本账户转出。实务中，为防止投标人围标或串标，招标人最好要求投标人使用其基本账户。

5. 关于重新招标。《招投标法》第42条第2款规定，法定招标项目的所有投标被否决的，招标人必须重新招标。对非法定招标项目是否需要二次招标没有规定，因此，非法定招标项目是否重新招标，取决于招标人实际需要，既可以重新招标，也可以采用非招标方式。

上述例外情形是从法律层面划分的，但在实务中，特别是中央企业、其他国有或国有控股企业、上市公司以及其他企业集团一般有其内部关于招标采购等管理制度，招标采购人在招投标活动中需要遵守这些管理制度。

五、公开招标若干特别规定

（一）不合理限制与排斥

无论是招投标法，还是政府采购法，都强调采购活动的公平和公正。《招投标法》第5条规定，招标投标活动应当遵循公开、公平、公正和诚实信用的原则；《政府采购法》第3条规定，政府采购应当遵循公开透明原则、公平竞争原则、公正原则和诚实信用原则；《机电产品国际招投标》第3条规定，机电产品国际招投标活动应当遵循公开、公平、公正、诚实信用和择优原则。为此，在各相关法律中，都规定禁止当事人在招标采购中采取不合理限制、排斥等不正当措施。

1. 招投标法关于不合理限制与排斥

招投标法关于招标中不合理限制或排斥投标人投标的规定,包括两个层面:

一是地方政府或行业部门限制或排斥投标人投标。针对地方政府或行业部门中采取的地方保护主义或行业保护措施等情况,如实践中,为了保护当地企业,地方政府招投标管理规定中明示或暗示本地企业参加投标或对非本地企业设置特殊门槛条件,有的地方通过税收等手段限制非本地企业,如有的非本地企业为了参加投标,事先在招标项目所在地设立企业或企业分支机构参与竞标。为此,《招投标法》第6条明确规定,"依法必须进行招标的项目,其招标投标活动不受地区或者部门的限制。任何单位和个人不得违法限制或者排斥本地区、本系统以外的法人或者其他组织参加投标,不得以任何方式非法干涉招标投标活动"。随着招投标法贯彻实施以及我国依法治国深入推进,在招投标领域的地方保护主义或部门保护主义的情况得到有效改善。因此,招投标法在禁止招投标中不合理限制或排斥的规范更多是针对招标人作出规定。

二是招标人不合理限制或排斥投标人投标。《招投标法》第18条规定,招标人不得以不合理的条件限制或者排斥潜在投标人,不得对潜在投标人实行歧视待遇;《招投标法实施条例》第24条作出补充规定,招标人对招标项目划分标段的,应当遵守《招投标法》的有关规定,不得利用划分标段限制或者排斥潜在投标人。

为了进一步明确什么是不合理条件限制或排斥投标人或潜在投标人参与投标,《招投标法实施条例》详细列明七类情形将构成招标人以不合理的条件限制、排斥潜在投标人或者投标人,具体如下:

(1)招标人就同一招标项目向潜在投标人或者投标人提供有差别的项目信息。

这点在招投标实践中容易发生,而且,有的招标人本无限制或排斥部分潜在投标人或投标人的想法,如某个或某些投标人与招标人熟识,为了做好投标书,向招标人索要一些招标文件以外的招标项目信息,招标人按要求提供了相关信息。这种情况就因招标人提供差别的项目信息而构成不合理限制、排斥投标人。在招投标实践中,对于这种情况,即使其他投标人未提出额外项目信息申请,招标人也应对所有投标人以书面形式予以披露。

(2)招标人设定的资格、技术、商务条件与招标项目的具体特点和实际需要不相适应或者与合同履行无关。

实践中,如何看待招标人设置投标人资格条件、技术条件或商务条件,需要客观分析,如招标人在招标时对某个或某些潜在投标人持有倾向性,希望某个潜在投标人参与投标并中标,这样就构成招投标法中规定的招标人不合理限制或排斥潜在投标人或投标人。但如果招标人保持谨慎态度,希望通过招标选择最好的服务商而设定更高的资格条件或技术标准,如招标人认为尽管厂房建筑简单,但对工厂十分重要,所以希望甲级资质单位承担厂房设计任务。这种情况,就不宜简单认定为招标人以不合理条件限制或排斥潜在投标人。

(3)依法必须进行招标的项目以特定行政区域或者特定行业的业绩、奖项作为加分条件或者中标条件。

对于特定区域限制,一般来说主要是当地政府部门实行地方保护主义而在招投标管理中的特定要求,但近年来随着依法治国的深入推进,这种明文规定的做法越来越少。但招标人在招标文件或评标办法中设定特定行业业绩、奖项作为加分项的做法还是比较常见的。[①] 按照法律规定,这种做法构成不合理限制或排斥潜在投标人或投标人。实践中,针对招标人对潜在投标人或投标人的特定行业业绩要求或加分的做法是否构成不合理限制或排斥潜在投标人或投标人,要视招标项目具体情况来判断。如招标项目是某特定行业项目,如开采页岩气项目、煤炭清洁转换项目等高技术含量示范项目,招标人为保证项目成功,要求投标人拥有特定业绩,笔者认为不应当视为不合理条件限制。

(4)对潜在投标人或者投标人采取不同的资格审查或者评标标准。

对潜在投标人或投标人资格审查标准应当统一,而且资格条件在招标公告和招标文件中应明示,在资格审查时应当按照文件中的资格条件进行审查。评标办法和标准也是统一的,对所有投标人一样,评标委员会应按照招标文件中规定的评标办法和标准进行评标。

(5)限定或者指定特定的专利、商标、品牌、原产地或者供应商。

这条更主要针对货物招标,按此规定,货物招标文件不允许限定或指定特定的专利、商标、品牌、原产地或供应商,目的是避免限制有效竞争。但在实践中,采购人希望采购的设备或其他货物性能、质量更好一些,或者说本意希望采购知名

[①] 有的评标办法采取综合评标法,对技术和商务分别评分,再按照一定权重换算投标人综合得分,以所有有效投标人中得分最高者为中标候选人。因此,以特定行业业绩或奖项加分,实际上增加该投标人得分,增加其中标机会。

品牌设备或其他货物，那么，采购人需要通过对设备的技术指标、材质等方面作出合理要求，以实现自己的招标目的。

（6）依法必须进行招标的项目非法限定潜在投标人或者投标人的所有制形式或者组织形式。

在实践中，有的招标人因招标项目的特殊性，担心一些在成长中的非国有企业难以胜任招标项目，希望一些能力强的大型国有企业参与投标。但从市场角度讲，只要满足招标条件，都应当平等参与竞争。

（7）以其他不合理条件限制、排斥潜在投标人或者投标人。

2. 政府采购法关于不合理限制与排斥

政府采购法强调不得实行差别待遇或歧视待遇。《政府采购法》规定，采购人可以根据采购项目的特殊要求，规定供应商的特定条件，但不得以不合理的条件对供应商实行差别待遇或者歧视待遇；《政府采购法实施条例》进一步细化八类情形构成对供应商实行差别待遇或歧视待遇：

（1）就同一采购项目向供应商提供有差别的项目信息。

（2）设定的资格、技术、商务条件与采购项目的具体特点和实际需要不相适应或者与合同履行无关。

（3）采购需求中的技术、服务等要求指向特定供应商、特定产品。

（4）以特定行政区域或者特定行业的业绩、奖项作为加分条件或者中标、成交条件。

（5）对供应商采取不同的资格审查或者评审标准。

（6）限定或者指定特定的专利、商标、品牌或者供应商。

（7）非法限定供应商的所有制形式、组织形式或者所在地。

（8）以其他不合理条件限制或者排斥潜在供应商。

总体来说，与招投标法关于不合理限制或排斥潜在投标人或投标人的规定类似。

3. 机电产品国际招投标关于不合理限制与排斥

机电产品国际招投标关于限制、排斥潜在投标人或投标人的规定，援引招投标法规定。《机电产品国际招投标》第16条规定，招标人不得以《招投标法实施条例》第32条规定的情形限制、排斥潜在投标人或者投标人。

(二)利害关系人和关联人投标限制

为保证招投标公正性,法律限制招投标活动中相关利害关系人或关联人参加投标。

1. 招投标法限制规定

招投标法强调招标投标活动的公平和公正,因此,对于存在可能影响招投标公平性的投标人,招投标法明确限制其参加投标或参加同一标段或项目投标。为此,《招投标法实施条例》在第34条、第37条列明如下限制情形:

(1)与招标人存在利害关系可能影响招标公正性的法人、其他组织或者个人,不得参加投标。这点规定主要是从招投标公正性出发。但在实践中,诸如招标人的全资子公司具备承担招标项目的资格和能力,如该子公司因不能参加投标而无法承担招标项目,有违常理。因此,要从两个方面把握该条精神,一是与招标人存在利害关系,二是影响招标公正性。如不存在影响招标公正性,招标人的子公司是可以参加投标的。另外,招投标法规定采购人依法能够自行建设、生产或者提供的,可以不进行招标,自行建设、生产或提供。

(2)单位负责人为同一人的不同单位,不得参加同一标段投标或者未划分标段的同一招标项目投标。这里所指的单位负责人应为单位主要负责人,不同单位负责人为同一人,多发生在母子公司之间、共同母公司下的两个单位之间等。由于不同单位负责人为同一人,这些单位在投标时决策相同,容易构成"串标"甚至"围标"。因此,招投标法禁止他们参加同一标段投标或者未划分标段的同一招标项目投标。

(3)不同单位存在控股、管理关系的,不得参加同一标段投标或者未划分标段的同一招标项目投标。由于存在控股关系或管理关系,两个单位在参加同一标段投标或者未划分标段的同一招标项目投标过程中,难免产生决策信息共享,形成"串标"甚至"围标",破坏招投标公正性。因此,禁止此类情况发生。

(4)联合体投标的,联合体各方不得在同一招标项目中以自己名义单独投标或者参与其他联合体投标。在招投标实践中,存在潜在投标人在业务上强强联合,采取联合体投标方式。① 如企业甲和企业乙为参加投标,以联合体协议方形成一个投标联合体,并以联合体名义参加投标。一旦各方以联合体形式参加投标,那么,联合体的各方就不得再以自己名义在同一招标项目中单独投标或参与其他联合体另行投标。

招投标法进一步规定,违反上述四类情形的,相关投标均无效。

2. 政府采购限制规定

综合《政府采购法实施条例》第 18 条、第 22 条的规定,下列三类情形不得参加政府采购投标:

(1)单位负责人为同一人或者存在直接控股、管理关系的不同供应商,不得参加同一合同项下的政府采购投标。

(2)为采购项目提供整体设计、规范编制或者项目管理、监理、检测等服务的供应商,不得再参加该采购项目的投标,单一来源采购项目除外。

(3)以联合体投标的,联合体各方不得再单独参加或者与其他供应商另外组成联合体参加同一合同项下的政府采购投标。

3. 机电产品国际招投标限制规定

综合《机电产品国际招投标》第 32 条、第 42 条规定,下列四类情形不得参加投标:

(1)与招标人存在利害关系可能影响招标公正性的法人或其他组织不得参加投标。

(2)接受委托参与项目前期咨询和招标文件编制的法人或其他组织不得参加受托项目的投标,也不得为该项目的投标人编制投标文件或者提供咨询。

(3)单位负责人为同一人或者存在控股、管理关系的不同单位,不得参加同一招标项目包投标,共同组成联合体投标的除外。

(4)以联合体投标的,联合体各方不得在同一招标项目包中以自己名义单独投标或者参加其他联合体投标。

违反上述四类情形参加投标的,相关投标均无效。

---

① 在招投标中投标人采用联合体投标的,必须是招标人接受联合体投标模式,如招标人不接受联合体投标,潜在投标人采取联合体投标的将被判为无效投标。

(三) 投标人串标

串标,即串通投标,投标人之间或者投标人与招标人之间相互串通,以某投标人中标为目的,在招投标过程中采取非公正和非公平的手段招标和投标。串标包括招标人与投标人之间串通投标和投标人之间串通投标。

串标在招投标中危害性大,既损害其他投标人公平竞争的权利,也损害采购人(招标人)利益,因此,法律规定禁止串标。并在《刑法》中规定"串通投标罪",情节严重的,处 3 年以下有期徒刑或者拘役,并处或者单处罚金。[①]

1. 招投标法之投标人串标

招投标法认定的投标人串标,包括法定串标和推定串标。法律明确规定投标人实施特定行为而构成串标的,为法定串标;通过法定情形可以推定为投标人相互之间串标的,为推定串标。招投标法规定,投标人串标的,中标无效。

法定投标人串标情形[②]:

(1)投标人之间协商投标报价等投标文件的实质性内容。

投标人之间协商投标文件中报价、技术方案等实质内容,是投标人之间串标的常用方法,违背招投标公平竞争的基本原则。

(2)投标人之间约定中标人。

(3)投标人之间约定部分投标人放弃投标或者中标。

这类情形在过去的招投标实践中也十分常见,对于特定领域的招标项目,某些潜在投标人为避免相互竞争,私下相互约定,采取"轮流坐庄"的办法,为使某投标人中标,部分潜力投标人放弃投标或人为降低投标文件质量,或为使某投标人中标,经评标排在前面的投标人放弃中标,按照招投标法规定的依次递补原则,使本不应中标的投标人中标。

(4)属于同一集团、协会、商会等组织成员的投标人按照该组织要求协同投标。

这种类型的串标,在集团企业、协会或商会系统比较容易发生,但法律禁止协同投标。

[①] 参见《刑法》第 223 条。
[②] 参见《招投标法实施条例》第 39 条。

（5）投标人之间为谋取中标或者排斥特定投标人而采取的其他联合行动。

推定投标人串标的六类情形：

（1）不同投标人的投标文件由同一单位或者个人编制。

同一单位或个人编制同一招标项目的投标文件，客观上难以避免投标文件实质内容的相同或相似，因此，对于这种情形，不管投标人是否存在主观故意，法律推定构成串标。在实践中，投标人委托第三人编制投标文件应注意是否有其他投标人委托编制投标文件，避免构成串标。

（2）不同投标人委托同一单位或者个人办理投标事宜。

这类情况与上述情况类似。在招投标实践中，鉴于递交投标文件的时间和地点的限制，以及开标时要求投标人授权代表必须现场签字确认开标结果等手续，投标人通常委托当地机构或个人办理前述投标事宜。在这种情况下，尤其要关注该机构或个人是否同时为其他投标人办理相同标段投标事宜，避免构成串标。

（3）不同投标人的投标文件载明的项目管理成员为同一人。

在建设工程项目中，招标人对投标人的项目经理等项目管理人员要求一般都很高，如对其专业资质、项目经验等的要求，包括项目经理在内的关键人员也是投标文件中的重要事项。不同投标人的投标文件载明的项目管理成员为同一人，很难撇清投标人之间的关系，因此，推定投标人串标。实践中，投标人为了提高中标概率，有时招聘或"借用"项目管理人员，或者投标人认为中标可能性大而招募一些经验丰富的项目管理人员，这也容易发生某个或某些项目管理人员被动出现在不同投标人的投标文件中的情况，进而被推定投标人串标。

（4）不同投标人的投标文件异常一致或者投标报价呈规律性差异。

尽管没有证据证明投标人之间存在串标行为，但如果投标文件异常一致，如投标文件结构、主要内容等异常一致，甚至错别字都相同，将被推定投标人串标。另外，虽然投标文件中报价有差异，但这种差异呈现出规律性，如工程施工招标，不同投标人的标书中的人、材、机报价尽管有差异，但差异呈现出规律性，也将被推定为串标。

（5）不同投标人的投标文件相互混装。

投标人的投标文件需要密封送达招标公告指定的地点，也就是说，投标文件必须装在可密封的文件袋或文件盒里，并且，文件袋或文件盒外面需注明投标人。

在开标时,如果存在投标文件相互混装,将被推定为投标人串标。

(6)不同投标人的投标保证金从同一单位或者个人的账户转出。招投标法规定投标保证金如果是以现金或支票形式提交的,应当从投标人的基本账户转出,一方面便于投标保证金"原路"退还,另一方面也便于监控投标人串标问题。

投标人之间串标的,除中标无效外,还将受到行政处罚,以及招标人将其列入"黑名单"处罚,严重的还可能构成犯罪而受到刑法制裁。

2. 政府采购法之投标人串标

《政府采购法》明确规定政府采购当事人不得相互串通投标。《政府采购法实施条例》进一步规定了五类投标人之间法定串标情形,与招投标法规定的法定串标情形类似,并定性为恶意串标:

(1)供应商之间协商报价、技术方案等投标文件或者响应文件的实质性内容。

(2)属于同一集团、协会、商会等组织成员的供应商按照该组织要求协同参加政府采购活动。

(3)供应商之间事先约定由某一特定供应商中标、成交。

(4)供应商之间商定部分供应商放弃参加政府采购活动或者放弃中标、成交。

(5)供应商相互之间,为谋求特定供应商中标或者排斥其他供应商的其他串通行为。

供应商存在上述情形之一的,处以采购金额0.5%以上1%以下的罚款,列入不良行为记录名单,在1至3年内禁止参加政府采购活动,有违法所得的,并处没收违法所得,情节严重的,由工商行政管理机关吊销营业执照;构成犯罪的,依法追究刑事责任。

3. 机电产品国际招投标之投标人串标

机电产品国际招投标援引招投标法关于投标人串标的规定,《机电产品国际招投标》第45条规定,"禁止招标投标法实施条例第三十九条、第四十条、第四十一条、第四十二条所规定的投标人相互串通投标、招标人与投标人串通投标……行为"。据此规定,招投标法规定的投标人五类法定串标情形和六类推定串标情形同样适用于机电产品国际招标,在此不再赘述。

(四)招标人与投标人串标

招标人与投标人之间串标,主要是谋求投标人中标或投标人获得更好条件中标,其结果是损害国家利益、社会公共利益或他人合法权益。《招投标法》规定,投标人不得与招标人串通投标,损害国家利益、社会公共利益或者他人的合法权益。在这里强调的是损害国家利益、社会公共利益或者他人的合法权益。

《招投标法实施条例》进一步规定六种构成招标人与投标人法定串标的情形:

(1)招标人在开标前开启投标文件并将有关信息泄露给其他投标人。

按照法律规定,开启投标文件应当在招标文件确定的提交投标文件截止时间的同一时间和招标文件中预先确定的地点公开进行,并且,招标人须邀请所有投标人参加。招投标实践中,有的投标人在截标时间前提交投标文件,但招标人不得提前开启。如果招标人提前开启投标文件,并且将诸如报价、关键技术内容、合同期、偏离情况等信息泄露给其他投标人,将构成招标人与投标人串标。

(2)招标人直接或者间接向投标人泄露标底、评标委员会成员等信息。

标底是招标人招标时根据招标项目和市场情况设定的一种招标理想价格,将其作为评标委员会评标时的参考值。标底不同于投标限价。投标限价是招标人根据招标项目情况设定的最高限价,并在招标文件中注明向所有投标人公开;而标底需在开标前保密。投标限价作为评标委员会否决投标文件的依据,投标报价高于限价将被否决;标底只作为评标委员会评标时的参考因素,但在实践中,一些招标人以标底为基准设定投标报价得分办法,一般情况下,投标报价越接近标底的,报价得分越高。因此,在开标前不得泄露标底。

(3)招标人明示或者暗示投标人压低或者抬高投标报价。

招标人示意投标人压低投标报价目的是提高投标人投标报价的竞争力,损害了招投标的公平性、公正性,也损害了其他投标人的正当权益。招标人示意投标人抬高投标报价的,除影响招投标公正性外,对于政府采购、国有企业或国有控股企业等招标项目来说,还将损害国家利益。

(4)招标人授意投标人撤换、修改投标文件。这种情形的后果与第3种串标情形类似,因此,招投标法规定为法定串标情形。

(5)招标人明示或者暗示投标人为特定投标人中标提供方便。

(6)招标人与投标人为谋求特定投标人中标而采取的其他串通行为。该种情形是招投标法设定的兜底条款,除前述(1)至(5)五种法定串标情形外,只要招标人与投标人为谋求特定投标人中标而采取串通行为,即构成招标人与投标人之间串标。

上述投标人与招标人串标的,中标无效。

政府采购法规定投标人与招标人之间恶意串标,主要有三种情形:

(1)供应商直接或者间接从采购人或者采购代理机构处获得其他供应商的相关情况并修改其投标文件。

(2)供应商按照采购人或者采购代理机构的授意撤换、修改投标文件或者响应文件。

(3)供应商与采购人或者采购代理机构之间,为谋求特定供应商中标,或者排斥其他供应商的其他串通行为。

机电产品国际招投标援引招投标法关于招标人与投标人串标的规定,因此,上述招投标法规定的招标人与投标人之间六类法定串标情形同样适用于机电产品国际招投标,在此不再赘述。

(五)弄虚作假

招投标实践中,有的投标人不具备招标文件规定的资格或资质,或者自身综合竞争力不强,为了能参与投标竞争并中标,采取"挂靠"或其他弄虚作假手段,响应招标文件的要求,以骗取中标。这种弄虚作假的行为既损害了招标人的利益,也损害了其他投标人公平竞争的合法权益。因此,法律禁止投标人在投标中弄虚作假。

《招投标法》第33条规定,投标人不得以他人名义投标或者以其他方式弄虚作假,骗取中标。法律进一步明确,投标人以他人名义投标或者以其他方式弄虚作假,骗取中标的,中标无效,给招标人造成损失的,依法承担赔偿责任;构成犯罪的,依法追究刑事责任。

《招投标法实施条例》对投标人在投标中弄虚作假的行为作出规定,下列五类情形构成投标弄虚作假:

(1)使用伪造、变造的许可证件。有的招标项目需要投标人拥有特定的许可资质或资格证件,如压力容器制造商需要拥有政府部门颁发的压力容器制造许可证等。投标人不得使用伪造、变造的许可证件。

(2)提供虚假的财务状况或者业绩。招标实务中,招标人需要了解投标人的财务状况或业绩情况,通常要求投标人在投标文件中提供其近三年财务报告以及相应业绩情况材料,主要是反映投标人在财务状况和业务能力上能否顺利履行招标项目。

(3)提供虚假的项目负责人或者主要技术人员简历、劳动关系证明。对于一些招标项目,如建设工程招标,投标人的项目负责人和主要技术人员是一项重要的评判指标,有的招标项目把这些人员也列入评标要素中。实践中,招标人要求这些人员须是投标人的员工并有正式的劳动合同关系,因此,要求投标人在投标文件中提供这些人员的简历、劳动关系证明如劳动合同、社会保险等。这些信息不得弄虚作假。

(4)提供虚假的信用状况。有的招标项目招标人关心投标人履行项目能力和负荷情况、法律诉讼等情况,需要投标人在投标文件中如实报告;另外,有的招标项目需要中标人在履约中有一定融资能力,需要投标人有相应的融资信用等。

(5)其他弄虚作假的行为。除上述(1)至(4)项列明的弄虚作假情形外,(5)项作为兜底项,在投标中,只要有其他弄虚作假行为,即属于弄虚作假、骗取中标。

机电产品国际招投标关于投标人弄虚作假骗取中标援引了招投标法规定,因此,上述六类情形同样适用于机电产品国际招标。

(六)评标办法与公布

1. 法律对评标办法的要求

为保证招投标活动公平、公正开展,我国法律要求招标人对招标项目的评标办法和评标标准编制到招标文件中,并随招标文件一并公布,并进一步规定,评标委员会只能按照公布的评标办法和标准进行评标。

《招投标法》第19条规定,招标文件应当包括招标项目的技术要求、对投标人资格审查的标准、投标报价要求和评标标准等所有实质性要求和条件。《招投标法实施条例》第49条规定,评标委员会成员应当按照招标文件规定的评标标准和方法,客观、公正地对投标文件提出评审意见,招标文件没有规定的评标标准和方法不得作为评标的依据。

《政府采购法实施条例》第41条规定,评标委员会根据采购文件规定的评审程序、评审方法和评审标准进行独立评审;《政府采购货物和服务招标投标管理办法》第20条规定,招标文件应当包括评标方法、评标标准和投标无效情形。

《机电产品国际招投标》第20条规定,招标文件中应当明确评标方法和标准,所有评标方法和标准应当作为招标文件不可分割的一部分并对潜在投标人公开。招标文件中没有规定的评标方法和标准不得作为评标依据。

综上,上述三类招标法律均要求将评标办法和评标标准纳入招标文件,随招标文件公布,并且,在评标中,招标文件中没有规定的评标方法和标准不得作为评标依据。这些规定客观上避免了招标人通过评标办法干预评标委员会评标以及评标的随意性。

2. 实务中需注意的问题

法律基于公平和公正原则要求评标办法作为招标文件组成部分并进行公布,实务中,有的投标人对照评标办法编制投标文件,虽然资格评审部分(如对资质证书、财务审计报告等审查)相对客观,但在响应性、资信业绩、实施方案等评审部分,存在诸多主观性因素,投标文件积极正面响应招标要求,实施方案编制得好,这些部分就能得高分。

而依据目前相关评标的法律规定,评标委员会实行文件评审方式,即依据招标文件要求(包括评标要素、标准、分值等)对投标文件进行评审,加上评标委员会成员采取随机抽取方式产生,有的招标代理机构组织评标时间紧凑,即使评标委员会对投标文件内容产生疑问甚至怀疑其真实性,要求投标人对投标文件进行澄清,也仅限于投标文件中有含义不明确的内容、明显文字或者计算错误,并且,投标人澄清或者说明不得超出投标文件的范围或者改变投标文件的实质性内容,[①]因此,投标文件能否客观真实反映投标人及其履行招标项目能力的真实情况,具有一定的不确定性。

在国外一些重大复杂招标项目中,在评标阶段,招标机构甚至组织投标人参加多轮投标答辩,通过投标人答辩,评标委员会进一步理解投标人对招标项目的认识以及投标文件中的实施方案与投标人中标后将实际履行招标项目之间的差距,从而对投标人及投标文件作出更贴近的评判。

---

① 参见《招投标法》第 39 条、《招投标法实施条例》第 52 条、《政府采购货物和服务招标投标管理办法》第 51 条、《机电产品国际招标》第 64 条。

案例 8

某环保污水处理工程总承包项目公开招标,共有 5 家投标人参与竞标,其中投标人 SR 公司标价最低,约是其他 4 个投标人报价均值的 70%。有评委认为 SR 公司对招标项目理解不到位导致报价过低,在澄清中,SR 公司表示已全面理解招标文件要求并接受招标文件要求,所报价格是其充分测算结果。由于无法进一步澄清,且 SR 公司报价得分高,按照评标办法,SR 公司中标。在合同执行中,SR 公司在项目上投入装备和人力不足,不但工期一再延误,还以各种变更索赔要求补偿费用,合同迟迟得不到关闭。

因此,从招标人角度看,在编制招标文件时,尽可能细化要求,特别是在资信业绩、实施方案、实施要点等方面,要求投标文件既要反映投标人对招标项目理解,也要反映投标人能够实际按照其实施方案履行的能力,尽可能避免投标人"高分低能"现象发生。

(七)标后澄清

招投标中对招标文件或投标文件中某个或某些事项描述不明确,需要进一步澄清、说明的,采取文字澄清的方式进行。澄清通常分为标前澄清和标后澄清。标前澄清主要是针对招标文件,通常发生在招标公告发出后至投标截止日 15 日前,[①]这里不再赘述。

标后澄清主要是针对投标文件,通常在评标阶段,由评标委员会以书面形式通知投标人,投标人以书面澄清形式提交评标委员会。与标前澄清须发送所有投标人不同,标后澄清只针对投标文件需要澄清的投标人。

标后澄清特别规定。按照《招投标法实施条例》第 52 条的规定,对于标后澄清只针对"投标文件中有含义不明确的内容、明显文字或者计算错误",评标委员会认为需要投标人作出必要澄清和说明的。并且,标后澄清对投标人作出两点严格限制:

一是投标人不能主动向评标委员会提出澄清说明,评标委员会"不得接受投

[①] 按照《招投标法实施条例》的规定,如澄清影响资格预审文件或投标文件编制的,对于资格预审文件澄清应当在资格预审申请文件截止日至少 3 日前,对招标文件澄清应当在投标截止日至少 15 日前,不足 3 日或 15 日的,相应顺延截止日。

标人主动提出的澄清、说明"。也就是说，投标人只有接到评标委员会发出的书面澄清通知，才能按照澄清通知的要求对投标文件作出相应澄清说明。

二是投标人的澄清说明"不得超出投标文件的范围或者改变投标文件的实质性内容"。也就是说，投标人在书面澄清时不得借机对投标文件的实质内容以及投标文件范围作出修改。

因此，投标人在投标阶段一定要仔细研究招标文件要求，认真谨慎编制投标文件，切不可抱有侥幸心理，通过标后澄清方式纠正投标文件的不足，甚至编制投标文件时有意对某些关键部分模糊化，待开标后借澄清之机补充、修正。

（八）中标前禁止实质性谈判

按照招投标活动法律理念，投标人按照招标文件要求进行竞争投标，招标人通过评标委员会按照评标办法评出"最优"中标人，在评标委员会评选出中标人之前，招标人与投标人不得进行谈判，否则，违背公平原则。因此，在确定中标人之前，法律禁止招标人与投标人进行实质性谈判。

《招投标法》第43条规定，在确定中标人前，招标人不得与投标人就投标价格、投标方案等实质性内容进行谈判；《政府采购法》第77条规定，在招标过程中供应商与采购人进行协商谈判的，中标无效，并对供应商进行罚款、列入不良行为名单等处罚，情节严重的吊销营业执照；《机电产品国际招投标》第94条规定，违反规定，在确定中标人前与投标人就投标价格、投标方案等实质性内容进行谈判的，依照招投标法规定处罚。据此，三类招投标活动，都不允许中标前进行实质性谈判。

关于实质性谈判涉及哪些内容，除《政府采购法》强调不允许"协商谈判"，《招投标法》和《机电国际招投标》均只列举"投标价格、投标方案等"事项，没有进一步明确。参考《招投标法实施条例》第57条规定，合同的标的、价款、质量、履行期限等主要内容是合同实质性内容，因此，实质性谈判内容应包含报价（合同价款）、招标项目（合同标的）、招标项目技术标准（标的质量）、招标项目实施方案（如履约方式和履行期限等）。

招投标合同实务中，为了让投标人理解招标意图和要求，招标人编制招标文件时应当尽量细致明确，特别是清晰明确地编制构成合同标的的招标项目的各项主要要求（如范围、内容、技术要求、质量标准、主要性能指标以及招标项目实施要求等);投标人投标时,仔细研究招标文件要求,对招标项目进行必要的设计、验算等以对此充分理解。

(九)中标后实质性谈判与限制

尽管按照《民法典》规定当事人对要约人的要约作出承诺的,承诺生效时合同成立。但在招投标合同实践中,招标人在发出中标通知后,仍与中标人进行合同谈判,有的甚至对合同实质性内容进行谈判。

1. 法律对中标后谈判规定

现行相关招投标法律没有禁止合同当事人在中标后进行谈判,但原则上禁止招标人与中标人就合同实质性内容进行谈判。

《招投标法》第46条规定,招标人和中标人应当按照招标文件和中标人的投标文件订立书面合同,不得再行订立背离合同实质性内容的其他协议;《招投标法实施条例》进一步规定,招标人和中标人应当依照《招投标法》和本条例的规定签订书面合同,合同的标的、价款、质量、履行期限等主要条款应当与招标文件和中标人的投标文件的内容一致。按此规定,即使在确定中标人后,招标人与中标人仍不得对合同的标的、价款、质量、履行期限等实质性内容进行谈判,或再行订立背离合同实质性内容的其他协议。

在政府采购领域,采购人或者采购代理机构应当与中标供应商按照招标文件和中标供应商投标文件的约定签订书面合同;所签订的合同不得对招标文件和中标供应商投标文件做实质性修改;招标采购单位不得向中标供应商提出任何不合理的要求,作为签订合同的条件,不得与中标供应商私下订立背离合同实质性内容的协议。据此规定,政府采购法禁止中标后进行实质性谈判。

《机电产品国际招投标》第76条规定,招标人和中标人应当签订书面合同,合同的标的、价款、质量、履行期限等主要条款应当与招标文件和中标人的投标文件的内容一致。招标人和中标人不得再行订立背离合同实质性内容的其他协议。据此规定,机电产品国际招标合同在中标后也不允许进行实质性谈判。

综合分析,按照现行法律规定,通过招标形成合同的,中标前后都不被允许进行实质性谈判,合同实质内容中,合同价款(投标报价)和合同履行期都是以数字直接表示的内容,稍有变化都会引起注意。因此,招标人的招标文件对标的描述和履约要求应尽可能准确清晰;投标人投标时,认真研究理解招标要求,特别是招标标的范围、内容、标准、考核指标、为实现标的的履约要求以及合同文件主要条款约定。

2. 关于中标后谈判的思考

按照民法理论,招标人招标公告为要约邀请,投标人投标行为是要约,招标人确定中标人并发出中标通知即承诺。按此原理,既然承诺,就不存在实质性谈判问题。

但在招投标实践中,特别是那些技术含量高、工艺或技术方案复杂的大型或成套设备招标和技术含量高、工艺路线复杂的建设工程招标项目,一般采用综合评标法,即技术方案、商务和价格按照一定的权重综合算分,得分高者为中标人。招投标实践显示,很少有投标人的技术标得满分,在百分制中,常见中标人技术评分为70多分、80多分,即使如此,还有的中标人连自己投标文件所承诺的事项也达不到,这说明投标人在技术方面与招标文件要求还存在诸多差距。[①] 但是,一方面,法律禁止评标阶段进行实质内容澄清,导致投标文件中不满足招标非否决项要求的内容在评标过程中得不到修正;另一方面,综合评标法实行得分高者中标原则,即使投标文件存在不满足招标文件要求,但报价低,仍能得高分,只要是最高分,就应被认为是中标人。但这样的投标方案不是招标人所希望的,甚至如按照投标文件签订合同可能难以实现合同目的。前面环保污水处理招标案例8,就是这种情形。

另外,法律不允许中标后实质性谈判的规定本身也存在实际操作问题,如建设工程EPC总承包合同,投标人在项目实施中的某台设备选型与招标文件要求不一致,在签订合同前,双方势必需要谈判,相应地,可能会调整投标人的投标价款。

招投标管理实践中,特别是在各省市地方,招投标项目合同需要在当地政府招投标管理机构(地方标办)备案,有的地方标办过度适用法律规定,只要备案合同文件与招标文件、投标文件存在哪怕非实质性不同,该合同也难以获得备案。这样容易催生出招标人与中标人签订"黑白合同"的问题。

因此,本书认为,相关招投标法律可以规定不得实质性谈判的原则,但同时应

---

① 按照招投标法律理论理解,通过招投标竞争,中标人应是招标人所需要的"最好"合同伙伴。本书综合招投标实践,认为多数中标人谈不上是招标人"理想"合同伙伴。通常有两方面原因:一是按照相关法律规定,招标人在评标办法设置上趋于"普遍"化,缺少"个性"化;二是真正高水平的供应商、承包商没有参与投标竞争。

为实质性谈判给出例外情形,否则,一方面,可能导致招标项目不能得到恰当履行,进而损害招标人的正当权益;另一方面,因不允许实质性谈判,容易导致当事人签订"黑白合同",也影响市场正常管理。

(十)履约保证金

履约保证金,实际上是提交方向对方担保按约履行合同的一种履约担保方式。招投标法、政府采购法以及机电产品国际招投标对通过招投标形成的合同,均支持履约保证金的要求。

上述三方面法律均规定,如果招标文件要求中标人提交履约保证金的,中标人应当按照要求提交;履约保证金不得超过中标合同金额的10%。招投标法规定,中标人不按照招标文件要求提交履约保证金的,取消其中标资格,投标保证金不予退还;机电产品国际招投标的排名第一的中标候选人不按招标文件要求提交履约保证金的,招标人可以按照评标委员会提出的中标候选人名单排序依次确定其他中标候选人为中标人。[1]

关于履约保证金形式,招投标法和机电产品国际招投标没有明确履约保证金的表现形式,实务中,一般为现金或银行保函等方式。但政府采购法对履约保证金则明确排除现金形式,而以支票、汇票、本票或者金融机构、担保机构出具的保函等非现金形式。

关于履约保证金提交时间,三个方面招投标法律没有明确规定,但从上述关于中标人不按照招标文件提交履约保证金的后果推断,招投标法和机电产品国际招投标制度下履约保证金应当在签订合同之前,或在释放投标保证金之前提交。

政府采购法规定履约保证金为支票、汇票、本票或者金融机构、担保机构出具的保函等非现金形式,实践中应按照法律规定执行;对于招投标法下的合同履约保证金,如履约保证金额度不大,当事人可以金钱形式交付履约保证金,但如果履约保证金额度大,如采用金钱方式,将影响中标人资金流动,多采用银行履约保函方式。但公司企业申请银行履约保函往往需要较长时间,一方面银行内部审批手续需要时间,另一方面多数银行还需要申请人提交已签订的合同作为支撑。因

---

[1] 参见《招投标法》第60条,《招投标法实施条例》第58条、第74条;《政府采购法实施条例》第48条;《机电产品国际招投标》第70条、第77条。

此,关于履约保证金提交时间问题,可适当延长时间,中标人的投标保证金释放时间相应延长。

六、建设工程"阴阳合同"

建设工程"阴阳合同"也称"黑白合同",[1]主要指建设工程合同当事人在通过招投标签订的中标合同之外,另行签订工程范围、建设工期、工程质量、工程价款等实质性内容与中标合同不一致的合同。其中,按照招投标规定签订的中标合同即为"阳合同"或"白合同",合同实质性内容与招标文件和中标投标文件基本一致;[2]另行签订实质性内容与中标合同不一致的合同为"阴合同"或"黑合同"。

(一)"阴阳合同"法律效力

按照招投标文件签订的中标合同即"阳合同"是当事人依法签订的合同,应受法律保护,具有相应法律效力,在此不做赘述。关于"阴合同"的法律效力问题在现行法律制度下显得比较复杂。按照《民法典》第143条的规定,只要合同具备:当事人具有相应的民事行为能力;意思表示真实;不违反法律、行政法规的强制性规定,不违背公序良俗,那么,合同应该有效。

但建设工程"阴合同"有其特殊性,有些"阴合同"是当事人真实意思表示,但违反了招投标法律强制性规定。自原《合同法》确立合同当事人意思自治原则以来,《民法典》承袭这个原则,因此,当合同违反法律、行政法规的强制性规定是否有效问题就变得复杂,只有合同违反法律、行政法规效力性强制性规定时,才导致合同无效,如仅违反法律、行政法规管理性强制性规定的,并不直接导致合同无效。《合同通则司法解释》对阴阳合同进一步解释,当事人为规避法律、行政法规的强制性规定,以虚假意思表示隐藏真实意思表示的,人民法院应当依据《民法典》第153条第1款的规定认定被隐藏合同的效力。该司法解释进一步强调被隐藏的阴合同的效力取决于其所违反法律、行政法规强制性规定是否属于效力性强制规定。

---

[1] "黑白合同"或"阴阳合同"不仅出现于建设工程领域,在其他领域如演艺界商演合同也存在这种现象。本章主要论述通过招投标方式形成的合同,故特别论述建设工程领域"黑白合同"情形。
[2] 在招投标实践中,并非所有中标的投标文件都百分之百满足招标文件要求,只要投标文件没有触及废标条件,投标文件将参与评标,并按照评标办法进行评分或经评审价排序确定中标候选人。

《招投标法》第46条规定,招标人和中标人不得再行订立背离合同实质性内容的其他协议。据此规定,当事人签订"阴合同"违反了招投标法强制性规定。但《招投标法》并未明确这项规定是效力性规定还是管理性规定。《招投标法实施条例》第57条重申了《招投标法》第46条的规定,但第75条则规定,招标人和中标人不按照招标文件和中标人的投标文件订立合同,合同的主要条款与招标文件、中标人的投标文件的内容不一致,或者招标人、中标人订立背离合同实质性内容的协议的,由有关行政监督部门责令改正,可以处中标项目金额5‰以上10‰以下的罚款。由此,似乎又弱化了前述强制性规定。

最高人民法院在相应司法解释上就建设工程施工合同的"阴阳合同"法律效力问题采用了技术性模糊手法,并未直接明确"阴合同"无效或有效。但对于在中标合同之外变相降低工程价款另行签订的合同,当事人向人民法院请求认定无效时,人民法院认定该合同无效。该司法解释采取列举方式明确无效合同:中标人以明显高于市场价格购买承建房产、无偿建设住房配套设施、让利、向建设单位捐赠财物等另行签订合同。[①] 可见,如没有触犯前述列举情形,"阴阳合同"似乎都有相应效力。

(二)"阴阳合同"法律处理

除了最高人民法院在司法解释中明确合同无效情形外,对于其他情形"阴合同"的法律效力并无明确规定。但《施工合同司法解释(一)》第2条规定,招标人和中标人另行签订建设工程施工合同约定的工程范围、建设工期、工程质量、工程价款等实质性内容,与中标合同不一致,一方当事人请求按照中标合同确定权利义务的,人民法院应予支持。

由此规定,可理解为建设工程合同当事人按照"阴合同"履约,当发生合同纠纷时,一方当事人请求按照"阳合同"约定的工程范围、建设工期、工程质量、工程价款等实质性内容确定双方权利义务的,人民法院将按"阳合同"约定确定当事人的合同权利和义务。

实务中,由于投标文件并非完全符合招标文件要求,除这种不符合的情况触

[①] 参见《施工合同司法解释(一)》第2条第2款规定,招标人和中标人在中标合同之外就明显高于市场价格购买承建房产、无偿建设住房配套设施、让利、向建设单位捐赠财物等另行签订合同,变相降低工程价款,一方当事人以该合同背离中标合同实质性内容为由请求确认无效的,人民法院应予支持。

动废标条件而导致投标无效,这种不符合的内容都将是合同谈判阶段关注内容,并将通过谈判转换到合同文件中,在实践中,既有中标人按照招标文件要求修订投标文件内容;也有招标人根据中标人投标文件相应调整原先招标文件要求,如投标文件所建议的方案比招标文件所要求的方案更合理等。因此,本书认为招投标法要求按照招标文件和中标人的投标文件订立合同并非简单把招标文件和中标人投标文件放到一起就构成中标合同,而是双方基于招标文件和中标投标文件进行谈判协商后形成中标合同。当然,这种谈判协商不应改变招、投标和评标的原则或实质内容。

  本书建议,通过招投标方式形成合同的,在招投标基础上通过谈判协商使差异点达成一致,并纳入中标合同。同时,为避免后期审计、检查带来不必要的麻烦,在谈判过程中形成谈判纪要,以备后期查证。当然,对于各地方政府工程建设行政管理部门来说,在审查招标人合同时,只要合同没有实质性违背招标文件和中标人的投标文件或违背招投标法基本原则,不一定从形式上要求中标合同与招标文件和中标的投标文件丝毫不差,这样反而可能造成"阴阳合同"情况。

第四章 合同形成之竞争性谈判与询价

询价和竞争性谈判是招投标之外的两种通过竞争形成合同的重要方式,也是合同实务中通过竞争形成合同而普遍采用的方式。

一、竞争性谈判

(一)竞争性谈判概述

竞争性谈判是合同缔结过程的一种重要方式,实践中,这种方式经常被使用。但无论是原《合同法》和现行《民法典》还是招投标法对竞争性谈判都没有规范性规定。竞争性谈判的法律规定主要在《政府采购法》及配套实施条例和管理办法中体现。《政府采购法》规定,政府采购合同适用原《合同法》;采购人和供应商之间的权利和义务,应当按照平等、自愿的原则以合同方式约定。① 因此,政府采购法关于竞争性谈判的规定适用于政府采购合同,非政府采购类合同采取竞争性谈判方式可参照该规定。

按照《政府采购法》关于竞争性谈判定义,竞争性谈判是指谈判小组与符合资格条件的供应商就采购货物、工程和服务事宜进行谈判,供应商按照谈判文件的要求提交响应文件和最后报价,采购人从谈判小组提出的成交候选人中确定成交供应商的采购方式。② 这个定义实际上概括了政府采购中竞争性谈判的主要环节与内容。另外,《政府采购法》中关于竞争性谈判提交最后报价的供应商要求不得少于三家。《政府采购非招标采购方式管理办法》第 27 条第 2 款规定,公开招标

---

① 《政府采购法》是在《民法典》之前颁布,所以指引原《合同法》;2022 年《政府采购法》(修订草案征求意见稿)第 71 条明确"政府采购合同适用民法典"。
② 参见《政府采购非招标采购方式管理办法》第 2 条。

的货物、服务采购项目,招标过程中提交投标文件或者经评审实质性响应招标文件要求的供应商只有两家时,采购人经本级财政部门批准后可以与该两家供应商进行竞争性谈判采购。可见,在政府采购项目中,特定情形下的竞争性谈判采购可以是两家供应商。

实践中,除政府采购合同的竞争性谈判外,其他商事合同或经济合同缔结过程采取竞争性谈判的,也比较多。如有些合同供应商资源有限,或者尽管有多家供应商,但有意参与合同竞争的供应商不多,此时,合同采购人可通过竞争性谈判订立合同。

此外,竞争性谈判的核心在于参与谈判的供应商进行竞争,在技术和服务相当的情况下,供应商主要竞争商务条件和价格。

本书认为,从合同实践出发,竞争性谈判可定义为,采购人与两个或以上的潜在供应商,就合同采购事项,通过规范的竞争流程进行谈判,确定成交供应商的采购方式。这种定义是基于通常合同采购而言的,至于政府采购合同竞争性谈判,应按照政府采购法的特别规定执行,如政府采购法规定参与竞争性谈判的供应商到最终报价阶段不得少于三家。

(二) 竞争性谈判

1. 竞争性谈判项目范围

对于不属于政府采购项目的,除法律规定必须采用招标、拍卖等法定方式外,采购人根据采购项目情况,可自主安排采用竞争性谈判采购方式。当然,从效率、成本等角度讲,并不是所有合同都适合采用竞争性谈判,如有的合同更适合直接谈判,有的合同则更适合询价等。这需要采购人根据合同项目的实际情况确定。

对于政府采购项目,需按照政府采购法关于竞争性谈判的规定执行。按照《政府采购法》之规定,政府采购货物或者服务项目,符合下列情形之一的,可以采用竞争性谈判方式采购:

(1)招标后没有供应商投标或者没有合格标的或者重新招标未能成立的。

(2)技术复杂或者性质特殊,不能确定详细规格或者具体要求的。

(3)采用招标所需时间不能满足用户紧急需要的。

(4)不能事先计算出价格总额的。

《政府采购非招标采购方式管理办法》第 27 条规定政府采购货物或服务采用

竞争性谈判采购的五种情形：

(1)招标后没有供应商投标或者没有合格标的,或者重新招标未能成立的。

(2)技术复杂或者性质特殊,不能确定详细规格或者具体要求的。

(3)非采购人所能预见的原因或者非采购人拖延造成采用招标所需时间不能满足用户紧急需要的。

(4)因艺术品采购、专利、专有技术或者服务的时间、数量事先不能确定等原因不能事先计算出价格总额的。

(5)公开招标的货物、服务采购项目,招标过程中提交投标文件或者经评审实质性响应招标文件要求的供应商只有两家时,采购人、采购代理机构按照本办法第4条经本级财政部门批准后可以与该两家供应商进行竞争性谈判采购。

《政府采购非招标采购方式管理办法》由财政部于2013年12月29日发布,于2014年2月1日开始实施。《政府采购法》于2014年8月31日第十二届全国人民代表大会常务委员会修正。应该说,2014年修正的《政府采购法》是总结了过去《政府采购法》实施中的实践经验以及在实施中遇到的新情况,因此,《政府采购非招标采购方式管理办法》关于竞争性谈判的规定与《政府采购法》不一致之处,应当按照《政府采购法》的规定执行。

就政府采购货物或服务竞争性谈判采购范围而言,《政府采购法》实际上是总结并进一步扩展了《政府采购非招标采购方式管理办法》之规定。两者所规定的(1)项和(2)项完全一致。

《政府采购法》所规定的(3)项扩展了《政府采购非招标采购方式管理办法》所规定的(3)项内容,只要采用招标所需时间不能满足用户紧急需要的,不管是采购人主客观原因还是其他因素,就可以选择竞争性谈判采购方式。

《政府采购法》所规定的(4)项也扩展了《政府采购非招标采购方式管理办法》所规定的(4)项内容,后者限定于"因艺术品采购、专利、专有技术或者服务的时间、数量事先不能确定等原因"而导致"不能事先计算出价格总额",前者并不限于标的种类,只要"不能事先计算出价格总额的",就可以选择竞争性谈判方式采购。

《政府采购非招标采购方式管理办法》所规定的(5)项,即招标过程中提交投标文件或者经评审实质性响应招标文件要求的供应商只有两家时,按照《政府采购法》第36条第1款和第37条的规定,应当首先作废标处理。废标后,有两种处理办法：一种是除采购任务取消情形外，重新组织招标；另一种是经审批采用非招标采购方式，包括竞争性谈判或其他方式。依此规定，《政府采购法》一方面否定了《政府采购非招标采购方式管理办法》所规定的经审批进入竞争性谈判的唯一采购方式，另一方面规定了废标环节，并扩展废标后包括竞争性谈判在内的非招标采购方式。

2. 竞争性谈判主要环节

无论是政府采购法规定，还是竞争性谈判的实践，对于通过竞争性谈判方式缔结合同的，对买方（采购人）和卖方（供应商）都有规范性要求，但相比较而言，对买方要求更多。一般来说，竞争性谈判需有如下过程和环节：成立谈判小组、制订谈判方案、选择潜在卖方并邀请参加竞争性谈判、潜在卖方响应谈判邀约、竞争性谈判、确定合同成交方。

《政府采购法》规定的政府采购竞争性谈判应当遵循程序包括：成立谈判小组、制定谈判文件、确定邀请参加谈判的供应商名单、谈判、确定成交供应商。对于政府采购的，按照政府采购法规定的程序执行。

（1）竞争性谈判小组

竞争性谈判应当成立谈判小组。竞争性谈判小组与其他方式的合同谈判小组有所不同，相比较而言，竞争性谈判小组一旦成立即具有相对独立性，并且，谈判小组对竞争性谈判过程和结果承担更多责任。

按照政府采购法规定，政府采购谈判小组由采购人的代表和评审专家共三人以上的单数组成，其中专家的人数不得少于成员总数的2/3。但对于达到公开招标数额标准的货物或者服务采购项目，或者达到招标规模标准的政府采购工程，竞争性谈判小组应当由五人以上单数组成。评审专家应当从政府采购评审专家库内相关专业的专家名单中随机抽取。技术复杂、专业性强的竞争性谈判采购项目，通过随机方式难以确定合适的评审专家的，经主管预算单位同意，可以自行选定评审专家。技术复杂、专业性强的竞争性谈判采购项目，评审专家中应当包含一名法律专家。

政府采购法规定竞争性谈判小组职责包括：

①确认或者制定谈判文件。

②从符合相应资格条件的供应商名单中确定不少于三家的供应商参加谈判。

③审查供应商的响应文件并作出评价。

④要求供应商解释或者澄清其响应文件。

⑤编写评审报告。

⑥告知采购人、采购代理机构在评审过程中发现的供应商的违法违规行为。

在实践中,对于政府采购之外的其他合同竞争性谈判,谈判小组应当由三人或三人以上单数组成,谈判小组成员应当由商务、技术或业务领域专业人员或专家组成,具体视谈判内容而定。谈判小组是否需要由外部专家参加,视具体情况而定。本书认为,如果采购人是国有企业或国有控股企业,最好聘请适当数量的外部专家。

谈判小组一般应履行如下职责:

①编制竞争性谈判方案,包括谈判目的与目标、谈判内容、潜在竞争谈判方资格条件(如果前期工作开展深入,拟邀请参加谈判的潜在竞争方一并列入谈判方案中)、竞争性谈判程序、邀约通知格式、供应商响应要求与文件格式、合同文件(包括合同条件与条款、相关附属文件)草案、评判标准等。竞争性谈判方案应获得采购人或本单位决策机构批准同意。一旦获得批准,谈判小组应当按照竞争性谈判方案开展竞争性谈判。

②根据潜在竞争谈判方资格条件选择参加竞争谈判方,向所有选择的竞争谈判方发出邀请。

③审查评估各个竞争谈判方提交的相应文件,并制订具体谈判计划。

④与所有参与竞争谈判方开展谈判,包括技术、业务、商务等各个方面,对谈判成果形成书面文件。

⑤对各参加谈判方的谈判结果(包括最终报价)进行综合性评估,形成具有推荐结论意见的谈判报告,报采购人或本单位决策机构决策。

在竞争性谈判实务中,对采购方来说,组建合适的谈判小组对采购项目来说意义重大。

(2)谈判文件

在政府采购法中称为竞争性谈判文件,在政府采购之外的竞争性谈判实践中称为竞争性谈判方案文件。不管如何称谓,谈判文件是开展竞争性谈判的基础载体,其一,定义采购人的采购项目,包括采购需求(标的、数量、质量等)、技术规格、商务条件以及合同条件等内容;其二,向参与竞争谈判的潜在供应商载明竞争谈判的过程与要求等内容;其三,明确参与竞争谈判的供应商响应谈判的方式和要求等内容。谈判文件由谈判小组负责编制。

政府采购竞争性谈判中,谈判文件应当包括供应商资格条件、采购邀请、采购方式、采购预算、采购需求、采购程序、价格构成或者报价要求、响应文件编制要求、提交响应文件截止时间及地点、保证金交纳数额和形式、评定成交的标准等。

竞争性谈判实务中,对于政府采购之外的合同采购竞争性谈判方案文件,可参照政府采购竞争性谈判文件,再根据采购项目和设计的谈判流程增修文件。一般可采用正文加若干附件文件的方式。

正文部分主要描述如下内容:本次竞争性谈判目的,达到什么目标;拟采购标的,包括采购项目内容、数量、技术规格或要求、预算等;采用竞争性谈判方式的理由;供应商资格条件或资质条件,拟邀请参与竞争谈判的供应商以及邀请它们的理由;组建谈判小组的办法,谈判小组成员及成员职责分工;竞争谈判的环节与流程,包括先技术和业务、后商务等谈判流程,谈判轮次(竞争性谈判至少两轮,实践中视谈判项目情况可设置多轮谈判,对于采购项目技术标准和业务要求清楚的,可设置一轮业务和技术谈判,但对于技术复杂或交易业务复杂的,业务和技术谈判可设置两至三轮谈判,另外,商务价格部分谈判至少设置两轮谈判或报价),供应商响应要求等;评判方式与标准;内部汇报与决策程序等。

附件文件。对于文件内容多或自成体系的,可以附属文件方式,在竞争性谈判实践中,一般包括下列文件:采购项目定义文件,详细定义采购项目内容、数量、技术规格或要求等;邀请函(格式);报价要求;报价文件格式(包括技术部分、商务部分);合同条件与条款(草案);合同附属文件(草案)(该部分视所采购项目内容而设置若干文件)等。

总之,对于采购方来说,尽可能把所需采购的项目定义清楚、把采购合同条件描述清楚、把竞争谈判环节与流程界定清楚。这样,潜在供应商可以更好地响应采购方要求,减少谈判过程的澄清,提高谈判效率,更好实现谈判目标。

(3)谈判邀请

采购方向符合条件的潜在竞争谈判供应商发出竞争性谈判邀请。

政府采购竞争性谈判中,谈判邀请有三种方式:

一是通过发布公告的方式,向所有符合条件的不确定的潜在供应商发出公告邀请。潜在供应商根据公告内容自行确定是否参加竞争性谈判。这种方式下参与响应的供应商具有不确定性,如果参与供应商多,中间需要增加对响应供应商筛选环节,整个谈判过程可能比公开招标采购方式所经历时间还长。因此,在实务中要根据采购项目情况而定。

二是从省级以上财政部门建立的供应商库中随机抽取三家以上符合本次竞争性谈判条件和资格的潜在供应商,并向其发出竞争性谈判邀请。这里需要特别注意,由于政府采购法要求在竞争性谈判采购中的最终报价供应商不少于三家,因此,对于采用随机抽取方式选择竞争性谈判供应商时,要考虑供应商参与竞争性谈判的意愿以及供应商的响应文件的有效性等因素,在采用随机抽取方式选择竞争性谈判供应商时,尽可能选三家以上供应商,以确保最终报价环节有不少于三家供应商。

三是由评审专家书面推荐选择参与竞争谈判的供应商。需要注意的是,对于采用推荐方式选择供应商参与竞争谈判的,政府采购法规定:首先,采取采购人和评审专家书面推荐方式选择供应商的,采购人和评审专家应当各自出具书面推荐意见;其次,采购人推荐供应商的比例不得高于推荐供应商总数的50%。

在实践中,对于不属于政府采购范畴的采购合同,根据采购标的实际可采用公告邀请和谈判小组筛选推荐的方式。

选择参与竞争谈判供应商后,向各供应商发出邀请函和相关谈判文件。发给参与谈判供应商的谈判文件应系统反映采购人的采购要求和对供应商的响应要求。在竞争性谈判实践中,允许采购人(谈判小组)对已发出的谈判文件进行修改和澄清,但这种澄清或修改影响供应商编制响应文件的,应给予供应商合理的时间。在政府采购中,对谈判文件澄清或修改可能影响供应商编制响应文件的,应当在谈判文件规定的供应商首次提交响应文件截止之日3个工作日前书面通知所有接收到谈判文件的供应商,不足3个工作日的,应当顺延提交首次响应文件截止之日。

(4)响应与响应文件

供应商按照谈判文件的要求编制和提交响应文件,包括按照谈判文件对响应内容要求、附带的响应文件的格式编制响应文件,并按照要求的提交时间和地点以及密封等提交响应文件。

供应商响应文件的有效性将决定其能否进入后续谈判环节。政府采购法规定,未实质性响应谈判文件的响应文件按无效处理,不进入后续谈判环节。因此,在响应谈判邀请和编制响应文件时要注意以下两方面:

一是根据自身的实际情况客观真实地响应谈判文件的相关要求。如供应商是否满足谈判文件规定的资格条件、能否满足要求的技术标准、质量标准,能否按照要求提供货物、服务或工程等,需要注意的是供应商对其提交的响应文件的真实性、合法性要承担法律责任。另外,响应报价应合理和有竞争性,同时,还要有一定的技巧性,如按照习惯思维,在竞争性谈判中,如果标的没有变化,供应商最终报价一般都对首次报价作出一定的优惠。

二是要深入研究谈判文件中关于实质响应的具体要求。包括实质内容要求、文件格式和形式要求等。对于实质内容要求部分,应按照要求逐项响应,不要漏项。当然,对于大型、复杂采购项目,特别是在技术复杂的情况下,难以做到一一对应的,需要对所有主要的、实质性的内容进行响应。对于文件格式或形式,也需遵照要求。如有的谈判文件要求响应文件同时加盖单位印章和法定代表人签字,否则将视为无效,供应商法定代表人委托人员签字的,需要有法定代表人书面授权,授权委托书作为响应文件的组成部分一并提交,否则,响应文件可能被判定无效。

响应文件应完整、准确。如果响应文件存在不足,应允许供应商对响应文件进行补充或修改,但修改或补充响应文件应当在谈判文件规定的提交响应文件截止时间之前进行,并以书面形式提交。需要注意,补充或修改内容构成响应文件的组成部分,并且补充、修改的内容与原响应文件不一致的,以补充、修改的内容为准。

(5)初步评估与制订谈判策略和计划

谈判小组收到供应商响应文件,应当在谈判文件规定的提交响应文件截止时间后开封响应文件,并对所有响应文件进行初步评估。

需要注意,本书建议谈判小组在拆封所有文件时最好邀请监督部门或人员进行现场监督。对于政府采购应按照政府采购法规定的监督办法执行;不属于政府采购范畴的,如属于国有企事业单位或国有控股企业,应要求单位监督人员参与现场拆封监督;属于其他性质单位,如本单位管理制度要求监督的按照管理制度执行,没有管理制度要求的,尽量要求谈判小组之外的人员参与拆封监督。

谈判小组对响应文件进行初步评估主要有两个目的:

一是评估响应文件是否实质性响应谈判文件要求,以判定供应商是否进入后续谈判环节。因此,对于供应商来说,在首次响应中,一定要关注采购人要求的实质内容和一些格式要求,避免初步评估阶段被淘汰。在实践中,对于有的采购项目因技术方案复杂,采购人并未明确具体的技术方案要求,而只是提出关键性技术指标,可要求供应商提交具体技术方案,那么,供应商在编制响应文件时应首先研究能否满足采购人要求的技术指标,然后根据自己的实际情况编制响应的技术方案。

二是研究制订具体谈判策略与谈判计划。通过对各个供应商的技术方案、供应安排、商务条件、报价构成等分析,找出各个供应商响应文件中的优点、不足以及供应商报价隐藏内容等,按照先技术后商务的大原则,针对各供应商制订具体谈判策略和计划,包括先跟哪个供应商谈,后跟哪个供应商谈,谈几轮,每轮谈判的重点和目标等。

(6)谈判环节

如果说前面环节是竞争性谈判采购人与供应商基础准备阶段,那么,谈判环节则是供需双方以竞争方式交锋阶段。对买方来说,主要通过谈判从几个参与的供应商中择优选择一家供应商。对供应商(供方)来说,一方面要满足需方对货物、服务或工程,以及合适的对价的需求;另一方面还要与参加谈判的其他供应商进行竞争,包括技术、交付物(货物、服务、工程)、商务条件、对价等。因此,在谈判阶段,对供需双方来说都十分关键,特别是供应商这一方。

在谈判环节,需要注意以下几个方面:

①多轮谈判

竞争性谈判强调谈判过程的竞争性,因此,竞争性谈判要求采取多轮谈判,在政府采购的竞争性谈判中,不少于两轮谈判。政府采购范围之外的竞争性谈判,为充分发挥谈判过程的竞争性,采取多轮谈判机制,最少谈判两轮,对于技术复杂或合同标的复杂的合同,多采取两轮以上谈判。具体谈判轮次,主要根据合同标的复杂性和可竞争性而定,这里不再赘述。

另外,对于供应商来说,需要针对采购人的谈判计划制订相应的谈判策略,特别是在商务条件、服务、价格等可竞争谈判内容方面要做好谈判策划,在哪轮谈判或谈判的哪个环节作出让步,如何让步等都要事先策划好。

②先技术、后商务、再价格

在竞争性谈判中,多数采取比较最终报价的方式来确定成交供应商。这种情况,在供应商最终报价前,应当拉平或基本拉平各供应商响应的技术、商务等条件。

对于技术要求相对简单的货物或服务,可以采取技术、商务和价格一揽子谈判。在技术、商务条件基本相同的基础上,最后比较各家最终报价。

但对于技术复杂或设备复杂或工程复杂等谈判,由于供应商响应文件与谈判文件要求不完全一致,甚至有的供应商响应文件的技术方案优于采购人要求,谈判小组需要通过谈判,确定最终技术方案。在此基础上,再谈后续商务条件、价格等。

案例9

BT公司采取竞争性谈判方式采购大型成套工艺设施,A、B、C、D 4家供应商参与竞争谈判。由于技术方案、供货方案、商务条件以及对价方式与价格构成都很复杂。整个谈判分成技术方案谈判、供货与商务条件谈判、对价与价格谈判三个阶段,其中,技术方案谈判、供货与商务条件谈判均采取两轮谈判,对价与价格谈判也采取多次澄清与谈判。

在技术方案谈判阶段,4家供应商所提交的响应文件中技术方案的关键技术指标均满足BT公司要求,但技术方案中具体情况各不相同,4家供应商的方案在电力消耗、安全性、性能指标等方面各有优劣,但从技术角度又不可能把所有优点集中到一个方案中。谈判小组综合分析4套技术方案中哪些优点可以采用,哪些可以优化,哪些短处可以改进,形成更适合采购方的技术方案谈判版本,与4家供应商分别谈判,通过谈判,再修正技术方案,形成最终的采购技术方案,作为评价4家供应商最终响应技术方案的基础。

统一技术方案后,进行供货与商务条件谈判。通过谈判,统一供货范围、标准、进度安排,以及商务条件等。

在上述基础上,再通过澄清等方式,统一4家供应商的对价方案、条件,然后进行具体价格谈判。最后,谈判小组再请4家供应商按照统一的对价方案和条件进行最终报价。

实践中,竞争性谈判环节和节奏安排由采购人(谈判小组)掌握,供应商应当适应谈判环节和节奏安排,包括两个方面:一是供应商应对谈判安排做好谈判策划;二是供应商做好内部安排,包括谈判组人员安排、内部报告和决策机制等。如有的供应商是外资企业,由该企业负责谈判,但涉及一些商务、法律等问题,需要其外国总部决策,由于其总部不了解谈判实际情况而难以给予恰当指示和支持,导致采购人对该外资企业未来执行合同情况产生疑虑,造成对谈判小组评判的负面影响。

政府采购谈判环节与先后顺序,法律法规和规章有具体规定的,要严格按规定执行,这里不再赘述。

③平等谈判机会

竞争性谈判中,采购人应当赋予参与谈判的各供应商平等的谈判机会。政府采购法规定谈判小组应当"给予所有参加谈判的供应商平等的谈判机会"。实践中,即使不属于政府采购范畴,平等谈判机会同样适用。

在竞争性谈判实践中,要正确理解平等谈判机会内涵,主要把握好以下几个方面:

一是给予各参加谈判的供应商平等的谈判机会,但不一定是所有参与谈判的供应商都实际进行相同谈判,是否实际参加所有谈判取决于供应商。如上述成套工艺设施采购案例9,采购方对技术方案进行两轮谈判,谈判小组应当在每轮技术方案谈判前通知4家供应商,供应商根据谈判情况和自身实际技术方案情况,决定自己是否实际参与全部两轮谈判。如在第二轮技术方案谈判环节,供应商B认为自己第一轮谈判后的技术方案是其最终响应技术方案,再谈判也不会有修订变化,于是供应商B回应谈判小组,B在第一轮谈判后响应的方案是其最终技术方案,不需再进行谈判了。这样,谈判小组就没有必要与供应商B进行第二轮技术方案谈判。

但需要注意的是,谈判小组第二轮谈判需要书面通知到4家供应商,同时,要求4家供应商书面回应确定是否进行第二轮技术方案谈判,以及不参加第二轮谈判的理由。

二是给予各参加谈判的供应商相同的谈判议题。在竞争性谈判中,在同轮谈判中,谈判小组与各参加谈判的供应商谈判议题应当一致,如在案例9中,在技术方案谈判阶段,BT公司谈判小组与4家供应商皆谈判技术方案,不应与一部分供应商谈判技术方案,而与另一部分供应商谈判商务条件。

三是平等谈判机会不等于相同谈判时间。在竞争性谈判中,为体现公平性,谈判小组在谈判某个议题时,原则上应安排各供应商相同的谈判时间。但由于各个供应商响应方案以及后续可谈性不同,实际谈判时间不一定相同,有的供应商谈判时间短一些,有的供应商谈判时间长一些。

④谈判小组团队整体性

按照政府采购法规定,政府采购竞争性谈判中,要求谈判小组所有成员必须整体出面与每个供应商分别谈判。据此规定,一是谈判小组所有成员必须同时出面参加谈判;二是不允许谈判小组一部分成员与这家供应商谈判,而另一部分成员与另一家供应商谈判。政府采购法更多强调程序和形式的公平性。

实践中,对于不属于政府采购范畴的合同竞争性谈判,一方面,由于技术、商务、对价之间有相互关联性;另一方面,为避免参加谈判的各供应商产生疑虑,尽可能谈判小组成员集体与各供应商谈判。谈判小组成员不能整体参加某个供应商谈判的,最好参加各个供应商谈判的谈判小组成员相同。

尽管法律对供应商谈判小组人员没有要求,但在实践中,对于供应商来说,一方面,尽量组建合适的谈判小组,既能更好地把自己的响应文件内容说清楚,同时,在谈判中能正确把握和捕捉采购人谈判小组的真实意图;另一方面,谈判小组成员尽可能整体参与谈判,以保证技术、商务、价格等的一致性,避免技术谈技术、商务谈商务"两张皮"现象。

⑤允许实质性变更谈判文件

与招标和询价不同,在竞争性谈判中,特别是技术复杂或采购项目复杂的采购合同,随着谈判的深入进行,可能发现原先在谈判文件中所规定的技术指标、服务要求以及有关合同条件需要调整,以达到更好的采购目的,相应地,需要实质性变更谈判文件中的规定和要求。

政府采购法允许谈判小组实质性变更采购需求中的技术、服务要求以及合同草案条款,但不得变动谈判文件中的其他内容。另外,谈判文件有实质性变动的,谈判小组应当以书面形式通知所有参加谈判的供应商。

在不属于政府采购范畴的竞争谈判实践中,由于技术方案、服务要求等变更,相应导致商务条件的变更,因此,也会变更谈判文件其他方面。

另外,需要特别注意的是对于竞争性谈判结果文件,原则上是希望各供应商谈判结果保持一致,但实践中,由于各种因素,各个供应商谈判后的结果文件并不完全一致,只要采购人要求的主要技术标准、采购内容、服务等达到要求,应允许各供应商承诺的差异性。如在前述成套工艺设施采购案例9中,4家供应商所拥有的技术不同,所提供的技术方案和技术标准也不完全一样,它们所响应和承诺的商务条件也不完全一样。这些差异性以及供应商的最终报价将作为最终评判的基础。如在成套工艺设施案例9中,最终从技术方案与性能、运营维护、商务条件、价格等四大方面若干细项进行评估,选择出成交的供应商。

⑥谈判程序与谈判文件

竞争性谈判实行多轮谈判制,在整个谈判过程中涉及环节比较多,谈判文件和响应文件的修改也比较多,对于采购方或谈判小组来说,尤其要注意程序和文件问题。

在谈判程序方面,一是安排好谈判计划,并提前通知到各供应商,以保证各个供应商能够参加谈判;二是每轮次谈判前书面通知每个供应商,并要求对方书面回复是否参加;三是对于多轮次谈判的,轮次之间不要交叉进行,谈完一个轮次后再进入下个轮次谈判。

在谈判文件方面,谈判的基础是采购人谈判文件和供应商响应文件,但随着谈判过程的深入,需要不断对谈判文件和响应文件进行修正和修改,因此,需要保持每个轮次谈判文件的清晰。首先,双方以谈判文件和响应文件作为谈判基础文件。在实践中,如果谈判小组力量强、时间充足,可以把响应文件整合到谈判文件中,形成新的谈判基础文件。其次,每轮次谈判后,形成本轮次谈判文件版本。再次,如果双方对谈判基础文件完成系统谈判,不管是否全部达成一致,双方谈判代表最好对该文件草签确认,避免同样问题重复谈判。对于未形成一致意见的,应表明各自立场。最后,最后一轮谈判完成后形成各自终版谈判文件,双方谈判代表签字确认。终版谈判文件只是表明谈判阶段供需谈判的最终意见,并不表示双方对所有问题都达成一致。

终版谈判文件将是采购人评估成交的基础。因此,在终版谈判文件形成前,对于供应商来说能够承诺的尽可能作出决定。

对于采购方来说,一旦确定成交供应商,谈判小组还需对成交供应商的终版谈判文件中尚未达成最终共识的内容作出妥善安排,一般情况下,由双方再进一步协商。对于未被确定为成交供应商的终版谈判文件也应妥善保管,并作为档案资料一并存档。

⑦退出机制

竞争性谈判实践中,参加竞争的供应商随着谈判进行而对采购项目的各项技术标准、要求和商务条件等有了进一步深入细致的了解和掌握,此时,供应商应再次从技术、服务、商务等方面进行内部评估,评判自己是否满足或是否有必要继续谈判并最终报价。

按照政府采购法规定,政府采购项目竞争性谈判的,允许供应商在谈判过程中退出谈判。如供应商退出谈判,应在提交最终报价之前退出。交纳竞争谈判保证金的,保证金应当退还供应商。

对于不属于政府采购范畴的竞争性谈判,谈判小组应事先制定相应的退出机制,谈判供应商按照退出机制退出;如没有相应退出机制,供应商应尽量获得采购方理解后再退出。

⑧最终报价

完成前面谈判环节后,进入供应商最后报价环节。谈判小组应规定供应商最后报价的具体要求,如报价货币、价格组成等;报价提交方式,一般应要求供应商签字、盖章密封递交;报价提交时间、地点等。

在政府采购货物和服务竞争性谈判中,最终以供应商最后报价评判成交供应商,因此,从供应商角度讲,在最后报价环节,要综合考虑后,报出自己可以接受的最后价格。另外,政府采购要求竞争性谈判最后报价的供应商不少于3家,对采购方来说,谈判小组需注意这个规定。当然,因公开招标未达到有效竞争条件转为竞争性谈判的,只有2家供应商最后报价仍为有效。需要注意的是,由于政府采购中货物和服务竞争性谈判采取最低价成交办法,因此,在最后报价阶段,如果出现多家供应商报价最低且相同时,谈判小组需组织报价最低的供应商对价格重新报价,直至报价最低供应商仅为一家为止。① 这对供应商来说是个挑战。如发生这种情况,重新报价的供应商要把握好机会与收益的关系。

在不属于政府采购的竞争性谈判中,是否以供应商最后报价评判成交供应商,取决于采购项目情况,对于技术标准清晰、服务和要求相对简单清晰的,一般采取在满足要求的基础上以最低报价作为评判标准;对于技术复杂,或采购项目复杂,可采取综合评估的办法,如前面成套工艺设施案例9中,采用综合评估办法(见表4-1)。

---

① 参见《中央国家机关政府采购中心竞争性谈判操作规程(试行)》第34条第2款。

表4-1　成套工艺设施排名

报价人	技术方案与性能保证得分（权重××%）	设施运营与维护得分（权重×%）	商务条件得分（权重×%）	价格与费用得分（权重××%）	加权综合得分（满分100）	综合得分排名
A公司	××	××	××	××	××	
B公司	××	××	××	××	××	
C公司	××	××	××	××	××	
D公司	××	××	××	××	××	

对于采取综合评估办法的竞争性谈判项目，供应商在最后报价时应综合考虑自己的技术方案、服务方案等因素，最后报出合理价格。

⑨综合评审

完成谈判并且供应商提交最后报价后，谈判小组对各供应商谈判结果进行综合评估，提出成交候选供应商，并编写评审报告。

在政府采购的货物和服务竞争性谈判采购项目中，采取最低最后报价法确定成交候选供应商，即在参与竞争性谈判的供应商实质性满足质量和服务要求的基础上，原则上，最低最后报价的供应商为成交供应商。谈判小组按照供应商最后报价由低到高的顺序提出3家以上成交候选供应商，①由采购人最终确定成交供应商。

政府采购法对评审报告主要内容有一定要求，如《中央国家机关政府采购中心竞争性谈判操作规程（试行）》第38条对评审报告内容作出原则要求，评审报告要包括以下主要内容：

（a）邀请供应商参加采购活动的具体方式和相关情况，以及参加采购活动的供应商名单。

（b）评审日期和地点，谈判小组成员名单。

（c）评审情况记录和说明，包括对供应商的资格审查情况、供应商响应文件评审情况、谈判情况、报价情况等。

（d）提出的成交候选人的名单及理由。

在不属于政府采购领域的竞争性谈判中，评审报告原则上应包含上述主要内容，具体将根据各个谈判项目情况而定。以前述成套工艺设施案例9为例，评审

---

① 一般提出3家成交候选供应商。

报告可包括如下主要内容：

(a)报告基本格式(报告名称、日期等)。

(b)采购项目基本情况。

(c)采用竞争性谈判方式的主要原因以及谈判组织。

(d)谈判供应商资格及选择供应商名单的理由与过程。

(e)各供应商对谈判文件响应情况(包括技术方案与性能指标、设备、服务、商务条件、首次报价价格等)。

(f)主要谈判情况(包括技术部分、运营与维护部分、商务条件部分、价格部分,每个部分谈判主要过程与结果情况)。

(g)对各供应商综合评估情况(包括技术、运营维护、商务条件、价格,以及潜在风险等)。

(h)对成交供应商的建议。

(i)附件,包括技术方案专项评价报告、运营维护专项评价报告、商务条件与价格专项评价报告。

⑩确定成交与签订合同

在政府采购竞争性谈判采购项目完成后,采购人根据谈判小组评审报告推荐的成交候选供应商名单按顺序确定成交供应商,并进行公示,参与竞争谈判的供应商公示期间没有提出异议的,正式确定成交。对于非政府采购领域的竞争性谈判项目,是否公示,根据采购项目情况而定。

确定成交后,双方按照谈判结果签订合同。

但在不属于政府采购领域的竞争性谈判实践中,存在双方最后谈判内容未定情况,特别是那些比较复杂的采购项目,采用综合评估的办法确定成交供应商,谈判阶段对合同文件中某项或某些内容未达成一致情况时常存在,如果该供应商被确定为成交方,采购人与供应商签订合同前需要对未定问题进行进一步谈判。从促进合同顺利履行角度考虑,双方应在不违背谈判阶段所确定的原则的前提下,协商作出合理安排,以保证合同的完整性。

二、询价

(一)询价概述

询价,也称询比价,是合同缔结的一种重要方式。合同实务中,合同询价采购方式比招投标和竞争性谈判采购方式更为广泛使用,在竞争性合同采购中,除法定招标和需要采用竞争性谈判外,多采用询价方式竞争采购。但在政府采购领域,合同询价采购方式受到一定限制,即仅限于货物采购。

关于合同询价采购概念的法律规范,主要源于政府采购法,《政府采购非招标采购方式管理办法》第2条第5款规定,询价是指询价小组向符合资格条件的供应商发出采购货物询价通知书,要求供应商一次报出不得更改的价格,采购人从询价小组提出的成交候选人中确定成交供应商的采购方式。

合同询价采购的前提是合同标的明确,供应商的报价主要是价格报价,评判的标准也主要是价格。相较于政府采购,公司企业合同询价采购不仅限于货物买卖合同,对于工程、货物、服务等合同采购,只要合同标的在数量、质量(规格型号、技术标准等)等方面是确定的,均可采用询价方式。

因此,本书认为,从合同实践角度,合同询价采购可定义为,合同采购人向3个以上符合资格条件的供应商发出询价文件,并按供应商一次报价确定成交供应商的合同采购方式。本书对询价的定义是基于通常合同采购而言的,至于政府采购合同询价,应按照政府采购法的特别规定执行。

在公司企业询价采购实践中,询价包括邀请询价和公开询价两种方式。邀请询价,是指合同采购人向符合资格条件的特定供应商发出询价文件的采购方式。公开询价,是指采购人向不特定潜在供应商发布询价邀请,符合资格条件的潜在供应商均可参与报价竞争的采购方式。如采购人员工通勤服务外包合同,采用询价采购方式,如采购人没有经过特定程序所选定的通勤服务单位名单,可通过公开询价方式采购。实践中,对于国有企业、国有控股企业、上市公司以及其他大型公司、企业,一般都通过招标或其他方式形成相应的工程、货物、服务等供应商名单,如可通过询价方式形成合同,一般需向名单中供应商发出询价邀请,即邀请询价。

(二)询价采购

1. 询价采购范围

对于不属于政府采购的项目,除法律规定必须采用招标、拍卖等法定方式,以及更适合竞争性谈判方式采购外,采购人根据采购项目情况,可自主安排采用询价采购方式。由于询价采用一次不可更改报价并以价格作为评判依据的原则,因此,采用询价采购的标的应当清晰明确,并且可直接计算价款。也就是说,除法定招标、拍卖以及更适合竞争性谈判方式采购外,只要合同标的清晰明确、直接计算价款的,均可采用询价方式。

对于政府采购项目,采用询价采购的项目仅限于货物,并且货物规格、标准统一,现货货源充足且价格变化幅度小。[①]

2. 询价主要环节

相较于竞争性谈判,询价活动相对简单,询价活动一般包括成立询价小组、制定询价文件、选择潜在供应商并邀请参加报价、潜在供应商响应邀请并报价、评选确定合同成交方。

政府采购询价应当遵循的程序包括:成立询价小组、制定询价文件、确定邀请报价供应商名单、询价邀请、报价、评选确定成交供应商、签订合同。

询价小组的组成可参考竞争性谈判小组,实践中根据询价项目实际情况而定,但政府采购询价小组需按照政府采购法要求组建。

询价文件可参考竞争性谈判文件,但询价文件与竞争性谈判文件相比,有如下区别:一是询价文件必须对采购合同标的界定清晰确定,报价人可直接报价,报价人不得对合同标的进行修改;二是询价报价过程不存在谈判,因此,在询价活动程序设置上与竞争性谈判不同;三是实行一次不可更改报价;四是评判标准原则上以价格作为唯一标准。

报价方面,供应商按照询价文件所定义的采购标的进行报价,该报价是一次不可更改的。

报价评选方面。询价小组评判所有供应商的报价响应文件是否满足询价文件实质性响应要求,不满足实质性响应要求的供应商被淘汰,对所有满足实质性响应要求的供应商,按照报价由低到高的顺序提出成交候选供应商,一般为3家成交候选供应商。在此基础上,询价小组编写评审报告。

其他方面,可参考竞争性谈判相应环节及相应注意事项,此处不再赘述。

三、询价与竞争性谈判异同

竞争性谈判和询价都是采购人通过谈判小组或询价小组向符合资格条件的

[①] 参见《政府采购法》第32条。

潜在供应商发出邀请,经过谈判或报价比选,最终确定成交供应商的合同采购方式。两者既有共同点,也有不同点。合同实践中,容易把两者混淆。如某企业的《非招标采购管理办法》中,关于竞争性谈判采购和询价采购的规定,除了两者概念术语不同外,没有区分两者在流程操作上的差异。其实,两者存在诸多实质性差异。

(一)询价与竞争性谈判共同点

询价与竞争性谈判在流程上和具体操作上具有一些相同之处,主要如下:

第一,询价和竞争性谈判均属于非招标采购方式。尽管询价和竞争性谈判都是向3家以上的供应商发出报价响应的邀请,具有邀请招标向特定潜在供应商邀请报价的特性,但一方面,邀请招标活动是由招标代理机构或具备招标条件的采购人操作,竞争性谈判和询价不强调招标资格条件;另一方面,邀请招标后续采用招投标流程。而询价则由询价小组实施询价比选流程,竞争性谈判则由谈判小组实施竞争性谈判和评审流程。

第二,两者均成立相应的工作小组,即竞争性谈判小组、询价小组。工作小组一旦成立,即具有相对的独立性,工作小组按照规则开展竞争性谈判或询比价工作。另外,一旦该项采购活动完成或终止,该工作小组即完成使命解散。

第三,两者均编制详细采购文件,其中,竞争性谈判采购文件被称为谈判文件,询价采购文件被称为询价文件。谈判文件和询价文件的主要内容基本相同。如政府采购法规定货物或服务竞争性谈判和询价采购中谈判文件、询价文件所应包含的内容基本相同,包括供应商资格条件、采购邀请、采购方式、采购预算、采购需求、采购程序、价格构成或者报价要求、响应文件编制要求、提交响应文件截止时间及地点、保证金交纳数额和形式、评定成交的标准等。[①] 实际操作中,两个文件也有不同之处,竞争性谈判文件将随谈判进程而有所修改,而询价文件则不然;另外,采购程序也不完全相同。

第四,响应文件送达要求基本相同。两者要求供应商响应文件须在截止时间前送达,并且响应文件应当密封送达指定地点。在截止时间后送达的响应文件为无效文件。

---

① 参见《政府采购非招标采购方式管理办法》第11条。

第五,初评阶段皆可要求供应商对其响应文件进行澄清、说明或更正。谈判小组、询价小组在对响应文件的有效性、完整性和响应程度进行审查时,可以要求供应商对响应文件中含义不明确、同类问题表述不一致或者有明显文字和计算错误的内容等作出必要的澄清、说明或者更正。

第六,谈判小组或询价小组编写评审报告,并提出成交候选供应商。谈判小组或询价小组全体成员应当在评审报告上签字确认。

(二)询价与竞争性谈判不同点

由于询价与竞争性谈判在机制上有所不同,尽管存在上述共同之处,但两者之间存在一些本质上差异。竞争性谈判采购的竞争性强于询价采购的竞争性,包括技术方面和商务价格方面。两者主要区别如下:

第一,适用范围不同。竞争性谈判一般适用于技术复杂或难以事先计算价格总额等的采购项目,包括货物、服务、工程等。《政府采购法》规定的竞争性谈判适用范围主要是符合下列情形之一的货物或服务,没有把工程纳入竞争性谈判中:一是招标后没有供应商投标或者没有合格标的或者重新招标未能成立的;二是技术复杂或者性质特殊,不能确定详细规格或者具体要求的;三是采用招标所需时间不能满足用户紧急需要的;四是不能事先计算出价格总额的。[①]

询价采购一般适用于技术规格确定、价格变动幅度不大的采购项目。《政府采购法》规定的询价采购只适用于货物规格、标准统一、现货货源充足且价格变化幅度小的货物采购。[②]

在不属于政府采购法规范的采购实践中,比照上述条件,竞争性谈判采购或询价采购可适用于货物、服务或工程,具体应根据采购项目实际情况而定。

第二,相应报价轮次不同。竞争性谈判实行最少两轮的多轮报价机制,而询价则实行一次不可更改的响应报价机制。

第三,谈判环节不同。竞争性谈判实行先谈判后确定成交供应商机制,谈判小组对供应商的首次响应文件进行评估确定实质性响应后,进入谈判环节,完成谈判后,供应商再提交最后报价,在此基础上由谈判小组提出候选成交供应商,采

---

① 参见《政府采购法》第30条。
② 参见《政府采购法》第32条。

购人再确定成交供应商。询价采购先确定成交供应商后确定谈判机制,询价小组对供应商提交的响应文件进行评审并提出候选成交供应商,采购人再确定成交供应商,由于在询价过程中没有谈判环节,确定成交供应商后,双方需对合同进行一定程度的谈判以达到签订条件,当然,这种谈判不得实质性改变询价文件和响应文件内容。

第四,能否实质性更改文件不同。在竞争性谈判过程中,谈判小组可以根据谈判文件和谈判情况实质性变动采购需求中的技术、服务要求以及合同草案条款。当然,谈判小组实质性改变谈判文件内容应当获得采购人确认。在政府采购竞争性谈判中,谈判小组不得实质性更改谈判文件的其他内容。在不属于政府采购法范畴的竞争性谈判实践中,谈判小组能否实质性变动谈判文件的其他内容将取决于采购项目和谈判情况。政府采购询价中,询价小组在询价过程中,不得改变询价文件所确定的技术和服务等要求、评审程序、评定成交的标准和合同文本等事项。

竞争性谈判与询价采购主要不同点如表 4-2 所示。

表 4-2 竞争性谈判与询价采购对比

序号	对比内容	竞争性谈判	询价
1	适用标的	a. 政府采购:货物、服务 b. 企业等非政府采购:工程、货物、服务以及其他可竞争的项目	a. 政府采购:货物 b. 企业等非政府采购:工程、货物、服务以及其他可询价竞争的项目
2	适用条件	一般适用于技术复杂或难以事先计算价格总额的货物采购	技术标准统一、货源充足且价格变化幅度小的货物采购
3	报价次数	多轮报价机制(至少两次报价)	一次不可更改的报价机制
4	谈判环节	先谈判后确定成交供应商机制	先确定成交供应商后确定谈判机制
5	更改文件	根据谈判可更改报价文件	一次报价,不可更改
6	谈判内容	包括技术、商务	价格
7	评判内容	一般采用技术、商务综合评判(实践中,如各供应商技术标准等技术方面相同,可仅以商务价格评判)	商务价格

第五章 合同文件

除人们日常生活中及时结清的合同活动不采用书面形式外，自然人购买房产、汽车、家庭装修等活动一般都采用书面形式合同，法人或非法人组织的经济活动大多数都采用书面形式合同。[①] 合同文件是合同交易内容、条件、要求、交易实现保障措施等各项内容的载体。因此，合同文件是合同活动和合同管理的一个重要组成方面。

一、合同文件概述

（一）合同文件功能

合同文件的功能在于通过文字、图示、图案、数据、表格等组合把合同交易内容、交易条件、标准要求以及促成交易实现的保障措施等进行清晰定义，以便合同当事人按照约定履行合同义务，从而实现当事人的合同目的。这是合同文件的基本功能和主导功能。除此以外，合同文件还是合同活动接受监督与管理的载体。具体如下：

1. 合同文件是当事人就交易达成一致协议的载体。这是合同文件的基本功能。

2. 合同文件是当事人履行协议的指南。实践中，企业合同履约和签约的往往不是同一团队或人员，履约团队或履约人员按照合同文件指示行使合同权利和履行合同义务。

3. 合同文件是当事人向监管机构展示交易的依据。虽然合同交易是当事人

[①] 《民法典》对合同规定了更宽泛的形式要求，除书面形式外，还认可合同以口头形式或者其他形式存在，但在实践中，对于法人和其他非法人组织来说，基于监督管理和财务制度的需要，一般都采用书面形式合同，特别是使用财政资金的机关、事业单位、社会团体，以及国有和国有控股公司企业，基于监管、财务管理、审计等需要，基本采用书面形式合同。

之间事务,但有些交易活动需接受法律监管,实务中,法律明确监管的交易活动的合同都要求采用书面形式合同。

4.合同文件是合同交易活动的重要历史档案。合同文件记载当事人为合同交易所约定的标的物、交易方案和交易条件,并以此检验实际履约情况,合同文件是重要档案文件,通过档案文件可以追溯合同交易活动历史情况。

5.合同文件是处理合同纠纷的第一直接证据。在诉讼或仲裁活动中,合同文件既是认定当事人之间存在合同关系的直接证据,也是处理当事人之间纠纷的直接依据。[①] 通过诉讼或仲裁等法律途径解决合同纠纷的,都要求当事人提供相应合同文件,没有书面合同的,当事人也要以其他方式证明当事人之间合同关系及约定主要内容。

(二)合同文件构成

合同文件包括订立合同时所确认的全部文件和合同履行阶段形成的具有协议性质的文件。前者包括订立合同时的合同主条款文件及其全部附件,后者包括合同履行中所形成的并为合同所接受的协议性文件,如补充协议、经对方同意的详细实施计划、工程施工合同现场签证、按人工日单价计价的考勤表、经各方确认的结算书等,这些文件都将构成合同文件,具体如图5-1所示。当然,并不是所有合同在履约中都会形成协议性文件。

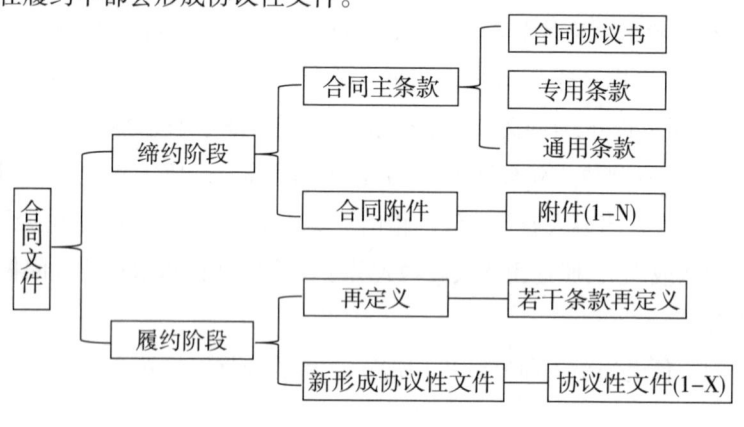

图5-1 合同文件构成

[①] 在民商事合同纠纷法律处理中,除相应法律强制性规定外,裁判机构一般尊重合同当事人意思自治而以合同约定作为裁判重要依据。

实践中，并非每个合同文件都像上述示意图那样复杂，有的简单合同可能只有主条款，而且，主条款也不区分合同协议书、专用条款、通用条款，有的合同文件可能只有缔约阶段的合同文件，在履约阶段不发生补充性、协议性文件，具体根据各个合同交易业务情况而定。

合同主条款有时被狭义称为合同书，在国际商事合同中多被称为合同条件与条款（contract terms and conditions），这种叫法更贴近本义。为适应国内合同实务普遍认知，本书仍沿用合同主条款称谓。

合同主条款在整个合同文件中起到五个方面作用：一是从整体上规范合同业务交易结构；二是规范合同交易条件和商务条件；三是把整个合同文件有机统合起来；四是在合同交易条件和商务条件基础上，规范合同各方权利和义务，促进合同交易实现；五是设定合同执行中出现问题的解决办法，以及违约的补救和救济办法等。

普遍划分方式，合同主条款包括首部、主体和尾部三部分，主要为以下几个方面：

1. 合同名称。合同名称应规范，力求与合同交易内容相对应，尽可能与法律规定的合同名称一致。当然，合同名称并不影响合同内容，如买卖合同，实务中也称为"×××购销合同""×××销售合同""×××采购合同""×××供应合同"等，这不影响买卖合同的性质；但有些合同名称不规范，可能导致合同内容变化，如技术咨询业务，若定位为技术服务合同，这属于合同性质不准确，合同内容相应也不准确；有些合同名称不规范，虽不影响合同内容，但反映合同编制者对合同交易认识上存在偏差，如投资项目可行性研究咨询，常见"×××项目可行性研究报告编制咨询合同"的合同名称，这个合同的主要交易内容是项目可行性研究，研究报告是研究结果交付载体，因此，规范名称应为"×××项目可行性研究咨询合同"。

2. 合同主体。对于法人和非法人组织，应按全称，并注明住址和相应的社会组织代码等，注明各主体在合同中的角色，如"甲方"与"乙方"、"出租方"与"承租方"、"委托方"与"服务方"等。

3. 合同目的与背景。简要描述双方订立合同的目的与主要背景情况，例如，工程总承包单位甲公司购买设备用于某正在建设的工程项目，可描写为"鉴于×××（项目业主）正在×××（项目建设地点）建设××××××××工程项目,甲公司为该项目工程总承包商,为该工程项目购买某设备;卖方声称具有制造和供应某设备的资质和能力,经双方友好协商(经公开招投标)……"虽然这部分文字不多,但有其相应意义和价值:让对方了解合同交付物的用途,提高履约重视度;当合同某些内容产生歧义时,可协助解释歧义内容;帮助理解把握违约造成的间接损失认定尺度等。国内合同文件不太重视这部分,应予加强。

4. 定义或解释。合同定义和解释主要适用合同交易复杂,合同文件多,合同中多次使用的概念、术语需要明确界定的情况。一般简单合同可以不要这部分内容。

5. 合同主体内容。这部分是整个合同条款部分的主体,内容相对较多。一般包括以下几个方面:

(1)交易内容与条件。主要包括合同交易内容,如买卖合同标的物数量、质量、规格、标准、交付时间等;交易条件,如价款、支付等。

(2)交易实现措施。主要包括为实现交易目标所约定的实施措施和保障措施方面,如工程施工合同,约定施工图纸交底、施工实施计划、施工机具、施工人力资源、施工安全、文明施工、施工过程检验、工程质量、工程验收等。

(3)当事人履约权利义务。主要约定为实现交易目标,当事人所享有的权利和承担的义务等。如工程施工合同,赋予发包人检查承包人施工安全措施的权利,并有权叫停不安全施工等。

(4)履约救济措施。主要包括设定履约中可能发生的影响合同履行的客观情况变化的救济办法,以及当事人履约偏离合同约定的救济办法等,以及对违约后果的承担。

(5)法律要求。主要约定合同及合同交易所涉及的法律要求,如合同适用法律、缴纳税费、交付物法定检验、申报和审批等。

6. 合同尾部。主要包括签约方式、生效时间或条件以及签约落款等。

上述合同名称、主体、目的与背景可认为是合同首部,除去合同尾部,上述列举其他内容为合同主体部分。

合同附件部分可因合同内容而异,有的合同可能设置几个、十几个、几十个甚至更多附件,本书专门合同章节中也有所列举,此处不再一一介绍。

合同设置哪些附件主要取决于三个方面因素:一是合同交易复杂程度,如建设工程总承包合同涉及诸多方面,单靠合同主条款难以规范,需要设置若干附件进行规范;二是合同某项内容所需要规范的篇幅,如篇幅过大,不宜全部放在主条款约定,可单独设置为合同的一个附件;三是合同履约需要特别关注事项,除主条款强调外,设置单独附件,既可以进一步详细要求和规范,也起到突出重视作用。

合同主条款与合同附件构成合同文件整体,两者在整个合同中发挥不同的作用,其中,合同附件规范合同交易基础内容,而合同主条款则是统揽合同总体并支持和保障合同附件各项约定的实现。

二、合同文件形成

(一)主动起草合同文件

实务中,一些当事人把起草合同文件当作一项负担,特别是涉外合同,因有些中方企业使用外语起草合同文件存在一定困难,干脆让外方企业起草合同文件,而外方企业也乐意承担这项任务,原因包括两个方面:一是对中方企业用外文起草合同文件不太放心;二是外方希望通过起草合同文件来占据谈判主动权。

本书认为,除诸如通过招投标等方式由招标方提供合同文本外,对于一些重要交易以及重大复杂交易的合同文件,尽可能由本方主导起草合同文件,合资合作类合同文件可由双方共同起草。实践表明,起草合同文件具有一定的主导性和主动性。一方面,通过起草合同文件,系统反映出本方对该合同交易的理解、立场和意见,并按照本方理解和立场将合同交易结构、商务关系、交易条件、保障措施等通过合同文件定义出来,将合同主要内容、双方主要权利义务等约定出来,可更好促进合同谈判进展和合同履约按照设想进行。另一方面,作为合同起草方具有主动的优势。在设计和起草合同文件时已系统分析和思考哪些内容、哪些条款、哪些条件需要纳入合同文件中,并且,在合同文件起草过程中形成系统性文件。而非合同文件起草方,在审查研究合同文件时往往按照合同设定的路线图在思考,在合同谈判中容易处于被动局面。

例如,中方企业以许可方式先后引进多套外国专利商的工艺技术,用于投资建设高新技术工厂。在前期技术许可谈判中,合同文件由外国专利商提供,一方面,尽量减轻或免除专利商作为技术许可方的义务和责任,如对工艺性能保证设置苛刻的前提条件等,同时,对许可方责任又一再限制,即使许可方承担责任,由于条款限制,责任限额也很小;另一方面,为了保护许可技术,一再加大受让方对许可技术的保护范围、增加保护条件和加重保护责任。为此,双方合同谈判花费大量时间,稍微修改合同文件,对方谈判团队就需要将修改意见反馈到国外总部征求意见,过程进展缓慢,也十分困难。尽管最终双方达成一致,但双方在合同谈判过程中消耗很大,也影响项目整体进展。为推进技术引进步伐,中方企业决定自己编制一套技术许可合同文本,并在后续技术许可谈判中应用,该合同文本综合考虑双方各自应尽的义务和责任、对许可技术应有的有效保护,虽然专利商一开始极不情愿使用中方合同文本作为谈判基础,但最终还是在合同框架下完成谈判并达成一致,其外国总部也同意接受,合同执行效果很好。

特别提示,本书主张主动起草合同文件并分析起草合同一方享有优势,但反对利用起草合同之机设置所谓的"合同陷阱",这不符合诚实信用基本原则,也不符合基本商业道德,同时,也不利于合同履行。

(二)起草合同文件把握事项

起草合同文件实际上是对合同交易活动的系统性设计,包括交易结构和路径、交易条件、实现交易所采取的各主要措施、对可能偏离交易路径的预防和补救措施,以及当事人在交易中的权利、义务和责任等。

1. 基本原则

合同活动涉及方方面面,需要遵守的原则也较多。合同文件本身也是对合同交易活动的规范,因此,起草合同文件要掌握的原则也较多。本书认为最好把握以下原则:

(1)合规守法原则。合规守法原则包含两个方面含义:一是合同交易行为要合规守法,涉外合同还要遵守相关外国法律和国际法;二是合同文件约定当事人的权利、义务、责任应遵循管辖该合同的法律。

(2)诚实信用原则。遵循诚实信用原则包含正反两个角度:按双方都遵循诚实信用原则订立合同和履行合同的正面角度,设置履约路径和要求,并促使双方沿着设定路径忠实履约;同时也要从反面角度将各方可能违背该原则的重要情形预测出来,并设置相应的解决方法,促使当事人回归到履约路径上。

(3)公平合理原则。实践中要把握好合同的公平合理原则,合同公平性不一定是一对一的等式关系,而是一方的付出是否得到合理的回报,抑或一方违约给对方造成伤害是否承担合理责任。例如,设备买卖合同关于逾期违约金约定:买方逾期支付货款的,每天按合同价款2‰支付逾期付款违约金;卖方逾期交付设备的,每天按合同价款2‰支付逾期交货违约金。这个约定看起来是公平的,实务中也常见类似约定。其实不然,逾期付款对卖方造成的损失可能是货款的存款利息或贷款利息,再严重一些是民间借款利息(目前法律允许最高利息为一年期贷款市场报价利率的四倍);但设备延期情况就不同了,如工厂停产检修,因更换的设备迟延未到导致整个工厂不能按期开工,其所带来的损失可能是设备价款的若干倍。

(4)实际履行原则。合同得到实际履行才能实现合同目的。因此,合同内容应多加约定履约措施、履约过程监管、对可能的履约偏离情形设置相应的纠正和救济措施等,促进履约。当然,合同也应约定对违约行为的惩罚性措施,一般来说,这只是最后不得已的手段。

(5)宽严适宜原则。合同约定既要严密,也要有好的可操作性,以促进和保障合同得到实际履行。因此,合同约定既不可过于宽松,以至于当事人没有紧迫感、责任感,不利于当事人履约的积极性,也不可过度严格,以至于缺乏可操作性和实施弹性,不利于当事人履约的能动性和创造性。两种情况都不利于当事人忠实履约。

2. 主条款与附件联动

主条款和附件是合同整体,相互之间要深度融合联动,不可分割。合同实务中,常见合同附件由业务部门负责,合同主条款由合同管理部门或法律部门负责,"背靠背"各负其责,可能合同各个部分都没问题,但合到一起形成完整合同就出现问题,这是不可取的,也是需要注意的地方。

例如,某企业计划在某市异地购置办公楼,委托当地房产中介机构开展楼盘比选咨询。该咨询合同主要内容是咨询方对几个潜在楼盘进行综合分析比选,从潜在楼盘中筛选推荐候选楼盘。该咨询合同需要对咨询方对潜在楼盘分析比选情况以及推荐候选楼盘等信息进行保密,避免候选楼盘开发商知晓某企业选择结果,给商务谈判带来困难(潜在楼盘市场报价每平方米超过万元,单价可谈弹性较大,因购买楼盘面积大,对成交总价影响也较大)。但咨询合同附件却又约定"因咨询方失职或与第三方串通,给甲方造成经济损失的,应对甲方进行赔偿,赔偿累计总额不超过咨询费不含税金额"。这是典型的主条款与附件脱节问题,主条款要求很严厉,但附件所约定的责任宽松,形成虎头蛇尾现象,不能很好约束房产中介咨询机构。

实践中,有的合同文件是先有附件后有主条款,有的是先有主条款后有附件,也有的是主条款和附件同步起草。不管哪种情况,合同主条款和合同附件都要相互联动成为一体,发挥合同附件基础功能和主条款保障与引导功能。

对于先附件后主条款的起草模式,如果附件文件的深度和细致度充分,主条款内容多以保障附件内容实施为主;如附件文件的深度和细致度不充分,主条款既要保障附件内容实施,也要引导怎样实施合同附件内容,换言之,主条款需要多花笔墨。

对于先主条款后附件的起草模式,在起草主条款时要设想好需要哪些配套附件,以及每个附件至少需要约定哪些方面内容。

例如,双方联合开展某项技术开发,甲方负责经费和部分研发人员,依托乙方开展的研发基础和乙方科研团队,形成一个联合研发机构。起草合同主条款时设计出技术开发的实施模式、管理模式、权属归属模式等,并设想应有相应附件:联合研发机构组织与职责、课题管理办法、经费管理办法、设备管理办法、专利和科技成果管理办法、课题验收办法、保密管理办法等,并说明每个附件应包含的内容和深度。

对于主条款和附件同步的起草模式,可比照先主条款后附件的起草模式,先把合同文件结构设计出来,明确主条款以及各个附件的主要内容及边界衔接。

3. 相互融合

合同文件相互融合,既是指合同文件相互之间的融合,避免合同文件之间相互脱节、相互矛盾或相互否定,主要是做好文件内容相互联动,也是指合同文件需要把交易业务、商务以及与本合同相关的法律等进行有机融合,合同主条款约定的权利义务能够与合同业务和商务相对应,合同主条款和商务条件能够促进和保障交易业务的实现。

4. 精练准确

合同文件脉络要清楚、条理要清晰,同类事项尽量不要分散到前后不衔接的条款中,合同主条款文字言简意赅,既要精练,更要准确,不发生歧义,另外,合同条款词语还要得体。要实现这个目标,涉及专业问题,尽量使用专业术语和行业习语,例如,建设工程合同主体,法律术语称为"发包人"和"承包人",但用行业习语"业主"和"承包商"可能更容易被大家接受和理解,也不至于发生歧义。

在使用专业术语时要与合同交易业务结合,否则,同一个术语所包含的意思不同。例如,委托方(甲方)委托设计院(乙方)开展某新技术工程设计,委托方从专利商处通过技术许可方式获得该技术工艺包,设计院以工艺包为基础开展工程设计并提交设计文件,包括设计图纸等。工程设计合同关于设计图纸知识产权归属的约定就需要仔细区分:

A 条款:"……乙方完成并向甲方交付设计文件的知识产权归甲方所有……"

设计院:知识产权不能归甲方所有,因为设计文件尤其设计图纸必须是设计院签字盖章,而且也承担设计责任,所以,设计文件的知识产权应属于乙方。

B 条款:"……乙方完成的设计文件知识产权属于乙方所有……"

委托方:技术工艺包是甲方购买的,知识产权不能归乙方所有。

上述甲方、乙方所指知识产权的内涵不同,乙方关心的知识产权主要是设计文件著作权,甲方关心的知识产权主要是设计文件所载有的工艺技术,包括专利技术和专有技术知识产权。

C 条款:"……乙方按照本合同完成的设计文件所包含的专利技术和/或专有技术的知识产权属于甲方或与甲方有合作关系的第三方所有……"

A 条款知识产权所强调的是专利技术和专有技术,B 条款知识产权所强调的是设计文件著作权,甲方、乙方分别对 B 条款、A 条款不能接受;C 条款则把工艺技术与设计文件著作权分开,虽然 C 条款没有明确设计文件著作权归属,但按照法律规定,合同没有约定的,谁设计著作权归谁所有,本例中按法律规定应为乙方所有,而设计文件中所载有的工艺技术知识产权明确归甲方所有。

上述事例说明了合同文件遣词用语的重要性。

(三) 合同再定义

起草合同文件的基础是合同交易业务、交易条件以及当时所处法律环境和客观现实环境,实践中,有些合同以及合同的某些内容在合同文件起草阶段甚至在签约阶段都难以全部细致约定,需要在合同订立后或履约阶段对合同某些内容再充实、细化和延伸,即本书所称的合同再定义。在起草合同阶段,对于那些不具备一步到位详细约定的内容,可约定基本原则和要求,同时指引出合同再定义。

第二十三章专门讲述合同再定义,此处不再赘述。

三、合同示范文本

近些年来,合同示范文本(以下简称合同范本)也在快速发展,合同范本多由专业人员或团队编制,而且也越来越系统规范。目前合同范本主要有三个方面来源:一是政府主管部门组织编制的合同范本(政府合同范本),如国家市场监管总局汇总国家部委和地方政府组织编制的各类合同范本形成"合同示范文本库",其中国家部委组织制定合同范本97个,各省市地方政府组织制定合同范本402个,因此,常用列名合同都可以在文本库里找到相应合同范本;二是行业协会编制的合同范本(协会合同范本);三是企业自行编制的合同范本(企业合同范本),一些企业集团、大型企业等多编制本企业或本集团的合同范本。

实务中,这些合同范本的应用对促进合同规范化、防范化解合同风险、提高合同缔结效率以及促进合同管理等发挥了重要作用。这也是合同范本的价值所在。

但在合同实务中也遇到诸多问题,尤其是企业合同范本,多强制性要求本企业集团或本企业系统使用企业合同范本,因此,本节主要分述企业合同范本编制和应用需要注意的问题:

(一)合同范本设计基础与合同应用基础

当前出现的合同范本主要是合同主条款部分范本,绝大多数合同范本没有附带相应的附件范本。合同文件是当事人合同交易业务以及交易条件等协议内容载体,从这个意义上讲,应是先有合同交易协议内容后有合同文本。所有合同文本都有对应相应的交易基础。因此,编制合同范本时,首先要假定对应的交易基础,包括交易业务、交易条件等基础性内容,例如,编制货物买卖合同范本,首先要设定这个买卖合同的交易业务,如工业大宗材料、机械设备、鲜活生活物资等,这些交易业务对交易要求是不同的,鲜活生活物资要求时效、保鲜等,机械设备要求实体质量、机械性能以及工艺性能等,那么,买卖合同的内容和条款关注点就不同,即使合同标的同为机械设备,合同对标准设备和非标准设备的关注点也不尽相同。

例如,国家主管部门曾委托某协会编制建设工程总承包合同范本,适用范围定位在"工程建设项目的设计、采购、施工(含竣工验收)、试运行等实施阶段,实行全过程或若干阶段的工程承包"。适用范围本质上就是编制合同所假定的业务基础,按此定位适用范围,该合同范本既可适用各行业工程总承包,也可适用建设工程EPC总承包、EPC交钥匙总承包、设计采购(EP)总承包、采购施工(PC)总承包等工程总承包形态。

其实,不同行业同形态工程总承包合同侧重内容是不同的,如生产制造性工厂工程 EPC 总承包和民用机场工程 EPC 总承包的要求和重点关注内容差异较大;同行业不同形态总承包差异也很大,如工业项目 EPC 总承包和 PC 总承包两类合同内容和关注点差异很大。因此,上述合同范本在应用过程遇到诸多挑战和困难,为此,主管部门组织对该合同范本进行修订,并重新发布,重新发布的合同范本适用范围进行了大幅收缩,仅"适用于房屋建筑和市政基础设施项目工程总承包"。

上述事例说明,合同范本是基于假设的特定交易基础制定的。没有设定交易基础而制定的合同范本,在应用中轻则出现"水土不服"现象,重则发生障碍。

本书认为,企业在编制合同范本时,应组织法律、商务以及本合同范本适用业务等专业人员一起研究,设定好该合同范本所对应的交易基础,这也是合同范本将可适用的范围。同时,在合同范本发布时要说明该合同范本所设定的交易基础,当实际交易业务与设定交易基础有重大不同时,使用者有权调整甚至实质性调整合同范本内容。

对于合同范本使用者来说,首先要审视本合同交易业务基础与合同范本所设定交易基础的异同,相应修改和调整合同范本,不可照搬照套范本。

(二)合同主条款与合同附件联动

实务中,有的交易业务简单清晰,对应合同相对简单一些,合同主条款即可包含完整的协议内容;而有些交易业务和交易条件比较复杂,单靠合同主条款难以涵盖全部协议内容,需要采用合同主条款加合同附件的模式。前文分述了合同主条款与附件各自的作用和功能,因此,合同主条款与合同附件需要相互联动。但实践中,大多数合同范本没有附带相应附件,也没有相应合同附件文件设想。

本书认为,企业在编制合同范本时,即使没有编制合同附件文件,也要设想该合同范本所需要的配套附件情形,以构成"完整"合同范本;同时,合同范本也应列出所设想附件清单,以及实际应用合同范本时编写附件指导性建议。就合同范本应用者而言,按照合同主条款与合同附件各自功能编制相应附件文件,并做好合同主条款与合同附件联动关系,避免形成"两张皮"情况。

(三)适应法律环境与市场环境

合同行为必须依法合规,因此,合同范本需要适应当时的法律环境,包括严格遵守公法规定和私法领域强制性规范,适应私法领域指导原则和精神。例如,货物买卖合同,依原《合同法》的规定,出卖人应对出卖标的物拥有所有权或者处分权,否则,除经权利人追认或者出卖人订立合同后取得处分权外,该买卖合同无效。而《民法典》的要求发生变化,不再强调出卖人要有权处分标的物,而是强调合同当事人意思自治,出卖人是否有权处分标的物不影响合同效力,当出卖人因对标的物无处分权导致标的物所有权不能转移时,出卖人承担违约责任。①

另外,合同范本还应适应当时市场环境,比如,制定买卖合同范本基于买方市场环境,当实际买卖交易处于卖方市场环境时,就会遇到障碍。

因此,在制定合同范本时要充分考虑该合同范本设定交易的法律环境和市场环境。合同范本应用者在实际使用时,也要分析当前合同交易所处的法律环境和实际交易环境,并对合同范本做必要修改和调整。

四、格式条款

根据《民法典》第 496 条的规定,格式条款是当事人为了重复使用而预先拟定,并在订立合同时未与对方协商的条款。实务中,采用格式条款订立合同情形较多,如货物运单、机动车辆商业保单、银行投资理财单、部分家庭装修合同、房产中介合同等。制定格式条款的目的在于统一商业交易条件、提高效率,制定格式条款应遵守公平和诚实信用基本原则。

采用格式条款订立合同,应注意以下事项。

(一)格式条款提示和说明义务

因提供格式条款方一般不允许相对方修改格式条款内容,因此,相对方只可接受或不接受格式条款。为保护当事人之间公平合理的权利义务关系,法律要求条款提供方应当遵循公平原则确定当事人之间的权利和义务,并采取合理的方式提示对方注意免除或者减轻其责任等与对方有重大利害关系的条款,按照对方的要求,对该条款予以说明。

提供格式条款的一方未尽提示和说明义务的,对方可主张与其有重大利害关

---

① 原《合同法》强调买卖合同的出卖人对标的物拥有处分权利,以保证合同得以顺利实施;2012 年《买卖合同司法解释》(法释〔2012〕7 号)总结司法实践,强调当事人意思自治和履约不能承担违约责任,《民法典》吸纳该司法解释精神。

系的条款不成为合同的内容。根据《民法典》第496条的规定,提供格式条款的一方未履行提示或者说明义务,致使对方没有注意或者理解与其有重大利害关系的条款的,对方可以主张该条款不成为合同的内容。提供格式条款的一方对其已经尽到提示义务或者说明义务负有举证责任。实务中,随着电子商务和互联网的发展,通过信息网络订立电子合同也越来越多,对于这类合同格式条款的提示和说明方式,有些平台采用设置勾选、弹窗等方式。从相对方角度来说,为了维护自身合法权益,在勾选文件或关闭弹窗前应仔细查看相应内容;从电子合同提供方角度来说,应切实对格式条款尽到提示或说明义务。按照《合同通则司法解释》第10条第3款的规定,对于此类合同,提供格式条款的一方除能举证符合法律规定的提示或说明外,仅以采取了设置勾选、弹窗等方式为由主张其已经履行提示或说明义务的,人民法院不予支持。

实践中,有些格式条款提供方在订立合同时没有实际提示对方或向对方解释说明重要条款,特别在相对方是自然人个人的情况下,首先让相对方抄写事先准备的一句或一段类似"我已完全理解××××××"并签名落款,然后催促其签订合同。这种做法有违诚实信用原则,但之后发生纠纷的,相对方难以举证反驳,因此,相对方遇到此类情况,更应主动要求对方提示和解释相关条款。另外,《合同通则司法解释》进一步明确对格式条款的规范属于强制性规范,当事人在合同中约定格式条款不属于格式条款的,不影响该格式条款性质。根据《合同通则司法解释》第9条的规定,当事人仅以合同系依据合同示范文本制作或者双方已经明确约定合同条款不属于格式条款为由主张该条款不是格式条款的,人民法院不予支持。

(二) 无效格式条款

依据现行法律规定,如果格式条款出现如下情形,该格式条款将当然无效[①]:

(1) 格式条款出现一般合同法定无效情形的,如违背法律、行政法规效力性强制性规范等。

(2) 造成对方人身损害的免责条款,但参加文体活动当事人自甘风险的除外。

[①] 参见《民法典》第497条、第143条、第144条、第146条、第506条、第1176条、第1198条至第1201条。

(3)因故意或者重大过失造成对方财产损失的免责条款。

(4)提供格式条款一方不合理地免除或者减轻其责任、加重对方责任、限制对方主要权利的。

(5)提供格式条款一方排除对方主要权利的。

(三)格式之争

格式之争主要指当事人对格式条款理解发生争议。当事人对格式条款理解不一致或发生争议的,按照如下原则处理:

(1)按照通常理解来解释争议条款。这里的通常理解解释,指按照一般通情达理的理解来解释格式条款。

(2)按不利于格式条款提供方来解释,当格式条款有两种以上解释时,采用不利于提供格式条款一方的那种解释。

(3)采用非格式条款。如果合同中包含格式条款和非格式条款,当两种条款意思不一致时,采用非格式条款。

第六章 合同主体

一、合同主体一般要求

人们的活动绝大多数属于契约范畴，大到政府组织，如政府采购活动通过合同方式实现；小到每个人的日常生活中的衣食住行，如个人到商场买衣服、买大米等买卖合同行为，租房居住等租赁合同行为，乘坐公交车或高铁等客运合同行为等。在市场经济活动中，更多是企业或其他经济组织等的各种合同行为。因此，合同主体具有广泛性、多元性等特点。

原《合同法》定义的合同，是平等主体的自然人、法人、其他组织之间设立、变更、终止民事权利义务关系的协议。而按照《民法典》关于合同的定义，民事主体才能构成合同主体，政府机关法人虽不属于民事主体，但《政府采购法》明确规定，政府采购合同适用合同法律规范，因此，机关法人在政府采购合同中担任民事主体角色。

由于合同主体需要履行义务和承担相应责任，因此，对合同主体也有相应的规范要求。

（一）合同主体之自然人

自然人具有权利能力和行为能力。按照我国《民法典》的规定，自然人从出生之日起到死亡时止，具有权利能力，依法享有民事权利，承担民事义务。但自然人的行为能力由年龄、精神健康状况等因素决定，据此，自然人划分为完全民事行为能力人、限制民事行为能力人和无民事行为能力人。区分自然人的行为能力，主要是判定其能否独立实施民事法律行为，也就是说，能否独立成为合同主体。三类民事行为能力自然人在作为合同主体时情形不同，在实践中需要注意。

1. 完全民事行为能力人

《民法典》规定,十八周岁以上的自然人为成年人,成年人为完全民事行为能力人;十六周岁以上的未成年人,以自己的劳动收入为主要生活来源的,视为完全民事行为能力人;完全民事行为能力人可以独立实施民事法律行为。需要注意,年满十八周岁的自然人并不都是完全民事行为能力人,如精神病人以及其他病症不能辨认自己行为的,不属于完全民事行为能力人,具体在后面限制民事行为能力人和无民事行为能力人部分分述。

据此,根据《民法典》和相关法律规定,年满十八周岁并且能够完全辨认自己行为的人为完全民事行为能力人,可以独立成为合同主体。

另外,依《民法典》的规定,自然人尽管未满十八周岁,但已满十六周岁并以自己的劳动收入为主要生活来源的,视为完全民事行为能力人。据此规定,这类未成年人也可独立成为合同主体。

2. 限制民事行为能力人

限制民事行为能力人即不完全民事行为能力人。

从年龄划分,依据《民法典》的规定,主要指年满八周岁不满十八周岁的人,但年满十六周岁不满十八周岁的未成年人以自己劳动收入为主要生活来源的视为完全民事行为能力人,不属于限制民事行为能力人范围。

从辨识能力划分,限制民事行为能力人除前述未成年人外,主要是指不能完全辨认自己行为的成年人。

限制民事行为能力人实施民事法律行为时受到限制,包括两个方面:一是不能完全独立实施民事法律行为;二是独立实施民事法律行为的范围受到限制,也就是说,限制民事行为能力人在作为合同主体时受到限制。具体如下:

对于未成年人主要有以下三种情况:

(1)可以独立成为纯获利合同主体,如不附义务的赠与合同。如赠与合同附加义务,就不属于纯获利的合同行为,需要区分所附加义务性质。

(2)可以独立成为与其年龄、智力相适应的合同主体,例如,十三周岁的中学生购买学习用具或参考资料等,九周岁的儿童购买价格十元的小玩具,年满十五周岁的中学生自行乘坐公交车或地铁等。

(3)除上述两种情形外,其他各种合同行为,需要由其法定代理人代理其作出,或者经法定代理人事先同意、事后追认,如十四岁的中学生经父母同意,用

2000元购买某件学习用具的买卖合同有效。

对于不能完全辨认自己行为的成年人主要有以下三种情况：

(1)可以独立成为纯获利的合同主体,如不附义务的赠与合同。

(2)可以独立成为与其智力、精神健康状况相适应的合同主体,如某成年人智力不太健全,但可以进行日常生活和劳动,他独立在商场购买一台电视机的买卖合同有效。

(3)除上述两种情形外,其他各种合同行为,需要由其法定代理人代理其作出,或者经法定代理人事先同意、事后追认,如某成年女子智力不健全,相当于九岁左右儿童智力,到商场购买一条价值2200元的金项链,其父母认同其购买该项链,该买卖合同有效。

3. 无民事行为能力人

无民事行为能力人是不能独立实施民事法律行为的人。按年龄划分指未满八周岁的未成年人；按智力辨认能力划分指不能辨认自己行为的成年人以及不能辨认自己行为的八周岁以上的未成年人。

按照法律规定,无民事行为能力人不能独立成为合同主体,但可以独立成为纯获利益的合同主体,如不附义务和条件的赠与合同受赠主体。

(二)合同主体之法人

法人是指依法成立的,具有民事权利能力和民事行为能力,依法独立享有民事权利和承担民事义务的组织。法人应有自己的名称、组织机构、住所、财产或经费。法人的民事权利能力和民事行为能力,从法人成立时产生,到法人终止时消灭。

讨论法人的合同主体地位,需要了解各类法人的属性。

1. 法人类型

按照法人组织的性质和现行法律规定,在我国,法人分为营利法人、非营利法人和特别法人三大类。

(1)营利法人

营利法人是指以获取利润并分配给股东等出资人为目的成立的法人。现行营利法人主要包括按照《公司法》设立的公司法人和按照《全民所有制企业法》设立的企业法人。① 在我国企业现代化改革进程中,一些依据《全民所有制企业法》设立的企业正按照《公司法》改制,转变为公司法人。公司法人可分为有限责任公司、股份有限公司,有限责任公司还存在一人有限责任公司和国有独资公司的特殊情形。②

在我国市场经济活动中,企业法人和公司法人是最活跃的主体,并且其参与市场经济活动的行为几乎都是合同行为,因此,从法人合同主体角度讲,它们是主流。公司法人和企业法人在其经营范围内以及特定许可范围内从事合同活动。

(2)非营利法人

非营利法人是指为公益目的或者其他非营利目的成立,不向出资人、设立人或者会员分配所取得的利润的法人。简单来说,非营利法人不以营利为目的。为公益目的设立的非营利法人终止时,不得向出资人、设立人或者会员分配剩余财产,剩余财产应当按照法人章程的规定或者权力机构的决议用于公益目的;无法按照法人章程的规定或者权力机构的决议处理的,由主管机关主持转给宗旨相同或者相近的法人。这是非营利法人与营利法人的根本性不同。

非营利法人按照其性质和功能可分为事业单位法人、社会团体法人、基金会法人、社会服务机构法人等。

事业单位法人,是指为提供公益服务设立的事业单位,经依法登记成立,取得事业单位法人资格。事业单位法人包括纯粹事业单位法人和企业化管理事业单位法人。前者主要是财政预算管理,如公办学校、医院、科研机构等,但在某些方面仍可成为合同主体,如在纳入政府采购的货物、服务或工程合同,如大学为建设教学楼而签订建设工程承包合同等。后者多转化为面向市场从事经营活动,如企业化管理的设计院,对外签订咨询服务合同、设计合同等。目前,一些事业单位通过企业化管理并进一步企业化或公司制改制,并按照《公司法》重新登记,如过去事业单位的设计院改制为设计院有限公司,那么,这个事业单位已经转化成公司

---

① 《全民所有制企业法》第2条规定,全民所有制工业企业是依法自主经营、自负盈亏、独立核算的社会主义商品生产和经营单位。

② 《公司法》第57条第2款规定,一人有限责任公司,是指只有一个自然人股东或者一个法人股东的有限责任公司;第64条第2款规定,国有独资公司,是指国家单独出资、由国务院或者地方人民政府授权本级人民政府国有资产监督管理机构履行出资人职责的有限责任公司。

法人,不再是非营利法人(事业单位法人),而是营利法人。

社会团体法人,是指基于会员共同意愿,为公益目的或者会员共同利益等非营利目的设立的社会团体,经依法登记成立,取得社会团体法人资格,如行业协会、专业协会等。社会团体法人采购物品、租赁工作场所等签订合同的,也构成合同主体。

基金会法人,是指为公益目的以捐助的财产设立的基金会法人。这里的基金会法人不同于企业性质基金会,前者是以公益为目的,如中国青少年发展基金会、中国乡村发展基金会、中国妇女发展基金会、中国残疾人联合会、中国红十字会、中华环境保护基金会等。企业性质基金会则是以营利为目的。

社会服务机构法人,是指为公益目的或非营利目的设立的社会团体法人。一般在民政部门登记注册,包括一些民间协会、研究会、公益机构等。

(3)特别法人

特别法人主要是前述营利法人和非营利法人以外的法人组织。我国民法体系专门将这类法人单独分类,主要包括机关法人、农村集体经济组织法人、城镇农村的合作经济组织法人、基层群众性自治组织法人。

机关法人主要指党政机关和承担行政职能的法定机构法人,尽管党政机关法人是代表公权力负责国家和社会治理与管理,不应纳入民事范畴的合同行为领域,但当机关法人实施纳入政府采购范围的货物、服务或工程采购活动时,则属于民事范畴的合同行为,机关法人构成平等合同主体的一方,受民事合同法律规范调整。

长期以来,农村集体经济组织和基层群众性自治组织的法律地位一直未得到明确界定,在实践中存在诸多不便和困惑,如村民委员会、城镇居民委员会等过去无法在银行开立账户,为解决这些问题,《民法典》赋予这些组织特别地位,[①]将农村集体经济组织法人、城镇农村的合作经济组织法人、基层群众性自治组织法人等纳入特别法人范畴。未设立村集体经济组织的,村民委员会可以依法代行村集体经济组织的职能,即可依法成为相关民事合同主体。

---

① 在《民法典》颁布之前,由原《民法总则》对村民委员会、城镇居民委员会的法律地位做相应规定,后一并纳入《民法典》。

2. 公司法人人格否认制度

因公司法人具有独立人格,公司股东和公司分别承担有限责任,[1]其中,有限责任公司的股东以其认缴的出资额为限对公司承担责任,股份有限公司的股东以其认购的股份为限对公司承担责任;公司以其全部财产对公司的债务承担责任。[2]

在实践中,公司人格独立以及由此产生的股东和公司有限责任制度,股东或公司为逃避债务容易滥用上述内容,对公司债权人的利益或社会公共利益造成损害。为了阻止公司人格独立被滥用,损害债权人和社会公共利益,保护债权人权益和社会公共利益,在特定具体法律关系中,而暂时地否认公司的独立人格,打破股东的有限责任,即法理上的公司法人人格否认制度。在英美法系中被称为"揭开公司的面纱"制度,在大陆法系中被称为"股东直索责任"制度。在这种制度下,公司股东在特定法律关系中对公司的有限责任被否定,对公司债务承担连带责任。

为保护合同债权人利益,我国《公司法》也引入了公司法人人格否认制度。《公司法》第20条规定,公司股东不得滥用公司法人独立地位和股东有限责任损害公司债权人的利益;公司股东滥用公司法人独立地位和股东有限责任,逃避债务,严重损害公司债权人利益的,应当对公司债务承担连带责任。第63条规定,一人有限责任公司的股东不能证明公司财产独立于股东自己的财产的,应当对公司债务承担连带责任。

实践中,合同当事人不应利用公司法人人格独立和股东有限责任原则逃避债务或损害债权人合法利益,无论是在国内还是在国外,这种行为都将要付出代价。

(三)合同主体之非法人组织

在原《合同法》体系下,合同主体包括自然人、法人和其他组织;而《民法典》将合同行为纳入民事法律行为,相应的合同主体包括自然人、法人和非法人组织。《民法典》的非法人组织比原《合同法》的其他组织更为广泛和准确。

民事法律体系下的非法人组织虽不具有法人资格,但是能够依法以自己的名义独立从事民事活动,也就是说其可以独立成为合同主体。非法人组织包括个人

---

[1] 无限责任公司除外,无限责任公司的股东需对公司及公司债务承担连带责任;现行《公司法》尚无无限责任公司。

[2] 参见《公司法》第3条。

独资企业、合伙企业、不具有法人资格的专业服务机构等。

1. 个人独资企业

个人独资企业,是指依据《个人独资企业法》在中国境内设立,由一个自然人投资,财产为投资人个人所有,投资人以其个人财产对企业债务承担无限责任的经营实体。个人独资企业有相应营业执照,可以独立成为合同主体。

需要注意:个人独资企业与一人公司不同,个人独资企业除没有法人资格外,其财产为投资人个人所有,相应地,投资人个人对个人独资企业承担无限责任;而自然人一人公司是依据《公司法》设立的有限责任公司法人组织,投资人所投资产为公司财产,投资人以其出资额对一人公司承担有限责任,一人公司以其财产对外承担责任。

2. 合伙企业

合伙企业,是指自然人、法人和其他组织依照《合伙企业法》在中国境内设立的普通合伙企业和有限合伙企业。合伙企业需要进行相应注册登记,但不具有法人资格。合伙企业按照合伙人性质不同划分为普通合伙企业和有限合伙企业。关于合伙企业,本书在第十五章合伙企业合同中有详细介绍,这里不再赘述。

3. 不具有法人资格的专业服务机构

不具有法人资格的专业服务机构,主要指经依法登记但未取得法人资格的专业服务机构,如部分会计师事务所、[①]律师事务所等。

(四)合同主体之法人分支机构

法人分支机构能否直接成为合同主体问题一直困扰着合同实务,实务界普遍关心的问题是法人分支机构不具有法人资格,不能独立承担民事责任,在发生法律纠纷时能否成为诉讼主体,特别是在民事诉讼中能否成为被告以及被执行的问题。实践中,法人分支机构特别是企业法人的分公司签订和履行合同的情况比较普遍,多数情况下由公司或企业出具授权书,但也有不少情形是分支机构直接独立成为合同主体。

那么,法人分支机构能否独立成为合同主体呢?依《民事诉讼法》第51条第1款规定,公民、法人和其他组织可以作为民事诉讼的当事人。《民事诉讼法司法解

---

① 目前,有的会计师事务所是按照《合伙企业法》登记的,应为合伙企业。

释》第52条进一步解释,《民事诉讼法》第51条第2款所规定的其他组织是指合法成立、有一定的组织机构和财产,但又不具备法人资格的组织,包括依法设立并领取营业执照的法人的分支机构;依法设立并领取营业执照的商业银行、政策性银行和非银行金融机构的分支机构。据此规定,依法设立并领取营业执照的法人分支机构可以直接成为民事诉讼当事人,因此,这些法人分支机构可以直接成为合同主体。实践中,企业法人分支机构多为分公司形式,实践中也存在诸如"经营部""项目部""厂"等形式,但前提必须是依法成立并领取营业执照。同样,依法设立并领取营业执照的商业银行、政策性银行和非银行金融机构的分支机构也可直接成为合同主体。这里的非银行金融机构,主要指经一行两会(人民银行、证监会、银保监会①)批准设立的非银行金融机构,如保险公司、担保公司、信托投资公司、证券机构、融资租赁公司等。

注意:虽然依法设立并领取营业执照的法人分支机构可以独立成为合同主体,但在合同实践中,有些合同必须由法人单位作为合同主体,如建设工程施工合同的施工方、工程设计合同的设计方都必须有相应专业资质,因而,合同主体必须是有相应资质的法人施工单位或工程设计单位。另外,还有一些类型合同也不适用于法人分支机构,如股权投资合同等。

另外,虽然法人分支机构可以直接从事合同活动,但其所产生的民事责任最终由法人承担,包含两层意思:一是法人分支机构从事合同活动所形成的债务,由所属法人直接承担;二是该债务可以先以该分支机构管理的财产承担,不足以承担的,由法人承担。因法人分支机构财产属于法人所有,因此,不管以哪种方式承担合同债务,最终都是由法人承担。在实践中,法人单位需要加强对其分支机构直接从事合同活动的监管。

(五)清算期的法人

公司法人、企业法人解散或破产需要进行清算,《民法典》第72条规定,清算期间法人存续,但是不得从事与清算无关的活动。也就是说,法人清算期间其法人资格是存续的,但不得从事与清算无关的活动。

---

① 按照2023年3月发布的《党和国家机构改革方案》,组建国家金融监督管理总局,将不再保留银保监会。本书暂沿用银保监会,请读者注意国家金融监督管理总局运行后变化。

《公司法》第184条规定,清算组在清算期间行使下列职权:

(1)清理公司财产,分别编制资产负债表和财产清单;

(2)通知、公告债权人;

(3)处理与清算有关的公司未了结的业务;

(4)清缴所欠税款以及清算过程中产生的税款;

(5)清理债权、债务;

(6)处理公司清偿债务后的剩余财产;

(7)代表公司参与民事诉讼活动。

公司法人进入清算期间,由清算组负责处理公司各项事务,对于公司经营业务,除与公司清算有关的公司未了结的业务外,公司在清算期间不得再形成经营业务,相应地,公司法人在清算期间不得为新经营业务签订合同,但为了结清算前业务等清算所需,以及纯收益的,可签订相应合同。

二、合同主体的特殊要求

就合同主体而言,除需要具有相应的民事权利能力和民事行为能力外,如企业法人或公司法人,除在工商行政机构核准的营业范围内从事合同活动外,[①]法律规定在有些业务领域需要相应的法定资质、资格或许可。如果法律要求合同主体应当具备这些资质、资格或许可,那么,合同主体应当取得这些资质、资格或许可,否则,合同因违背强制性法律、法规而无效,合同主体依法受到相应处罚。

(一)专业资质

企业专业资质反映企业从事某种行业应具有的资格以及与此资格相适应的质量等级标准。如我国建设工程领域实行专业资质管理制度,从事工程建设的勘察设计、施工以及工程监理等单位需要相应专业等级资质。工程勘察设计单位、施工单位和监理单位只能在其获得的专业资质领域和资质等级范围内从事工程勘察、设计、施工和监理业务。

实行专业资质管理,包括两个方面:

---

① 虽然企业法人和公司法人营业执照有核准经营范围,但对于营业执照载明的经营范围之外的业务,只要法律没有禁止并且该企业法人或公司法人具有该项业务所需要的法定资质或许可,其也可从事该业务活动。

一是业务范围。只能承担企业所取得的专业资质对应领域范围内的业务。如施工总承包资质，除施工综合资质外，按照工程领域划分为建筑工程、公路工程、铁路工程、港口与航道工程、水利水电工程、电力工程、矿山工程、冶金工程、石油化工工程、市政公用工程、通信工程、机电工程、民航工程等十三类工程施工总承包资质。如果施工企业只取得某个领域工程施工总承包资质，那么，该企业只能承担该资质对应范围内的工程施工总承包业务，超出资质范围签订工程施工总承包合同的，该合同无效。[①]

如 A 公司只有建筑工程施工总承包资质，A 公司与建设单位签订石油化工工程安装施工总承包合同。因 A 公司没有石油化工工程施工总承包资质，该安装施工总承包合同为无效合同。

二是业务标准。只能承担在企业所取得专业资质等级范围内的业务。如公路工程施工总承包资质分为甲级、乙级，其中，甲级资质可承担各级公路及其桥梁、隧道工程的施工；乙级资质可承担甲级以下公路，单座桥长 1000 米以下、单跨跨度 150 米以下的桥梁，长度 1000 米以下的隧道工程的施工。

如甲公路建筑公司只有公路工程施工总承包乙级资质，其签订的公路工程施工总承包合同中包含一座 1500 米的隧道、一座单跨跨度 500 米的桥梁工程，那么，该施工总承包合同无效。

除列举的专业资质事例外，实务中要求专业资质的情形比较多，例如，房地产开发企业需要相应房地产开发企业资质，该资质分为一级资质和二级资质，其中，持有二级资质的房地产开发企业只能承担建筑面积 25 万平方米以下的开发建设项目。

实务中，对于一些特殊合同业务，需要注意满足法律规定的资质要求，否则，将导致合同无效，严重的，要受到管控处罚等法律后果。

(二) 经营许可

我国对一些行业领域实行行政许可制度，主要包括直接涉及国家安全、公共安全、经济宏观调控、生态环境保护以及直接关系人身健康、生命财产安全等特定

[①] 《施工合同司法解释(一)》第 1 条规定，建设工程施工合同承包人未取得建筑业企业资质或者超越资质等级的，应当依据《民法典》第 153 条第 1 款的规定，认定无效。

活动,需要按照法定条件予以批准的事项;有限自然资源开发利用、公共资源配置以及直接关系公共利益的特定行业的市场准入等,需要赋予特定权利的事项;提供公众服务并且直接关系公共利益的职业、行业,需要确定具备特殊信誉、特殊条件或者特殊技能等资格、资质的事项;直接关系公共安全、人身健康、生命财产安全的重要设备、设施、产品、物品,需要按照技术标准、技术规范,通过检验、检测、检疫等方式进行审定的事项。

上述领域都需要政府主管部门进行行政许可,作为合同主体,需要取得相应领域的政府主管部门经营业务许可。如保险公司需要获得银保监会颁发的经营保险业务许可证;商业银行、财务公司等需要获得银保监会颁发的金融许可证;药品销售企业需要获得药品监督管理部门颁发的药品经营许可证;电信企业需要获得信息产业主管部门颁发的电信增值业务许可证;等等。这些行政许可中,有的是效力性强制性规范,有的是管理性强制性规范,未取得效力性强制性规范的行政许可的企业签订该领域合同的,合同无效;未取得管理性强制性规范的行政许可的企业签订该领域合同的,虽从法律角度看,不直接导致合同无效,但因行政管理限制,可能导致合同难以得到履行,合同当事人因此而受到行政处罚。

因此,在合同实务中,对于需要取得行政许可的一方来说,要检查自己所从事的合同业务是否符合行政许可强制要求;对合同相对方来说,也要检查对方是否取得相应行政许可,以避免合同无效或合同无法执行,造成不必要的损失。

三、招投标合同主体特殊情形

(一)联合体

联合体是两个或两个以上的独立主体为特定业务目的通过协议方式形成合同一方的表现形式。联合体既不是两个主体重组成一个新的主体,也不是长期稳定的合作体。联合体各方仍是独立主体,除联合体协议约定的业务以联合体形式与合同对方签订和履行合同外,联合体各方自行安排各自的经营活动。不过,就具体合同而言,一般约定联合体各方对合同对方承担连带责任。

1.招投标法对联合体的要求

《招投标法》主要规范建设工程领域的勘察、设计、施工、监理以及与工程建设有关的设备、材料等的采购招投标行为。因此,招投标法体系下的联合体成员必须是法人或其他组织。主要规定和要求如下:

（1）联合体各方均应当具备承担招标项目的相应能力；国家有关规定或者招标文件对投标人资格条件有规定的，联合体各方均应当具备规定的相应资格条件。

招投标法允许联合体的目的是强强联合，因此，规定联合体各方均需具备相应的能力和资质或资格条件，这个规定的目的是避免实践中的借牌、挂靠等违法行为。实践中，对采购方来说，如果允许联合体参与，必须对联合体各方的能力和资质或资格作出相应要求；对供方来说，也要注意法律的要求以及采购方的要求，以免投标无效。

（2）由同一专业的单位组成的联合体，按照资质等级较低的单位确定资质等级。

这是联合体资质就低不就高原则，主要是针对相同专业单位组成联合体的规定，如以公开招标方式采购工程设计服务，要求投标人拥有石油化工专业甲级工程设计资质，A设计院拥有石油化工专业甲级设计资质，B工程公司拥有石油化工专业乙级设计资质，A设计院和B工程公司组成联合体投标，该联合体只能按B工程公司拥有石油化工专业乙级设计资质对待，故该联合体不符合招标文件关于资质等级的要求。

另外，关于这条要求，在实践中容易产生误区和歧义，特别在工程总承包合同活动中，为发挥各自优势，多由工程设计单位与工程管理单位或工程施工单位组成联合体。然而在工程审计中，审计机构多认为这种联合体有违《招投标法》规定，但本书认为这是一种误解。

（3）联合体各方应当签订共同投标协议，明确约定各方拟承担的工作和责任，并将共同投标协议连同投标文件一并提交招标人。

实践中，共同投标协议即通常所说的联合体协议。联合体协议是联合体投标的前置条件，没有联合体协议的联合体投标将被评标委员会否决。[1] 另外，需要注意的是，联合体协议主要规定联合体各方之间的分工以及责、权、利关系，不得通过联合体协议内部安排对抗合同相对方。至于联合体各方之间权利义务关系，可另行签订协议，但该协议也不得损害合同相对方。

（4）联合体各方在同一招标项目中以自己名义单独投标或者参加其他联合体

---

[1] 参见《招投标法实施条例》第51条。

投标的,相关投标均无效。

这项要求实际上是为了阻止不正当竞争。对供应商来说,希望通过多渠道竞标以增加中标机会。但这种做法不但自己的投标无效,而且有其参加的联合体投标也无效。因此,在实践中需要避免这种做法。

(5)联合体中标的,联合体各方应当共同与招标人签订合同,就中标项目向招标人承担连带责任。

实践中,联合体是由两个以上独立主体为签订和履行合同而临时组成的,并且联合体各方之间通过联合体协议约定内部分工和职责,尽管法律规定联合体各方对合同相对方承担连带责任,但在合同执行中难免发生各种问题,如果合同相对方分别找联合体各方,当联合体内部发生推诿时,合同相对方将很难与联合体各方沟通协调一致。为了防范和解决这类问题,实践中,合同相对方最好要求联合体各方在联合体协议和合同中指定联合体牵头方(leader of the consortium),由联合体牵头方代表联合体与合同相对方沟通联络和协调解决合同问题。另外,尽管联合体协议对联合体各方的职责进行了安排,但在实践中,当合同履行遇到困难时,联合体各方内部容易产生分歧和纠纷,有的联合体内部矛盾严重影响合同履行,给合同相对方带来诸多不便甚至造成重大损失。本书认为,联合体各方在法律上承担对合同相对方的连带责任,因此,联合体各方在决定参加联合体时,就应当本着诚信原则,善始善终,共同履行好合同。

2. 政府采购法对联合体的要求

在政府采购活动中,允许自然人作为供应商,实践中主要是提供特定服务。除此之外,供应商主要还是法人和其他组织。因此,政府采购法关于供应商联合体的规定与招投标法的规定在总原则上相同,但也有其特别之处。政府采购法关于供应商联合体的主要规定如下:

(1)自然人可以参与联合体。《政府采购法》第24条规定,两个以上的自然人、法人或者其他组织可以组成一个联合体,以一个供应商的身份共同参加政府采购。招投标法要求联合体的组成必须是法人或其他组织。自然人不能参与招投标法的联合体。

尽管政府采购法允许自然人参与联合体,但联合体各方均应当遵守《政府采购法》关于供应商的条件规定,即以联合体形式进行政府采购的,参加联合体的供应商均应当具备《政府采购法》第 22 条规定的条件①。

(2) 联合体中供应商持有同类资质并且承担相同工作的,以较低资质确定联合体供应商资质等级。《政府采购法实施条例》第 22 条规定,联合体中有同类资质的供应商按照联合体分工承担相同工作的,应当按照资质等级较低的供应商确定资质等级。这点与招投标法规定相类似,但也不是完全相同。《招投标法》第 31 条第 2 款规定,由同一专业的单位组成的联合体,按照资质等级较低的单位确定资质等级。需要注意,政府采购中工程及与工程相关的货物和服务采用招标方式采购的,适用《招投标法》;采用非招标方式采购的,则适用《政府采购法》。②

(3) 联合体各方应当签订联合协议,载明联合体各方承担的工作和义务,并提交采购人。联合体中标后,联合体各方应当共同与采购人签订采购合同,就采购合同约定的事项对采购人承担连带责任。这个原则与《招投标法》规定的原则基本一致。

(4) 以联合体形式参加政府采购活动的,联合体各方不得再单独参加或者与其他供应商另外组成联合体参加同一合同项下的政府采购活动。这个原则与招投标法规定相同。

(二) 代理商投标后的合同主体

销售代理在货物销售领域特别是加工制造业领域比较普遍,在产品进出口方面也多为销售代理模式。当然,在服务领域也存在一些销售代理情况。

例如,采购人通过招标或其他竞争性方式采购设备,为保证所采购设备的质量和性能,设置供应商的资格条件。由于设备制造商大多建立代理销售渠道,在这种情况下,一般由设备销售代理商参与投标或提交响应文件。但销售代理商并不具备招标文件所要求的供应商资格条件,如供应商应具备的技术条件、设备制造能力、产品质量保证体系等,另外,有些设备制造还需具备政府部门的特许,如压力容器许可证等。

---

① 《政府采购法》第 22 条第 1 款规定,供应商参加政府采购活动应当具备下列条件:(1)具有独立承担民事责任的能力;(2)具有良好的商业信誉和健全的财务会计制度;(3)具有履行合同所必需的设备和专业技术能力;(4)有依法缴纳税收和社会保障资金的良好记录;(5)参加政府采购活动前三年内,在经营活动中没有重大违法记录;(6)法律、行政法规规定的其他条件。

② 参见《政府采购法》第 4 条、《政府采购法实施条例》第 7 条第 1 款。

实践中有两种处理办法:一是代理商以制造商的名义参与竞标,制造商出具委托书,一旦中标,将由制造商与采购人签订和履行合同。且代理商更多愿意从事间接代理,以赚取产品销售价格与制造商授予价格之间的差价。二是代理商以自己名义参与竞标,一旦中标,代理商与采购人签订合同并履行合同中供应商的义务和承担相应合同责任。这种模式,一方面,需要制造商出具委托书,连同制造商所具备的资格条件文件和证明随投标文件提交采购人;另一方面,还应要求制造商向采购人出具承诺函,对代理商将交付设备的质量、性能、进度等作出保证承诺和承担连带责任。此外,尽管由代理商作为供应商与采购人签订合同,在合同实务中,合同所附技术文件[①]最好由制造商参与确认签字。

(三)中标人关联方可否作为合同主体

在合同实务中,由于企业集团内部分工和安排,存在供应商中标后把合同项目移交给其关联方,由关联方与采购人签订和履行合同的情况。本书认为,尽管中标人和关联方同属一个企业集团,甚至同属一个投资人,但毕竟属于两个不同的法人,并且,两者在资格条件和能力等方面也不尽相同,因此,通过招标方式确定的中标人不能简单由其关联方签订和履行合同,否则,构成概括转让合同债权和债务。虽然原《合同法》和《民法典》允许在合同相对方同意的情况下,可以概括转让合同债权债务,但通过招标方式形成的合同关系应按照"谁中标,谁签约"的原则执行。

如中国 SH 公司通过国际招标采购智能仪表,美国 AM 公司参加投标并中标,中标后,AM 公司提出由其关联方 ZW 公司与 SH 公司签订合同并履约。AM 公司同时向 SH 公司提供授权书。具体如下:

授 权 书

AM 公司兹授权 ZW 公司为 SH 公司×××项目智能仪表产品代理。

有效期限:2014 年 2 月 19 日至 2015 年 2 月 18 日。

AM 公司(签章)

这份授权书不足以支持 AM 公司将合同债权债务概括转让给 ZW 公司,而

[①] 实践中,这些技术文件有的以技术协议形式存在。

且，基于《招投标法》"谁中标，谁签约"原则，SH 公司也无权同意 AM 公司将合同转让给 ZW 公司。SH 公司拒绝了 AM 公司请求。

"谁中标，谁签约"原则并不阻止中标人为履行合同调动关联方资源和力量，即使中标人与关联方有内部分工和安排，但中标人必须对履行合同和违约承担责任，包括以连带的方式承担责任。因此，实践中，如果中标人向招标人（采购人）作出上述书面承诺，则可由其具备同等能力和资质（如果法律要求或招标文件要求）的关联方签订合同。

在上述案例中，AM 公司和 ZW 公司共同向 SH 公司作出书面承诺后，可由 ZW 公司与 SH 公司签订协议。AM 公司和 ZW 公司的承诺函处理如下，供实践参考：

承 诺 函

致 SH 公司：

本承诺函旨在说明 ZW 公司和 AM 公司同属×××集团。我们内部分工：ZW 公司将就×××项目签订智能仪表协议，并对该协议中的产品质量以及交货期负责；该协议中的售后及服务（包括安装、调试、技术支持、培训）由 AM 公司负责执行并承担相关责任。

尽管如此分工，在协议履行中，任何违反协议约定应当承担责任时，AM 公司和 ZW 公司将对贵司承担连带责任。

特此承诺。

本承诺函的使用目的限于×××项目投标与合同签订、合同履行和责任承担。

AM 公司（签章）、ZW 公司（签章）
20××年×月×日

（四）签约前主体条件发生变化

通过招标方式选择合同合作方的过程时间较长，在此期间存在投标人资格条件变化，如所需资质失效或降级、发生重大法律纠纷致使其财务状况不满足招标文件要求，或者生产经营等发生变化影响履约能力等情况。

这里主要针对投标人已完成投标后发生变化问题。由于评标委员会主要是通过投标文件评审投标人，投标人在投标以后发生变化并未体现在投标文件中，如果投标人不主动通知采购人或招标代理机构,评标委员会无从知晓其已经发生变化。为此,招投标法和政府采购法都对此做了相应的规定。

1. 招投标法规定

招投标法对投标人在投标后至评标阶段以及中标候选阶段发生重大变化作出相应规定,具体如下[①]:

(1)投标后至评标阶段。投标人提交投标文件后,发生合并、分立、破产等重大变化的,应当及时书面告知招标人。投标人不再具备资格预审文件、招标文件规定的资格条件的,其投标无效。也就是说,投标人提交投标文件后,如果不再具备规定的资格条件,包括法定资质,如资质等级降低或范围减小不符合招标文件规定资质等级要求、资质到期失效等,以及招标文件规定的经营能力、财务状况等关键条件发生重大变化不再满足招标文件要求,对投标人来说,应当及时书面通知招标人;对招标人来说,对该标书按无效处理,具体操作应由评标委员会按照法律规定作出决定。

(2)中标候选阶段。在中标候选阶段,如果中标候选人的经营、财务状况发生较大变化,如专业人员大量流失导致经营能力大幅下降,此间新签约重大合同导致中标候选人超负荷履约,执行新生效的法院判决导致资金严重短缺等或者此前隐瞒违法行为或新发生违法行为等,如果招标人认为可能影响其履行合同能力,应在发出中标通知书前,提请原评标委员会按照招标文件规定的标准和方法进行审查,以确认中标候选人是否仍具备正常履约能力。如果评标委员会审查认为中标候选人已不符合中标条件,招标人可以按照评标委员会提出的中标候选人名单排序依次确定其他中标候选人为中标人,也可以重新招标。实践中,采购人会根据合同业务实际情况,选择重新确定中标人或重新招标。

2. 政府采购法规定

政府采购法对供应商在评审阶段资格条件发生变化情况作出规定。进行资格预审环节的政府采购活动,评审阶段可以不再对供应商资格进行审查。对于资格预审合格的供应商,如果在评审阶段资格条件发生变化,那么,供应商应当通知采购人和采购代理机构。但政府采购法没有进一步明确采购人和采购代理机构应采取什么行动。但从法理理解和推断,采购人或采购代理机构应按照资格预审

---

① 参见《招投标法实施条例》第38条、第55条、第56条。

公告中关于供应商资格要求的标准对供应商资格进行重新审查确认：如仍满足资格要求的，进入评审环节；不能满足资格要求的，应否决供应商的响应。

对于未设置供应商资格预审的政府采购活动，在评审阶段将对供应商资格进行审查，在此期间，供应商资格条件发生变化的，供应商也应当通知采购人和采购代理机构，采购人或采购代理机构按供应商通知的资格情况进行审查：如满足资格要求，进入评审环节；如不能满足资格要求，应否决供应商的响应。

无论是进行资格预审还是不进行资格预审，在评审阶段资格条件发生变化，供应商未通知采购人或采购代理机构的，供应商将承担以下后果：对供应商处以采购金额5‰的罚款；供应商将被列入不良行为记录名单；如该供应商中标，中标无效；如已成交签订合同，成交合同无效。

实践中，供应商参与政府采购活动的，如发生资格条件变化，一方面，对自己做客观评估；另一方面，按规定及时通知采购人或采购代理机构，以避免遭受不必要的惩罚。

（五）单位挂靠

合同实践中，不具备所要求的资质、资格或其他条件的企业，为了获取合同，挂靠具备要求资质、资格或其他条件的企业，并以被挂靠企业名义签订合同，实际由挂靠企业执行合同，挂靠企业向被挂靠企业支付一定费用，实践中称为"管理费"。这种现象在招投标领域时常存在，特别是建设工程招投标领域。挂靠行为在招投标法中被称为"以他人名义"。

按照招投标法规定，实际投标人直接使用他人名义参加投标的，构成以他人名义投标情形，即"挂靠"他人名义投标。《招投标法实施条例》进一步补充规定，投标人使用通过受让或者租借等方式获取的资格、资质证书投标的，也构成以他人名义投标，即通过受让或租借获取投标资格的，也属于"挂靠"。

《招投标法》规定，不得以他人名义投标骗取中标，骗取中标的，中标无效，给招标人造成损失的，依法承担赔偿责任；构成犯罪的，依法追究刑事责任。尚不构成犯罪的，对单位处以罚款，对单位直接负责的主管人员和其他直接责任人员处以罚款；有违法所得的，并处没收违法所得；情节严重的，取消单位1年至3年内参加依法必须进行招标的项目的投标资格并予以公告，直至由工商行政管理机关吊销营业执照。

对于法律、行政法规强制性规定必须具备特定资质或资格条件的,通过挂靠方式签订合同的,将导致合同无效。如《施工合同司法解释(一)》规定,没有资质的实际施工人借用有资质的建筑施工企业名义签订的建设工程施工合同无效。

实践中,由于挂靠企业不具备规定的资质或资格条件,从某种意义上讲,其并不具备履行合同能力,而被挂靠企业虽具有相应资质、资格条件并具备履约能力,但被挂靠企业并不实际履行合同,也不对合同履行进行监管,合同履行中可能产生诸多问题,如质量、安全事故、合同履约滞后以及经济纠纷等,造成对挂靠企业、被挂靠企业以及合同买方均不利的局面。

案例 10

GM 公司将建设一个高新技术工厂,工程招标中,HJ 公司借用某大型企业 CX 公司名义投标并中标,HJ 公司以 CX 公司名义与 GM 公司签订建设工程施工总承包合同。HJ 公司向 CX 公司支付几百万元"管理费"。工厂建成后,因多种因素,工厂不能正常生产,GM 公司向 CX 公司提出交涉。除此之外,工程结算经第三方审计并经三方确认定案后,HJ 公司仍单方面以工程结算不充分为由,多次向 CX 公司和 GM 公司提出补偿要求,甚至影响 GM 公司和 CX 公司正常经营。为此,CX 公司向 HJ 公司退还几百万元"管理费",并且双方签订协议确认工程全部结清。但 HJ 公司收回该笔费用后,再次提出增加工程款,并将 GM 公司和 CX 公司作为共同被告向工程所在地人民法院提起诉讼。

这个挂靠合同案例中,一方面,工程建设没有实现预期目标,造成发包人损失;另一方面,被挂靠的 CX 公司"退还"了"管理费",没有得到利益,反而连累发包人一起被诉至法院,而挂靠的 HJ 公司却声称"赔钱"履行合同。总的局面是三方皆输,其中 CX 公司更是有苦难言——其始终不敢承认存在"挂靠"事实,只能承担各种不利后果。

这个案例说明,合同实务中,不要重复"挂靠"悲剧。

四、合同执行中的主体变化

在合同执行过程中,特别是一些周期长的合同,由于各种主客观原因,合同主体在此期间发生一些变化,如企业改制、公司并购重组或分离,甚至在此期间因资不抵债破产清算等，导致合同主体发生法律上的变化。无论是合同债权人一方还是债务人一方，当合同主体发生法律上的变更或变化时，都需要做相应的处置，只是不同情况有所不同。

（一）主体名称变更

合同主体是公司、企业等单位组织的，在合同履行期间可能发生如公司改制、事业单位企业化改制、单位名称变更、股东变更等情况。其中，就单位名称变更而言，按照法律规定，变更后的单位自动继承变更前的债权和债务。由于后续履行合同涉及合同款收支以及开具发票事宜，特别是营业税改增值税后，涉及付款方将来增值税抵扣等问题，因此，发生单位名称变更的，要及时向合同相对方发出书面告知函，必要时还要签订补充协议。

在实践中，名称变更单位在获得市场监管机构核准名称变更通知，并刻制新名称的单位印章后，原名称印章销毁或封存前，为保证合同顺利执行，应在第一时间以书面告知函通知合同相对方。告知函一般应包含如下内容：

函件标题，一般为"关于 AA 公司更名为 XX 公司的通知（函）"。这样，对方一看标题就知道该通知的主要内容和目的。

名称变更原因，简要说明单位名称变更原因，如"因公司经营发展需要""因公司……改制"等。

名称变更时间，如"经×××市场监管局核准，自 2017 年 10 月 13 日起，AA 公司更名为 XX 公司"。

明确表示合同的权利义务和责任由新名称单位承继，如"与贵司 2017 年 3 月 15 日签订的××××××合同的全部权利、义务和责任由 XX 公司承担"。

关于银行账户或发票开具具体要求，银行账户信息主要是针对收款方，开具发票要求主要是针对付款方。如果双方将签订补充协议，该项内容可放在补充协议里；如不签订补充协议，需要在告知函中明确。

落款，应加盖名称变更前、后两个印章。

另外，告知函最好附上市场监管机构核准名称变更通知文件。

是否签订补充协议，取决于合同当事人财务制度以及合同情况，对于那些内容复杂、剩余履行时间长的合同，最好签订补充协议。

（二）主体合并

合同执行过程中发生合同一方与第三方合并时，也要按照合并方式，向合同相对方作出妥善安排。

法人合并包括吸收合并和新设合并两种方式。吸收合并是一个法人接纳另一个法人，接纳单位法人名称保持不变，被接纳单位法人被注销；新设合并是一个法人单位与另外一个法人单位合并形成一个新法人单位，新法人单位名称与原单位法人名称不同，原单位法人解散注销。

在吸收合并中，对吸收单位来说，是否需要向其合并前签订的合同相对方通知函告或签订补充协议，主要看双方合同约定情况，如合同有要求，那么，发生合并的一方应按照约定通知合同另一方；如果合同没有约定，鉴于合并后合同主体没有改变，可不通知对方，但出于对合作方的尊重，也可以通过多种方式让对方知晓。

对吸收合并中的被吸收合并单位来说，由于被吸收合并单位在合并后被解散注销，其法人主体发生变化，需要对合并时尚未履行完毕的合同重新作出安排。按照法律规定，吸收存续方概括承继被吸收方的债权、债务。如果被吸收合并单位是合同债务人，对未完成履行的重大合同，应向合同相对方征求同意确认；如果被吸收合并单位是合同债权人，应告知合同相对方，告知函或通知可参照上述单位名称变更告知函。

被吸收合并的合同债务人向对方发出的征询同意函，一般应包含如下内容：

征询函标题，一般以"关于 A 公司吸收合并 B 公司的征询函"。

吸收合并原因，简要说明吸收合并主要原因，如"为强强联合，进行战略重组，由 A 公司以吸收合并方式重组 B 公司"。

合并时间及合并后履行合同安排，明确被吸收合并单位自何时不再对外开展经营活动，履行合同安排，如"与贵司 2017 年 3 月 15 日签订的×××××合同的全部权利、义务和责任由 A 公司承继；自 2017 年 10 月 13 日起，B 公司不再对外开展经营活动，届时将由 A 公司负责"。

简要介绍合并后的 A 公司经营范围与合同债务履约能力。随征询函附上 A 公司营业执照复印件并加盖单位印章。

请求事项，明确向合同相对方提出请求，如"请贵司收到本函后 15 日内（或于

2017年10月30日前)按附件回执格式予以确认为盼"。

落款部分,应由A公司和B公司同时落款,并分别加盖两个单位印章。

对于合同一方被合并后,无论该方是合同债权人还是债务人,为保证合同后续履行的顺利以及开具税务发票等目的,都应当由吸收合并后的单位与原合同相对方签订补充协议。合同一方主体吸收合并变更处理如图6-1所示。

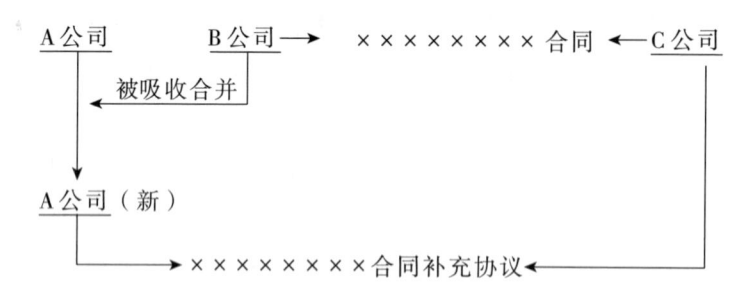

```
A公司        B公司 ──→    ××××××××合同  ←── C公司
 │       被吸收合并
 ↓
A公司（新）
 └──────→ ×××××××合同补充协议 ←──┘
```

图6-1 合同一方主体吸收合并示意

补充协议一般应包含以下主要内容:

简要回顾×××××××合同签订背景、主体、时间等内容。

简要交代合同一方发生吸收合并的主要原因、简况、合并后单位与合同业务相匹配的经营范围以及相应的资质和资格。如"为强强联合,进行战略重组,由A公司以吸收合并方式重组B公司,重组后的A公司拥有×××资质,并致力于×××领域业务(主要突出与合同业务相关业务领域即可)……"

小结合同履行状况,主要是在签订补充协议时对合同原双方履行合同阶段结果确认,包括合同主要交付物的交付情况、合同价款支付情况。如"原合同价款3580万元,合同变更增加108万元,合同总价为3698万元;已支付1200万元"。

明确合并后单位概括承继合同权利、义务和责任,如"A公司将继续履行××××合同,并承担B公司在合同项下的全部权利、义务和责任"。

关于合同后续履行要求,如有新要求,应按新要求写明;如无新要求,应明确按原合同约定履行。

关于付款、收款和发票等条款,包括银行账户或发票开具具体要求,银行账户信息主要是针对收款方,开具发票要求主要是针对付款方。

明确原合同效力以及补充协议与原合同关系条款。如"××××合同对本补充协议双方有效。××××合同与本补充协议构成双方协议整体,不一致之处以本补充协议为准"。

明确补充协议生效条件和时间等。

最后,双方落款与签章等。

(三) 主体分立

合同履行过程中发生法人分立的,需要分情况处理,主要如下:

分立后仍由分立母体法人单位履行合同的,若法人分立没有影响其履行合同的应有资质和资格条件,除因法人分立对正常履行合同产生重大影响外,可不向合同相对方办理相关手续。但若合同重大,出于尊重,应以多种方式告知对方。

分立后由新设法人单位接续合同履行的,新设法人除需要具备履行合同所需的法定资质和资格外,还需要向合同相对方办理相应的手续,通常需要由分立母体法人单位、新设法人单位与原合同相对方签订三方协议,约定原合同一方主体由分立母体法人单位变更为新设法人单位,三方协议内容可参考上述的补充协议内容。对于重大合同,分立母体法人单位应事先向合同相对方发出征询同意函。若合同相对方不同意合同由新设法人单位接续,母体法人单位应做好沟通协调工作,必要时,可向合同相对方提供担保。

第七章 合同主要通用事项

一、合同形式

原《合同法》制度下,合同的订立形式主要有三种:书面形式、口头形式和其他形式。《民法典》沿用了三种合同形式,但结合社会发展充实了书面形式和其他形式的内涵。

(一)书面形式

书面形式合同是指合同书、信件、电报、电传、传真等可以有形地表现所载内容的形式。以电子数据交换、电子邮件等方式能够有形地表现所载内容,并可以随时调取查用的数据电文,视为书面形式。

需要注意,受传统的书面形式是"白纸黑字"合同书影响,实践中通过电子邮件、电子数据交换等方式商谈合同并就合同内容达成一致,没有约定必须签订合同书,而当事人又误认为因没有签订"白纸黑字"合同,合同就没有成立,结果造成合同违约。

法律、行政法规规定采用书面形式的,必须采用书面形式合同。如《民法典》第668条第1款规定"借款合同应当采用书面形式,但是自然人之间借款另有约定的除外"。也就是说,除自然人之间不要求采用书面形式订立借款合同外,借款合同都应当采用书面形式合同;又如,法律规定建设工程合同应当采用书面形式,那么,建设工程的勘察合同、设计合同、施工承包合同、工程总承包合同等都应当采用书面形式合同。涉外合同、融资租赁合同、技术开发合同、技术转让合同、国有土地使用权出让合同、房屋买卖合同、中外合资经营企业合同等,都是法定书面形式合同。

按照招投标法规定进行招标的合同需要签订书面合同,政府采购合同必须采用书面形式。①

另外,虽然法律没有规定必须采用书面形式,但合同当事人约定采用书面形式的,应当采用书面形式。实践中,为避免合同履行过程中产生纠纷以及规范单位管理,对于那些价款金额大、内容复杂或履行周期较长的合同,一般采取书面形式更好。

国有或国有控股企业、上市公司以及其他规模以上企业,基于企业内部控制要求,除小额及时结清的交易外,原则上要求都采用书面形式订立合同。

(二) 口头形式

口头形式合同是指合同当事人通过口头方式就合同内容达成协议。在现实生活中,口头形式合同也很多,如自然人甲在菜市场向摊贩乙买菜,甲问:"白菜多少钱一斤?"乙答:"白菜五毛钱一斤。"甲说:"给我来3斤白菜。"乙回应:"好嘞。"一份白菜买卖合同就形成了。口头形式合同多由自然人参与。

(三) 其他形式

关于其他形式合同,原《合同法》和《民法典》没有明确定义,但在实践中确实存在。由于这类合同表现形式的特殊性,既非当事人书面订立合同,也非当事人口头协商形成协议,现实中时常发生这类合同纠纷。为此,最高人民法院于2009年对"其他形式合同"作出司法解释:"当事人未以书面形式或者口头形式订立合同,但从双方从事的民事行为能够推定双方有订立合同意愿的,人民法院可以认定是以合同法第十条第一款中的'其他形式'订立的合同。但法律另有规定的除外。"②2021年12月30日《民法典总则司法解释》(法释〔2022〕6号)第18条规定,当事人未采用书面形式或者口头形式,但是实施的行为本身表明已经作出相应意思表示,并符合民事法律行为成立条件的,人民法院可以认定为《民法典》第135条规定的采用其他形式实施的民事法律行为。

日常生活中,如消费者在超市从货架拿取商品并到收银台付款,即形成商品

---

① 参见《招投标法实施条例》第57条,《政府采购法》第44条。
② 原《合同法司法解释(二)》(法释〔2009〕5号)第2条。该司法解释随《民法典》实施而废止。

买卖合同关系;在电子商务中,用户在电子商务平台选择商品或者服务并提交订单成功,即合同成立等。

在实践中,法人组织或其他非法人组织订立合同所采用的形式,除法律规定必须采用书面形式外,是否采用合同书形式应综合考虑合同内容、合同履行周期、合同效率、单位内部管理多方面因素,对于价款大或者履行周期较长的合同,采用合同书形式更好。但实践中,有的单位在财务管理制度方面过于严格,采购价值几千元乃至几百元的货物也需要签订书面合同,这种要求从管理上来讲是规范的,但签订一份合同所履行的各种审批手续等所产生的隐性成本较大,而且,从时间效率角度看也不一定合适。因此,对于那些金额不大并能及时结清的合同,可不用合同书形式,如单位从财务管理角度考虑,可采取简易的书面文件加发票的方式。

二、书面合同签订方式

按照《民法典》第490条的规定,采用合同书形式订立合同的,自当事人均签名、盖章或者按手印时合同成立。据此,合同书订立可以通过签名、盖章、按手印确认,另外,国内法人、其他组织等单位签订合同一般约定签名加盖章。因此,在我国合同实践中,对合同书确认有签名、按手印、盖章和签名加盖章等方式。

(一)签名

合同当事人为自然人的,一般都是以签名方式确认合同书,自然人的签名章应当视为本人签字。

涉外合同中,一些外国公司法人或其他组织没有类似国内法人单位的公章,所以,它们签订合同时一般由法定代表人或授权代表签名,作为对应,国内单位也可采用此种签名方式。在这种情况下,需要处理好两个方面问题:一是合同明确约定签字效力,如"本协议经双方拥有权力或授权代表签署生效";二是要有有效的授权文件。有些国家的公司董事长为公司法定代表人,但董事长更多的是担任董事会召集人,没有国内国有企业董事长那样的职权,有的外国公司章程甚至规定董事长不代表公司签订合同,而由总经理代表公司签订合同;也有的外国公司章程授予总经理签订合同的权利,但在章程中规定总经理签订合同的权限,超过权限的,需要董事会专门授权。因此,对于通过签名生效的重要涉外合同,在签名前,要弄清楚签名人的权限并要求对方提供相应的有效授权文件。

国内单位间签订合同书的也可以由单位代表签字,但应在合同书中明确签字效力。同样,需要对合同签字人的权限进行确认,授权代表人签字的需要有相应授权委托书。另外,国内一些中外合资企业、外商企业、股份制企业以及上市公司等章程中对法定代表人或总经理签订合同的范围或额度也有一定权限规定,因此,如果他们签订合同时超越权限,也应当取得授权。

需要注意,法人或者其他组织的法定代表人、负责人超越权限订立的合同,如果相对人不知道其越权,该代表行为有效,即法律认定他们签字有效;反之,如果相对人知道或者应当知道其超越权限的,该代表行为无效。[①]

(二) 按指印

《民法典》吸纳此前合同法司法解释和民间实践,认可按指印构成对合同书的确认。实践中,采用按指印方式的,多以拇指或食指按指印,并使用印泥或印油。在按指印中,要注意指印清晰可辨。

(三) 盖章

按照《民法典》的规定,当事人仅盖章也是签订合同的一种方式。这里所说的盖章是指单位印章,包括单位公章和合同专用章。自然人使用签名章属于签名方式,不属于盖章范畴。

在合同实践中,有些单位为了签订合同方便,刻制多枚"合同专用章",且在"合同专用章"下面加注需授权生效,如×××有限责任公司003号合同专用章上信息如图7-1所示:

×××有限责任公司

合同专用章(003)
(经授权有效)

图7-1 需经授权生效的合同专用章示意

[①] 参见《民法典》第504条。

由于这枚合同专用章有专门授权要求,因此,如果采用该合同专用章,需要该公司出具对该合同专用章的有效授权,否则,即使盖章也不产生效力。

另外,通过对合同书盖章订立合同在两种情况下有效:一是合同书并没有约定具体签章方式;二是合同书中约定签名或盖章有效,如"本合同经双方签名或盖章生效"。但如果合同约定"本合同经双方授权代表签名并加盖单位印章生效",仅加盖单位印章,双方对合同是否生效容易产生异议。

(四)签名加盖章

尽管《民法典》规定当事人签名或盖章合同即成立,但在国内合同实践中,单位之间订立合同的,多以单位法定代表人(负责人)或授权代表签名加盖单位印章的方式,这里的单位印章包括单位公章和合同专用章。

如果当事人约定采用签名加盖章方式,一方面,最好在合同中进行约定,如"本合同自双方授权代表签署并加盖单位印章之日起生效"。当然,如果合同书没有约定或只约定签名或盖章生效的,当事人采用签名加盖章的并不影响合同成立。但如果合同中明确约定签名加盖章的,当事人应当按照约定采用签名加盖章方式。另一方面,还要注意签名人和合同专用章授权情况,如前面提到有的单位合同专用章注明需授权的,必须要有该单位出具的授权文件。

(五)电子签名

无论是签名、按手印还是盖章,主要用于纸质版合同文件,但随着数据交换、电子数据发展,我国法律将合同书面形式扩展到数据电文,特别是随着电子商务的快速发展,采用数据电文形式的合同数量也迅速增加。但这些数据文件的合同签名或盖章与传统合同书不同,不采用现场实体签名或实体印章,而采用电子签名。

这里所称的电子签名,是指数据电文中以电子形式所含、所附用于识别签名人身份并表明签名人认可其中内容的数据。数据电文,是指以电子、光学、磁或者类似手段生成、发送、接收或者储存的信息。[①] 这里的电子签名包括自然人签名和单位印章。

---

① 参见《电子签名法》第 2 条。

合同实践中,采用电子签名越来越多。《电子签名法》规定,可靠的电子签名与手写签名或者盖章具有同等的法律效力。也就是说,合同文件采用电子签名与亲自手写签名或者盖章法律效果是一样的。

需要注意,法律认可电子签名法律效力的前提是其可靠。按照《电子签名法》第 13 条的规定,电子签名同时符合下列条件的,视为可靠的电子签名:

(1)电子签名制作数据用于电子签名时,属于电子签名人专有。电子签名制作数据,是指在电子签名过程中使用的,将电子签名与电子签名人可靠地联系起来的字符、编码等数据。在实践中,电子签名人事先手写签名,再通过电子、光学、磁或者类似手段形成电子签名制作数据,类似实践中的签名章,在后续电子签名时可多次使用,如在办公自动化(OA)系统设置电子签名制作数据。

(2)签署时电子签名制作数据仅由电子签名人控制。电子签名签署时必须由电子签名人控制,即是由签名人自己意志决定电子签名的签署。

(3)签署后对电子签名的任何改动都能够被发现。这里主要防止伪造或变造电子签名,以保证电子签名真实性。

(4)签署后对数据电文内容和形式的任何改动都能够被发现。这条规定主要是保证经电子签名签署的数据电文真实性。

另外,当事人也可以选择使用符合其约定的可靠条件的电子签名。

上述四个条件对合同相对人查验来说相对困难,因此,《电子签名法》设置第三方对电子签名的认证服务,如电子签名经由国务院信息产业主管部门许可的第三方认证的,可直接对该电子签名查证。通过点击电子签名,可显示查证情况,如图 7-2、图 7-3、图 7-4 所示。

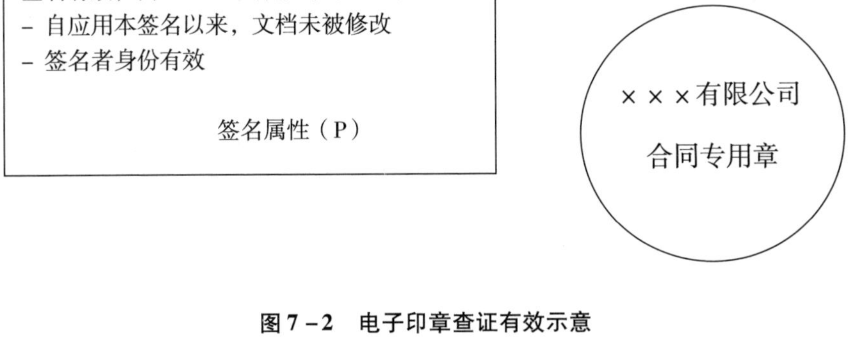

```
签名有效,由"×××有限公司"签名。
- 自应用本签名以来,文档未被修改
- 签名者身份有效

              签名属性(P)
```

```
   ×××有限公司
    合同专用章
```

图 7-2 电子印章查证有效示意

```
签名无效。
- 文档自签名以来已被修改
- 签名者身份有效

            签名属性（P）
```

×××有限公司 合同专用章

图7-3　电子印章查证无效示意

在图7-2中,点击电子印章,即可显示出左上方信息,该电子印章属于可靠的电子签名;但图7-3显示,签名者身份有效,但自签名以后文档被修改,因而,签名无效。

实践中,有的电子签名没有经过第三方认证,并不表示其一定是不可靠的电子签名,但如双方因此发生纠纷,在仲裁或诉讼程序上,在对该电子签名的可靠性认定上将需要相应佐证,如图7-4所示为未经第三方机构认证的电子签名情况。

```
该签名无法验证。
"Unsupported signature format"
```

×××有限公司 合同专用章

图7-4　未经认证的电子印章查证示意

(六)真假印章之争

在民商事合同实务和民商事司法实践中,经常发生法人或非法人组织单位印章真假之争问题,即有些企业有意刻制两套甚至多套公章,有的法定代表人或者代理人甚至私刻公章,订立合同时恶意加盖非备案的公章或者假公章,发生纠纷后,以加盖的是假公章为由否定合同效力。

在合同实务中,一方当事人通常难以辨识对方当事人所用公章备案与否以及真假,那么,一方当事人加盖单位公章属于非备案公章甚至是私刻假公章的,是否影响合同效力问题,主要判断标准不在于公章的"真""假",而是签约人于盖章之时有无代表权或者代理权。按照《民商事审判工作会议纪要》第41条的精神,按下面方式处理:(1)原则上,法定代表人或者其授权之人在合同上加盖法人公章的行为,除该行为超出《公司法》第16条等法律对其职权特别规定的情形外,应当由法人承担相应的法律后果;(2)法人以法定代表人事后已无代表权、加盖的是假章、所盖之章与备案公章不一致等为由否定合同效力的,法院不予支持;(3)代理人取得合法授权后,以被代理人名义签订的合同,应当由被代理人承担责任;(4)被代理人以代理人事后已无代理权、加盖的是假章、所盖之章与备案公章不一致等为由否定合同效力的,法院不予支持;(5)《合同通则司法解释》吸纳《会议纪要》精神,强调订立合同行为人的代表权或代理权。该司法解释第22条将其分为两类:一是法人或非法人组织的法定代表人或负责人及其工作人员以法人、非法人组织的名义订立合同,没有超越代表权或代理权限的,法人、非法人组织仅以合同加盖的印章不是备案印章或者系伪造的印章为由主张该合同对其不发生效力的,人民法院不予支持。换言之,除合同本身依法无效或不发生法律效力外,不论合同所加盖印章是不是伪造印章或是不是备案印章,不影响该合同对法人、非法人组织的效力。二是法人或非法人组织的法定代表人或负责人及其工作人员在订立合同时超越代表权限或代理权限,只要其在订立合同时行为构成《民法典》第504条所规定的表见代表或第172条所规定的表见代理的,除合同本身依法无效或不发生法律效力外,不论合同所加盖印章是不是伪造印章或是不是备案印章,也不影响该合同对法人、非法人组织的效力。

三、合同签订时间

当事人采用合同书形式订立合同的,合同自当事人签字、盖章、按指印时成立。多数合同自成立时生效。由于合同生效时间与当事人履约时间直接相关,如"本合同生效之日起15日内,甲方向乙方支付合同价款20%",或"合同生效后3个月内,乙方将第一批钢材送到甲方项目现场",特别是在履约时间方面当事人违约情况下,判断合同成立时间十分重要。因此,确定合同成立时间在合同实务中十分重要。

但在实践中,由于各种原因,有的当事人对合同文件协商一致后没有及时签订;有的合同当事人在不同地方,一方先签字盖章,再邮寄给对方签字盖章;有的合同当事人未履行合同签订手续即开展合同业务;等等。存在合同约定签订时间与实际签订时间不一致、当事人签字时间不一致、倒签合同、反倒签合同等情况,这需要具体对待。

(一)约定时间与实际时间不一致

约定签字时间主要指合同当事人在合同文件中约定并注明的合同订立时间,通常在合同正文中,如"经双方友好协商达成一致,于 2017 年 11 月 11 日在×××(地名)签订本合同",也有的在合同封面上直接注明合同签订地和签订时间。

对此,可分以下三种情况确定合同签订时间:

第一种情况是合同当事人签字落款没有注明实际签字时间,在这种情况下,除有相反证据足以推翻外,不管当事人实际签字时间是否与合同文件中所载明的签订合同时间一致,该合同成立时间按合同文件中所载明的签订时间确定。

第二种情况是合同当事人签字落款注明签字时间,并且实际签字时间与合同文件所载明的签订时间一致,那么,该时间即合同成立时间。

第三种情况是合同当事人签字落款注明签字时间与合同文件所载明的签订时间不一致,那么,该合同成立时间按当事人签字落款时间确定。例如,合同文件前言载明"经双方友好协商达成一致,于 2017 年 11 月 11 日在×××(地名)签订本合同",而当事人签字落款时间是 2017 年 11 月 15 日,那么,该合同成立时间为 2017 年 11 月 15 日。

(二)当事人签字时间不一致

通过寄送等方式传递合同文件,导致合同双方当事人实际签订合同时间不一致,一方先签字,另一方后签字。如某合同当事人甲于 2017 年 11 月 11 日签字盖章后邮寄给合同当事人乙,乙于 2017 年 11 月 15 日在合同文件上签字盖章。对此,分以下三种情况认定合同成立时间:

第一种情况,合同当事人双方均在签字时落款实际签字时间。以最后签字时间为合同成立时间。如前面例子中合同成立时间为 2017 年 11 月 15 日。

第二种情况,合同当事人一方落款实际签字时间,另一方没有落款签字时间,除另一方举证足以推翻外,以落款签字时间为合同成立时间。如甲落款时间为2017年11月11日,乙没有落款时间,那么合同成立时间为2017年11月11日。

第三种情况,合同当事人签字时均未落款实际签字时间。首先查看合同文件中是否有相应约定的合同订立时间,如果有相应约定的订立时间,该约定的合同订立时间为合同成立时间;如果合同文件中没有约定合同订立时间,并且,后签字方将合同书邮寄给对方的,本书认为应以邮寄日期为后签字方签字日期,相应地,后签字一方当事人签字后寄出时间为合同成立时间。

(三)倒签合同与反倒签合同

倒签合同是合同实践中的一个非专业概念,它指合同当事人已经履行或已经履行完毕合同主要内容后再签订合同。如甲方向乙方购买设备,双方就设备数量、性能、技术标准以及价格和供货期等主要内容达成一致,并约定签订合同书,但甲方急需这批设备,签订合同书前,甲方要求乙方备料并制造设备,双方履行各自内部合同审批手续后再行签订合同。

倒签合同存在一定的风险,一方面是履行风险,如例子中乙方为设备购买材料并准备制造设备,假如甲方因各种原因没有或无法签订该合同,对乙方来说将带来损失风险;另一方面当事人内部审批合同文件过程中,可能不同意合同中的某些重要内容,如合同价格、合同标的物性能指标等。因此,多数单位特别是一些国有或国有控股企业以及上市公司等单位从规范管理角度不允许倒签合同,要求先签订合同再履行合同。

《民法典》认可倒签合同效力,并不以当事人实际签订合同书作为认定合同成立的条件,第490条规定,在签名、盖章或者按指印之前,当事人一方已经履行主要义务,对方接受时,该合同成立。

在实践中,由于业务部门承担推进业务进展和进度的压力,而单位规章制度禁止倒签合同,甚至单位合同签订系统对倒签合同流程走不通,因此,在新的形势里,又产生反倒签合同现象。

反倒签合同是本书创造的一个概念,它是指合同当事人签订合同前开始履行或已经履行合同主要义务,在签订合同时人为推迟双方约定的真实履行时间,从而在表象上形成正常的合同签订和履行逻辑。

反倒签合同主要是通过"篡改"合同真实履行时间以达到规避内部管理制度

禁止倒签合同的目的。如甲、乙双方于 2017 年 10 月 8 日协商一致,约定乙方于 2017 年 11 月 15 日前交付第一批货物,但直到 11 月 16 日甲方仍未完成内部合同审批程序,而甲方合同管理制度不允许倒签合同,于是,合同经办人员把原先合同约定的第一批货物交付时间修改为"本合同签订生效 30 日内交付第一批货物"。

反倒签合同虽然形式上没有违背当事人内部管理制度规定,但这种做法的风险比倒签合同更大。之所以发生倒签合同或反倒签合同,多数情况是对合同履行时间要求比较急迫。反倒签合同多为买方原因,也多为买方提出反倒签。如果人为将双方约定的真实履行时间向后推移,一旦卖方不能按照原先约定的时间履约,受到影响的是买方,而按照双方最终签订的合同文件所载履约时间,卖方并不违约,对买方来说只能自食苦果。因此,反倒签合同危害更大,更不可取。

实践中,有些倒签合同有其客观原因,不宜一刀切绝对禁止倒签合同。从单位来看,一方面,加强合同业务规范管理,尽量避免倒签合同发生,但如果客观原因发生倒签合同必要情况,当事人对照合同约定内容对此前已经履行部分的内容把好关,没有必要为了符合管理制度要求而人为"篡改"合同履行期间或其他内容;另一方面,在合同文件中增加合同溯及力条款,尽管合同签订时间滞后,但合同效力可以追溯到合同签订之前,一般追溯到当事人当初预期应当签订生效的时间,如前面例子中 10 月 8 日是双方预期合同生效时间,合同可增加一条:"本合同自双方签字盖章之日起生效。合同效力溯及 2017 年 10 月 8 日。"

《民法典》虽然没有明确规定当事人可以约定合同效力的溯及力,但它一方面赋予合同当事人意思自治的权利,另一方面《民法典》第 490 条第 2 款也间接认可合同效力的溯及力。

(四)特殊方式合同成立时间

前面三个部分是对合同签订时间存在差异情况下的认定。实践中,合同形成方式是多样的,如招投标、公开竞价、场内挂牌交易等,这些方式形成的合同成立时间相对复杂一些,理论界和实务界都有争论。为此,《合同通则司法解释》作出如下统一规定[①]。

采取招投标方式订立合同的,中标通知书到达中标人时间为合同成立时间。

[①] 参见《合同通则司法解释》第 4 条。

实践中,从中标通知书到达中标人至双方实际签订书面合同往往有较长一段时间差,为避免日后分歧,本书建议书面合同签订时间统一按中标通知到达日期。当然,双方有特别约定的,则另当别论。

采取现场拍卖、网络拍卖等公开竞价方式订立合同的,自拍卖师落槌、电子交易系统确认成交时为合同成立时间。

采取产权交易所等机构主持拍卖、挂牌交易方式订立合同的,产权交易所等机构公布的拍卖公告、交易规则等文件公开确定了合同成立需要具备的条件,该条件具备时间为合同成立时间。实务中需要注意,不同交易机构的交易规则不尽相同,同一交易机构的不同交易类别所适用交易规则也不尽相同。

四、合同签订地点

合同签订地或合同缔结地是合同的一项内容,在合同中明确签订地十分重要,它不仅记载和反映当事人缔结合同的情景,更关系合同发生纠纷诉诸法律的管辖,涉外合同还关系合同适用法律管辖问题。

按照《民事诉讼法》的规定,在不违反法律关于级别管辖和专属管辖规定的情况下,合同当事人可以书面协议选择被告住所地、合同签订地等与争议有实际联系的地点的人民法院管辖。[1]《民事诉讼法司法解释》进一步规定,涉外合同当事人,可以书面协议选择被告住所地、合同签订地等与争议有实际联系地点的外国法院管辖。[2]《民事诉讼法》对因涉外合同纠纷诉讼管辖进一步规定,对在中华人民共和国领域内没有住所的被告提起除身份关系以外的诉讼,如果合同签订地、合同履行地、诉讼标的物所在地、可供扣押财产所在地、侵权行为地、代表机构住所地位于中华人民共和国领域内的,可以由合同签订地、合同履行地、诉讼标的物所在地、可供扣押财产所在地、侵权行为地、代表机构住所地人民法院管辖。此外,涉外民事纠纷与中华人民共和国存在其他适当联系的,可以由人民法院管辖。[3] 可见,无论是国内的合同还是涉外的合同,合同签订地与诉讼管辖都有关联关系。

另外,在涉外合同法律适用方面,如果当事人没有选择适用法律,那么,有的

---

[1] 参见《民事诉讼法》第 35 条。
[2] 参见《民事诉讼法司法解释》(法释〔2022〕11 号)第 529 条。
[3] 参见《民事诉讼法》第 276 条。

合同签订地法律将成为合同适用法律。依我国《涉外民事法律适用法》规定,当事人没有选择合同适用的法律的,适用履行义务最能体现该合同特征的一方当事人经常居所地法律或者其他与该合同有最密切联系的法律。[①] 这是国际私法关于最密切联系原则的规定。其中,有些类型合同的签订地属于最密切联系因素。

在合同实务中,当事人认为合同签订地对多数合同的履行并无实质意义,因此,合同签订地这项内容多被忽略,但实践中特别是发生合同纠纷时,确定合同签订地对当事人来说意义重大。

合同缔结中可能涉及四个地点:一是当事人实际签订合同地点,如双方经协商谈判达成协议,在某个地点会议室签订合同;二是当事人约定的合同签订地点,如双方在合同谈判过程中商定将在第三地签订合同,但后来实际在一方当事人所在地签订合同,约定签订地与实际签订地不在一个地方;三是约定在一方当事人住所地签订合同,而实际是当事人在各自住所地签字;四是合同没有约定签订地点,采取邮件方式,由一方当事人先签字盖章,再发送给对方当事人签字盖章,这种情况,合同签订地实际上有两个地方。

当发生合同纠纷诉诸法律时,一般按以下三个原则掌握:合同约定签订地的,约定的签订地与实际签字或者盖章地点不符的,以合同约定的签订地为合同签订地;合同没有约定签订地,双方当事人签字或者盖章在同一地点的,该签字或盖章地为合同签订地;合同没有约定签订地,双方当事人签字或者盖章不在同一地点的,最后签字或者盖章的地点为合同签订地。

在合同实务中,特别是采用书面合同时,应当在合同中明确合同签订地点,如果把实际签订地点约定到合同文件里更好,如"经过双方协商一致,于2019年10月20日在北京市×××签订本合同"。实践中,也可以在合同中约定与实际签字或盖章地点不同的地点为合同签订地,尽管法律没有对约定合同签订地作出要求,但合同约定签订地应当与该合同起始谈判地、主要谈判地、最终谈判地或一方签字地等相关联。当约定合同签订地时,合同当事人签字或盖章落款时不要再注明实际签字地点。

---

① 参见《涉外民事法律适用法》第41条。

五、合同效力与生效方式

(一) 合同效力概述

合同效力,是指已经成立的合同对当事人的法律约束力。按照《民法典》第143条规定,有效民事法律行为应具备三个方面条件:一是行为人具有相应的民事行为能力,从合同角度看,自然人主体具有相应民事行为能力,非自然人主体具有相应主体资格,如法律、行政法规规定的经营许可资质和专业资质;二是意思表示真实;三是不违反法律、行政法规的强制性规定,不违背公序良俗,从合同角度看,主要是合同不违反法律、行政法规的效力性强制性规定,不违背公序良俗。

上面所述是法律规定有效合同的基本条件,前提是当事人之间合同关系已经成立。《民法典》规定了合同通常应具备的内容,但没有明确规定具备哪些内容构成合同成立。《合同通则司法解释》承继了原《合同法司法解释(二)》,除法律另有规定或者当事人另有约定外,能够确定当事人姓名或者名称、标的和数量的,一般应当认定合同成立。这是合同实务中需要注意的。

根据《民法典》和相关法律规定,通常按合同效力划分,合同可分为有效合同、无效合同、效力待定合同和可撤销合同。

有效合同,是指合同对当事人具有法律约束力,即具有法律效力。满足前述《民法典》规定的三个方面要求,依法成立的合同,自成立时生效,但是法律另有规定或者当事人另有约定的除外。这里提到的法律另有规定,如法律规定合同成立后经法定机构审批后生效;当事人另有约定,如当事人约定附条件生效等。

无效合同,是指不发生法律效力的合同。不具备前述《民法典》规定的三个要件的合同不发生法律效力。无效的合同自始没有法律约束力。

需要注意,无效合同中独立存在的有关解决争议方法的条款保持有效。例如,甲、乙签订货物买卖合同,合同中争议解决条款约定:发生争议的,提交某仲裁机构仲裁解决,即使该买卖合同无效,但合同中争议解决条款有效,双方可依据该合同关于争议解决的条款提交仲裁机构进行仲裁,解决双方争议。

效力待定合同,也称待生效合同,是指合同已经成立,但因其不完全符合法律有关生效要件的规定,其发生效力与否尚未确定。通常分两种情况:一是需要经有权人表示承认或追认才能生效,如限制民事行为能力人订立合同,或合同约定经一方通知生效等;二是需经法定手续,如合同报经政府主管部门批准或备案生效等。对于须经批准生效的合同,在批准生效前属于待生效合同,但根据《民法典》第502条的规定,合同中关于履行报批等义务条款以及相关条款发生法律效力。

可撤销合同,是指当事人在订立合同的过程中,由于法定事由而作出错误的意思表示,当事人依照法律的规定可申请撤销的合同。被撤销合同的法律效果是该合同自始没有法律约束力。

(二)合同成立生效

除法律另有规定或者当事人另有约定外,只要符合《民法典》第143条规定的三个要件,依法成立的合同,自成立时生效。这里的除外情形主要指法律规定合同必须履行法定审批、备案等生效条件,以及当事人约定的合同生效条件。具体在后文详细介绍。

(三)合同生效特别情形

1. 审批、登记备案生效

国家对特定交易业务通过审批或登记交易合同的方式进行管控,如限制类技术进出口合同,只有依法办理审批、登记等手续,合同才生效。[1]

这里审批、登记属于两种情形,即有的合同须经依法审批生效,有的合同经依法登记生效。

我国《民法典》规定,不动产物权的设立、变更、转让和消灭,经依法登记,发生效力;未经登记,不发生效力,但法律另有规定的除外。另外,按照《专利法》规定,专利权转让合同和专利申请权转让合同需经国家知识产权局登记生效。

需要注意,有的法律、法规规定合同需要进行依法登记,但未明确规定合同登记后才生效的,或者没有明确规定未经登记不发生效力的,那么,登记手续不是合同生效的必要条件。即使当事人未依法办理合同登记手续,也不影响该合同效力。例如,对属于自由进口的技术,实行合同登记管理,但不以登记为合同生效的条件,合同自依法成立时生效。[2] 另外,房屋租赁合同需要登记,但也不以登记为

---

[1] 参见《技术进出口管理条例》第16条、第35条。
[2] 参见《技术进出口管理条例》第17条第2款。

合同生效的条件。

关于需依法审批生效的合同,这类合同必须经过法定审批手续后才生效,包括中外合资经营企业合同、中外合作经营合同、限制类技术进口合同、限制类技术出口合同、国有企业或国有控股企业转让国有产权(股权)合同等,只有经政府主管部门批准方生效。

依法审批生效的合同,在未获得批准前不发生法律效力,属于待生效合同,而不是无效合同,两者性质不同。另外,按照《民法典》的规定,未办理批准等手续影响合同生效的,不影响合同中履行报批等义务条款以及相关条款的效力。《合同通则司法解释》第12条第4款对批准机关决定不予批准合同后负有报批义务当事人的责任问题作进一步明确,负有报批义务的当事人已经办理申请批准等手续,批准机关决定不予批准合同生效的,当事人不承担责任;因负有报批义务当事人迟延履行报批义务等可归责于该当事人的原因导致合同未获批准的,负有报批义务当事人将承担缔约过失责任。实务中,如果合同要经批准、登记等才生效的,负有履行该报批、登记等义务的当事人要按照约定积极申报批准、登记等手续,相对方也要基于诚实信用给予必要的配合和协助。

合同实务中还需要注意,依法须经批准生效或登记备案的合同,即使合同已经批准生效或登记备案,并不表示合同必然有效。《合同通则司法解释》第13条规定,合同存在无效或者可撤销的情形,当事人以该合同已在有关行政管理部门办理备案、已经批准机关批准等为由主张合同有效的,人民法院不予支持。

2. 附条件、附期限生效

《民法典》允许合同当事人就合同生效约定附条件和附期限。合同约定附生效条件的,自条件成就时合同生效;合同约定附生效期限的,自期限届至时合同生效。①

需要注意,这里所说的条件和期限不同于通常意义上的条件和期限概念。《民法典》中的合同行为是民事法律行为,因此,需要从民事法律行为层面理解条件和期限。这里的条件和期限属于法律事实的范畴。

条件,是指当事人以将来客观上不确定的事实,作为决定法律行为效力的附款。这里的条件是以将来客观上不确定的事实为内容的附款,是决定法律行为效

---

① 参见《民法典》第158条、第160条。

力的附款。例如,高考前夕,甲对乙说,"如果你今年考上重点大学,我将送你一台笔记本电脑"。这是关于赠送笔记本电脑的附条件赠与合同,甲是否将赠送乙笔记本电脑,取决于乙能否考上重点大学。在甲约定赠送乙笔记本电脑附条件时,高考尚未开始,乙能否考上重点大学不得而知,可能考上,也可能考不上。如果乙考上重点大学,那么,该赠与合同生效,甲应当依约赠送乙一台笔记本电脑;反之,如果乙没有考上重点大学,那么,该赠与合同将不发生效力。

在合同实务中,当事人约定附生效条件的情况时常发生,而且,有些合同必须附生效条件,如场外交易的国有企业股权并购合同,需要国有资产监管机构或授权机构审批,那么,该合同附加经监管机构批准的生效条件。

《民法典》第159条规定,对于附条件的合同,如果当事人为自己的利益不正当地阻止条件成就的,视为条件已成就;反之,当事人不正当地促成条件成就的,视为条件不成就。

实践中需要注意,合同所附条件不可能发生的,若当事人约定为合同生效条件的,认定该合同不发生效力;如当事人约定为解除条件的,认定未附条件,合同是否失效,将依照《民法典》和相关法律、行政法规的规定认定。[①]

期限,是指当事人以将来客观确定到来的事实,作为决定法律行为效力的附款。期限是法律行为的附款,是以将来确定事实的到来为内容的附款。与条件不同的是,期限以未来确定的事实到来为内容。例如,高考已经结束,乙考上××大学,甲对乙说,"你去××大学上学时,我送你一台笔记本电脑"。甲在约定赠与合同时,乙考上××大学,是已经确定的事实,乙去××大学上学还需要一段时间。

在合同实务中,合同所附期限可以是具体时间点,如×××年××月××日,也可以是一段时间,如三个月等。

3. 追认生效

追认生效合同即有权人对效力待定合同进行承认或追认后的合同。原《合同法》规定需要承认或追认生效的合同主要有三类,即主体为限制民事行为能力、没有代理权或超越代理权、无处分权的人处分他人财产等所订立的合同。《民法典》取消了无处分权的人处分他人财产的合同效力待定的制度,因此,在《民法典》法

---

① 参见《民法典总则司法解释》第24条。

律制度下合同追认、承认生效主要包括两种情况①：

第一类须追认生效合同是限制民事行为能力人订立的合同，经法定代理人追认后，该合同有效；反之，未经法定代理人追认，该合同不生效。这里的限制民事行为能力人是指未成年人、智力有障碍的人和患有精神病的人三类人。但这三类人所签订的纯获利益的合同，如没有任何附加条件的受赠与合同，或者与其年龄、智力、精神健康状况相适应而订立的合同，均不需要经法定代理人追认。须追认生效的合同的相对人可以催告法定代理人在30日内予以追认。法定代理人未作表示的，视为拒绝追认。合同被追认之前，善意相对人有权撤销合同，撤销合同的应当通知对方。

第二类须追认生效合同是行为人没有代理权、超越代理权或者代理权终止后以被代理人名义订立的合同，须经被代理人追认，该合同才对被代理人发生效力；未经被代理人追认，对被代理人不发生效力，由行为人承担责任。在经济合同实践中，该类无权代理的情况时有发生，对于被代理人来说，是否追认该合同，应作出明确表态，不能采取观望模糊态度。如有的被代理人，对合同效果拿不定主意，采取观望态度，一方面不明确表示是否追认合同，另一方面又履行合同一些义务或接受相对人履行的义务。对于这种情况，按照《民法典》的规定，视为被代理人追认合同。②

(四)合同效力特殊情形

前文关于合同生效的内容主要是法律规定情形，在合同实务中，因订立合同时交易客观条件所限或当事人对合同交易的特殊安排，对合同生效做出不同的设置，通常包括合同内容分段生效、合同整体不生效但部分条款生效、合同整体生效但部分条款不生效。

1. 合同内容分段生效

实践中，有的合同内容包含多个阶段，虽然不同阶段的内容具有关联性，但下一阶段内容的执行除取决于上一阶段内容执行结果外，还取决于本合同之外的因素，存在因合同之外的因素导致合同下一阶段内容无法执行的，在这种情况下，合

---

① 参见《民法典》第145条、第171条。
② 参见《民法典》第503条。

同后一阶段内容不需要生效,因此,可设置合同内容分段生效。合同内容分段生效不同于合同内容分段履行,合同内容分段履行的前提是合同整体内容生效,只是分不同时间阶段履行。两者区别如图7-5所示。

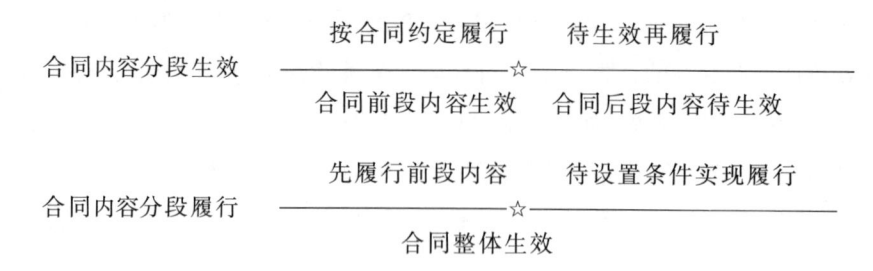

```
                        按合同约定履行      待生效再履行
合同内容分段生效  ─────────────☆─────────────
                       合同前段内容生效    合同后段内容待生效

                       先履行前段内容      待设置条件实现履行
合同内容分段履行  ─────────────☆─────────────
                              合同整体生效
```

图7-5 合同内容分段生效与分段履行示意

例如,甲公司准备建设大型高新技术工业生产项目,需要从专利商乙公司那里通过许可方式引进某成套工艺技术。在项目可行性研究阶段,甲公司需要乙公司提供涉及该项工艺的技术咨询,为保持工作的延续性,甲公司与乙公司签订工艺技术许可协议。在项目可行性研究阶段,乙公司向甲公司提供技术咨询,在项目获得批准后,乙公司再向甲公司许可工艺技术并提交工艺设计文件包。项目获得批准是执行工艺技术许可的前提条件,而项目是否获得批准并不是合同当事人所能决定的,因此,甲公司在签合同时,需要对合同中技术咨询和技术许可的内容设置分阶段生效条件,其中,技术咨询部分可于合同签订时生效,而技术许可部分则于项目获得批准,届时由甲公司通知乙公司生效。

合同内容分段生效的价值在于一方面避免当事人因履行合同而遭受损失,另一方面也可避免当事人双方因关闭合同而带来的麻烦。

例如,C公司为建设大型高新技术工厂项目,与专利商G公司签订技术许可协议,约定在项目可行性研究阶段,由G公司向C公司提供工艺技术信息用于项目可研输入条件,同时向C公司许可实施该工艺技术。合同自双方签字盖章之日起生效。合同同时约定G公司提交工艺设计文件包时,C公司支付G公司技术许可费的85%。合同生效后,G公司几个月内完成工艺设计文件包,并提交给C公司,C公司按照合同约定支付技术许可费。

但项目可研后,C公司上级决策机构一直未决定批准项目建设。因该技术许可费金额大,对C公司来说,实际上存在利息损失。

就该案例来说,合同可以约定分段生效,其中前期技术咨询内容可先行生效,

G公司提供技术咨询和技术输入，C公司支付相应报酬；对于技术许可部分则暂不生效，待上级决策机构决定投资建设该项目时，再启动合同生效。

2.合同部分生效

在商事合同实务中，当事人为某项合作业务开展前期工作，特别是在该合作业务包含众多内容的情况下，一方面当事人需要共同开展前期工作，另一方面又不确定最终是否合作，当事人既需要对开展前期合作事项做出安排，也需要对未来如果合作做出安排。在这种情况下，双方可以就整个合作事项安排约定完整的合同，为避免对双方束缚，可约定合同不生效或不具约束力，但合同中某些内容或条款生效或具有约束力。这是通常所指合同整体不生效，但合同部分内容生效，或合同部分条款生效情形。[1]

例如，合同双方当事人为开展设立合资企业并建设运营合资项目而进行可行性研究，为此签订合作协议，对未来合资企业以及合资项目可行性研究各项活动做出安排，包括开展项目可行性研究工作、合资谈判、期间发生费用和承担以及争议解决等内容，双方约定该合作协议不对双方发生约束力，但合作协议中的费用承担、保密责任、争议解决等内容对双方发生约束力。

本书认为，部分生效合同，除生效部分对当事人约束外，该合同价值通常体现在如下几个方面：

一是促进合同双方以严肃态度对待拟议合作业务。虽然只是合同部分生效，但合同安排、约定、谈判等过程是按照完整合同内容进行的，这有助于当事人从一开始就以认真的态度对待合作业务和合同。

二是有助于避免合同纠纷。双方认为需要约束对方或双方的事项可约定生效，但对于一方或双方签订合同时尚不能决定或判断未来合作的，可暂时不约定生效或具有约束力。双方签订合同时就应有这种思想准备，避免日后产生纠纷。

三是促进当事人诚信。对于这类合同，通常有个较长的过渡期，并且在过渡期间双方围绕拟议合作业务共同或分别开展工作，或者说履行一些义务，由于合同整体并不生效，也就是说对双方没有法律约束力，但要推进合同安排的各个事项，很大程度上基于当事人的诚信，如果这个阶段合作好，说明双方下个阶段实质

---

[1] 原《合同法》第57条规定，合同无效、被撤销或者终止的，不影响合同中独立存在的有关解决争议方法的条款的效力。《民法典》第507条规定，合同不生效、无效、被撤销或者终止的，不影响合同中有关解决争议方法的条款的效力。

上合作的诚信基础就好;反之,如果某一方或双方以合同不发生法律效力而怠于开展业务,那么对方或双方将会重新评估后续是否继续合作。

四是促进合作。在对双方没有约束力的情况下,当事人更能客观评价后续合作,同时,一旦双方决定继续合作,可在现有合同基础上开展后期合同安排。

(五)合同法定无效情形

《民法典》结合原《合同法》和司法实践,调整了原《合同法》关于合同法定无效情形的规定,按照《民法典》及相关法律规定,合同法定无效主要有如下情形。

一是无民事行为能力人订立的合同无效。这与《民法典》第143条关于有效民事法律行为第一个要件,行为人具有相应的民事行为能力相对应。无民事行为能力的人包括不满8周岁的未成年人、不能辨认自己行为的成年人、不能辨认自己行为的8周岁以上未成年人。[①]

二是虚假意思表示合同无效。《民法典》第146条规定,行为人与相对人以虚假的意思表示实施的民事法律行为无效。这是与《民法典》第143条关于有效民事法律行为第二个要件,意思表示真实相对应。如《民法典》第737条进一步规定,当事人以虚构租赁物方式订立的融资租赁合同无效。

但当事人以虚假的意思表示所隐藏的民事法律行为并不当然无效,而应依照有关法律规定处理。[②] 一般依据规范该行为的法规再次判断,如果没有违背法律效力性强制性规定,可认定该合同有效,反之,该合同无效。如《施工合同司法解释(一)》第2条,关于施工合同中的"阴阳"合同,只解释法院支持当事人按照"阳"合同权利义务执行的请求,并未明确"阴"合同无效。

三是当事人恶意串通损害他人合法权益的合同无效。《民法典》第154条规定,行为人与相对人恶意串通,损害他人合法权益的民事法律行为无效。《民法典》与原《合同法》和原《民法通则》相比,取消了对恶意串通损害国家、集体利益合同效力规范,主要基于两个方面原因:其一,《民法典》强调合同仅对当事人具有法律约束力,[③]除法律另有规定外,合同效力不及于第三方。其二,合同当事人恶

[①] 参见《民法典》第20条、第21条、第144条。
[②] 参见《民法典》第146条第2款。
[③] 《民法典》第465条第2款规定,依法成立的合同,仅对当事人具有法律约束力,但是法律另有规定的除外。

意串通损害国家、集体利益的行为,将由其他法律处理,《民法典》第534条规定,对当事人利用合同实施危害国家利益、社会公共利益行为的,市场监督管理和其他有关行政主管部门依照法律、行政法规的规定负责监督处理。如当事人恶意串通签订合同骗取国家出口退税行为,将由国家税务主管部门依法处理,构成犯罪的,按照刑事法律处理。但若当事人恶意串通损害第三人合法权益,如代理人与相对人恶意串通签订合同损害委托人合法利益,因这个合同是委托人与相对人之间的合同,如果法律不认定为无效合同,委托人将按照合同履约,其合法权益将遭受损害。

四是构成滥用民事权利的合同无效。滥用民事权利,是指行为人以损害国家利益、社会公共利益、他人合法权益为主要目的行使民事权利的行为。《民法典》第132条规定,民事主体不得滥用民事权利损害国家利益、社会公共利益或者他人合法权益。《民法典总则司法解释》第3条第3款规定,构成滥用民事权利的,不发生相应的法律效力。

五是违反法律、行政法规的强制性规定的合同无效。《民法典》第153条进一步规定,该强制性规定不导致该民事法律行为无效的除外。法律的强制性规定包括管理性强制性规定和效力性强制性规定。合同违反法律、行政法规管理性强制性规定并不导致合同无效,例如,不动产抵押合同需要在登记机构进行登记,但不登记并不导致抵押合同无效,但会影响抵押权的设立;法律规定超过6个月租期的房屋租赁合同应当采用书面形式,但如当事人违反该规定,并不导致租赁合同的无效。

实践中,如何区分法律、行政法规的强制性规定属于"管理性强制性规定"还是属于"效力性强制性规定"。一般应掌握如下内容:

凡法律、行政法规明确规定违反其强制性规定的行为无效的,该规定为"效力性强制性规定",如《民法典》第850条规定,非法垄断技术或者侵害他人技术成果的技术合同无效;第1007条规定,禁止以任何形式买卖人体细胞、人体组织、人体器官、遗体,违反该规定的买卖行为无效。

按照《民商事审判工作会议纪要》(法〔2019〕254号)第30条所给尺度掌握:强制性规定涉及金融安全、市场秩序、国家宏观政策等公序良俗的;交易标的禁止买卖的,如禁止人体器官、毒品、枪支等买卖;违反特许经营规定的,如场外配资合同;交易方式严重违法的,如违反招投标等竞争性缔约方式订立的合同;交易场所违法的,如在批准的交易场所之外进行期货交易;这些强制性规定构成"效力性强制性规定",违反这些规定的合同为无效合同。

2023年12月5日开始施行的《合同通则司法解释》考虑实践中有的强制性规定的性质难以区分,以及有的合同虽然违反强制性规定,但其效力需要综合其他因素分析判断,因此,回避了"效力性强制规定"和"管理性强制规范"的概念,但并未否定法理上继续使用和研究这个区分标准。该司法解释还从三个方面进一步对合同违反强制性规定的效力问题做出解释。

其一,该司法解释第18条规定,法律、行政法规的规定虽然有"应当""必须"或者"不得"等表述,但是该规定旨在限制或者赋予民事权利,行为人违反该规定将构成无权处分、无权代理、越权代表等,或者导致合同相对人、第三人因此获得撤销权、解除权等民事权利的,人民法院应当依据法律、行政法规规定的关于违反该规定的民事法律后果认定合同效力。据此规定,合同违反这些强制性规定的,并不当然导致合同无效。

其二,法律、行政法规的强制性规定旨在规制合同订立后的履行行为,除非合同履行必然导致违反强制性规定或者法律、司法解释另有规定,违反该强制性规定不导致合同无效。

其三,司法解释以列举方式明确违反强制性规定不导致合同无效的五种情形:强制性规定虽然旨在维护社会公共秩序,但是合同的实际履行对社会公共秩序造成的影响显著轻微,认定合同无效将导致案件处理结果有失公平公正;强制性规定旨在维护政府的税收、土地出让金等国家利益或者其他民事主体的合法利益而非合同当事人的民事权益,认定合同有效不会影响合同目的的实现;强制性规定旨在要求当事人一方加强风险控制、内部管理等,对方无能力或者无义务审查合同是否违反强制性规定,认定合同无效将使其承担不利后果;当事人一方虽然在订立合同时违反强制性规定,但是在合同订立后其已经具备补正违反强制性规定的条件却违背诚信原则不予补正;法律、司法解释规定的其他情形。因此,在实务中,需要对法律、行政法规强制性规定内容和合同业务综合把握。

六是违背公序良俗的合同无效。合同违背公序良俗包括合同行为违背公共秩序和善良风俗。因此,违背国家安全、社会公共秩序的合同无效;违背社会善良风俗的合同无效,如民间借款合同,贷款人明知借款人借款用于赌博,那么,该借款合同因违背公序良俗而无效。

《合同通则司法解释》在审视合同违背公序良俗方面突出社会主义核心价值观导向,同时考虑"量"和"质"的区分。司法解释第 17 条第 1 款列明违背公序良俗的三大类合同无效情形:其一,合同影响国家安全,包括政治安全、经济安全、军事安全等;其二,合同违背社会公共秩序,包括影响社会稳定、公平竞争秩序或者损害社会公共利益等;其三,合同违背善良风俗,包括背离社会公德、家庭伦理或者有损人格尊严等。同时,司法解释在判定合同是否违背公序良俗标准时强调以社会主义核心价值观为导向,综合考虑当事人的主观动机和交易目的、政府部门的监管强度、一定期限内当事人从事类似交易的频次、行为的社会后果等因素;对于合同当事人确因生活需要进行交易,未给社会公共秩序造成重大影响,且不影响国家安全,也不违背善良风俗的,不以合同违背公序良俗而导致认定合同无效。

(六)合同法定可撤销情形

可撤销合同,是指当事人订立合同时因存在法定事由,当事人可以通过行使撤销权而使合同关系归于消灭的合同。

虽然可撤销合同被撤销后,该合同自始没有法律约束力,这点与无效合同相同,[1]但可撤销合同与无效合同仍有本质不同,可撤销合同可因撤销权人不行使撤销权或撤销权超过除斥期消灭而不影响合同本来效力。

1. 可撤销合同的法定事由

《民法典》制度下,法定可撤销合同主要有存在欺诈、胁迫、重大误解和显失公平的合同。[2] 在原《合同法》制度下,这些法定事由可引起合同被撤销或变更,另外,其在所规定的可撤销合同法定事由中把欺诈、胁迫、乘人之危归为一类,把重大误解、显失公平列为另外两类。相比之下,《民法典》更为准确和更有针对性。

(1) 遭受欺诈的合同可撤销

民法制度下的欺诈,是指一方当事人或相关第三人故意告知虚假情况,或者负有告知义务的一方当事人或相关第三人故意隐瞒真实情况,致使当事人基于错误认识作出意思表示。

《民法典》规定的可撤销的欺诈合同强调两个方面:一是存在欺诈行为;二是

---

[1] 《民法典》第 155 条规定,无效的或者被撤销的民事法律行为自始没有法律约束力。
[2] 参见《民法典》第 147 条、第 148 条、第 149 条、第 150 条、第 151 条,《民法典总则司法解释》(法释〔2022〕6 号)第 19 条、第 20 条、第 21 条、第 22 条、第 23 条。

受欺诈方在订立合同时因遭受欺诈而违背真实意思表示。如设备买卖合同,出卖人故意夸大设备质量和性能,或者故意隐瞒设备隐蔽缺陷或潜在缺陷,导致买受人以为是高性能设备或没有缺陷的合格设备而与出卖人订立买卖合同。

此外,《民法典》把第三人对受欺诈方的欺诈行为也纳入可撤销合同的法定事由中,第三人欺诈构成撤销合同事由限于三方面要素:一是第三人实施欺诈行为;二是受欺诈方在订立合同时因遭受第三人欺诈而违背真实意思表示;三是合同相对人知道或者应当知道该第三人的欺诈行为。

(2)遭受胁迫的合同可撤销

民法制度下的胁迫,是指以给自然人及其近亲属等的人身权利、财产权利以及其他合法权益造成损害或者以给法人、非法人组织的名誉、荣誉、财产权益等造成损害为要挟,迫使其基于恐惧心理作出意思表示。

遭受胁迫而订立合同的当事人在订立合同时并非享受法律赋予的缔约自由的权利,因而赋予遭受胁迫一方当事人合同撤销权。

《民法典》对受胁迫订立的合同可撤销的规定并不限于合同相对人,对于第三人以胁迫手段使受胁迫方在违背真实意思的情况下与相对方订立的合同,同样赋予受胁迫方合同撤销权。

需要注意,和欺诈合同相比,在第三人胁迫下订立合同的受胁迫方行使合同撤销权,并不要求合同相对人知道或应当知道第三人的胁迫行为。

(3)显失公平的合同可撤销

《民法典》第151条规定,一方利用对方处于危困状态、缺乏判断能力等情形,致使民事法律行为成立时显失公平的,受损害方有权请求人民法院或者仲裁机构予以撤销。

原《合同法》规定订立合同时显失公平的,当事人可行使合同撤销权或合同变更权,但未规定导致合同显失公平的原因。《民法典》考虑了现实中一些特殊情形,如当事人因急需用钱,主动低价出卖房屋,与当时市场行情相比,该房屋买卖合同存在显失公平情形,但一方面买受人是善意的,另一方面出卖人低价出卖房屋是自主行为,在这种情况下,应保护买卖合同行为。

因此,《民法典》赋予当事人对显失公平合同撤销权,并设置相应前置条件,即一方当事人利用对方处于危困状态即乘人之危或利用对方缺乏判断能力等情形,致使对方订立合同时显失公平的,赋予受损害方合同撤销权。

(4)重大误解的合同可撤销

重大误解,是指行为人对行为的性质、对方当事人或者标的物的品种、质量、规格、价格、数量等产生错误认识,按照通常理解如果不发生该错误认识行为人就不会作出相应意思表示。另外,《民法典总则司法解释》将第三人错误转达当事人意思表示的行为也纳入重大误解范畴。

当事人基于重大误解订立的合同,可行使合同撤销权。但因重大误解所赋予当事人合同撤销权和前面三类合同撤销权有所不同,欺诈、胁迫或乘人之危导致的显失公平等事由都是合同相对人或相关第三人主观故意所致,而重大误解主要是撤销权人自己认识上的问题,因此,当事人主张因重大误解行使合同撤销权的,需要证明自己在订立合同时存在重大误解;另外,如果根据交易习惯等情形认定不构成当事人重大误解的,当事人不享有合同撤销权。

2. 撤销权行使与除斥期

撤销权行使方式。当事人享有合同撤销权的,并不能自行撤销合同,而应通过诉讼或仲裁请求人民法院或仲裁机构经过审理予以撤销合同关系。被撤销的合同自始没有法律约束力。换言之,虽然合同具有法定可撤销事由,但如果撤销权人不行使撤销权或在人民法院或仲裁机构作出生效撤销合同裁判之前,该可撤销事由并不影响合同的法律效力。

撤销权除斥期间。除斥期是指法律规定特定民事实体权利存在的期间。撤销权除斥期也称撤销权时效或撤销权有效期,即拥有合同撤销权的当事人应当在有效期限内行使撤销权,在除斥期内没有行使撤销权的,该撤销权消灭。

合同撤销权属于民事权利中的形成权,即指依据权利人单方意思表示就能使民事权利发生、变更和消灭的权利。法律赋予当事人因特定事由而享有撤销权是对权利人的保护,但这种权利保护应有一定时间限制,否则,对合同相对人来说也不公平。因此,法律对合同撤销权的保护设定相应除斥期限。

按照《民法典》规定,合同撤销权除斥期包括两种情况:

一是当事人知道或应当知道撤销事由的情况,四类可撤销合同的撤销权除斥期如下:

原则上,当事人自知道或者应当知道撤销事由之日起 1 年;但重大误解的当事人自知道或者应当知道撤销事由之日起 90 日;受胁迫合同撤销权除斥期自胁迫行为终止之日起 1 年;当事人知道撤销事由后明确表示或者以自己的行为表明放弃撤销权,自作出放弃撤销权意思表示之日除斥期届满。

二是在没有上述第一种情况下,自合同成立之日起5年。

需要注意,合同撤销权除斥期不同于诉讼时效,除斥期不适用中止、中断以及延长等法律规定,上述合同撤销权除斥期是绝对期限,一旦除斥期届满,撤销权自动消灭。因此,在实践中,如果发生可撤销合同,当事人应在前述规定期限内向人民法院或仲裁机构提出申请。

(七)合同未生效与合同无效区别

未生效合同是因法定事由或当事人约定尚未发生效力的合同。实务中,人们容易把未生效合同与无效合同混同,认为合同尚未生效,因而对当事人没有约束力。这种认知是不妥的,未生效合同不同于无效合同。

无效合同自始没有法律约束力。而未生效合同已具备合同的有效要件,对双方具有一定的拘束力。任何一方不得擅自撤回、解除、变更合同,但因欠缺法律、行政法规规定或当事人约定的特别生效条件,在该生效条件成就前,不能产生请求对方履行合同主要权利义务的法律效力,但合同中约定生效前应当履行权利义务的,具有相应法律效力,当事人应当按约履行。如《民法典》第502条规定,依照法律、行政法规的规定,合同应当办理批准等手续的,依照其规定。未办理批准等手续影响合同生效的,不影响合同中履行报批等义务条款以及相关条款的效力。应当办理申请批准等手续的当事人未履行义务的,对方可以请求其承担违反该义务的责任。

因此,在实务中,对于尚未生效合同的当事人来说,一方面应履行合同中约定的前置义务,促使合同依法依约生效,否则,将构成违约;另一方面要基于诚实信用原则,忠实合同约定,不擅自撤回、解除或变更合同约定。

六、明显不合理价格

实践中,合同债务人为躲避合同债务,采取向第三人低价转让财产或高价受让财产等方式以实现自身财产不足以偿付合同相对人债务;另外,市场主体为了躲避债务,采取低价转让财产或高价受让财产等方式与一方当事人订立财产转让合同。这种低价转让和高价受让财产行为,如超出一定幅度,可能会被依法撤销。

原《合同法》第74条规定,债务人以明显不合理的低价转让财产,对债权人造成损害,并且受让人知道该情形的,债权人也可以请求人民法院撤销债务人的行为。《民法典》第539条也明确规定,债务人以明显不合理的低价转让财产、以明显不合理的高价受让他人财产或者为他人的债务提供担保,影响债权人的债权实现,债务人的相对人知道或者应当知道该情形的,债权人可以请求人民法院撤销债务人的行为。

如何掌握明显不合理低价或明显不合理高价的标准,在原《合同法》和《民法典》中都没有具体规定。但在原《合同法》施行期间,最高人民法院在原《合同法司法解释(二)》中作出规定,转让价格达不到交易时交易地的指导价或者市场交易价70%的,一般可以视为明显不合理的低价;对转让价格高于当地指导价或者市场交易价30%的,一般可以视为明显不合理的高价。《民法典》实施后,相关司法解释删除了不合理价格具体规定,但最高人民法院2021年4月6日发布的《贯彻实施民法典工作会议纪要》(法〔2021〕94号)对此做出规定,该纪要第9条就此规定,"转让价格达不到交易时交易地的指导价或者市场交易价百分之七十的,一般可以视为明显不合理的低价;对转让价格高于当地指导价或者市场交易价百分之三十的,一般可以视为明显不合理的高价"。

2023年12月5日施行的《合同通则司法解释》对明显不合理价格从三个层面做出规定:一是按照交易当地一般经营者的判断,并参考交易时交易地的市场交易价或者物价部门指导价来认定;二是承续前述原《合同法司法解释(二)》关于低于70%或高于30%作为认定不合理价格一般认定标准;三是对债务人与相对人存在亲属关系、关联关系的交易做出例外规定,即债务人与相对人存在亲属关系(主要指自然人之间)、关联关系(主要指法人或非法人组织之间)交易的,在认定交易不合理价格时不受70%和30%一般标准限制,只要该交易存在恶意影响债权人的债权实现,债权人可依据《民法典》第539条规定请求人民法院撤销该合同行为。

另外,《合同通则司法解释》第43条对《民法典》第539条进一步扩充,债务人以明显不合理的价格,实施互易财产、以物抵债、出租或者承租财产、知识产权许可使用等行为,影响债权人的债权实现,债务人的相对人知道或者应当知道该情形,债权人也享有相应撤销权。

在实务中,如合同相对方为躲避债务而采取向第三方以达不到当时当地指导价或市价70%的价格转让财产或高于当时当地指导价或市价30%的价格受让财产的,并且影响合同债权人的债权实现,合同债权人可通过向人民法院申请撤销该不合理价格交易行为,以保全自己的合同权益。同样道理,如合同相对方向本方以达不到当时当地指导价或市价70%的价格转让财产或高于当时当地指导价或市价30%的价格受让财产,这时就需要了解对方行为目的,以避免该财产转让行为因合同相对方的债权人向人民法院申请而被撤销,一旦这种撤销行为发生,相应财产和信用难免受到损失。

七、合同严守原则

(一)概述

传统民法学理论基于当事人意思自治和缔约自由原则,形成了合同严守原则,并一直被奉为民法关于契约的基石性原则。合同严守原则,是指依法成立的合同,对当事人具有法律约束力,当事人应当按照约定履行自己的义务,不得擅自变更或者解除合同,违背合同约定将承担违约责任。通俗地讲,就是当事人一旦缔结合同,就应当按照合同约定履行,否则就要承担违约责任。

合同是民事主体当事人之间设立、变更、终止民事权利义务关系的协议,是民事活动中重要且广泛的民事行为。因此,1999年颁布的原《合同法》规定合同主体之间的地位平等、当事人意思自治和缔约自由以及权利义务公平等,并作为法律原则予以规范,这些原则和规定经过合同实践和民事诉讼司法实践,在2020年颁布的《民法典》中进一步规范为民事行为的基本原则。

合同严守原则是基于合同当事人地位平等原则、意思自治原则、权利义务公平原则和诚实信用原则的要求。法律一方面规定当事人享有平等地位、按照自己意愿决定缔约或不缔约、合同权利义务公平等;另一方面,从人与人交往的社会层面要求当事人遵循诚实信用原则,在这两个层面法律原则和规范下,要求合同当事人严格遵守合同约定。

原《合同法》规定了上述原则,《民法典》把合同原则放到民事行为原则要求中,规定了主体平等原则,即民事主体在民事活动中的法律地位一律平等;意思自治原则,即民事主体从事民事活动,应当遵循自愿原则,按照自己的意思设立、变更、终止民事法律关系;权利义务公平原则,即民事主体从事民事活动,应当遵循公平原则,合理确定各方的权利和义务;诚实信用原则,即民事主体从事民事活动,应当遵循诚信原则,秉持诚实,恪守承诺。①

合同应遵循上述民事原则,合同当事人应当按照约定全面履行自己的义务,如果当事人不履行合同义务或者履行合同义务不符合约定,需要承担继续履行、采取补救措施或者赔偿损失等违约责任。

(二)合同严守原则内涵

上文分析了合同严守原则立法本意。就合同而言,严守原则包含以下内涵:

一是合同意思自治。合同当事人基于主体法律地位平等,当事人按照自己意愿订立合同,但在双务合同中,当事人之间权利义务是相互的,一方合同权利往往是对方合同义务,因此,这种意思自治是基于合同权利义务公平,②合同约定和履行基于诚实信用。

二是合同受法律保护。《民法典》第465条规定,依法成立的合同,受法律保护。这体现两层含义:其一,依法成立的合同受法律保护,当事人之外的第三人不得干预。其二,当事人的合同权利受法律保护,也就是说,对方当事人必须按约履行合同义务。

三是合同全面履行。合同严守原则最直观的表现是合同当事人全面履行合同义务。《民法典》第509条规定,当事人应当按照约定全面履行自己的义务。这要求当事人在订立合同前要本着诚实信用的原则和态度向对方当事人承诺合同义务,订立合同后要严格履行合同义务。

四是不得擅自变更解除合同。合同一经成立,任何一方当事人不得擅自变更或解除合同。《民法典》第136条规定,行为人非依法律规定或者未经对方同意,不得擅自变更或者解除民事法律行为。

五是承担违约责任。当事人没有履行合同义务或者履行合同义务不符合合同约定的,需要承担相应违约责任。依《民法典》规定,违约方应当承担继续履行、采取补救措施或者赔偿损失等违约责任。

合同实务中,当事人在合同缔结阶段,特别是一方通过招标、询价等方式选择合同相对方,合同相对方为能够获得合同业务,作出一些自己不可承担的承诺,如

---

① 参见《民法典》第4条、第5条、第6条、第7条。
② 某些单务合同,如赠与合同,合同的权利和义务并非相互对应。

前些年建设工程领域,投标人为获得招标工程业务,采取不合理低价投标,一旦中标签订合同,执行合同过程又困难重重,纠纷不断。但按照合同严守原则,这种情况一般得不到法律支持。

(三)合同严守原则例外

合同严守原则的前提是合同合法有效,无效合同不受法律保护,也谈不上严格履行问题。既然有效合同必须严格履行,那么,在实践中发生一些特殊情形怎么办,法律顾及这方面因素,规定了合同严守例外情形,即法律赋予当事人未全面履行合同义务免责、变更合同、撤销合同等权利。按照现行法律规定,主要包括以下几种例外情形:

1. 不可抗力

《民法典》第180条规定,因不可抗力不能履行民事义务的,不承担民事责任。法律另有规定的,依照其规定。不可抗力是不能预见、不能避免且不能克服的客观情况。

合同实务中需要注意两点:

一是只有不可抗力造成不能履行合同才部分或全部免除不履约责任。不能履行合同,包括不能按照合同约定时间履行,如迟延履行合同,也包括根本性不能履行,如合同标的为特定物,不可抗力造成特定标的物损毁的,当事人无法履行合同交付标的物的义务。另外,在不可抗力影响下免责,也非全部免责,这要根据不可抗力对履行影响的情况而定,部分影响履行的,部分免责;全部影响履行的,全部免责。

二是只有在合同约定的履约期间发生不可抗力影响,才给予免责。如果受不可抗力影响一方因自身原因延期履行合同义务,在迟延期间发生不可抗力的,不免除该方违约责任。

2. 法定合同撤销权

可撤销合同是合同严守原则的一个例外情形,在前面可撤销合同中已详细介绍了法定可撤销事由和合同撤销权,这里不再赘述。

但法定可撤销合同并不是合同严守原则的当然例外情形,在实践中需要注意以下几点:一是可撤销合同基于当事人行使撤销权由人民法院或仲裁机构予以撤销的,该合同归于无效,并溯及合同自始没有法律约束力,但在合同被撤销之前,该合同仍然有效,除在民事诉讼或仲裁期间有特别规定或当事人有约定外,当事人仍应严格遵守合同约定;二是撤销权除斥期届满后,当事人撤销权消灭,当事人仍应严格遵循合同严守原则;三是撤销权除斥期届满前,权利人明确表示或者以自己的行为表明放弃撤销权,该撤销权消灭,当事人仍应严格遵循合同严守原则。

3. 情事变更

《民法典》和相关司法解释建立了情事变更制度,在合同履行期间,当发生情事变更情形时,允许当事人重新协商合同权利义务以及请求法院或仲裁机构变更或解除合同,从而免除或部分免除合同义务和责任。

后文专门述及情事变更制度,这里暂不赘述。

4. 法定合同解除权

合同解除是指合同依法成立后履行完毕前,当事人一方或双方基于法定或约定事由而使合同关系归于消灭。合同解除的法律效果是合同关系消灭,《民法典》第566条规定,合同解除后,尚未履行的,终止履行。因此,当事人行使合同解除权也是合同严守原则一个例外情形。

合同解除可因当事人协商解除,也可由一方当事人依据合同约定事由而解除,还可因法律规定特定事由解除。本书认为当事人协商解除合同是当事人达成的新合意,不应归入合同严守原则的例外情形中,合同约定解除事由因合同不同而异,此处不作赘述。此处主要述及法定合同解除权。

(1) 法定合同解除权

按照《民法典》第563条规定,赋予合同当事人合同解除权的五种情形为:一是因不可抗力致使不能实现合同目的;二是在履行期限届满前,当事人一方明确表示或者以自己的行为表明不履行主要债务;三是当事人一方迟延履行主要债务,经催告后在合理期限内仍未履行;四是当事人一方迟延履行债务或者有其他违约行为致使不能实现合同目的;五是法律规定的其他情形。这是前面几种情形之外的兜底条款。

另外,《民法典》赋予当事人对不定期合同的解除权。以持续履行的债务为内容的不定期合同,当事人可以随时解除合同,但是应当在合理期限之前通知对方。

(2) 合同解除权除斥期

合同解除权属于形成权,因此,合同解除权有相应除斥期限制,在除斥期届满前没有行使的,解除权归于消灭。按照《民法典》第564条规定,合同解除权除斥期可包括以下四种情形:一是当事人约定解除权行使期限;二是法律规定解除权行使期限;三是法律没有规定或者当事人没有约定解除权行使期限,自解除权人知道或者应当知道解除事由之日起一年;四是法律没有规定或者当事人没有约定解除权行使期限,经对方催告后的合理期限。

前面三种情形比较清楚,第四种情形所称"合理期限"依合同性质而掌握,如《商品房买卖合同司法解释》规定,法律没有规定或者当事人没有约定,经对方当事人催告后,解除权行使的合理期限为3个月。也就是说,商品房买卖合同享有合同解除权的当事人经对方催告后,3个月不行使合同解除权的,该权利消灭。

还需要注意,合同解除权除斥期不适用中止、中断、延期等法律规定。

5. 合同履行抗辩权

抗辩权是针对请求权的一种对抗权。合同履行抗辩权是拒绝合同相对方请求权的一种权利。简言之,合同一方当事人有拒绝履行合同义务的权利。合同履行抗辩发生在双务合同中。

《民法典》沿用原《合同法》关于合同履行抗辩权制度的规定,包括同时履行抗辩权、先履行抗辩权和不安抗辩权。

(1) 同时履行抗辩权

同时履行抗辩权,是指双务合同没有先后履行顺序而应同时履行的,一方当事人在对方未为对待给付之前,有拒绝对方相应履行请求的权利。

《民法典》第525条规定,当事人互负债务,没有先后履行顺序的,应当同时履行。一方在对方履行之前有权拒绝其履行请求。一方在对方履行债务不符合约定时,有权拒绝其相应的履行请求。

实务中,合同同时履行多存在于"民间"的"一手交钱一手交货"交易中,如在菜市场买菜,在商场超市购买商品等,除约定期限送货外,大多是"交钱取货"即时结清型。在商业交易中也存在合同同时履行情况,如当事人相互之间缺乏信任,约定卖方发货,买方同步支付货款;在担保与反担保等合同中也存在同时履行情况。

在理解同时履行抗辩时,要把握好两个方面:一是同时履行的互负债务为合同主要债务,如买卖合同的标的物和货款。《合同通则司法解释》规定当事人互负债务,一方以对方没有履行非主要债务为由拒绝履行自己的主要债务的,人民法院不予支持。实务中,存在一方不履行非主要债务导致另一方不能实现合同目的情况,如出卖人交付了复杂的成套设备,但没有交付设备安装调试手册,买受人无法安装该成套设备;另外,合同约定一方先履行非主要债务,相对方再履行主要债务,如买卖合同约定买受人收到出卖人提交的发票和付款申请文件后付款等。《合同通则司法解释》考虑了现实情况,对前述规定作了例外安排,第31条但书规定,对方不履行非主要债务致使不能实现合同目的或者当事人另有约定的除外。据此规定,如果不履行非主要债务致使不能实现合同目的或合同约定一方履行主要债务需要相对方履行非主要债务的,该非主要债务可构成当事人抗辩履行主债务的理由。二是对"同时"的理解,在合同实务中,不应把"同时"理解成同一时间点,应根据合同性质和合同中相互债务履行特点以及交易习惯去理解,对于有些合同可理解为存在合理时间差的"同步"履行。

本书认为,合同当事人在行使同时履行抗辩权时要从两个方面考虑:一是促进合同履行。虽然法律赋予当事人同时履行抗辩权,但如果双方都行使这项权利,合同将无法得到履行,当事人也将无法实现合同目标。当事人应基于诚实信用原则促使合同得以履行,如货物买卖合同,出卖人为履行交货义务积极备货,买受人为履行付款义务而筹备资金,双方在主观上和行动上都有履行合同意愿,在这种情况下,任何一方都不应当轻易行使抗辩权,而应积极履行各自义务。二是风险管控。当一方当事人在主观上和客观上都怠于履行合同主要义务时,如易货合同,一方当事人既不备货,也不为交货做准备,这种情况下,应考虑该方不履约或不适当履约的可能性。

(2)先履行抗辩权

先履行抗辩权,是指有先后履行顺序的双务合同,应当先履行债务一方未履行或履行债务不符合约定的,后履行一方有拒绝其相应履行债务请求的权利。

《民法典》第526条规定,当事人互负债务,有先后履行顺序,应当先履行债务一方未履行的,后履行一方有权拒绝其履行请求。先履行一方履行债务不符合约定的,后履行一方有权拒绝其相应的履行请求。

先履行抗辩权比较容易理解,其也是合同实务中最常见的现象,此处不过多赘述。

需要注意,行使先履行抗辩权要适当,即后履行一方拒绝对方履行债务的请求要有相应性或对应性,如先履行一方没有履行主要债务,后履行一方可拒绝履行自己的债务,但若先履行一方履行部分债务,或者履行债务中有部分符合合同约定、部分不符合合同约定,除该情形仍造成后履行一方不能实现合同目的的,后履行一方应当向对方相应履行部分债务。先履行抗辩权主要基于先履行的主债务,但若未先履行非主要债务导致相对方不能实现合同目的,或者合同约定一方履行主要债务需要相对方履行非主要债务的,根据上述《合同通则司法解释》第31条规定的原则,该非主要债务可构成当事人抗辩履行主债务的理由。

(3)不安抗辩权

前文所述同时履行抗辩权和先履行抗辩权均是在对方不履行或未适当履行合同债务时赋予一方当事人的拒绝对方请求权。但在实践中,如果先履行一方依约履行合同债务,但后履行一方将来无力履行债务,那么,先履行一方履行合同后将遭受损失,有违合同公平原则。为此,法律基于公平原则赋予合同先履行一方不安抗辩权。

①不安抗辩权概述

不安抗辩权,是指互负债务的双务合同应当先履行债务的当事人在后履行当事人将丧失或可能丧失履行债务能力时,可以中止履行债务的权利。

不安抗辩权与前文所述的同时履行抗辩权和先履行抗辩权不尽相同。不安抗辩权是赋予先履行一方采取暂时性保护措施的权利,即暂时中止履行合同债务。不安抗辩权基于后履行当事人丧失或可能丧失履行合同债务能力,并且,由先履行当事人承担举证责任。如果先履行当事人没有确切证据而中止履行债务,将构成合同违约并应承担违约责任。

按照《民法典》规定,应当先履行债务的当事人,有确切证据证明后履行对方有下列情形之一的,可以行使不安抗辩权,即可以中止履行债务:经营状况严重恶化的;转移财产、抽逃资金,以逃避债务的;丧失商业信誉的;有丧失或者可能丧失履行债务能力的其他情形的。

②不安抗辩权行使

应当先履行债务的当事人行使不安抗辩权的前提是后履行当事人丧失或者可能丧失履行本合同债务的能力,因此,在行使不安抗辩权时应有确切证据证明后履行当事人存在前面列出的四类丧失或可能丧失履行债务能力的情形,否则,中止履行债务构成违约。

行使不安抗辩权主要是中止履行债务,也就是暂停履行债务。中止履行债务后,应当及时通知对方。注意,虽然法律并未规定通知所采用的形式,但在实务中,为避免可能的违约,如后履行当事人随后快速恢复履约能力,此间容易造成应当先履行债务的当事人因中止履行债务而违约,因此,最好书面通知对方。

经过中止履行债务并通知对方当事人后,如对方当事人提供适当担保,应当先履行债务的当事人要恢复履行;如对方当事人在合理期限内既未恢复履行债务能力,也不提供适当担保,法律认定后履行当事人以自己行为表明不履行主要债务,即提前构成合同违约。此时,应当先履行债务的当事人可根据法律关于当事人根本性违约的规定处理,即可以解除合同,并要求对方承担违约责任。

在实务中,如果后履行当事人因特殊情况导致一定期间无力履行合同主要债务,对方中止履行后,一方面要积极回应对方,基于诚实信用基本原则,加强与对方沟通,努力改善自身经营状况和履约能力,尽可能向对方提供相应担保;另一方面客观评估自身今后一段时期恢复履约能力的可能性,如确实无法恢复履约能力,也应基于诚实信用原则积极与对方沟通协商一定时期中止履行合同或妥善解除合同。

八、情事变更制度

在合同严守原则下,当事人基于意思自治达成合意后,在合同履行过程中,即使发生缔约时无法预料的重大客观情况导致双方权利义务明显失衡,当事人也应当严格履行合同。但在司法实践中,合同严守造成显失公平的情形不断发生,并不断冲击民法公平原则和诚实信用原则。为解决这个问题,有些国家和国际组织对合同严守原则做了一定的修正,建立情事变更制度。大陆法系中德国民法和法国民法都设有情事变更制度,美国法律虽未明确情事变更制度,但设立合同履行不能制度或合同落空制度,联合国国际统一私法协会制定的《国际商事合同通则》(Unidroit Principles of International Commercial Contracts)则建立艰难情形(Hardship)制度,虽然称谓和规定的条件不尽相同,但总体上都是对合同严守原则的修正,以实现合同当事人之间的实质公平。

(一)情事变更

情事变更,也称情事变迁,按照我国法律规定,情事变更是指合同成立后,发生了合同基础条件重大变化,导致继续履行合同将对一方当事人明显不公平,受不利影响的当事人可以要求与对方重新协商变更合同或解除合同的制度。

原《合同法》在制定过程中曾准备引入该项制度,因当时条件所限,最终这个制度没有在原《合同法》中出现。随着司法实践,到2009年,最高人民法院通过对原《合同法》的司法解释方式确立情事变更制度,规定"合同成立以后客观情况发生了当事人在订立合同时无法预见的、非不可抗力造成的不属于商业风险的重大变化,继续履行合同对于一方当事人明显不公平或者不能实现合同目的,当事人请求人民法院变更或者解除合同的,人民法院应当根据公平原则,并结合案件的实际情况确定是否变更或者解除"①。《民法典》总结司法实践正式吸纳了情事变更制度,其第533条规定,合同成立后,合同的基础条件发生了当事人在订立合同时无法预见的、不属于商业风险的重大变化,继续履行合同对于当事人一方明显不公平的,受不利影响的当事人可以与对方重新协商;在合理期限内协商不成的,当事人可以请求人民法院或者仲裁机构变更或者解除合同。按照《民法典》规定的情事变更制度,需具备以下条件:

一是合同所依赖的基础条件发生重大变化。合同所依赖的基础条件重大变化,体现在如继续履行合同将对于当事人一方明显不公平,即通常的显失公平。这种不公平通常表现在该方当事人的合同目的不能实现,或者为履行合同需要额外付出更大代价等。如在订立合同时当事人可预见的事件发生变化,则不构成情事变更事件。

例如,甲向乙购买某优质学区范围内A栋楼一套二手住宅单元房,目的是甲希望孩子下年度进入X小学。由于地处优质学区范围,该房屋价格比相邻地区同类房屋价格高出很多。合同签订后,当地教育主管部门对学区重新划分调整,A栋楼新入学生源调整到Y小学学区范围,自下个新学年开始实施。按照当地居民评价,X小学教学质量比Y小学高两个档级。就本案例来说,由于甲购买A栋楼房屋的目的是希望孩子下年度能够进入X小学,且合同签订时A栋楼在X小学学区范围内,合同签订后,A栋楼被划出X小学学区范围,应理解为合同所依赖的基础条件发生重大变化。

二是该变化不属于商业风险事件。商业风险事件变化不构成情事变更。需要注意的是,在原《合同法司法解释(二)》中明确规定不可抗力导致的变化不构

---

① 参见原《合同法司法解释(二)》(法释〔2009〕5号)第26条。该司法解释随《民法典》实施而废止,但《民法典时间效力司法解释》(法释〔2020〕15号)规定,民法典施行前的法律事实引起的民事纠纷案件,仍可适用当时法律和司法解释。

成情事变更事件,但在《民法典》规定的情事变更条款中,未就不可抗力事件是否构成情事变更问题作出明确规定,但《民法典》对不可抗力规定了相应的免责和救济制度,可理解为不可抗力制度与情事变更制度交叉并行,另外,在立法和司法上总体对情事变更持谨慎态度,因此,《民法典》未就不可抗力事件是否构成情事变更事件作出明确规定,应可理解为将此交付仲裁机构或法院综合判断,《民法典》第533条第2款规定,人民法院或者仲裁机构应当结合案件的实际情况,根据公平原则变更或者解除合同。关于商业风险事件,这个问题在一般理论或概念层面比较容易理解,但纳入合同情事变更制度时,实践把握还是比较困难的,例如,合同履行期间价格异常波动属于商业风险还是构成情事变更的基础条件重大变化问题等。最高人民法院在《合同通则司法解释》中对此做相应解释[①]:因政策调整或者市场供求关系异常变动等原因导致价格发生当事人在订立合同时无法预见的、不属于商业风险的涨跌,继续履行合同对于当事人一方明显不公平的,构成情事变更重大变化事件;但是,合同涉及市场属性活跃、长期以来价格波动较大的大宗商品以及股票、期货等风险投资型金融产品的价格涨跌波动属于商业风险,不构成情事变更事件。

三是情事变更事件发生时间限制。构成情事变更的事件须是合同签订后发生的事件,同时,该事件是在合同应该履行完成前发生,另外,这种事件是当事人在签订合同时无法预见的事件。

其具体体现在:其一,当事人在签订合同时无法预见的事件,如可预见事件,则不构成情事变更,如在前述学区房买卖合同案例中,假设订立合同前,当地教育主管部门或媒体已经讨论将调整学区划分,甲在签订房屋买卖合同时应预见到可能的变化,将不构成情事变更;其二,事件变化发生在合同成立后;其三,事件变化发生在合同应履行完毕前,如合同履行完后发生事件变化,不构成情事变更,另外,由于受事件变化影响一方的责任导致合同履行延误,事件变化发生在合同延误期间的,原则上也不构成情事变更。

(二)情事变更效果

设立情事变更制度的目的在于适度修正合同严守原则,对遭受情势变化不利

[①] 参见《合同通则司法解释》(法释〔2023〕13号)第32条。

影响一方当事人给予相应补救措施,以实现实质上的公平。因此,当发生情事变更时,法律赋予遭受不利影响的一方两项权利:一是要求与合同相对方重新协商的权利;二是合同双方在合理期限内协商不成的,可以请求人民法院或者仲裁机构变更或者解除合同。

情事变更制度赋予受不利影响的一方要求与对方重新协商合同的权利,包括合同履行条件如交付延期、变更交付方式、变更交付物等,以及合同对价调整如调高或调低合同价款等,甚至协商中止或终止履行合同等。在实践中,根据情事变更所带来的不利后果而论。

在实践中,存在双方协商不能的情况,在这种情况下,受不利影响的一方可向仲裁机构或人民法院请求变更或解除合同。《民法典》并没有明示规定变更合同和解除合同的顺序,《合同通则司法解释》基于合同严守原则和情事变更制度赋予当事人重新协商以实现交易公平的权利,对此作出进一步解释:当事人请求变更合同的,人民法院不得解除合同;当事人一方请求变更合同,对方请求解除合同的,或者当事人一方请求解除合同,对方请求变更合同的,人民法院应当结合案件的实际情况,根据公平原则判决变更或者解除合同。

需要特别注意,如向仲裁机构或人民法院请求变更合同,申请方要提出具体合同变更方案及相应理由。实践中,有的当事人提出合同变更请求时,并没有具体变更方案,而是请仲裁机构或人民法院"主持公道",这种情况下,尤其是仲裁机构很难处理,也很难支持申请方。

情事变更制度赋予受不利影响的一方救济权利,这种权利需要当事人及时行使,由受不利影响的一方主动提出,而不是当事人当然可以不履行合同义务。因此,遭受情事变更不利影响的一方应及时向对方提出协商变更合同,以避免己方不按合同履行导致违约问题。

(三)情事变更应用

情事变更主要针对签订合同时无法预见的条件变化,合同约定某些条件变化将变更合同的,属于合同约定内容,不构成情事变更。因此,在实务中要把握好情事变更制度,避免两种情况发生:一是遭受情事变更事件不利影响,不知道行使情事变更救济权,失去救济机会;二是把非情事变更事件误解为情事变更事件,与对方纠缠协商变更合同,没有及时履行合同义务,造成己方违约。因此,对情事变更的把握十分重要。另外,在实务中还要注意,情事变更制度是国家法律基于维护民商事合同公平原则而设立的对继续合同显著失衡的救济制度,因此,该项制度不因当事人约定而被排除适用。《合同通则司法解释》第32条第4款规定,当事人事先约定排除《民法典》第533条适用的,人民法院应当认定该约定无效。

1. 国内合同情事变更适用

在《民法典》实施之前,司法实践对情事变更采取谨慎适用原则,各地方法院掌握情事变更尺度也不尽一致,但最高人民法院多适用从严掌握原则。按照《民法典时间效力司法解释》(法释〔2020〕15号)规定,虽然《民法典》自2021年1月1日起施行,并且原《合同法》以及《民法典》第1260条规定的其他法律一并废止,但《民法典》施行前的法律事实引起的民事纠纷案件,仍适用当时的法律、司法解释的规定,因此,在《民法典》施行的背景下,要想了解法院和仲裁机构如何掌握情事变更尺度,仍需要观察司法实践。

(1) 不可抗力是否构成情事变更

实务中,一般都有不可抗力条款。那么,不可抗力事件是否构成情事变更,需要根据具体情况而定。不可抗力,是指不能预见、不能避免且不能克服的客观情况。[①] 在民法体系中设立不可抗力制度,主要是针对遭受不可抗力影响一方不履约的免责救济,也是对合同严守原则的一种救济。不可抗力与情事变更有重叠之处,都是不能预见、不能避免且不能克服的情况变化,并对合同履行造成影响,但也有不同之处,在《民法典》施行之前,按照原《合同法司法解释(二)》关于情事变更的规定,明确排除了不可抗力事件构成情事变更,但《民法典》对情事变更规定并未完全排除不可抗力构成情事变更,在实践中主要把握不可抗力事件是否符合情事变更条件,如符合情事变更条件,两者竞合,应构成情事变更。

最高人民法院2020年5月15日印发的《涉新冠疫情民事案件指导意见(二)》(法发〔2020〕17号)指出,疫情或者疫情防控措施导致当事人不能按照约定的期限履行买卖合同或者履行成本增加,如买卖合同能够继续履行,但疫情或者疫情防控措施导致人工、原材料、物流等履约成本显著增加,或者导致产品大幅降价,继续履行合同对一方当事人明显不公平,受不利影响的当事人请求调整价款的,人民法院应当结合案件的实际情况,根据公平原则调整价款。据此精神,不可

---

① 参见《民法典》第184条第2款。

抗力新冠疫情事件又可按情事变更对待。

本书认为,实践中,遇到不可抗力事件影响,一般按不履行免责掌握,当然,这种不履行免责主要针对不可抗力影响期间不履行,不可抗力对合同履行影响因素消灭后,仍应履行合同,但如果不可抗力事件导致一方或双方当事人的合同目的不能实现,可以解除合同。① 但不可抗力事件导致继续履行合同将对当事人一方明显不公平的,可按情事变更掌握。

(2)市场价格大幅涨跌是否构成情事变更

价格波动是市场经济机制下的常见现象,因此,市场价格变化通常被认为是商业风险。情事变更制度排除了商业风险因素,因此,一般市场价格波动不构成情事变更,属于合同当事人应当承担的商业风险,即商业风险自担原则。但如果在短期内或特定期间内市场价格发生大幅波动,譬如大幅涨价或大幅降价,是否构成情事变更事件,从司法实践看,还是从严把握,一般仍按商业风险对待,不按情事变更对待。如市场行情变化导致价格大幅变动,如房地产价格波动、钢材等大宗材料价格波动、宏观经济调整引起价格波动等,在《民法典》施行前的司法实践中一般按商业风险对待。《民法典》施行后,最高人民法院根据《民法典》情事变更制度原则并总结司法实践,在《合同通则司法解释》中对此作进一步解释,当事人在订立合同时无法预见、不属于商业风险的,履行合同对当事人一方明显不公平,认定为情事变更事件;但合同涉及市场属性活跃、长期以来价格波动较大的大宗商品以及股票、期货等风险投资型金融产品的价格异常波动不构成情事变更。

(3)国家政策变化是否构成情事变更

合同实务中,国家政策变化或政府规划调整可能给合同履行带来一些影响,那么,这种情况是否构成情事变更,也要区分情况而论,在司法审判谨慎掌握情事变更的情况下,要掌握两个原则:一是国家政策变化或者政府规划调整,属于当事人在订立合同时无法预见的情形;二是这些变化改变合同的基础条件并导致显失公平的结果。这两个条件应同时具备才构成情事变更。《合同通则司法解释》对此作出明示规定,第 32 条第 1 款将政策调整列为导致情事变更事件的一个因素。

---

① 《民法典》第 563 条规定,因不可抗力致使不能实现合同目的,当事人可以解除合同。原《合同法》第 94 条也有相同规定。

2. 涉外合同情事变更适用

随着经济全球化不断深入,特别是我国持续对外开放,涉外合同以及境外投资贸易业务也日益增加,在实务中情事变更的情形也时有发生,特别是在中方企业遭受不利影响的情况下,或者对方以情事变更寻求救济,要把握好情事变更救济制度。

首先,了解合同适用的法律是否存有情事变更制度。当然,合同适用的法律并不是合同当事人某一方所能确定的,可参考本书关于涉外民事关系法律适用章节,这里不再赘述。当然,各国法律体系下的情事变更制度不尽相同,如英国法律为合同落空制度(Frustration of contract)、美国法律为履行不能制度(Defense of impracticability),法国、德国法律体系下情事变更制度也不尽相同。因此,在涉外合同适用情事变更时主要看合同所适用的实体法的规定。如果合同所适用的法律没有相应情事变更制度,受不利影响一方可援引国际统一私法协会的《国际商事合同通则》中艰难情形(Hardship)制度以获得救济。

其次,当遭受情事变更事件影响时,要及时主动提起请求,一方面避免因己方未按合同约定履行而构成违约;另一方面法院或仲裁机构一般不会主动适用情事变更制度,如不及时主动提起,容易丧失该项救济权利。在实践中,一般应先向合同对方寻求协商变更合同内容,如变更合同履行条件、调整履行期限、调整合同价款等,如情事变更导致合同履行不能,可寻求解除或终止合同。在合理时间内,对方拒绝协商或双方协商不成的,及时向法院或仲裁机构提起申请。

九、违约与违约责任

基于合同严守原则,当事人应当严格遵守合同约定,履行义务,否则,除法定或约定免责外,应当承担违约责任。

(一)违约与预期违约

1. 违约

违约是指当事人不履行合同义务或者履行合同义务不符合合同约定的违反合同义务的行为。除预期违约外,违约行为指当事人违背合同约定的到期债务,包括两种形态:一是不履行合同到期债务;二是所履行的到期债务不符合合同约定。

在合同纠纷仲裁或诉讼实践中,经常出现当事人强调自己没有履行合同义务是因对方过错或己方没有过错,因而不需要承担违约责任的情况。这涉及违约行为的过错责任制度,我国合同违约行为采用严格责任制度,即以违约结果为基础,并不以违约方主观过错为基础,但基于公平原则,法律赋予当事人免责情形,如前面所述合同严守的例外情形,因而,我国法律关于合同违约行为采用的是过错推定原则,即只要不能证明对方当事人对违约行为负有过错责任,即推定违约方对违约行为负有过错责任。这与侵权责任的过错原则不同。

2. 预期违约

当事人在履行期限届满前不履行或没有适当履行合同义务构成合同违约,但如果当事人在履行期限届满前明确不履行合同义务,如果仍要求对方按约履行合同义务,则有失公平,为此,除合同严守原则例外情形救济外,原《合同法》和《民法典》均规定了预期违约。《民法典》第578条规定,当事人一方明确表示或者以自己的行为表明不履行合同义务的,对方可以在履行期限届满前请求其承担违约责任。

预期违约与违约相比,其结果相同,即违约方均要承担违约责任,但两者构成存在不同之处:一是违约是当事人违反到期债务履行义务,而预期违约所对应的债务尚未到期;二是违约行为是已发生的客观结果,而预期违约则是当事人的意思表示,即以明确表示或以行为表明自己将不履行合同义务;三是违约包括当事人不履行合同义务和履行合同义务不符合合同要求,而预期违约仅是当事人明确将来不履行合同义务。

(二)履行僵局

虽然法律赋予守约方当事人要求违约方当事人继续履行合同义务的权利,但实践中,有些非金钱债务无法继续履行或者不适合继续履行,如果一方坚持要求继续履行义务,另一方(违约方)又无法继续履行义务,形成僵局,对双方都不利。

原《合同法》将这种僵局情形规定为继续履约的除外情形,但并未明确不继续履行如何处置的问题。《民法典》对履约僵局作出进一步规定,当事人可以申请法院或仲裁机构终止合同关系,学理上称为司法终止。

《民法典》第580条规定,以下三类非金钱债务情形将构成履行僵局:一是法律上或者事实上不能履行;二是债务的标的不适于强制履行或者履行费用过高;

三是债权人在合理期限内未请求履行。

当发生上述履行僵局情形,致使合同目的不能实现的,当事人可以请求人民法院或仲裁机构终止合同关系。守约方或违约方当事人均可向法院或仲裁机构请求终止合同关系。实践中,违约方为避免扩大违约责任,通常由违约方提起请求。因此,学理上认为这实质上是违约方解约。不管由哪一方提起请求终止合同关系,立法本意是要打破履行僵局。

特别注意,对于履约僵局情形,不管是违约方还是守约方提起请求并最终由人民法院或仲裁机构终止该合同权利义务关系的,都不影响违约方应承担的违约责任。

(三) 违约责任

1. 违约责任概述

违约责任,是指当事人违反合同约定义务所应承担的责任。《民法典》第577条规定,当事人一方不履行合同义务或者履行合同义务不符合约定的,应当承担继续履行、采取补救措施或者赔偿损失等违约责任。

按照法律规定,我国合同违约责任主要包括继续履行、采取补救措施、赔偿损失以及支付违约金。

继续履行,主要针对违约方没有履行到期债务而要求其继续履行该债务,当然,如符合《民法典》第580条规定的三类情形,构成履行僵局,当事人可以请求法院或仲裁机构终止合同权利义务关系。违约造成对方损失的,仍应赔偿损失;合同约定违约金的,应按照约定支付违约金。

采取补救措施,主要针对所履行义务不符合合同约定,违约方应当采取修理、重作、更换、退货等措施。违约造成对方损失的,仍应赔偿损失;合同约定违约金的,应按照约定支付违约金。

赔偿损失,主要针对因违约行为对守约方造成的损失进行赔偿,该损失包括客观发生的实际损失和预期利益间接损失。

违约金,当事人在合同中约定一方违约时应当根据违约情况向对方支付一定数额的金钱,或约定因违约产生的损失赔偿额的计算方法。

需要注意:实务中,对于合同一方当事人违约是由第三方导致的,如设备买卖合同的出卖人因用于制造设备特殊材料供应商迟延供应材料导致设备制造延误,进而造成设备迟延交货违约,按照合同相对性原则,出卖人应当对买受人承担迟延交货违约责任。《民法典》第593条规定,当事人一方因第三人的原因造成违约的,应当依法向对方承担违约责任。当事人一方和第三人之间的纠纷,依照法律规定或者按照约定处理。

2. 损失赔偿与损失界定

我国合同法律制度关于违约损失赔偿包括直接损失和间接损失的赔偿,按照原《合同法》及其司法解释的规定,法律支持间接损失赔偿之请求。原《合同法》规定,损失赔偿额应当相当于因违约所造成的损失,包括合同履行后可以获得的利益。《民法典》延续原《合同法》关于合同违约损失赔偿原则,第584条规定,"……损失赔偿额应当相当于因违约所造成的损失,包括合同履行后可以获得的利益;但是,不得超过违约一方订立合同时预见到或者应当预见到的因违约可能造成的损失"。该规定实质上支持直接损失和间接损失赔偿问题。综合其他条款规定,《民法典》关于合同违约损失赔偿把握以下几个方面[①]:

一是法律明确合同当事人违约造成对方损失的,应当赔偿对方因此遭受的损失。

二是法律明确支持间接损失赔偿——可得利益损失赔偿,但对间接损失额度有相应限制,即"不得超过违约一方订立合同时预见到或者应当预见到的因违约可能造成的损失"。间接损失限额问题在实践中比较难把握,不过法律对有些情形给予指导性规定,如当事人违反买卖合同支付义务的,参照中国人民银行规定的金融机构计收逾期贷款利息的标准计算,即在贷款利息基础上加计30%~50%;对于违反非金钱给付义务,如商品房迟延交付,参照同地段同类房屋租金标准的130%作为损失上限,[②]等等。前面只是部分法律列举的可得利益指导性规定,但不同类型合同的可得利益不尽相同,违约损失界定也不尽相同。为此,《合同通则司法解释》对可得利益进一步作原则规定,归纳起来包括五个方法[③]:首先,作为一般原则,按履约所能获得利润作为可得利益,即按照合同得以履行,非违约方所得收入扣除其为订立、履行合同支出的费用等合理成本后,能够获得的生产

[①] 参见《民法典》第583条、第584条、第591条、第592条、第593条;《买卖合同司法解释》(法释〔2020〕17号)第23条。

[②] 参见《商品房买卖合同司法解释》(法释〔2020〕17号)第12条、第13条。

[③] 参见《合同通则司法解释》(法释〔2023〕13号)第60条、第61条、第62条。

利润、经营利润或者转售利润等计算,即履行本合同所能获得的利润。司法解释没有明示该利润是毛利润还是净利润,基于合同违约赔偿的填平原则,本书认为按净利润掌握更为合理①。其次,替代交易补偿,适用于非违约方依法行使合同解除权并实施了替代交易情形,按替代交易价格与合同价格的差额确定可得利益。但若替代交易价格明显偏离替代交易发生时当地的市场价格的,按照市场价格与合同价格的差额确定可得利益。司法解释但书规定的目的在于促使非违约方基于诚实信用原则实施替代交易,防止非违约方滥用违约救济权。再次,市场价格差异补偿,适用于非违约方依法行使合同解除权但是未实施替代交易的情形,按照违约行为发生后合理期间内合同履行地的市场价格与合同价格的差额确定可得利益。又次,持续性定期合同可得利益,主要适用持续履行债务为内容的定期合同,一方不履行支付价款、租金等金钱债务,对方请求解除合同的情形。分两种情况确定可得利益:其一,合同剩余履行期限少于寻找替代交易的合理期限的,按合同解除后剩余履行期限相应的价款、租金等扣除履约成本确定可得利益;其二,可替代交易,综合合同主体、交易类型、市场价格变化、剩余履行期限等因素确定非违约方寻找替代交易的合理期限,按照该期限对应的价款、租金等扣除非违约方应当支付的相应履约成本确定可得利益。最后,前四个方法都不能确定可得利益情况下,综合考虑违约方因违约获得的利益、违约方的过错程度、其他违约情节等因素,遵循公平原则和诚信原则确定。需要注意的是,虽然司法解释没有明示前面第二个方法和第三个方法的优先性,但依据《民法典》第591条关于非违约方防止损失扩大的要求,本书认为非违约方应积极实施合理替代交易,避免损失扩大。前面五个方法所认定可得利益仍应受《民法典》关于不超过违约一方订立合同时预见到或者应当预见到的因违约可能造成损失的限制。《合同通则司法解释》第63条对可预见性作了指引性规定,根据当事人订立合同的目的,综合考虑合同主体、合同内容、交易类型、交易习惯、磋商过程等因素,按照与违约方处于相同或者类似情况的民事主体在订立合同时预见到或者应当预见到的损失予以确定。

三是当事人一方违约后,对方应当采取适当措施防止损失的扩大;没有采取

---

① 毛利润中的应纳所得税应依法缴纳给国家,不应视为非违约方的可得利益。在实务操作中,需要注意合同业务利润与企业利润存有不同,前者是后者组成部分,但两者并非总是同向,如企业某项合同业务经营所得盈利,但企业整体经营亏损等。在计算违约合同预期利润时应综合考虑多种影响因素。

适当措施致使损失扩大的,不得就扩大的损失要求赔偿。采取防止损失扩大措施所花费的费用,由违约方承担。当事人在实践中需要特别注意这一规定。为避免损失进一步扩大,当事人应当采取适当措施予以预防,不能任由损失不断发生。当然,所发生的费用应当由违约方承担。

四是当事人都违反合同的,应当各自承担相应的责任;当事人一方违约造成对方损失,对方对损失的发生也有过错,违约方主张扣减相应的损失赔偿额的,应从损失赔偿额中扣减。需要注意的是,对于买卖合同违约纠纷诉诸法律,如果违约方主张对方对违约损失的发生也有过错,因此违约损失赔偿额需要相应扣减的,违约方应当主动向法庭或仲裁庭明确提出主张并举证,否则,法庭或仲裁庭不主动审理并认定扣减额。

五是合同当事人一方因对方违约而获有利益,违约方主张从损失赔偿额中扣除该部分利益的,应当从损失赔偿额中扣减。这同前面第4项类似,实务中,违约方应当主动向法庭或仲裁庭明确提出主张并举证,否则,法庭或仲裁庭不主动审理并认定扣减额。

3.违约金与违约金调整

(1)**违约金的双重属性**

违约金一般由合同当事人约定,我国法律规定合同违约金具有惩罚性和补偿性的双重性质。《民法典》第585条规定,当事人可以约定一方违约时应当根据违约情况向对方支付一定数额的违约金,也可以约定因违约产生的损失赔偿额的计算方法。

违约金的惩罚性在于只要当事人违反合同主要义务,即使对方并未因此而遭受损失或所遭受损失小于约定违约金,违约方仍应向对方支付违约金,这是对违约行为的惩罚;此外,当违约造成对方损失时,违约金还具有赔偿功能,即如违约金足以赔偿损失时,违约方不需承担既支付违约金又赔偿损失的责任。但法律规定某领域存在惩罚性赔偿的除外,《民法典》第1185条规定,故意侵害他人知识产权,情节严重的,被侵权人有权请求相应的惩罚性赔偿。这个规定虽然是民事侵权责任,但如果在技术合同中一方当事人故意侵犯对方知识产权,这既是侵权行为,也是违反合同关于知识产权保护约定的违约行为。另外,在商品买卖合同中,如卖方存在欺诈等行为,也适用惩罚性赔偿责任。

（2）违约金调整

违约金具有惩罚性和补偿性双重性质，关于违约金低于因违约所造成的损失或高于所造成的损失是否可以调整的问题，《民法典》给出肯定答案，第585条第2款规定，约定的违约金低于造成的损失的，人民法院或者仲裁机构可以根据当事人的请求予以增加；约定的违约金过分高于造成的损失的，人民法院或者仲裁机构可以根据当事人的请求予以适当减少。

违约金调整注意以下几个方面：

一是违约金的基础。违约金的调整需要基于违约行为所造成的损失，包括实际发生的直接损失和预期间接损失。如金钱给付违约所造成的损失，除特殊情况外，一般以同期同类贷款利息作为损失的数额，现行法律以全国银行间同业拆借中心公布的一年期贷款市场报价利率（LPR）标准为基础，加计30%～50%作为逾期付款损失。实践中，有些企业由于未按时收到合同付款而又急需资金，贷款利率可能高于LPR加计30%～50%利率，这种情况下，可以实际借款合同利息作为逾期付款遭受损失的数额。[①] 约定的违约金低于造成的损失的，可以请求予以增加；约定的违约金过分高于造成的损失的，可以请求适当减少。法律规定违约金调整的目的在于公平解决违约问题，但若当事人恶意违约，其性质和负面影响与一般违约不同，为此，《合同通则司法解释》进一步规定，恶意违约的当事人一方请求减少违约金的，一般不予支持。

二是违约金调整机制。约定违约金调整由当事人申请，人民法院或仲裁机构根据当事人请求予以增加或适当减少。一般来说，认为违约金低于造成的损失的，由遭受损失方提出调整请求，对于逾期支付以外的违约损失，需承担相应举证责任，以证明约定违约金低于所遭受的损失；认为约定的违约金过分高于造成的损失的，一般由违约方提出调整请求，在实务中，也存在受损失方在提起诉讼或仲裁申请时考虑裁判支持因素而主动提出调整请求。如何界定约定违约金过分高于造成的损失呢？原《合同法司法解释（二）》第29条规定，约定的违约金超过造成损失的30%的，可以认定为过分高于造成的损失。2023年12月5日施行的《合同通则司法解释》第65条继承前述30%指导性标准。

---

① 该借款合同应当依法有效，且借款合同约定利率不得超过合同成立时一年期贷款市场报价利率（LPR）四倍，否则，构成高利贷，法律不予支持。

特别注意:在诉讼或仲裁实务中,违约方更多主张和论述己方不应当承担违约责任,不需要向对方支付违约金,担心主动请求调整违约金会被认为承认存在违约行为。本书认为,违约方确实违约并不具备免责事由的,这种做法不可取。现实中很多合同约定的违约金都比较高,尤其是逾期付款违约金,一般约定每天2‰,有的为每天1‰,前者换算成年利率为73%,后者则高达365%,远高于目前的LPR,如果逾期付款金额大、逾期时间长,计算出的违约金金额还是很大的。虽然法律规定合同约定的违约金过高可以适当调整,若当事人不提出违约金调整请求,法院和仲裁机构一般不主动调整违约金。

(四)预约合同违约与违约责任

预约合同是相对于本约合同而言的。原《买卖合同司法解释》(法释〔2012〕7号)第2条规定:"当事人签订认购书、订购书、预订书、意向书、备忘录等预约合同,约定在将来一定期限内订立买卖合同,一方不履行订立买卖合同的义务,对方请求其承担预约合同违约责任或者要求解除预约合同并主张损害赔偿的,人民法院应予支持。"这在法律上正式确认在买卖交易中预约合同的存在以及预约合同违约责任。《民法典》在合同编中规定了预约合同及其相应的违约责任,第495条规定,当事人约定在将来一定期限内订立合同的认购书、订购书、预订书等,构成预约合同。《民法典》扩展了预约合同适用范围,不再限于买卖合同领域。

据此,预约合同,是指当事人通过签订认购书、订购书、预订书等方式,约定将来一定期限内订立合同的约定。预约合同表现形式主要为认购书、订购书、预订书或交纳定金等。预约合同的核心内容是当事人约定将来一定期限内订立本约合同。为此,《合同通则司法解释》第6条从两个方面进一步规定:当事人通过签订意向书或者备忘录等方式,仅表达交易的意向,未约定在将来一定期限内订立合同,或者虽然有约定但难以确定将来所要订立合同的主体、标的等内容,不认定预约合同成立;当事人订立的认购书、订购书、预订书等已就合同标的、数量、价款或者报酬等主要内容达成合意,符合合同成立一般条件,未明确约定在将来一定期限内另行订立合同,或者虽有约定另行订立合同但一方已实施履行行为且对方接受的,认定本约合同成立。预约合同具有法律效力并对当事人具有法律约束力,主要效力在于当事人按照约定的期限签订本约合同,当事人的主要权利是要求对方按照约定订立本约合同,其主要义务是按照约定订立本约合同。

相应地,预约合同违约主要表现是当事人未按照预约合同约定订立本约合同。

在商品房买卖实践中,预约合同案例比较多,通常为商品房认购书认购协议、订购协议或预订协议等形式。不过,如商品房的认购协议、订购协议或预订协议具备商品房买卖合同的主要内容,并且出卖人已经按照约定收受购房款,该协议将被认定为商品房买卖合同。① 如当事人违约,则承担本约合同违约责任。

当事人未按照预约合同约定订立买卖合同,应当承担相应的责任。《民法典》第495条第2款规定,当事人一方不履行预约合同约定的订立合同义务的,对方可以请求其承担预约合同的违约责任。但《民法典》没有进一步规定违反预约合同应承担哪些违约责任,并且在法理上关于预约合同违约责任的争论也较多,分歧也大,在司法实践中不同案件所掌握的尺度也不尽相同。

合同违约责任包括继续履行、采取补救措施或者赔偿损失以及违约金等。由于预约合同属性不适用本约合同违约强制执行,2023年12月25日实施的《合同通则司法解释》第8条仅规定,一方违反预约合同不履行订立本约合同义务,对方可以请求赔偿因此而遭受的损失。但立法对损失赔偿范围持谨慎态度并做出模糊化处理。即"当事人有约定的,按照约定;没有约定的,人民法院应当综合考虑预约合同在内容上的完备程度以及订立本约合同的条件的成就程度等因素酌定"。

本书认为,预约合同违约赔偿责任与本约合同违约赔偿责任不同,这是预约合同与本约合同不同属性决定的,除预约合同另有约定外,对于预约合同违约赔偿,人民法院除应综合考虑司法解释所设定的预约合同在内容上的完备程度以及订立本约合同的条件的成就程度等因素外,还应适当考虑当事人订立预约合同时基于诚实信用原则的主观因素。

十、涉外合同法律适用

随着改革开放不断深化,市场经济主体涉外投资、金融、技术、物贸、服贸等经贸活动日益增加,涉外合同在类型和数量上都在逐年增多。与国内的合同不同,涉外合同还涉及法律适用问题。由于各国法律制度不同,同一合同在不同法律制

---

① 参见《商品房买卖合同司法解释》第5条。

度下的效力、解释、违约责任后果等往往不同,因此,适用法律的确定是涉外合同的一项重要内容。在涉外合同实务中,要重视合同适用法律条款。

从我国法律角度看,涉外合同适用法律因合同类型等因素不同,可分为法定适用、选择适用和推定适用。

(一)法定适用中国法律

对于有些合同,我国法律强制性规定适用中国法律。虽然涉外合同的当事人可以选择处理合同争议所适用的法律,但法律另有规定的除外。我国法律规定涉外合同适用我国法律的主要有两类:

第一类是我国法律对涉外合同适用法律有强制性规定的,直接适用该强制性规定。[①] 据此规定结合相关司法解释,下列合同在我国领域内履行的,适用中华人民共和国法律[②]:

(1)中外合资经营企业合同;

(2)中外合作经营企业合同;

(3)中外合作勘探、开发自然资源合同;

(4)中华人民共和国法律、行政法规强制性规定应适用中华人民共和国法律的其他合同。

以上四种情形的合同必须适用我国法律,当事人不得选择适用外国法律,即使当事人在合同中约定选择适用外国法律,该约定内容无效。

第二类是尽管我国法律没有强制性规定适用我国法律,但当事人选择适用某外国法律或当事人没有选择合同适用法律而通过冲突规范指引适用某外国法律将损害我国社会公共利益的,那么,该合同应适用我国法律。[③] 因此,涉外合同实务中,在选择合同适用外国法律时,适用的相关法律应当不损害我国社会公共利益,否则,合同约定无效。

(二)当事人选择适用法律

2020年12月23日修正的《涉外法律适用法司法解释(一)》规定,我国法律

---

① 参见《涉外民事法律适用法》第4条。
② 参见《民法典》第476条第2款,《涉外民事法律适用法》第4条。
③ 参见《涉外民事法律适用法》第5条。

没有明确规定当事人可以选择涉外民事关系适用的法律,当事人选择适用法律的,选择无效。[①] 关于涉外合同当事人能否选择适用法律问题,《涉外民事法律适用法》第41条规定,当事人可以协议选择合同适用的法律。据此,可认为我国法律明确规定合同当事人可以选择合同适用法律。因此,对于涉外合同,除法律明确规定合同适用的法律外,当事人选择合同适用法律是涉外合同的实践惯例,是涉外合同谈判中一项重要内容。

《涉外民事法律适用法》第3条规定,当事人依照法律规定可以明示选择涉外民事关系适用的法律。因此,当事人选择合同适用法律应当以明示的方式,通常是在合同中明确约定合同适用的法律。因此,在涉外合同中,通常应有法律适用条款。需要注意的是,当事人选择合同适用外国法律的,应当选择适用该外国实体法,不能选择外国法律适用法,即通常国际私法中所称的冲突规范。[②] 因此,在涉外合同法律适用条款中,当选择适用某国法律时,通常会加注不再适用其他国家法律或国际公约或条约。

如在法律适用条款中明确排除利用冲突规范适用其他国家法律(例如,It shall exclude the application of any other country's laws in accordance with judicial rules,它应根据司法规则排除任何其他国家法律的适用);明确约定排他性适用某国实体法律(例如,…shall be exclusively interpreted in accordance with and governed by Swedish substantive law,将排他性按照受其管辖的瑞典实体法进行解释);明确排除可能适用的外国法律或国际法(例如,…shall be governed by, and construed in accordance with, the laws of Hong Kong. The Vienna Convention on the International Sales of Goods of 1980 shall not apply,须受香港法律管辖,并按照该等法律解释。1980年《联合国国际货物销售合同公约》不予适用)。

另外,在涉外合同实务中还需要注意,如果当事人未约定合同适用的法律,当合同发生纠纷进入诉讼或仲裁等法律程序时,合同各方当事人援引相同国家的法律且未提出法律适用异议的,多国法律或司法将认定当事人选择了适用的法律。如在我国,人民法院可以认定当事人已经就涉外民事关系适用的法律做出了选择。[③] 如果该合同适用的法律不属于我国法律强制性适用范畴或援引该法律不违

[①] 参见《涉外法律适用法司法解释(一)》第4条。
[②] 《涉外民事法律适用法》第9条规定,涉外民事关系适用的外国法律,不包括该国的法律适用法。
[③] 参见《涉外法律适用法司法解释(一)》(法释〔2020〕18号)第6条第2款。

反我国社会公共利益,那么,法院将采用该援引法律审理合同纠纷。

另外,在选择适用法律时,应当综合多种因素决定,特别是所选择适用的法律与合同关系有特定联系的。我国司法实践中,在合同发生纠纷处于法律解决阶段时,如果一方当事人以双方协议选择的法律与系争的涉外民事关系没有实际联系为由主张选择适用法律约定无效,那么,人民法院不会支持该主张。[①]

(三)推定适用法律

如果涉外合同不属于法律强制性规定适用我国法律,且合同当事人没有选择合同适用的法律或者选择适用法律条款无效,那么,将按照国际私法领域"最密切联系原则"推定适用。我国《涉外民事法律适用法》以及相关司法解释都遵循了这个原则。根据《涉外民事法律适用法》第41条的规定,当事人没有选择的,适用履行义务最能体现该合同特征的一方当事人经常居所地法律或者其他与该合同有最密切联系的法律。

按照我国相关法律和司法解释,根据最密切联系原则确定合同争议应适用的法律时,应根据合同的特殊性质,以及某一方当事人履行的义务最能体现合同的本质特性等因素,确定与合同有最密切联系的国家或者地区的法律作为合同的准据法,即特征性履行原则;同时,也兼顾最密切联系的其他要素,如合同履行地。综合《涉外民事法律适用法》及其司法解释、《民事诉讼法》及其司法解释,以及其他相关法律规定,从我国法律角度看,相关涉外合同应适用的法律按照下列情况掌握:

1. 特征性履行规则

我国法律在依据特征性履行规则援引适用法律方面,更倾向特征性履行方当事人居住地法律,在当事人没有选择合同适用法律情况下,适用履行义务最能体现该合同特征的一方当事人经常居所地法律。

2. 特别规定

除依据特征性履行规则援引适用特征性履行方当事人经常居住地法律外,依据相关法律规定,下列合同按其他连结点援引适用法律。

(1)货物进出口合同,如果对方当事人营业地也位于《联合国国际货物销售

[①] 参见《涉外法律适用法司法解释(一)》(法释〔2020〕18号)第5条。

合同公约》的缔约国,除当事人明确约定排除适用《联合国国际货物销售合同公约》外,合同自动适用该公约的规定。

(2)民用航空器所有权的取得、转让和消灭,适用民用航空器国籍登记国法律。

(3)民用航空器抵押权适用民用航空器国籍登记国法律。

(4)船舶所有权的取得、转让和消灭,适用船旗国法律。

(5)船舶抵押权适用船旗国法律;但船舶在光船租赁以前或者光船租赁期间,设立船舶抵押权的,适用原船舶登记国的法律。

(6)财产租赁合同、融资租赁合同适用租赁物使用地法律。

(7)不动产买卖、租赁或者抵押合同,适用不动产所在地法律。

(8)建设工程合同,适用建设工程所在地法律。

我国建设工程企业走出去的步伐很快,每年在世界各地承揽的建设工程合同很多,由于建设工程合同具有合同金额大、周期长、受影响因素多等特点,建设工程领域的合同纠纷相应更为突出一些,因此,国内工程建设企业走出国门时要多研究当地法律。

(9)船舶运输、航空运输和联合运输合同,可适用运输始发地、目的地或者被告住所地法律。

尽管有上述原则,但如果上述合同明显与另一国家或者地区有更密切联系的,适用该另一国家或者地区的法律。

此外,对于涉外独立保函纠纷法律适用问题,涉外独立保函载明适用法律的,按照保函载明适用的法律,但不得违背《涉外民事法律适用法》相关原则。涉外独立保函未载明适用法律,开立人和受益人在一审法庭辩论终结前亦未就适用法律达成一致的,开立人和受益人之间因涉外独立保函而产生的纠纷适用开立人经常居所地法律;独立保函由金融机构依法登记设立的分支机构开立的,适用分支机构登记地法律;涉外独立保函止付保全程序,适用我国法律。[①]

(四)涉外合同实践注意事项

1.适用实体法

由于涉外民商事合同属于民商活动范畴,所适用法律属于私法范畴。在国际

---

① 参见《独立保函司法解释》第22条。

私法中,适用法律的选择由法律适用法调整。由于涉外合同关系可能导致有关国家的不同法律在效力上的抵触,需要通过国际私法制度调整,即法理上的冲突规范。如果合同适用法律援引某国法律适用法,而合同或合同履行等形成连结点通过冲突规范指引适用的法律将可能变得十分复杂,可能发生合同适用法律的反致(remission)、转致(transmission)或间接反致(indirect remission)。国际私法冲突规范中反致、转致和间接反致所导致适用实体法律如图7-5、图7-6、图7-7所示。

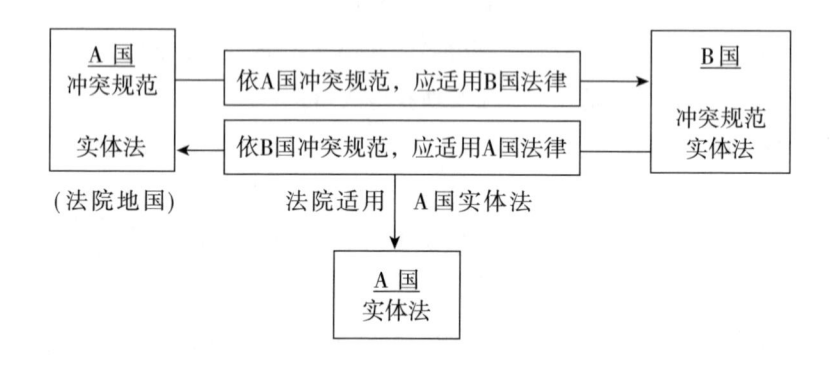

图 7-5 反致示意

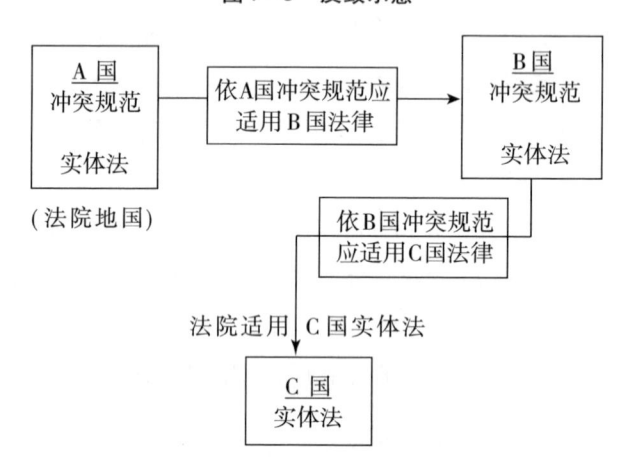

图 7-6 转致示意

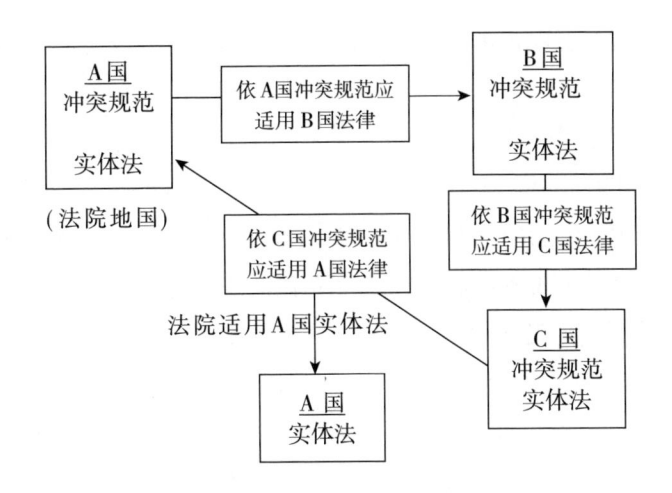

图 7-7 间接转致示意

可见,在涉外合同实务中,当事人选择合同适用法律时,最好明确约定适用某国或某地区实体法。我国《涉外民事法律适用法》明确涉外民事关系适用的外国法律,不包括该国的法律适用法。[①]

例如,中国企业与荷兰企业签订的技术许可协议,合同双方当事人选择合同适用第三国瑞典国家的法律,并明示适用实体法,"本协议及本协议项下各方关系以及第××条提及的争议均排他性地按照瑞典实体法进行解释并受其管辖(This Agreement and the relationship hereunder between the parties and any disputes referred to at Clause ×× shall be exclusively interpreted in accordance with and governed by Swedish substantive law.)"。

由于各国法律适用法的原则不尽相同,特别是各国冲突法在反致和转致制度上持有不同立场。有的国家接受反致制度,也有的国家不接受反致制度。

目前接受反致的国家包括英国、美国、法国、德国、日本、奥地利、瑞士、荷兰、波兰、匈牙利、泰国、芬兰、瑞典、以色列、加拿大、阿根廷、比利时、巴西、卢森堡、挪威、葡萄牙、西班牙、罗马尼亚、委内瑞拉等。但这些国家接受反致的程度有较大的差异,英国和法国等国家只在特定的国际民商事领域承认反致;奥地利、波兰等国家既接受反致也接受转致。[②]

[①] 参见《涉外民事法律适用法》第 9 条。
[②] 参见赵相林主编:《国际私法》,中国政法大学出版社 2005 年版,第 120－123 页。

目前，不接受反致制度的国家主要有秘鲁、希腊、伊拉克、埃及、叙利亚、印度、摩洛哥等。①

另外，在国际公约方面，1986年的《国际货物买卖合同法律适用公约》明确排除反致和转致制度。

我国法律规定不适用反致和转致制度，《涉外民事法律适用法》第9条明确规定，涉外民事关系适用的外国法律，不包括该国的法律适用法。

实践中，为了稳妥起见，可在合同中进一步排除适用法律适用法。

例如，一份涉外合同，合同双方选择适用中国法律，同时，明确排除适用外国法律："合同的效力、理解和实施将受中华人民共和国法律管辖并按此法解释。因本合同或与本合同相关的诉诸仲裁或诉讼的所有争议将受中华人民共和国管辖。排除适用任何依据司法管辖规则确定本合同应适用的其他国家法律。（The validity, interpretation and implementation of CONTRACT shall be governed by and construed in all respects in accordance with the laws of the People's Republic of China. The laws of the People's Republic of China shall govern all disputes arising out of or in connection with CONTRACT, whether by arbitration or litigation. It shall exclude the application of any other country's laws in accordance with judicial rules.）"

2. 公共政策保留

公共政策保留，也称公共秩序保留，各国和地区法律称谓不尽相同。涉外民事法律适用中的公共政策保留，是指一国法律依据自己的冲突规范适应外国法律时，因其适用导致与法院地所在国的重大利益、基本政策、法律的基本原则或基本公序良俗相抵触，而排除适用该国法律的一项制度。

我国在适用外国民事法律和国际法时也规定公共秩序保留制度，《涉外民事法律适用法》第5条规定，外国法律的适用将损害我国社会公共利益的，适用我国法律。《涉外法律适用法司法解释（一）》规定，当事人在合同中援引尚未对我国生效的国际条约的，人民法院可以根据该国际条约的内容确定当事人之间的权利义务，但违反我国社会公共利益或我国法律、行政法规强制性规定的除外。有的专门涉外法律也规定公共政策保留，如我国《海商法》第276条规定，适用外国法律或者国际惯例，不得违背我国的社会公共利益。

---

① 参见赵相林主编：《国际私法》，中国政法大学出版社2005年版，第123页。

《涉外法律适用法司法解释(一)》第8条规定,涉及我国社会公共利益、当事人不能通过约定排除适用、无须通过冲突规范指引而直接适用于涉外民事关系的法律、行政法规的规定,主要包括:涉及劳动者权益保护的;涉及食品或公共卫生安全的;涉及环境安全的;涉及外汇管制等金融安全的;涉及反垄断、反倾销的;其他应当认定为强制性规定的情形。

上述各种情形直接适用我国法律,当事人不得选择适用外国法律。在涉外合同实践中,还要注意我国一些专门法律的强制性规定,避免选择适用外国法律的约定为无效约定。

3. 适用法律的例外情形

在涉外合同中,法定或选择适用中国法律时,对方所在国法律可能对其有特别要求。如中方企业与美方企业在中国设立合资企业,按照中国法律规定,该合同适用中国法律,但美国有的法律专门要求美国企业在海外商业活动中必须明确约定遵守其某些规定,如反腐败法律。如果不同意在合同中约定该规定,美方企业因其本国法律要求而无法签订合资企业合同。在这种情况下,一方面,在合同中明确约定合同适用中国法律并受中国法律管辖;另一方面,就反腐败方面在适用中国法律的基础上,同时遵守美国反腐败法律相关规定。

例如,中美合资企业合同中法律适用条款明确规定适用中国法律,同时,在合同当事人声明条款中约定合同双方以及合资企业都将遵守美国海外反腐败法律。"…no Parties has taken, or caused to be taken, or will take or cause to be taken, directly or indirectly, any action in respect of the matters contemplated by this JV Contract that would or could cause the JV Company or the other Party to be in violation of any applicable law, regulation, treaty or convention relating to anti-money laundering, anti-corruption or similar matters including, without limitation, the United States Foreign Corrupt Practices Act."(……该方未曾,并亦将不会直接或间接地采取或促使他人采取与本合资合同所拟事项有关的任何行为,以致本合资企业或另一方违反任何适用的法律、法规、条约或公约,包括但不限于美国的《海外反腐败法》中相关的反洗钱、反腐败或类似事项。)

同样,中方企业在境外投资或其他经贸活动中,如果因合同相对方所在地国家法律的强制性规定合同适用该国法律,或者双方选择适用该国法律时,中方企业也应检视国内法律对其或合同交易活动的特别要求,如果有法律特别要求,应在合同谈判中把这些特别要求约定进去,如《企业国有资产法》《企业国有资产监督管理暂行条例》《境内机构境外直接投资外汇管理规定》《境外投资管理办法》等中的特别要求。

4. 掌握选择的适用法律

实践中,合同当事人往往为体现"公平性"而选择适用第三国法律。这多由于法学教科书或一些法学论文,认为选择适用第三国或第三地法律对双方是公平的。这种理念和观点本身是正确的,但在选择适用第三国法律时,首先应了解该国法律体系和基本原则。

实践中容易产生两种误区:一是当事人认为只要自己遵守合同约定就不会实际适用所选法律,因而,选择适用哪国法律并不重要;二是选择适用第三国法律,对合同各方来说是公平的。其实,多数外国公司在开展国际业务中施行"法律先行",它们选择适用某国法律时,一般都事先了解该国相关法律,很少接受它们不了解的法律。另外,中资企业在与外方合同谈判中,更多是基于中国法律体系理解合同,而合同的法律适用条款一般都在合同谈判后期商定,一旦选择适用第三方国家或地区的法律,原先谈定的合同内涵可能发生变化,而这些变化不是基于合同当事人的意愿,而是基于所选择适用法律的解释。

例如,合同关于违约金条款,在不同国家法律体系下其内涵就不尽相同。前面已经论述,我国法律关于合同违约金的规定兼顾了补偿与惩罚的双重性质。如原《合同法》规定,合同当事人违约给对方造成损失的,损失赔偿额应当相当于因违约所造成的损失,包括合同履行后可以获得的利益,但不得超过违反合同一方订立合同时预见到或者应当预见到的因违反合同可能造成的损失。[①] 最高人民法院司法解释进一步确定违约金的双重性:合同当事人主张约定的违约金过高请求予以适当减少的,人民法院应当以实际损失为基础,兼顾合同的履行情况、当事人的过错程度以及预期利益等综合因素,根据公平原则和诚实信用原则予以衡量,并作出裁决。司法解释又通过量化限制了惩罚性范围,当事人约定的违约金超过造成损失的30%的,一般可以认定为"过分高于造成的损失",[②] 也就是说约定违约金超过实际损失30%的,超过部分将被法院裁决不予支持。

[①] 参见原《合同法》第113条。
[②] 参见《合同法司法解释(二)》(法释〔2009〕5号)第29条。

而美国法律中合同违约金的性质更多在于补偿或救济,并不包含惩罚性质。《美国合同法重述·第2版》(Restatement of Contracts 2d)明确不支持违约金的惩罚性质。A stipulated damage will be found to be valid only if it reflects an honest effort by the parties to anticipate the probable damage that would result from a breach.①(约定违约金只有在它反映合同当事人真正努力预见因违约导致可能的损失的情况下才有效)Thus a measure of damages that appears to be punitive will not be enforced.②(因此,约定违约金显示出惩罚性质的,不应得到执行。)由此可见,美国法律关于合同约定违约金强调对因违约导致损失的补偿功能,但不支持惩罚性的违约金约定。

德国法律则支持约定违约金的补偿性和惩罚性的双重功能。"…German law which generally permit the parties to negotiate high liquidated damages to compel performance"③(……德国法律总体上允许合同当事人协商高额的违约金,以促使执行合同)。

另外,有的国家法律体系比较复杂,在私法领域,有的国家在不同地区、不同州或不同省有不同的法律,在涉外合同适用法律选择该国法律前应了解具体适用相关地区或州的法律,一般选择与合同有最密切联系的区域或州的法律。

因此,在选择适用外国法律时,最好事先了解与本合同和合同履行相关的法律内容。

如果选择合同适用外国法律,而合同纠纷在中国诉讼或仲裁,当事人还应当向法院或仲裁庭提供该法律,由法院或仲裁庭对该外国法律查明。如果法院或仲裁庭不能查明该外国法律或该外国法律对合同没有相关规定,法院或仲裁庭将适用中国法律进行审理。④

十一、诉讼时效

合同广泛存在,合同纠纷也因各种原因而广泛存在,有的合同纠纷通过当事

---

① 参见[美]克劳德·D.柔沃、[美]乔登·D.沙博:《合同法》(第4版),法律出版社1999年版,第273页。
② 参见[美]克劳德·D.柔沃、[美]乔登·D.沙博:《合同法》(第4版),法律出版社1999年版,第273页。
③ [美]克劳德·D.柔沃、[美]乔登·D.沙博:《合同法》(第4版),法律出版社1999年版,第273页。
④ 参见《涉外民事法律适用法》第10条。

人协商解决,但实践中也有不少合同纠纷通过法律途径解决,包括仲裁机构的仲裁解决和通过法院诉讼渠道的诉讼解决。这就涉及诉讼时效问题。

(一)诉讼时效制度

我国民事诉讼时效制度主要由民事法律和相关专门法律进行规定,以民事法律为主要基础。在原《民法通则》体系下,诉讼时效届满,当事人丧失胜诉权,因此,诉讼时效联系到胜诉权;原《民法总则》采纳2008年《最高人民法院关于审理民事案件适用诉讼时效制度若干问题的规定》(法释〔2008〕11号),将诉讼时效联系到抗辩权,即诉讼时效期满后,义务人取得不履行义务的抗辩权。

随着《民法典》的颁布与施行,原《民法总则》体系与原《民法通则》体系关于民事诉讼时效制度的规定得到统一,《民法典》采用抗辩权制度。《民法典》第188条规定,向人民法院请求保护民事权利的诉讼时效期间为3年;第192条规定,诉讼时效期间届满的,义务人可以提出不履行义务的抗辩;诉讼时效期间届满后,义务人同意履行的,不得以诉讼时效期间届满为由抗辩;第193条规定,人民法院不得主动适用诉讼时效的规定。2020年12月23日修正的《诉讼时效制度司法解释》第2条规定,当事人未提出诉讼时效抗辩,人民法院不应对诉讼时效问题进行释明。可见,在《民法典》体系下的民事诉讼时效实行的是抗辩权制度。诉讼时效届满不影响实体权利,但义务人取得抗辩权。

在涉外合同和境外经济活动中需要关注所适用的外国法律的诉讼时效制度,目前,各国民事法律中诉讼时效的性质大体上分为三类[①]:

第一类是实体权利消灭制度。以《日本民法典》《瑞士债法典》为代表,规定诉讼时效届满,实体权利归于消灭。

第二类是诉权消灭制度。以《法国民法典》为代表,规定诉讼时效届满后诉权消灭,但实体权利仍然存在。

第三类是抗辩权发生制度。以《德国民法典》为代表,规定诉讼时效届满后,义务人取得拒绝履行的抗辩权,即时效抗辩权。

因此,在涉外合同以及在境外从事经济合同活动并且适用外国法律的,要注意该法律关于诉讼时效的规定。

---

① 参见李少伟主编:《民法学教程》(第3版),法律出版社2017年版,第201页。

(二)诉讼时效期间

1.诉讼时效与仲裁时效期间

随着我国仲裁事业的快速发展,通过仲裁解决合同纠纷的案件也逐年增加,特别是涉外经济合同以及国际商事合同当事人更多选择仲裁解决合同纠纷。和民事诉讼一样,商事仲裁也有时效规定,但法律专门规定仲裁时效的相对较少,为此,《仲裁法》第74条规定,法律对仲裁时效有规定的,适用该规定;法律对仲裁时效没有规定的,适用诉讼时效的规定。因此,实务中,如当事人选择仲裁解决合同纠纷,需要关注合同交易业务所属部门法有关仲裁时效的规定,明确规定仲裁时效的按规定执行,例如,《民法典》第594条规定,因国际货物买卖合同和技术进出口合同争议提起诉讼或者申请仲裁的时效期间为4年;如没有规定仲裁时效,按诉讼时效执行。

《民法典》第188条规定,向人民法院请求保护民事权利的诉讼时效期间为3年。法律另有规定的,依照其规定。诉讼时效期间自权利人知道或者应当知道权利受到损害以及义务人之日起计算。法律另有规定的,依照其规定。但是,自权利受到损害之日起超过20年的,人民法院不予保护,有特殊情况的,人民法院可以根据权利人的申请决定延长。

据此,在当前法律制度下,诉讼时效期间主要分为以下三种类型:

一是普通诉讼时效期间统一为3年,自权利人知道或者应当知道权利受到损害以及义务人之日起计算。诉讼时效起算时间包含两个条件:其一,权利人知道或应当知道权利受到损害;其二,权利人知道或应当知道义务人。本书认为,就合同之债诉讼时效而言,合同当事人是相对的,权利人应知道义务人,所以,合同争议普通诉讼时效起算时间主要是权利人知道或应当知道权利受到损害之时。

二是长期诉讼时效期间不超过20年。自权利受到损害之日起超过20年的,人民法院不予保护;有特殊情况的,人民法院可以根据权利人的申请决定延长。

三是专门法律规定的特殊诉讼时效。也就是《民法典》在规定3年普通诉讼时效时作出的但书规定,是在诉讼时效方面授权其他专门法律对诉讼时效作出特殊规定,即法律另有规定的,依照其规定。据此规定,专门法律对诉讼时效有特别规定的,适用该法律规定的诉讼时效,根据现行相关法律规定,常见特殊诉讼时效期间如下:

（1）因国际货物买卖合同争议提起诉讼或者申请仲裁的期限为 4 年,自当事人知道或者应当知道其权利受到侵害之日起计算。①

（2）因技术进出口合同争议提起诉讼或者申请仲裁的期限为 4 年,自当事人知道或者应当知道其权利受到侵害之日起计算。②

（3）因产品存在缺陷造成损害要求赔偿的诉讼时效期间为 2 年,自当事人知道或者应当知道其权益受到损害时起计算。③

（4）就海上货物运输向承运人要求赔偿的请求权,时效期间为 1 年,自承运人交付或者应当交付货物之日起计算;被认定为负有责任的人向第三人提起追偿请求的,时效期间为 90 日,自追偿请求人解决原赔偿请求之日起或者收到受理对其本人提起诉讼的法院的起诉状副本之日起计算。④

（5）有关航次租船合同的请求权、有关船舶租用合同的请求权,时效期间为 2 年,自知道或者应当知道权利被侵害之日起计算。⑤

（6）海商客运合同中旅客向承运人要求赔偿的请求权,时效期间为 2 年。其中,有关旅客人身伤害的请求权,自旅客离船或者应当离船之日起计算;有关旅客死亡的请求权,发生在运送期间的,自旅客应当离船之日起计算;因运送期间内的伤害而导致旅客离船后死亡的,自旅客死亡之日起计算,但是此期限自离船之日起不得超过 3 年;有关行李灭失或者损坏的请求权,自旅客离船或者应当离船之日起计算。⑥

（7）根据海上保险合同向保险人要求保险赔偿的请求权,时效期间为 2 年,自保险事故发生之日起计算。⑦

（8）拍卖合同中因拍卖标的存在瑕疵未声明的,请求赔偿的诉讼时效期间为 1 年,自当事人知道或者应当知道权利受到损害之日起计算。⑧

（9）发明专利申请公布后至专利权授予前使用该发明未支付适当使用费的,

---

① 参见《民法典》第 594 条。
② 参见《民法典》第 594 条。
③ 参见《产品质量法》第 45 条。
④ 参见《海商法》第 257 条。
⑤ 参见《海商法》第 257 条第 1 款、第 259 条。
⑥ 参见《海商法》第 258 条。
⑦ 参见《海商法》第 264 条。
⑧ 参见《拍卖法》第 61 条。

专利权人要求支付使用费的诉讼时效为3年,自专利权人得知或者应当得知他人使用其发明之日起计算,但是,专利权人于专利权授予之日前即已得知或者应当得知的,自专利权授予之日起计算。①

(10)融资租赁合同租金欠付争议的诉讼时效为3年,自租赁期限届满之日起计算。②

2. 诉讼时效中止

(1)诉讼时效中止

民事诉讼时效中止制度,是指民事诉讼时效期间最后6个月内,因法定障碍导致权利人不能行使请求权的,中止时效,待障碍原因消除后按照6个月期间继续计算时效的制度。《民法典》第194条规定,在诉讼时效期间的最后6个月内,因法定障碍,不能行使请求权的,诉讼时效中止。自中止时效的原因消除之日起满6个月,诉讼时效期间届满。

导致诉讼时效中止的障碍事件应发生在时效期间最后6个月内,早于6个月的,不适用时效中止制度;中止期间不计入诉讼时效期间,中止时效原因消除后,自消除之日顺延6个月,诉讼时效届满。

例如,某合同争议的诉讼时效应于2021年3月25日届满,2021年1月15日发生导致时效中止的不可抗力事件,不可抗力事件于2021年3月25日消除,按《民法典》规定,该合同诉讼时效于2021年9月24日期满(见图7-8)。

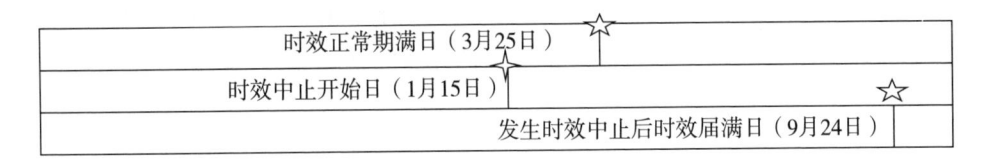

时效正常期满日(3月25日)	☆	
时效中止开始日(1月15日)		☆
	发生时效中止后时效届满日(9月24日)	

图7-8 诉讼时效中止示意

概括地说,发生诉讼时效中止事件后,不管原诉讼时效离期满日多长时间,在中止原因消除之日起加6个月。

---

① 参见《专利法》(2020年第4次修正)第74条。
② 参见《融资租赁合同司法解释》(法释〔2020〕17号)第14条。

（2）引起诉讼时效中止事件

按照《民法典》规定，在诉讼时效期间的最后6个月内，因下列障碍，请求权人不能行使请求权的，诉讼时效中止：

①不可抗力；

②无民事行为能力人或者限制民事行为能力人没有法定代理人，或者法定代理人死亡、丧失民事行为能力、丧失代理权；

③继承开始后未确定继承人或者遗产管理人；

④权利人被义务人或者其他人控制；

⑤其他导致权利人不能行使请求权的障碍。

3. 诉讼时效中断

（1）诉讼时效中断概述

诉讼时效中断是诉讼时效制度中的重要内容。诉讼时效中断，是指在诉讼时效期间，因发生法定事由，致使已经经过的时效期间归于无效，时效中断事由消除后，诉讼时效期间重新计算。根据《民法典》第195条的规定，有规定情形之一的，诉讼时效中断，从中断、有关程序终结时起，诉讼时效期间重新计算。

简言之，发生法定时效中断事由，时效重新计算。

例如，甲对乙诉讼时效至2021年5月18日届满，该诉讼时效为普通时效，即时效期间为3年。2021年1月19日，甲以书面方式向乙主张权利，乙也于当日确认收到甲的文件。那么，甲对乙的诉讼时效发生中断，并于2021年1月19日重新计算诉讼时效，在没有其他因素的情况下，诉讼时效将于2024年1月18日期满（见图7-9）。

正常时效届满日2021年5月18日　　发生中断后时效届满日2024年1月18日

中断日2021年1月19日

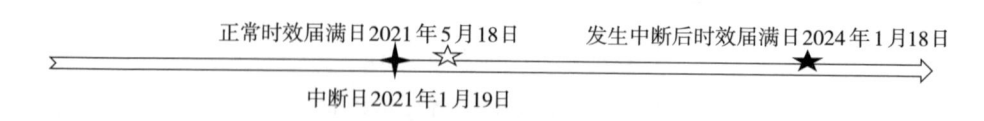

图7-9　诉讼时效中断示意

（2）诉讼时效中断事由

《民法典》第195条规定了诉讼时效中断的四种事由：权利人向义务人提出履行请求；义务人同意履行义务；权利人提起诉讼或者申请仲裁；与提起诉讼或者申请仲裁具有同等效力的其他情形。

①关于权利人向义务人提出履行请求的内涵

参照最高人民法院关于民事诉讼时效制度的司法解释,下列情形可理解为权利人向义务人提出履行请求,应当产生诉讼时效中断的效力[①]:

(a)当事人一方直接向对方当事人送交主张权利文书,对方当事人在文书上签名、盖章、按指印或者虽未签名、盖章、按指印但能够以其他方式证明该文书到达对方当事人的;

(b)当事人一方以发送信件或者数据电文方式主张权利,信件或者数据电文到达或者应当到达对方当事人的;

(c)当事人一方为金融机构,依照法律规定或者当事人约定从对方当事人账户中扣收欠款本息的;

(d)当事人一方下落不明,对方当事人在国家级或者下落不明的当事人一方住所地的省级有影响的媒体上刊登具有主张权利内容的公告的,但法律和司法解释另有特别规定的,适用其规定。

②关于义务人同意履行义务的内涵

参照最高人民法院关于民事诉讼时效制度的司法解释,[②]义务人作出如下行为的,可理解为义务人同意履行义务,应当产生诉讼时效中断的效力:义务人作出分期履行、部分履行、提供担保、请求延期履行、制订清偿债务计划等承诺或者行为。

③与提起诉讼或者申请仲裁具有同等效力的其他情形的内涵

参照最高人民法院关于民事诉讼时效制度的司法解释,[③]下列事项可理解为与提起诉讼或者申请仲裁具有同等效力的其他情形,应当产生诉讼时效中断的效力:

(a)权利人申请支付令;

(b)申请破产、申报破产债权;

(c)为主张权利而申请宣告义务人失踪或死亡;

(d)申请诉前财产保全、诉前临时禁令等诉前措施;

(e)申请强制执行;

---

① 参见《诉讼时效制度司法解释》第8条。
② 参见《诉讼时效制度司法解释》第14条。
③ 参见《诉讼时效制度司法解释》第11条、第12条、第13条、第17条。

(f) 申请追加当事人或者被通知参加诉讼;

(g) 在诉讼中主张抵销;

(h) 权利人向人民调解委员会以及其他依法有权解决相关民事纠纷的国家机关、事业单位、社会团体等社会组织提出保护相应民事权利的请求;

(i) 权利人向公安机关、人民检察院、人民法院报案或者控告,请求保护其民事权利;

(j) 债权转让并且债权转让通知到达债务人;

(k) 其他与提起诉讼具有同等诉讼时效中断效力的事项。

(三) 诉讼时效法律效果与法定制度

1. 诉讼时效届满法律效果

前文分析,在当前民事诉讼时效制度下,诉讼时效届满的法律效果是义务人取得相应的主张不履行义务抗辩权。[①] 但这项不履行抗辩权的行使取决于义务人,如果义务人在诉讼或仲裁过程中提出抗辩,人民法院或仲裁庭经审理认为抗辩事由成立,裁判驳回原告的诉讼请求;反之,如果义务人在诉讼或仲裁中没有提出时效抗辩,人民法院或仲裁机构不对诉讼时效届满问题向当事人进行释明,也不会主动适用诉讼时效的规定进行裁判。[②]

这不同于原《民法通则》关于诉讼时效制度的规定,在原《民法通则》诉讼时效制度下,法院需主动审理和适用诉讼时效问题。

因此,在诉讼或仲裁实践中,对于义务人来说,如果诉讼时效届满,义务人应主动提出不履行义务抗辩,否则,法院或仲裁庭不会也不能主动适用诉讼时效规定,否则,义务人将因此丧失抗辩权。

另外,诉讼时效期间届满后,义务人同意履行的,不得以诉讼时效期间届满为由抗辩;义务人已自愿履行的,不得请求返还。这里需要注意的是,义务人同意履行,应构成前文所述的诉讼时效中断事项,不应理解为义务人永久性不得行使诉讼时效届满抗辩权。

[①] 在原《民法通则》诉讼时效制度下,诉讼时效期满后,权利人失去胜诉权;《民法典》规定的诉讼时效主要关系到义务人的抗辩权。

[②] 参见《民法典》第193条,《诉讼时效制度司法解释》第2条。

2. 诉讼时效法定制度

诉讼时效法定制度，是指诉讼时效的期间、计算方法，以及时效中止、中断的事由得由法律规定，当事人不得对此约定，当事人约定的无效；当事人不得对诉讼时效利益预先处置的制度。[①]

据此制度，当事人不得对诉讼时效的期间、计算方法以及时效中止、中断事由进行与法律相违背的约定，如果约定，按无效处理。如货物买卖合同当事人在合同中约定争议解决诉讼时效为1年，该约定因与《民法典》第188条规定的3年诉讼时效相悖而无效。另外，当事人约定诉讼时效中止、中断事由与法律规定不一致的，约定也无效。这在实践中尤其要注意。

另外，诉讼时效利益源于法律规定的诉讼时效制度所产生的法定利益，因此，当事人也不得预先放弃该项利益，当事人预先放弃诉讼时效利益无效。例如，当事人在合同中约定，债权人将不受诉讼时效限制，或债务人将不得以诉讼时效期满对抗债权人权利主张等，这些约定均无效。

需要注意，当事人不能预先放弃诉讼时效利益，但当事人可以自由处置既得诉讼时效利益——不行使抗辩权。当事人不行使诉讼时效抗辩权的，法院或仲裁机构不会主动适用诉讼时效。

例如，货物买卖合同的诉讼时效期满后，出卖方向法院起诉买受方，诉请买受方支付剩余合同货款50万元。买受方作为债务人和诉讼被告方，既可以因诉讼时效届满而行使不履行付款的抗辩权，也可以不行使诉讼时效抗辩权。

十二、电子商务

(一) 电子商务概述

随着互联网的发展，电子商务也快速发展，商务部发布的《中国电子商务报告(2020)》显示，2016年到2020年，全国电子商务交易额由26.10万亿元增长到37.21万亿元，年均增长率为9.3%，其中网上零售额由2016年的5.16万亿元增长到2020年的11.76万亿元，年均增长率为22.9%。可见，电子商务随着网络信息的发展而快速发展。电子商务的发展相应影响和改变着合同和合同管理。因此，本书就电子商务法中涉及电子商务合同的规定做相应介绍。

[①] 参见《民法典》第197条。

《电子商务法》所规范的电子商务,是指通过互联网等信息网络销售商品或者提供服务的经营活动。这里的服务不包括金融类产品和服务,也不包括利用信息网络提供新闻信息、音视频节目、出版以及文化产品等内容方面的服务。[1]

电子商务不同于实体店经营,电子商务仅以电子图片、影视等网络线上方式表现商品和服务或通过文字介绍商品和服务,买方也只能通过线上方式了解商品和服务,因此,电子商务经营者如何保证实体商品和实际服务与网上的展示或介绍一致在电子商务中十分重要。电子商务经营者从事经营活动,必须遵循自愿、平等、公平、诚信的原则,遵守法律和商业道德,公平参与市场竞争,履行消费者权益保护、环境保护、知识产权保护、网络安全与个人信息保护等方面的义务,承担产品和服务质量责任,接受政府和社会的监督。[2] 这些要求看似笼统,实际上从法律和商业道德方面作出对电子商务经营者的严格要求,电子商务经营者违反"诚信"原则,在消费商品销售中存在欺诈行为的,要承受《消费者权益保护法》规定的按照购买商品的价款或者接受服务的费用的三倍惩罚。

(二)电子商务经营者

要想了解电子商务,就需要了解电子商务经营者,这样才能更好了解通过电子商务进行商品或服务交易的权利义务,以及更好保护商品购买人或服务接受人的合法权益。电子商务经营者包括电子商务平台经营者和电子商务平台内经营者。

1. 电子商务平台经营者

电子商务平台经营者,是指在电子商务中为交易双方或者多方提供网络经营场所、交易撮合、信息发布等服务,供交易双方或者多方独立开展交易活动的法人或者非法人组织。形象地说,电子商务平台如同家具商城,家具商城提供各类家具经营场所,各家具经营者在家具商城租赁场所销售家具。大家熟悉的"京东商城"是电子商务平台,经营"京东商城"的京东集团为电子商务平台经营者。由于电子商务平台是电子商务交易的网络经营场所,承载众多平台内经营者,必须保持电子商务平台的持续稳定性,以保护交易各方尤其消费者的权益,因此,经营者

---

[1] 参见《电子商务法》第2条。
[2] 参见《电子商务法》第5条。

必须是法人或非法人组织,也就是说必须依法办理市场主体登记。

电子商务平台经营者应当记录、保存平台上发布的商品和服务信息、交易信息,并确保信息的完整性、保密性、可用性。商品和服务信息、交易信息保存时间自交易完成之日起不少于3年。据此规定,由于电子商务经营者违反合同约定或其他方面原因使消费者合法权益遭受损害的,消费者可自交易完成之日起3年内要求电子商务平台经营者提供交易时平台上发布的商品和服务信息以及交易信息。按照《电子商务法》第58条第3款和《消费者权益保护法》第44条的规定,电子商务平台经营者不能提供平台内经营者的真实名称、地址和有效联系方式的,消费者可以向平台经营者追偿。①

电子商务平台经营者知道或者应当知道平台内经营者销售的商品或者提供的服务不符合保障人身、财产安全的要求,或者有其他侵害消费者合法权益的行为,未采取必要措施的,依法与该平台内经营者承担连带责任。

电子商务平台经营者在其平台上开展自营业务的,应当以显著方式区分标记自营业务和平台内经营者开展的业务。如在"京东商城"中有些商品下方有"京东自营"字样,那么,销售这款商品就是"京东"在其经营的电子商务平台上开展的销售业务,此时,电子商务平台经营者对其标记为自营的业务依法承担商品销售者或者服务提供者的民事责任。

2. 电子商务平台内经营者

电子商务平台内经营者,是指通过电子商务平台销售商品或者提供服务的电子商务经营者。平台内经营者也应当依法办理市场主体登记。和平台经营者不同,法律规定,在电子商务平台中个人销售自产农副产品、家庭手工业产品,个人利用自己的技能从事依法无须取得许可的便民劳务活动和零星小额交易活动,可以不办理市场主体登记。另外,法律、行政法规允许不进行登记的市场主体,也可作为平台内经营者。

注意:实务中,在电子商务平台购买商品或服务时,要注意区分平台经营者和

---

① 《电子商务法》第58条第3款规定:消费者要求电子商务平台经营者承担先行赔偿责任以及电子商务平台经营者赔偿后向平台内经营者的追偿,适用《消费者权益保护法》的有关规定。《消费者权益保护法》第44条规定:消费者通过网络交易平台购买商品或者接受服务,其合法权益受到损害的,可以向销售者或者服务者要求赔偿。网络交易平台提供者不能提供销售者或者服务者的真实名称、地址和有效联系方式的,消费者也可以向网络交易平台提供者要求赔偿。

平台内经营者。

(三)电子商务合同

1.电子商务合同形式与效力

电子商务合同一般包括两类形式:一是完整合同的电子数据文件,当事人通过协商对合同文件达成一致后,通过电子签名方式进行签名盖章,这类合同可从信息系统导出完整的合同文件。实务中,对于法人单位或非法人组织,若涉及财务会计凭证需要,未来审计、税务稽核等监督管理需要,以及合同履行周期较长,涉及合同履行交付后的保修、后续服务等,最好采用这类合同形式。采用这类形式的合同,其合同内容和合同条款或文件与一般合同书类似,在实践中,电子商务平台或平台内经营者事先设置格式合同或格式条款,商品或服务购买方应注意格式合同内容,对认为不合适的内容要与经营者谈判协商。

二是订单形式,即电子商务平台发布的商品或者服务信息符合要约条件,对商品或服务的功能、性能、规格、单价等主要内容进行描述,购买方采用下订单方式购买,一旦提交订单,合同即告成立。在实践中,多数个人购买一般消费品或服务采用订单提交方式订立合同。

《电子商务法》第48条规定,电子商务当事人使用自动信息系统订立或者履行合同的行为对使用该系统的当事人具有法律效力。《民法典》第491条第2款规定,当事人一方通过互联网等信息网络发布的商品或者服务信息符合要约条件的,对方选择该商品或者服务并提交订单成功时合同成立,但是当事人另有约定的除外。这是法律对电子商务合同法律效力的承认。

需要注意:电子商务合同只是合同行为和合同缔结的一种表现形式,它同样要遵循规范合同的各类法律规定。虽然前述法律承认电子商务合同具有法律效力,但如果电子商务合同违反法律、行政法规效力性强制性规定,或违背公序良俗,那么,该合同无效。

2.电子商务合同特别事项

电子商务合同主体。电子商务存在一定的虚拟性,即当事人不一定了解对方,法律对电子商务经营主体有明确规定,但对购买者则难以界定,而经营者又难以一一甄别判断。因此,《电子商务法》规定,在电子商务中推定当事人具有相应的民事行为能力。但是,有相反证据足以推翻的除外。如2021年上半年网络媒体爆出13岁女孩花费7万元买画事件,按照我国民法制度,13岁儿童为限制民事行为能力人,只能实施纯获利或与其年龄、智力、精神健康状况相适应的民事法律行为。① 此事以当事人退还6万元了结。

合同明晰完整保证。与纸质版合同书订立不同,电子商务合同通过网络订立,而且合同文件一般由电子商务经营者事先设定,平台用户对有些合同只能选择接受或不接受,无法提出修改。因此,法律要求电子商务经营者应保证电子商务合同明晰完整,包括两个方面:一是经营者应当清晰、全面、明确地告知用户订立合同的步骤、注意事项、下载方法等事项;二是保证用户能够便利、完整地阅览合同和下载合同。

支付价款后合同不成立的格式约定无效。在电子商务中,特别是一些个人消费者按照平台指引支付价款。消费者一旦支付价款,该项买卖合同即告成立。《电子商务法》第49条规定,电子商务经营者不得以格式条款等方式约定消费者支付价款后合同不成立;格式条款等含有该内容的,其内容无效。

质量保证。电子商务经营者对其销售的商品和提供的服务承担产品和服务质量责任,其所承担质量责任与实体交易经营者所承担的责任一样。在商品或服务质量方面存在欺诈行为的,如购买商品或接受服务的对象是个人消费者,同样适用三倍赔偿规定。

无理由退货。电子商务销售或提供个人生活商品的,消费者有权自收到商品之日起7日内无须说明理由退货,除另有约定外,退货运输费用由消费者承担。经营者应当自收到退回的商品之日起7日内返还消费者支付的商品价款。但下列商品不适用无理由退货:一是消费者定作的商品;二是鲜活易腐的;三是在线下载或者消费者拆封的音像制品、计算机软件等数字化商品;四是交付的报纸、期刊;五是其他根据商品性质并经消费者在购买时确认不宜退货的商品。

---

① 《民法典》第145条规定,限制民事行为能力人实施的纯获利益的民事法律行为或者与其年龄、智力、精神健康状况相适应的民事法律行为有效;实施的其他民事法律行为经法定代理人同意或者追认后有效。

第八章 买卖合同

买卖合同是普遍和被广泛使用的一类合同,其广泛性包括合同主体的广泛性、合同交易活动的广泛性、合同标的的广泛性以及合同形式的广泛性。

人们日常生活中无不存在买卖活动,如购买柴、米、油、盐、鱼、肉、蛋、奶、蔬菜、水果以及衣、帽、鞋、袜等基本生活用品,购买汽车、房屋等生活"大件";同样,作为市场主体的企业的经济活动中也无不存在买卖活动。可见,买卖活动主体不仅包括广大自然人主体,还包括公司、企事业单位、机关、团体等主体。另外,买卖合同标的既有日常生活用品,也有大宗农产品和工业产品;既有有形物品,也有计算机软件等无形产品;既有汽车、房屋,也有飞机、船舶等。

一、买卖合同综述

(一) 买卖合同概述

买卖合同是指出卖人转移标的物的所有权于买受人,买受人支付价款的合同。买卖合同是经济社会中普遍的一类合同,原《合同法》和现行《民法典》都将买卖合同作为列名合同之首。

买卖合同的本质特征体现在两个方面:一是标的物所有权由出卖人转移给买受人;二是买受人向出卖人支付相应价款。如张甲在超市购买一桶食用玉米油,张甲在超市收款台完成价款支付后,张甲即取得该桶玉米油的所有权。又如,甲公司从乙设备制造公司购买一台压缩机,甲公司向乙公司支付设备价款,乙公司向甲公司交付约定设备,甲公司取得该设备所有权。在买卖合同实践中,存在一些特殊情形,如合同约定出卖人保留标的物所有权;对于一些制造周期长或特殊设备,合同约定设备在制造过程中即标注为买方所有。但这些情况不影响买卖合同标的物所有权转移和支付价款的合同本质。[①]

实践中,一些合同名称中并无"买卖"概念,如"采购合同""购销合同""销售合同""订购合同"等,只要符合买卖合同的本质特征,均可纳入买卖合同范畴。

另外,一些社会公共事业中的"买卖"活动不构成法律范畴内的买卖合同关系。常见如电、自来水、燃气、热力等,通常说"买电""买自来水""买燃气",但这些"买卖"行为不是按照买卖合同关系进行调整,原《合同法》和现行《民法典》均把它们单列章节规范,定位为"供用合同"关系。

(二)买卖合同的主要内容

买卖合同的内容随买卖标的物以及履约方式的不同而不同,通常来说,买卖合同包括如下内容:

(1)合同当事人。买卖合同当事人包括出卖人和买受人。当事人如是自然人,应写明姓名,最好再加注身份证件号码;当事人如是法人或非法人组织,应写明名称全称。

(2)标的物。标的物即买卖合同交易对象,在合同中要约定清楚,足以明确界定所交付的标的物就是合同约定的标的物。

(3)标的物数量。数量包括两个重要因素,一是具体数量,二是数量单位,如多少公斤,多少米等,在实践中,有用"打""包""桶""袋""根""块""套""件"等做数量单位的情况,在这种情况下,要对类似"打""包""桶""袋"分别是多少进行约定,如要定义清楚每袋大米是5公斤还是10公斤;对类似"根"是多长约定清楚,避免产生歧义。

(4)标的物质量。标的物的质量因货物不同所需关注的内容也有所不同,但通常包括规格、品牌、品质、等级、性能(如设备的工艺性能、机械性能等)、实体质量要求(如设备实体材质、质量标准)等,尽量把标的物质量要求约定清楚。

另外,对于有些货物,如果质量低于什么标准,买方将拒收,这要在合同中约定清楚。

(5)价款。该内容通常包括固定总价、固定单价、固定费率、定价机制等计价

[①] 买卖合同标的物所有权保留是一种非典型担保,其目的是保障买受人履行合同义务,但不能因此否认该类买卖合同最终转移标的物所有权的性质;同样,在标的物制造过程中即标注为买受人所有的情形,也不因此否认买受人向出卖人支付价款的性质。

办法,有些买卖合同还会设置相应调价机制,如煤炭以某个热值进行定价,如果实际热值低于或高于定价热值,应约定相应的调价机制。

(6)履行期限。交付期限通常有一段期间(如本合同签订后45天)、固定时间(如某年某月某日前送货到某地)、分批交货的各个交货时间点等。

(7)履行地点和方式。实践中通常有出卖人送货到指定地点、买受人在某处自提货物、出卖人托运交付等,在合同中需要约定清楚。另外,如果约定出卖人送货、出卖人托运等交付方式的,还要约定清楚运费由哪方承担。

(8)包装方式。买卖标的物的包装因标的物不同而异,在此不一一赘述。但具体到实务中,货物包装方式主要保证三个方面要求:一是满足货物保护要求,这是货物包装的基本要求,如易碎货物包装,要保证货物在搬运、运输等过程中不发生破碎;二是满足运送要求,包括包装符合运输工具基本要求,如包装后尺寸、耐挤压等;三是满足法律法规强制性要求,如容易污染环境、易燃易爆、放射性等物品的包装要符合法律法规强制标准要求。

(9)检验标准和方法。标的物的检验主要是为了保证质量,在质量要求部分约定详细质量标准和要求,相应地,在检验部分,约定检验标准、方法,如双方共同检验验收、委托第三方验收,在检验验收方法上也因标的物不同而异,如目测、试用、化验、试验、检验等。

(10)结算与支付。该内容包括三个方面:一是合同价款最终确定方式,如约定双方履行最终价款确认手续等;二是支付方式,如一次性支付、分期支付以及相应支付条件等;三是支付工具,如现金转账、承兑汇票、信用证,以及电子支付等。

(11)违约责任。约定出卖人违约情形及相应责任,如交付标的物质量不合格、迟延交付等及其违约责任;买受人违约责任,如迟延领受标的物、迟延支付价款等的违约责任。

(12)合同使用文字及效力。这主要针对涉外买卖合同,主要出现两种文字情况,如中文和英文,需要约定两种文字效力,以及如果两种文字意思不一致时,哪种文字优先解释等。

除上述基本内容外,实践中,还包括诸如设备知识产权免责、争议解决办法、合同生效条件等内容。

有些买卖合同附带服务。例如,居民购买冰箱、电视、洗衣机等电器设备,商家一般都会上门安装调试,而且,随着分工专业化,有的厂家专门培训安装调试队伍,有的厂家把这种安装调试外包给专门机构。当然,这种附带服务的费用会计算在买卖货物价格中。

同样,在一些大型成套工业设备、电器、智能控制系统等买卖活动中,配套的附带服务对买方十分重要,如大型成套设备的安装调试、智能控制系统集成等,因此,在实践中,这些买卖合同多专门约定服务项目,由于供应商从税收、专业化等角度考虑,多数做法是把设备与服务分开报价。特别是一些进口设备、智能控制系统等,供应商对相应技术服务采取本土化处理,通常在货物买卖合同中把货物价格与技术服务费用分开,并把技术服务指向专项技术服务协议,而技术服务费用采取预估人工时办法计算。常见买卖合同对货物加服务设置如图 8-1 所示。

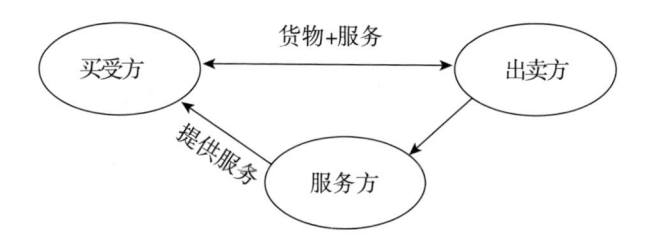

图 8-1 货物加服务示意

由于服务方与出卖方分离,特别是那些需要技术服务进行成套的设备、系统,如果服务方在服务能力和服务质量方面达不到要求,将影响设备、系统的成套、安装、调试、使用培训等工作,进而影响买受方使用设备、系统。

案例 11

C 公司建设大型工业工厂,向国外 A 公司购买全厂智能变送器系统,A 公司为系统硬件和元器件的供应商,并指定境内 T 公司负责系统成套和现场技术服务。在合同执行中,由于 T 公司专业技术人员的局限性,不但影响现场设备安装进展;还增加很多人工时,比合同预估的技术服务费多出数百万元。

因此,当货物买卖附带服务特别是专业性技术服务时,一方面,尽管供应商委托专业技术服务机构并由买方与该专业技术服务机构另行签订技术服务协议,但在货物买卖合同中应约定供应商与专业技术服务机构对买方承担连带责任;另一方面,尽可能对技术服务的内容和服务费用锁定,避免发生过多的服务费。

二、买卖合同的通用事项

(一)合同形式

由于买卖活动的广泛性与多样性,买卖合同形式也具有多样性,包括书面形式、口头形式和其他形式。

在日常经济活动中,当事人之间没有订立书面合同,但存在一些送货单、收货单、结算单、发票等,在特定情况下也会构成有效的买卖合同。按照最高人民法院关于买卖合同的司法解释,当事人之间没有书面合同,一方以送货单、收货单、结算单、发票等主张存在买卖合同关系的,应当结合当事人之间的交易方式、交易习惯以及其他相关证据确定买卖合同关系是否成立。[①]

需要注意,对账确认函、债权确认书等函件凭证即使没有记载债权人名称,买卖合同当事人一方以此证明存在买卖合同关系的,人民法院应予支持,但有相反证据足以推翻的除外。例如,甲方持有乙方确认的书面收货清单,虽然收货清单上没有甲方名称,除非乙方有相反证据能够证明该书面收货清单不是出具给甲方的,否则,凭借该收货清单,可以认定甲方与乙方之间存在买卖合同关系。[②]

(二)买卖合同效力

买卖合同的多样性也决定了买卖合同效力的多样性,但除特殊形式买卖合同外,买卖合同效力具有一般合同效力共性。因此,通常情形下的买卖合同自合同成立时生效。在实务中需要注意有的买卖合同的成立方式和时间,如"网购合同"自提交订单成功时合同成立。[③]

下面关注几种特殊情形买卖合同的效力。

1.无处分权的合同效力

按照原《合同法》第132条的规定,出卖的标的物,应当属于出卖人所有或者出卖人有权处分。也就是说,出卖人对合同标的物应享有所有权或处分权。如出卖人对出卖的标的物没有所有权或处分权,对于该买卖合同是否有效问题,在原

[①] 参见《买卖合同司法解释》(法释〔2020〕17号)第1条。
[②] 参见《买卖合同司法解释》(法释〔2020〕17号)第1条。
[③] 参见《电子商务法》第49条、《民法典》第491条。

《合同法》制度下,分两种情况:无处分权的出卖人处分他人财产,经权利人追认或者无处分权的人订立合同后取得处分权的,该合同有效;反之,权利人不予追认或出卖人订立合同后未取得处分权的,该买卖合同无效。

但在实践中,很多情况下,合同相对人并不知晓或根本难以知晓出卖人对出卖的标的物是否拥有处分权,例如,张三在农贸市场卖鸡,如果张三说这鸡是自己的,买鸡人李四当时无法知晓张三是否对鸡有所有权或处分权,只能按照诚信原则相信张三有权出卖该鸡。类似情况很多。为此,最高人民法院于2012年作出相应的司法解释,"当事人一方以出卖人在缔约时对标的物没有所有权或者处分权为由主张合同无效的,人民法院不予支持"[1]。据此规定,出卖人在缔约时对标的物没有所有权或者处分权的,买卖合同应为有效。出卖人因无权处分出卖标的物而无法向买受人交付标的物的,按照有效合同的违约处置。

《民法典》采纳了上述司法解释精神,第597条规定,因出卖人未取得处分权致使标的物所有权不能转移的,买受人可以解除合同并请求出卖人承担违约责任。

综上,在现行法律制度下,出卖人未取得标的物所有权或处分权不影响买卖合同效力,因此不能转移标的物所有权的,出卖人承担违约责任。

2.多重买卖合同效力与处置

(1)多重买卖合同效力

多重买卖合同是指当事人就出卖的同一财产标的物分别与两个及以上相对人订立多个买卖合同。实践中,多重买卖合同亦称一物多卖合同或一物数卖合同。原《合同法》对多重买卖合同及其效力问题没有规定,但由于买卖合同的普遍性,买卖合同涉及人们日常生活和社会经济活动的方方面面,多重买卖合同客观存在,而且也是产生纠纷的重要原因。为此,最高人民法院在原《合同法司法解释(二)》中就多重合同效力问题作出规定,"出卖人就同一标的物订立多重买卖合同,合同均不具有合同法第五十二条规定的无效情形,买受人因不能按照合同约定取得标的物所有权,请求追究出卖人违约责任的,人民法院应予支持"[2]。

《民法典》没有否定上述司法解释原则,相反,《民法典》更加突出原《合同

---

[1]《买卖合同司法解释》(法释〔2012〕7号)第3条。该司法解释于2020年12月修正。
[2] 原《合同法司法解释(二)》(法释〔2009〕5号)第15条。

法》、原《民法通则》与原《民法总则》中民事法律行为当事人的意思自治原则,在《民法典》体系下,只要包括合同行为在内的民事法律行为没有《民法典》规定的无效和可撤销情形,该民事法律行为有效,当事人不能依约履行义务的,由当事人依法按约承担违约责任。虽然2020年12月修正的《买卖合同司法解释》未就多重买卖合同效力问题作出规定,但是,对多重买卖合同中买受人均要求实际履行合同的问题分不同情况作出安排,进一步印证《民法典》确认多重买卖合同的效力的规定。

(2)多重买卖合同处理

在多重买卖合同都有效的情况下,就涉及合同实际履行处理问题。为此,最高人民法院在《买卖合同司法解释》中对普通动产和特殊动产的多重买卖合同处理分别作出规定。这里所称的特殊动产主要指机动车、船舶、航空器等需要办理所有权转移登记手续的特定动产;普通动产指特殊动产之外的动产。

在多重买卖合同均有效的情况下,买受人不能按照合同约定取得标的物所有权,依原《合同法司法解释(二)》的规定,出卖人应向买受人承担违约责任。

买受人均要求出卖人实际履行合同的,按照普通动产和特殊动产区别处理。

①多重买卖合同标的物是普通动产的,按照下列原则处理:

(a)买受人先行受领交付的,出卖物所有权转移到该买受人,即先行受领交付物的买卖合同得以实际履行。简言之,先行受领交付优先。

(b)买受人均未受领交付,先行支付价款的买受人请求出卖人履行交付标的物等合同义务的,出卖人应向先行支付价款的买受人实际履行合同。换言之,在多重买卖合同中,均未受领交付的,哪个买受人先支付价款,出卖人就向哪个买受人实际交付出卖物。简言之,先行支付优先。

(c)买受人均未受领交付,也未支付价款,依法成立在先合同的买受人请求出卖人履行交付标的物等合同义务的,出卖人应向该买受人实际履行合同。简言之,成立在先的合同优先。

依上述处理原则,主要按照受领交付、支付价款、合同成立顺位确定出卖人向买受人实际履行合同的次序。[①] 归纳汇总如表8-1所示。

---

① 参见《买卖合同司法解释》(法释〔2020〕17号)第6条。

表 8-1　普通动产多重买卖合同实际履行处理汇总

顺位排序	顺位要素	出卖人向买受人实际履行处理
1	受领交付	出卖人向先行受领交付的买受人实际履行
2	价款支付	出卖人向先行支付价款的买受人实际履行
3	合同成立	出卖人向先成立合同的买受人实际履行

②出卖人就同一船舶、航空器、机动车等特殊动产订立多重买卖合同,买受人均要求出卖人实际履行合同的,按照下列原则处理[①]:

(a)先行受领交付的买受人请求出卖人履行办理所有权转移登记手续等合同义务的,出卖人应当向该买受人转移动产所有权,即出卖人向先行受领出卖物的买受人实际履行合同。

(b)买受人均未受领交付的,出卖人应当向先行办理所有权转移登记手续的买受人履行交付标的物等合同义务,即出卖人向先行办理出卖物所有权转移登记手续的买受人实际履行合同。

(c)买受人均未受领交付,也未办理所有权转移登记手续,出卖人应当向依法成立在先合同的买受人履行交付标的物和办理所有权转移登记手续等合同义务,即出卖人向依法成立在先合同的买受人实际履行合同。

(d)出卖人将标的物交付给买受人之一,又为其他买受人办理所有权转移登记的,出卖人应当向已受领交付的买受人转移出卖物所有权,即出卖人向一买受人交付出卖物,又为其他买受人办理出卖物所有权转移手续的,出卖人应向受领交付的买受人实际履行合同。

由于特殊动产所有权转移需要办理相关登记手续,因此,特殊动产多重买卖合同处理原则上考虑所有权转移登记手续,归纳起来主要按照受领交付、登记手续、合同成立等顺位确定出卖人向买受人实际履行合同的次序。归纳汇总如表 8-2 所示。

[①] 参见《买卖合同司法解释》(法释〔2020〕17 号)第 7 条。

表 8-2　特殊动产多重买卖合同实际履行处理汇总

顺位排序	顺位要素	出卖人向买受人实际履行处理
1	受领交付	向先行受领交付的买受人实际履行
2	登记手续	向先行办理所有权转移登记手续的买受人实际履行
3	合同成立	向先成立合同的买受人实际履行
4	受领交付 登记手续	向受领交付物的买受人实际履行

(三) 交付与所有权转移

买卖合同本质特征之一在于出卖人向买受人交付标的物并转移标的物所有权。由于买卖合同标的物的多样性，标的物交付与所有权转移也并不一致。原则上，不动产标的物所有权经依法登记转移，动产自交付时转移所有权。[①]

1. 交付

出卖人应当按照约定的时间或期限、方式、地点交付标的物，因此，在买卖合同中，要约定清楚交付时间或期限、交付方式和交付地点。交付时间是指具体的交付时间，如某年某月某日；交付期限是指一定的交付期间，如合同生效后 3 个月内。

(1) 交付时间和期限

出卖人应当按照合同约定的时间交付标的物。如果合同约定的是交付期限，出卖人可以在该期限内任何时间交付标的物。

如果交付期限不明确，当事人可以协议补充；不能达成补充协议的，按照合同相关条款或者交易习惯确定；仍不能确定的，出卖人可以随时履行交付，买受人也可以随时请求交付，但是应当给对方必要的准备时间。

(2) 交付地点

合同应当约定清楚标的物交付地点，出卖人应当按照约定的地点交付标的物。如果没有约定交付地点或者约定不明确，当事人可以协议补充；不能达成补充协议的，按照合同相关条款或者交易习惯确定；仍不能确定的，按照下列原则处理：

---

① 参见《民法典》第 209 条、第 224 条。

①标的物需要运输的,出卖人应当将标的物交付给第一承运人以运交给买受人。

②标的物不需要运输,出卖人和买受人订立合同时知道标的物在某一地点的,出卖人应当在该地点交付标的物;不知道标的物在某一地点的,应当在出卖人订立合同时的营业地交付标的物。

(3)交付方式

合同应当约定清楚标的物的交付方式,出卖人应当按照约定方式交付标的物。如果没有约定交付方式或者约定不明确,当事人可以协议补充;不能达成补充协议的,按照合同相关条款或者交易习惯确定;仍不能确定的,按照有利于实现合同目的的方式交付。

(4)交付内容

买卖合同交付物,除标的物外,还包括相关单证资料和服务。

有的标的物需要提取单证方可提取该标的物,除此之外,有些标的物交付还涉及诸如保险单、保修单、普通发票、增值税专用发票、产品合格证、质量保证书、质量鉴定书、品质检验证书、产品进出口检疫书、原产地证明书、使用说明书、装箱单等单证和资料。

有些标的物交付后,还需要出卖人提供安装调试服务或其他技术支持、指导等服务。在实践中,有的合同将这些服务所需成本费用计入货款中,有的则单独计收费用。因此,在合同中要具体约定清楚服务事项、内容以及费用和计收标准等。

2.交付的特别规定

(1)标的物所含知识产权

知识产权与物权是两个不同的权属领域,拥有物权并不当然拥有该标的物的知识产权。如新型设备包含多项专利技术,买受人不因购买了该设备就当然拥有相应专利权。因此,《民法典》第600条规定,出卖具有知识产权的标的物的,除法律另有规定或者当事人另有约定外,该标的物的知识产权不属于买受人。

(2)增值税发票能否证明交付

实践中,标的物交付一般应履行相应交付手续,如普通动产交付签收,船舶、航空器、机动车辆等特殊动产的交付,除应履行交付签收手续外,还要办理登记手续;不动产交付以办理所有权转移变更登记手续为主,同时,要履行交接签字手续。

实务中,也经常发生当事人没有履行动产交付签收手续,有些出卖人就以增值税专用发票及税款抵扣资料证明其已履行交付标的物的义务,买受人不认可的,则不能认可出卖人已经履行了交付义务。

因此,在实务中,尽可能在合同中约定交付手续,即使合同没有约定交付手续,在实际操作中双方最好办理交接手续。

3. 所有权转移

不动产交付和所有权转移并不完全一致,如房屋买卖,出卖人虽然将房屋交付买受人占有、使用,但只有完成不动产权属变更登记手续后,该房屋所有权才转移到买受人。

动产原则上自交付时转移所有权,但要注意以下特殊情形[①]:

(1)船舶、航空器和机动车等特殊动产所有权转移,应当办理相应登记手续,未经登记,不得对抗善意第三人。

(2)对于所有权保留买卖合同,虽然标的物已交付买受人,在买受人按照约定支付价款或者履行其他义务前,标的物所有权不发生转移。关于所有权保留的买卖合同可参考担保合同中非典型担保。

(四)标的物损毁灭失风险承担

货物买卖合同履行中,货物的毁损、灭失风险由谁承担是一项重要内容,也是货物买卖合同经常发生的问题,如买卖标的物新鲜瓜果、蔬菜因天气原因发生腐烂,水产品因天气原因死亡变质,机器、器械、仪器等发生损坏,散装物品丢失,货物在海运中发生共同海损抛弃等,这在买卖实践中时常发生,因此,合同中要约定好货物毁损、灭失风险承担。

当然,多数货物买卖活动中合同当事人会对标的物投保,但保险只是在经济上的救济,并不能解决当事人合同义务与责任划分问题。为此,对买卖合同标的物损毁、灭失风险承担的责任划分十分重要。

1. 风险承担划分原则

《民法典》第604条规定,标的物毁损、灭失的风险,在标的物交付之前由出卖

---

① 参见《民法典》第224条、第641条。

人承担,交付之后由买受人承担,但是法律另有规定或者当事人另有约定的除外。据此,买卖合同标的物毁损、灭失的风险承担责任划分主要以标的物交付为分水岭,主要原则如下:在标的物交付之前,标的物毁损、灭失的风险由出卖人承担;在标的物交付之后,标的物毁损、灭失的风险由买受人承担;法律另有规定或者当事人另有约定的按照规定或约定。

在货物买卖实践中,有些标的物需要跟随大量单证和资料,并且在合同中约定出卖人交付标的物时需要交付相应的单证和资料。需要注意的是,如果出卖人按照合同约定向买受人交付标的物,但未按照约定交付标的物的相关单证和资料,不影响标的物毁损、灭失风险转移给买受人。①

2. 特殊情形风险承担

(1)买受人原因导致标的物不能按期交付风险承担

在货物买卖实务中,有些情况下出卖人交付货物需要买受人提供条件,如买受人通知出卖人接收条件具备情况,买受人负责安排运输工具到约定地点接收货物,货物交付前接受买受人代表检验等。实践中,出卖人按照合同约定具备交付标的物条件,由于买受人原因,出卖人不能按照约定时间交付货物,如果在此期间标的物毁损、灭失,如鲜活物品死亡、腐烂变质等,或者因特殊天气、地震等造成货物损毁等,由于此时的货物处于未交付状态,如按照一般原则,标的物交付之前发生的毁损、灭失风险由出卖人承担。但出卖人在主观上和客观上均按照合同约定履行标的物交付义务,因买受人原因,标的物无法交付,在这种情况下要求出卖人承担风险责任,有失合同公平原则。为此,《民法典》第605条规定,因买受人的原因致使标的物未按照约定的期限交付的,买受人应当自违反约定之日起承担标的物毁损、灭失的风险。

因此,在货物买卖合同实践中,作为买受人一方,应按照合同约定或法律规定积极配合出卖人交付货物。

(2)出卖运输在途的货物风险承担

货物买卖实践中,出卖人出卖运输在途的货物情形时常发生,在这种买卖交易下,订立合同时标的物处于在途运输状态,如货物交由承运人运输,那么,此时的货物处于承运人控制之下,超出出卖人和买受人的控制范围。从理论和现实角

---

① 参见《民法典》第609条。

度讲,出卖人将标的物交付承运人运输时,标的物应是完好的,否则,承运人在运输提单上会注明货物损毁状态。因此,《民法典》在原则上规定,出卖人出卖交由承运人运输的在途标的物,毁损、灭失的风险自合同成立时起由买受人承担;同时,《民法典》也支持合同当事人自行约定承担风险责任转移时间,当事人在合同中作出约定的,以合同约定为准。①

但在实践中,时常出现与《民法典》立法本意相悖的情形,例如,出卖人与买受人订立合同时知道在途货物已经发生损毁、灭失,承运人通知出卖人(运输合同中的托运人或运输保险受益人)在途货物发生损坏、损毁、灭失等,以便出卖人通过保险索赔救济。在这种情况下,如仍按前述规定由买受人承担风险,对买受人来说有失公平。为此,最高人民法院在《买卖合同司法解释》中对此作出例外规定,出卖人出卖交由承运人运输的在途标的物,在合同成立时知道或者应当知道标的物已经毁损、灭失却未告知买受人,标的物毁损、灭失的风险应由出卖人负担。②

据此司法解释,可延伸两点:一是出卖人在合同成立时不知道或者应当不知道标的物已经毁损、灭失,标的物毁损、灭失风险由买受人负担;二是出卖人在合同成立时告知买受人标的物已经毁损、灭失,买受人没有异议的,标的物毁损、灭失风险由买受人负担。

需要注意,出卖人出卖自行运输的在途的货物,货物的损毁、灭失风险负担不适用前述规定,应按照交付原则确定标的物损毁、灭失风险负担。

(3)买受人拒收标的物的风险承担

出卖人按照合同约定将标的物交付至合同约定地点,买受人没有收取或拒绝接收,导致标的物疏于照管或失于照管,这时的标的物的毁损、灭失风险将增大。此时标的物的毁损、灭失风险由谁承担应区分以下两种情况而定③:

①标的物符合合同约定,出卖人将标的物置于交付地点,买受人没有按照约定收取标的物,标的物毁损、灭失的风险自违反约定之日起由买受人承担。

②出卖人将标的物置于交付地点,因标的物不符合质量要求,致使不能实现买受人购买标的物之合同目的,买受人依法拒绝接受标的物或者解除合同的,标的物毁损、灭失的风险由出卖人承担。

---

① 参见《民法典》第606条。
② 参见《买卖合同司法解释》(法释〔2020〕17号)第10条。
③ 参见《民法典》第608条、第610条。

本书认为,尽管法律作出上述风险责任负担划分,但实践中,基于诚实信用基本原则,无论是否对方违约或有过错,出卖人或买受人都应基于商业道义照管好处于自己控制范围内的标的物,避免标的物毁损、灭失。为此产生的合理费用,如对方违约,可参照《民法典》第591条第2款规定请求对方承担。①

(4)未约定风险负担的种类物风险承担

货物买卖合同的标的物因其种类和品质等因素,有的是特定物,有的是种类物。

在货物买卖实践中,多数标的物为种类物,在实际操作中,有的种类物通过装运单据、标识、通知买受人等可识别的方式被特定于买卖合同,如水果装箱并在包装箱上标识买受人,在正在制造的设备上标示买受人名称等。在这种情况下,标的物的风险负担转移按照前述原则对待。但也常有种类物未被特定为合同标的物的,对于这种情况,如果合同当事人约定了标的物毁损、灭失风险负担,出卖人和买受人应按照约定负担标的物的毁损、灭失风险。

但如果种类物既未被以可识别的方式特定于买卖合同,当事人对标的物的毁损、灭失风险负担也没有约定,按照最高人民法院司法解释之规定:"当事人对风险负担没有约定,标的物为种类物,出卖人未以装运单据、加盖标记、通知买受人等可识别的方式清楚地将标的物特定于买卖合同,买受人主张不承担标的物毁损、灭失的风险的,人民法院应予支持。"②据此规定,买卖合同标的物为种类物的,若该种类物既未被以可识别方式特定于买卖合同,也未约定风险承担的,买受人不承担标的物毁损、灭失风险。

需要注意:上述标的物损毁、灭失风险承担划分,主要是针对标的物外在原因引起的意外、事故等造成的标的物的损毁、灭失风险,如天气原因、运输中意外事故以及超出合理时间等,不包括标的物本质质量问题或缺陷引起毁损、灭失风险,如设备交付买方正常使用发生爆炸,设备爆炸损坏以及爆炸造成其他财物损坏和人身伤害等的风险,应由卖方或制造商承担质量责任。这主要涉及产品责任问题,买卖合同没有约定或约定不符合法律规定的,按照《产品质量法》及相关法律规定执行。因产品存在缺陷造成人身、他人财产损害的,受害人既可以向产品的

---

① 《民法典》第591条第2款规定,"当事人因防止损失扩大而支出的合理费用,由违约方负担"。
② 《买卖合同司法解释》(法释〔2020〕17号)第11条。

生产者要求赔偿,也可以向产品的销售者要求赔偿。属于产品的生产者的责任,产品的销售者赔偿的,产品的销售者有权向产品的生产者追偿;属于产品的销售者的责任,产品的生产者赔偿的,产品的生产者有权向产品的销售者追偿。标的物本身损失,由出卖人向买受人承担修理、更换、退货以及赔偿损失责任;属于生产者的责任或者属于向出卖人提供产品的其他销售者的责任的,出卖人有权向生产者、供货者追偿。[1]

(五)货物质量与验收

1. 货物质量

货物质量通常包括实体质量(或物理质量)和性能质量(或品质质量)。如机械设备质量,包括机械设备实体质量、机械性能和工艺性能;食品质量包括食品物质质量和品性质量,如食用花生油,除花生油基本成分构成外,花生油中水分及挥发物含量、不溶性杂质含量、酸价、过氧化值、加热试验、溶剂存留量等,构成花生油物质质量;另外,色泽、透明度、气味和滋味等构成花生油品性质量。具体在后文中都有分述。

买卖合同标的物不同,标的物质量要求复杂性也不同,如通用设备或材料类货物,直接引用相应标准规范关于质量的要求即可;有的标的物为食品、农产品等,除对质量作出要求外,还要规定食品安全,后面具体分述;一些大型复杂非标准的设备、器械、机具等,包含很多技术问题,有的关系设备、器械、机具整体功能,有的虽然不至于影响整体功能,但影响关键部位使用。但不管哪种标的物,都要在合同技术协议(或技术附件)中尽可能约定清楚。

需要注意,实践中,对于有的买卖合同标的物如设备、器械、机具等的质量标准和技术要求,买受人主要提出设备输入或输出条件与要求,设备的其他技术指标多由出卖人(制造商)提出,在这种情况下,买受人需要注意己方特殊技术要求须出卖人加以确认,并在技术协议中约定下来。另外,在设备、器械、机具制造过程中,该设备、器械、机具使用条件或其上下游条件的变化,相应也会影响设备、器械、机具技术条件的变化,这需要买卖双方尽快沟通达成一致,以免影响合同履行。

---

[1] 参见《产品质量法》第40条、第41条、第42条、第43条。

案例 12

中国 C 公司向意大利 B 公司购买高压换热器,在设计阶段,B 公司认为换热器管嘴压力大,需要采用特殊合金材料,相应地,设备壳体锻件、管嘴锻件主材也相应变化,B 公司需要 C 公司提供并确认管嘴压力参数。因 C 公司未及时确认换热器管嘴压力参数,导致 B 公司无法确定管嘴材料和设备壳体锻件材料,相应影响了设备排产和合同交货期。为此,B 公司一方面要求 C 公司尽快确认管嘴压力参数,另一方面要求推迟设备交货期,以及窝工补偿和市场材料涨价补偿,而 C 公司急等高压换热器,不同意推迟交货期限。为此,双方产生争议,B 公司一度提出终止合同。

虽然该案后来经过协商,妥善解决了供货问题,但也说明一些看似微不足道的技术问题将直接影响整套设备、器械、机具等的制造。因此,在合同履行过程中,双方应尽可能互相配合和支持,共同实现合同目标。

2. 验收与验收期限

买卖合同标的物验收约定十分重要,是判断出卖人交付标的物是否符合合同约定的手段和方法。

关于标的物验收,除约定标的物质量标准外,还要约定验收标准、验收阶段、验收条件、验收方法、双方对检验结果异议的解决办法以及检验期限等。

(1) 检验验收

在买卖合同实务中,有些标的物检验相对简易一些,而有些标的物检验比较复杂,如非标准设备,其检验一般包括:主材检验,对影响设备实体质量的材料进行使用前检验,检验合格方可使用,对有的特种材料,检验证书或检验凭证,这些将与设备一并随机提供给买方;制造过程检验,如焊接检验等,对有些重要设备,买方还会委托第三方进行监造;出厂检验,一般由卖方负责,有的由双方联合检验,验收合格方可出厂交付,需要注意,出厂检验一般不带负荷检验,因此,出厂检验合格并不一定表示该设备是合格的;到场验收,主要在标的物运抵约定交付地点后,由买受人组织检验,有些标的物到场检验是买受人对标的物接受验收,而有些标的物到场检验只是过程外观验收,如设备,买受人暂时不安装使用,这时双方只对标的物进行外观检验,如尺寸、外观可见的部件等;考核验收,主要是对设备、器具、机具、仪表、材料(如电缆、光线、化学试剂等)按照约定的条件满负荷运行检验。

有些标的物对验收条件反应灵敏,如湿度、温度以及其他条件,这些条件在验收条款或技术文件中都应详细约定。

案例 13

G 公司从 W 公司进口一台高精度机床设备,设备安装调试后,双方对设备进行检测验收,未能达到约定的精度指标,双方对设备调整后再次检验,仍不能达到预计精度要求。为此,G 公司认为标的物机床设备性能质量不符合合同约定,W 公司认为设备精度未达到预期指标,主要是工厂车间温度和设备地基不符合合同约定条件所致。合同附属技术文件中关于设备精度指标及检验标准和条件中,约定了车间检验温度,也指出与设备地基有关,但未约定对设备地基的具体要求。为此,双方发生纠纷,并最终诉诸法律解决。

对于上述案例,暂不讨论诉讼结果,本案纠纷产生原因主要是合同对高精度设备验收条件约定不够明确充分。

检验结果异议解决办法主要针对一方组织检验、委托第三方检验以及抽样检验等,一方或双方对检验结果不认可的,在这种情况下,需要约定相应解决办法,对于那些易腐坏、易燃、易爆等货物,需要有快速解决争议的办法,避免因双方对标的物质量存在争议而置标的物于照管之外,造成标的物损坏、损毁。

(2)检验期限

关于检验期限,容易发生纠纷的是买受人受领标的物后发现或认为标的物数量或质量不符合约定的责任承担问题。判断责任承担主要看买受人是否在验收期限内提出问题。原则上,买受人收到标的物时应当在约定的检验期限内检验;没有约定检验期限的,应当及时检验。除此之外,买受人在标的物验收中发现或认为标的物数量、质量不符合合同约定的,按下列规定处理:

①约定检验期限。买受人需要在检验期限内将标的物的数量或者质量不符合约定的情形通知出卖人,经双方认定或经仲裁、诉讼认定确实存在标的物数量或质量不符合约定的,由出卖人承担违约责任。但买受人怠于在检验期限内通知的,视为标的物的数量或者质量符合约定。

在实务中,一方面要约定合理的检验期限,当然,不同标的物检验期限不同,有的需要及时检验,有的则需要几个月甚至几年检验期;另一方面是买受人应及时在约定期限内将标的物数量、质量问题通知对方。

②约定检验期限例外。(a)约定的检验期限过短,根据标的物的性质和交易习惯,买受人在检验期限内难以完成全面检验的,该期限仅视为买受人对标的物的外观瑕疵提出异议的期限;(b)约定的检验期限或者质量保证期短于法律、行政法规规定期限的,应当以法律、行政法规规定的期限为准。

③没有约定检验期限。(a)买受人应当在发现或者应当发现标的物的数量或者质量不符合约定的合理期限内通知出卖人;买受人在合理期限内未通知或者自收到标的物之日起2年内未通知出卖人的,视为标的物的数量或者质量符合约定;但是,对标的物有质量保证期的,适用质量保证期,不适用该2年的规定。(b)买受人签收的送货单、确认单等载明标的物数量、型号、规格的,推定买受人已经对数量和外观瑕疵进行检验,但是有相关证据足以推翻的除外。

需要注意:《民法典》赋予买受人的2年期限是最长的合理期限。该期限为不变期间,不适用诉讼时效中止、中断或者延长的规定。

在实践中,如果合同没有约定检验期限,一方面,买方在接收货物签收时需要注意,如果单据上载有相应数量、型号、规格,签字确认前要进行货物数量清点和外观瑕疵缺陷查验,如发现问题,在签收文件上注明;另一方面,双方要在合理期限内及时检验验收。当然,这个合理期限因标的物不同而不同,应根据通常期限把握。

④出卖人知道标的物不符合约定。如果出卖人知道或者应当知道提供的标的物不符合约定,那么,买受人对标的物数量或质量不符合约定的通知,不受前述约定检验期限或没有约定检验期限的限制。出卖人知道标的物不符合约定而交付的,实际是违反《民法典》第577条和第615条规定,应当承担违约责任,因此,买受人不受检验和通知时间限制。

(六)货物质量瑕疵与价款

在实践中,出卖人交付标的物的质量不符合合同约定,通常分两种情况:一是本质质量不符合,如工业离心泵不能正常运转,或虽能正常运转但扬程不足,对于这种情况,标的物不能满足买受人订立合同目的,出卖人应当更换、维修,或者买受人拒收;二是虽然标的物质量不符合合同约定,但不是本质质量问题,即一般理解的瑕疵,如设备的实体质量、机械性能和工艺性能都符合合同要求,但发生不影响实体质量的磕碰等情况。

关于标的物瑕疵处置问题,原则上按照合同约定处置,如没有约定,按照法律规定的相应处理原则处置。法律规定主要如下:

(1)约定减轻或者免除出卖人责任。《民法典》尊重当事人意思自治原则,当事人约定减轻或免除出卖人对标的物瑕疵的责任的,按照约定处理。但在实践中,有些标的物,如动设备存在一些瑕疵,如使用人给予特殊注意,不会影响设备正常使用,但如果使用人对瑕疵不知情,没有注意瑕疵问题,使用中可能会导致设备损坏,甚至造成严重事故。因此,合同当事人特别是出卖人应当严格遵守诚实信用原则,如实告知买受人标的物的瑕疵,出卖人违背诚实信用原则没有向买受人告知标的物质量瑕疵的,不赋予出卖人按约享有减轻或免责的权利。[①] 出卖人故意或者重大过失不告知买受人标的物瑕疵的,其无权主张减轻或者免除责任。

买卖合同实务中,如果约定减轻或免除出卖人对标的物瑕疵的责任,那么对标的物"瑕疵"的度要界定好,避免履行中当事人对标的物不符合约定是属于质量"瑕疵"问题还是本质质量违约问题产生争议。

(2)可接受质量瑕疵与价款调整。如买受人可接受标的物质量瑕疵,可要求减少价款。实践中,减少价款的额度往往是双方当事人争议点。一般以符合约定的标的物和实际交付的标的物交付时的市场价值计算差价。当然,这个原则有些标的物适用,如合同约定某产品为Ⅰ级,因瑕疵评定为Ⅱ级,市场上分别有该Ⅰ级产品和Ⅱ级产品参考价格;但也有些标的物则不然,如设备的不同瑕疵对价值的影响不同,而且,市场上不一定有相应参考价格,在这种情况下,双方应本着公平原则确定降价额度。

注意:实践中,买受人可能已经支付合同价款,在这种情况下,买受人仍可要求出卖人返还减价后多出的部分价款。

(七)买卖合同标的物被设置担保物权

买卖合同标的物上设置的担保物权通常是抵押权,无论是原《担保法》和原

[①] 《民法典》第618条规定,当事人约定减轻或者免除出卖人对标的物瑕疵承担的责任,因出卖人故意或者重大过失不告知买受人标的物瑕疵的,出卖人无权主张减轻或者免除责任。

《物权法》,还是现行《民法典》都规定了抵押权优先普通债权受偿原则。[①] 债务人不履行到期债务或者发生当事人约定的实现抵押权的情形,债权人有权就该财产优先受偿。

在图 8-2 中,甲公司与乙公司签订设备买卖合同,设备制造周期为 10 个月,此间,甲公司因运营资金周转困难,向丙银行办理 6 个月贷款,并以制造中的设备向丙银行抵押担保,约定还款到期日在买卖合同约定交货日前。假设甲公司因各种原因无力偿还到期贷款。此时,丙银行可对该设备行使抵押权并优先受偿。乙公司依约向甲公司支付大部分货款,但乙公司是普通债权人,无法取得该设备。

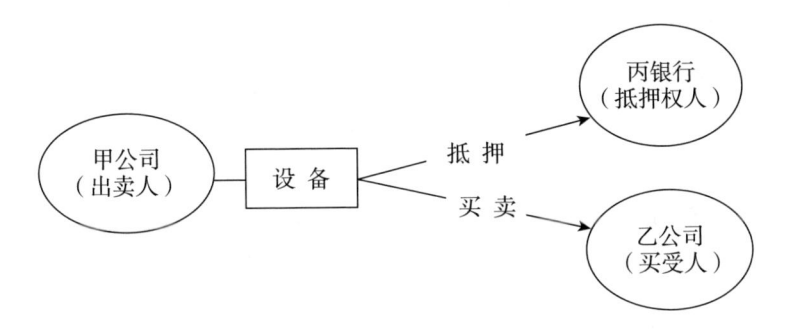

图 8-2 买卖标的物设置抵押权示意

可用于抵押的买卖合同标的物主要是《民法典》第 395 条规定的七大类财产,就买卖合同而言,可设置抵押权的标的物主要是不动产和特殊动产,如生产设备、原材料、产品、交通运输工具、船舶、航空器以及法律未禁止的其他动产等。除当事人另有约定外,设置抵押权的动产或不动产可以转让,抵押财产转让的,抵押权不受影响。[②]

综上,如买卖标的物设置抵押担保权,对买受人来说存在两个方面风险:一是标的物交付前抵押权人行使抵押权导致标的物难以交付;二是如果抵押担保持续至标的物交付后,买受人将对抵押权人承担担保责任,未经抵押登记的动产买受人为善意第三人的除外。

为化解买受人可能遭受的此等风险和损失,在买卖合同实务中,首先调查了解标的物是否设置抵押担保,土地使用权、在建建筑物以及其他不动产抵押担保

---

① 参见《民法典》第 394 条。
② 参见《民法典》第 406 条。

需要进行登记,否则,不产生抵押权效力,因此,可以通过相应登记部门查询;其他动产是否登记不影响抵押权效力,如已办理登记,可通过登记系统查询,如未经登记,抵押权不得对抗善意买受人,但抵押权人能够举证证明受让人知道或者应当知道已经订立抵押合同的除外。

此外,买卖合同还可采取如下措施:

(1)合同约定出卖人不得就出卖的标的物向第三人抵押或设置其他权利。《民法典》规定,出卖人就交付的标的物,负有保证第三人对该标的物不享有任何权利的义务,但是法律另有规定的除外。

(2)对于履行周期较长的货物买卖合同,约定出卖人向买受人提供履约担保。一般可采用银行出具的履约保函,对买受人起到一定担保功效。

(3)如买卖标的物是制造周期较长的设备或准备时间较长的特殊大宗材料、物品等,约定出卖人在制造或准备出卖物的过程中即标示该设备或物品的买受人。

(4)如标的物对买受人影响大,在买卖合同中加大出卖人违约责任和赔偿责任。例如,买受人正在建设一个大型工厂,为此向制造商采购压缩机,而该压缩机各项技术指标是为该工厂专门设计的,一旦制造商不能交付压缩机,整个工厂将无法运转。那么,买受人在买卖合同中可约定加重违约金和损失赔偿金。

(八)货物运输

对于大件货物买卖,多涉及运输问题。实践中,运输方式较多,具体选择哪种或哪几种运输方式,应根据货物和运输路线的实际情况而定。货物包装方式包括托盘、纸箱、木箱、板条箱、捆扎、筒、轴、装散件等,主要根据货物本身和运输方式及条件而定。此外,运输保险也是一项重要内容,一般承运人都会要求对运输货物进行投保,通常由买方或卖方投保,具体由买方在签订买卖合同前策划确定,选择保险险种及投保人,如买卖双方选择国际贸易术语中的交货方式,[①]投保人在术语中已做明确划分。上述运输方式、包装及保险安排,主要根据货物及运输实际情况作出安排,不再一一赘述。

[①] 参见《国际贸易术语解释通则-2010》(The Rules of International Commercial Terms 2010, Incoterms 2010)。

实践中买卖双方需要注意货物运输政策要求、运输路况以及班次安排等,若未考虑这些因素,可能影响货物运送甚至导致交付困难。

法律法规对货物运输特别是境内陆上或水上运输作出规定,多因货物容易对外造成危害,如危险物品和危险化学品等。危险物品是指具有爆炸、易燃、毒害、感染、腐蚀等危险特性,在生产、经营、运输、储存、使用和处置中,容易造成人身伤亡、财产损毁或者环境污染而需要特别防护的物质和物品。[1] 危险化学品是指具有毒害、腐蚀、爆炸、燃烧、助燃等性质,对人体、设施、环境具有危害的剧毒化学品和其他化学品,[2]通常包括爆炸品、压缩气体和液化气体、易燃液体、易燃固体、自燃物品和遇湿易燃物品、氧化剂和有机过氧化物、毒害品和腐蚀品七大类。对放射性物品、民用爆炸物品、兵器工业的火药、炸药、弹药、火工产品和核燃料等物品的运输条件要求更加严格。

对于这些物品的运输,除对承运人有严格的要求外,对托运人也有专门要求。如危险货物托运人应当委托具有道路危险货物运输资质的企业承运;托运人应当严格按照国家有关规定妥善包装并在外包装设置标志,并向承运人说明危险货物的品名、数量、危害、应急措施等情况。需要添加抑制剂或者稳定剂的,托运人应当按照规定添加,并告知承运人相关注意事项。[3] 对于危险化学品,通过道路运输剧毒化学品的,托运人应当向运输始发地或者目的地县级人民政府公安机关申请剧毒化学品道路运输通行证;拟交付船舶运输的化学品的相关安全运输条件不明确的,货物所有人或者代理人应当委托相关技术机构进行评估,明确相关安全运输条件并经海事管理机构确认后,方可交付船舶运输。[4]

关于运输路况,在内陆公路运输中,影响运输通行的主要是货物的重量、装车高度、装车宽度等,货物重量限制主要是特定路段路基承载力、桥梁承载力等,如果超重,路政部门将拒绝通行。超重通常是由于物品本身超重或装载问题。另外,货物超宽、超高主要是物品本身体积或包装体积超过道路上桥梁、隧道以及其他设施的限度。

对于货物运输超重、体积超限等问题,有的可通过临时措施解决,如引用临时

---

[1] 参见《道路危险货物运输管理规定》第3条。
[2] 参见《危险化学品安全管理条例》第3条。
[3] 参见《道路危险货物运输管理规定》第28条、第29条。
[4] 参见《危险化学品安全管理条例》第50条、第53条。

道路、加固、拆除设施等,这些措施所发生的费用应由合同当事人承担,需要综合评估。另外,如果运输沿途超限点多,采取临时措施费用高,或者根本无法采取临时措施的,需拆解货物运输。因此,在合同签订前,应事先对货物运输路线进行踏勘,再对交货和运输等内容作出合理安排。

例如,买方在内蒙古地区建设大型工业工厂,从境外购买大型工业炉,通过海运至天津港后,需要通过陆路运抵工厂。由于工业炉整体重量、体积均超限,通过汽车运输无法运抵现场。因买方事先对陆路运输线路进行踏勘,掌握道路条件,为此,在工厂现场设置焊厂房,工业炉采取筒节和内件分段运抵现场,在工厂现场进行焊接组装。通过这种安排,圆满解决设备运输超限问题。

另外一项比较重要的是进出口货物海运航班安排问题,需要向船运公司等事先了解航班安排,以便妥善安排货物的交运与交付,特别是在买方负责安排运输的情况下,更需要了解装船港到目的港间货轮航班情况,以免到货延误。

案例 14

中国企业 S 公司从意大利制造商 IB 公司购买设备,用于工厂使用。为不影响工厂正常开车,该设备需于 6 月 20 日左右到达现场并安装调试。S 公司要求 IB 公司于 6 月 2 日在装船港船上交货(FOB)。经 IB 公司向装船港了解,从该港到中国境内目的港的货轮航班一般安排在每月下旬。IB 公司理解该设备按时到达对 S 公司整个工厂开车的重要性,为此,主动采取措施压缩设备制造周期,设备于 5 月下旬装船交付,并于 6 月 20 日前运抵 S 公司工厂。

(九)质量保证与质量保证期

1.概述

货物买卖合同中常见关于标的物的质量保证、质量保证期、质量保证金(以下简称质保金)等约定。

质量保证,是指出卖人对交付标的物的质量在约定期限内满足合同要求的承诺。质量保证包含两个方面含义:一是交付标的物的质量满足合同要求;二是标的物的质量在一定期限内持续满足合同要求。

质量保证期,是指出卖人对标的物的质量保证所承诺的期限,在该期限内,若非出卖人可免责情况,标的物或标的物组成部分的质量不满足质量保证的,出卖人应对买受人承担相应补救责任。合同实务中常见质量保证期多为质量缺陷保修期或质量保修期,有些货物的质量保修期不同于质量保证期。

质保金,是指出卖人向买受人支付的用于担保已交付标的物在质量保修期间的质量的金钱。在买卖合同实务中,质保金多以买受人按约保留合同部分价款的方式;在合同价款额度大的情况下,采用银行质量保函方式的也多见。

我国法律规定货物产品生产者、销售者对产品质量承担保证义务和责任,各类产品的质量标准在不同法律、标准、规范中要求不同。就货物质量标准而言,国家标准是基本要求;行业可以制定行业标准,但行业标准不得低于国家标准,一般多高于国家标准。国家鼓励企业产品质量达到并且超过行业标准、国家标准和国际标准。

就货物买卖合同而言,出卖人在质保期内应按约及时解决标的物的质量问题,出卖人未及时解决质量问题而影响标的物的价值或者使用效果的,买受人有权扣减质保金用于补偿出卖人自行或委托第三人解决标的物质量问题所花费的费用或因标的物质量问题而影响标的物的价值或者使用效果,质保金不足以补偿的,出卖人有义务补偿或赔偿买受人;质保金有剩余的,在质保期满后释放给出卖人。

2. 特别关注问题

合同主条款对标的物质量保证期和质保金释放期的约定,脱离技术文件约定的标的物质量保证和质保期限,把质保金释放期等同于质量保证期。质量保证期是出卖人就标的物向买受人承诺的质量保证期限,而质保金释放期是当事人约定标的物自质量保证开始后一定期限内,买受人将质保金或其剩余部分释放退付出卖人,质保金释放期可与质量保修期相同。

实践中,有的货物的质量保证期等同于该货物产品保质期,如食用花生油保质期自生产日起算 18 个月,相应地,该花生油质量保证期也是自生产日起算 18 个月。有的货物需要通过实际交付使用来验证其质量是否满足约定要求;有的货物如设备则需要通过实际交付并持续使用来验证其质量是否满足约定要求。并且,设备的质量保证期与质保金释放期并不一致,例如,工业离心泵,质量保证期情况为离心泵正常情况下服役 15 年,正常情况下连续运转 8000 小时,离心泵转子使用年限不低于 3 年,轴承使用寿命不低于 25,000 小时,机械密封使用寿命不低于8000小时;但质保金释放期通常自安装调试合格后24个月或更短。

实践中,关于标的物质量保证、质量保证期以及质保金及释放期时常被混淆或混同。常见问题如下:

(1)未约定质保金等于没有质量保证期。常见于合同价款不大的合同中,一般约定货到付全款,不设质保金,并认为既然没有约定质保金,当然不应设质量保证期。这种做法对需要出卖人在一定期限内保证标的物质量的买卖合同来说是不妥的。

例如,S公司与A公司订立工业管道疏水阀若干的合同,合同主条款约定:卖方交付全部货物,买方签发全部货物到场验收合格后,买方向卖方支付全部价款。合同专用条款进一步约定,质保金:0;质量保证期:无。而合同附件中技术协议则要求质量保证期为自交货之日起18个月或最终用户工程竣工验收合格之日起12个月。合同文件前后约定不一致的,以时间在后的为准。因技术协议约定在先,合同主条款达成一致在后,按照合同约定,可理解为出卖人对标的物质量保证仅限至交货验收。

上述例子中,买受人将标的物质量保证期与质保金释放期限混同。合同可以不设置质保金,但出卖人对疏水阀质量保证义务和责任是存在的。

(2)质量保证期等于质保金释放期。这个问题在材料、设备类买卖合同中经常出现。合同实务中,有的标的物质量保证期与质保金释放期一致,但设备、工业材料和建设工程大宗材料等类别的标的物的质量保证期相对较长,应将质量保证期与质保金释放期区分开,否则,将缩短标的物的质量保证期,损害买受人权益。

虽然《民法典》第622条规定约定的质量保证期短于法律、行政法规规定期限的,以法律、行政法规规定的期限为准,但法律和行政法规规定货物质量保证期的情形相对较少,大多数标的物的质量保证期是由当事人基于标准规范和买受人实际需要约定的,借助法律规定可补救的质保金货物种类有限。因此,实践中,尤其买受人一方在约定标的物质量保证期时要多注意这方面问题。

(3)"一刀切"质量保证期。就是对标的物约定一个统一的质量保证期,这对单一质量保证,如工业材料、建材等标的物来说是正确的;但设备类标的物不同,存在设备整体质量保证和设备的主要部件、配件的质量保证,如家用电冰箱,整机三包有效期为1年,主要部件三包有效期为3年。

例如,工业离心泵买卖合同的技术附件约定:离心泵正常情况下服役15年,正常情况下连续运转 8000 小时,离心泵转子使用年限不低于 3 年,轴承使用寿命不低于 25,000 小时,机械密封使用寿命不低于 8000 小时。此后,进一步约定质量保证期以合同主条款约定为准。而合同主条款关于质量保证期约定自设备安装调试合格之日起 12 个月,由于买受方原因没有安装调试的,自设备交付现场之日起 18 个月,以先到者为准。

上述例子合同技术附件要求离心泵整机运行质保期为连续运转 8000 小时,但对零部件的质量保证期要求各不相同,而合同主条款采用"一刀切"的方式约定自设备安装调试合格之日起 12 个月(或自交付现场之日起 18 个月)。例子反映出两个方面问题:一是把质保金释放期与质量保证期混同;二是用质保金释放期统一离心泵整机和主要零部件质量保证期。

三、主要类型买卖合同实践

(一)设备类买卖合同

1. 合同文件

就重大复杂设备买卖合同而言,由于需要描述和定义的内容多,通常采取合同协议书 + 合同条款 + 附件的方式。

(1)合同协议书

合同协议书是整个合同文件的总揽部分,通常是当事人正式签字盖章部分,合同协议书主要把合同核心内容提炼出来,要突出重点,不宜长篇大论,通常包含合同交易背景、合同形成方式、合同文件构成及各个文件之间效力顺序、合同标的概述、合同价款与支付总则、履约交付时间和合同期限、合同生效方式及生效时间等。

合同协议书所述及内容的细节可放到合同条款与条件部分。

(2)合同条款与条件

这部分需详细约定合同条件,主要内容可按前文"买卖合同的主要内容"以及"买卖合同的通用事项",并结合各个交易业务具体情况,详细约定合同条款与条件内容。此处不占用过多篇幅。

(3)合同附件

合同附件部分,根据合同标的物实际情况,结合商务条件与商务安排设定,重大复杂设备类买卖合同,一般可包含以下附件,实务中,根据实际情况调整。

附件1：供货范围与分项价格清单

主要约定和列明供货项目和数量，成套设备的分项组成、部件、配件、专用工具、备品备件等，设备安装调试、操作培训、考核等伴随服务，合同价格构成，以及标的物各分项对应价格或单价。这部分可以文字描述和表格相结合的方式表达。

附件2：技术要求

对于复杂设备、机械等货物的买卖合同，技术要求（实践中也有合同采用技术协议等形式）附件十分重要，技术协议或技术附件详细定义买卖标的物和条件。该附件通常包括以下主要内容：

供应范围。包括供应标的物范围、技术服务、运输、文件、标的物所包含的知识产权等。

设备主要质量指标和适用标准规范。详细列明适用标准规范和要求，如材料标准、制造与焊接标准、各类检验检测标准、涂覆涂装标准、设备标准规范、包装和运输标准等，要特别详细定义设备的各项关键质量标准，包括工艺性能指标、机械性能指标和实体质量指标等。

设备将承载的自然条件。包括设备所使用的当地气温、风压、雪压、抗震设防烈度、场地土类级别等。

材料。制造设备、机械等的各类材料，以及试验等。

原产地（适用进出口合同）。具体约定标的物原产地，包括用于制造机械、设备等的主要材料、关键部位原材料、关键部位以及组织等的原产地。

交货状态。主要是指标的物采取整体交货，还是目的地组装交货方式。对于有些特大型成套设备、机具等，由于运输条件或其他原因，采取在目的地现场组装方式交货会更好。选择采用目的地现场组装方式交货的，还需要进一步约定现场组装条件及安排，即现场组装条件由买方还是卖方提供，现场条件及现场组装发生的费用是否包含在合同价款中，由哪方承担等。

备品备件与专用工具。主要约定出卖方向买受方用于设备、机械、机具安装调试、试车等所需要的备品、备件，以及设备、机具、机械等安装、维修等所需要的专用工具等。

分包。主要是出卖方制造设备所需主要原材料、组件、部件、配件等需要向其他供应商、制造商采购的项目，为保证标的物的质量，需要约定这些分包项目的潜在供应商，对于有的设备、器械等关键部件，甚至明确约定特定的制造商。

设计、制造、检验、验收。主要指设计、制造过程约定、制造过程检验和验收要求,包括卖方在设备制造过程的自行检验检测报告,以及买方委托第三方检验检测的停检点和卖方提供的配合条件等。

监造。在非标准设备、器械、机具等的制造过程中,买受方一般委托具有专业资质的专业机构进驻出卖方制造工厂进行全过程监督检验,确保制造过程中的每个环节和步骤合格。在附件中要约定买受方停检点、制造厂报告事项等。

油漆、清洗、包装与运输。主要约定设备、器械、机具制造完成后的清洗要求,如喷沙除锈、喷涂等;包装与装箱要求;运输条件与要求;装箱清单;交货地点与交货方式,如现场车板交货和运输保险投保等。

对于进口设备、器械等,还有装运前通知、装运通知与单证要求等。

质量保证与售后服务。主要包括原材料检验、制造过程质量控制点见证试验;设备安装调试和考核指导服务,对买受方操作人员培训等;设备整体主要零部件和易损件连续使用保证期限及质量保证期内缺陷补救要求等。

铭牌。主要是对设备、器械、机具等铭牌的要求。

图纸、制造过程文件与竣工资料文件、证明材料。主要包括设备制造设计图纸和文件、制造过程主要计划、工艺方案、控制点停检文件、过程检验文件、主要材料、焊接材料原始质量证明文件以及复检报告文件、各种试验结果报告、主要检测工艺与检测报告、设备清单与备品备件清单、产品质量说明书、检验放行证等,形成文件并成册。

其他。上述未尽内容。

附件3:设备供应进度计划

主要针对那些制造周期较长的设备,需要约定具体进度计划,以保证标的设备按约交付。一般约定设计、原材料采购、制造、关键停检、制造完工、喷涂与清洗、质量检验、出厂、装运、交付、安装调试等主要里程碑节点。对于供应周期长并采用里程碑节点付款的,在支付条款或附件中,与主要里程碑节点对应起来,并要有相应支持文件作为请款支撑。

注:实践中,合同价款支付节点并不是与设备供应每个里程碑节点一一对应,而是选择几个关键里程碑节点作为价款支付节点。

附件4:银行保函格式

主要包括预付款保函格式和履约保函格式,实践中,有些买卖合同的质保金也采用银行质量保函方式。银行保函通常由卖方向买方提供。

附件5：信用证（L/C）与支付条件

主要适用于采用信用证支付方式进出口合同,实践中,国内买卖合同也有采用信用证支付的。采用信用证支付的,要约定支付额度,实践中也有合同价格并不固定,而是采用单价与供货量计算价款方式,如多台设备买卖,有一定的额度区间,那么,信用证条件中也应约定;另外,信用证支付是凭单支付,承兑行实行形式上的"单证一致即付"原则,因此,对买受人来说,要在信用证付款条件中设定清楚,需要卖方提交哪些文件和凭证,哪些是原件,哪些是复印件,以及分别是几份等都要约定清楚。对于分期付款的,每个付款阶段条件有所不同,所需要提交的文件和凭证也有所不同,都需要在信用证条件中约定清楚。

附件6：付款申请格式

主要针对合同分期付款情况,约定卖方向买方申请付款格式、条件及相应支持文件,采取里程碑节点付款的,约定供应商签订主材订单支付部分合同款的,供应商须附上不带价格的主材订单作为支持文件。

注意：在实务中,常见买方要求卖方在付款申请时并提供发票等支持文件,这是很正常的要求。但因卖方提交支持材料不齐全,买方认为因此可以不付款,同时将付款申请材料放到一边;而卖方认为付款申请已提交,只需等待买方付款。时间一长,双方因付款事宜产生纠纷。但若提起诉讼或仲裁,裁判一般认为有些支持材料不是卖方主要义务而裁判买方付款违约并承担相应责任。

在实践中,很多公司、企业特别是国有企业、上市公司等合同付款管理严格,缺少某些支持文件甚至是别人认为不重要的支持文件,这些企业就难以启动对外付款的内部程序。因此,本书认为,卖方在提交付款申请时应严格按照合同约定提供相应支持文件;另外,从买方角度讲,缺少某些支持文件确实无法办理付款手续的,那么,应在合同中进一步约定"卖方付款申请材料不齐全的,买方有权拒绝支付相应合同价款（或买方无义务支付相应合同价款）",避免因此而承担违约责任。

附件7：装箱单

主要约定卖方按照约定的格式提供设备装箱单。设备需要两个或以上装箱交付的,应有总装箱单和每箱分装箱单。

附件8：设备出厂放行单

主要约定供应商货物出厂放行条件及履行手续等格式文件,包括前述装箱单以及合同约定的跟机文件目录和文件,如设备制造过程检验报告、设备质量合格证、设备使用手册等。

附件9:发货通知

主要约定卖方发货数量、时间、预计到达时间、运输方式以及各方联系方式等通知格式文件,以便买受人提前做好接货准备。如是托运,还包括运输交付单证、提货单、运输保险等,如果是买方负责投保,卖方还要提前通知以便买方进行投保安排。

附件10:现场开箱验收记录

主要约定相关方(买方、检验机构、卖方以及其他第三方)对设备、器械、机具到达交付现场后,开箱(包装)对外观、数量、文件资料等进行目测初步检查验收,并作出对设备、器械等表观验收定论等格式文件。这对买卖双方都十分重要。

需要注意:设备开箱验收合格,只表明设备外表表观查验合格,并不表示设备质量是合格的,设备质量是否合格需要待安装运行后进行检验。

附件11:安装调试检验记录

对于设备、仪器、器械、机具等货物,开箱检验只是外观检验,其工艺性能、机械性能等方面指标,需要在安装运行后检验、检测,因此,对于这类货物,安装调试记录十分重要,一般在合同中附加相应格式文件。

安装调试记录应包含合同约定设备所应达到的各项工艺性能指标和机械性能指标,在实践中,有些设备的工艺性能需要等到设备满负荷稳定运行后才能检测,在安装调试阶段无法进行检测;而有的设备需要经过多次调试和检验、检测,每次调试检验都应当有相应记录,并由参与检验检测方共同签字确认。

附件12:现场技术服务与要求

主要约定卖方对买方或最终用户在安装调试标的设备以及后续运行设备阶段给予专业技术指导、培训等服务。这部分需要约定清楚现场培训、指导内容、标准以及专业人员要求,专业人员现场服务工时、现场管理要求以及如果服务超过约定工时的处理等。附件12也可合并到附件2中,作为附件2的附录文件。

附件13:考核指标与验收

主要针对一些非标准设备、器械、机具等的性能和实体质量指标的考核,考核指标主要是附件2技术要求中列明的指标,包括工艺性能指标、机械性能指标以及实体质量指标等。在该附件中,还要约定考核验收所适用的标准规范(一般可在附件2中约定)、考核所需条件以及考核办法。另外,还应约定,如果部分指标考核不合格,可允许再次考核。

特别注意:对于一些重要设备、器械、机具的考核指标,最好明确哪些指标偏差多少是不可接受的,出现这种情况,表明设备、器械、机具对买方或最终用户来说是本质上不合格,买方有权拒收;有些指标虽然没有达到约定要求,但设备、器械、机具仍可接受,那么,双方应约定相应的处理措施,如卖方支付一定的考核不达标违约金等。

上述各个附件以及每个附件里的内容,在实践中,应根据每个合同标的物情况和商务安排进行选择和约定。

2. 重点关注事项

除前面第二部分所列买卖合同通用九大方面注意事项外,对于设备类买卖合同,特别是非标准设备,还要注意以下事项:

(1)质量标准

非标准的生产加工类设备,其质量包括工艺能力、机械性能和实体质量。工艺性能,如设备产能、产品合格率、加工制造精度、能耗等;机械性能,如设备运行时震动、噪声等;实体质量,如设备制造材质、设备整体生命周期、设备易损件使用时长等。实务中,不同设备要求各不相同,但买卖双方重点关心的各项指标,在合同技术文件中要明确约定清楚,避免在后期设备验收时产生分歧。另外,有些设备对运行环境有特别要求,如要达到某些性能指标,对设备所处温度、湿度,以及气压等方面有特定要求,那么,这些特别要求也要在合同附件中明确,避免在验收时产生纠纷。

例如,以相对简单的设备——谷物联合收割机为例,全喂入式收割机的一项质量指标"总损失率",如果收割小麦,其指标为总损失率≤1.2%。考核这项指标需要诸多前提条件:如对小麦要求,草谷比为0.6~1.2,籽粒含水率为12%~20%。对作业要求,①作业机手应具有较为熟练的收割机驾驶技术,能够熟练操作收割机进行小麦收割作业;②收割应在小麦完熟期或蜡熟期、作物不倒伏、作物籽粒含水率在12%~20%的条件下进行;③地块长度宜不小于20m,宽度不小于3个满幅作业行程,地表应不陷脚、无积水等。

(2)过程监造

那些大型或复杂非标准设备,制造环节较多、制造周期较长,为保证设备能够按时、保质交付,一般在合同中约定买方对卖方在设备制造过程中进行监管,包括进度计划跟踪、过程监造,以实现过程合格及结果合格。

实践中,买方可委托专业第三方对卖方在制造设备过程中进行监造。

(3)所有权保留

对于价值大的设备和大型非标准设备,一般是在订立买卖合同后制造商才组织设备制造工作,设备交付期一般较长,几个月、十几个月甚至几十个月都有可能,这类合同价款多采用分阶段支付方式。因此,对买卖双方来说,都有相应的风险。对卖方来说,担心买方将不按约付款或客观原因无力付款,前面已有述及,可约定设备所有权保留。对买方来说,可能存在设备交付前因卖方与其他第三方法律纠纷或进入破产程序,合同设备或设备半成品、组件、部件被视为卖方财产而被采取法律措施,买方一方面已付出部分或大部分货款,另一方面又得不到设备。综合实践,本书认为这类买卖合同可约定用于制造合同设备的材料、组件、部件以及交付前的设备所有权归属于买方。当然,这种约定要平衡买卖双方在合同付款和设备交付之间的关系,对买方来说还要考虑其他风险,如毁损风险,当然,在合同中也可约定设备交付前的毁损风险由卖方承担。

(4)考核与验收

对于一些技术标准要求较高的设备、器械、机具等,需要经过考核验收才能最终界定是否合格。前述附件13"考核指标与验收"有相应论述,同时,合同主条款中的付款条款、验收条款以及违约责任条款也应有相应关联。如在付款安排上设置一定比例的价款支付作为考核验收条件,实践中,有的合同无法做到这点,那么,履约担保期限最好能够涵盖考核验收阶段。

(5)知识产权保护与侵权

除通用设备外,多数设备特别是那些非标准设备都有相应专利技术和专有技术,这就涉及知识产权保护以及知识产权侵权问题。在知识产权保护方面,要约定合同各方对对方提供或披露的知识产权进行保护,这在实践中容易被忽视。在知识产权侵权方面,包括两个方面:一是合同当事人侵犯对方知识产权,如买方将卖方技术信息披露给第三方制造商;卖方将买方提供的技术信息转化为自己所有。二是使用合同设备侵犯第三人知识产权,对于这种情况,合同可约定卖方帮助买方解决知识产权侵权问题,并赔偿买方因此遭受的损失。

(二)工矿与工业原料类买卖合同

工矿产品和工业原料类物品构成工业生产制造的重要材料,如铁矿石、有色金属矿石是提炼钢铁和有色金属的原料,煤炭既可作为工业原料如化工原材料,也可作为火电厂等的重要燃料,此外,在我国三十九个工业大类中,除六类开采和冶炼业外,其余三十多类为加工制造工业类别,都需要相应的原料或原材料,可见,工矿产品和工业原料类买卖合同无论是在数量方面还是在我国工业体系中重要意义方面都不言而喻。

下文重点以煤炭作为基本标的物,分析这类货物买卖合同,其他工矿产品和工业原料物品买卖合同可借鉴参考。

1.合同主要内容

和设备类货物买卖合同相比,工矿产品或工业原料类货物买卖合同相对简单一些,合同文件不需要像设备类买卖合同那么复杂,一般可由合同主条款和部分附件组成,实务中,是否需要或需要单列哪些附件,可根据实际交易情况确定,如供货量大、涉及货物检验以及调价机制复杂等情形,可单列附件详细约定。

合同主条款内容除合同通用条款外,工矿货物买卖合同主要内容包括:

(1)标的物。包括品名、品质等具体约定,例如,俄罗斯煤、国内某地煤等,并具体约定煤炭主要品质指标,通常包括全水分含量、全硫含量、灰分、挥发分、发热量(一般为收到基低位发热量)等指标,有的还约定灰熔点和粒度等,同时,还要对有些指标约定拒绝接收指标,如全硫含量超过某个百分比拒收,发热量低于约定指标可拒收等。

(2)标的物数量。约定具体数量;另外,一般情况下,工矿类货物交易量大,装运中存在一定损失和误差,因此,还要约定一定范围误差,如±10%,合同价款应据实结算。

(3)运输与保险。工矿产品交易量大,多以火车、轮船等运输,根据实际约定运输方式,一般由卖方负责安排运输,同时,约定相应运输保险。

(4)交付地点与交付方式。通过轮船或火车运输的,约定货到车站或港口,还要约定由哪方负责卸货及港站临时存放场所,以及相应费用承担等。实践中,一般由卖方垫付,计入合同结算价款。

(5)数量计量。货物数量计量办法,通常主要有两种:一是以装运单记载数量为准；二是以到港站计量为准，港口或火车站通常采用轨道衡、汽车衡或皮带衡等计量，这由到港站决定。实践中，以到港站计量还是以装运单记载量为准，可由当事人约定，非长期协议或非经常交易的，一般选择以到港站计量为宜。

（6）品质检验。主要对约定品质指标进行检测，一般以卖方委托到港站专业检测机构的检测结果为准，并对送检样品进行封存；如对检测结果有异议，可委托第三方专业检测机构对封存样品进行复测。

（7）价格与价格调整。一般按品质标准的某个热值约定基准价，如以收到基低位发热量 4500kcal/kg 约定为到港站每吨基准价，同时，约定港站杂费、堆存费的承担。

调价机制是工矿类产品交易的一项重要内容，如煤炭，发热量标准不同，价格也不同，需要约定相应的调价机制，一般以发热量为主要调价因素，发热量高价格高，发热量低价格低；另外，硫含量也是影响价格的因素，在硫含量可接受范围内，硫含量高价格低，硫含量低价格高。

（8）滞期与速遣。滞期与速遣通常针对船运大宗物资卸货而言，其中，滞期指卸船时间超出允许时间，导致压港甚至影响班次，将发生额外费用和违约金；速遣是指加速卸货时间，相应也要发生额外费用。因此，要约定相应合理卸船时间，一般给出卸船起始时间（如备妥通知 NOR 后 12 小时或 24 小时）、卸船率（如每个晴天工作日 PWWD 卸货 12,000 吨，或港口习惯卸船率 CQD），同时约定压港费、速遣费等，通常速遣费按压港费 50% 计，具体根据实际情况约定。

2. 重点关注事项

对于工矿产品和工业原料类合同，除约定上述主要内容外，实务中还应关注以下事项。

（1）品质标准与拒收标准

工矿产品和工业原料或原材料的品质直接与价格相关，如煤炭发热量和硫含量、铁矿石的含铁量以及有害杂质等；有的对工矿产品和工业原料品质要求更高，达不到要求标准将影响使用甚至不能正常使用，需要约定相应拒收标准，例如，煤炭发热量低于某个热值（如 4000kcal/kg）或有害杂质如硫分大于约定值（比 0.6% 或 1.0%）将予以拒收。

（2）调价机制

工矿产品和有些工业原材料品质指标并非如生产成品那样质量指标相对统

一,因此,一般按工矿产品、工业原材料某项或某几项品质指标约定基准价格,在此基础上,以产品品质指标波动调整价格,如铁矿石的铁含量、煤炭的发热量等。以煤炭为例,有的以煤炭发热量为调价因素,硫分含量超过约定含量直接拒收,如某时期低位发热量(收到基)4500kcal/kg 的煤炭基准单价为人民币 708 元/吨,实际结算单价按下面公式调整。

$$结算单价(元/吨) = 708 \times \frac{经确认卸港检测热值}{4500kcal/kg}$$

也有的调价机制采用结算煤炭发热量增减单位调整价格,即每增加或降低 1kcal/kg 相应增减价格。实务中,具体采用哪种调价方式由双方根据实际商定。

(3)验收方式与异议解决

实践中比较容易产生分歧的是品质指标检测结果,因此,双方应约定好产品检验机构,一般约定以到港站检验机构检测结果为准;同时,也要约定好复检机构,并约定两次检测结果差异范围,如煤炭发热量差异小于 30kcal/kg。为避免后续争议,双方最好约定取样办法,除送检样品外,还要封存部分送检样品,以备后用。如一方或双方对检测结果有异议,可委托复检机构对原样品进行复测,如复测结果在约定差异范围内,以原检测结果为准;反之,可以两次检测值平均值为准或再次委托第三方检测。

(4)所有权保留与风险

法律允许货物买卖合同约定卖方对标的物所有权保留权利。实务中,工矿产品或工业原材料产品因交易量大,相应交易金额也大,卖方多在合同中约定所有权保留,要求买方支付全部货款后转移货物所有权并放行。但实际操作需要注意,尤其在双方对物品品质发生争议的情况下,物品在港口或火车站停留时间较长,一方面发生额外堆场费用和港站杂费;另一方面容易发生损失、损坏或损害,如煤炭淋雨、自燃等。合同一方面应约定好此间对货品照管责任,减少和避免损失、损坏;另一方面应约定各种情形下所发生的额外费用以及货物损失、损坏等责任承担。

工矿产品和工业原材料类买卖合同,因标的物不同其合同主要内容和重点关注事项也不尽相同,如食品工业类原料和原材料,要重视物品品质等级,更要重视食品安全;化学工业对原料和原材料的要求与非化学工业的要求也不同,既要关注原料或原材料化学成分及纯度,还要重视危化安全等;在货物运输方面,除普遍要求环境保护外,对于危化类物品还有特殊包装和运输要求等。实务中,根据标的物情况具体约定。

(三)生活类物品买卖合同

居家生活类物品种类多,所涉及行业也多,如居住的房屋,交通所用的机动车、自行车等,家用电器电子类如电冰箱、电视机、电脑、手机等,食品类如米、面、油、盐、酱、醋、茶等,衣、帽、鞋、袜等服装服饰类,等等。居家生活类物品买卖合同关系按合同主体总体上可划分为两种:一是家庭或个人为生活、消费目的作为买受人所形成的买卖合同关系,简称生活消费型买卖合同;二是生活物品经营者与生活物品生产制造者或经营者之间所形成的买卖合同关系,简称经营型买卖合同。就合同内容而言,相同物品的合同内容总体上应是相同的,不同之处在于,前者还适用《消费者权益保护法》关于惩罚性赔偿的规定,[①]而后者则不适用;食品类合同在适用《食品安全法》时两者也不尽相同。

生活类物品种类繁多,相应的合同要求也不尽一致,但总体上可参照通常买卖合同条款和附件,并按照标的物特性进行约定,这里不再占用篇幅赘述。下面指出这类合同重点关注事项,供读者参考。

1.经营型买卖合同关注事项

居家生活品经营型买卖合同,其目的是把标的物销售给最终用户或消费者,或由销售终端销售者如商场、超市以及其他零售经营者销售给最终家庭或个人用户或消费者。

各类物品买卖合同需要关注的事项不同,民以食为天,下面以食品类买卖合同为例。

(1)适用法律

经营型买卖合同除适用《民法典》外,还适用《食品安全法》,如果标的物是农产品,也适用《农产品质量安全法》,因这类合同的买受人不属于《消费者权益保护法》所调整的主体,因而不适用该法,但如果合同项下食品销售给消费者,则受《消费者权益保护法》调整。因此,这类合同除关注一般买卖合同所涉及的法律外,还

[①] 《民法典》以及基于《民法典》实施而修订的《商品房买卖合同司法解释》取消了原商品房买卖合同司法解释关于惩罚性赔偿责任的规定,因此,商品房买卖合同不适用《消费者权益保护法》。

要关注《食品安全法》《消费者权益保护法》等一些专门法律。

(2) 质量与品质

食品质量影响到人的生命健康,因此,国家制定了相应的食品质量和品质标准,生产者和经营者都必须遵守。另外,多数食品质量按照标准划分不同等级,如果经营者以次充好、以低等级冒充高等级销售给消费者,依据《消费者权益保护法》和《食品安全法》等规定,需要对消费者承担惩罚性赔偿责任,食品的质量和品质会直接影响食品价格。因此,在这类买卖合同中,尤其应约定清楚标的物质量标准和品质,不可简单用"合格""优良"等模糊性描述。

以食用花生油为例,花生油分为花生原油和成品花生油,花生原油又称花生毛油,不能直接供人食用;成品花生油是符合标准供人食用的花生油。

花生油的生产工艺不同,油品品质和质量标准也不尽相同。按生产工艺可分为压榨花生油和浸出花生油,两种工艺生产的成品油在品质和质量标准上稍有不同,其中,压榨花生油分为一级和二级两个等级,而浸出花生油则分为一级、二级和三级三个等级。

同类花生油不同等级品质不同,如压榨花生油根据色泽、透明度、气味和滋味、水分及挥发物含量、不溶性杂质含量、酸价、过氧化值、加热试验、溶剂存留量等9项指标进行划分,如色泽方面,一级油品为"浅黄色至橙黄色",二级油品为"橙黄色至棕红色";水分及挥发物含量方面,一级油品为"≤0.10%",二级油品为"≤0.15%";等等。而且,按照标准,9项指标中只要有1项指标不符合,即判定不符合该等级产品要求。例如,某批压榨花生油,假设水分及挥发物含量为0.25%,即使其余8项指标均达到一级标准,该批油品既不能认定为一级,也不能认定为二级。

不同类花生油相同等级对应指标也不尽相同,如一级压榨花生油的酸价为"≤1.5(mg/g)",过氧化值为"≤6.0(mmol/kg)";而一级浸出成品花生油的酸价为"≤0.5(mg/g)",过氧化值为"≤5.0(mmol/kg)"。

可见,在成品花生油买卖合同中关于花生油的品质和质量要求,不可简单约定为"成品花生油一级"或"成品花生油二级",而要从三个角度进行约定:一是约定花生油的生产加工工艺,是压榨花生油还是浸出成品花生油;二是约定清楚相应的等级;三是约定各项指标,如果全部执行国家标准,可直接引用该标准文件,但相关指标优于国家标准的,则分别把各项指标约定清楚。需要注意,相应等级指标不得低于国家标准。

(3)食品安全

食品安全,是指食品无毒、无害,符合应当有的营养要求,对人体健康不造成任何急性、亚急性或者慢性危害。① 反之,则是不安全食品。食品是否安全直接关系人们的健康和生命安全,因此,一方面,国家对食品生产经营进行严格监管,国家对食品安全制定强制性标准,即生产和经营食品必须符合国家食品安全标准,《食品安全法》第34条还规定了十三类禁止生产经营的食品、食品添加剂、食品相关产品;另一方面,在法律方面严厉打击食品安全违法和犯罪行为。

不同食品的食品安全评价指标不尽相同,除《食品安全法》第33条要求食品生产经营符合食品安全标准外,每种食品安全还有具体指标规定。如成品花生油安全要求,主要包括食品添加剂的品种和用量、真菌毒素限量、污染物限量、农药残留限量,如花生油的黄曲霉毒素B1限量指标为"20μg/kg"。② 超过这些限量指标的,均不符合食品安全规定,不得销售食用。

另外,供食用的源于农业的初级产品(以下简称食用农产品)的质量安全按照《农产品质量安全法》的规定,这里所称农业的初级产品(农产品),指在农业活动中获得的植物、动物、微生物及其产品,如水稻及大米,葡萄及葡萄干等。

生产经营不符合食品安全标准的食品,造成消费者损害的,除国家从公权力方面对食品生产经营者进行行政或刑事处罚外,消费者可要求该食品生产者或经营者赔偿损失。而且,生产不符合食品安全标准的食品或者经营明知不符合食品安全标准的食品,消费者除要求赔偿损失外,还可以向生产者或者经营者要求支付价款十倍或者损失三倍的惩罚性赔偿金。

对于食品经营者承担惩罚性赔偿需要有明知的过错前提,《食品安全司法解释(一)》(法释〔2020〕14号)对此作出具体司法解释,经营者具有后面八种情形之一的,即认定为明知食品不符合食品安全标准,需要承担惩罚性赔偿责任:已过食品标明的保质期但仍然销售的;未能提供所售食品的合法进货来源的;以明显不合理的低价进货且无合理原因的;未依法履行进货查验义务的;虚假标注、更改食品生产日期、批号的;转移、隐匿、非法销毁食品进销货记录或者故意提供虚假信

---

① 参见《食品安全法》第150条。
② 参见《食品安全国家标准食品中真菌毒素限量》(GB2761-2017)表一。

息的;其他能够认定为明知的情形。[①]

(4)禁止生产经营的食品

为保障人们身体健康和生命安全,《食品安全法》明令禁止生产经营如下十三类食品,食品经营者在签订食品买卖合同时尤其要注意:

①使用非食品原料生产的食品或者添加食品添加剂以外的化学物质和其他可能危害人体健康物质的食品,或者用回收食品作为原料生产的食品;

②致病性微生物,农药残留、兽药残留、生物毒素、重金属等污染物质以及其他危害人体健康的物质含量超过食品安全标准限量的食品;

③使用超过保质期的食品原料、食品添加剂生产的食品;

④超范围、超限量使用食品添加剂的食品;

⑤营养成分不符合食品安全标准的专供婴幼儿和其他特定人群的主辅食品;

⑥腐败变质、油脂酸败、霉变生虫、污秽不洁、混有异物、掺假掺杂或者感官性状异常的食品;

⑦病死、毒死或者死因不明的禽、畜、兽、水产动物肉类及其制品;

⑧未按规定进行检疫或者检疫不合格的肉类,或者未经检验或者检验不合格的肉类制品;

⑨被包装材料、容器、运输工具等污染的食品;

⑩标注虚假生产日期、保质期或者超过保质期的食品;

⑪无标签的预包装食品;

⑫国家为防病等特殊需要明令禁止生产经营的食品;

⑬其他不符合法律、法规或者食品安全标准的食品。

经营型合同买受人在订立合同时应要求合同对方(食品生产加工者或经营者)确保所供应的食品不属于上述十三类禁止食品。

(5)储存、运输

食品的储存、运输环节的安全关系着食品的安全,因此,合同中关于食品的储存、运输要有专门约定,包括工具、设备以及储存、运输、装卸特殊条件以及特别禁止性要求。在实务中,因食品不同,所需储存和运输工具、条件各不相同,需根据

---

① 参见《食品安全法》第148条、《食品安全司法解释(一)》(法释〔2020〕14号)第6条。

食品种类和特性具体约定。一般来说，包括以下几个方面①：

一是储存、运输和装卸食品的容器、工具和设备本身应当安全、无害，保持清洁，同时，还要防止食品在储存、运输和装卸中遭受污染，包括外部污染。进入市场销售的食用农产品在包装、保鲜、储存、运输中使用保鲜剂、防腐剂等食品添加剂和包装材料，应当符合食品安全国家标准，符合国家有关强制性的技术规范。

二是储存、运输和装卸食品所需的特殊条件，如符合保证食品安全所需的温度、湿度等控制要求。

三是禁止性要求，不得将食品与有毒、有害物品一同储存、运输。

2.生活消费型买卖合同关注事项

这类合同与上一节经营型买卖合同内容并无实质不同，不同之处主要体现在如下两大方面。

(1)适用法律

为保护消费者权益，在生活消费型合同订立和履行中，如经营者存在欺诈或产品质量问题，除适用《民法典》以及相关法律外，还适用《消费者权益保护法》以及《食品安全法》等法律进行特别保护。目前而言，除商品房外，②包括机动车在内的商品均适用《消费者权益保护法》规定的惩罚性赔偿，如所购买食品不符合《食品安全法》关于食品安全标准的规定，造成消费者损害的，生产者或经营者除向消费者赔偿损失外，法律还支持消费者向生产者或者经营者要求支付价款十倍或者损失三倍的惩罚性赔偿金。③

(2)网购消费

随着电子商务快速发展，特别是人们生活消费购物方式由实体店购买大量转向网络购买的现实，网络消费纠纷也随之大量发生。为了保护消费者合法权益，在《民法典》《消费者权益保护法》《电子商务法》等法律基础上，2022年3月15日开始实施的《网络消费司法解释(一)》(法释〔2022〕8号)进一步加强对消费者网购消费的保护，尤其关注以下几个方面。④

---

① 参见《食品安全法》第33条、第66条；《农产品质量安全法》第29条。
② 《民法典》颁布后，配套修订后的《商品房买卖合同司法解释》(法释〔2020〕17号)取消了修订前的司法解释(法释〔2003〕7号)第8条、第9条关于已付房款一倍的惩罚性赔偿的规定。
③ 参见《食品安全法》第148条。
④ 参见《网络消费司法解释(一)》第1条、第3条、第10条、第11条。

①电子商务经营者提供的格式条款中包含如下内容无效

收货人签收商品即视为认可商品质量符合约定；

电子商务平台经营者依法应承担的责任一概由平台内经营者承担；

电子商务经营者享有单方解释权或者最终解释权；

排除或者限制消费者依法投诉、举报、请求调解、申请仲裁、提起诉讼的权利；

其他排除或者限制消费者权利、减轻或者免除电子商务经营者责任、加重消费者责任等对消费者不公平、不合理的内容。

②必须拆封查验商品的，不受《消费者权益保护法》不拆封限制

消费者因检查商品的必要对商品进行拆封查验且不影响商品完好，电子商务经营者以商品已拆封为由主张不适用《消费者权益保护法》第25条规定的无理由退货制度的，人民法院不予支持，但法律另有规定的除外。

③平台内经营者承诺高于法定赔偿标准的，必须践诺

平台内经营者销售商品损害消费者合法权益，其向消费者承诺的赔偿标准高于相关法定赔偿标准，消费者主张平台内经营者按照承诺赔偿的，人民法院应依法予以支持。

④网络直播销售赔偿

（a）平台内经营者开设网络直播间销售商品，其工作人员在网络直播中因虚假宣传等给消费者造成损害，消费者主张平台内经营者承担赔偿责任的，人民法院应予支持。

（b）网络直播间销售商品损害消费者合法权益，网络直播营销平台经营者不能提供直播间运营者的真实姓名、名称、地址和有效联系方式的，消费者依据《消费者权益保护法》第44条规定向网络直播营销平台经营者请求赔偿的，人民法院应予支持。

四、特种买卖合同

特种买卖合同是买卖合同的一种特殊方式，并非指买卖标的物属于特殊种类物。《民法典》总结原《合同法》及《合同法司法解释（二）》等司法解释并顺应时代发展新趋势，把分期付款、凭样品买卖和试用买卖特殊内容纳入买卖合同专篇，2020年12月23日最高人民法院修正后的《买卖合同司法解释》（法释〔2020〕17号）把这三种特殊买卖纳入特种买卖合同范围。因此，特种买卖合同专指分期付

款买卖合同、凭样品买卖合同和试用买卖合同。

特种买卖合同中买卖双方主要权利、义务与一般买卖合同并无本质不同,但在合同形成方式、履约及相关违约责任等方面有所不同。对于与一般买卖合同共性之处,在此不做赘述,下面主要介绍其特别之处。

(一)分期付款买卖合同

分期付款买卖合同是指出卖人按约已向买受人交付标的物,买受人按约将应付的总价款在一定期限内分多次(至少三次)向出卖人支付的买卖合同。常见如分期付款商品房买卖合同、分期付款机动车买卖合同等。

实务中,有些买卖合同价款分多次支付,如设备买卖合同约定:出卖人完成设备制造备料支付合同总价款的30%、设备交付现场支付至总价款的80%、完成设备安装调试支付至合同总价款的95%、设备正常运行后12个月支付剩余价款。本书认为,这类合同虽然约定价款支付次数符合分期付款要求,但每次支付都以出卖人履行约定义务为条件,并且,直到第三次支付时才完成设备完整交付,因此,不应属于此处所述的分期付款买卖合同范畴。

考虑到现实中的分期付款买卖合同买受人多为家庭或个人,在《民法典》制度下,分期付款买卖合同具有如下特别之处[①]:

(1)买受人未支付到期价款的数额达到全部价款的1/5,经催告后在合理期限内仍未支付到期价款的,出卖人可以请求买受人支付全部价款或者解除合同。两个前提条件:一是未支付到期应付款数额累计达到总价款的1/5;二是须经过催告并给予买受人合理期限。出卖人权利:要求买受人支付全部价款,即提前支付,或解除合同。

(2)合同约定违反上述规定,损害买受人利益,买受人可以主张该约定无效,并且人民法院将予支持。如约定"买受人未支付到期价款的数额达到全部价款10%,出卖人有权解除合同",10%低于法定的1/5,即20%,买受人可主张该约定无效。

(3)出卖人解除合同的,可以要求该标的物的使用费和标的物损坏赔偿金,标的物使用费可以在合同中约定,没有约定的,参照当地同类标的物的租金标准。

[①] 参见《民法典》第634条,《买卖合同司法解释》(法释〔2020〕17号)第27条、第28条。

此外,不适用一般买卖合同其他违约责任。合同可约定出卖人在解除合同时扣留已受领价金,扣除标的物使用费以及标的物受损赔偿额(如果发生的话),剩余部分返还买受人。

(二)凭样品买卖合同

由于买卖活动是所有合同活动中最为广泛的活动,涉及各种各类物品,有些物品可以通过图文描述,如机械设备、电气设备等,可以通过图纸、技术标准规范、材质、各项性能参数等详细描述出来,也可以通过检验、测试等手段进行验收;有些物品可以有一些通用标准,包括国家标准、行业标准、专业标准等,而且,这些标准由政府监督部门进行监督标注,如在超市购买的瓶装醋;还有一些物品没有统一标准,也难以用文字进行精确描述,通常用样品质量作为质量标准。

凭样品买卖的实践中,应对样品采取适合的条件进行封存,并且,尽可能对样品质量进行文字描述。出卖人向买受人交付的标的物应与样品及其说明的质量相同。但在实践中,还存在诸多例外情况,如样品本身存在隐蔽性瑕疵,样品与文字描述不一致等。按照合同法及其司法解释,凭样品买卖合同的注意事项如下[1]:

(1)凭样品买卖基本原则。出卖人应当按照样品及其说明的质量向买受人交付买卖标的物。

(2)关于有隐蔽瑕疵的样品。样品有隐蔽瑕疵的,并且买受人不知道该样品有隐蔽瑕疵,出卖人应当按照样品同种物的通常标准的质量向买受人交付标的物。例如,假设买受人与出卖人封存一种苹果,在封存前,买受人没有品尝苹果,出卖人也没有告诉买受人这种苹果味道是苦涩的,尽管封存的样品苹果味道是苦涩的,如果买受人拒绝接受这种苹果,出卖人仍应当按照人们通常认知的苹果味道是甜或酸甜的标准向买受人交付苹果。反之,如果买受人事先知道所要购买物品存在隐蔽瑕疵,那么,出卖人可以按照样品质量向买受人交付标的物。

(3)样品与文字说明不一致。约定的样品质量与文字说明不一致,买卖双方发生纠纷并且不能对此达成一致的,分两种情况处理:一是样品封存后外观和内在品质没有发生变化的,以样品为准;二是外观和内在品质发生变化,或者当事人对是否发生变化有争议而又无法查明的,以文字说明为准。

---

[1] 参见《民法典》第635条、第636条,《买卖合同司法解释》(法释〔2020〕17号)第29条。

(三)试用买卖合同

1. 试用买卖合同概述

随着商品和服务销售与营销策略与措施的多元化,"先试用再购买"的营销策略被广泛试用,因此,在买卖合同中产生一种特殊买卖合同——试用买卖合同。

试用买卖合同,是指按照约定,买受人先行试用标的物,在约定试用期间或出卖人指定期间内再行决定是否购买的买卖合同。试用买卖合同是买卖合同的一种形态,但与一般买卖合同相比,具有其特定的法律特征:一是试用买卖合同的买受人依约定享有先行试用标的物的权利;二是试用买卖合同以买受人试用标的物后一定期间内认可标的物为生效条件,如果买受人试用标的物后一定期间内不认可标的物,其有权拒绝买受标的物。

需要注意,存在下列内容之一的,即使当事人约定为试用买卖,仍构成一般买卖合同,不属于试用买卖合同范畴[①]:

(1)当事人约定标的物经过试用或者检验符合一定要求时,买受人应当购买标的物。

例如,"乙方经过试用期试用×××机满足乙方要求的,乙方将按标价购买×××机",或者"×××机经过乙方检验满足乙方要求的,乙方将按标价购买×××机"。类似约定,都将构成一般买卖合同。

(2)约定第三人经试验对标的物认可时,买受人应当购买标的物。

(3)约定买受人在一定期限内可以调换标的物。例如,在试用买卖合同中约定,"在试用期间,乙方有权要求甲方调换×××机"。类似约定改变了合同性质,构成一般买卖合同。但需要注意的是,这类情况主要约定的是买受人要求调换标的物的权利,不包括买受人被动接受调换标的物的权利。例如,在约定试用期间,买受人向出卖人表示不太认可试用标的物,想拒绝购买标的物,但出卖人为向买受人推销商品,主动为买受人调换试用商品的,仍为试用买卖合同。

(4)约定买受人在一定期限内可以退还标的物。需要注意的是,这里的规定是指合同约定买受人在一定期限内退还标的物的权利,不包括买受人在试用期间明确表示拒绝购买标的物后返还标的物,也不包括出卖人因各种原因调换试用标

[①] 参见《买卖合同司法解释》(法释〔2020〕17号)第30条。

的物。

试用买卖合同的试用期间是一个十分重要的因素,当事人可以约定试用期间。当事人约定试用期间的,按照约定的试用期间;当事人没有约定试用期间或者约定不明确,依照法律规定仍不能确定的,由出卖人确定。[1]

2. 试用期间法律效力

试用买卖合同试用期间将产生如下法律效力[2]:

(1)买受人在试用期内可以购买标的物,也可以拒绝购买。这是试用买卖合同赋予买受人的一项权利,也是该类合同的一个关键特点。

(2)试用期间届满,买受人对是否购买标的物未作表示的,视为买受人同意购买标的物。因此,试用买卖实践中,在试用期间届满前,买受人应及时作出决定并明确表示同意或不同意购买,特别是买受人在不愿购买标的物的情况下,更须及时明确表示。

(3)买受人在试用期内已经支付部分价款或者对标的物实施出卖、出租、设立担保物权等行为的,视为同意购买。需要注意,有的出卖人要求买受人在试用期间交纳一定金额的押金,对此要明确属于"押金",避免后期发生纠纷时一方认为是"价款"。

(4)在试用期内,标的物毁损、灭失的风险由出卖人承担。当然,如果试用买卖的买受人对标的物损毁存有过错,则另当别论。

(5)试用买卖合同可以约定试用期间标的物使用费,如试用买卖的买受人拒绝购买标的物,应按约向出卖人支付使用费。但如当事人没有约定或者约定不明确的,出卖人则无权请求买受人支付使用费。

五、非典型买卖合同

典型的买卖合同是出卖方将货物所有权转移给买受人,买受人向出卖人支付相应货款。但在实践中,还存在诸多非典型的买卖合同交易,如易货交易、债权或股权等权利转让,以及拍卖等,这类合同既转移货物所有权或权利,但又不同于典型买卖合同权利义务关系,本书在此将其归纳为非典型买卖合同。

---

[1] 参见《民法典》第637条。
[2] 参见《民法典》第638条、第639条、第640条。

(一)易货合同

1. 易货合同概述

《民法典》第647条规定,当事人约定易货交易,转移标的物的所有权的,参照适用买卖合同的有关规定。因此,易货合同纳入买卖合同范畴。

在典型的货物买卖合同关系中,买受方以货币购买出卖方的货物,其中,支付货款一方为买受方,交付货物一方为出卖方。而易货合同关系中,合同当事人以货物交换方式实现货物买卖交易,合同当事人既是买受方,即获得对方交付的货物,也是出卖方,即把自己的货物转让给对方。易货合同与典型货物买卖合同交易关系如图8-3和图8-4所示。

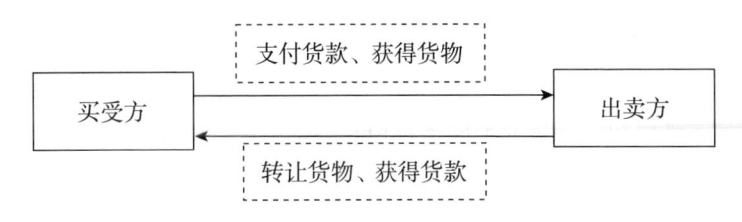

图8-3 典型货物买卖合同关系示意

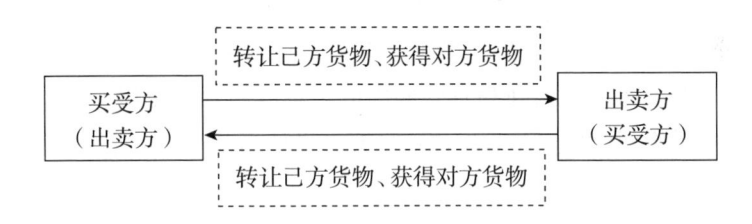

图8-4 易货合同关系示意

易货合同与典型货物买卖合同之间并无本质区别,在合同内容方面,除没有相应货款支付外,关于合同标的物以及交付、风险转移等内容与典型货物买卖合同相似,这里不再赘述。

2. 易货合同注意事项

因易货合同不需要用货币支付,在实务中,容易忽略合同交易货币定价,这对经营性公司、企业来说,容易导致税务、财务等方面问题。在税务方面,直接的是增值税以及企业所得税。

按照《增值税暂行条例》及其实施细则,易货交易属于销售货物行为,而在中国境内销售货物需要缴纳增值税;按照《企业所得税法》及其实施条例规定,易货交易视同销售货物,应计入企业收入,影响企业所得税。① 可见,易货合同交易活动需要缴纳增值税,当然,也适用增值税抵扣规定;同时,也与企业所得税相关。

易货合同中,交付给对方货物的行为是销售活动,对应增值税为销项税;获取对方货物的行为是购买活动,对应增值税为进项税。因此,易货合同应约定相应货物价款,以便作为开具增值税发票的依据。理论上讲,以货易货价款应是等额的。但实践中,存在低估销售货物价款,这可能导致税务部门重新确定销售金额问题。

《增值税暂行条例》第7条规定,纳税人发生应税销售行为的价格明显偏低并无正当理由的,由主管税务机关核定其销售额。具体如何认定销售金额,税务机关将按照如下顺序确认②:

(1)按纳税人最近时期同类货物的平均销售价格确定;

(2)按其他纳税人最近时期同类货物的平均销售价格确定;

(3)按组成计税价格确定。

在企业所得税方面,一方换出货物为销售行为,计入企业收入总额;换进货物为购买行为,计入企业支出总额。按照《企业所得税法实施条例》第13条的规定,易货交易的货物应当按照公允计价,也就是按照市场价格确定其价值。详细内容不再赘述,主要说明当事人在易货合同中应尽量按照合理定价约定各自货物价款,在交易过程中按照规定开具增值税发票并缴纳增值税;同时,按照《企业所得税法》的规定纳入企业所得与支出中。

(二)权利转让合同

债权转让、股权转让等权利转让合同具有买卖合同特征,即转让方向受让方转让权利,而受让方向转让方支付对价。但权利转让合同与一般货物买卖合同又有一些区别:权利转让合同标的是可获利益的权利,如债权、股权、探矿权等,一般

---

① 《增值税暂行条例》第1条规定在中国境内销售货物需要缴纳增值税;《增值税暂行条例实施细则》第3条第1款规定,《增值税暂行条例》第1条所称销售货物,是指有偿转让货物的所有权;第3款规定,本细则所称有偿,是指从购买方取得货币、货物或者其他经济利益;《企业所得税法实施条例》第25条规定,企业发生非货币性资产交换……应当视同销售货物……

② 参见《增值税暂行条例实施细则》第16条第1款。

买卖合同标的物是有形货物,相较于货物而言,权利转让多有其各自相应专门法律规定。如《民法典》第三编第六章对合同之债债权转让有相应规定,《公司法》及其司法解释对公司股权转让有相应规定,《矿产资源法》和《矿产资源法实施细则》对探矿权转让有相应规定;等等。

基于权利转让合同的特殊性,《民法典》第646条规定,法律对其他有偿合同有规定的,依照其规定;没有规定的,参照适用买卖合同的有关规定。《买卖合同司法解释》(法释〔2020〕17号)第32条规定,法律或者行政法规对债权转让、股权转让等权利转让合同有规定的,依照其规定;没有规定的,人民法院可以根据《民法典》第467条和第646条的规定,参照适用买卖合同的有关规定。

因此,实践中,对于权利类转让合同,可以用买卖合同架构来设计权利转让合同,但同时要优先把与转让权利直接相关的法律和行政法规对其的特别规定和要求及关系到当事人在合同中权利义务的主要内容约定到合同中。

例如,探矿权转让合同。[①] 按照我国矿产资源法规定,矿产资源属于国家所有,国家对矿产资源的勘查实行许可证制度,勘查矿产资源,必须依法申请登记,领取勘查许可证,取得探矿权。[②] 按照矿产资源法规定,我国矿产资源包括能源矿产、金属矿产、非金属矿产和水气矿产四大类,共173种矿产,在实践中,探矿权转让行为也多有发生。在探矿权转让合同实务中,要将矿产资源法关于探矿权的特别要求因素纳入合同,主要考虑因素包括:探矿权转让法定前提条件、探矿权人权利、探矿权人义务等。

1.探矿权转让法定前提条件。探矿权转让需要具备法定条件:(1)取得矿产勘查许可证,并且自颁发勘查许可证之日起满2年;(2)完成规定的最低勘查投入;(3)按规定已经缴纳探矿权使用费、探矿权价款;(4)探矿权属无争议;(5)国务院地质矿产主管部门规定的其他条件。[③] 其中,(1)至(3)项为硬性规定。其中,取得许可证是合同有效的必要条件。[④] 其他事项虽不直接导致合同无效,但探

[①] 《矿产资源法实施细则》第6条第1款规定,探矿权是指在依法取得的勘查许可证规定的范围内,勘查矿产资源的权利。

[②] 参见《矿产资源法》第3条、《矿产资源法实施细则》第5条。

[③] 参见《探矿权采矿权转让管理办法》(根据2014年7月29日《国务院关于修改部分行政法规的决定》修订)第5条。

[④] 《矿业权司法解释》第5条规定,未取得矿产资源勘查许可证、采矿许可证,签订合同将矿产资源交由他人勘查开采的,人民法院应依法认定合同无效。

矿权转让行为将难以得到政府自然资源主管部门批准,合同无法执行。

2. 探矿权人的权利。我国矿产资源法规定探矿权、采矿权分离,取得探矿权并非当然取得相应采矿权,探矿权人所拥有的是在勘查作业区内矿产资源采矿权的优先取得权利、勘查作业区内新发现矿种的探矿权的优先取得权利、临时用地使用权、按照许可证规定的区域、期限、工作对象进行勘查权利,以及自行销售勘查中按照批准的工程设计施工回收的矿产品,但是国务院规定由指定单位统一收购的矿产品除外。① 因此,探矿权转让合同应遵守矿产资源法对探矿权人权利限定。

3. 探矿权人的义务。探矿权人同时承担相应法定义务,《矿产资源法实施细则》第17条规定八项义务,受让人都要遵守。

4. 探矿权转让审批。按照矿产资源法规定,转让探矿权需要审批,其中,国务院自然资源部审批签发的探矿权的转让由国务院自然资源部审批,除此之外的探矿权转让由省、自治区、直辖市自然资源主管部门审批。

需要特别注意②:

一是探矿权转让申请未经自然资源主管部门批准,受让人向法院起诉请求转让人办理探矿权变更登记手续的,人民法院不予支持。

二是当事人仅以矿业权转让申请未经自然资源主管部门批准为由请求确认转让合同无效的,人民法院不予支持。

上述两点表明,如果探矿权转让不符合矿产资源法要求,转让行为得不到自然资源主管部门批准,无法办理探矿权变更登记手续。对转让方来说,将承担合同违约责任风险;对受让方来说,将可能承担支付了探矿权转让费用而无法取得探矿权,甚至也难以收回所支付费用等风险。

其他权利转让,如合同之债权转让,首先遵循《民法典》第三编第一分编第六章关于合同的变更和转让中关于债权转让的规定,然后再适用买卖合同相关规定;对于股权转让合同,首先要遵循公司法、国有资产管理法等专门法律规定,③然后再适用买卖合同相关规定。这里不再一一列举。

---

① 参见《矿产资源法实施细则》第16条。
② 参见《矿业权司法解释》第6条。
③ 所转让股权为国有资产或国有控股资产的,除遵循公司法外,还需要遵循国有资产法律。

六、货物进出口合同特别事项

货物进出口合同是标的物跨境的一类买卖合同,除具有一般货物买卖合同的内容外,还具有货物进出口的一些特别情形,如国家对进出口货物统一管理、原产地、国际贸易支付等,在货物进出口合同中要特别关注。

(一)进出口货物分类

货物贸易是国际贸易的主要组成部分,各国基于对国际法的承诺以及国内法律关于货物进出口管理制度,通常对进出口货物按照禁止、限制和自由进出口的原则进行分类,并按照不同类别货物进行区别管理或管制。

1.进口货物分类

按照《对外贸易法》《货物进出口管理条例》《出口管制法》等进出口法律规定,对进口货物划分为禁止进口的货物、限制进口的货物、自由进口的货物、关税配额管理的货物。

(1)禁止进口货物

禁止进口货物,就是不得进口货物。《对外贸易法》第15条和《货物进出口管理条例》第8条、第9条规定五类情形以及其他法律、行政法规规定禁止进口情形的货物不得进口。对于禁止进口具体货物,法律授权国务院对外贸易主管部门(原为对外贸易经济合作部,现为商务部)公布目录清单,截至2020年12月30日已先后公布七批禁止进口货物目录,如2020年12月30日由商务部、海关总署、生态环境部发布2020年第73号公告附件1《禁止进口货物目录(第七批)》共列出75种禁止进口货物,2005年公布的《禁止进口货物目录(第六批)》共列出17种禁止进口货物。

因此,从事进口货物前,要先通过商务部、海关总署网站查询进口货物目录,避免造成不必要损失。

(2)限制进口货物

按照《对外贸易法》第15条和《货物进出口管理条例》第10条以及其他相关法律、行政法规规定,限制进口货物主要考虑:为维护国家安全、社会公共利益或者公共道德,输往国家或者地区的市场容量有限,农业、牧业、渔业产品,为保障国家国际金融地位和国际收支平衡,以及依照法律、行政法规的规定其他需要限制或根据我国缔结或者参加的国际条约、协定的规定其他需要限制进口的货物。

国家对限制进口类货物采取限制措施主要包括配额管理和许可证管理。其中,国家规定有数量限制的限制进口货物,实行配额管理;其他限制进口货物,实行许可证管理。①

对于实行配额管理的货物,商务部每年会公布限制进口货物种类及相应的数量,进口经营单位每年申请下一年度配额并获得配额证明后,方可在海关办理报关验放手续。

需要注意:当年不能用完配额的,需要在当年9月1日前将未使用的配额交还商务管理部门;未按期交还并且在当年年底前未使用完的,下一年度将扣减相应的配额。

对于实行许可证管理的货物,商务部和海关总署每年公布下一年度进口许可证管理货物目录,同时废止上一年度目录。如商务部和海关总署于2021年12月31日发布公告(商务部、海关总署公告2021年第49号)公布《进口许可证管理货物目录(2022年)》②,同时废止商务部、海关总署公告2020年第72号,即《进口许可证管理货物目录(2021年)》废止,启用《进口许可证管理货物目录(2022年)》,该目录共列明十四类货物。

进口经营单位进口许可证管理货物,需要事先申请进口许可证,取得进口许可证,方可向海关办理报关验放手续。

(3)自由进口货物

除禁止进口和限制进口货物外,其余属于自由进口货物。进口属于自由进口的货物,不受限制。

需要注意:国家基于监测货物进口情况的需要,对部分属于自由进口的货物实行自动进口许可管理。进口属于自动进口许可管理的货物,进口经营者应当在海关报关前,向商务部申请自动进口许可,以获得自动进口许可证明,方可向海关办理报关验放手续。

(4)关税配额管理货物

关税配额管理是配额管理的一种方式,通过不同进口关税税率调整进口货物

---

① 参见《货物进出口管理条例》第11条。
② 相关目录每年会更新,此处仅为举例。

总量。实行关税配额管理的进口货物,在配额内的适用关税配额税率,在配额外的适用《进出口关税条例》第 10 条和第 11 条确定的关税税率。[①]

综上,需要进口货物或从事进口货物经营业务的单位,在订立合同前要了解合同标的物属于上述四类中的哪一类货物。

2. 出口货物分类

货物出口合同更为复杂一些,既要遵守我国法律对出口货物的管理,也要关注货物到达国(地区)法律规定,还要考虑国际组织或第三国对货物到达国(地区)进口货物的管控。当然,如果将货物直接出售给进出口经营企业,这些因素将由进出口经营企业综合考虑。本部分仅概述我国法律对出口货物管理分类,以便让订立出口货物合同的主体能够有所了解。

我国法律对出口货物明确划分为禁止出口货物和限制出口货物,除此之外的货物依《货物进出口管理条例》第 4 条的规定应为自由出口货物,但实践中能否自由出口还取决于货物到达国(地区)法律规定等因素。

(1) 禁止出口货物

禁止出口货物由《对外贸易法》以及其他法律、行政法规规定,属于禁止出口的货物,不得出口。对于禁止出口具体货物,法律授权国务院对外贸易主管部门(原为对外贸易经济合作部,现为商务部)公布目录清单,截至 2020 年 12 月 30 日已先后公布六批禁止出口货物目录,如 2020 年 12 月 30 日由商务部、海关总署、生态环境部发布 2020 年第 73 号公告附件 2《禁止出口货物目录(第六批)》共列出 75 种禁止出口货物,2005 年 12 月 31 日公布的《禁止出口货物目录(第三批)》共列出 17 种禁止出口货物。

实务中,可先通过商务部、海关总署网站查询出口货物目录。

(2) 限制出口货物

和限制进口货物类似,限制出口的货物目录由国务院对外贸易主管部门(目前为商务部)会同国务院有关部门制定、调整并公布,具体可在商务部网站查询。

国家对限制出口类货物采取的限制措施主要包括配额管理和许可证管理。其中,国家规定有数量限制的限制出口货物,实行配额管理;其他限制出口货物,

---

[①] 《进出口关税条例》(2017 年 3 月 1 日第四次修订)第 9 条规定,我国进口关税设置包括最惠国税率、协定税率、特惠税率、普通税率、关税配额税率等税率。对进口货物在一定期限内可以实行暂定税率。第 10 条和第 11 条规定各种关税税率的具体适用。

实行许可证管理。①

对于实行配额管理的货物,获得配额证明后,方可在海关办理报关验放手续;实行许可证管理的货物,获得出口许可证后,方可在海关办理报关验放手续。

3. 国有贸易货物

国家对部分货物的进出口实行国有贸易管理,实行国有贸易管理的进出口货物品种不多,其目录由国务院对外贸易主管部门(目前为商务部)会同国务院有关经济管理部门制定、调整并公布。实行国有贸易管理的货物进出口由国务院对外贸易主管部门和有关经济管理部门确定国有贸易企业负责货物进出口,对国有贸易企业名录进行公布。实行国有贸易管理的货物,国家允许非国有贸易企业从事部分数量的进出口,非国有贸易企业需要按照要求的资格条件进行申请。

国有贸易管理的进出口货物种类不多,从事货物进出口业务了解这类情况即可,此处不做过多介绍。

(二)原产地

对于货物进出口合同,货物原产地既关系货物品质和价格,也关系进出口国外贸政策法律管理要求。因此,货物进出口合同,除货物买卖合同共同关注事项外,买卖双方都要关注货物原产地问题。

1. 原产地与原产地证书概述

进出口货物原产地是指捕捉、捕捞、搜集、收获、采掘、加工或者生产某一货物的国家(地区)。进出口货物通过原产地证书证明和表现其原产地。原产地证书,是指出口国(地区)根据原产地规则和有关要求签发的,明确指出该证中所列货物原产于某一特定国家(地区)的书面文件。②

在货物进出口实务中主要注意,我国关于货物原产地的法律规定有三套:优惠制原产地、专用原产地、非优惠制原产地。

(1)优惠制原产地

优惠制,包括普惠制、多边或双边互惠制。其中,普惠制,即普遍优惠制度,主要是发达国家(给惠国)对发展中国家及地区(受惠国)出口制成品和半制成品给

---

① 参见《货物进出口管理条例》第36条。
② 参见《进出口货物原产地条例》第26条第1款、第2款、第3款。

予普遍的、非歧视的、非互惠的关税优惠制度。自我国改革开放以来,先后有包括欧盟成员方和加拿大、日本、澳大利亚、新西兰以及欧亚经济联盟的俄罗斯、白俄罗斯、哈萨克斯坦等40个国家和地区给予我国货物普惠制待遇。享受普惠制待遇国家(地区)向给惠国出口货物的原产地证书采用《普遍优惠制原产地证明书(申报与证明联合)格式A》即FORM A证书,在我国,由海关按照给惠国的有关规则签发FORM A证书。至2021年12月1日,欧盟成员方、英国、加拿大等32个国家和地区不再给予我国普惠制待遇后,目前只有挪威、新西兰、澳大利亚三国给予我国普惠制待遇。

互惠制,是指我国与一些国家(地区)或国际组织签订有双边或多边关税优惠贸易协定,按照贸易协定给予对方关税优惠待遇的制度。在互惠制下的货物原产地认定主要由双边或多边优惠贸易协定作出安排,进出口货物原产地证书格式按照贸易协定及给惠国相关规定制定。多边互惠制中,如《亚太贸易协定》①项下进出口货物原产地证书格式为FORM B证书,可签发国家包括中国、印度、斯里兰卡、孟加拉国、老挝和韩国(《亚太贸易协定》成员);中国与东南亚国家联盟全面经济合作框架协议项下进出口货物原产地证书格式为FORM E证书,可签发国家包括中国和东南亚国家联盟10个成员。双边互惠制中,按照双边协定安排对货物原产地作出规定,如中国与巴基斯坦贸易协定下进出口货物原产地证书格式为FORM P证书,中国与智利贸易协定下进出口货物原产地证书格式为FORM F证书等。

上述优惠制原产地规则,除普惠制按照授予国国内法规定外,其他优惠制下原产地规则按照双边或多边优惠协定关于货物原产地规则执行。如《亚太贸易协定》关于原产地(FORM B证书)在第8条以及附件二"亚太贸易协定原产地规则"中对原产产品、完全生产或获得的货物、非完全生产或获得的货物以及原产地累积标准等作出详细安排。例如,如果最终产品中该参加国成分合计不低于其FOB价的60%,则该产品应视为最终产品制造或加工所在参加国的原产产品。在双边协定中,基于双边政府谈判安排,如《中国—巴基斯坦自由贸易协定》②第

---

① 《亚太贸易协定》全称为《亚洲及太平洋经济和社会委员会发展中成员国关于贸易谈判的第一协定修正案(曼谷协定)》。
② 《中国—巴基斯坦自由贸易协定》全称为《中华人民共和国政府和巴基斯坦伊斯兰共和国政府自由贸易协定》。

四章"原产地规则"对货物原产地做详细规定,其第 15 条"非完全获得或生产的产品"规定,"原产于缔约一方的成分在产品中不少于 40%,则该产品应视为该方原产"。其他多边或双边互惠协定都对货物原产地各种情形作出安排,进出口实务中按照这些规则执行。这里不再一一赘述。

(2)专用原产地

专用原产地证书是专门针对一些特殊行业的特殊产品,如农产品、葡萄酒、烟草、奶酪制品、毛坯钻石等,根据进出口监管的特殊需要而产生的原产地证书。这些特殊行业的特殊产品应符合一定的原产地规则才能合法进出口。主要有输欧盟农产品原产地名称证书、输欧盟烟草真实性证书、输欧盟奶酪制品证书、输欧盟托考伊葡萄酒原产地名称证书、加工装配证书、转口证明书等。[①] 涉及这些类别货物原产地,按照相应协定和输入国要求执行,本章不再赘述。

(3)非优惠制原产地

非优惠制原产地,一般称原产地或普通原产地。简单地讲,就是优惠制以外的进出口贸易货物原产地制度。如中国关于非优惠制原产地确认安排包括:实施最惠国待遇、反倾销和反补贴、保障措施、原产地标记管理、国别数量限制、关税配额等非优惠性贸易措施以及进行政府采购、贸易统计等活动对进出口货物原产地的确定。[②] 非优惠制原产地确认规定一般由各国(地区)国内法规定。我国由《进出口货物原产地条例》以及配套相关法律法规和规章进行规范,如《海关总署关于非优惠原产地规则中实质性改变标准的规定》等。

进口国海关对进口货物审查内容中包括货物的原产地证书查验,如我国海关在审核确定进口货物原产地时,可以要求进口货物的收货人提交该进口货物的原产地证书,并予以审验;必要时,可以请求该货物出口国(地区)的有关机构对该货物的原产地进行核查。[③] 因此,在货物进出口买卖合同中,出口方需要申请货物原产地证书,进口方需要向进口国海关提交货物原产地证书。

我国对于非优惠制下货物原产地规则如下:

①完全在一个国家(地区)获得的货物,以该国(地区)为原产地。

---

① 参见海关总署《关于中国原产地证书和金伯利进程证书签发有关事宜的公告》(海关总署公告〔2018〕106 号)。
② 参见《进出口货物原产地条例》第 2 条。
③ 参见《进出口货物原产地条例》第 14 条。

下列情形为完全在一个国家(地区)获得的货物:

(a)在该国(地区)出生并饲养的活的动物;

(b)在该国(地区)野外捕捉、捕捞、搜集的动物;

(c)从该国(地区)的活的动物获得的未经加工的物品;

(d)在该国(地区)收获的植物和植物产品;

(e)在该国(地区)采掘的矿物;

(f)在该国(地区)获得的除本条第(a)项至第(e)项范围之外的其他天然生成的物品;

(g)在该国(地区)生产过程中产生的只能弃置或者回收用作材料的废碎料;

(h)在该国(地区)收集的不能修复或者修理的物品,或者从该物品中回收的零件或者材料;

(i)由合法悬挂该国旗帜的船舶从其领海以外海域获得的海洋捕捞物和其他物品;

(j)在合法悬挂该国旗帜的加工船上加工本条第(i)项所列物品获得的产品;

(k)从该国领海以外享有专有开采权的海床或者海床底土获得的物品;

(l)在该国(地区)完全从本条第(a)项至第(k)项所列物品中生产的产品。

为上述货物、产品的运输、贮存期间保存货物而作的加工或者处理,为货物便于装卸而作的加工或者处理,为货物销售而作的包装等加工或者处理等微小加工或者处理的,不影响货物是否在一个国家(地区)完全获得的确定。[①]

[②]两个以上国家(地区)参与生产的货物,以最后完成实质性改变的国家(地区)为原产地。

关于实质性改变的确定标准,以税则归类改变为基本标准;税则归类改变不能反映实质性改变的,以从价百分比、制造或者加工工序等为补充标准。

税则归类改变,是指在某一国家(地区)对非该国(地区)原产材料进行制造、加工后,所得货物在《进出口税则》中某一级的税目归类发生了变化。例如,鲜、冷对虾税则号为03063620,进口关税普通税率为70%,最惠国税率为15%;虾仁税则号为16054011,关税普通税率为90%,最惠国税率为5%。从鲜虾到虾仁,税目归类发生变化。

---

① 参见《进出口货物原产地条例》第4条、第5条。

例如,假设鲜虾在 A 国捕捞,送往 B 国加工成虾仁。如果鲜虾出口到中国,那么,A 国为该批货物的原产地国;如果鲜虾加工成虾仁出口到中国,那么,B 国为该批货物的原产地国。

从价百分比,是指在某一国家(地区)对非该国(地区)原产材料进行制造、加工后的增值部分,超过所得货物价值一定的百分比。如《亚太贸易协定》规定从价百分比 FOB 价不低于 60% 的为货物原产地。我国规定从价百分比是补充性的原产地确定,从价百分比以达到或高于 30% 作为标准,如达到或超过 30%,加工制造国(地区)为原产地。

从价百分比用公式表示如下:

$$\frac{工厂交货价 - 非该国(地区)原产材料价值}{工厂交货价} \times 100\% \geqslant 30\%$$

另外,我国海关总署发布《关于非优惠原产地规则中实质性改变标准的规定》(海关总署令第 238 号)对货物实质性改变标准作出相应规定,如"粗梳羊毛纱线,非供零售用",其实质性改变标准为"由毛纤维或毛条经纺制";"钢铁制的桌子、炊具及其他家用制品及其零件",其实质性改变标准为"切料、成型、表面处理"。

2. 报价与合同原产地应一致

货物进出口实务中,买方多数采取招标、询比价或竞争性谈判等竞争方式选择价廉物美的供应商。在报价阶段,一般都要求报价文件中标明货物的原产地,一旦竞争获胜成为供应商,在买卖合同中也要明确约定标的物的原产地,按照规则,报价文件的货物原产地与合同文件货物原产地应当一致。

实践中,在报价阶段,由于各种主客观原因,出卖人特别是那些代理商、经销商对跨国(地区)获得货物的加工、制造、生产等过程以及原材料、部件、配件等原产地不太了解,加之不同国家(地区)与买受人所在国(地区)之间互惠协定或非优惠制下各国法律关于原产地规则不尽相同,导致出卖人对货物的原产地认定出现问题,甚至发生报价文件中货物原产地与合同文件中货物原产地不一致的情况,造成后续审批、清关甚至支付等一系列困难。

案例 15

中国 M 公司通过国际招标方式购买传送器。美国 A 公司参加投标报价,报价文件注明传送器原产地为美国。经过评标，A 公司中标。在货物买卖合同签订过程中，A 公司提出传送器原产地为新加坡，导致合同无法获得审批。

(三) 进出口合同支付

进出口合同支付涉及外汇管理问题，在实务中按照国家外汇管理制度执行。从合同角度看，应更多关注货物进出口合同收支问题。就国内主体而言，在进口合同中承担付款义务，在出口合同中享有收款权利，因此，收支是进出口合同的关键内容。在进口合同中，买受人支付货款后能否得到符合约定要求的货物；在出口合同中，出卖人依约交付货物后能否收到约定的货款，是进出口合同实务需要关注的问题。

1. 进出口支付方式概述

货物进出口合同支付方式常用有三种：汇付、托收、信用证。

汇付支付，是进出口合同最简便的一种支付方式，由买受人按约将货款通过银行或其他机构汇给出卖人，一般采用电汇(T/T)，也有采用票汇或信汇的。采用汇付方式的，如合同安排先付款后交货，买受人风险大，出卖人风险小；反之，如合同安排先交货后付款，出卖人风险大，买受人风险小。

托收支付，是出卖人交货后，以汇票(有的不开汇票)和有关货运单据委托银行向境外的买受人收取货款的支付方式。需要注意，托收付款虽然是银行代为收取货款，但银行并不承担担保出卖人实际付款的责任。就出卖人而言，托收方式比先交货后付款的汇付风险相对小一些，当买受人不支付货款时，银行可不向买受人交付货运单。实践中，在合同中要约定清楚交单条件，避免因代收银行不交单而构成出卖人违约。

信用证支付，是指出口地银行应买受人申请向出卖人(受益人)开出的、保证在规定时间内收到满足约定要求单据时，向出卖人(受益人)支付信用证指定币种和金额的支付方式。信用证支付本质上具有银行信用担保功能，只要出卖人(受益人)向开证行提交信用证要求的单证，开证行进行单证形式检查一致后无条件支付。信用证支付对买受人和出卖人都有相应的保障。出卖人按约交付货物取得运单等单证交付银行，银行在形式查验单证相符后即无条件付款，买受人从银行取得提货单证取货。

进出口合同实务中，具体采用哪种收支方式，可根据具体情况而定，如双方比较了解且都有很好的资信,汇付是最简单的收支方式,但如果双方不太了解或对方资信状况不是很好或不太清晰,最好采用信用证方式,当然,那些尚未在银行建立起信用的中小公司申请银行开具信用证难度大一些,既要承担一些费用,也要保证金。

2. 支付条款设置注意事项

前面简要概述货物进出口支付方式及利弊,不管采用哪种支付方式,都要平衡买、卖双方各自风险,这在合同中要设置好。

如汇付,首先平衡好"先交货还是先付款"问题,金额大的设备买卖合同,可考虑采用分阶段付款,如设置预付款(或前期款)、交货前款、到货现场验收款、安装调试款、质量保证款,同时,出卖人提交一定额度银行履约保函或由信用好的母公司或其他公司保证担保等。

例如,中国 SD 公司与境外 A 公司签订设备买卖合同,由 SD 公司向 A 公司分批次供应某设备,合同约定采用电汇方式支付货款。SD 公司向 A 公司交付价值数百万美元的设备,A 公司一直没有支付货款。为此,SD 公司提起诉讼解决争端,而 A 公司则以设备质量违约问题进行抗辩,认为不但不该支付货款,还要求 SD 公司赔偿其高额损失。虽然案件最终以和解方式结案,但货款资金回笼缓慢,这对以生产制造为主业的 SD 公司来说也是较大损失。

又如,在信用证支付下,由于付款银行只负责在形式上查验信用证单据,不负责对单据实质性审查,更不负责对交付标的物是否真实满足合同要求进行审查,买受人实际承担标的物不符合约定的风险,特别是货物质量风险。因此,一方面,在支付环节设置上,应尽量分阶段支付,如购买设备,保留一定比例货款待安装检验合格后支付;另一方面,在信用证支付条件设置上,力求把握重要关注事项,如关于设备质量,可把设备制造关键检验单、设备工厂试验单、出厂合格证等列入付款单据。

第九章 借款合同

一、概述

借款合同,是指借款人向贷款人借款,到期返还借款并支付利息的合同。其中,提供借款的一方为贷款人,需求借款的一方为借款人。在市场经济体系下,由于当事人资金融通需要,资金借贷活动极为频繁,涉及生产经营和人们日常生活的多个方面,因此,借款合同也是常见的一类合同,该类合同包括法人之间、法人与自然人之间、自然人与自然人之间等各类借款合同行为。

从借款合同的实务来看,因借贷主体、借贷方式等不同,可将借款合同划分为金融机构借款合同,委托借款合同,以及民间借款合同等。

(一)书面形式要求

借款合同直接涉及金钱借贷和本金返还与利息支付问题,因此,《民法典》第667条要求借款合同必须采用书面形式,但自然人之间借款另有约定的除外。在自然人借款实践中,当事人之间多相互熟识,有时碍于情面不好意思签订书面借款合同,当发生纠纷时存在举证不能问题,因此,自然人之间借款,特别是熟人之间、亲戚朋友之间借款,如果在借款金额较大的情况下,即使不签订协议,最好也要留有相应证据,如现金借款,可请双方都熟识的第三人见证,或让借款人留下借据,如通过银行转账或微信转账等方式借款,一方面在转账或转款时备注"借款",另一方面保存好电子凭证。

(二)利息约定明确

资金是有时间价值的,因此,借款活动中一般要求借款人支付利息。关于借款利息,金融机构贷款都有明确的利息规定,包括利率、本息返还、逾期返还的利息损失赔偿,在此不做赘述。

在借款合同实务中,贷款人为非金融机构以及自然人容易忽略借款利息约定或约定不清。按照相关法律规定,借款利息应当明确约定,如借款合同对支付利息没有约定的,将被视为没有利息[①]。对于自然人之间的借款合同,如果对支付利息约定不明确的,也将被视为没有利息。

另外,借款合同除明确约定利息外,还要就利息支付约定清楚。

(三)不得预扣利息

在借贷融资实践中,特别是民间借款,由于借款人急一时所需而处于被动地位,贷款人提出苛刻要求,包括高利息、预扣利息等。预扣利息,主要是在借款行为中,按照双方约定的利息,贷款人向借款人出借借款本金时直接扣除利息。按照《民法典》第670条规定,借款的利息不得预先在本金中扣除。但如果发生利息预先在本金中扣除的,那么,按照实际借款数额返还借款并计算利息。

例如,一份民间借款合同,甲向乙借款人民币50万元,约定借款期限为一年,借款利率为10%,利息于乙向甲提供借款时预先扣除。

按此约定,乙向甲实际获得借款为45万元(50 − 50 × 10% = 45)。实际上,甲从乙处获得45万元借款,一年后偿还本金50万元。

法律不支持这种预扣利息的约定,此约定应为无效约定。从法律规定看,应认为甲向乙借款人民币45万元,约定借款期限为一年,借款利率为10%。借款到期后,甲应向乙返还本息49.5万元(45 + 45 × 10% = 49.5)。

(四)禁止高利贷

高利贷相对于金融市场规范借贷利率而言,是指贷款利率超出国家规定的利率范围。《民法典》颁布后明确禁止高利贷,《民法典》第680条规定,禁止高利放贷,借款的利率不得违反国家有关规定。2020年12月23日,最高人民法院重新发布《民间借贷司法解释》(法释〔2020〕17号),对民间借贷利率进一步降低,原则上按合同成立时一年期贷款市场报价利率4倍为最高限,约定利率超过合同成立

---

① 参见《民法典》第680条第2款规定,借款合同对支付利息没有约定的,视为没有利息。

时一年期贷款市场报价利率 4 倍的,即构成高利贷,超过部分无效。

二、金融机构借款合同

金融机构借贷,主要是指银行类金融机构为贷款人的借贷行为。合同内容一般包括借款种类、币种、用途、数额、利率、期限放款、还款方式以及担保等条款。金融机构的借款合同一般是制式化的,不再详述。

三、委托借贷合同

委托借贷是一种特殊借贷关系,一方面解决企业间的借贷融资禁令,另一方面解决非金融机构的资金融通。按照中国人民银行《贷款通则》的规定,委托贷款,是指由政府部门、企事业单位及个人等委托人提供资金,由贷款人(受托人)根据委托人确定的贷款对象、用途、金额、期限、利率等代为发放、监督使用并协助收回的贷款[①]。

在委托贷款关系中,存在三方关系,即委托人(资金实际提供人)、贷款人(受托人)、借款人。委托贷款人与一般借款合同中的贷款人角色不同,在一般借款合同中,贷款人提供资金并收取利息,但要承担收不回本息的风险。委托贷款的贷款人不实际提供资金,只收取手续费,因而不承担贷款风险;委托人提供贷款资金并收取贷款利息,同时承担贷款本息收不回的风险。

目前,比较常用规范的委托贷款包括商业银行委托贷款和企业集团财务公司委托贷款业务。

(一)商业银行委托借贷合同

商业银行委托贷款,是指委托人提供资金,由商业银行(受托人)根据委托人确定的借款人、用途、金额、币种、期限、利率等代为发放、协助监督使用、协助收回的贷款[②]。在商业银行委托贷款中,委托人指提供委托贷款资金的法人、非法人组织、个体工商户和具有完全民事行为能力的自然人;受托人(贷款人)是指受委托的商业银行;借款人是指接受贷款的人,实践中多为法人、非法人组织。在商业银

---

① 参见《贷款通则》(中国人民银行 1996 年第 2 号令)第 7 条。
② 参见《商业银行委托贷款办法》(银监发〔2018〕2 号)第 3 条。

行委托贷款中,委托人不得为金融资产管理公司、经营贷款业务的机构①。

商业银行业务中还包含现金管理项下委托贷款和住房公积金项下的委托贷款等业务,但这两类委托贷款与商业活动中的委托贷款不尽相同。现金管理项下委托贷款,是指商业银行在现金管理服务中,受企业集团客户委托,以委托贷款的形式,为客户提供的企业集团内部独立法人之间的资金归集和划拨业务;住房公积金项下委托贷款,是指商业银行受各地住房公积金管理中心委托,以住房公积金为资金来源,代为发放的个人住房消费贷款和保障性住房建设项目贷款。因而,现金管理项下委托贷款和住房公积金项下委托贷款虽名为委托贷款,但不列入商业银行委托贷款的概念范围。

1. 商业银行委托贷款合同关系

在商业银行委托贷款业务中,按《商业银行委托贷款办法》的规定,需由委托人、商业银行、借款人三方签订委托贷款借款合同②。

另外,虽然在委托贷款借款合同中约定三方的权利义务,但商业银行(受托方)是为委托人(资金提供人)提供贷款代理和管理服务,在委托贷款借款合同中,除按约向借款人划拨委托借款外,其他主要是协助委托人监督借款人使用借款和协助收回借款本息,商业银行并不承担借款本息回收风险。为发挥商业银行专业监督管理的作用,减少委托人委托贷款的风险,本书认为委托人与商业银行之间应签订委托贷款服务合同,详细约定商业银行从专业角度协助监管的义务以及其他专业协助的义务,因商业银行未勤勉履行这些义务导致委托人不能收回委托贷款本息的损失,商业银行应承担相应的法律责任。

此外,由于委托贷款的风险由委托人承担,在某些情况下,如委托贷款额度大、贷款周期长、借款人资信有不确定性等情形,最好要求借款人提供借款担保,因此,双方应有相应的担保合同。

2. 委托贷款借款合同的主要内容

委托贷款借款合同,既要有一般借款合同的主要内容,包括贷款用途、币种、贷款金额、贷款期限、利息和利率、放款安排、还款计划和方式、放款违约和还款违约责任等内容;还要明确委托人、商业银行(受托人)、借款人各方在合同中的权

---

① 参见《商业银行委托贷款办法》(银监发〔2018〕2号)第7条。
② 参见《商业银行委托贷款办法》(银监发〔2018〕2号)第13条。

利、义务和责任。一般情况下,由受托商业银行提供合同格式文本。

3. 对借款人的审查

按照《商业银行委托贷款办法》的规定,委托人向商业银行申请委托贷款时,商业银行通常要求委托人完成两方面的事情。

一是委托人与借款人就委托贷款条件达成一致。如贷款用途、贷款金额和期限、贷款利率和利息、放款安排及违约责任、对借款人使用借款监督、还款资金来源以及还款计划和方式、还款宽限期、还款违约责任(可参照银行类金融机构关于逾期还款滞纳金的规定)等。

二是委托人或借款人为非自然人的,应出具其有权机构同意办理委托贷款业务的决议、文件或具有同等法律效力的证明。例如,企业融资活动属于企业的重要决策事项,需要履行相应的决策程序并形成决议。这些证明文件都要在签订委托贷款借款合同之前完成,并由委托人提交给银行。

特别注意:在实务中,委托人容易产生误解,其认为既然委托银行办理贷款借款业务,委托人对放贷出去的借款可以高枕无忧。其实不然,受托商业银行并不负责审查借款人的资质、贷款项目、担保人资质、抵质押物等,也不负责与借款人协商借款的条件,借款人的信用风险仍由委托人承担。因此,委托人应事先对借款人的资质资信、贷款项目、担保人资质、抵押物等仔细审查,以减少委托贷款借款合同的履行风险。

4. 委托贷款借款资金的用途限制

委托贷款借款的本意是通过银行实现企业之间的资金拆借,解决借款实体经济企业因生产经营急需资金的难题,同时,委托企业通过银行盘活富余资金并获取一定的收益。因此,在委托贷款借款业务中,特别是委托人和商业银行需要注意,委托贷款借款使用有一定的限制,如属于限制使用领域和用途的,不得采用委托贷款方式放贷。主要包括以下几种。

一是借款资金不得用于生产、经营或投资国家禁止的领域和用途。

二是借款资金不得用于从事债券、期货、金融衍生品、资产管理产品等投资。委托贷款借款主要是解决借款企业生产经营和直接实体投资等资金困难的,而从事债券、期货等非直接实体投资产品,并非实体经济企业生产经营所必需的,因此,借款资金不得用于这些领域。

三是借款资金不得用于企业注册资本金、注册验资。企业注册资本金和验资资金应是自有资金,不应是借款资金。

四是借款资金不得用于股本权益性投资或增资扩股(监管部门另有规定的除外)。

五是借款资金不得用于其他违反监管规定的用途。

5. 委托贷款资金的来源限制

委托贷款借款的本意是通过商业银行帮助委托人盘活富余资金,因此,委托贷款资金来源必须合法合规,并且委托人有权自主支配委托资金。

委托人申请商业银行办理委托贷款借款业务时,银行将审查委托人的资金来源,委托人需要提供证明其资金来源合法合规的相关文件或具有同等法律效力的相关证明,银行对委托人的财务报表、信用记录等进行审核,并重点审查和测算:委托人的委托资金是否超过其正常收入来源和资金实力;委托人在银行有授信余额的,商业银行应合理测算委托人的自有资金,并将测算情况作为发放委托贷款的重要依据。

下列资金不得作为商业银行发放委托贷款的资金。

一是受托管理的他人资金。商业银行在办理委托贷款时,将严格审查委托人的资金来源,通常会要求委托人提供证明其资金来源合法合规的相关文件或具有同等法律效力的相关证明。

二是银行的授信资金。银行授信资金不是委托人自有资金或有权自主支配的资金,因此,不得用于委托贷款资金。

三是具有特定用途的各类专项基金(国务院有关部门另有规定的除外)。这里的专项基金指特定用途的基金,如社保基金、住房公积金等专项基金。对于私募基金,在《商业银行委托贷款管理办法》征求意见中曾限制私募基金进入商业银行委托贷款业务中,后在正式颁布该办法时取消该限制,应理解私募基金可委托贷款。

四是其他债务性资金(国务院有关部门另有规定的除外)。债务性资金是通过增加负债获取的,如企业发行债券获得资金或银行贷款获得资金等,债务性资金需要偿还,因此,不得进入委托贷款。但企业集团发行债券筹集到的资金,可用于集团内部单位委托贷款,不受该条限制。

五是无法证明来源的资金。这个限制主要是保证委托贷款资金来源的合法合规性。

(二) 财务公司委托借贷合同

1. 企业集团财务公司

按照《企业集团财务公司管理办法》(中国银行保险监督管理委员会令2022年第6号)的规定,财务公司,是指以加强企业集团资金集中管理和提高企业集团资金使用效率为目的,依托企业集团、服务企业集团,为企业集团成员单位提供金融服务的非银行金融机构。据此可知,财务公司是非银行金融机构,但在企业集团范围为集团成员单位提供金融服务。财务公司属于非银行金融机构,因此,财务公司必须获得金融主管部门颁发的金融许可证并凭借金融许可证到市场监管部门注册登记,领取营业执照后方可开业。

财务公司可办理成员单位之间委托贷款业务。

这里的成员单位主要包括如下单位:

①母公司及其作为控股股东的公司(以下简称控股公司);[1]

②母公司、控股公司单独或者共同、直接或间接持股20%以上的公司;

③母公司、控股公司单独或者共同、直接或间接持股不足20%但处于最大股东地位的公司;

④母公司、控股公司下属的事业单位法人或者社会团体法人。

也就是说,企业集团财务公司可以办理上述公司、企事业法人或社团法人之间的委托贷款业务。

2. 财务公司委托贷款借款合同

财务公司委托贷款借款合同与商业银行委托贷款借款合同类似,但由于此类委托贷款借款业务发生在企业集团内部成员之间,相较于商业银行委托贷款借款合同而言,借款人信用风险和委托贷款回收风险相对小一些,即使发生借款人不能偿还或不能按期偿还贷款本息,财务公司有一定的协调措施或通过企业集团统筹协调[2]。

在实践中,财务公司委托贷款借款合同,重点关注委托贷款资金的合法合规

---

[1] 控股股东指出资额占有限责任公司资本总额50%以上或者其持有的股份占股份有限公司股本总额50%以上的股东;出资额或持有股份的比例虽然不足50%,但依其出资额或持有的股份所享有的表决权已足以对股东会、股东大会的决议产生重大影响的股东。

[2] 如成员单位是上市公司,需要遵守上市公司监管规定。

性以及借款用途的合法合规性,这是金融监管机构重点监管的内容。合同内容与商业银行委托贷款借款相似,不同之处在于因委托人、贷款人和借款人同属企业集团内部成员单位,一般情况下,借款人不需要提供担保。但本书认为,如果成员单位是上市公司的,应严格遵守上市公司的监管要求。

四、民间借贷合同

(一)民间借贷概述

民间借贷是相对于经金融监管部门批准设立的从事贷款业务的金融机构及其分支机构借贷业务而言,按照2020年12月23日《民间借贷司法解释(修正二)》(法释〔2020〕17号)的规定,民间借贷,是指自然人、法人和非法人组织之间进行资金融通的行为。

民间借贷过去曾一直处于灰色地带,民间多以"高利贷"称之,甚至被联系到"地下钱庄",时常游离于违法甚至犯罪边缘。2015年8月6日,最高人民法院发布《民间借贷司法解释》,以司法解释的方式在法律层面认可民间借贷,认可民间自然人、法人、非法人组织之间资金融通。《民间借贷司法解释》规定民间借贷最高年利率36%以内得到保护,民间一度认为司法解释某种程度上认可了民间"高利贷"。2020年8月19日,最高人民法院发布《民间借贷司法解释(修正一)》,将民间借贷利率上限修正为"以不超过合同成立时一年期贷款市场报价利率四倍为限"。2020年12月23日,为配合《民法典》实施,最高人民法院对《民间借贷司法解释(修正一)》再次修正,形成《民间借贷司法解释(修正二)》。

按照《民法典》和《民间借贷司法解释(修正二)》的规定精神,民间借贷合同通常包括自然人之间借贷合同、法人或非法人组织之间或相互之间借贷合同、法人或非法人组织与自然人之间借贷合同。

(二)民间借款合同的"民间性"

按照《民间借贷司法解释(修正二)》的规定,民间借款合同,是指自然人、法人和非法人组织之间进行资金融通的行为。经金融监管部门批准设立的从事贷款业务的金融机构及其分支机构,因发放贷款等相关金融业务引发的纠纷,不适用该规定。据此,可理解为一方是金融监管部门批准设立的从事贷款业务的金融机构或其分支机构的借款合同,不属于民间借款合同的范畴。可见,民间借款合同体现了其"民间性"。

按照前述规定,银行、信用合作社、金融资产管理公司、证券公司、财务公司等及其分支机构作为一方的借款合同都不属于民间借款合同。

另外,按照最高人民法院的相关司法解释规定,由地方金融监管部门监管的七类地方金融组织,如小额贷款公司、融资担保公司、区域性股权市场、典当行、融资租赁公司、商业保理公司、地方资产管理公司等,属于经金融监管部门批准设立的金融机构,其因从事相关金融业务引发的纠纷,不适用新民间借贷司法解释。[1] 换言之,由地方金融监管部门批准设立的小额贷款公司、融资担保公司、区域性股权市场、典当行、融资租赁公司、商业保理公司、地方资产管理公司等与借款人签订的借款合同,也不属于民间借款合同的范畴。

民间借款合同除合同主体的"民间"性外,还限制借款资金来源,虽然相关法律和司法解释没有对此作出规定,但最高人民法院《民商事审判工作会议纪要》(法〔2019〕254号)第52条给出民间借款合同的掌握尺度——出借人的资金必须是自有资金。因此,虽然法律保护合法民间借款合同,但在实务中,一定要把握好出借资金只能是自有资金的红线。

(三)民间借款合同的效力

《民法典》对借款合同的形式要求明确规定,借款合同应当采用书面形式,但是自然人之间借款另有约定的除外。据此规定,自然人之间借款合同按照当事人的约定,既可以是书面形式,也可以是口头形式或其他形式;但法人或非法人组织之间以及它们相互之间、法人或非法人组织与自然人之间的借款合同需要采用书面形式。

《民间借贷司法解释(修正二)》对自然人之间借贷、单位集资借款、法人或非法人组织之间以及它们相互之间借贷三类民间借款合同成立及效力作出具体规定。

1. 自然人之间的借款合同

实践中,自然人之间借贷形式表现灵活,如双方订立借款合同(包括书面合同或口头合同),按照合同约定。如当事人未订立书面合同或没有可证明的口头合

---

[1] 参见《新民间借贷司法解释适用范围批复》(法释〔2020〕27号)。

同,下列情形将视为借款合同成立[①]。

(1)以现金支付的,自借款人收到借款时,合同成立。这类情形比较清楚,这也是自然人之间借贷的常见方式,借款人收到借款时,双方借款合同即成立,除出现法定无效的情形外,借款人收到借款时借款合同成立并生效。

(2)以银行转账、网上电子汇款等形式支付的,自资金到达借款人账户时,合同成立。这类情形也是当前常见的自然人之间借贷款项交付方式,包括银行卡转账、网上银行/手机银行汇款等。这类转账或汇款存在实时和非实时转账情况,对于实时转账的,转账或汇款资金可即时到达借款人账户,但非实时转账或汇款的,在到达对方账户前,出借人可撤销转账或汇款。因此,以银行转账、网上电子汇款等形式支付的,自资金到达借款人账户时,合同成立。除出现法定无效的情形外,资金到达借款人账户时借款合同成立并生效。

(3)以票据交付的,自借款人依法取得票据权利时,合同成立。目前,我国票据支付主要有汇票、本票和支票,本票主要是银行为出票人,因此,在自然人之间借贷中涉及票据交付的,主要是汇票和支票,其中,汇票应仅为银行汇票。也就是说,采用银行汇票、支票作为借款交付的,借款人依法取得票据权利时,借款合同成立。除出现法定无效的情形外,借款人依法取得票据权利时,借款合同成立并生效。

(4)出借人将特定资金账户支配权授权给借款人的,自借款人取得对该账户实际支配权时,合同成立。在自然人之间借贷关系中,除前述几种情况外,还存在出借人将特定资金账户支配权授权给借款人,如出借人将自己银行卡和密码交付借款人,将网上银行账户、登录密码(密钥等)和支付密码交付借款人等。借款人取得对账户实际支配权时,借款合同成立。除出现法定无效的情形外,借款人取得对账户实际支配权时,借款合同成立并生效。

(5)出借人以与借款人约定的其他方式提供借款并实际履行完成时,合同成立。该情形主要指上述四类情形以外的其他情形,如甲欠出借人一笔钱并将于近期返还出借人,出借人与借款人约定,将甲欠款出借给借款人,当甲按照出借人指示将该款项支付给出借人时,出借人与借款人之间的借款合同成立。

[①] 参见《民间借贷司法解释(修正二)》第9条。

2. 组织之间的借款合同

和自然人之间借款合同不同,组织之间借款合同既要符合一般合同的有效要件,或者说不触犯一般合同的法定无效情形,主要包括虚假意思表示,违反法律法规效力性强制规范,以及恶意串通损害他人合法权益等;还要遵守民间借款业务的强制性规定,不出现该领域的无效情形,即不属于非法转贷、非法借贷、借款用于违法犯罪活动、违背公序良俗等。组织之间借款合同在满足前述条件下,该合同有效。

组织之间借款合同的内容与银行金融机构借款合同的内容相似,在此不一一赘述。但组织间借款合同需要注意以下事项。

(1) 借贷双方的有效决策。对外贷款或借款都属于企业的重大事项,而民间借贷多发生在非国有企业或国有控股企业以及上市公司中,因此,借贷双方应履行各自的内部决策程序,并形成有效决议文件或证明文件,以表明各自同意借贷合同。在借款合同中,最好约定一条,双方各自保证已获得各自决策同意本合同的借贷业务和条件。

(2) 资金的来源与用途合法。借贷双方需要认真审查对方资金来源的合法性和借款用途的正当性和合法性,如贷款方资金不属于非法转贷,借款方的借款用途不属于国家禁止领域和用途等。在借款合同中,最好约定一条,贷款方保证其贷款资金的合法有效性,借款方承诺借款资金仅用于合同约定的项目,并进一步约定改变借款资金用途的违约责任,如加计罚息等。

(3) 借款利率与计息办法。一般理解借款利率固定,到期还本付息。但在实务中,有的借款金额大、借款周期较长的,采用分期拨付,利息采用过程定期支付的方式,那么,需要约定利率(既可以固定一个利率,也可以按照实际拨付借款资金时 LPR 加计若干基点的办法),利息支付日以及借款方逾期付息的违约责任等。

(4) 还款计划与逾期还款责任。约定借款人到期还款的资金来源、还款安排(一次还清或分期还款)、是否允许提前还款以及如果提前还款如何计算利息等,还款宽限期及宽限期利率与利息计算办法,逾期还款责任,一般在约定利率基础上再加计50%,具体由当事人约定。

(5) 税务承担。组织间的民间借贷业务,涉及相应的增值税以及企业所得税等税收,应在合同中约定税收的承担方式。这在民间借款合同实务中容易被忽略。

(6)担保。对于借款资金额度较大的借款合同,一般应要求借款方提供担保,担保范围包括借款合同项下的借款本息(含罚息)及有关费用,并约定另行签订担保合同。

(四)民间借款合同利息的特别规定

一般情况下,民间借款合同利息多高于从金融机构贷款利息。在民间借贷实践中,也存在不要利息或较低利息的情形,如亲友之间的借款等。除部分亲友之间借贷外,多数民间借贷利息相对较高。

(1)禁止高利贷与利率上限

我国法律禁止高利贷。《民法典》第680条规定,禁止高利放贷,借款的利率不得违反国家有关规定。《民间借贷司法解释》关于当事人约定利息掌握的原则是年利率不超过24%,最高不超过年利率36%,超过36%部分的利息无效。《民间借贷司法解释(修正二)》对民间借贷利率进一步降低,原则上按合同成立时一年期贷款市场报价利率(LPR)4倍为最高限[①]。中国人民银行授权全国银行间同业拆借中心自2019年8月20日起每月20日发布一次LPR。如2021年2月贷款市场报价利率(LPR)一年期为3.85%,那么,2021年2月订立的民间借款合同年利率不得超过15.4%。

(2)未约定利息的处理

民间借款合同没有约定利息怎么办。按照《民法典》和《民间借贷司法解释(修正二)》的规定,借款合同对支付利息没有约定的,视为没有利息。出借人主张支付利息的,人民法院不予支持。实践中,特别是亲友之间或者通过亲友牵线发生的借贷,因碍于情面没有当场约定利息的,如借款人主动承认并支付利息没有问题,但若借款人不承认支付利息,如通过法律途径解决,法律将不支持出借人的利息要求。

因此,如果借款需要支付利息,在借款时应明确约定利息。

(3)利息约定不明确

民间借款合同对支付利息约定不明确的,当事人可以协商补充协议,如当事

[①] 参见《民间借贷司法解释(修正二)》第25条。

人不能达成补充协议的,依据《民法典》和《民间借贷司法解释(修正二)》的规定,分两类情况处理。

一是自然人之间的借款合同,对支付利息约定不明确的,法律视为没有利息,出借人主张支付利息的,人民法院不予支持。

二是除自然人之间以外的借款合同,包括法人、非法人组织之间以及自然人与法人、非法人组织之间的民间借款合同,如借贷双方对借贷利息约定不明的,按照当地或者当事人的交易方式、交易习惯、市场利率等因素确定利息;在诉讼中,出借人主张利息的,人民法院应当结合民间借贷合同的内容,并根据当地或者当事人的交易方式、交易习惯、市场报价利率等因素确定利息。

综上,在实务中,如果借款需要支付利息,应明确约定利率、利息的计算方式及支付等,避免因约定不明而造成损失。

(五)民间借款合同法定无效的情形

民间借贷容易滑入非法地界,因此,虽然其在法律层面获得认可,但在意思自治方面民间借款合同并未像其他合同那样有过高的缔约自由,除法律规定合同无效的共同原则外,法律还对民间借贷合同划出红线,逾越这些红线的民间借贷合同将被认定为无效合同。主要红线有如下几点。

一是不得套取金融机构贷款转贷。民间借贷存在的价值在于民间自有资金的融通,自然人、法人或非法人组织对外放贷的前提是自有富余资金,不允许套取金融机构贷款后再进行转贷。这里的金融机构,是指经金融监管部门批准设立的从事贷款业务的金融机构及其分支机构,包括银行、信用合作社、财务公司、小额贷款公司等。也就是说,贷款人在民间借款合同中向借款人所贷款项是从这些金融机构套取的借款资金,那么,这个民间借款合同无效。如甲虚构开展大棚种植业务向信用社贷款 10 万元,然后将这 10 万元高息借给乙,那么,甲、乙之间的 10 万元借款合同为无效合同。

需要注意的是:关于套取信贷资金转贷认定,司法实践中采取从宽原则掌握,即出借人在签订借款合同时尚欠银行贷款未还的,一般推定为出借人套取信贷资金,除非出借人能够举反证予以推翻。

二是不得非法转贷。不得以向其他营利法人借贷,向本单位职工集资,或者以向公众非法吸收存款等方式取得的资金转贷。分开来说就是,若民间借款合同的借贷资金是贷款人从其他营利法人借来的款项,然后向借款人放贷的,那么,该借款合同无效;法人或非法人组织用本单位职工的集资款向借款人放贷的,借款合同无效;贷款人通过向公众非法吸收存款的方式取得的资金进行放贷的,借款合同无效。

简单来说,前两类合同是指借贷资金是通过合同民间借贷而来,然后再通过民间借贷转贷款,如 A 公司向 B 公司借款 500 万元,然后,A 公司将该 500 万元贷给 C 公司,那么,A 公司和 C 公司之间的借款合同无效。后一类合同是指用于民间借贷的资金是通过非法向公众吸收存款筹集的资金,然后对外借贷,这类资金来源不合法,因此,借款合同无效。

三是不得非法放贷。未依法取得放贷资格的出借人,不得以营利为目的向社会不特定对象提供借款。其主要包括 3 个条件:出借人未依法取得放贷资格;向社会不特定对象提供借款;目的是营利。民间借贷的一个主要特征是出借人与借款人是特定的,如亲友之间、企业与企业之间。另外,为保护和维持金融市场秩序,除民间借贷外,我国对吸收存款、放贷实行资格许可制度,只有获得金融监管机构批准获得存款、放贷资格的机构,方可以营利为目的,向社会不特定对象吸收存款或提供借款。因此,未依法取得放贷资格,以营利为目的向社会不特定对象提供借款的民间借款合同无效。

四是借贷资金不得用于违法犯罪。出借人事先知道或者应当知道借款人借款用于违法犯罪活动仍然提供借款的民间借款合同无效。法律允许民间借款存在的目的是通过民间资金融通促进人民生活和经济社会的发展,但若借款用于违法犯罪,法律将不予保护。如自然人向亲友借款用于赌博活动,企业借款用于走私商品或违禁品等活动,法律也不予保护。这种情形的民间借款合同是否有效,还取决于出借人在订立借款合同前是否知道或应当知道该借款用于违法犯罪活动,出借人事先知道或应当知道借款人借款是用于违法犯罪的,那么该民间借款合同无效,如张甲向李乙称,昨天赌博输了,今天借 2 万元,继续赌博以把输掉的钱捞回来,这种情况下张甲仍向李乙提供借款的,该借款合同无效;或者张甲知道李乙是惯赌,李乙带着经常一起赌博的"赌友"找到张甲,称借 2 万元给自家购买冰箱、洗衣机等家用电器,此种情形下,张甲应当明白李乙借款是用于赌博,如仍向李乙提供借款的,该借款合同也无效。

五是不得违反法律法规的强制性规定。民间借款合同违反法律、行政法规强制性规定的,该合同无效。除前面所列4种情形外,当事人恶意串通损害他人合法权益的民间借贷合同均为无效[①]。

六是不得违背公序良俗。民间借款合同违背公序良俗的无效。该类情形包括民间借贷行为是否违反国家金融秩序,以及借款用途是否违背善良风俗,如借款用于赌博属于违背善良风俗,借款合同无效。

(六)职业放贷合同无效

民间借贷是民间资金融通,一方面是民间主体拥有自有富余资金,另一方面是民间主体为生产经营或生活所急需资金,在这种情况下,允许他们在法律的框架下进行融通。但如果出借人形成职业放贷,不但超出民间借贷的范畴,更主要是影响金融市场秩序与社会和谐稳定,甚至诱发违法犯罪活动。因此,职业放贷合同不受法律保护,为无效合同。

职业放贷合同是职业放贷人与借款人签订的借款合同。职业放贷合同与一般民间借款合同的主要区别在于出借人,当出借人构成法律意义上的职业放贷人时,其所订立的民间借款合同即构成职业放贷合同。

关于职业放贷人的认定,依据《民商事审判工作会议纪要》(法〔2019〕254号)和司法实践,同一出借人在一定期间内多次反复从事有偿民间借贷行为的,一般可以认定为职业放贷人。职业放贷人包括未依法取得放贷资格的以民间借贷为业的法人,以及以民间借贷为业的非法人组织或者自然人。《关于办理非法放贷刑事案件若干问题的意见》(法发〔2019〕24号)规定,"经常性地向社会不特定对象发放贷款",是指2年内向不特定多人(包括单位和个人)以借款或其他名义出借资金10次以上;贷款到期后延长还款期限的,发放贷款次数按照1次计算。

根据上述规定和司法实践,未依法取得放贷资格的以民间借贷为业的法人以及以民间借贷为业的非法人组织或者自然人,在2年内向不特定多人(包括单位和个人)以借款或其他名义出借资金10次以上,即构成职业放贷人,其所订立的民间借款合同为无效合同。

(七)非法集资合同无效

非法集资不仅扰乱金融秩序,而且对参与集资人造成经济损失,甚至造成有

[①] 参见《民间借贷司法解释(修正二)》第10条;《民法典》第146条、第153条、第154条。

些参与集资人"血本无归",给个人和家庭带来严重影响,有的重大非法集资案件甚至给当时社会带来影响,因此,非法集资是国家重点打击对象。据报道,2020年全国共查处非法集资案件7500余起。

非法集资,是指未经国务院金融管理部门依法许可或者违反国家金融管理规定,以许诺还本付息或者给予其他投资回报等方式,向不特定对象吸收资金的行为①。据此定义,非法集资体现三个特征:一是集资人开展集资活动未经国务院金融管理部门许可或者违反国家金融管理规定;二是集资人以许诺特定回报的方式吸收资金,包括还本付息或其他投资回报;三是向不特定对象吸收资金。受法律认可的民间借贷,虽然出借人未经国务院金融管理部门许可,并且借款人需要按照约定还本付息,这两点与非法集资前两个特征相近,但借贷双方是特定主体之间,这是有别于非法集资的明显特点。

由于非法集资扰乱国家金融秩序和经济秩序,侵害社会公众权益,影响社会稳定,属于违法犯罪活动,因此,非法集资合同不受法律保护,为无效合同。

对于非法集资合同处置具体有以下两种方式。

(1)对集资参与人。从民事合同处理的角度,非法集资人、非法集资协助人应当向集资参与人清退集资资金,不包括非法集资合同约定的利息或其他投资回报,即合同约定的集资参与人所享有收益不受法律保护。此外,广大民众需要特别注意,集资参与人因参与非法集资受到的损失,如参与集资本金部分或全部得不到清退的,法律对此不予保护,自行承担所遭受的损失②。

(2)对非法集资人、非法集资协助人。对非法集资人,处集资金额20%以上1倍以下的罚款。非法集资人为单位的,还可以根据情节轻重责令停产停业,依法吊销许可证、营业执照或者登记证书;对其法定代表人或者主要负责人、直接负责的主管人员和其他直接责任人员给予警告,处50万元以上500万元以下的罚款;构成犯罪的,依法追究刑事责任。对非法集资协助人,给予警告,处违法所得1倍以上3倍以下的罚款;构成犯罪的,依法追究刑事责任。

五、单位内部集资借款合同

单位内部集资常见于企业内部集资,属于民间借贷的一种特殊形式。在中小

---

① 参见《非法集资条例》第2条。
② 参见《非法集资条例》第25条。

企业面临"融资难、融资贵"的情况下,通过向企业内部职工集资借款,可在一定程度上缓解企业生产经营资金压力,同时,企业内部职工对本企业的生产经营情况比较了解,对借款风险有较充分认识,同时,也可监督企业正确使用集资资金,促进企业生产经营更好发展。因此,法律允许合法的内部集资借款。

单位内部集资借款合同,是指法人或者非法人组织为本单位生产、经营,在本单位内部通过借款形式向职工筹集资金的借款合同。单位内部集资借款合同具有四个方面特征:一是合同主体为单位与单位内部职工;二是集资借款仅可用于本单位生产经营,并将按约还本付息;三是实行职工自愿原则,单位不得通过行政命令或强制职工借款;四是职工借款资金不得为转贷资金。

依法的单位内部集资合同受法律保护,为有效民间借款合同,应具备以下条件。

一是参与集资借款的内部职工不存在无民事行为能力的情况;

二是单位在集资借款中不存在向内部职工发布虚假信息,以致单位与参与集资借款人之间存在虚假意思表示的情形;

三是集资借款活动中没有违反法律和行政法规强制性规定以及违背公序良俗的情形;

四是单位和职工没有恶意串通损害他人合法权益的情形;

五是集资借款没有前面所列举民间借款合同六类法定无效情形,就单位集资借款而言,从单位角度看,集资借款资金用于生产经营活动且该生产经营活动不属于法律禁止领域、借款资金不是用于非实体投资、借款资金不用于转贷等;从职工角度看,借款资金属于职工合法所有或支配,不属于转贷,也不属于向不特定公众吸收资金等。

单位内部集资借款与非法集资违法犯罪活动容易混同,非法集资违法犯罪,是指非法吸收公众存款或者变相吸收公众存款的违法活动。参照《刑法》第176条和《非法集资刑事案件司法解释》(法释〔2022〕5号)第1条的规定,单位内部集资借款没有向社会公开宣传,在单位内部职工特定对象吸收资金的,不属于非法吸收或者变相吸收公众存款。

在单位内部集资借款合同实务中,单位内部应制订内部集资具体实施方案,包括单位内部集资原因(单位生产经营紧缺资金事由及需要资金额度、向金融机构借款可能性以及融资成本)、内部集资可能性及具体方案、资金筹集、借款用途、借款期限、资金使用与监管、借款利率、借款还本付息等内容;严格不向社会公开宣传,包括不得指使或变相由单位职工向社会公开宣传;实行职工自愿参与集资借款,不得通过企业行政命令、摊派等强制职工集资借款;严禁职工通过各种方式向公众筹资参加单位集资借款;对于国有企业、国有控股企业以及集体企业,还要注意不要造成"国有资产流失"或"侵害集体资产"。

第十章 担保合同

在《民法典》中,列名的典型合同只有保证合同,抵押、质押等担保内容被纳入物权编,但这并不影响担保合同以一个合同类型存在,并且担保合同以各种形态普遍存在,特别是在经济活动实践中,因担保人对各类担保法律后果的认识不清导致自身损失,或因涉及主合同和担保合同较为复杂的合同关系等原因引起的纠纷也较多,因此,本书把抵押担保、质押担保以及具有担保性质的各类合同与保证合同一起纳入本章,希望读者可以全面了解各种担保的特性,系统掌握各种情形的担保合同。

一、担保合同

(一)担保合同概述

1. 担保

因担保方式不同而难以统一定义担保合同,一般可这样表述:为保障债务人履行债务,以实现债权人的债权,由担保人与债权人约定,当债务人不履行或无法履行到期债务时,以特定方式保障债权人债权得以实现的协议。

随着经济活动的多样化以及经济业态的多样化,在传统担保方式之外,形成了一些非典型担保形态,并为法律或司法实践所接受。因此,当前担保形态包括典型担保方式和非典型担保方式。典型担保方式主要包括保证、抵押、质押、留置和定金;非典型担保方式主要包括所有权保留买卖、融资租赁、保理、让与担保。本章将信用证(L/C)和带有担保性质的安慰函也作为一种担保方式列出,其本质上是一种特殊的保证担保形式。

担保合同属于主债权债务合同的从合同,如货物买卖合同,买受人要求出卖人提供银行履约保函,该买卖合同是主合同,银行履约保函是担保合同的一种形式,是买卖合同的从合同。正是这种特殊的合同关系,担保合同一般存在两组合同关系和三个主体,即主合同和担保合同两组关系,如担保人要求债务人反担保,则还要一组反担保合同关系;合同主体包括债权人、债务人和担保第三人,如债务人自己提供抵押、质押、定金等担保的,就主体而言,只有债权人(担保权利人)、债务人(担保人)两个主体。

担保权利实现因担保方式的不同而不同,如保证担保分为一般保证和连带责任保证,在一般保证担保下,只有债务人不能履行债务的,保证人才对债权人履行债务,而连带责任保证担保下,只要债务人未履行债务的,保证人就需要在保证范围内履行债务;又如,对于抵押、质押担保,债权人所享受的权利是就担保财产优先受偿。下面各节将介绍各类担保权利实现方式,此处不过多赘述。

2. 反担保

反担保是相对于担保而言的,即为债务人向债权人提供担保的担保人,要求债务人向担保人就担保责任范围提供的担保。反担保可由债务人直接提供,如建设工程承包合同的承包人向银行申请为发包人出具履约保函,银行要求承包人在承包合同价款中就一定额度应收款权进行质押。银行履约保函是银行向发包人提供的保证担保,承包合同应收款权质押是承包人向银行提供的反担保。

就担保法律效果而言,有关担保合同的法律规定同样适用于反担保合同,本章不再就反担保合同进行赘述。

(二)担保合同的共同事项

1. 合同的形式要求

在典型担保中,抵押合同需要采用书面形式,《民法典》第 400 条规定,设立抵押权,当事人应当采用书面形式订立抵押合同;动产质押合同也需要采用书面形式。《民法典》第 427 条规定,设立质权,当事人应当采用书面形式订立质押合同;保证合同也需要采用书面形式,保证合同既可以是单独订立的书面合同,也可以是主合同中的保证条款,还可以是第三人单方面以书面形式作出保证[1];至于留置权,因债权人已经合法占有的债务人的动产,法律赋予债权人就留置动产享有优

---

[1] 参见《民法典》第 685 条。

先受偿权①，因此，对于留置担保的合同形式并无特别要求；至于定金担保合同，以实际交付定金时成立，因此，对定金担保合同并无书面形式特别要求。

在非典型担保中，法律规定融资租赁合同和保理合同都应当采用书面形式②，虽然没有法律明文规定买卖合同所有权保留担保需要采用书面形式，但《民法典》第 641 条第 2 款规定，出卖人对标的物保留的所有权，需要登记，未经登记，不得对抗善意第三人，因此，应采用书面合同形式。关于财产让与担保和股权让与担保，虽无法律明文规定需要采用书面形式，但一方面该财产或股权让与是形式上的，另一方面若要实现担保功能需要对让与财产进行登记公示，因此，让与担保合同需要采用书面形式。

2. 担保合同的从属性

担保合同的从属性，是指担保合同是主债权债务合同的从合同，其中主债权债务合同是主合同，担保合同是从合同。担保合同的从属性主要体现在以下三个方面。

一是主合同无效担保合同无效。基于这种从属关系，《民法典》第 388 条规定，法律另有规定的除外，主债权债务合同无效的，担保合同无效。

二是担保合同独立性约定无效。担保合同独立性约定，是指担保合同中约定担保合同的效力独立于主合同，或担保合同对主合同无效的法律后果承担保证责任的约定。鉴于担保合同是主债权债务合同的从合同，担保合同是对主债权的担保，当主合同无效时，主合同所约定的债权债务关系不受法律保护。因此，法律不支持担保合同独立性约定。

最高人民法院在司法解释中专门对此作出规定，当事人在担保合同中约定担保合同的效力独立于主合同，或者约定担保人对主合同无效的法律后果承担担保责任，该有关担保独立性的约定无效。主合同有效的，有关担保独立性的约定无效不影响担保合同的效力；主合同无效的，人民法院应当认定担保合同无效，但是法律另有规定的除外③。

需要注意的是，独立保函的效力具有独立性，属于法律对担保合同另有规定的例外情形。《独立保函司法解释》（法释〔2020〕18 号）第 4 条规定，独立保函载

---

① 《民法典》第 449 条规定，法律规定或者当事人约定不得留置的动产，不得留置。
② 参见《民法典》第 736 条第 2 款、第 762 条第 2 款。
③ 参见《民法典担保制度司法解释》第 2 条。

明生效日期或事件的除外,独立保函一经开立即生效。可见,独立保函的效力具有独立性,这与普通保函有本质区别。

三是超担保责任不予支持。担保合同仅是担保债务人履行到期债务,因此,最高人民法院在担保制度司法解释中规定,当事人对担保责任的承担约定专门的违约责任,或者约定的担保责任范围超出债务人应当承担的责任范围,担保人主张仅在债务人应当承担的责任范围内承担责任的,人民法院应予支持[①]。当然,如果担保人不行使超担保责任抗辩权的,也可以按照约定执行。

案例 16

甲公司购买乙公司的货物,买卖合同价款为 95 万元。合同约定,如甲公司不按约定支付货款的,除应支付合同货款外,还需向乙公司支付迟延付款违约金,违约金以未付款货款为基数按同期一年期 LPR 的 1.5 倍计算。此间,应乙公司要求,甲公司法定代表人张先生与乙公司签订保证合同,约定张先生对甲公司支付货款和迟延付款违约金承担连带责任保证,另外,还约定保证合同违约责任条款,约定保证人和甲公司自货款应付之日起 15 个工作日内仍未向乙公司支付货款及迟延付款违约金的,保证人每日按货款及迟延付款违约金的 2‰ 向乙公司支付违约金。

这个案例的保证合同中约定了保证责任的承担违约责任,即保证人在承担甲公司支付货款及相应迟延付款违约金担保责任外,附加了保证人担保责任的违约责任,即每日 2‰ 的违约金。虽然保证合同中约定了该条款,如保证人张先生对此进行抗辩,张先生只需对买卖合同约定的货款及迟延付款违约金承担担保责任。

3. 担保人主体限制

基于担保合同性质,当主合同债务人不履行或不能履行到期债务时,担保人需要履行该到期债务或承担相应的法律后果,如担保财产被依约或依法折价、拍卖或变卖,债权人的债权优先受偿,但担保人可能难以从债务人那里得到追偿。因此,法律对担保人有相应限制,综合《民法典》和《民法典担保制度司法解释》的规定,担保人主体限制如下几点。

---

① 参见《民法典担保制度司法解释》第 3 条第 1 款。

(1）机关法人不得为担保人

《民法典》第683条规定,机关法人不得为保证人。最高人民法院《民法典担保制度司法解释》第5条规定,机关法人提供担保的,人民法院应当认定担保合同无效。《民法典担保制度司法解释》并未规定定金的担保方式,依此规定,机关法人原则上不得成为抵押、质押、留置以及保证等担保合同的担保人。

机关法人担保的例外情形。考虑到外国政府或国际经济组织如国际货币基金组织、世界银行等贷款进行转贷款,要求我国政府或政府部门提供担保,这种情况下,经国务院批准后,机关法人可为使用外国政府或者国际经济组织贷款进行转贷的担保人。

(2）公益非营利性组织不得为担保人

这里所提的公益非营利性组织主要指以公益为目的的非营利性学校、幼儿园、医疗机构、养老机构等法人、非法人公益组织。《民法典》第683条第2款规定,以公益为目的的非营利法人、非法人组织不得为保证人;最高人民法院《民法典担保制度司法解释》第6条规定,以公益为目的的非营利性学校、幼儿园、医疗机构、养老机构等提供担保的,人民法院应当认定担保合同无效。可见,公益非营利性质的学校、幼儿园、医疗机构、养老机构等组织不得为担保合同的担保人,包括公立学校、幼儿园、医疗机构、养老机构和公益非营利性的民办学校、幼儿园、医疗机构、养老机构。

需要注意的是:有些民办学校、幼儿园、医疗机构、养老机构等组织虽属于公益目的,但按照营利性组织设立,即以公益为目的的营利性组织[①],可以成为担保合同的担保人。

公益非营利性组织担保的例外情形。法律不支持公益非营利性质的学校、幼儿园、医疗机构、养老机构提供担保的目的在于保护这些组织的财产,进而保护其实施公益目的的活动。在实践中,一些民办非营利性公益组织,其运行经费主要靠举办者投入和自身运营节余,这些组织的教育设施、医疗卫生设施等设施的购置完全通过市场化方式,若杜绝这些组织提供担保,其日常运行可能面临困境。

---

① 对于民办学校、幼儿园、医疗机构、养老机构等组织属于公益组织,但在设立时可选择为非营利性或营利性。如《民办教育促进法》第19条规定,民办学校的举办者可以自主选择设立非营利性或者营利性民办学校。

为此,法律从以下两个方面作出例外规定,即担保合同有效①。

一是在购入或者以融资租赁方式承租教育设施、医疗卫生设施、养老服务设施和其他公益设施时,出卖人、出租人为担保价款或者租金实现而在该公益设施上保留所有权的,该担保合同有效。

二是以教育设施、医疗卫生设施、养老服务设施和其他公益设施以外的不动产、动产或者财产权利设立担保物权。例如,民办非营利性学校为贷款而以自有教学楼进行抵押,该抵押合同无效;但如该学校用自有轿车作为抵押物担保贷款,因轿车不属于教育设施,该抵押担保合同有效。

(3)村委会、居委会不得为担保人

居民委员会(居委会)、村民委员会(村委会)虽具有法人资格,但居委会、村委会属于基层群众性自治组织,因此,法律不赋予它们成为担保人的资格,最高人民法院《民法典担保制度司法解释》第5条第2款规定,居民委员会、村民委员会提供担保的,人民法院应当认定担保合同无效。

村委会担保的例外情形。在实践中,有的农村集体经济没有设立相应集体经济组织,由村民委员会依法代行村集体经济组织的职能。这种情况下的村委会,依照村民委员会组织法规定的讨论决定程序对外提供担保的,担保合同有效。

4. 公司及其分支机构担保的特别规定

(1)公司提供担保的特别限制

为保护公司和股东权益,《公司法》规定公司对外提供担保需要经过公司权力机构(董事会、股东会或股东大会②)决议。视公司提供担保是否为关联担保,分两种情况:一是关联担保,即为公司股东或者实际控制人提供担保的,必须经过公司股东会或股东大会决议程序;二是非关联担保,公司对外担保需要依据公司章程的规定由董事会决议或股东(大)会决议。

公司对外签订担保合同,未经决议或越权决议的,如相对人即担保债权人是善意的,担保合同有效;如相对人是非善意的,担保合同无效。

如何认定善意,《民法典担保制度司法解释》第7条指出,担保合同相对人有证据证明已对公司决议进行了合理审查,人民法院应当认定其构成善意,但是公

---

① 参见《民法典担保制度司法解释》第6条。
② 股东会对应有限责任公司,股东大会对应股份有限公司。

司有证据证明相对人知道或者应当知道决议系伪造、变造的除外。参照《民商事审判工作会议纪要》的规定,担保合同相对人对公司决议内容的审查一般限于形式审查,只要债权人能够证明其在订立担保合同时对董事会决议或者股东(大)会决议进行了审查,同意决议的人数及签字人员符合公司章程的规定,就应当认定其构成善意,但公司能够证明债权人明知公司章程对决议机关有明确规定的除外[1]。

需要注意的是,对于担保合同的相对人来说,在订立担保合同前,最好请担保公司提供董事会或股东(大)会决策程序的相关文件,同时,对其进行必要审查,如同意决议的人数及签字人员是否符合法律和公司章程规定等。

公司担保限制的例外情形。上述限制规定适用于一般意义的公司担保,但对于一些特殊情形,从保护相对人的角度考虑,法律设置了一些例外情形,即公司虽然没有经过前述规定的决议程序或越权担保的,法律不免除公司承担相应的担保责任。主要包括以下四种情况:

一是金融机构开立保函的;

二是担保公司提供担保的;

三是非上市公司为其全资子公司开展经营活动提供担保的;

四是非上市公司担保合同系由单独或者共同持有公司 2/3 以上对担保事项有表决权的股东签字同意的。

(2)公司分支机构提供担保的特别规定

①金融机构的分支机构

金融机构的分支机构在其营业执照记载的经营范围内开立保函,或者经有权从事担保业务的上级机构授权开立保函,应当承担担保责任;金融机构或者其分支机构以违反公司法关于公司对外担保决议程序的规定为由主张不承担担保责任的,人民法院不予支持。

金融机构的分支机构未经金融机构授权提供保函之外的担保,金融机构或者其分支机构主张不承担担保责任的,人民法院应予支持,但是相对人不知道且不应当知道分支机构对外提供担保未经金融机构授权的除外。

---

[1] 参见《公司法》第 15 条、《民法典担保制度司法解释》第 7 条、《民商事审判工作会议纪要》(法〔2019〕254 号)第 17 条。

②担保公司的分支机构

担保公司的分支机构未经担保公司授权对外提供担保,担保公司或者其分支机构主张不承担担保责任的,人民法院应予支持;相对人不知道且不应当知道担保公司分支机构对外提供担保未经担保公司授权的,担保公司或者其分支机构承担担保责任。

③其他公司的分支机构

金融机构和担保公司以外的公司的分支机构,未经公司董事会或者股东(大)会决议,以分支机构自己的名义对外提供担保,公司或者其分支机构不承担担保责任;担保合同相对人不知道且不应当知道分支机构对外提供担保且未经公司决议程序的,公司或者其分支机构承担担保责任。

5. 担保责任的范围

担保合同的从属性决定了担保责任的范围限于所担保的主合同债务,结合《民法典》、最高人民法院《民法典担保制度司法解释》第7条和《民商事审判工作会议纪要》(法〔2019〕254号),超出部分无效或人民法院不予支持。

担保责任范围不大于主合同债务,体现在以下几个方面。

一是担保合同约定的担保责任数额高于主合同债务的,超出部分认定无效或不予支持。

二是担保合同约定担保责任的履行期先于主债务履行期届满的,应认定无效或不予支持。

三是担保合同约定仅承担主合同债务人不能履行债务的,未经法定程序担保责任不及于主债务人到期债务。如《民法典》第687条规定,除法律另有规定外,一般保证的保证人在主合同纠纷未经审判或者仲裁,并就债务人财产依法强制执行仍不能履行债务前,有权拒绝向债权人承担保证责任。

四是担保合同对担保责任约定专门违约责任的,该约定无效。

6. 担保登记

(1)登记要求与登记机构

除保证担保(信用担保属性)以及定金合同(以实际交付定金的实践合同)外,其他如抵押、质押、买卖合同所有权保留、融资租赁、让与等典型担保或非典型担保涉及动产、不动产或其他权利性财产,财产涉及流转或其他处置,为保护债权人和善意第三人,法律要求对担保财产进行登记公示。《民法典》第402条规定,以不动产抵押,应当办理抵押登记,抵押权自登记时设立;《民法典》第403条规定,以动产抵押的,抵押权未经登记,不得对抗善意第三人;《民法典》第443条、第444条、第445条规定,权利质押中的基金份额、股权、知识产权中的财产权以及应收账款等出质的,应当办理登记,质权自办理出质登记时设立;《民法典》第641条规定,出卖人对标的物保留的所有权,未经登记,不得对抗善意第三人。可见,除保证担保和定金担保外,其他形式的担保需要进行登记。

2020年12月22日国务院颁布并于2021年1月1日实施的《关于实施动产和权利担保统一登记的决定》(国发〔2020〕18号)规定,动产和权利担保在全国范围内实施动产和权利担保统一登记,由过去市场监管部门和人民银行分别登记,统一在人民银行登记。中国人民银行于2021年12月28日发布《动产和权利担保统一登记办法》进一步贯彻落实前述国发〔2020〕18号文决定,纳入人民银行统一登记范围担保类型共有七大类。

①生产设备、原材料、半成品、产品抵押。

②应收账款质押。应收账款是指应收账款债权人因提供一定的货物、服务或设施而获得的要求应收账款债务人付款的权利以及依法享有的其他付款请求权,包括现有的以及将有的金钱债权;但不包括因票据或其他有价证券而产生的付款请求权,以及法律、行政法规禁止转让的付款请求权[①]。

③存款单、仓单、提单质押。

④融资租赁。

⑤保理。

⑥所有权保留。

⑦其他可以登记的动产和权利担保,但机动车抵押、船舶抵押、航空器抵押、债券质押、基金份额质押、股权质押、知识产权中的财产权质押除外。权利担保主要是权利质押,目前可用于质押权利包括:汇票、本票、支票、债券、存款单、仓单、提单、基金份额、股权以及可以转让的注册商标专用权、专利权、著作权等知识产权中的财产权和应收账款。

可出质权利中的汇票、本票、支票、债券、存款单、仓单、提单在实践中以票据背书并实际交付票据设立质权,因而,不需要相应的登记手续。机动车抵押、船舶

---

① 参见《动产和权利担保统一登记办法》(中国人民银行令〔2021〕第7号)第3条第1款。

抵押、航空器抵押、债券质押、基金份额质押、股权质押、知识产权中财产权质押这几类特殊动产和权利担保登记未纳入人民银行统一登记[1]，中国人民银行征信中心有关负责人就动产和权利担保统一登记问题答记者问时指出，这种安排主要考虑两个方面：其一，2021年1月1日后，这些特殊动产的担保登记依然有有效的特殊法规定；其二，从便利融资当事人的角度考虑，这些特殊动产有所有权登记机构，可以将所有权登记和担保登记放在一起。据此可见，机动车抵押、船舶抵押、航空器抵押、债券质押、基金份额质押、股权质押、知识产权中的财产权质押等担保登记机构为相应权利登记机构，例如，非上市公司股权质押，在市场监督管理部门（此前为工商行政管理部门）登记，上市公司股权质押在证券登记机构进行登记。

综合上述分析，目前担保登记分三类情形。

①不动产抵押担保，在该不动产物权登记机构办理抵押担保登记手续；

②机动车、船舶、航空器等抵押，债券、基金份额、股权、知识产权中的财产权等质押，在相应动产或权利登记机构办理抵押或质押登记；

③除上述两类外，其他动产、权利担保登记，统一在中国人民银行征信中心办理担保登记。

纳入动产和权利担保统一登记范围的担保，由当事人自主办理登记，统一通过中国人民银行征信中心（以下简称征信中心）动产融资统一登记公示系统登记，[2]登记当事人对登记内容的真实性、完整性和合法性负责。征信中心不对登记内容进行实质审查。

需要注意的是：上面担保登记是基于当前管理制度和实际操作而定的，但随着各省市营商环境不断改进，将逐步统一担保登记规则和登记系统。北京市自2022年5月30日起将机动车抵押、船舶抵押和知识产权（含注册商标专用权、专利权、著作权）质押登记纳入人民银行统一登记公示系统。自2022年5月30日起，北京市机动车抵押、船舶抵押、知识产权质押登记信息可通过人民银行动产融资统一登记公示系统进行查询。

---

[1] 参见《国务院关于实施动产和权利担保统一登记的决定》（国发〔2020〕18号）第2条。
[2] 中国人民银行征信中心动产融资统一登记公示系统，https://www.zhongdengwang.org.cn/，2021年11月11日访问。

（2）担保登记的法律效果

担保登记的法律效果包括三个方面。

一是担保权利源于担保登记。也就是说，这类担保必须进行登记，否则，不产生担保权利。如不动产抵押担保，不动产抵押权自登记时设立；基金份额质押，股权质押，注册商标专用权、专利权、著作权等知识产权中的财产权以及应收账款质押的，权利质押权自登记时设立①。

二是对于动产抵押、所有权保留买卖、融资租赁等担保未经登记公示，不得对抗善意第三人。具体体现在以下几方面②。

①不得对抗善意受让人。抵押人转让抵押财产，善意受让人占有抵押财产后，抵押权人向受让人请求行使抵押权的，人民法院不予支持。

②不得对抗善意承租人。抵押人将抵押财产出租给他人并移转占有，抵押权人行使抵押权的，租赁关系不受影响。

③不得对抗已受保全或执行保护的债权人。抵押人的其他债权人向人民法院申请保全或者执行抵押财产，人民法院已经作出财产保全裁定或者采取执行措施，抵押权人主张对抵押财产优先受偿的，人民法院不予支持。

④不得对抗破产债权人。抵押人破产，抵押权人主张对抵押财产优先受偿的，人民法院不予支持。

三是在同类担保中债权优先清偿。如同一财产向两个或两个以上债权人分别设立抵押权，抵押财产变卖或拍卖所得的价款，抵押权先登记的先于后登记的获得清偿，抵押权登记的先于未登记的获得清偿③。

综合上述分析，在合同实务中，相关当事人需要注意：从债权人的角度来看，担保债权人应要求担保人、债务人协同配合办理担保登记手续，避免担保权利不产生或无法实现担保权；从第三人的角度来看，当第三人购买债务人转让上述各类担保财产前，尽可能通过相应权利登记系统查询该转让财产是否设置担保。

7. 第三人担保合同无效的法律后果

合同行为是一种特殊的民事法律行为，无效合同自始没有法律约束力。但无效合同并不表示当事人不需承担相应的后果，有过错的一方应当赔偿对方由此所

---

① 参见《民法典》第443条、第444条、第445条。
② 参见《民法典担保制度司法解释》第54条。
③ 参见《民法典》第414条。

受到的损失;各方都有过错的,应当各自承担相应的责任①。

法律对于担保合同无效后果的规定也是基于当事人的过错原则进行划分的,但与非担保类合同无效的过错原则划分不尽相同。另外,由第三人提供的担保合同无效的后果还与主合同是否有效相关。

(1)主合同有效,担保合同无效的后果

主合同有效,担保合同无效的后果,分为如下三种情况。

一是债权人、债务人有过错而担保人无过错。在这种情况下,担保人不承担赔偿责任。例如,债权人和债务人对保证人进行欺诈,导致保证人违背自己的真实意图提供保证担保,该保证合同无效,且债权人和债务人有过错而担保人无过错的,担保人不承担担保合同无效的赔偿责任;又如,依《民法典》第696条的规定,债权人未经保证人书面同意转让债权的,保证人对受让人不再承担保证责任。

二是担保人有过错而债权人无过错。在这种情况下,担保人对债务人不能清偿的部分承担赔偿责任,担保人对债权人承担过错赔偿责任,但赔偿责任的限额以债务人对债权人不能清偿的债务为限。

需要注意的是,担保人赔偿责任限额是属于约定担保责任范围且债务人不能清偿的债务,而不是债务人不清偿的债务。至于如何理解不能清偿债务,可参考《民法典》第687条第2款关于一般保证的担保责任承担。

三是债权人与担保人均有过错。在这种情况下,担保人对债权人承担一定的赔偿责任,赔偿责任限额以不超过债务人不能清偿部分的1/2为限。

(2)主合同无效,担保合同无效的后果

主合同无效导致第三人提供的担保合同无效的法律后果,视担保人是否存在过错,分两种情况。

一是担保人无过错。在这种情况下,担保人对债权人不承担赔偿责任。

二是担保人有过错。在这种情况下,担保人对债权人承担一定的赔偿责任,赔偿责任的限额以不超过债务人不能清偿部分债务额度的1/3为限。

担保合同具有从属性,主合同无效的,担保合同无效。因此,上述第一种情况比较容易理解,但第二种情况理解起来相对困难一些,既然担保合同从属于主合同,当主合同无效导致担保合同无效时,如何理解存在担保人过错的情形?在实

---

① 参见《民法典》第155条、第157条。

务中,如担保人明知主合同无效仍提供担保的,或明知主合同交易无效,担保人以提供担保等与债务人共同促使债权人债务人订立主合同等。

二、抵押担保

(一) 抵押担保概述

抵押担保是担保的一种方式,是为担保债务的履行,债务人或者第三人不转移财产的占有,将该财产抵押给债权人的,债务人不履行到期债务或者发生当事人约定的实现抵押权的情形,债权人有权就该财产优先受偿。

在抵押法律关系中,提供担保的财产为抵押财产,提供担保财产的债务人或者第三人为抵押人,债权人为抵押权人。

1. 可抵押财产

由于抵押担保具有不转移财产占有的特点,抵押财产一般为不动产和特定动产,按照《民法典》的相关规定,可用作抵押财产包括以下几方面。

(1)建筑物和其他土地附着物;以建筑物抵押的,该建筑物占用范围内的建设用地使用权一并抵押。

(2)建设用地使用权,但乡镇、村企业的建设用地使用权不得单独抵押;以建设用地使用权抵押的,该土地上的建筑物一并抵押。

(3)海域使用权。

(4)生产设备、原材料、半成品、产品;企业、个体工商户、农业生产经营者可以将将有的生产设备、原材料、半成品、产品抵押。

(5)正在建造的建筑物、船舶、航空器。

(6)交通运输工具。

(7)法律、行政法规未禁止抵押的其他财产。

2. 不可抵押财产

不可抵押的财产包括下列几种。

(1)土地所有权;

(2)宅基地、自留地、自留山等集体所有土地的使用权,但是法律规定可以抵押的除外;

(3)学校、幼儿园、医疗机构等为公益目的成立的非营利法人的教育设施、医疗卫生设施和其他公益设施;在前面已分析,以公益为目的的学校、幼儿园、医疗

机构等机构如设立为营利性法人的,相应设施财产抵押不受限制;

(4)所有权、使用权不明或者有争议的财产;

(5)依法被查封、扣押、监管的财产;

(6)法律、行政法规规定不得抵押的其他财产。

(二)抵押合同

虽然《民法典》合同编仅列明保证合同,但抵押担保在经济活动中比较常见,是一类重要的担保合同形态,按照《民法典》第400条规定,抵押合同应当采用书面形式订立。

在抵押合同关系中,提供抵押财产的当事人为抵押人,合同相对人为抵押权人。

综合《民法典》中关于抵押合同的内容以及抵押实务,除合同通常应具有的基本条款外,抵押合同一般包括下列主要内容。

(1)被担保债权的种类和数额。例如,借款合同,担保债权是借款本金和约定利息,即本息;债权数额包括本金和约定的到期利息。

(2)债务人履行债务的期限。抵押权人行使抵押权的前提是债务到期,因此,在抵押合同中要明确债务履行期限,一般可按照主合同约定的履行期限,如借款合同约定贷款人还本付息的期限,在实践中,有的借款合同还约定一段还款宽限期。在担保合同实务中,主合同债务履行期间可能发生合同约定或法律规定可以延期的情形,抵押合同应考虑这些情形。

(3)抵押财产的名称、数量等情况。抵押合同除约定抵押财产的名称、数量情况外,在实务中,还应当注意以下事项。

一是对抵押财产的现状以及正在和未来使用进行一定描述或约定,特别是诸如生产设备、交通工具等抵押物随着使用时间的推移而贬值。从债权人的角度来看,要评估债权到期时抵押物的价值;从抵押人的角度来看,按照法律规定,抵押人负有保护抵押物的义务,否则,抵押权人有权要求抵押人对减值部分提供担保,或要求债务人提前清偿债务。[1]

---

[1] 《民法典》第408条规定,抵押人的行为足以使抵押财产价值减少的,抵押权人有权请求抵押人停止其行为;抵押财产价值减少的,抵押权人有权请求恢复抵押财产的价值,或者提供与减少的价值相应的担保。抵押人不恢复抵押财产的价值,也不提供担保的,抵押权人有权请求债务人提前清偿债务。

二是抵押财产是否出租。通常多指房屋等,按照法律规定,抵押权设立之前抵押财产已经出租并转移占有的,抵押不破租赁。如抵押前未出租的,并且抵押人计划出租的,抵押人与抵押权人应协商并在抵押合同中约定是否允许出租。

三是重复抵押问题。在本抵押合同之前,抵押财产是否已经设置抵押担保。法律原则上允许抵押物重复抵押,但重复抵押担保的债权总额不应超过抵押物的价值。因此,在实务中,抵押权人应关注抵押物是否已被设置抵押及抵押权设置的情况。

例如,A 公司的办公楼价值约 5000 万元,A 公司向 C 银行贷款 2000 万元并用该办公楼作抵押担保;在贷款未到期偿还前,A 公司为承揽建设工程总承包合同,向 H 银行申请额度为 1000 万元的银行履约保函,并以该办公楼作抵押对 H 银行保函反担保。办公楼被两次设置抵押担保的总额度 3000 万元,这个额度在办公楼价值额度内。

(4)担保的范围。原则上,按照法律规定,抵押担保责任的范围不得超过主债务责任的范围。但在实务中,关于担保责任的范围需要明确:一是该抵押合同的担保责任是主债务责任的全部还是部分,如果只担保主合同部分债权的,应定义清楚所担保的债权,这种情况通常由第三人提供抵押担保;二是主合同的债务范围,如主合同债务、债务人违约责任、赔偿责任等,由第三人提供抵押担保的,对前述责任范围应予以界定。

(5)登记。约定抵押登记及当事人为登记应配合的事项。

(6)担保财产是否允许转让、出租。法律允许抵押财产转让,抵押权不受抵押财产转让的影响。但法律同时又尊重当事人的意愿,如果抵押合同约定抵押期间不得转让抵押财产的,抵押人不能转让抵押财产。

(7)抵押权注销及违约责任。抵押权注销也即通常所称的解押,当主债权实现后[1],应在抵押权登记机构办理抵押权注销登记。在实践中,办理抵押权注销登记,除需要抵押人提供相应的资料外,还需要抵押权人提供抵押权消灭的材料,如银行借款抵押的,需要银行出具已还款的证明原件,同时,还需要银行的营业执照(复印件盖公章)、银行的法定代表人证明书(原件)、银行委托书(银行出具的原

---

[1] 申请抵押权注销,除因债权实现等原因主债权消灭外,还包括抵押权已经实现、抵押权人放弃抵押权等情形。

件)、银行法定代表人的身份证(复印件盖公章)、银行委托人的身份证(复印件)等,如果抵押权人是其他公司企业,所提供材料类似。如果抵押权人不及时提供这些材料,无法办理解押手续。因此,在抵押合同中要约定,什么情况下可以解押、抵押权人应在多长时间内办理解押手续或提供相应材料,并约定抵押权人的违约责任。

(三)抵押合同的关注事项

除前面述及的抵押合同的主要内容外,在抵押担保和抵押合同实务中还要关注以下事项。

1. 抵押权的实现方式

与保证担保不同,在连带保证担保下,债务人不履行到期债务时,保证人需要向债权人承担连带履行责任,而在抵押担保下,抵押权并不享受抵押财产所有权,抵押权只是优先受偿权,即债务人不履行到期债务或约定的抵押权实现情形发生时,抵押财产折价或售卖所获得的金钱,抵押权人享有优先受偿权。

因此,抵押权实现主要通过两种途径:

一是通过当事人协议对抵押财产进行折价、变卖或拍卖的方式获得相应价款,抵押权人有权就该价款进行优先受偿。在这种途径中,需要注意,抵押人和抵押权人协议不得损害其他债权人的利益,否则,其他债权人可以请求人民法院撤销该协议。

二是通过诉讼请求法院拍卖或变卖。如抵押权人与抵押人未就抵押权的实现方式达成协议的,抵押权人可以通过民事诉讼程序请求人民法院拍卖、变卖抵押财产,抵押权人有权就拍卖或变卖的价款进行优先受偿。

对抵押财产折价或变卖的,应当参照市场价格。

2. 流押条款的效力与后果

在抵押和质押担保实践中,经常发生流质、流押的情况。所谓流押条款,是指在债务履行期限届满前,抵押权人与抵押人约定债务人不履行到期债务时抵押财产归债权人所有。

流押和流质约定违背抵押权和质权的价值权属性,也违背民法的公平原则。在经济活动实践中,与债权人相比,有些情况下债务人处于相对不利地位,甚至债务人处于急迫困境被迫接受债权人的流押要求,容易造成国有资产流失或债务人权益受损。为此,法律只赋予了抵押权人对抵押财产享有优先受偿的权利,并不支持流押条款。因此,流押条款没有法律约束力。

但从保护债权人的角度考虑,法律一方面不支持流押条款,另一方面仍赋予债权人对抵押财产的抵押权。《民法典》第401条规定,抵押权人在债务履行期限届满前,与抵押人约定债务人不履行到期债务时抵押财产归债权人所有的,只能依法就抵押财产优先受偿。可见,虽然流质条款无效,但抵押权人仍对抵押财产享有抵押权。

需要注意:在抵押担保实务中,应正确区分流押与抵押权的实现方式。流押条款是在债务履行期限届满前约定的;但若债务履行期限届满后,为实现抵押权,抵押权人与抵押人协商将抵押物进行折价,债权人基于优先受偿而取得抵押物所有权的,应予支持。

另外,还需要注意以物抵债问题,这种情况在合同实务中较常见,但在实务操作中存在一些困扰。《合同通则司法解释》为此作了专门规定[1],总体上以债务履行期限是否届满来划分,两者性质不同。

债务履行期限届满后,债务人或第三人与债权人达成以物抵债协议属于清偿型以物抵债协议,在没有其他影响合同效力法定情形的情况下,清偿型以物抵债协议自当事人意思表示一致时生效。

债务履行期限届满前,债务人或第三人与债权人达成以物抵债协议属于担保型以物抵债协议[2],为避免此类协议违背当事人之间公平原则或违反法律关于禁止流质、流押规定,其合同效力需在债权债务关系的基础上判定。此外,担保型以物抵债协议对以物抵债方式的约定不同,将产生不同后果:一是当事人约定债务人到期没有清偿债务,债权人可以对抵债财产拍卖、变卖、折价以实现债权的,该约定有效;二是当事人约定债务人到期没有清偿债务,抵债财产归债权人所有的,该约定无效,但是不影响其他部分的效力;三是虽然第二种情形约定无效,但债权人请求对抵债财产拍卖、变卖、折价以实现债权的,人民法院予以支持。按照司法解释规定,担保型以物抵债协议订立后,当事人未将抵债物财产权利转移至债权

---

[1] 参见《合同通则司法解释》(法释〔2023〕13号)第27条、第28条。
[2] 担保型以物抵债协议并不等同于抵押或质押等担保合同,其本义在于清偿债务,但在某些条件下又被赋予法律意义上的担保属性,如以物抵债协议达成后完成抵债物权利变动公示的,按让与担保对待。

人名下,债权人不享有优先受偿权;当事人已将抵债物财产权利转移至债权人名下,债权人享有让与担保优先受偿权。

3. 多重担保的清偿顺序

对于同一抵押财产向两个或两个以上债权人抵押,或同一财产向两个或两个以上债权人分别设立抵押权和质权的,在担保权利实现时会存在清偿顺序的问题。

按照《民法典》第414条规定,同一财产向两个以上债权人抵押的,经拍卖、变卖抵押财产所得的价款清偿顺序如下。

(1)抵押权登记在前的优先清偿。对于同一财产向两个或两个以上债权人设立抵押权并都已登记的,按照登记的时间先后确定清偿顺序,抵押权登记时间在前的债权先获得清偿。

(2)抵押权已经登记的先于未登记的受偿。对于同一财产向两个或两个以上债权人设立抵押权的,抵押权已经登记的先于未登记的受偿。在这个原则下,如果抵押权未经登记,即使抵押权设置在先,其债权受偿也要等已经登记抵押权的人受偿后,从剩余价款中获得优先受偿权。

(3)抵押权未登记的,按债权比例清偿。对于同一财产向两个或两个以上债权人设立抵押权的,如抵押权均未登记的,按照抵押担保债权的比例清偿。

4. 买卖不破抵押

买卖不破抵押,是指在抵押期间,抵押人转让抵押财产的,抵押权不因此受到影响。

但从保护抵押权人的角度考虑,按照法律规定,抵押人转让抵押财产的,应当及时通知抵押权人。

需要特别注意,除抵押合同约定抵押人在抵押期间不得转让抵押财产或抵押人转让抵押财产须经抵押权人的同意外,抵押权人无权阻碍抵押人转让抵押财产。但如果抵押财产转让将导致或可能损害抵押权的,抵押权人可以请求抵押人将转让所得的价款向抵押权人提前清偿债务或者提存。抵押权人提出该请求时,需能够证明抵押财产转让可能损害其抵押权。

三、质押担保

(一)质押概述

质押是物权担保的一种方式,质押分为动产质押和权利质押。

动产质押,是指为担保债务的履行,债务人或者第三人将其动产出质给债权人占有的,债务人不履行到期债务或者发生当事人约定的实现质权的情形,债权人有权就该动产优先受偿。

权利质押,是指为担保债务的履行,债务人或者第三人将其拥有的权利凭证移交债权人占有或不转移权利凭证的占有,并以凭证上的财产权利作为债权的担保,当债务人不履行债务时,债权人有权就该财产权利优先受偿。

其中,提供动产或权利质押的债务人或者第三人为出质人,债权人为质权人,交付的动产或出质的权利为质押财产。

1. 用于质押的动产范围

动产质押是转移动产占用,并以质押动产折价、变卖或拍卖所得价款优先受偿。因此,原则上,适宜质押的动产均可设置质权,这里提出适宜抵押主要是从实务的角度考虑,并非法律规范,如保质期短且价值不高的物品、占有保存成本过高的物品等。

需要注意:法律和行政法规规定禁止转让的动产不得出质。

2. 用于质押的权利范围

具有财产性的权利可以设置质押担保。按照《民法典》第440条规定,权利人有权处分的下列七大类权利可以出质。

(1)汇票、本票、支票;

(2)债券、存款单;

(3)仓单、提单;

(4)可以转让的基金份额、股权;

(5)可以转让的注册商标专用权、专利权、著作权等知识产权中的财产权;

(6)现有的以及将有的应收账款;

(7)法律、行政法规规定可以出质的其他财产权利。

其中,以汇票、本票、支票、债券、存款单、仓单、提单出质的,质权自权利凭证交付质权人时设立,没有权利凭证的,质权自办理出质登记时设立[①];基金份额、股权以及注册商标专用权、专利权、著作权等知识产权中的财产权和应收账款等权

---

① 随着数字化发展,传统的一些权利凭证出现电子化的形式,存款单、仓单、提单随之出现电子化的形式,如网上银行存款单不再是传统银行柜台存款出具的存款单;海上货物运输提单,也从传统纸质版正本提单发展到正本提单和电放提单并存的局面。

利质押,必须办理质押登记,质权自办理出质登记时设立[①]。

3. 权利质押与动产质押的质权行使期

虽然动产质押和权利质押都是转移占有,但两者在实际操作中还有一些不同之处,尤其是在质权的行使时间上。原则上,质权人应在债务人不履行到期债务或者发生当事人约定的实现质权的情形后方可行使质权,就此点而言,动产质押与动产抵押并无不同;但权利质押存在的情况是,有些权利凭证记载兑现或提货日期,如汇票有相应承兑支付日期,提单有相应提货日期,那就存在权利兑现或提货日早于债务履行期或到期债权,在这种情况下,质权人可以兑现或者提货,并与出质人协议将兑现的价款或者提取的货物提前清偿债务或者提存。

(二) 质押合同

虽然动产质押的质权自出质人交付质押财产时设立,权利质押中的汇票、本票、支票、债券、存款单、仓单、提单质权自权利凭证交付质权人时设立,其他权利质押质权自办理出质登记时设立,但法律仍要求签订书面质押合同[②]。

动产质押合同的主要内容包括被担保债权的种类和数额;债务人履行债务的期限;质押财产的名称、数量等;担保的范围;质押财产交付的时间、方式等。

总体上可参照前面所述的抵押合同,但也要注意两者的不同之处,例如,质押需要转移财产占有,在担保期限内可能产生孳息,合同要约定孳息归属,否则,质权人有权收取质押财产的孳息;同样,也有可能因保管不善致使质押财产毁损、灭失,质权人此时应当承担赔偿责任;另外,质权人在质权存续期间,未经出质人同意转质,造成质押财产毁损、灭失的,应当承担赔偿责任;未经出质人同意,擅自使用、处分质押财产,造成出质人损害的,应当承担赔偿责任;等等。

四、保证担保

(一) 保证合同关系

在担保实务中,保证担保是经常使用的一种担保方式。保证合同是为保障债权的实现,保证人和债权人约定,当债务人不履行到期债务或者发生当事人约定

---

① 参见《民法典》第441条、第442条、第443条、第444条、第445条。
② 参见《民法典》第427条、第446条。

的情形时,保证人履行债务或者承担责任的合同。保证合同是基于主债权债务合同而形成的合同关系,保证合同是主债权债务合同的从合同。可见,保证合同为双方合同关系,但保证合同本身又涉及三方关系(见图10-1)。

保证人 ←—保证合同—→ 债权人 ←—主合同—→ 债务人

图10-1 保证的三方关系

在这个关系中,保证人与债权人之间是保证合同关系,债权人对保证人享有担保债权,保证人对债权人承担担保债务;债权人与债务人之间是主债权债务合同关系。

主债权债务合同是主合同,保证合同是从合同。除法律另有规定外,主债权债务合同无效的,保证合同无效。

保证合同可以是单独订立的书面合同,也可以是主债权债务合同中的保证条款。在实践中,单独书面保证合同,既有由保证人、债权人两方签订的保证合同,也有由保证人、债权人、债务人三方参与签订的保证合同,还有由保证人一方签发的保证书、承诺书、保证保函等,保证保函有代表性的是银行保函、母公司保证保函等。

对于由两方或三方参与的保证合同自各方签字、盖章或按指印时合同成立;对于由保证人单方以书面形式向债权人作出保证,债权人接收且未提出异议的,保证合同成立,如债务人的母公司签发给债权人的保证保函,债权人接收且不提出异议的,母公司与债权人之间的保证合同成立。

除保证合同主体外,保证合同的内容一般包括被保证的主债权的种类、数额,债务人履行债务的期限,保证的方式、范围和期间等条款。在实践中,根据各种保证情况而定,在这里不作过多赘述。

(二)保证合同的主体限制

由于保证合同是一种单务的信用担保行为,因此,法律对保证合同主体中的保证人有相应的限制。《民法典》第683条规定,机关法人不得为保证人,但是经国务院批准为使用外国政府或者国际经济组织贷款进行转贷的除外。以公益为目的的非营利法人、非法人组织不得为保证人。

根据《民法典》第683条的规定及最高人民法院的相关司法解释,可作为保证合同的保证人的包括以下几类。

（1）自然人。有完全民事行为能力的自然人。

（2）营利法人。公司、企业等营利法人。公司违反《公司法》关于对外担保规定的除外。除上市公司外，公司虽未依照《公司法》关于公司对外担保的规定决议，下面三种情况的保证合同有效：

一是金融机构开立保函或者担保公司提供担保；

二是公司为其全资子公司开展经营活动提供担保；

三是担保合同系由单独或者共同持有公司 2/3 以上对担保事项有表决权的股东签字同意。

（3）公益法人。除以公益为目的以外的非营利法人或非法人组织可以作为保证人；以公益为目的的非营利性学校、幼儿园、医疗机构、养老机构等不能提供保证担保，否则，保证合同无效；但登记为营利法人的学校、幼儿园、医疗机构、养老机构等可以成为保证人。

（4）特别法人。特别法人中的农村集体经济组织、合作经济组织等可以成为保证合同的保证人；居民委员会、村民委员会提供担保的，担保合同无效，但是依法代行村集体经济组织职能的村民委员会，依照村民委员会组织法的规定讨论决定程序对外提供担保的保证合同有效；对于为使用外国政府或者国际经济组织贷款进行转贷而要求机关法人作为保证人的，需要经国务院批准同意。

（三）保证责任的范围与承担方式

保证合同的保证责任范围包括主债权及其利息、违约金、损害赔偿金和实现债权的费用。当事人另有约定的，按照其约定。

在合同实务中，保证合同多由债权人对债务人要求，保证人应债务人请求而与债权人订立保证合同。如在买卖合同中，买受人要求出卖人提供履约保证担保，出卖人向银行申请银行履约保函，银行出具以买受人为受益人的银行保函。在这种情况下，银行保函的保证责任范围多由买受人与出卖人事先协商好，银行按照出卖人的请求内容出具银行保函。因此，保证合同的保证责任范围和责任限额都可以约定。但如果没有约定，保证责任的范围包括主债权及其利息、违约金、损害赔偿金和实现债权的费用。

保证合同责任的承担方式包括一般保证和连带责任保证两种方式。

1. 一般保证

一般保证,是指当事人在保证合同中约定,债务人不能履行债务时,由保证人承担保证责任。对于承担一般保证责任的,需要在保证合同中明确约定为一般保证,如当事人在保证合同中对保证方式没有约定或者约定不明确的,按照一般保证承担保证责任。

在司法实践中,如果当事人在保证合同中约定了保证人在债务人不能履行债务或者无力偿还债务时才承担保证责任等类似内容,具有债务人应当先承担责任的意思表示的,将其认定为一般保证[①]。

须对主合同债权起诉或仲裁。在一般保证方式下,只有债务人不能履行债务时,保证人才承担保证责任。需要特别注意的是,这里的前提条件是债务人不能履行债务,而不是债务人不履行债务。界定债务人不能履行债务的标准,是债权人就主合同债权提起诉讼或仲裁,并且就债务人财产依法强制执行。因此,一般保证合同的保证人在主合同纠纷未经审判或者仲裁,并就债务人财产依法强制执行仍不能履行债务前,有权拒绝向债权人承担保证责任。

但下列情形,未履行依法对债务人财产进行强制执行的,一般保证合同保证人需对债权人承担保证责任:

一是债务人下落不明,且无财产可供执行;

二是人民法院已经受理债务人的破产案件,主要指公司、企业;

三是债权人有证据证明债务人的财产不足以履行全部债务或者丧失履行债务能力;

四是保证人书面表示放弃前述法律规定的权利。

2. 连带责任保证

连带责任保证合同,是指当事人在合同中约定保证人和债务人对债务承担连带责任的保证合同。在连带责任保证下,主合同债务人不履行到期债务或者发生当事人约定的情形时,债权人可以请求债务人履行债务,也可以请求保证人在其保证的范围内承担保证责任。

在司法实践中,如果当事人在保证合同中约定了保证人在债务人不履行债务或者未偿还债务时即承担保证责任、无条件承担保证责任等类似内容,不具有债

---

① 参见《民法典担保制度司法解释》第25条。

务人应当先承担责任的意思表示的,应当将其认定为连带责任保证[①]。

连带责任保证和一般保证不同,只要债务人不履行到期债务或约定情形发生,债权人就有权向保证人主张权利,保证人应对债权人承担保证责任,债权人对债务人诉讼或仲裁以及强制执行债务人财产不是保证人承担保证责任的前提条件。当然,在实践中,由于债务人与债权人就债务本身有分歧,或者保证人拒不履行保证责任的,债权人为维护自身权益,需要通过诉讼或仲裁来实现债权的,那是另外一回事了。

(四)保证期间

保证合同的保证期间,是指保证人承担保证责任的期间。保证期间自主债务履行期限届满之日开始,至约定或法定保证人责任终止日止。简言之,保证期间就是主债务履行期限届满之日开始的一段期间,在此期间,保证人对债权人承担约定的保证责任,超过这段时间后,保证人不再承担保证责任(见图10-2)。

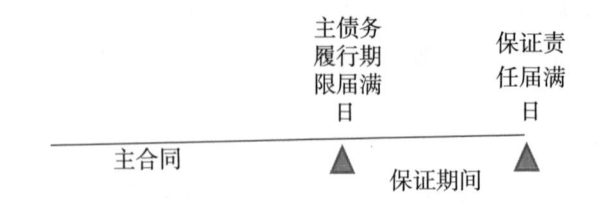

图10-2 保证期间示意

债权人向保证人主张保证权利的,应当在保证期间内主张。未到保证期间的,保证人可以未到债权期间来对抗债权人,超过保证期间的,保证人可以保证责任届满来对抗债权人。保证期间通常由当事人在保证合同中约定,但是约定的保证期间早于主债务履行期限或者与主债务履行期限同时届满的,视为没有约定。

保证合同对保证期间没有约定或者约定不明确的,保证期间为自主债务履行期限届满之日起6个月。

保证期间自主债务履行期限届满之日开始,如主合同约定买受人(合同债务人)应于2020年10月15日前支付货款,那么,2020年10月15日为付款债务履行期限届满日;如债权人与债务人对主债务履行期限没有约定或者约定不明确

[①] 参见《民法典担保制度司法解释》第25条。

的,保证期间自债权人请求债务人履行债务的宽限期届满之日起计算。

在实践中,需要特别注意的是,保证合同的保证期间不同于诉讼时效,保证期间没有中止、中断和延长之说。因此,债权人应在保证期间内行使保证权利。

由于保证人在一般保证和连带责任保证中所承担的责任方式不同,相应地,债权人在保证期间行使保证权利的方式也不同。在一般保证合同下,债权人需要在保证期间对债务人提起诉讼或申请仲裁,否则,保证人不再对债权人承担保证责任。在连带责任保证合同下,债权人须在保证期间请求保证人承担保证责任,否则,保证人不再承担保证责任。

从债权人的角度讲,特别要注意一般保证权利的行使,在实务中,债权人认为保证人应当履行保证责任,向保证人主张权利,而不是对债务人提起诉讼或仲裁,这样容易丧失担保权利。

另外,按照最高人民法院的司法解释规定[①],一般保证的债权人在保证期间内对债务人提起诉讼或者申请仲裁后,又撤回起诉或者仲裁申请,债权人在保证期间届满前未再行提起诉讼或者申请仲裁,保证人不再对债权人承担保证责任;连带责任保证的债权人在保证期间内对保证人提起诉讼或者申请仲裁后,又撤回起诉或者仲裁申请,起诉状副本或者仲裁申请书副本已经送达保证人的,认定为债权人已经在保证期间内向保证人行使了权利。

(五)债务加入与保证的区别

在商事实践中,债务人为了提高债权人对其履约信心,有时请求第三人向债权人作出增信承诺,相应产生债务加入和保证担保的法律效果。债务加入与保证虽然都有担保债权实现的效果,但两者属于不同的法律关系。

《民法典》第552条规定,第三人与债务人约定加入债务并通知债权人,或者第三人向债权人表示愿意加入债务,债权人未在合理期限内明确拒绝的,债权人可以请求第三人在其愿意承担的债务范围内和债务人承担连带债务。据此可见,债务加入与保证存在以下几点区别。

一是保证合同具有从属性,保证人承担的保证责任是从属性债务,如在一般保证担保中,只有债务人不能履行债务时,保证人才承担保证责任;而在债务加入

---

① 参见《民法典担保制度司法解释》第31条。

中第三人对债务承担连带责任,即第三人是连带责任债务人,第三人所承担的债务与债务人所承担的债务没有主从关系,债权人可以要求第三人在其承诺的债务范围内和债务人承担连带责任。

二是保证人所承担的担保债务受保证期间和诉讼时效的限制,一般保证的债权人未在保证期间对债务人提起诉讼或者申请仲裁的,保证人不再承担保证责任;连带责任保证的债权人未在保证期间请求保证人承担保证责任的,保证人不再承担保证责任。[①] 保证债务也有相应的诉讼时效,超过担保债务诉讼时效的,人民法院不再保护债权人的权益。第三人债务加入所承担的连带责任的主债务,受诉讼时效的限制。

三是承担债务后的救济,保证人承担担保债务后,可向主债务人追偿[②];在债务加入中的第三人承担债务后,能否对债务人享有追偿权,取决于第三人与原债务人之间的约定。

上面是从法律特征上区分保证担保与债务加入,但在实务中,第三人向债权人作出的增信承诺文件的称谓各异,表述也多种多样,甚至内涵也不明晰,这就造成债务加入与保证担保混同。为避免混同,实践中尽量明确承诺的内涵。

对于债务加入或保证表述不清楚的,在司法实践中按如下三种方案处理[③]。①第三人向债权人提供差额补足、流动性支持等类似承诺文件作为增信措施,具有提供担保的意思表示,债权人请求第三人承担保证责任的,按保证担保;②第三人向债权人提供的承诺文件,具有加入债务或者与债务人共同承担债务等意思表示的,按债务加入;③第三人提供的承诺文件难以确定是保证还是债务加入的,按保证担保。

五、最高额保证合同

(一)最高额保证概述

最高额保证合同是保证合同的一种特殊情形,是指当事人在保证合同中约定,保证人在最高债权额限度内就一定期间连续发生的债权提供保证担保。最高

---

① 参见《民法典》第693条。
② 《民法典》第700条规定:保证人承担保证责任后,除当事人另有约定外,有权在其承担保证责任的范围内向债务人追偿,享有债权人对债务人的权利,但是不得损害债权人的利益。
③ 参见《民法典担保制度司法解释》第36条。

额保证是在主合同债权债务未确认的情况下设定的一种保证方式。换言之,最高额保证合同也可理解为限额保证合同。

最高额保证合同和普通保证合同的主要区别体现在以下几点。

一是担保债权是否确认。普通保证合同成立时其所担保的债权是确定的,如货物买卖合同,买受人向出卖人提供第三人保证付款合同,货物买卖合同是主合同,合同已经约定货物价款和支付条件,因此,对买受人来说,支付货款的债务是确定的,对出卖人来说,获取货款的债权也是确定的,那么,付款保证合同所担保的债务或债权在订立保证合同时已经确定。最高额保证合同成立时其所担保的债权是不确定的,是对今后一定期间连续发生债权的担保,那么,在约定的期间内,债权可能发生,也可能不发生,而且,发生债权的额度具有不确定性。如货物买卖框架合同,约定出卖人在未来两年内向买受人提供约定的货物,但货物具体数量将按照买受人届时通知或订单确定,在签订框架合同时买卖双方无法确定未来两年内买受人应付出卖人货款的具体金额,就买受人向出卖人支付货款金额而言,债权债务并不确定,那么,支付货款的保证合同约定一个限额,保证人将对出卖人按照约定的限额承担保证责任。

二是担保债权是否连续发生。普通保证合同成立时其所担保的债权是确定的,是对特定主合同确定的债权进行担保,担保债权具有一次性。最高额保证合同是对约定期间内连续发生的债权进行担保。

三是担保债权是否限额。普通保证合同对债权担保额度,除另有约定外,担保债权是全额的,即以担保债权全额为限。最高额保证合同是按照约定的最高额对债权承担保证责任,这个最高额实际上是保证人对担保债权承担保证责任的限额,可能达到或超过未来确认的债权总额,也可能低于未来确认的债权总额。

最高额保证合同与普通保证合同区别主要体现在上述三个方面,最高额保证的责任承担方式和保证责任范围等适用法律对保证合同的规定。

(二)最高额保证的保证期间

由于最高额保证合同是对未来一定期间连续发生债权的担保,相应地,保证期间及保证期间的起算时间就比较复杂,涉及债权发生期间,保证期间以及保证起算时间等。

法律允许当事人自行约定。如保证合同约定保证期间的计算方式以及起算时间的,按照保证合同约定。当然,最高额保证合同期间约定,也不能违反前述法律关于保证合同期间的相关规定。

案例 17

保证人向出卖人(乙公司)出具的对买受人(甲公司)支付货款的保证函约定,"为保证甲公司与乙公司自本担保函出具之日(2017年9月15日)至2019年3月31日之间就×××产品签订的全部买卖合同的履行,保证人对甲公司在前述期限内签订的买卖合同全部付款义务(包括但不限于本金、违约金、赔偿金)的履行向乙公司承担连带保证责任,但保证责任最高限额为人民币1000万元……保证期间自本担保函约定前述保证期限终止之日(2019年3月31日)起12个月"。

在这个案例中,担保债权债务发生的期限为2017年9月15日至2019年3月31日;保证期间为12个月,保证期间起算日为2019年3月31日。保证责任限额为1000万元。

当事人没有约定或约定不明确。如果当事人在最高额保证合同中对保证期间的计算方式、起算时间等没有约定或者约定不明,分以下两种情况处理。

第一种情况是被担保债权的履行期限均已届满的,保证期间自债权确定之日起开始计算。按照《民法典》规定,保证期间为6个月。关于债权确定日期,最高人民法院的司法解释指引按《民法典》第423条规定。该条款规定的最高额抵押担保中抵押权人的债权确定,转换到最高额保证合同,出现下列情形之一的,最高额保证担保债权确定。

一是约定的债权确定期间届满;

二是没有约定债权确定期间或者约定不明确,债权人或者保证人自最高额抵押权设立之日起满2年后请求确定债权;

三是新的债权不可能发生;

四是债务人、保证人被宣告破产或者解散;

五是法律规定债权确定的其他情形。

第二种情况是被担保债权的履行期限尚未届满的,保证期间自最后到期债权的履行期限届满之日起开始计算。

六、银行保函

(一)银行保函的概念

银行保函是经济活动中常用的保证担保方式,所以,本部分将银行保函从保证合同中拿出来单独介绍。

银行保函合同关系和赔付关系比较复杂,特别是见索即付保函,下面以货物买卖合同项下买受人向出卖人提供用于支付货款担保的银行保函为例,在国内货物买卖合同实务中,少有买受人向出卖人提供银行保函,反而多是出卖人向买受人提供用于履约担保、质量保证担保的银行保函,在货物进出口贸易中,应出卖人要求,买受人向出卖人提供支付担保的银行保函情形较多。

在货物买卖合同中约定买受人向出卖人提供银行保函,用于担保买受人按约向出卖人支付合同货款,如银行保函为独立保函,将按后面独立保函的规定。非独立保函性质的银行保函合同关系如图10-3所示。

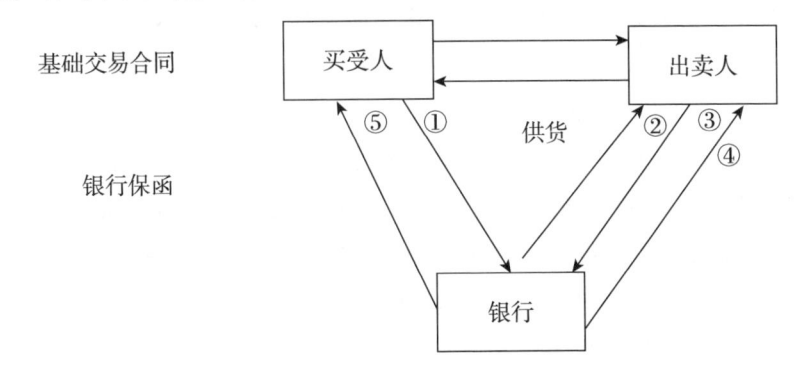

图10-3 买受人向出卖人提供银行保函合同关系示意

注:①按照买卖合同约定的保函条件,买受人(保函申请人)向银行申请保函,并按照银行要求提供反担保。在实践中,如买受人没有获得银行授信额度,买受人需要向银行预存等额现金作为反担保,如买受人拥有该银行授信额度,并且保函担保金额在授信额度限额内,买受人不需要向银行预存反担保现金;向银行支付出具保函费用。②银行按照买受人申请的条件和额度,向出卖人开立以出卖人为受益人的银行保函。③当出现买卖合同约定的出卖人可依银行保函向银行要求支付事件时,出卖人向银行发出付款通知,并附带银行保函规定的其他单据。对于无条件的见索即付保函中没有约定其他单据的,出卖人只需向银行发出书面通知即可。④银行按照出卖人的通知要求,并检查通知所附单据与银行保函要求单据表面一致后,向出卖人支付款项。⑤银行按照保函向出卖人支付款项后,向买受人索赔其支付的金额。

(二)独立保函

1. 独立保函概述

独立保函是保证担保函的一种特殊担保方式,在当前一些学理上多把独立保函向信用证方向解读。在我国银行担保保函实务中,具有独立保函性质的担保函早有实践,如在建设工程领域,对于大型工程承包合同,会设定承包商向发包人提供由发包人认可的银行出具的担保函,包括合同预付款保函、履约保函以及质量保函等,这些银行保函多数具有独立保函性质。在我国法律层面承认独立保函的是 2016 年 11 月 18 日发布的《最高人民法院关于审理独立保函纠纷案件若干问题的规定》,目前使用的是最高人民法院于 2020 年 12 月 29 日发布的《独立保函司法解释》。

(1)独立保函仅限于银行或非银行金融机构开具的保函。按照《独立保函司法解释》的规定,独立保函,是指银行或非银行金融机构作为开立人,以书面形式向受益人出具的,同意在受益人请求付款并提交符合保函要求的单据时,向其支付特定款项或在保函最高金额内付款的承诺。我国法律规定的独立保函开立人特指银行或非银行金融机构。

在涉外经济活动中,需要注意的是我国法律所规定的独立保函开立人与国际商会制定《见索即付保函统一规则》(Uniform Rules for Demand Guarantees,URDG458)所指独立保函开立人范围不同,《见索即付保函统一规则》所指的独立保函开立人包括银行、保险公司或其他机构或个人等。

之所以称为独立保函,是因为与其他保证担保相比该保函具有"独立性",即保函开立人(保证人)承担以付款形式的保证责任时,只基于保函所约定的单据,而不直接与主合同债务是否履行直接关联。在普通保证担保中,一般担保的保证人承担担保责任的前提是债务人不能履行到期债务,连带责任担保的保证人承担担保责任的前提是债务人不履行债务或未偿还债务。

独立保函与普通保函承担责任的前置条件如表 10-1 所示。

表 10-1 独立保函与普通保函承担责任对比

独立保函保证责任	普通保函(保证合同)保证责任	
	一般保证	连带责任保证
(1)与主合同债务是否履行不直接关联； (2)见索即付； (3)单据表面一致性。	(1)与主合同债务是否履行直接关联； (2)债务人不能履行到期债务； (3)债权人通过诉讼或仲裁。	(1)与主合同债务是否履行直接关联； (2)债务人不履行到期债务。

(2)独立保函所要求的单据，是指独立保函载明的受益人应提交的付款请求书、违约声明、第三方签发的文件、法院判决、仲裁裁决、汇票、发票等表明发生付款到期事件的书面文件。

独立保函开立人(保证人)只对保函所要求的单据进行表面一致性的审查承担责任，只要单据表面一致，保证人就应当支付。这点有点像跟单信用证原则。

(3)构成独立保函的情形。按照最高人民法院的司法解释，除保函未载明据以付款的单据和最高金额外，保函具有下列情形之一，构成独立保函：一是保函载明见索即付；二是保函载明适用国际商会《见索即付保函统一规则》等独立保函交易示范规则；三是根据保函的文本内容，开立人的付款义务独立于基础交易关系及保函申请法律关系，其仅承担相符交单的付款责任。

(4)独立保函终止。根据最高人民法院的司法解释，出现下列情形的，独立保函权利义务终止①。

一是独立保函载明的到期日或到期事件届至，受益人未提交符合独立保函要求的单据。简单地说，就是受益人未在保证期间向保函开立人(保证人)申索付款的，该权利丧失。这与普通保函或普通保证合同约定保证期间届满的性质相同。

二是独立保函项下的应付款项已经全部支付。虽然说独立保函的付款责任不与基础交易直接关联，但独立保函所担保的对象是基础交易中的应付款项，当独立保函项下的应付款项得到全部支付，该支付应包括独立保函开立人(保证人)支付和基础交易当事人支付，那么，独立保函的担保责任应予解除。

三是独立保函的金额已减额至零。独立保函的担保责任是定额的，如人民币1000万元，当保函开立人(保证人)向受益人支付到1000万元时，独立保函保证额

---

① 参见《独立保函司法解释》第 11 条。

度全部用完,相应地,独立保函权利义务终止。

四是开立人收到受益人出具的免除独立保函项下付款义务的文件。在银行保函实务中,当事人一般都要求银行保函不可撤销,独立保函同样具有不可撤销性。但在实践中,由于各种因素,如基础交易合同提前履行完,或提前终止基础交易合同,保函受益人应保函开具申请人请求而向保函开立人出具书面免除独立保函付款的义务。

五是法律规定或者当事人约定终止的其他情形。

2. 独立保函的注意事项

虽然从法律的角度看独立保函具有见索即付性质,因而独立保函的支付与基础交易不直接关联,但独立保函和普通银行保函在本质上是一样的,它是基于基础交易而产生的,并且,独立保函背后所存在的法律关系与前述普通银行保函是一样的。在实践中,除申请人和受益人串通虚构基础交易或受益人提供虚假单据等保函欺诈外,出具独立保函的银行或其他金融机构对保函申请人都有严格的要求和条件,诸如申请人需要提供等额专项现金存款、其他反担保以及仅承担单据表面审查一致的责任,而独立保函所约定的单据和赔付额度本质上是由基础交易当事人事先约定的,因此,主要风险还是在基础交易当事人之间。

(1)独立保函受益人。独立保函受益人多数情况下是基础交易合同当事人或合同最终用户,如买卖合同的出卖人,为了保证得到买受人按约支付货款,买卖合同约定买受人向出卖人提供一定金额的银行独立保函,至于独立保函见索即付所需单据,实际由出卖人与买受人在订立买卖合同时约定,如发货通知书,由承运人签发的托运单或海运提单,双方代表签字的货物交接单,或由买受人签字或签字盖章的货物验收证书等。在实践中,出卖人在与买受人约定单据条件时,在公平的前提下,尽量考虑不可控因素,如买受人不对货物交接单不签字、不及时组织验收或不签发验收合格证书等情形。

(2)独立保函申请人。由于独立保函具有单据表面审查一致和见索即付的特点,独立保函申请人在基础交易合同与对方约定独立保函所附单据时,应尽可能考虑支付的可控性,如货物买卖合同,要控制合同货物按约交付并保证质量。

七、信用证(L/C)

信用证(Letter of Credit,L/C)是国际贸易中的重要支付工具,国内使用信用证作为支付工具的也越来越多。在合同实务中,当事人约定采用信用证支付时,更多想到的是支付方式,而忽视信用证的另一项功能——担保工作。其实,信用证既是支付工具,也是一种保证付款的担保方式。

在信用证支付条件下,除发生信用证欺诈的情形外,开证行在作出付款、承兑义务的承诺后,只要单据与信用证条款、单据与单据之间在表面上相符,开证行应当履行在信用证规定的期限内付款的义务。可见,信用证具有保证担保性质。

在国际贸易实务中,如进口合同,外方多要求采用信用证(L/C),进口方一般都满足外方要求,但在多数情况下没有相应要求对方对其履约提供担保,导致一些进口合同履行不尽如人意。如供应商迟延交付货物,或货物质量问题。因此,对于一些重要的进口合同,建议让对方提供履约担保,质量保证担保,当然,运输过程中造成货物损坏、损毁的风险按照贸易条件进行划分承担,但供应商应保证货物的质量。

另外,在实践中,如出口合同,经常出现出口商交付大量货物,但难以收回货款的情况,因此,建议出口商也要求对方采用信用证支付。当然,出口商也应基于诚实信用原则,严格履行合同。

八、定金担保

定金担保是一种最简单的担保方式,在原担保法体系下,定金担保包括立约担保、成约担保、履约担保和解约担保,定金性质相应分为立约定金、成约定金、履约定金和解约定金[①]。《民法典》仅规定履约定金,2023年12月5日施行的《合同通则司法解释》在总结司法实践基础上采纳原担保法体系下定金分类,在第六十七条补充定金的立约担保、成约担保和解约担保的性质与分类,这样,现行民法典体系下,定金包括立约定金、成约定金、履约定金和解约定金等类型。实践中,履约定金较为常用,是指一方向对方给付一定金额的现金作为债权的担保。定金担保是以实际给付定金的实践合同,定金合同自实际交付定金时成立。定金担保在操作上比较简单,在此不做过多赘述。

(一)定金担保的关注事项

在定金担保实务中,需要注意以下几个方面的事项。

[①] 参见原《担保法》第89条,原《担保法司法解释》第115条、第116条、第117条。

一是定金担保具有双向担保性质。这点与其他担保方式不同,当给付定金的一方不按约履行债务的,无权请求返还定金;收受定金的一方不按约履行债务的,双倍返还定金。

二是定金的数额限制。定金的数额由当事人约定;但是,不得超过主合同标的额的20%,超过部分不产生定金的效力[1]。如设备买卖合同,货款总额为100万元,买受人按合同约定向出卖人支付25万元定金。其中的5万元不具有定金的效力。

三是定金金额实际交付制。实际交付的定金数额多于或者少于合同约定数额的,视为变更约定的定金数额,在不超过主合同标的额的20%的情况下,以实际交付金额为准,实际交付金额为定金金额。

四是违约行为不当然引起定金效力。在原《合同法》和原《担保法》的制度下,对于定金担保,只要主合同当事人不履行约定债务的,即可引起定金效力,即给付定金一方不履行的,无权要求返还定金;收受定金一方不履行的,应当双倍返还定金[2]。在实践中,如主合同当事人一般性违约即实施定金罚则,对当事人来说也不公平,为此,《民法典》增加违约并致使对方不能实现合同目的作为适用定金的条件[3]。在此基础上,《合同通则司法解释》第68条对定金罚则适用进行充实细化,包括:(1)双方当事人均具有致使不能实现合同目的的违约行为,其中一方请求适用定金罚则的,不予支持;(2)一方仅有轻微违约,对方具有致使不能实现合同目的的违约行为,轻微违约方主张适用定金罚则,对方以轻微违约也构成违约为由抗辩的,对该抗辩不予支持;(3)一方已经部分履行合同,对方接受并主张按照未履行部分所占比例适用定金罚则,予以支持;(4)部分未履行致使不能实现合同目的,对方可主张按照合同整体适用定金罚则;(5)因不可抗力致使合同不能履行,非违约方主张适用定金罚则的,不予支持。

五是定金性质与类型需明确。定金的担保属性、类型多样性,以及定金担保合同是实践合同,故当事人需要明确约定定金性质及类型。按照《合同通则司法解释》第67条的规定,当事人交付留置金、担保金、保证金、订约金、押金或者订金等,但是没有约定定金性质的,不适用定金罚则;当事人约定了定金性质,但是未

---

[1] 参见《民法典》第586条第2款。
[2] 参见原《合同法》第115条,原《担保法》第89条。
[3] 参见《民法典》第587条。

约定定金类型或者约定不明,可视为违约定金。

六是定金与违约金的选择性。有些合同既约定违约金,又约定定金的,当一方违约时,对方可以选择适用违约金或者定金条款,也就是说不可两者同时适用。当然,如选择适用定金约定,定金不足以弥补一方违约造成的损失的,对方可以请求赔偿超过定金数额的损失。

(二)定金与订金

在合同实务中,经常出现"定金"和"订金"的约定,而且,人们也容易混淆这两个概念和法律属性。

定金属于担保的一种方式。订金不具有担保的法律属性,一般多发生于预约合同,如双方准备签订某项买卖合同,先预付一定的"订金",实践中也有一些合同中出现"订金"概念,一部分具有合同预付款性质,也有部分是当事人混淆概念所致。

但订金能否退还及是否全额退还,取决于双方关于违约责任的约定。从法律的角度来看,订金并不具有定金的担保性质。

九、留置担保

留置是动产担保的一种特殊形式,是指债务人不履行到期债务,债权人可以留置已经合法占有的债务人的动产,并有权就该动产优先受偿。在留置担保法律关系中,债权人为留置权人,债权人合法占有的动产为留置财产。

留置担保仅限于债权人已合法占有债务人的动产,这种合法占有通常是基于主合同法律关系所致,如基于货物运输、仓储保管、加工承揽等合同关系,债务人的动产置于债权人占有之下。这不同于债务人动产质押。

留置担保和动产抵押、动产质押担保的属性一样,债权人享有的是担保动产财产折价、变卖或拍卖所得价金的优先受偿权。

需要注意的是:同一动产上已经设立抵押权或者质权,该动产又被留置的,留置权人优先受偿,即留置权优先于抵押权和质权。

十、非典型担保

除上述典型担保外,《民法典》将其他具有担保功能的合同纳入担保范畴,《民法典》将具有担保功能的所有权保留买卖合同、融资租赁合同、保理合同列为列名合同分章规定,在《民法典担保制度司法解释》(法释〔2020〕28号)第四部分进一步将前面三类业务列为非典型担保,并增加了让与担保,从而形成了完整的担保体系。

(一)所有权保留买卖

所有权保留买卖合同,是指当事人约定买受人未履行支付价款或其他义务的,买卖标的物的所有权属于出卖人所有的买卖合同。这是一类特殊的买卖合同,按照约定以合同标的物的所有权对买受人支付价款或其他义务进行担保。

在货物买卖合同实务中,对于动产,除当事人另有约定外,货物所有权随货物交付而发生转移,也就是说,动产货物一经交付买受人,其所有权一并转移给买受人[1],当然,对于法律规定的需要履行的特定程序除外,如登记取得所有权。为保证出卖人能够获得买受人按约支付的货款,可约定出卖人对货物所有权保留,尽管货物已经交付买受人并在买受人控制之下,但买受人在履行支付价款或约定的其他义务前不享有该货物的所有权。

需要注意的是,出卖人对标的物所有权保留的,需要按规定进行登记,未经登记的,不得对抗善意第三人[2]。

所有权保留买卖合同的出卖人依法有权取回标的物,当买受人违约,出卖人实现这项权利有两种途径或方式[3]。

一是双方协商取回标的物。在这种情况下,买卖双方就货物交付所发生费用、货物折价、买受人已付货款返还等协商一致,出卖人取回标的物。

二是拍卖、变卖标的物。当双方不能就出卖人取回标的物协商一致的,参照担保物权实现拍卖、变卖标的物。

(二)融资租赁

融资租赁合同,是指出租人根据承租人对出卖人、租赁物的选择,向出卖人购

---

[1] 在实践中,一些特殊货物,如定制设备,设备制造周期较长,合同约定买受人向出卖人支付部分价款,设备在工厂制造过程中标定为买受人所有,即设备在交付前所有权即属于买受人。
[2] 参见《民法典》第641条第2款。
[3] 参见《民法典》第641条、第642条,《民法典担保制度司法解释》第64条。

买租赁物,提供给承租人使用,承租人支付租金的合同。在融资租赁业务中,出租人按照承租人选择的出卖人和租赁物,向出卖人购买租赁物交付承租人使用,承租人向出租人支付租金,出租人向出卖人支付货款。在此过程中,出租人不向承租人转让租赁物所有权[①]。

根据《民法典》第752条规定,承租人应当按照约定支付租金。承租人经催告后在合理期限内仍不支付租金的,出租人可以请求支付全部租金;也可以解除合同,收回租赁物。虽然《民法典》赋予出租人收回租赁物的权利,但在实践操作中会牵涉诸多问题,比如,租赁物是特定的生产设备,并且已经在承租人工厂使用,出租人如何收回、租赁物如何作价等。《民法典担保制度司法解释》(法释〔2020〕28号)将融资租赁纳入非典型担保范畴,租赁物作为承租人支付租金的担保,通过担保物权实现方式来保障出租人债权实现。按照该司法解释第65条规定,融资租赁担保功能的实现可通过两个途径。

一是承租人未按照约定支付租金,经催告后在合理期限内仍不支付,出租人通过人民法院请求承租人支付全部剩余租金,并以拍卖、变卖租赁物所得的价款受偿;

二是当事人请求参照《民事诉讼法》"实现担保物权案件"的有关规定,以拍卖、变卖租赁物所得价款支付租金。

融资租赁合同担保和所有权保留买卖合同担保一样,需要对租赁物所有权担保进行登记,具体请参阅前述所有权保留买卖登记,在此不再赘述。

(三)保理担保

近些年来,我国商业保理业务快速发展,据媒体报道,2021年我国商业保理业务量约为1.8万亿元人民币。为适用新业务领域,《民法典》专章将保理合同列入典型合同目录。

《民法典》将商业保理分为有追索权保理和无追索权保理两类,这里的追索权是指保理人是否拥有对应收账款债权人的追索权。

[①] 在融资租赁实务中,可约定租赁期满后租赁物的归属。《民法典》第757条规定,出租人和承租人可以约定租赁期限届满租赁物的归属;对租赁物的归属没有约定或者约定不明确,依据本法第510条的规定仍不能确定的,租赁物的所有权归出租人。第759条规定,事人约定租赁期限届满,承租人仅需向出租人支付象征性价款的,视为约定的租金义务履行完毕后租赁物的所有权归承租人。

有追索权保理,是指当事人约定保理人有权向应收账款债权人追索,这种模式下,保理人既可向应收账款债权人主张返还保理融资款本息或者回购应收账款债权,也可以向应收账款债务人主张应收账款债权;若向应收账款债务人主张应收账款债权,在扣除保理融资款本息和相关费用后有剩余的,剩余部分应当返还给应收账款债权人。

无追索权保理,是指当事人约定保理人无权向应收账款债权人追索,这种模式下,保理人应当向应收账款债务人主张应收账款债权,保理人取得超过保理融资款本息和相关费用的部分,无须向应收账款债权人返还。

可见,有追索权保理带有担保的性质,在最高人民法院《民法典担保制度司法解释》中进一步将其明确为非典型担保。保理人可以向应收账款债权人主张返还保理融资款本息或者回购应收账款债权,并以应收账款债权人为被告提起诉讼,当然,也可以应收账款债务人为被告提起诉讼[①]。

(四)让与担保

1. 让与担保概述

最高人民法院《民法典担保制度司法解释》将《民商事审判工作会议纪要》(法〔2019〕254号)让与担保的司法实践纳入法律规范中的非典型担保范畴,对《民法典》担保体系有效补充。该纪要载明,债务人或者第三人与债权人订立合同,约定将财产形式上转让至债权人名下,债务人到期清偿债务,债权人将该财产返还给债务人或第三人,债务人到期没有清偿债务,债权人可以对财产拍卖、变卖、折价偿还债权的,人民法院应当认定合同有效。合同如果约定债务人到期没有清偿债务,财产归债权人所有的,人民法院应当认定该部分约定无效,但不影响合同其他部分的效力。

综合上述司法解释和会议纪要,让与担保,是指债务人或者第三人与债权人约定将财产或其他权益形式上转移至债权人名下以担保债务清偿,在债务清偿后,该财产或权益回归于债务人或第三人,债务人不履行到期债务时,债权人享有对担保物权的优先受偿权利。

上述司法解释认可了财产让与担保和权益让与担保两种情形。

---

① 参见《民法典担保制度司法解释》第66条第2款。

2.让与担保的注意事项

让与担保在存在形式上将财产或权益转至债权人名下,如不动产和动产所有权、股权等登记到债权人名下,这与不动产抵押以及权利质押存在形式上的差异,但它仍具有担保属性,在实务中应注意以下事项。

(1)虽然让与担保的财产或权益发生了权利变动,但该权利变动仍为担保属性,当债务人不履行到期债务时,债权人享有参照担保物权的规定就该财产优先受偿的权利。

(2)让与担保的财产或权益的权利变动是形式上的,不产生法律上所有权或权利归属性转移。体现在以下三个方面。

一是当事人约定,债务人不履行到期债务,财产归债权人所有的,该约定无效;当事人已经完成财产权利变动的公示,债务人不履行到期债务,债权人请求对该财产享有所有权的,不予支持。

二是虽然法律不认可前述约定的效力,但仍认可该约定具有提供担保的意思表示的效力;债权人请求参照担保物权的规定对财产折价或者以拍卖、变卖该财产所得的价款优先受偿的,予以支持。

三是债务人履行债务后请求返还财产,或者请求对财产折价或者以拍卖、变卖所得的价款清偿债务的,予以支持。

(3)公司股权让与担保的,债权人不真正享有公司股东身份和权利,因此,公司或者公司的债权人以股东未履行或者未全面履行出资义务、抽逃出资等为由,请求作为名义股东的债权人与股东承担连带责任的,不予支持。

十一、安慰函

(一)安慰函综述

在市场经济活动中,债务人除采用传统担保方式以表示向债权人履行债务外,实践中经常使用安慰函的方式以增强债权人相信债务人清偿债务的能力,特别是近些年来,融资方式的多样化促进融资领域,以及债务人承担金钱给付义务的合同活动,安慰函被广泛使用。

安慰函是一个泛称,也称为安慰信、安慰承诺等,在实践中安慰函可能被冠以"×××安慰函""×××安慰信"或"×××函""×××情况函"等。安慰函通常是指政府或政府部门或企业母公司为借款方融资或债务人清偿给付金钱债务而向贷款方或债权人出具的表示愿意帮助借款方还款或债务人清偿债务的书面陈述文件。

相较于保证函,如银行保函、母公司担保函等明确约定保证担保义务的保证函而言,安慰函由于其内容多不表示担保意思,因此,在我国的法律环境下,安慰函一般在道义上具有约束力,而不具有法律拘束力。

但安慰函是否具有法律效力,取决于安慰函的内容。如果安慰函内容表示出保证担保意思,将构成保证担保,如母公司向子公司债权人出具函件表示:将促进子公司偿债能力,在子公司确实不能偿还债务时,可考虑代为偿还。这类函件具有担保保证的意思表示,构成保证担保,但从内容看,"在子公司不能偿还债务时,母公司考虑代为偿还",这构成一般保证担保,而非连带责任担保。如果安慰函内容没有表示出担保意思,则不构成保证担保,如地方政府或政府部门向当地企业的债权人出具函件,表示将督促该企业履行义务,或企业履行偿债困难时,帮助企业履行还债等,类似这些表示没有明确出函方承诺担保意思表示,一般不构成保证担保。

需要注意:在实践中,无论是安慰函的出函方,还是受函方(债权人),都要仔细研究函件内容的意思。从债权人的角度讲,如果希望获得债权担保,那么,要求出函人在安慰函中明确担保意思,或者出具保证函;从出函人的角度讲,如果仅对债权人给予"安慰"或给予债权人相信债务人履约能力的鼓励,那么,在安慰函中不要体现出保证担保的意思。

(二)安慰函构成担保新趋势

随着我国担保法律制度的不断完善,特别是通过担保司法实践,对安慰函构成保证担保明晰化,《民法典担保制度司法解释》规定相关增信措施按保证担保认定,按照《民法典担保制度司法解释》第36条第1款规定,如果出函人承诺文件中表示向债权人提供差额补足、流动性支持等类似增信措施,认为具有提供担保的意思表示,将按照保证担保处理。

除此之外,《民法典担保制度司法解释》第36条第2款、第3款还规定,如果出函人承诺文件具有加入债务或者与债务人共同承担债务等意思表示的,按照债务加入处理。但如果难以确定是保证还是债务加入的,将认定为保证担保。

另外,在国务院国资委《加强中央企业融资担保管理工作的通知》(国资发财评规〔2021〕75号)文中,将具有担保效力安慰函与共同借款合同、差额补足承诺等支持性函件列为隐性担保。

可见,安慰函的保证担保的法律性进一步得到明确。因此,在实践中,特别是出函人,在出具类似安慰函时,需要注意安慰函是否包含上述内容。

第十一章 建设工程承包合同

一、建设工程承包合同概述

建设工程在促进国民经济和社会发展中起着重要作用,有些建设工程关系国计民生,而有些建设工程则促进当地经济社会发展,特别是我国进入高质量发展阶段以来,基本建设也在快速高质量发展。据统计,2021年全国新开工项目建设规模达37.0万亿元,2021年全国施工项目建设规模达148.9万亿元[1]。可见,建设工程合同是一类重要合同,原《合同法》和《民法典》均将建设工程合同列为典型合同。

建设工程合同是承包人进行工程建设,发包人支付价款的合同。《民法典》将建设工程合同分为工程勘察合同,设计合同,施工合同以及就勘察、设计、施工与承包人签订总承包合同。

在建设工程实务中,除法律列名的几类工程合同外,还包括EPC交钥匙总承包合同(EPC TurnKey合同)、EPC总承包合同、EPCM合同、PC总承包合同、BOT合同等类型[2]。

建设工程是合同关系较为复杂和齐全的合同体系,涵盖了《民法典》具名合同中的大多数类型合同。如以新型技术的工业项目工程为例,完成项目工程建设,

---

[1] 参见《固定资产投资效能平稳提升优化供给结构关键作用不断增强》,载国家统计局,http://www.stats.gov.cn/tjsj/sjjd/202209/t20220923_1888607.html。

[2] EPC TurnKey总承包和EPC总承包有一定区别:前者一般以整个项目建设工程总承包,承包商完成项目建设和试运行后,交付业主直接开车生产;后者一般以相对独立单项工程或几个单项工程总承包,完成工程建设,按照"中间交接"条件交付业主,协助业主开展试车和试运行,直至开车生产。BOT既可理解为工程承包合同,也可理解为一种投资模式。

几乎包括技术转让合同(如工艺技术许可)、技术咨询合同(如项目可行性研究)、技术服务合同(如编制工艺技术文件包)、买卖合同(如购买工程所用的设备、材料等)、借款合同(如项目融资)、租赁合同(如施工机具、车辆)、供用水电气合同(如施工用电、施工用水)、工程承包合同(如施工承包、工程总承包)、勘察设计合同(如工程勘察、工程设计)、工程监理合同、运输合同(如货物运输)、担保合同(如履约担保、履约保函)等,多数类型合同在其他章节专门介绍。

以大型工业项目建设工程 EPC 总承包合同为例,表观上是发包人(业主方)与承包人(承包商)之间的合同关系,实际上,业主与承包商之间以总承包合同为纽带的合同群,如图 11-1 所示。

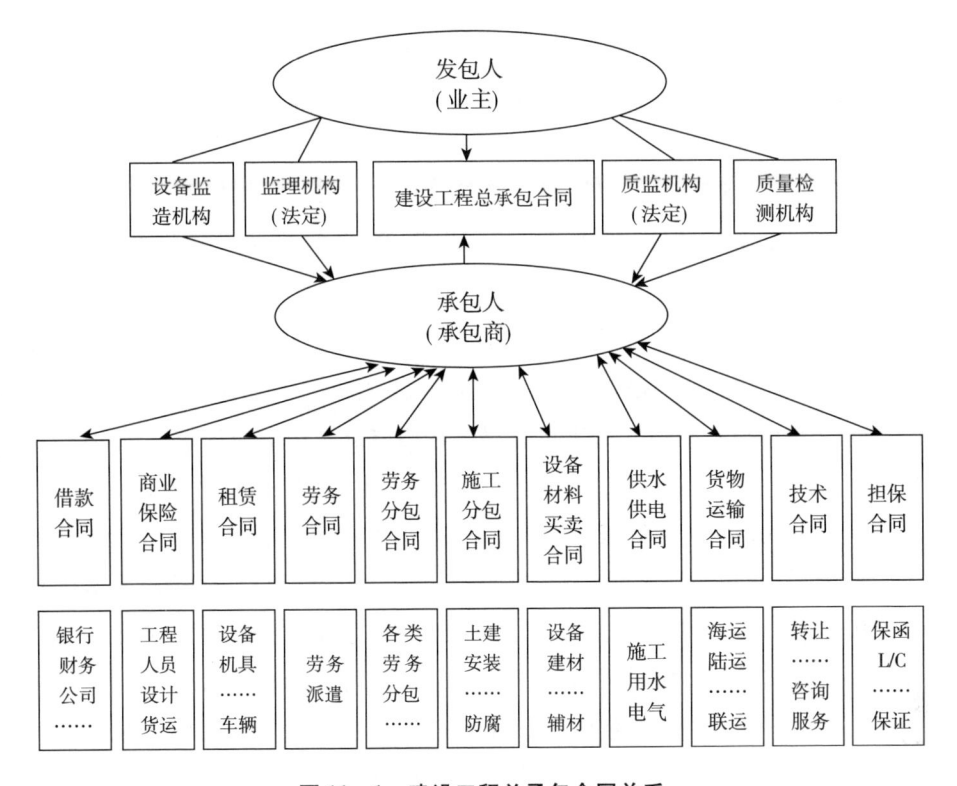

图 11-1 建设工程总承包合同关系

本章主要分述工程承包合同。

建设工程承包合同的主要内容一般包括工程范围、建设工期、中间交工工程的开工和竣工时间、工程质量、工程造价、技术资料交付时间、材料和设备供应责任、拨款和结算、竣工验收、质量保修范围和质量保证期、相互协作等条款。涉及具体类别工程合同,如工程勘察合同、工程设计合同、工程施工承包合同以及工程总承包合同所要求的内容不尽相同。

因本章以及后面章节将分别介绍工程总承包合同、施工承包合同以及勘察设计合同,此处不就工程承包合同通用内容做详细介绍。

二、建设工程承包合同的法律特别规定

(一)专业资质要求

建设工程质量安全,关系人民的生命和财产安全,国家高度重视工程质量安全,为此,通过专业工程资质强化对建设工程质量安全管理。2020年,国家对建设工程资质改革,对原有工程资质类别进行合并精简和归并等级设置,如工程勘察资质,由此前的13类合并为4类;工程设计资质,保留此前工程设计综合资质,将21类行业资质整合为14类行业资质,将162类专业资质、专项资质、事务所资质整合为70类专业和事务所资质;在施工资质方面,将10类施工总承包特级资质调整为施工综合资质,保留12类施工总承包资质,将36类专业承包资质整合为18类。[1]

虽然国家对建设工程资质进行精简改革,放宽建筑市场准入限制,优化审批服务,但并不表示放松工程资质要求,更不是放松建设工程质量安全要求,因此,参与建设工程的勘察、设计、施工单位仍要在相应资质和资质等级下承包工程。《建筑法》第13条规定,从事建筑活动的建筑施工企业、勘察单位、设计单位和工程监理单位……取得相应等级的资质证书后,方可在其资质等级许可的范围内从事建筑活动。《建设工程质量管理条例》第7条规定,建设单位应当将工程发包给具有相应资质等级的单位;该法第18条规定,从事建设工程勘察、设计的单位应当依法取得相应等级的资质证书,并在其资质等级许可的范围内承揽工程;该法第25条规定,施工单位应当依法取得相应等级的资质证书,并在其资质等级许可的范围内承揽工程。法律和行政法规关于工程资质的规定属于效力性强制规范,违反资质规定的工程承包合同为无效合同。

在目前工程资质管理序列中,有施工总承包以及施工综合资质,但没有类似

---

[1] 参见《住房和城乡建设部关于印发〈建设工程企业资质管理制度改革方案〉的通知》(建市〔2020〕94号)。

EPC总承包的工程总承包资质以及相应的管理要求。住房和城乡建设部2016年发布的《关于进一步推进工程总承包发展的若干意见》(建市〔2016〕93号)(以下简称《总承包意见》)所指工程总承包是对工程项目的设计、采购、施工等实行全过程的承包,并对工程的质量、安全、工期和造价等全面负责的承包方式,在《总承包意见》中规定"工程总承包企业应当具有与工程规模相适应的工程设计资质或者施工资质",据此,可认为工程总承包也需要有相应资质,至少拥有相应的工程设计资质或施工资质。换言之,拥有相应领域和等级的工程设计资质或施工承包资质的,可以承担工程总承包合同。

需要注意,虽然允许以工程设计资质或施工承包资质承担工程总承包,但并不表示法律放弃对总承包工程资质的要求,在工程总承包实务中,不得以工程设计资质代替工程施工资质,也不得以工程施工资质代替工程设计资质。《总承包意见》进一步规定,仅具有设计资质的企业承接工程总承包项目时,应当将工程总承包项目中的施工业务依法分包给具有相应施工资质的企业;仅具有施工资质的企业承接工程总承包项目时,应当将工程总承包项目中的设计业务依法分包给具有相应设计资质的企业。

(二) 书面形式要求

建设工程具有不可逆性,而且工程质量直接关系国计民生和人民生命财产安全,如住宅楼房的质量直接与居民生命财产相关,机场、铁路、大型水利等工程建设质量直接关系国计民生。为保证建设工程质量,要求建设工程过程具有可查性;另外,从建设工程管理角度来看,由于建设工程具有资金投入大、合同履行周期长、合同履行过程不确定因素多等特点,也要求建设工程合同具有可查阅性。因此,建设工程合同必须采用书面形式。[①] 在实务中,该类合同通常采用合同书形式。

在实践中,尤其是对房屋建筑、市政等基础设施建设工程,当地政府主管部门要求建设单位将书面形式的建设工程合同进行报备,并作为工程竣工验收一项必要条件。

[①] 《民法典》第789条规定,建设工程合同应当采用书面形式。

三、建设工程总承包(EPC)合同

(一)工程总承包合同的文件体系

对于一些大型建设工程项目,涉及方方面面,影响合同履行或影响合同双方权利和义务的因素也很多,业主和承包商需在合同中约定清楚。由于建设工程合同涉及内容多,一般采取合同主条款加若干附件的形式。在各种示范合同文本中,多把合同条款与条件部分分为"通用部分"和"专用部分",这种做法有其积极的一面,即"通用部分"固定不变,如有不同约定均放在"专用部分"。但这种做法也有一定的局限性,在合同执行中容易造成实施人员对合同内容的混乱使用。更好的办法是把合同条款与条件的"通用部分"和"专用部分"整合到一起,形成统一的合同条款与条件,但这种做法的工作量会更大一些。

目前,关于建设工程总承包合同的示范文本较多,其中,国家住房和城乡建设部和市场监管总局联合制定过《建设项目工程总承包合同(示范文本)(试行)》(GF-2011-0216)[以下简称《合同示范文本(试行)》],于2020年11月25日发布修订版《建设项目工程总承包合同(示范文本)》(GF-2020-0216)(建市〔2020〕96号)[以下简称《工程总承包合同(示范文本)2020版》],并废止2011年的《建设项目工程总承包合同(示范文本)(试行)》(GF-2011-0216)。《工程总承包合同(示范文本)2020版》总结了2011版示范文本实际使用过程中遇到的问题,特别强调《工程总承包合同(示范文本)2020版》适用于"房屋建筑和市政基础设施项目工程总承包"活动。如其他领域建设工程总承包适用该合同示范文本,则需要根据工程及工程承发包双方的主要权利义务和责任,并结合合同所附附件情况,进行相应的调整和修改。

本书认为,所有合同范本都是基于设定的交易基础和交易结构,因此,即使同类型交易业务,其合同条件也不尽相同,对于建设工程领域,如在开篇所述其涉及多个领域和诸多方面,因此,不同领域建设工程的总承包合同也不尽相同。本部分以石油化工领域建设工程总承包为例,介绍工程总承包合同的结构与文件体系,其他领域,如矿山、港口、机场等领域建设工程总承包合同,可参考《工程总承包合同(示范文本)2020版》及本部分介绍,结合各个工程实际制定总承包合同文件。

建设工程总承包合同可由以下三部分组成:合同协议书、合同条款与条件、合同附件。示例如下：

(1) 合同协议书

合同协议书主要从总体上描述合同各方、工程范围、工期安排、工程价款以及合同文件构成及效力排序、合同生效或生效条件等主要内容。合同协议书不需要面面俱到，原则上合同协议书只对合同主要内容概述。

合同协议书文字虽少，但其内容包括工程总承包合同总括和总览。

在实务中，一般在合同协议书中签字、盖章、落款。

(2) 合同条款与条件

合同条款与条件是具体约定发包人（业主）和承包人（承包商）为完成合同工程各自权利、义务和责任的主体文件，对所涉事项尽可能详细约定，具体可参考《工程总承包合同（示范文本）2020版》(GF－2020－0216)。

现行工程总承包合同示范文本对第二部分即"合同条款与条件"(general terms and conditions of contract)采用"通用部分"和"专用部分"两部分，其中，"通用部分"是完整的合同条款与条件，"专用部分"是对"通用部分"中条款的修订，如不需要修订，在"专用部分"中不需要出现相应条款。

在实务中，无论国际工程总承包合同还是国内工程总承包合同，也有合同第二部分"合同条款与条件"不划分"通用部分"和"专用部分"的，而是直接使用"合同条款与条件"。

不管采用哪种模式，需要特别注意：所有合同示范文本都是基于一定交易基础的假设，当这种设定的交易基础发生变化时，合同条件也将随之发生改变。因此，第二部分"合同条款与条件"必须与该合同交易商务条件以及合同所附附件要求进行联结，并与所属附件要求以及商务条件相适应。在实践中，把合同示范文本的"合同条款与条件"看成"标准"，要求所属合同附件适应"合同条款与条件"是不妥的。

(3) 合同附件

本部分设定的基础案例的工程总承包合同一般包括以下附件。

附件1：中标通知函。中标通知函属于业主对承包商投标邀约的接受，即承诺，本书认为，当双方签订总承包合同时，中标通知函是否列入合同附件并无本质意义，实践中根据需要取舍。

附件2：招标文件、投标文件以及招投标过程中的澄清文件。在国内工程招投标实践中，投标文件关于工程范围及工程内容一般以"接受"加上是否有"偏离"来描述，并非像有的国际工程招投标要求投标人具体描述自己对所投标工程的理解。因此，在实务中，有的工程总承包合同把招标文件和投标文件以及招投标中关于工程范围和内容的澄清内容转换为一个附件，即下面附件3。即便如此，附件2和附件3可以同时存在，但要注明两者的关系。

附件3：工程和服务范围与分工。该附件描述出合同工程范围与内容，主要包括工程详细定义（如所用技术、工艺条件、主要工艺输入和输出等），工程界区的定义、界区边界各项接口划分，界区内工程内容（如工程设计、设备和材料、备品备件、施工安装）以及相应标准和质量要求、管理要求等，业主与总承包商分工（业主提供条件、业主采购长周期设备移交等），工程项目服务范围以及双方责任划分，等等。附件3还可根据需要附设若干附件，如工程基础设计文件，相关标准规范等技术文件，设计基础、现场岩土勘察报告、强夯检测报告等[1]。

附件3要与其所附的各个附件衔接好。

附件4：合同价格与支付。该部分主要约定合同价款的构成，包括总价中的固定部分、采用单价或费率的预估部分、暂列金等，另外，按照工程内容再划分合同价款构成，一般分为设备材料费、设计费、施工安装费以及服务费等，并分别列出详细的明细；合同支付条件，以及每部分费用支付进度，一般将设备材料费、设计费、施工安装费以及服务费分别设置支付进度和条件，如设计费可设若干进度节点支付，施工安装费和服务费可按工程形象进度比率支付等。另外，还要约定工程变更所引起的费用调整的计费办法等。

附件5：进度计划与管理要求。一般约定工程总工期的起止点，工程进度关键的控制点，承包商按照合同给出的一级进度计划编制详细的四级、五级进度计划并报业主代表审核，工程进度计划调整及报批管理等。

附件6：工程完工阶段与定义。工业项目工程完成，一般划分为机械竣工、工程中间交接、联动试车、投料试车、运行、性能考核等阶段。该附件详细定义各个阶段应具备的条件和标志，业主和承包商的义务和责任。需要注意的是，即使采用**EPC**交钥匙国际工程总承包合同，并不表示承包商完成投料试车后才交付业

---

[1] 对于技术成熟以概念设计为基础的总承包合同以及在国际工程总承包合同实务中，招标条件并不以基础设计（初步设计）为基础，因此，合同附件没有相应的基础设计、岩土详勘报告等文件。

主,一般也存在中间交接。

附件7:性能保证与考核。该部分主要约定合同工程的各项性能指标保证值,包括机械性能、工艺性能各项关键指标以及保证这些指标实现所需要的条件,业主和承包商在性能保证指标中的责任;性能考核应具备的条件、性能考核组织、考核结果确认,以及如果性能考核失败,如何改进以及二次考核等。

附件8:承包商项目组织与关键人员。主要结合承包商投标时所提供的执行合同所设置的项目组织机构以及所配备的关键人员,可进一步约定业主对承包商关键人员的面试或考核,以及一些确定项目的组织机构和关键人员后,如果需要变动所需要的审批程序和手续,或者业主认为人员不合格可适用调换机制等。

附件9:业主要求的供应商短名单和分包商短名单。主要列明业主要求承包商在本工程中使用的供应商和分包商短名单,以及在合同执行中承包商发现或认为某供应商或分包商不符合总承包合同要求时,承包商提出更换供应商或分包商条件以及相应的程序和审批手续等。

附件10:项目管理规范与协调程序。主要是项目业主对项目建设管理各项规范要求,业主与承包商之间的各项协调界面和程序。

附件11:安全健康环保专项要求。建设工程安全、职业健康、环保等要求越来越严格,可设置专项要求。另外,在实务中,多采用签订专门协议的方式。

附件12:国际招标与货物进口。这部分主要针对合同工程需要进口设备材料而言的,对于高新技术项目的进口设备材料可享受相应的优惠政策,但这种优惠政策的受益人是项目业主,承包商需要以项目业主的名义开展设备材料国际招标和货物进口工作,为此,一方面,需要约定哪些进口设备材料由承包商负责实施;另一方面,还需要签订相应的委托协议,以及负责设备材料进口通关的协调工作等。

附件13:违约与违约责任。建设工程总承包合同双方可能涉及的重要违约情况较多,为此,需要约定哪些违约行为需要承担违约责任及相应救济,通常包括工程进度、工程质量、安全健康环保专项(如附件11另行签订协议的,按协议约定)、承包商人员、验收与考核不达标等,约定每类违约行为赔偿金以及违约责任限额等。

在实务中,根据需要,还可以增加相关附件,如建设工程涉及需要保密的技术信息多,可以增加保密要求并签订保密协议等。

(二)工程总承包合同的关键事项

1. 合同设置

工程总承包合同设置包括两大方面:一是合同商务设置,二是工程分包设置。

(1)合同商务设置

建设工程总承包合同,特别是EPC总承包合同,包括工程设计、物资供应、施工安装以及工程项目管理等活动,在营业税改增值税后,纳税结构发生了较大变化。按照2017年11月19日公布的《增值税暂行条例》规定,工程承包业务依过去《营业税暂行条例》应纳营业税调整为缴纳增值税。同时,依《增值税暂行条例》的规定,除小规模纳税人按照3%税率纳税并不得抵扣外,一般纳税人应纳增值税税额为当期销项增值税额抵扣当期进项增值税额后的余额,即通常的增值税抵扣制度。[①]

按照增值税法律制度,不同销售行为应纳增值税税率不同,增值税税率主要有17%、11%、6%、3%和0[②],2018年,财政部和国家税务总局对增值税税率做了一定调整,其中,设备材料17%的税率调整为16%,2019年一般纳税人的增值税税率调整为13%,施工安装工程10%的税率调整为9%,工程勘察设计以及项目管理服务适用6%的税率。

另外,增值税法律制度允许纳税人兼营不同税率的项目,可以分别核算不同税率项目的销售额。例如,就建设工程EPC合同业务而言,工程勘察服务按6%税率,工程设计按6%税率,用于工程的设备材料按13%税率,工程建筑安装活动按9%税率,除前面事项外的工程服务(包括人工管理服务)按6%[③]。按照增值税制度,未分别核算销售额的,从高适用税率[④]。因此,为避免增值税不能抵扣或按高税率缴纳增值税,在建设工程总承包合同的商务设置上,需要把工程勘察、工程设计、设备材料供应、施工安装、工程管理服务等费用分项列明,以便按照各自对应的税率纳税。

[①] 参见《增值税暂行条例》第4条、第11条。
[②] 参见《增值税暂行条例》第2条、第8条、第12条、第15条、第17条。
[③] 参见《增值税暂行条例》第2条和《营业税改征增值税试点实施办法》;《财政部税务总局海关总署关于深化增值税改革有关政策的公告》(财政部税务总局海关总署公告2019年第39号)。
[④] 参见《增值税暂行条例》第2条第3项。

第十一章 建设工程承包合同

在实践中,建设工程承包合同多通过招投标的方式缔结合同,因此,发包人招标时需要把相应的商务设置好,并在招标文件中设置好投标报价格式文件和要求,投标人按照招标格式文件的要求进行报价。中标后,双方把投标报价文件转换成合同文件。在实务中,还需要注意,承包商的经营范围包括主营业务和兼营业务。

案例 18

某建设工程总承包合同,工程项目业主招标文件要求投标人投标报价分类汇总,再提交详细的报价明细表,形成合同价格分项如表 11-1 所示。

表 11-1　×××××项目工程 EPC 总承包合同价格分项汇总

序号	工作内容	总价格 合价(RMB)	总价格 外币(USD)	对应税率
P1	详细勘察			6%
P2	工程设计费			6%
P3	设备材料采购费 其中: 设备采购费 …… 主材料采购费 ……			13%
P4	施工安装费 其中: 土建施工费 安装费 ……			9% (含辅材)
P5	管理服务费			6%
总计(P1 + P2 + P3 + P4 + P5)				

如上述合同价格分项汇总表所示,只要总承包商主营和兼营业务包含上述各

分项业务,那么,总承包商即可按照新增值税条例进行分项核算,按不同的税率缴纳增值税,向工程项目业主开具不同税率的增值税发票。

这样做表面上看是实现总承包商按照不同税率缴纳增值税,客观上因总承包商可少缴纳增值税而降低合同总价,进而减少项目业主的工程总投资。

同样,对于总承包商来说,若其将工程部分项目分包,在合同商务设计上,也要考虑分包商增值税的纳税问题,以便总承包商可以抵扣支付分包商相应的进项增值税额。

例如,在"营改增"实施之初,某EPC总承包合同中设备和材料费用为7000万元,按照合同约定,总承包商为设备材料向业主开具17%的增值税发票。总承包商把施工安装工程分包给分包商,在分包工程中包含约3000万元的材料费,但在分包合同中未列明材料购置项目和材料费金额。分包商只能按建安业务11%的增值税率向总承包商开具发票。就该总承包合同和分包合同而言,总承包商少抵扣增值税约180万元($3000 \times 17\% - 3000 \times 11\%$)。

(2)工程分包设置

从广义角度看,总承包工程分包包括用于施工安装工程分包和用于工程的设备材料分包,但按照习惯以及设备材料供应商与施工安装分包商要求上的不同,一般所称的工程分包是从狭义角度讲的,不包括总承包商向供应商采购设备材料。因此,此处仅指狭义工程分包。

工程分包设置包括以下两个层面。

第一个层面是业主是否允许承包商对合同工程进行分包。在这个层面上,项目业主要综合法律法规规定、合同工程情况以及总承包商的实际情况而定。例如,总承包商只有相应的工程设计资质,那么,施工安装工程必须进行分包,或者总承包商只有相应的施工总承包资质,则工程设计必须分包。这个层面需要业主在法律法规的强制性规范下从更有利于工程建设的角度综合考虑,不宜简单在合同中用一个条款约定允许或不允许分包。

第二个层面是在允许分包的情况下的专门约定。综合国内和国际工程承包实践,通常包括以下几个方面。

一是业主要求承包商进行分包。在国内工程领域,主要包括总承包商资质或某方面不强等因素;在国际工程领域,主要由项目所在国为保护和发展当地分包商的政策要求,强制要求把部分工程分包给当地分包商,如土建工程或某项安装工程等,或业主认为总承包商在某个领域能力没有达到其预期要求。

二是承包商自行分包工程。总承包商根据工程实施需要,进行工程分包,包括专业分包。在国内工程总承包实务中,业主一般在总承包合同中设置若干分包商名单,分包工程需要在分包商名单中选择分包商。

三是主体工程不得分包。在工程建设实务中,时常困扰着项目业主一个问题,即主体工程不得分包。主体工程不得分包主要针对施工总承包,延伸到以施工总承包资质承担的工程总承包,对于只有工程设计资质承担的工程总承包业务,施工安装工程必须分包给有相应资质的施工企业,包括主体工程。这在工程总承包合同实务中,主要看的是总承包商的资质[1]。

四是禁止再分包。总承包商的分包商不得再行分包,但在实务中,分包商将其所承担的分包工程中的专业工程再分包,如分包商承担管道安装分包工程,可将管道外防腐工程再分包给专业防腐单位,但不可以将管道安装工程划分若干标段分包给施工单位。

2. 业主文件的充分性与准确性

在建设工程总承包实务中,业主方在招标文件中需要提供工程项目技术资料,包括工程项目的主要技术指标、技术标准、规范、设计文件等,在国际工程 EPC 交钥匙合同实践中,根据工程项目性质的不同,有的提供项目概念设计(project concept design drawing)或工艺包文件(process design package),国内建设工程采取全厂性 EPC 交钥匙总承包的实践为数不多,多数情况是对某个标段或大型工厂的某个单元进行 EPC 总承包,相应地,业主一般提供工程的基础设计(basic engineering design)或初步设计文件。承包商从详细工程设计/施工图设计开始后续工程建设。

不管是 EPC 交钥匙总承包,还是从详细设计开始的总承包,如果业务提供的设计文件和相关技术文件存在缺陷或错误,可能导致承包商投标报价不充分和后续工程存在缺陷或质量问题等。因此,应要求业主提供给承包商的设计文件和相关技术文件是充分、准确的。问题在于如果业主提供的工程设计文件和技术文件存在错误或缺陷,导致工程质量问题或工程缺陷的后果该由谁承担。简单的逻辑当然应由业主自己承担。但由于建设工程技术的复杂性,特别是那些新型技术和

---

[1] 参见《建设工程质量管理条例》第78条第2款,《建筑法》第29条第1款。

涉及多方技术的建设工程,并不是简单地说业主能够保证它所提供的设计文件和技术文件都是正确和准确的。主要原因是绝大多数建设工程项目业主并不是工程技术专家,项目工程设计文件和相关技术文件,如工艺技术、设备技术数据、地质勘察报告本身也是由第三方完成的。

原《合同法》和《民法典》在这个问题上并没有给出明确规定,只是规定施工合同中发包人对技术文件的责任,如《施工合同司法解释(一)》第13条规定,"发包人具有下列情形之一,造成建设工程质量缺陷,应当承担过错责任:(一)提供的设计有缺陷……"。本书认为工程总承包与工程施工承包之间的合同条件和责任界面有所不同,不宜简单套用法律关于施工承包合同责任界面划分的规定。

在工程承包实务中,带有示范性的合同文本,通常有两类做法。

第一类是国内以住建部和市场监管总局联合制定的《工程总承包合同(示范文本)2020版》为代表,主张业主方对其提供给承包商的设计和技术文件的准确性和正确性负责。在2011版的《合同示范文本(试行)》(GF－2011－0216)通用条款部分第5.1.2条:"发包人负责提供生产工艺技术(含专利技术、专有技术、工艺包)和(或)建筑设计方案(含总体布局、功能分区、建筑造型和主体结构,或发包人委托第三方设计单位提供的建筑设计方案)时,应对所提供的工艺流程、工艺技术数据、工艺条件、软件、分析手册、操作指导书、设备制造指导书和其他承包人的文件资料、发包人的要求,和(或)总体布局、功能分区、建筑造型及其结构设计等负责。"第5.2.1条:"发包人应……向承包人提供设计需要的项目基础资料,并对其真实性、准确性、齐全性和及时性负责。"2020年修订版《工程总合同(示范文本)2020版》(GF－2020－0216)仅适用于房屋建筑和市政基础设施项目工程总承包,相应删除原第5.1.2条和第5.2.1条的内容,在第2.3条规定发包人"承担基础资料错误造成的责任"。

第二类FIDIC推行的EPC交钥匙总承包合同示范文本——Conditions of Contract for EPC/ Turnkey Projects(以下简称《FIDIC EPC合同》)主张业主不对其提供给承包商的设计文件和技术文件的准确性和正确性负责。如《FIDIC EPC合同》文本通用条款第5.1条内容如下。

The Contractor shall be deemed to have scrutinized, prior to the Base Date, the

Employer's Requirements[①](including design criteria and calculations, if any). The Contractor shall be responsible for the design of the Works and for the accuracy of such Employer's Requirements (including design criteria and calculations), except as stated below. [注译:承包商被视为在基准日前已经检查过业主要求(包括设计标准和计算,如果有的话)。承包商将对工程设计负责并对业主要求(包括设计标准和计算)负责,下列规定除外。]

The Employer shall not be responsible for any error, inaccuracy or omission of any kind in the Employer's Requirements as originally included in the Contract and shall not be deemed to have given any representation of accuracy or completeness of any data or information, except as stated below. Any data or information received by the Contractor, from the Employer or otherwise, shall not relieve the Contractor from his responsibility for the design and execution of the Works. (注译:业主将不对合同中业主要求的任何错误、不准确或疏漏负责,并且,除在如下条款中另有约定外,也不视为业主已表达任何的资料和信息准确和完整。承包商从业主或第三方接收的任何资料或信息,均不免除其负责工程设计和建设的责任。)

However, the Employer shall be responsible for the correctness of the following portions of the Employer's Requirements and of the following data and information provided by (or on behalf of) the Employer:(注译:然而,业主应对业主要求中下列内容以及由业主或业主代表提供的如下资料和信息的正确性负责:)

(a)Portions, data and information which are stated in the Contract as being immutable or the responsibility of the Employer. (注译:合同中注明哪些业主要求部分、资料和信息不可更改或由业主负责的。)

(b)Definitions of intended purposes of the Works or any parts thereof,(注译:定义工程或其部分的目的部分。)

(c)Criteria for the testing and performance of the completed Works, and(注译:工程完工测试标准和性能考核标准,和)

(d)Portions, data and information which cannot be verified by the Contractor,

---

① 按《FIDIC EPC 合同》定义,Employer's Requirements/业主要求包括业主在合同中关于工程范围、工程目标等定义文件,以及/或工程设计文件和/或其他技术标准等。

except as otherwise stated in the Contract. (注译:除合同另有约定外,承包商无法核实的那些业主要求、资料和信息)。

就业主提供的设计文件和技术文件的准确性和正确性责任问题,虽然2011版《合同示范文本(试行)》(GF-2011-0216)吸纳了《FIDIC EPC 合同》部分意见,但总体而言,两者有着根本性的不同。《合同示范文本(试行)》(GF-2011-0216)要求业主负责,而《FIDIC EPC 合同》文本则为业主免责。两者侧重的角度不同,前者从纯粹合同责任义务界面的角度考虑问题,认为承包商按照业主提供的技术文件开展工程设计和工程建设;而后者则从工程本身考虑,认为承包商在签订合同前应当已经检查过将进入合同文件的业主提供的设计文件和技术文件,并且认为承包商是该类建设工程的技术专家。

两种观点都有其相应的法律和法理基础及实践依据,但实践中也存在一定的不足。就国内合同示范文本的观点而言,对业主提出了更高要求,承包商反而可能放松对自己的要求,特别是在对业主提供设计文件和技术文件检查方面,因合同要求业主保证其提供的设计文件和技术文件是正确和准确的,这从保证建设工程质量的角度来说并不是好事。就《FIDIC EPC 合同》文本的观点而言,容易造成承包商的疑虑和担忧,进而容易引起合同纠纷。参与国际工程承包业务的企业需要注意,特别在投标报价阶段不可用国内工程承包理念看待国外工程承包。

因此,本书认为,技术复杂的生产性工程总承包合同应融合两者的优点,并糅合法律原则和建设工程业务实际,采取如下处理原则。

(1)不强调业主保证其提供给承包商的设计文件和其他技术文件的完整性、正确性和准确性。对于像设计、采购、施工总承包合同,业主难以拿出完整的建设工程设计文件和技术文件,也难以保证其所提供的设计文件和其他技术文件全部是正确的和准确的。

案例条款如下:

①业主不保证提交给承包商的设计文件和所有相关资料文件是正确的、准确的和完整的。

②承包商从业主或业主指定的第三方收到的任何资料或数据,不应解除承包商所承担的责任。

(2)强调承包商检查、复核业主提供设计文件和其他技术文件的义务和责任。基于建设工程复杂性的客观实际,以及承包商在该领域应有的专业和经验的基本要求。

示例如下：

承包商在开始工程设计前应当仔细研究、检查和复核业主依据合同提供的文件，包括但不限于设计图纸、数据表、计算、说明、标准、规范等相关资料。承包商有责任通知业主这些设计文件、技术文件和技术资料中的遗漏、缺陷、含糊、错误之处或与适用的法律矛盾之处，以便获得任何问题的解释和/或澄清。

(3)对因业主提供的设计文件和其他技术文件错误或不准确等引起的后果作出客观公平的安排。如果承包商发现业主文件确实存在错误或不足，并且为纠正此类错误或不足因此给承包商带来额外工作和费用的，应当基于合同的公平原则，对承包商给予相应的补偿。这种情况可按照合同变更安排。

示例如下：

业主对其提供给承包商的设计文件和其他技术文件的错误或缺陷所作出的解释和/或澄清超出合同工作范围，并给承包商带来额外工作和费用的，将按照本合同第×部分[合同变更]处理。

3. 技术标准规范更新

大型建设工程项目，特别是生产性工程涉及的技术标准规范多，而且随着社会和技术进步，国家对一些技术标准和管理规范的要求不断提高，而工程建设周期相对较长，相关技术标准可能在工程建设期间发生调整，如对工厂尾气排放标准的提高，这需要升级工厂环保设施；又如对消防设施标准提高；等等。

技术标准规范发生变化的适用问题分两种情况：一是强制性适用技术标准，业主和承包商当然适用新技术标准；二是推荐性适用技术标准，是否适用新的技术标准取决于业主决定。但适用新技术标准导致工程造价增加的处理，一般的处理原则为合同前由承包商承担、合同后由业主承担。合同前后划分的时间界限为投标截止日期比较好确定。FIDIC 以基准日(base date[①])为时间界限，技术标准和规范在基准日之后发生变化，如适用新技术标准或规范，将按合同变更对待。FIDIC 出版的 EPC 交钥匙合同条件 5.4 条 "Technical Standards and Regulations" 约定如下。

If changed or new applicable standards come into force in the Country after the

---

① FIDIC 定义的基准日(base date)为承包商递交投标文件后 28 日。

Base Date, the Contractor shall give the notice to the Employer and (if appropriate) submit proposals for compliance. In event that:

(a) The Employer determines that appliance is required, and

(b) The proposals for compliance constitute a variation.

Then the Employer shall initiate a Variation in accordance with Clause 13 [Variations and Adjustments].

尽管这种划分界面清楚,但在实践操作中也面临一些问题,比如,在工程建设过程中,国家颁布或修订环保标准或消防管理新规定,增加工程完工消防验收项目。消防验收对承包商到底造成多大影响或增加多少费用,这是比较难以界定的。反之,如果是提高工厂尾气排放标准,升级环保设施所增加的工程费用和延长工期原则上是可以量化测算的。因此,在建设工程总承包合同实务中,本书认为可掌握的原则是,如果适用新技术标准或规范引起实体工程费用增加的,则按合同变更对待;如不引起实体工程费用增加的,不按合同变更对待。这在实践中得到很好的执行。

4. 现场条件

建设工程项目现场条件对项目建设和工程造价影响都比较大,影响项目建设的现场条件因素较多,特别是像石油化工厂、煤制油化工厂等大型工厂,以及铁路、公路、油气运输管道、大型机场、港口码头等工程,厂区或沿线占用土地面积大,影响工程施工的因素多,其中影响最大的在于两大方面:一是项目现场作业条件,二是现场地形地质条件。

(1) 项目现场作业条件

项目现场作业条件包括很多因素,其中,直接影响项目现场施工作业的条件包括获得土地许可、拆迁和安置、进出场地交通运输、项目建设期间临时用水、电、气等。

① 建设工程项目用地

一是项目建设用地。该部分地主要是工程及所配套设施如办公楼等所占用的地,这部分地需要获得土地使用权,国内叫建设用地,除法律规定的国家机关用地和军事用地,城市基础设施用地和公益事业用地以及国家重点扶持的能源、交通、水利等基础设施用地可以采用划拨的方式外,建设单位(工程领域称为业主)

需要向政府的土地主管部门申请并通过土地使用权出让的方式取得。[①] 但在实践中,由于建设用地土地使用权与建设工程项目审批相关联,一般情况下,建设单位获得政府部门对建设工程项目审批后,并不能立即取得土地使用权,因此,实践中存在边建设工程边办理土地使用权出让手续的现象。但按照我国《土地管理法》规定,未取得建设用地使用权的不得使用土地。[②] 另外,工程施工需要向建设主管部门申请施工许可证,而申请施工许可证的前提条件之一是办理好建设用地审批手续。一旦国家或地方政府的上级主管部门加大土地执法监管,项目所在地的政府土地主管部门就会要求项目现场停工,进而影响工程进展。

例如,大型工业建设项目,由于地方政府催促项目投资尽快到位,建设单位在未取得土地使用权情况下即开工建设,其中,部分项目用地为林地,在工程建设期间,当地林业部门多次到工程现场检查,并责令工程停工。

另外,建设项目用地的征地、拆迁和安置由政府部门负责,费用主要由项目业主承担,但如果拆迁和安置留有后患,在工程建设期间容易产生矛盾,导致工程施工作业受阻,影响工程建设,严重的还会发生群体性事件。

例如,大型石油工程建设项目,从数十公里外地下水源为工厂引入生产用水,包括水源地建设用地征地补偿和饮用水源补偿均按照标准进行了补偿。但在施工期间,当地居民以长期工业引水后造成当地地下水源枯竭为由对施工阻挠,导致施工作业长期停工,并一度引起群体性事件。虽然在当地政府的干预下,施工得以继续,但工程工期遭受严重影响,同时也造成施工作业队伍窝工。

建设用地使用权获取是建设单位(项目业主)的责任,因此,在合同中需约定清楚,并需进一步对由于项目业主没有事先获得建设项目用地使用权导致施工期间遭受政府惩罚、停窝工等后果约定清楚。

国际工程承包业务,尤其要注意项目用地的取得。

二是工程施工临时用地。这部分包括承包商在项目附近的办公和生活临时设施所需用地,建设工程场外临时堆场、临时库房等临时用地,以及铁路、管道、公路等长距离工程施工作业临时用地等。这部分临时用地也需要政府主管部门许可批准。原则上由项目业主负责申请,但在实践中,也存在由承包商以项目业主

---

① 参见《土地管理法》第 54 条。
② 参见《土地管理法》第 55 条。

的名义办理申请手续。不管是由项目业主办理还是由承包商办理,都要用业主的名义,并需要业主出具相关手续,因此,在合同中需要约定清楚。

②项目建设期间施工用水、电以及生活用水、电、气等。这是承包商开展工程建设所需要的基本条件,特别是施工所需电、水用量大,而且直接影响施工。

③进出项目现场的交通运输。这部分主要发生在项目建设早期开工阶段,一方面,项目现场施工阶段,需要调配各种施工机具进场,如挖掘机、吊车、场地强夯机具等;另一方面,在施工早期的场地平整阶段,可能需要从场外大量借土或向场外弃土,地管施工阶段有大量管道进场等。

(2) 现场地形地质条件

大型建设工程项目前期阶段,业主一般都对项目用地的地形和地质进行勘察测量,通常先进行初勘,以掌握工程项目现场地形、地质、土壤等情况,确定工程标高和工程地基处理。因此,在招标阶段都会附上相应的勘察报告。

国内通常做法是,EPC 总承包合同招标阶段为初步勘察报告(初勘报告),施工承包合同招标阶段为详细勘察报告(详勘报告)。投标人依据招标文件中的勘察报告来了解项目现场的地形地貌、地质和土壤结构,据此进行投标报价。虽然招标人在招投标阶段安排投标人对项目现场进行踏勘,但在一般情况下,主要还是投标人到项目现场进行目测,很少安排投标人在项目现场勘探和土壤试验。因此,招标文件或者说合同附件中的工程现场勘察报告的准确性,对承包商投标报价的准确性至关重要。

在工程实践中,特别是在项目业主只提供初勘报告的情况下,因初勘外业所取孔距大,有的部位没有勘测出来,如厂区地下水位、地下障碍物以及土壤性质等实际情况与初勘报告不尽相同,甚至差异很大,导致施工方法和工程量发生变化。

案例 19

中国工程公司在中东地区承担油田设施 EPC 总承包业务,合同范围包括多条穿越沙漠地区的长距离输油输气管道工程。由于 20 世纪 90 年代海湾战争导致油田设施大量漏油,形成一个个小型油湖(oil lake),后经常年风沙掩盖,表面看起来与周围沙漠没有什么不同,但开挖沟槽埋设管道时沿线遭遇多个油湖。合同文件中的《初步土壤调查报告》并未标示管道沿线存在油湖。为此,一方面承包商需额外清理油湖区地表污染沙土,另一方面还要改变管道铺设方案,由合同约定的地下沟槽埋设改为地上修筑管堤埋设,增加大量施工工程量和费用,仅土方工程就多发生300多万美元的费用。

类似这种长距离管道工程的还有公路、铁路等工程,沿线各种地形、地质等条件都有各种变化。因此,合同双方在合同前应尽可能把工程现场地形地质约定清楚,或者如果工程现场实际地形地质与合同文件显示差异大的,应约定解决办法。

5. 设计文件的审查与批准

除建筑工程、市政工程等工程施工图纸需要报经政府主管部门确定的施工图纸审查机构进行法定事项审查外,为保证工程满足工艺技术要求和业主工程的规范要求,业主也组织对承包商设计文件进行审查,如施工阶段的P&ID图、成套设备工艺文件包、全厂安保逻辑图、电气专业图纸、机械布置图、机械设备基础图、仪表回路布置图、配管总图以及管道布置图、地下管网布置图等。

业主对承包商设计文件和图纸的审查主要侧重于工艺包技术要求、标准规范要求以及工厂生产运行和检维修等方面的因素。但在国际工程惯例中,业主会在合同中强调业主对承包商设计文件审查、审批不影响承包商合同责任。如《FIDIC EPC合同》关于业主对承包商设计文件审查规定"Any such agreement (under the preceding paragraph) or any review (under this Sub-Clause or otherwise) shall not relieve the Contractor from any obligation or responsibility"(注译:基于前面段落的任何一致意见或本条任何审查意见都不免除承包商的合同义务和责任)。在国内工程承包实践中,尽管强调业主应当对其指令负责,但在工程承包合同约定中也援引此类国际工程惯例,如国内工程总承包合同关于业主对承包商设计文件审查约定"这些审查并不免除各承包商在本合同的义务和责任"。如住建部的《工程总承包合同(示范文本)2020版》(GF-2020-0216)第5.2.1(2)条约定"发包人对承包人文件的审查和同意不得被理解为对合同的修改或改变,也并不减轻或免除承包人任何的责任和义务"。

尽管国际工程惯例和合同有上述约定,但在工程承包合同实务中,业主和承包商需要把握好这个原则,特别是业主对承包商设计文件的审查意见对承包商的效力。如何确定业主审批意见的效力,在国际工程承包实务中是一项重要的未定论的问题。在业主与承包商之间貌似平等实际上不可能平等的特殊合同关系中,承包商往往处于两难位置。

一方面,业主在合同中规定其对承包商设计文件审批的权利,但业主为了避免自己的责任,又规定业主的审批意见并不解除承包商的合同义务和责任;另一方面,业主在合同中处于主导地位,如果承包商不采纳业主的意见,那么,设计文件又难以获得批准[1]。

因此,如何处理好这个关系,意义重大。在实务中,工程总承包合同应对业主审批意见的处理作出相应规定。一般有以下几种情况。

①承包商无条件或部分无条件接受

承包商的设计文件确实存在疏漏、缺陷或错误,业主审查意见予以纠正,承包商应当无条件或部分无条件接受业主正确的审查意见,并修改纠正设计文件。需要指出的是,承包商一旦接受业主的审查意见,即构成承包商意见,承包商将对其修改后的设计文件负责。

②承包商在技术上提出异议

如果承包商认为业主审查提出的修改意见在技术上不可行,或如采用业主意见将带来质量或安全隐患,甚至存在违反适用的强制性技术标准规范,那么,承包商应当向业主提出异议,并说明异议的技术原因。业主不得强制承包商违反强制性标准[2]。在实践中,有的承包商认为审查意见是业主要求的,出了问题应由业主承担。这种理解是不准确的,承包商应当从技术的角度对业主审查意见进一步论证,如确实有问题,需要向业主提出异议并说清楚原因,修正业主审查意见,最终形成统一的正确意见。

③承包商接受但认为有费用或工期影响

对于业主审查意见要求的内容超出合同范围或者标准提高,执行这些审查意见要求,将增加承包商额外的工程费用或延长工期,在这种情况下,应进行合同变更程序。一方面,承包商执行业主审查意见的要求;另一方面,增加的费用或工期影响也得到补偿。

---

[1] 参见夏志宏:《国际工程承包风险与规避》,中国建筑工业出版社2004年版,第64-65页。
[2] 《建设工程质量管理条例》第10条第2款规定,建设单位不得明示或者暗示设计单位或者施工单位违反工程建设强制性标准,降低建设工程质量。

6.进度计划与工期索赔

(1)进度计划

①进度计划管理

建设工程进度计划管理是工程管理的一项重要内容,也是工程承包合同的一项重要内容。在工程规模较大的总承包合同中,关于工程建设的进度计划一般从三个层面约定。

一是合同订立时约定项目进度一级计划,包括开工时间、竣工时间以及工程建设过程中的主要控制点时间,既是业主对承包商执行合同进度控制的指标,也是保障工程按照约定工期完成的管控措施。这是合同组成部分。

二是合同订立后,承包商需按照合同约定在一级进度计划的基础上编制详细的三级进度计划,包括对设计、采购、施工等详细分解,一般要求分解到 WBS (Work Breakdown Structure,工作分解结构)六级深度。承包商编制完成后,需要报业主审批,在实务中,有的业主委托项目管理公司(PMC)帮助审批,或委托监理公司审批。承包商按照经业主批准的详细进度计划实施工程。在此基础上,承包商还要编制四级、五级计划,即 3 个月滚动计划和 3 周滚动计划,业主通过四级、五级计划监视承包商工程的实施进度情况。

三是当承包商实施工程实际进度与批准的三级计划发生偏离时,主要是滞后时,承包商需要修订三级进度计划,或者业主指令承包商修订三级进度计划,重新报业主审批。在实务中,有的调整了完成日期,有的则在完工日期不变的情况下,承包商采取赶工措施,以完成目标。

②进度计划调整的法律后果

无论是国内工程承包合同还是国际工程承包合同,业主一般都约定进度计划以及修改后的进度计划审批不减轻或免除承包商应承担的义务和责任。但在工程承包合同实务中,对于进度计划赶工修改或延期修改容易产生两种极端纠纷情况:

一是从业主的角度考虑,合同已约定业主批准承包商进度计划不减轻或免除承包商应承担的义务和责任。

二是从承包商的角度考虑,承包商进度计划赶工修改或延期修改是得到业主批准确认的,说明双方已对合同进行变更,业主应当补偿承包商赶工费或免除延期完工违约责任。《施工合同司法解释(一)》相关规定,常被承包商用作提出该主张的依据。《施工合同司法解释(一)》第 10 条规定,当事人约定顺延工期应当经发包人或者监理人签证等方式确认,承包人虽未取得工期顺延的确认,但能够证明在合同约定的期限内向发包人或者监理人申请过工期顺延且顺延事由符合合同约定,承包人以此为由主张工期顺延的,人民法院应予支持。

本书认为,上述两种观点都不准确,对《施工合同司法解释(一)》的理解不全面,应从建设工程实践整体把握。

首先,业主对承包商进度计划以及修改进度计划的审批是从项目管理的角度来考虑的,目的是促进承包商按计划完成工程,属于监管范畴;并且,进度计划修改只反映实际进度落后计划进度,并不反映导致实际进度滞后的原因,而实际原因可能是原进度计划编制不够准确,也可能是承包商执行合同不力,或由于业主原因导致承包商实施工程进度滞后。在工程进度管理中,业主、承包商一般都会分析原因,但报业主审批的进度计划修改本身并不反映这些原因。

其次,成熟的工程承包合同,一般把合同工程管理与合同权利义务变更(就进度计划而言,主要涉及合同工期是否顺延以及相关费用和违约责任等方面)脱钩分开,避免因合同权利义务变更影响工程建设。

最后,应客观分析导致进度计划修改的原因或责任。从归责角度看,通常可划分四类:可归责于业主原因,可归责于承包商原因(包括承包商自身的原因、承包商的合同关系方的原因、按法律或合同约定应由承包商担责的其他原因),不可归责于业主或承包商原因的其他原因(如不可抗力、政府行为等),前面三种原因的混合。因第一类和第三类原因导致的,承包商可按照合同关于变更或索赔的程序向业主提出。

因此,在实践中,尤其在国际工程承包合同实务中,合同尽量按照上述原则约定清楚;对业主来说,在合同中约定清楚,业主批准承包商的进度计划或进度计划修改不表示业主确认自己对进度计划或修改进度计划承担责任,也不表示业主同意或确认工程工期延长,进度计划修改以及工期变更应由双方按照合同变更或索赔程序处理;对承包商来说,因业主原因或责任导致工程进度滞后,一方面为赶工或调整工期而修改进度计划,另一方面按照合同关于变更或索赔的程序另行向业主方提出申请。

(2)工程工期索赔

工程承包合同一般都约定工期延误违约金,有些大型工程承包合同也会约定过程控制点延误违约金,从业主的角度来看,只要合同工程未按照约定实现控制点和完工目标,业主即可按约对承包商课罚工期延误违约金。从承包商的角度来看,分两种情况:一是工程工期延误,二是虽然完工日期没有延误或延误不多,但承包商为赶工付出额外的代价。承包商可能认为工期延误不是自己的责任或者不完全是自己的责任,一方面业主不应课罚延期违约金,另一方面业主应补偿承包商赶工费用。这就引起工程工期的索赔问题。在国际工程承包实践中,工程工期索赔的情况比较普遍。

从理论上讲,工程工期索赔相对比较简单,即哪方责任由哪方承担,但从实务上讲,工程工期索赔是比较复杂的问题,不是简单地把某一方责任延误时间简单相加就得出结论。

工程工期索赔通常包括:确认延误活动,分析导致每个延误活动的原因,剔除不可索赔的延误活动,所有可索赔延误活动的累积对工程总工期的影响,可免责的工期,因延误原因导致的窝工及成本,因赶工发生的额外费用等。比较复杂的是对每个延误活动的确认及其原因分析,以及延误活动对工期的影响。目前,国内工程工期索赔的理论和实践处于探索状态,各种观点较多。

在国际工程工期索赔活动中,多采用关键路径法——CPM（Critical Path Method）,在此之前,多采用非关键路径法——DAW CPM,但 DAW CPM 不能客观地说明多个平行延误活动、无效工作、后续延误影响以及赶工等因素,因此,在国际工程工期索赔中关键路径法逐步得到普及使用[1]。

案例20

中国承包商以 EPC 固定总价合同总承包中东地区大型工程,因各种因素影响,工程工期严重滞后。承包商按照业主要求修订进度计划,并采取多项赶工措施,但工程最终完工日期仍然延误较长时间。进入工程延期阶段,业主按照合同约定在每次工程进度款中直接扣除延期违约金。

因工程规模大,合同金额高,工期延误时间较长,仅扣罚工程延期违约金就有数百万美元。为此,承包商向业主提出工期延长索赔(EOT)。经双方协商采用关键路径法分析工程工期延误。通过近千个延误活动分析,找出 120 多个在关键路

---

[1] 参见夏志宏:《国际工程承包风险与规避》,中国建筑工业出版社 2004 年版,第 343 页。

径上的延误活动,通过 CPM 分析计算,得出工程工期应予延期天数,同时,也测算出工期延长的相关成本费用。最终,业主释放已扣罚的工程延期违约金,同时,给予相应的成本和费用补偿。问题得到比较圆满的解决。

7. 建设工程质量

建设工程质量是业主实现项目投资目的的生命线,如果工程质量没有保障,那么,建设工程项目的投资目的将难以实现。例如,工厂因质量问题不能"安、稳、长、满、优"正常生产,无从谈起通过生产产品销售实现利润或难以实现预期投资年度利润。更为严重的是,由于工程质量不达标导致生产期间发生安全事故,如因压力管道质量问题发生爆炸等。因此,建设工程本质质量是合同的核心内容。

建设工程本质质量包含三个方面内涵。

一是工程实体质量。其包括用于永久工程的设备、材料、仪器仪表以及工程实体的施工安装,进而形成完整的工程实体,这是建设工程本质质量的基础和载体。实现工程实体质量目标,除工程施工安装质量外,还要确保用于工程的设备、材料等实体质量,以及相应的设计质量。无论是施工承包合同,还是工程总承包合同,合同双方都很关注建设工程实体质量,因为工程实体质量有问题,承包商无法向业主交付工程,如发生重大工程质量安全事故,承包商及其相关责任人员还要承担法律责任。参建单位对工程实体质量承担设计使用年限内的终身责任,并不是工程交付验收通过就万事大吉。

二是工程机械质量。其主要针对生产性工厂项目建设工程,工厂建成后能不能正常运转反映的是其机械质量,也有的地方称其为机械性能,譬如,工厂能不能全厂联动正常运转。所以,在建设工程建成交付之前有单机试车和联动试车环节,保证整个工程中每个动设备、机器、设施、仪器、仪表等都能正常运转,同时,也要全厂所有机器、设备、设施、仪器、仪表等都能联动运转。影响工程机械质量的因素较多,其中,最直接、最重要的因素包括三个方面:其一,工程设计质量,如单位单项工程、成套设备、主材选型等设计质量,PFD、P&ID、全厂物料平衡等质量;其二,用于工程的设备的质量,包括实体质量和机械性能质量;其三,施工安装质量,是否按照设计文件和标准规范要求进行施工安装。

三是工程性能质量。其主要是工艺性能目标,对于生产性工厂项目工程,主要包括原料输入与产品输出目标,如转化率、产品规格、产品质量、产品品性等;能量消耗目标,单位产品的能量消耗;公用工程消耗目标,单位产品对水、气等公用工程消耗。性能质量通常在工程工厂稳定运转后才能进行测试,在工程实践中通常称为性能测试或性能考核。

在建设工程实务中,不少工程合同用较大篇幅约定工程最终质量检验验收,但对为实现工程质量目标的过程要求相对较少。本书认为,由于建设工程具有不可逆性,需要加强工程建设过程的质量管控,以保障工程的最终质量目标。

除加强工程施工安装过程质量外,在合同中还要加强对承包商开展的工程设计、设备选型选材和制造过程,材料选材和质量检验等过程质量方面的管控,特别是一些重大或重要机组设备,由于选材和制造工艺等方面的原因,会导致不同的使用寿命,在工程竣工验收阶段,这些设备能够顺利过关,但如果在选材或制造工艺方面存在质量隐患,可能导致设备使用寿命缩短,进而造成工厂在生产期间停产维修,既影响正常生产,也增加生产期间的维修成本。

从业主角度来说,应当在合同中约定好工程质量标准以及为实现工程质量标准而设定过程质量的控制环节,既要实现实体工程质量目标,也要保证工程机械质量和性能质量以满足合同要求。从总承包商角度来说,无论是工程设计,还是用于永久工程的设备材料采购或施工安装分包等环节,都既要确保实体质量,也要确保机械质量和性能质量,只有这样,才能使整体工程质量达到合同要求。按照《建设工程质量管理条例》第26条的规定,"总承包单位应当对全部建设工程质量负责"。如果总承包商对工程进行分包的,分包商应当按照分包合同的约定对其分包工程的质量向总承包单位负责,总承包单位与分包单位对分包工程的质量承担连带责任[①]。可见,分包商应履行好分包工程的质量,同样,总承包商应当加强对分包商的工程质量监督管理,确保分包工程质量满足合同的要求。

在工程总承包合同中,可通过合同条款部分和附件部分对工程质量特别是工程本质质量作具体要求和约定,并对不合格工程处置作出具体约定。

8. 工程建设安全

工程建设过程安全直接关系着生命安全和财产安全,特别是在以人民为中心的新发展理念下,加强工程建设过程安全尤为重要。2021年修订的《安全生产法》贯彻以人民为中心的安全发展理念,强化以人为本,坚持人民至上、生命至上,把保护人民的生命安全摆在首位。建设工程尤其在工程现场施工作业,特别是高

---

① 参见《建设工程质量管理条例》第27条。

空作业、受限空间作业、有毒有害作业、大件吊装等安全风险更大,因此,加强工程建设安全管控是建设工程合同的又一项重要内容。

工程越复杂,潜在的安全风险也越大,相应的安全管理要求也越多。为保障工程建设过程安全,一般在安全生产经费投入,安全管理组织或专业人员、安全生产管理制度,安全管理设施,安全管理措施等方面都要严格要求。

(1)建设工程安全生产费

按照《建筑法》第23条和《建设工程安全生产管理条例》第21条的规定,工程施工企业对安全生产条件需要投入资金,为此,财政部和国家安全生产监督管理总局于2012年发布《安全生产费用管理办法》(财企〔2012〕16号)对建设工程安全生产费的提取和使用作出规定。以建安工程造价为基数按照一定比例计取建设工程安全费用,2022年11月21日,财政部和应急管理部修订《安全生产费用管理办法》,提高了计取安全生产费用比例[①],其中相关规定如下。

①矿山工程为3.5%;

②铁路工程、房屋建筑工程、城市轨道交通工程为3%;

③水利水电工程、电力工程为2.5%;

④冶炼工程、机电安装工程、化工石油工程、通信工程为2.0%;

⑤市政公用工程、港口与航道工程、公路工程为1.5%。

在建设工程总承包实务中,业主方在编制工程概算时要考虑这部分费用,并将用到工程施工安装安全管理上,在合同设置时需将安全生产费单独列出,并给出相应的计取比例,在招标时要求投标人按照规定比例单独报价,并且,该报价不参与竞争,专款专用。从承包商的角度讲,投标报价时应按照规定比例计取安全生产费,在实施工程阶段保证将这部分费用使用在本合同的工程安全生产上。

需要注意的是:在建设工程实践中,有的承包商虽然报价时按照要求计取安全生产费,但在工程施工过程中克扣安全生产费支出,这既不符合合同要求,更是违反《安全生产法》等法律规定。

在实践中,为保障工程建设过程安全,除合同约定承包商单独计取安全生产费并专款专用外,业主方还要加强对承包商在安全生产费的使用上的监管,以保证承包商将安全生产费全部用于工程施工安全上。

---

① 参见《安全生产费用管理办法》第17条。

(2)安全管理体系

工程建设过程安全需要完整规范的管理制度体系,包括建设工程安全风险管理体系,以及各种作业安全规程,如高空作业安全、吊装作业安全、受限空间作业安全、有毒有害气体作业安全、动火作业安全、现场人员安全等各项规程,以保障工程建设过程安全,避免发生安全事故。

(3)安全管理机构和专业人员

建设工程安全管理机构和专业安全管理人员是对工程建设过程安全监督管理的重要保证,因此,为保证工程建设安全,合同应要求承包商配备相应的工程安全管理机构并配备安全管理人员或配备专职安全管理人员,具体可根据工程规模大小和工程现场作业情况确定配备安全管理机构或专职安全管理人员,安全管理人员必须经过专业培训并取得政府主管安全生产监督管理部门对其安全生产知识和管理能力考核合格[①]。

上述要求是法律的基本要求,在工程实务中,业主或承包商根据建设工程现场施工安装实际情况,可加强承包商现场安全管理机构和安全管理人员配备,以保证工程现场施工作业安全。

(4)安全生产装备设施

建设工程安全生产装备设施,是工程建设过程安全的物质保障。如工程现场施工作业人员、项目管理人员的安全帽、安全鞋、安全带、防目镜、清洗设施等。工程的安全防护设施,如防护网、防护栏、消防设施,以及安全救援设施、设备等。

在工程合同实务中,一方面要求承包商按照法律规范和合同约定购置、配备工程建设安全装备和设施,另一方面承包商配备安全装备设施要符合质量要求,避免有的承包商为节省成本购置低价低质甚至低价劣质的安全生产装备、设施。在实践中,有的项目业主对某类或某几类安全防护装备、设施采取统一招标,选择优质优价的产品,如安全帽、防护网等,各承包商再向中标单位购置,既保障安全防护装备、设施的质量合格,也在一定程度上帮承包商有效降低购置成本。

(5)安全作业监管

建设工程安全隐患多,而且安全风险随工程的进展而动态变化,加强安全作业监管是发现和化解安全风险隐患,减少和避免安全事故的重要手段。具体方式

---

① 参见《安全生产法》第24条、第27条。

包括注入进场人员安全培训、现场文明施工、作业票(动火、受限空间、吊装等)、旁站,以及定期开展安全隐患排查、应急预案等。一方面,业主或业主通过所委托的监理单位对项目现场各承包商进行安全作业动态监管;另一方面,施工现场承包商内部进行更为细致的安全监管,并按业主要求进行报告。

9. 农民工工资的特别规定

(1)建设工程领域农民工工资的法律规定

农民工是指为用人单位提供劳动的农村居民,主要是相对城镇居民而言的。农民工为我国经济社会的建设发挥了重大作用,在建设施工企业改革后,农民工为工程建设作出了更大贡献。由于工程建设领域用工具有不固定性,工程结束,施工人员即行解散,因此,让农民工及时足额获得劳动报酬既是保护农民工的合法权益,也是保障工程质量和社会稳定的一个重要因素。国家一直出台各项政策保护农民工的工资权益,不断总结强化并上升到国家法律层面,2019年12月30日,国务院以行政法规形式发布《农民工工资条例》,并专章对工程建设领域农民工工资作出特别规定,随后,人力资源和社会保障部联合10个部门于2021年7月7日发布《农民工工资专用账户办法》(人社部发〔2021〕53号),2021年8月17日,人力资源和社会保障部联合7个部门发布《农民工工资保证金规定》(人社部发〔2021〕65号),并授权各省市进一步细化地方规章,形成系统全面的工程建设领域农民工工资保障的法律制度体系。

按照当前法律制度规定,主要规定措施包括以下几个方面[1]。

①农民工工资专用账户制。总承包商在所承包的工程项目所在地的金融机构开设农民工工资专用账户——专用账户,专项用于支付该工程建设项目农民工工资。

②人工费定向支付制。项目业主将合同工程款中的人工费部分及时足额拨付至专用账户,人工费用拨付周期不得超过1个月;并要对施工总承包单位按时足额支付农民工工资进行监督。

③分包商农民工工资代发制。推行施工分包单位的农民工工资委托施工总承包单位代发制度,分包单位拖欠农民工工资的,由施工总承包单位先行清偿。

---

[1] 参见《农民工工资条例》第28条、第29条、第30条、第31条和第35条,《农民工工资专用账户办法》第2条、第9条、第12条,《农民工工资保证金规定》第2条、第6条、第11条、第20条、第22条。

④农民工工资保证制。总承包商在承包工程所在地银行存储农民工工资保证金或申请银行保证保函,额度为施工合同总额的1%—3%,专门用于支付所拖欠农民工工资,当使用保证金时,总承包商需要自使用之日起10个工作日内将保证金补足。

⑤农民工实名登记制。总承包商或者施工分包商需要依法与所招用的农民工订立劳动合同且进行用工实名登记,未订立劳动合同但进行用工实名登记的人员,不得进入项目现场施工。

⑥争议不及工资制。项目业主与工程总承包商之间或者总承包商与分包商之间因工程数量、质量、造价等产生争议的,项目业主仍应按照合同约定的计量办法向总承包商拨付工程款中的人工费用,总承包商仍要按照规定代发工资,不得以争议为由不支付人工费或代发工资。

⑦注销账户公示制。工程完工后,总承包商需要撤销专用账户和返还保证金的,总承包商将本工程建设项目无拖欠农民工工资的情况公示30日,并向项目所在地人力资源和社会保障行政部门、相关行业工程建设主管部门出具无拖欠农民工工资承诺书。

(2)关于工资保证金额度

《农民工工资保证金规定》要求总承包商存储农民工工资保证金以施工合同额为基数按一定比例计取。但在实践中,对于EPC总承包合同、其他形式如PC总承包合同,计取工资保证金的基数,各省市地方政府主管部门在实际操作中所掌握的尺度不相同,如有的地方要求总承包商以合同总价款为基数交存工资保证金,由于工资保证金专项用于支付拖欠工资,而且用后需及时补足,这将导致总承包商的资金压力。对此,在合同实务中,工程总承包合同将施工费从总承包合同款中单独列明,必要时,双方在总承包合同的基础上就工程施工费签订补充协议,以争取地方政府主管部门的理解和支持。

在建设工程实务中,工程款中的施工费用一般按照工程形象进度支付,相应地,施工人工费也是按工程形象进度测算,当总承包商或其分包商因各种原因导致施工工效不高时,工程形象进度所对应的人工费将滞后于实际发生的人工费,如果施工工程规模大、低工效持续时间长,总承包商从项目业主那里所收工程款中的人工费部分不足以支付和代付施工人员工资的,需要总承包商自己垫付或与分包商协调处理。

10. 合同价款

(1) 固定总价

随着我国工程建设市场管理改革,采用固定总价承包合同的模式越来越多,国际工程领域称为 Lump Sum Contract。在实践中,无论是合同设置,还是合同履行,对工程承包合同固定总价的理解进入了误区,认为既然是固定总价合同,那么,合同价格就不能调整。这种解读是不准确的。

由于建设工程具有周期长、涉及方面多以及建设期间调整工程等特点,因此,建设工程固定总价合同并不表示合同价格不能调整。

固定总价合同可从以下几个方面理解。

一是工程内容不变,合同价格不变。这里的工程内容包括工程范围、工程量和工程质量标准。

二是建设工程条件不变,合同价格不变。这里的条件包括为实施工程建设应由发包人向承包人提供的硬件条件和软件条件,前者如工程现场条件、建设临时用水等,后者如应由发包人及发包人代表(如监理或发包人聘请的 PMC 等)作出的指令、审批以及应由发包人办理的政府部门或相关机构作出的审批手续等。

三是约定的商务条件不变,合同价格不变。如工程款支付进度、支付条件、支付工具等。

四是市场价格不变,合同价格不变。但这个方面的意思不能反过来理解,即市场价格发生变化必然导致合同价格调整。这主要看合同约定,在建设工程承包合同中,有的合同约定工程设备材料特别是工程材料根据当地造价信息进行材料价格调整,即通常所称的材差调整。

上述建设工程固定总价合同因以下原因,相应调整合同价格。

一是合同变更。包括工程内容变更、建设工程条件变更、合同商务条件变更等。

二是合同约定的材差调整和人工费调整。关于工程材料价格以及人工费是否调整,主要看合同约定。在实践中,各地方政府建设管理部门会对建筑材料以及人工费调整作出指导意见。但如果合同明确约定材差和人工费按照当地政府建设管理部门或当地造价信息调整的,那么,合同中的材料价格和人工费按约定相应调整;如果合同明确约定不予调整,即使地方政府建设管理部门发文通知调价指导意见,合同价格仍可不予调整;如果合同没有就材差、人工费是否调整进行约定,合同双方基于公平原则协商决定是否调整。

(2)单价或费率

随着建设工程量清单管理的不断完善,建设工程施工承包合同多采取以清单招标的方式形成固定单价和预估总价的模式,即清单工程单价固定,采用实际工程量与单价进行结算。在实践中,如工程量确定,也可采用固定总价模式。

在实务中,需要注意两个方面的问题。

①发包方对工程量清单报价组价作出具体要求的,如合同履行中组价因素因政策法律规定调整或合同约定调整情况发生而调整的,按原组价结构和调整因素调整单价。

②清单工程量单价定额组成变化。如建设工程施工人员人工费单价,某省2018年发布建设工程计价定额,其中人工费为140元/工日,此前施工承包合同约定人工费按2013年定额计价,为68元/工日,按照合同约定需要调整人工费单价。表面看两者相差较大,但2013年人工费定额包括:基本工资、工资性补贴、生产工人辅助工资、职工福利费、生产工人劳动保护费,而2018年人工费定额包括:工资、奖金、津贴补贴、职工福利费、劳动保护费、社会保险费(养老保险费、医疗保险费、失业保险费、工伤保险费、生育保险费)、住房公积金、工会经费。所以,在调整人工费单价前,首先要修正定额要素,不可简单用140元/工日与68元/工日的差额调整。

(3)工程竣工结算

工程结算是指对建设工程合同价款进行约定和依据合同约定进行工程预付款、工程进度款、工程竣工价款结算的活动。其包括预付款、进度款和工程竣工价款结算。[①] 在工程总承包实务中,合同双方关心最终的合同结算总价,因此,对工程预付款一般按照合同约定总价或预估总价的一定比例支付,工程进度款按照约定的计量办法支付,并且进度款支付到停付点时停止支付,《建设工程价款结算暂行办法》规定,施工工程进度款支付不低于已完工程价款的60%,不高于工程价款的90%,政府机关、事业单位、国有企业作为合同发包人的,工程进度款支付比例

---

① 参见《建设工程价款结算暂行办法》(财建〔2004〕369号)第3条、第11条、第12条、第13条、第14条。

不低于工程价款的80%[①],在实践中,多以工程价款的85%作为停付点,待双方完成工程竣工结算后再行支付工程款。EPC总承包合同或类似总承包合同进行分类支付和结算,如物资类价款、设计费等支付并不按工程形象进度设置支付,因此,这部分款项不适用停付点,停付点一般只针对合同价款中的施工费部分,但EPC总承包工程竣工后也应进行完整的工程竣工结算。因此,通常所说的工程结算是指承包合同工程竣工进行合同工程价款的结算。

对于施工合同来说,由于施工过程中存在设计变更的可能性,因此,无论是采用固定总价还是单价或可调总价,都应在工程价格中约定分解具体工程量和单价以及单价组价要素、调价办法等,以便工程竣工结算采用。按照最高人民法院《施工合同司法解释(一)》的规定,当事人对建设工程的计价标准或者计价方法有约定的,按照约定结算工程价款;因设计变更导致建设工程的工程量或者质量标准发生变化,当事人对该部分工程价款不能协商一致的,可以参照签订建设工程施工合同时当地建设行政主管部门发布的计价方法或者计价标准结算工程价款。同样,固定总价EPC总承包合同或类似总承包合同,也要约定相应单价、组价以及计价办法,以解决合同变更计价问题。

在实践中,还要注意的是,工程合同一般都约定承包商提交工程结算文件后,业主应当在约定的时间内完成审核,如果业主没有在约定的时间内给出审核意见的,在法律上将视为认可竣工结算文件。[②]

(4)工程结算审计

工程结算审计是指审计机构对工程结算的合法性、真实性和效益性进行审核的行为。审计机构包括内部审计机构或委托社会审计机构。但政府投资和以政府投资为主的建设项目的预算执行情况和决算以及其他关系国家利益和公共利益的重大公共工程项目的资金管理使用和建设运营情况一般由审计机关进行审计监督。[③]

从法律监管和建设工程管理等角度看,政府投资和以政府投资为主的建设工程项目、国有企事业以及国有控股企业以及上市公司投资建设工程项目、关系国

[①] 参见《建设工程价款结算暂行办法》(财建〔2004〕369号)第13条;财政部与住建部2022年6月14日《关于完善建设工程价款结算有关办法的通知》(财建〔2022〕183号)第1条。

[②] 参见《施工合同司法解释(一)》第21条。

[③] 参见《审计法》第23条。

家利益和公共利益的重大公共工程项目,需经过工程竣工结算和竣工决算审计。

就承包合同工程竣工结算而言,一般由承包商编制并提交竣工结算报告(或竣工结算书),业主进行审核后,交由业主委托的审计机构进行审计,在实践中,也有业主将承包商编制的竣工工程结算书直接交由审计机构进行审计。审计机构通过对结算书以及工程承包合同及与合同履行相关的资料进行审计后,认为结算书中存有问题的,如结算金额需要调整——通常是调减,应提出征求意见,如合同当事方不能提供有说服力的相反理由和证据,审计机构将作出审减意见。

在工程结算审计实践中,无论审计机构对结算书中结算项目和结算金额是否作出审减,一般都会制作"三方定案表",由审计机构、合同双方签字盖章确认。

实践中需要注意,有的工程竣工结算审计,承包商对结算审计结论持有不同意见,特别是对审减额有不同意见(一般针对审减额大的情况),业主方为了尽快完成审计和工程竣工的后续工作,通常会与承包商协调,承包商为了能尽快拿到工程结算尾款,同意确认审计意见,准备拿到工程款后再通过其他方式要求追加补偿工程款。这种做法是不妥的,即使承包商提起诉讼或申请仲裁,也得不到支持[1]。

11. 建设工程验收

大型生产性建设工程 EPC 总承包工程验收比较复杂,并非想象中的一旦完工即可进行验收,EPC 总承包合同的承包商与施工合同承包商在建设工程完工各个阶段所应承担的责任也有很大的区别;另外,EPC 总承包工程完工验收所检验项目与承包商所采购设备以及分包工程有关联性。因此,总承包商在设备合同和分包合同中对供应商和分包商应有相应的要求。

生产性建设工程完工阶段一般划分依次为机械竣工、单机试车、中间交接、联动试车、投料试车、性能考核、最终验收等阶段。从合同关系来看,总承包商的合同责任一直到最终验收合格,但在完工每个阶段所承担的合同义务和责任不同。

机械竣工,是指承包商依照设计文件和标准规范完成全部工程的施工安装、测试和预试车工作,即承包商按照合同约定完成全部实体工程。工程机械竣工仅表示实体工程完成,但并不表示承包商所完成的工程设计、设备材料和施工安装

---

[1] 《施工合同司法解释(一)》第 29 条规定,当事人在诉讼前已经对建设工程价款结算达成协议,诉讼中一方当事人申请对工程造价进行鉴定的,人民法院不予准许。

质量是合格的。工程质量是否合格需要后续多个环节检验。

工程机械竣工后,业主生产操作人员可按规定进入合同工程区参与试车工作,除合同另行约定外,整个工程的照管和风险责任仍属于承包商。

单机试车,是指工程完成机械竣工后,对工程中的单台设备、机组以水、气等为介质进行的负荷试车,或工程中驱动装置进行空负荷运转,以初步检验设备、机组以及驱动装置的制造、安装、机械性能是否符合设计和其规范要求。由承包商制订单机试车方案并组织实施,业主、监理和设备制造商参加。

需要注意的是,单机试车主要检验设备、机组以及驱动装置是否满足设计和规范要求,但通过单机试车并不表示该设备、机组或驱动装置质量符合合同要求,它们的质量是否合格还需要经过后面带设计介质负荷运行检验。因此,通过单机试车后,总承包商不宜向供应商签发供货合同验收合格文件。

中间交接是建设工程总承包活动中重要里程碑,它是指合同工程机械竣工后,完成单机试车以及系统冲洗、吹扫、气密等工作,工程设施具备了联动试车条件,完工工程整体移交给业主并由业主接收工程的活动。

工程中间交接实现后,业主向总承包商签发工程接收证书,标志着工程设施正式移交业主,自此,工程设施照管责任由承包商转移给业主。中间交接后,业主接管工程设施并按照承包商的设计文件和设备制造商所提供的使用说明等文件和标准规范使用工程设施,除业主未按规范和说明等文件要求违规操作造成工程设施损坏外,工程及其设施的质量以及性能考核责任仍由承包商负责。

需要注意的是:EPC总承包工程的验收移交与施工承包工程竣工验收移交有不同之处,在EPC总承包合同中应约定上述内容,不可套用《施工合同司法解释(一)》中的相关规定,如该司法解释第14条规定:建设工程未经竣工验收,发包人擅自使用后,又以使用部分质量不符合约定为由主张权利的,人民法院不予支持。

联动试车,是指工程设施单机试车合格后,由业主组织,在承包商的参加和协助下,对工程设施全系统联合运转,以水、气、汽等为介质进行全系统试车,以检验工程设施全系统以及所有设备、机组、管道阀门、电气、仪表等是否符合设计和标准规范要求,检验工程设施能否稳定连续运行并达到投料运行要求。

由于联动试车所使用介质是水、气、汽等,并未投料运行,因此,即使工程设施通过了联动试车,也只是表明工程及设施质量初步评价合格,并不表示工程及设施质量符合合同约定。

投料试车,也称试生产,是指工程设施联动试车通过后,并且联动试车发现的问题整改消缺完成,对工程设施全系统进行投料试运行,即投料试生产,以检验工程设施的工艺流程以及生产能力、工艺性能、产品质量等是否达到正式生产要求。投料试车由业主组织,承包商、专利商及关键设备供应商等参加和协助。投料试车中发现的诸如设备、操作、工程实体等方面的问题,承包商仍应负责整改以达到要求标准。

性能考核,是指工程设施投料试车产出合格产品并且设施运行稳定后,工程设施在满负荷或双方约定的较高负荷下连续不间断运行一定时间(石油化工类一般按 72 小时),对工程设施主要工艺指标、环保指标、产品品质、公用工程消耗、设备性能、自控等合同约定的性能保证值进行的全面考核。

工程设施通过性能考核的,表明工程设施以及相关工艺设备、机组等工艺性能满足合同要求,但仍不能表示工程实体质量符合合同约定。

EPC 总承包工程通过性能考核后,即进入工程质量保证期(本质上应是工程质量保修期),如果因业主方原因未能组织开展工程设施性能考核的,可约定质量保证期自中间交接起算,相应的质量保证期限要长一些。施工承包的工程中间交接完成后即进入质量保证期,这点与 EPC 总承包不同。

最终验收,是指工程及工程设施质量保证期期满,且质量保证期间没有发生重大质量问题(如发生重大工程或工程设施质量问题的,除属于业主责任外,承包商需要承担整改维修责任,这部分工程或工程设施质量保证期自整改维修后重新起算)或一般质量缺陷已经完成补救,经组织验收后,业主向承包商签发工程最终接收证书。至此,在合同层面,承包商完成了全部合同的义务和责任,但有关保密的义务等仍按约定持续存在。

12. 工程质量保证与质保期

(1)概述

工程承包合同中常见质量保证和质量保证期,一般多指承包商对工程质量缺陷保修及相应的保修期,本质上,工程质量保证期限由相关法律和标准规范,除正常易损部分外(包括工程、设备、设施等),工程整体质量保证期限应不低于该工程设计合理使用期限。

在工程承包实务中,一般约定工程及工程设施整体保修期,同时,附加专项保修约定,如基础设施工程和房屋建筑的地基基础工程和主体结构工程终身保修

(设计使用年限),房屋屋面防水工程、有防水要求的卫生间、房间和外墙面的防渗漏保修年限为5年等。EPC总承包工程,一般约定保修期限自工程设施性能考核通过开始12个月,或因业主原因未按时开展性能考核的,自工程中间交接开始18个月或24个月;施工承包工程自工程竣工验收(参照前面提及的中间交接)开始24个月或18个月。在保修期开始前的正常使用下(主要指EPC总承包工程或类似总承包工程)发生的质量问题,属于承包商的整改责任,在质保期,在正常使用的情况下发生或出现工程及工程设施质量问题,承包商负责采取维修、更换等补救措施。

(2)法律的特别规定

建设工程质量由多方面要素构成,法律规定工程建设各参与方对工程质量责任,主要有以下几点[①]:

①勘察单位必须按照工程建设强制性标准进行勘察,并对勘察的质量负责。工程勘察报告是工程设计的重要输入条件,如工程所在地的地质结构、土壤属性等,地基基础工程的设计。

②工程设计单位必须按照工程建设强制性标准进行设计,对设计质量负责,设计文件需要注明工程的合理使用年限,即通常所说的工程使用寿命。设计单位和具体负责设计的人员对设计质量终身负责,即在设计使用期限内,因工程设计质量问题,导致工程及工程设施发生质量事故的,设计单位及设计人员需要承担相应的法律责任。

③施工单位必须按照工程设计图纸和施工技术标准施工,不得擅自修改工程设计,不得偷工减料,对建设工程的施工质量负责,其中,对基础设施工程和房屋建筑的地基基础工程和主体结构工程在设计使用期限内终身负责;施工单位应当建立质量责任制,其中,施工工程的项目经理、技术负责人和施工管理负责人对所负责的施工工程质量负直接责任。

④总承包单位对所承包的全部建设工程质量负责,总承包单位对工程进行分包的,总承包单位与分包单位对分包工程质量承担连带责任;EPC总承包单位对所承包工程的设计质量、工程实体质量和用于工程的设备等质量负责。

上述规定主要是国家从建设工程质量管理的角度作出的要求,也是基本要

---

① 参见《建设工程质量管理条例》第19条、第21条、第26条、第27条。

求,在工程承包合同实务中,业主对各参建方在工程质量要求方面不可低于国家法律、行政法规和强制性标准规范的要求,否则,一旦发生工程质量事故,业主也将承担相应的法律责任。

(3)特别注意事项

①合同责任不代替法律责任。建设工程承包合同主要约定当事人之间的合同权利、义务和责任,如工程质量不符合合同约定,承包商对业主承担合同违约责任,采取返工、返修等补救措施,造成业主损失的,赔偿损失。

承包商除承担合同约定的责任外,如发生工程质量事故甚至造成重大安全事故的,还要承担行政处罚责任,如行政罚款、责令停业整顿、降低资质等级;情节严重的,吊销资质证书。建设单位、设计单位、施工单位、工程监理单位违反国家规定,降低工程质量标准,造成重大安全事故,构成犯罪的,对直接责任人员依法追究刑事责任,处5年以下有期徒刑或者拘役,并处罚金;后果特别严重的,处5年以上10年以下有期徒刑,并处罚金。[①] 另外,建设工程质量责任实行终身负责制,包含两方面意思:一是对设计使用期限内的工程质量负责;二是直接责任人员不因调动工作、退休等原因离开原岗位而免责。

所以,建设工程合同各方当事人不仅要忠实履行合同,还要严格遵守与本工程相关的法律法规规定和标准规范要求。

②总承包商对工程的保修责任。建设工程实行质量保修制度,前面分述了建设工程各参与方的质量保证责任。但工程领域相关法律法规没有明确规定用于工程的设备材料供应商的质量保证责任。按照《建设工程质量管理条例》规定,总承包单位对所承包的全部建设工程质量负责,总承包单位对工程进行分包的,总承包单位与分包单位对分包工程质量承担连带责任;EPC总承包单位对所承包工程的设计质量、工程实体质量和用于工程的设备等质量负责。

因此,在实务中,总承包商对工程分包商、设备材料供应商所要求的相应质量保证和质量保修期应至少覆盖总承包商对工程整体质量保证和质量保修期。

13. 工程变更

(1)建设工程承包合同变更概述

建设工程变更是合同管理一项重要内容,尤其是带有费用和/或工期变化的

---

① 参见《建设工程质量管理条例》第74条,《刑法》第137条。

工程变更对承包商影响较大,甚至有的工程承包合同盈亏与否取决于工程变更的处理结果。本部分所称的工程变更特指引起合同价款和/或工期变化的合同变更。

EPC工程总承包或类似总承包合同的变更比单纯工程施工承包合同变更的因素要多,同时,也更难以认定处理。因此,强化合同关于变更约定以及合同执行中加强变更的管理是建设工程承包合同管理的重要内容。

就EPC工程总承包合同而言,造成合同变更的因素很多,通常包括:合同文件错误或瑕疵,如业主提供设计文件错误、标准规范不当、地质土壤条件报告不准确等,更正该错误将引起工程量增加或标准提高等;工程项目环境变化,包括自然环境变化和社会环境变化,如法律要求新建工程环境标准提高,相应导致实体工程技术标准提高等;业主指令变更,这在大型建设工程项目EPC总承包实施阶段较为常见;承包商变更,这里所称承包商变更主要是指承包商为纠正或修正合同文件对工程要求不足或错误,或者对项目工厂的生产操作优化等,在工程承包合同中,承包商无权直接决定工程变更,但有权利和义务提出工程变更建议,一旦业主接受,应区分该变更情况,有的构成合同变更;工程现场条件,通常包括业主征地问题延误承包商入场,现场停工导致承包商窝工等;业主不当履约;应由业主承担的风险事件以及不可抗力事件等。[①]

EPC总承包或类似总承包合同变更具有传递性,如从业主的角度看,只是业主与总承包商之间的合同关系,处理好总承包合同变更即可,但若从总承包商的角度看,总承包合同一项变更可能导致连锁反应,如施工分包合同变更、设备材料采购合同变更等,如图11-2所示。

[①] 参见夏志宏:《国际工程承包风险与规避》,中国建筑工业出版社2004年版,第304-324页。

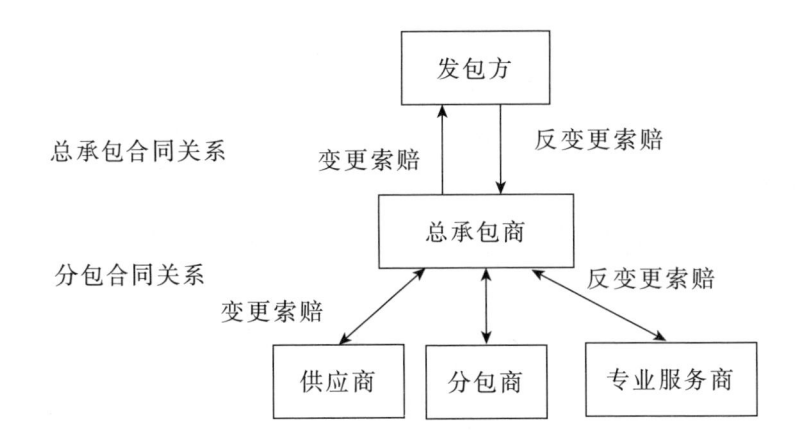

图 11-2　建设工程总承包合同变更索赔关系

（2）工程合同变更的注意事项

工程承包合同变更涉及原因复杂、变更事项多、费用大等，因此，需要加强工程承包合同变更管理。在实践中，重点要注意以下几个方面。

①合同应合理承认变更的可能性。特别是固定总价合同，应基于公平合理原则承认并设置变更条款。在实践中，有的固定总价工程承包商合同，包括固定总价总承包合同或固定总价施工承包合同，认为既然是固定总价，就不能调整合同价款。这种设置不利于双方履行合同，特别是在合同执行中发生较多变更的情况下，处理起来缺乏合同依据，既不利于工程的顺利建设，当事人也比较被动。

②变更处理约定应有利于工程建设。在实践中，不少工程承包合同约定工程变更以及变更带来的费用变化和工期影响需经业主（对总承包合同而言）、总承包商（对分包合同而言）批准后方可实施。有的 EPC 总承包或类似总承包的变更事项，需要经过详细设计后才能测算比较准确的费用和工期影响，有的变更项设计需要较长时间，再加上变更审批，持续时间会更长，这将影响工程建设。本书建议采用分步审批的办法——先定性后定量，即承包商对拟变更项提出建议方案以及实施该变更所带来的费用和工期变化估算，业主决定实施该变更的，承包商执行该变更项，然后在条件具备时再编制详细的费用和工期变化报告提交业主审批。

③及时处理变更。建设工程承包合同一般约定变更索赔提出时间，并进一步约定，如承包商未能在规定期限内提出申请，将视为承包商放弃变更补偿权利，因此，从承包商的角度讲，应当按照合同约定时间提出变更补偿申请，以避免丧失这

项权利。在国际工程承包实践中,承包商要特别注意这项约定。

④依据充分合理。无论是总承包合同还是工程分包合同,变更费用历来是工程结算审计重点所关注的事项。因此,合同变更依据、变更工程量、变更费用等都应有理有据。

⑤注意负变更。负变更相对于正变更而言,在工程承包领域,引起合同价款调高的变更通常称为正变更,反之,减少合同价款的变更称为负变更。承包商一般会积极对待正变更,但不会积极对待负变更,这需要业主方在合同执行中多加关注。

14. 工程档案

对于大型建设工程项目来说,一个项目就是一个档案馆,这说明工程档案的重要性以及档案量大。

从发包方的角度来说,工程档案和建设工程一样重要,档案验收是工程整体验收的重要组成部分。发包方完整的工程档案,一部分由发包方各项活动所形成;一部分由总承包商移交,如总承包合同项下工程政府主管部门批文或许可、工程设计图纸和设计文件、设备文件、施工技术文件、质量文件、工程各项验收文件等。因此,工程档案也是建设承包商的一项交付义务。

从承包商的角度来说,工程档案包括两部分,一部分如上所述需要向发包方移交的档案,这是承包商的合同义务,应按照合同约定执行;另一部分是承包商内部档案管理所需要的档案文件,如上述的政府主管部门的相关批文、许可、技术文件、设备材料以及施工分包等招投标采购文件。

关于工程档案可参考后面章节中对合同文档管理的介绍,这里不做赘述。

在承包商向发包方移交工程档案的实践中,有的承包商因对工程结算结果不满意或双方对工程结算结果有分歧等原因,承包商拒绝或拖延向发包方移交工程档案,导致发包方难以展开整体工程竣工验收,这种情况时常发生。

在实务中,有的承包合同约定工程档案保留金,即发包方在应付工程款中扣留一定比例的保留金,待承包商移交工程档案后释放给承包商。另外,法律也要求承包商按约移交工程档案,按照最高人民法院审判工作会议纪要精神,如承包商不按约向发包方移交工程档案,发包方可向承包商索赔因此而遭受的损失。

四、建设工程施工合同

(一)建设工程施工合同概述

我国传统建设工程合同主要是施工合同和勘察设计合同,只是最近20年国家推行建设工程总承包以及工程项目管理模式调整,出现了EPC总承包、PC总承包、EPCm和EPCM等多种承包形式,但建设工程施工合同仍是建设工程合同中数量最多、纠纷多发的一类合同。

建设工程施工合同的内容一般包括工程范围、建设工期(开工时间、竣工时间)、工程质量、工程造价、技术资料交付时间、材料和设备供应责任、拨款和结算、竣工验收、质量保修范围和质量保证期、相互协作等条款。具体内容因施工内容的不同而有所区别。

住建部和市场监管总局于2017年修订并重新发布施工合同示范文本《建设工程施工合同(示范文本)》(GF-2017-0201),按照适用范围说明,该合同示范文本"适用于房屋建筑工程、土木工程、线路管道和设备安装工程、装修工程等建设工程的施工承发包活动",实务可参照该合同示范文本。此处不再对施工合同文本内容进行赘述。

关于建设工程施工合同文件,除主合同文本外,还要根据工程的实际情况附加若干附件,由于建设工程施工合同不同于EPC总承包合同,合同附件相对少一些,参考上一节EPC总承包合同附件,施工合同一般可包括如下附件。

附件1:工程范围和技术要求;附件2:进度计划与进度管理要求;附件3:承包商项目组织与关键人员;附件4:合同价格明细与支付;附件5:工程竣工与验收;附件6:项目执行要求与业主管理规定;附件7:安全健康环保专项要求;附件8:违约与违约责任。

施工承包与EPC总承包或类似总承包的合同责任差别大,施工承包商不承担工程勘察、设计,也不承担工程所用设备材料采购供应(在实践中,有的施工承包范围包含地材,也有的施工承包范围包含部分主材甚至部分非关键设备),因此,施工承包商不对工程的技术标准、工艺性能等负责,但对工程施工安装质量负责,如施工承包范围包括工程所需材料的,承包商需对实体工程质量负责。

施工承包合同需要关注现场条件、进度计划、工程质量、施工安全、农民工工资、合同价格与价格调整、竣工验收与质量保证、竣工结算与结算审计、工程变更等事项。

(二) 建设工程施工合同无效的特别规定

建设工程具有不可逆性,有些工程涉及人民生命财产安全,有些工程还关系国计民生,另外,就建设工程合同而言,它涉及多方利益攸关方,因此,法律对建设工程施工合同的效力以及无效的处理与一般合同无效的处理有所不同。

1. 合同法定无效

除《民法典》规定合同无效的一般情形外,最高人民法院对建设工程合同特别是施工合同违反《民法典》规定无效的情形作出了具体的司法解释。《民法典》第153条第1款规定,"违反法律、行政法规的强制性规定的民事法律行为无效。但是,该强制性规定不导致该民事法律行为无效的除外"。该条规定主要将法律规范区分为效力性规范和管理性规范,违反法律强制性规范的合同无效,违反管理性强制规范的合同并不当然无效。但实践掌握的尺度不同,为此,最高人民法院在《施工合同司法解释(一)》中作出明确解释。

根据《民法典》和相关司法解释的规定,下列情形施工合同当然无效。

(1) 承包人未取得建筑业企业资质或者超越资质等级的合同无效

承包人未取得资质包括两个方面意思:一是承包人没有取得资质;二是承包人虽然取得资质,但没有取得合同项下工程所需的资质。如施工总承包资质包括建筑工程、公路工程、铁路工程、港口与航道工程、水利水电工程、电力工程、矿山工程、冶金工程、石油化工工程、市政公用工程、通信工程、机电工程、民航工程等13类施工总承包资质,若施工企业仅取得建筑工程施工总承包资质,未取得矿山工程施工资质,对于该施工企业承包矿山工程施工业务来说,它属于未取得资质情形,如签订矿山工程施工合同,该合同无效。

超越资质等级,是指建筑企业取得相应低等级资质,但承包高等级资质范围的施工工程。如建筑工程总承包资质分为甲级资质和乙级资质,建筑工程施工总承包乙级资质企业只能承担高度100米以下的工业、民用建筑工程;高度120米以下的构筑物工程;建筑面积15万平方米以下的建筑工程。如某施工企业只有建筑工程总承包乙级资质,却承包建筑面积20万平方米的建筑工程,则该合同无效。

需要注意的是:承包人超越资质等级许可的业务范围签订建设工程施工合同

的,在建设工程竣工前取得相应资质等级,此时,该施工合同按有效处理。[①] 如上述例子中,某施工企业只有建筑工程总承包乙级资质,其承包建筑面积20万平方米的建筑工程,此间,该企业积极申报建筑工程总承包甲级资质,并且在该工程竣工前取得建筑工程总承包甲级资质,那么,该施工合同按有效处理。

(2)没有资质的实际施工人借用有资质的建筑施工企业名义签订的合同无效

对于没有资质而借用有资质的施工企业的名义签订的施工合同为无效合同。《施工合同司法解释(一)》主要针对建设工程领域挂靠、借名签订工程合同的现象作出司法解释。这类合同表面上看承包人具有相应资质,但实际是无资质的实际施工人在履行该合同,其本质上仍然是无资质承包人。如建设单位甲公司为建设厂房招标,要求投标人至少有建筑工程施工总承包乙级资质,丙公司拥有建筑工程施工总承包乙级资质,但不打算参与投标,乙公司没有资质,乙公司与丙公司协商,由乙公司以丙公司的名义参加投标,中标后,乙公司以丙公司的名义签订工程承包合同并负责履行合同。这个合同为无效合同。

(3)建设工程必须进行招标而未招标或者中标无效的合同无效

这包括两种情况:一是按照招投标法和政府采购法规定,建设工程必须进行招标而没有招标的,所签订的施工承包合同无效。二是按照招投标法和政府采购法规定必须招标的建设工程,虽进行招标,但中标无效的,所签订的施工承包合同无效。

关于必须进行招标的工程,在第三章中有详细介绍,此处不再赘述。

对于不属于招投标法和政府采购法规定必须招标的工程,但采用了招标方式,即使无效中标而签订工程承包合同,并不当然导致合同无效。

(4)承包人转包工程或变相转包工程与第三人签订的建设工程施工合同无效

我国立法不允许建设工程承包人转包或变相转包工程,因此,法律规定建设工程施工合同承包人转包或变相转包工程所签订的工程施工合同无效。《民法典》第791条第2款规定,承包人不得将其承包的全部建设工程转包给第三人或者将其承包的全部建设工程支解以后以分包的名义分别转包给第三人。

据此规定可知,建设工程转包,是指承包人将其承包的全部建设工程转包给

[①] 《施工合同司法解释(一)》第4条规定,承包人超越资质等级许可的业务范围签订建设工程施工合同,在建设工程竣工前取得相应资质等级,当事人请求按照无效合同处理的,人民法院不予支持。

第三人。如乙公司通过招投标承包甲公司工厂项目厂区的道路施工工程,后将该道路施工工程全部转包给丙公司。那么,乙公司与丙公司签订的厂区道路施工合同为无效合同。

建设工程变相转包,是指承包人将其承包的施工工程全部进行支解并以分包的名义转给第三人。例如,乙公司将其所承包的厂区道路全部施工工程划分为A、B、C三个标段,以分包的名义分别"分包"给丙公司、丁公司和辛公司,乙公司与三个公司所签订的工程施工"分包"合同,实为变相转包合同,为无效合同。

(5)违法分包工程施工合同无效

考虑到社会分工和专业化的现实,法律允许工程承包人经发包人同意,对其所承包工程中的部分工作进行合理分包,但法律禁止违法分包。因此,违法分包合同无效。

《民法典》第791条第3款规定,禁止承包人将工程分包给不具备相应资质条件的单位。禁止分包单位将其承包的工程再分包。建设工程主体结构的施工必须由承包人自行完成。据此规定,建设工程合同违法分包包括3类情形:一是将工程分包给不具备相应资质条件的分包人,这种行为违反建设工程施工资质的强制性规定;二是分包人将其承担的分包工程再次分包,这种行为违背"层层分包"的禁令;三是施工承包人将应由其亲自施工完成的工程主体结构进行分包。

上述5类情形都是法定无效情形。依据《民法典》第155条规定,无效合同自始没有法律约束力。

2.裁判不支持合同的效力

(1)"阴阳"合同

在建设工程施工合同实务中,当事人就同一施工工程签订两份不同的合同,一份合同用于备案、检查等使用,一份合同用于当事人实际履行使用,前者称为"阳"合同,后者称为"阴"合同。关于建设工程"阴阳"合同的效力,不可一概而论。《民法典》第146条第1款规定,行为人与相对人以虚假的意思表示实施的民事法律行为无效。但该条第2款规定,以虚假的意思表示隐藏的民事法律行为的效力,依照有关法律规定处理。因此,在实践中,并不能简单定论"阴"合同无效、"阳"合同有效,而是要再次依法独立认定,合同是否违反法律的效力性强制性规定。

《施工合同司法解释(一)》规定,如施工合同通过招标,当事人就工程范围、建设工期、工程质量、工程价款等实质性内容另行签订与中标合同不一致的施工合同,如果当事人通过诉讼或仲裁方式请求按照中标合同确定权利义务的,法院或仲裁机构将予以支持。[1] 按此规定,司法解释并未明确"阴"合同法定无效,"阳"合同即中标合同的权利义务的确定需要通过诉讼或仲裁等途径实现。

(2)附加合同

建设工程施工合同附加合同,是指施工合同当事人基于施工合同并在施工合同之外另行签订与施工合同相关联的其他的合同。在实践中,建设工程招标人和中标人不改变中标合同,但在中标合同之外另行签订一份合同,该合同内容通常包括中标人为施工合同承包人让利;或无偿为中标合同工程建设配套设施,如为建筑住房建设配套设施、为工业建设工程免费建设厂外道路等;或在房屋建筑工程中,承包人以明显高于市场的价格购买承建房产等。不管该合同约定什么内容,其主要目的是变相降低施工合同的工程价款。

对于附加合同变相降低施工合同工程价款的,一方当事人以该合同背离中标合同实质性内容为由请求人民法院或仲裁机构确认该附加合同无效的,人民法院或仲裁机构予以支持。[2]

招标人和中标人在中标合同之外就明显高于市场的价格购买承建房产、无偿建设住房配套设施、让利、向建设单位捐赠财物等另行签订合同,变相降低工程价款,一方当事人以该合同背离中标合同的实质性内容为由请求确认无效的,人民法院应予支持。

(3)未取得规划审批手续的施工合同

建设工程施工许可须有相应的建设工程规划审批手续,也就是说,建设工程规划审批是工程开工建设的前置条件。因此,如发包人未取得建设工程规划审批,与承包人签订建设工程施工合同的,经施工合同当事人以发包人未取得建设工程规划审批手续为由请求人民法院或仲裁机构确认该施工合同无效的,人民法院或仲裁机构予以支持。

---

[1] 《施工合同司法解释(一)》第2条第1款规定,招标人和中标人另行签订的建设工程施工合同约定的工程范围、建设工期、工程质量、工程价款等实质性内容,与中标合同不一致,一方当事人请求按照中标合同确定权利义务的,人民法院应予支持。

[2] 《施工合同司法解释(一)》第2条第2款规定,招标人和中标人在中标合同之外就明显高于市场价格购买承建房产、无偿建设住房配套设施、让利、向建设单位捐赠财物等另行签订合同,变相降低工程价款,一方当事人以该合同背离中标合同实质性内容为由请求确认无效的,人民法院应予支持。

这里的提请确认合同无效的当事人包括发包人和承包人,但如发包人提请确认合同无效的,必须是发包人已经依法向规划审批部门申请审批而未获得批复同意或批复不同意。如发包人能够向规划审批部门办理审批而不办理的,其申请确认施工合同无效将不被支持。

需要注意的是:申请确认未取得规划审批手续施工合同无效,有两个例外情形,即在如下两种情形下,合同当事人申请确认施工合同无效的,人民法院或仲裁机构不予支持。

一是在当事人起诉前[①],发包人取得建设工程规划审批手续的,当事人以发包人签订施工合同时未取得建设工程规划审批手续为由,请求确认建设工程施工合同无效的,不予支持。

二是发包人能够办理审批手续而未办理的,发包人以未办理审批手续为由请求确认建设工程施工合同无效的,不予支持。但如果是承包人以发包人未办理审批手续为由请求确认建设工程施工合同无效的,则应得到人民法院或仲裁机构的支持。

3. 合同无效的处置

建设工程具有不可逆、不可移动等特点,在合同无效的情况下,不宜按一般无效合同采取返还或恢复原状等办法。因此,需要对无效建设工程施工合同的处置做特别安排。

自《民法典》和《施工合同司法解释(一)》实施后,关于建设工程施工合同被认定无效或应当事人请求确认无效的处理变得相对复杂一些,但也更合理一些。在《民法典》之前,依据2004年最高人民法院关于施工合同司法解释的规定,施工合同无效似乎并不影响合同工程价款的结算,在已完工工程验收合格的情况下,无效施工合同的价款结算与有效施工合同的价款结算并无本质区别。[②] 这也是业界所诟病之处。《民法典》总结司法实践,对无效施工合同项下工程价款由原先的参照合同约定支付调整为参照合同约定折价补偿,该法第793条第1款规定,建

---

① 在合同实务中,如果施工合同约定采用仲裁的方式解决合同争议的,当事人应按照约定向仲裁机构提起仲裁申请。

② 《最高人民法院关于审理建设工程施工合同纠纷案件适用法律问题的解释》(法释〔2004〕14号,已废止)第2条规定,建设工程施工合同无效,但建设工程经竣工验收合格,承包人请求参照合同约定支付工程价款的,应予支持。

设工程施工合同无效,但是建设工程经验收合格的,可以参照合同关于工程价款的约定折价补偿承包人。最高人民法院 2020 年 12 月的《施工合同司法解释(一)》也作出类似规定。

《民法典》之前的司法解释,更多倾向于保护施工承包人的利益,而对施工承包人违反法律规定导致合同无效应承担的责任考虑相对少一些,如挂靠和借用资质等行为比较恶劣,对发包人造成一定的伤害,但发包人仍需按合同约定的价款支付工程款,这对发包人和社会来说都存在一定的不公平性。《民法典》对此作了调整。

(1)工程验收合格之处置

对于无效施工合同,如已完工程经验收合格,可以参照合同关于工程价款的约定,折价补偿承包人。《民法典》和《施工合同司法解释(一)》都规定参照合同关于工程价款的约定折价补偿,但对补偿之外的事项未作明确规定。本书认为,在实践中如何把握折价补偿尺度,分两种情况。

一种情况是因承包人过错导致施工合同无效,如承包人没有资质采取挂靠或借用资质等方式签订施工合同的,在这种情况下,参照施工合同约定的工程价款,可扣除两部分费用:一是签订施工合同时承包人可获得的利润,这部分应从工程价款中扣除,主要依据是法律规定补偿承包人,既然是补偿,就不应当获取利润,应体现出无效合同与有效合同的区别;二是因施工合同无效给发包人造成的损失,如发包人需要重新招标选择承包人,在此期间发生的费用以及新施工合同价款的差额,以及因更换承包人所耽误的时间需要采取赶工措施等费用,这部分费用可从结算工程款中扣除,主要依据是《民法典》第 157 条关于有过错的一方应当赔偿对方由此所受到的损失的规定,以及《施工合同司法解释(一)》第 6 条的规定,建设工程施工合同无效,一方当事人请求对方赔偿损失的,应当就对方过错、损失大小、过错与损失之间的因果关系承担举证责任。

另一种情况是发包人对施工合同无效也存在过错,那么,在工程结算价款中扣除费用时,适当考虑发包人的过错,其也应承担一部分因施工合同无效所遭受的损失。

(2)工程验收不合格之处置

建设工程施工合同无效,且建设工程经验收不合格的,按照以下情形处理。

①对验收不合格工程进行修复,修复后的建设工程经验收合格的,可按照上

述关于验收合格工程的补偿办法,但相应扣除对不合格工程修复所发生的费用。当然,如果不合格工程也有发包人的责任,如发包人提供的施工图纸有错误、发包人提供的设备材料存在质量问题,那么,发包人应承担相应的修复责任。

②对验收不合格的工程进行修复,修复后的建设工程经验收不合格的,承包人无权获得补偿。当然,如果发包人对不合格工程也有过错的,发包人也应承担相应的责任。

(三)建设工程的优先受偿权

1. 优先受偿权

随着施工企业不断改革,施工企业不再固定保留施工作业人员,而是多采用临时雇用民工和劳务用工的模式,为保护这些施工工人的权利,维护社会的稳定性,我国立法上对建设工程施工合同承包人的工程费债权给予特别规定,赋予一定的优先受偿权。

建设工程施工合同优先受偿权,是指施工合同承包人就施工工程折价或拍卖价款优先其他债权或担保债权而获得受偿的权利。一般来说,在债权的受偿顺位上,担保债权优先于普通债权获得受偿,普通债权按比例受偿。

原《合同法》和现行《民法典》均赋予了建设工程承包合同承包人对所承包工程折价款或法院拍卖价款优先受偿权[①]。《施工合同司法解释(一)》对该优先受偿权作了进一步解释,承包人依法享有的建设工程价款优先受偿权优于抵押权和其他债权。

2. 优先受偿权的条件

(1)建设工程价款优先受偿,其一,必须是承包人所承担的建设工程质量合格,这是形成应付工程款的基本条件;其二,工程款应符合合同约定的支付条件,即依约已形成应付款;其三,应在合理催告支付期间。这是形成工程款应付的条件。

(2)承包人所承包工程从性质上可以折价或拍卖,如工程不宜折价或拍卖,则

[①] 《民法典》第807条规定,发包人未按照约定支付价款的,承包人可以催告发包人在合理期限内支付价款。发包人逾期不支付的,除根据建设工程的性质不宜折价、拍卖外,承包人可以与发包人协议将该工程折价,也可以请求人民法院将该工程依法拍卖。建设工程的价款就该工程折价或者拍卖的价款优先受偿。

不适用优先受让权。如学校、幼儿园、医疗机构等为公益目的成立的非营利法人建设的校舍、医护楼房等工程,不宜拍卖转让,因此,不适用工程款优先受让权。但如果是营利法人的私立学校、医院建设的校舍、医护楼房工程,应可纳入工程款优先受偿权范围。

(3)通过对工程进行折价或拍卖。折价指由合同当事人对已建工程进行协议作价;拍卖指由承包人申请,由人民法院依法拍卖。按照《施工合同司法解释(一)》第38条、第39条的规定,这里所指工程包括两种情形:一是已竣工工程;二是未竣工工程。

3. 优先受偿的范围

建设工程合同优先受偿权仅限于承包人到期应付工程价款,不包括承包人逾期支付建设工程价款的利息、违约金、损害赔偿金。[①] 也就是说,承包人就逾期支付建设工程价款的利息、违约金、损害赔偿金不享受优先受偿权,如发包人对逾期付款利息、违约金、损害赔偿金有争议的,双方还需通过诉讼或仲裁等途径认定后,列入一般债权处理。

4. 优先受偿权的除斥期限

建设工程优先受偿权是形成权,法律规定形成权具有相应的除斥期限。因此,承包人对工程优先受偿权,应在合理期限内行使,逾期不行使的,工程价款优先受让权将消灭。按照《施工合同司法解释(一)》第41条的规定,该期限自发包人应当给付建设工程价款之日起算,最长不超过18个月。因此,承包人要注意优先受偿的除斥期限。

5. 意定限制优先受偿权

建设工程价款优先受偿权是法定优先权,目的是保护建设工程施工人员的权利。在实践中,存在发包人与承包人在建设工程合同中约定限制优先受偿权或承包人放弃优先受偿权的情形,即合同当事人意定限制优先受偿权。法律对于这种约定的效力并未明确规定,但如双方因此发生争议而提起诉讼或仲裁的,法院或仲裁机构首先判断承包人放弃或限制行使优先受让权是否损害施工工人的利益,例如,承包人依约限制行使优先受偿权或放弃优先受偿权而得不到债权受偿时,

---

[①] 《施工合同司法解释(一)》第40条第2款规定,承包人就逾期支付建设工程价款的利息、违约金、损害赔偿金等主张优先受偿的,人民法院不予支持。

将无法向该工程施工工人发放工资等,损害了施工工人的利益,那么,法院或仲裁机构不支持该约定[1]。

五、国际工程承包合同

(一)我国对外承包工程概述

我国涉外工程公司、施工企业、设计院参与国际工程的业务越来越多。近年来,我国企业每年承揽境外工程业务的合同额和营业额都超过万亿元人民币。2019年,我国对外承包工程业务完成营业额11,927.5亿元人民币,新签合同额达到17,953.3亿元人民币[2];即使受全球疫情影响,2021年1—11月,我国对外承包工程业务完成营业额8564.7亿元人民币,新签合同额也高达13,033.2亿元人民币[3]。这是我国涉外建设企业经过多年奋斗获得的国际工程承包领域特别是发展中国家和地区建设工程领域的充分肯定。但在建设企业"走出去"的历程中,因工程所在地各种情况变化以及对国际工程执行认知不足等多方面主客观因素,也有不少建设企业在"走出去"的过程中遭遇一些挑战,甚至遭受重大损失,如国内某建设企业承包中东某轻轨总承包工程,合同金额当时折合人民币约120亿元,在完成合同变更索赔前,实际发生成本约160亿元人民币,预计亏损约40亿元人民币[4]。因此,加强国际工程承包合同管理尤显重要。

国际工程承包合同与国内建设工程承包合同原理上是相通的,但在实践中也存在诸多不同,这些不同因素都将不同程度地影响建设企业履行合同甚至对其造成困难和使其遭受重大损失。

(二)国际工程合同的注意事项

国际工程承包合同与国内工程承包合同有相通之处,前面几节提到的注意事

---

[1] 《施工合同司法解释(一)》第42条规定,发包人与承包人约定放弃或者限制建设工程价款优先受偿权,损害建筑工人利益,发包人根据该约定主张承包人不享有建设工程价款优先受偿权的,人民法院不予支持。

[2] 参见《2019年我国对外承包工程业务简明统计》,中国对外承包工程商会,https://www.chinca.org/CICA/info/21122815495711,2022年1月10日访问。

[3] 参见《2021年1—11月我国对外承包工程业务简明统计》,中国对外承包工程商会,https://www.chinca.org/CICA/info/21122815495711,2022年1月10日访问。

[4] 暂未考虑建设企业从项目业主处获得合同变更索赔补偿因素。

项,在国际工程承包合同中可能也会遇到,但由于国际工程所在国(地区)法律、环境、人文、管理等因素与国内不同,因而,国际工程承包合同与国内工程承包合同有诸多不同之处。因而,国际工程合同除需关注前面两节提到的事项外,特别要在投标和合同谈判阶段以及合同执行阶段注意以下事项。

1. 工程所在国(地区)政局的稳定性

工程项目所在国(或地区)的稳定政局是建设工程顺利进行的重要保障。我国建设企业所承揽境外工程多数在发展中国家,由于各种原因,这些国家存在各种政局不稳定的情形或潜在的不稳定因素,这都将或多或少地影响合同履行和工程建设,如影响工程建设工期、造成窝工、增加安保成本等,有的造成长期停工甚至破坏已建工程、影响施工作业人员人身安危等。

在一些发展中特别是欠发展国家(地区)承揽建设工程,通常存在如下情形或潜在因素。

①工程所在国(地区)的政局稳定性。如在20世纪90年代至21世纪初,中国企业在非洲某国建设石油工程项目,石油工程项目为该国当时反政府武装区域,虽然受到该国政府保护,但在工程建设中仍受到不少干扰。

②区域政局稳定性。在国际工程承包实践中,虽然工程所在国(地区)政局稳定,但若该地区时局不稳定,也将影响工程建设和合同履行。如2000年前后中东地区某国石油工程,虽然当时工程所在国政局稳定,但该地区时局不稳定,既影响工地现场建设,也影响工程所需设备材料进口,对工程建设带来不少影响。

③域外国家对工程所在国(地区)影响。通常是域外国家对工程所在国(地区)的"长臂管辖",如经济制裁、禁运等,造成工程所需设备材料输入、工程款支付等困难。

④工程所在国(地区)的经济稳定性。工程所在国(地区)稳定的经济将有助于工程项目建设和合同履行,但如果经济不稳定,将会带来负面影响,严重的,将会带来重大经济损失,如通货膨胀带来的人工成本和项目管理成本增加;项目业主不能及时支付工程款进而影响工程建设等,严重的,项目业主无力支付工程款。

这些情形或潜在因素,在投标或合同谈判阶段都要注意到,争取列入合同免责和补偿机制①,至少列入不可抗力情形。

2. 工程所在国(地区)的政策法律

遵守工程所在国(地区)政策法律是"走出去"的建设企业的一项基本要求。在实践中,建设企业可能更多关注项目管理、合同、外汇等方面的政策法律,另外,诸如当地劳动法或劳工法、环境保护、货物进出口、人员出入境等法律和政策的规定都会影响工程合同的履行,也要关注。

如在劳工法律方面,除加班需要支付加班费外,有些国家法律对加班有严格的限制,有的地方人员并不愿意加班,因此,在国内工程建设中经常组织的"大干一百天"或类似活动,在境外有些国家或地区由于劳工法律限制等原因就比较难以组织。

有的国家有关环境保护的法律严格,相应对建设工程施工方法以及现场作业管理都有严格规定,也将影响工程建设进度或增加成本。

就大型建设工程而言,有的需要进口大量设备、材料,那么,该国海关或进出口管制也将影响建设工程物资顺利运入工程现场。

3. 工程所在国(地区)的宗教与风俗习惯

工程建设一方面要遵守和尊重当地的宗教与风俗习惯,另一方面也要了解这些方面对工程建设存在一定影响。如中东、非洲、东南亚等地区有一些宗教规定,如穆斯林斋月,在斋月期间,穆斯林人员白天禁食、非穆斯林人员白天不得在公共场所饮食等。

另外,国际工程需要使用当地施工作业工人,有些国家或地区当地工人对待工作的态度与国内不同,如有些地方工人工作效率不高,工作纪律相对涣散等。

4. 业主特殊要求

在国际工程中业主特殊要求包括两大方面:一方面是工程建设实施管控要求,通常由业主或业主聘请的PMC负责管理,承包商需要按照这些管理要求开展工程建设工作,在实务中会遇到诸多与国内不同的做法,例如,业主或PMC项目管理人员不加班,相应地,承包商采取加班加点推进工程建设的做法就难实施等。另一方面,业主应政府示意从保护和发展本国或本地区发展考虑,要求承包商使

---

① 在实务中,首先要了解承包合同所适用的法律是否有"情事变更"制度,如果有该项制度,在合同履行中争取适用,以减少经济损失。

用当地施工单位、当地雇员,以及要求某些施工材料和设备从当地购买等,而有些当地施工企业装备落后,将严重影响施工作业质量、安全和进度等。

5. 工程适用标准规范

建设工程所适用的标准规范比较多,包括技术规范和工程建设作业规范等,其中,技术规范标准直接决定工程造价,同时还影响工程建设进度等。近些年来,随着我国装备制造和基本建设能力和水平快速大幅提高,得到国际社会的认同,我国建设企业承揽的国际工程适用我国标准规范;但也有一些工程适用其本国标准规范或西方国家标准规范,这要求承包商系统理解这些标准规范,避免工程不符合要求或增加工程造价等。

6. 工程现场条件

关于工程现场条件,除前面分析的工程现场条件情形外,国际工程还需要注意项目用地的征地问题,因土地属于私人所有,特别是工程占地面积大或者如公路、铁路、管道等长距离工程,工程用地涉及多人甚至跨行政区,工程用地包括施工临时用地,征用相对困难,虽然工程用地征用属于业主责任,但如业主征地不顺,将给承包商开展工程建设带来影响,如大面积或长期窝工,工程建设工效低下,等等。一方面,增加承包商的额外花销成本;另一方面,因窝工或工效低下,导致工程进度缓慢,不能及时拿到工程进度款,进一步影响工程建设。

因此,对国内建设企业来说,在投标和合同谈判阶段,要注意工程现场条件以及工程用地征地情况,并争取将这些可能影响工程建设的重要因素列入合同,作为合同变更索赔的依据。

7. 合同理解

国际工程承包合同文件多由业主准备并在招标阶段作为招标文件的组成部分,当然,最终签订的合同文件是经过招投标和合同谈判形成的,但经过招投标形成的合同文件,除附件中纳入承包商投标阶段的各项承诺以及招投标阶段澄清的事项外,双方签订的合同文件一般与招标阶段所附合同格式文件不会有根本性的不同。由于合同语言文字、所遵循的法律体系以及所适用的标准规范、编制合同文件人员对工程承包理解等诸多因素与国内工程不同,因此,对国际工程承包合同的理解十分重要。

承包商和业主之间的权利、义务和责任主要通过工程合同约定,工程承包合同与国际货物买卖合同不同,后者有一套完善的国际法律体系和惯例可供当事人援引来理解合同,如《联合国国际货物买卖合同公约》《国际货物买卖统一法公约》《国际贸易术语解释通则2020》等,买卖双方的权利义务和责任规定得十分清楚,双方对合同理解一般不会有太大差异。目前国际工程承包领域尚无相应的国际公约和成熟惯例供当事人援引理解。相比而言,国际工程合同关系和合同文件都比较复杂,多由业主用外语准备,因此,正确和准确理解合同对承担国际工程来说十分重要,尤其是在投标和谈判阶段以及合同执行阶段。

(1)投标与谈判阶段

投标与谈判阶段正确理解合同是做好投标报价以及最终签订合同的重要保障。在实务中,承包商(此时为投标人)更多关注研究事关工程实体的各类要求,对双方权利、义务和责任划分等软性和潜在的方面关注相对较少,或者按照国内工程承包合同去理解,但往往是这些方面影响着承包商履约情况和盈利情况。正确并准确理解合同文件需要从多方面着手,其中下面几个方面尤为重要。

①语言文字。国际工程承包合同文件一般使用外语(如英语相对普遍,其他如法语、俄语、阿拉伯语等也常使用)。国内工程公司通常都将外语版本合同文件(或招标文件)翻译成中文版本,投标或合同谈判多按翻译的中文版本理解合同。其实,有些外语词汇在合同等法律性文件中含义与通用含义不尽相同,如果再加上翻译人员对建设工程以及相关法律不太熟悉,那么,翻译后的中文版本合同文件与原文文件之间存在一定差异。这在实践中需要注意。

②法律体系。国际工程合同一般要求适用工程项目所在国(地区)的法律,也就是说认识该合同需要在工程所在国(地区)的法律环境下理解,另外,有的大型工程项目业主可能委托外国机构编制合同文件,如非洲某国大型石油工程项目,业主委托英国机构编制工程合同文件,那么,对该合同文件的理解还受英国相关法律或法律理念的影响。因此,在对国际工程合同文件理解时,要充分考虑和熟悉法律因素,特别是合同约定所适用的法律。

③技术要求与标准规范。技术要求与标准规范直接关系实体工程质量标准和工程造价,也就是统称所说的合同标的和价款,这对固定总价总承包合同的影响较大。因此,在投标阶段要仔细研究工程技术要求和指引的标准规范,以及虽然没有指引但依据项目所在国的法律规定需要遵守的标准规范。

④工程项目所处背景。特别是一些重大工程以及民生工程,了解其背景环境对理解合同和执行合同都有很好的帮助。

（2）合同执行阶段

正确和准确理解合同有助于工程建设的顺利执行。在合同执行阶段通常会发生承包商与业主对合同理解不一致而引起的合同解释之争，进而影响工程建设。合同执行阶段的合同解释包括两个方面。

一是合同文件相互矛盾或错误。承包商为避免不当履行合同而导致返工甚至工程质量不满足验收要求，要求业主给予明示解释和确认，这是业主的合同解释义务。当然，如果业主解释和确认构成变更的，承包商应按照变更程序处理。

二是双方对合同约定内容理解的分歧。由于当事人所处的地位和利益，以及对合同工程的理解不同，因而对合同理解不同也是常见的事情，通常业主具有合同解释主导权，但如果合同解释加重了承包商的负担（如工程标准提高、增加工程量、增加工程费用等）和责任，承包商应综合前面提到的各种因素以及对工程的理解争取对合同解释的主动权。

(三)国际工程合同问题处置原则

前面提到的各种情况，有些可以在投标或合同谈判阶段争取解决或争取解决机制，但国际工程合同往往需要通过竞争的方式才能取得，并不是所有的问题都可以通过合同解决，而且，许多问题都是在合同执行过程才发生或发现。当然，各种问题在不同国家和地区的应对策略和方法不尽相同，即使在同一国家和地区处理方式也不尽相同。本书主要从国内外建设工程以及工程业主和承包商等经历出发，提炼一些感受，供实践参考。

1. 建设好合同工程

在实践中，当建设工程合同在履行中遇到重大挑战，如业主不按时付款、工程内容与合同约定差异大等，不少人想到的是找项目业主解决，不解决就停工或消极抵制等，这种情况在国内工程领域时常发生。但本书认为，合同工程是承包商必须完成的任务，是承包商的合同义务，而且，合同也有延期完工违约责任的约定，停工、消极抵制都将影响工程建设进度，而这些影响最终仍要承包商消化。因此，除非万不得已的极特殊情况，不建议承包商停工、消极抵制。

遇到挑战时，仍应克服困难，保质保量按计划推进项目建设进展，满足合同要求的工程既是承包商的合同义务，也是承包商获取项目业主补偿的基础。如国内工程公司在中东地区的总承包石油工程建设项目，由于项目现场地形地质条件与合同约定差异很大、建设过程中业主不断提高技术标准等多种因素，合同履行中遭遇重大困难，工程建设到一半时测算后发现将发生巨额亏损，该公司内部一度产生"放弃论"的想法，即中途放弃合同，因为放弃合同所遭受的违约损失要比合同执行完所承担的损失小。但该公司从合同守约和公司信誉等角度考虑决定继续完成合同工程，同时，组织合同变更索赔工作。合同工程高质量建成，也从项目业主那里获得了应有的变更索赔补偿，最终该合同不但没有巨额亏损，还有一定盈利。

2. 遵循合同和法律

国际工程承包合同执行中会遇到诸多问题和困难，不仅是承包商与项目业主之间的问题，作为总承包商，还可能与施工分包商尤其当地施工分包商，以及供货商因执行分包合同或供货合同而产生各种问题或纠纷，由于国际工程所处的时空环境与国内不同，因此，要遵循合同约定以及各个合同所适用的法律规定，这是解决问题或纠纷的基本立足点，也是合同当事人履行合同和对话的基础。例如，在有些国家，项目业主为保障合同履行顺畅，明确要求承包商在项目部设立合同管理部门，一方面可以加强承包商对工程承包合同各项约定的理解，促进承包商依约履行合同；另一方面双方可以就纠纷问题在合同和法律平台上进行对话，有助于双方对合同纠纷问题的认识，并促进该问题的解决。

因此，对于"走出去"的工程建设企业来说，要加强国际工程合同和所适用法律的管理和应用，促进合同履行、化解合同纠纷、维护合同利益。

3. 加强沟通

沟通是项目管理的一项重要内容，在国际工程中遇到问题或困难，除立足合同和法律外，还要加强沟通管理。无论是承包商责任还是业主责任或是其他责任，都要做好与业主的沟通，让业主知道工程所面临的困难及原因，承包商为克服困难计划采取的措施，同时，需要业主哪些帮助。特别是一些大型和特大型建设工程，一般多为政府项目或政府高度关注的项目，适当从业主的视角看待问题，可以增加双方沟通的基础，更能获得业主的理解和帮助，不宜动辄以停工要挟。当然，如果出现非停工不可的情况，也可采取停工方式。

需要注意的是，PMC 与业主角色和关注点有所不同。理论上 PMC 是全权代表业主管理项目，但在实践中存在各种微妙情况，所以，要适当注意与 PMC 沟通和与业主沟通的区别。

4.适时提出变更索赔

国际工程项目特别是大型工程项目因各种因素导致变更或索赔的情形较多,这也是国际工程承包合同履行中的一项重要问题,也是困扰双方的一个问题。

在实务中,要区分工程承包合同变更与索赔的差异。严格来说,变更与索赔是两个性质的问题,工程变更是指合同约定工程范围、工程标准、工程量以及约定履约条件的改变,这种改变可能引起合同价款和工期的变化;索赔一般指合同当事人违反合同约定给对方造成损失,包括利益损失和负担增加等。

国际工程变更索赔首先依据合同和所适用法律,有些情形合同没有明确约定或法律未明确具体规定,可援引情势变更原则或英国法律体系国家的衡平法原则。

变更索赔要有相应文件支撑,例如合同工程标准变更,需要合同原约定的标准和新要求的标准文件,以及由此带来设计、设备材料、施工等方面变化等支持文件。

变更索赔要适时提出。其包括两个方面的意思:一是按照合同约定或在适用法律规定期间内提出,避免因逾期而丧失请求权。在实务中,可与业主协调,先提出请求变更索赔的文件,详细变更索赔的文件在双方商定的时间补充提交。二是注意提出变更索赔申请时机,具体根据各个项目当时的情况掌握。

国际工程变更索赔是合同管理中的一个系统性内容,涉及内容多,囿于篇幅,不再一一赘述。在实务中,可参考《国际工程承包风险与规避》一书[①]。

(四)国际工程合同"魔鬼"条款的思考

在国际工程合同实践中,特别是工程总承包合同,通常有3个条款导致合同执行中赋予业主"无限"权利和承包商"无限"义务和责任,进而给承包商变更索赔带来合同障碍。这3个条款主要包括有经验承包商、最低要求、最严格要求。对这3个条款适用或理解不到位,将扩大承包商的合同义务,同时限制了承包商的合同权利,导致变更索赔很难成功。因此,被业界称为"魔鬼"条款。

1.有经验承包商合理预见

在国际工程实践中,业主希望选择对该工程领域拥有丰富经验的承包商,以

---

① 参见夏志宏:《国际工程承包风险与规避》,中国建筑工业出版社2004年版,第304-365页。

保障工程顺利建设；同时，业主为避免工程投资失控而采用固定总价总承包的方式。这涉及工程总承包合同约定在哪些情况下合同发生变更需要补偿承包商的问题。一般认为对于那些有经验的承包商在投标报价阶段能够合理预见到的一些变化多引起的费用不作变更补偿对待；反之，可作为变更补偿。例如 FIDIC 出版的 EPC 交钥匙合同条件第 4.6 条规定"Any such instruction shall constitute a Variation if and to the extent that it causes the Contractor to incur Cost in an amount which was not reasonably foreseeable by an experienced contractor by the date for submission of the Tender.（注译：任何此类指令导致承包商发生额外费用，并且此等额外费用是有经验承包商在递交投标文件前无法合理预见到的，那么，该指令将构成合同变更。）"据此约定，如果是有经验承包商能够合理预见的，则不构成合同变更。有的国际工程合同直接采用否定性的约定，如某境外工程 EPC 固定总价合同约定"The Contractor shall be deemed to have satisfied itself before tendering as to the correctness and sufficiency of its Tender and Contract Price for the Work,… Notwithstanding any provision herein to the contrary, the Contractor shall not be relieved from any of its obligations under this Contract other than on the grounds that it did not or could not, as a contractor of international renown, reasonably have foreseen any matter which may have affected the execution of the Work.（注译：承包商被认为在投标前对投标和合同价格有充分的正确的认知……除另有其他相反规定外，不免除承包商的任何合同义务，除非有经验承包商没有或者不能合理预见影响工程实施的情况。）"

上述类似条款常见于国际工程总承包合同中，简单的概念是，虽然合同文件没有显示、标示或要求应由承包商完成工作，但为合同工程所需要，只要是有经验的或合格的承包商在投标时能够或者应当能够知道或发现或预见到的，都是合同价格范围内承包商的应尽义务。换言之，承包商为完成这些任务，将不按照合同变更对待。

案例21

EPC 合同招标文件中关于压缩机维修间行吊的吊装能力为 5T，压缩机技术参数显示压缩机马达重量为 7.5T，并且不可拆修。在合同执行中，业主要求承包商提供 10T 的行吊。承包商认为合同中规定行吊的吊装能力数值为 5T,业主改变合同规定,应当向承包商补偿因此而增加的费用。业主认为,尽管合同招标文件中的数值为 5T,但招标文件同时给出压缩机马达重量超过 5T,如维修间行吊的吊装能力为 5T,将不能满足设施的正常安全操作,作为有经验承包商在投标时应当预见到需要用 10T 的行吊,业主不应对承包商给予补偿。为此,双方产生争议①。

类似情况在工程实务中经常遇到,如工程现场条件的差异、技术文件错误,等等。业主只要用这个条款就可否决承包商很多变更索赔申请,承包商将承担很多额外的工作和费用。

本书认为,类似条款是国际工程总承包合同的常见条款,承包商需通过竞标才能赢得合同,投标文件提出过多偏离(对招标文件提出不同意见或修改意见)将影响其中标的可能性,因此,承包商一般难以改变这种约定。

因此,在招投标阶段,承包商认真细致地研究招标文件中关于工程范围、内容、标准、技术规范要求、图纸、设计文件、工程输入条件(如工程现场条件、业主负责提供或履行事项)等,必要时应经过设计、演算等工作,真正认识了解招标工程,作出充分报价;另外,如果发现或认为有不清楚或错误之处,可以招标澄清的方式向业主提出,由业主作出进一步澄清。在合同执行阶段,正确理解本条约定的本意,实事求是地评价某项工作是不是在投标阶段可合理发现或预见,如果不是,则与业主通过事实分析说明该项是不可合理预见项的理由,争取按照合同变更对待;如果确实是承包商自身疏忽或经验不足等原因导致报价漏项,承包商用投标报价与实际履行之间的事实差异,争取"道义"索赔。

2. 最低要求与最严格要求

国际工程合同另外两个"魔鬼"条款,分别是"最低要求"和"最严格要求",对这两个条款理解和适用不当,将会给承包商增加实体工程量和额外成本费用。

"最低要求"(minimum requirement)强调合同文件对工程内容和标准的约定是最低要求,如果为实现工程目标,需要增加工程内容或提高工程标准的,也属于合同总价范围内的承包商义务;如 FIDIC 出版的 EPC 交钥匙合同第 4.1 条规定"The Work shall include any work which is necessary to satisfy the Employer's Re-

---

① 参见夏志宏:《国际工程承包风险与规避》,中国建筑工业出版社 2004 年版,第 7 - 8 页。

quirements, or is implied by the Contract, and all wokrs which (although not mentioned in the Contract) are necessary for stability or for the completion, or safe and proper operation, of the Works.(注译:工程包括为满足业主要求或合同隐含要求的所有工作,以及合同虽未提及但为工程稳定或为完成工程或工程安全和有效运行所必要的所有工作。)"FIDIC条款虽未明确"最低要求",但其约定的内容具有类似的含义。在实践中,有的国际工程合同明示为最低要求,如某国际工程总承包合同约定"The Contractor shall be responsible for the design and detailed engineering of the Facilities to ensure compliance with the minimum design requirements as set forth in greater detail in the Scope of Work and the Technical Specification.(注译:承包商应负责工程设施的详细工程设计,以符合'工作范围'和'技术规范'中更为具体描述的最低设计要求。)"

"最严格要求"(most stringent requirement)主要是指在合同所要求的适用技术标准规范不一致的情况下,应适用最严格要求的标准规范。

如境外工程合同约定"The codes and standards specified in the Technical Specification hereto shall be applicable to the Work. In the event of any conflict between different applicable codes, then the most stringent requirements shall apply.(注译:技术规范规定的标准适用本工程。如果适用的不同标准之间相互矛盾的,那么,将适用最严格要求。)"

例如境外工业项目EPC总价总承包合同,在合同技术附件中,空冷器标准规范规定噪声等级为不高于90dB,而业主关于工厂的噪声规范规定空冷器噪声等级为85dB。承包商在合同报价时对空冷器按照90dB进行询价和报价。在合同执行中,业主要求空冷器噪声必须按不高于85dB,最终按照85dB噪声标准采购空冷器。承包商因此多花费几十万美元。承包商认为这属于合同变更,业主则认为按合同最严格要求约定,不构成合同变更。双方对此是否构成合同变更产生分歧。

上述"最低要求"与"最严格要求"条款都对承包商提出了更高的合同要求。本书认为,国际工程总承包合同特别是在概念设计或方案设计阶段采用EPC固定总价总承包招标,这个阶段一些技术要求和实体工程的要求深度确实不够,技术标准或规范要求相互矛盾的现象确实存在,因此,业主用"最低要求"和"最严格要求"条款促使承包商在投标报价阶段认真研究和认识招标工程,同时,堵住承包商采取"先中标后索赔"的投标策略。

  对承包商来说,在招投标阶段:切实从工程性质和工程整体考核指标系统准确认识招标工程,对工程性质以及事关工程实体的内容、标准、规范要求、图纸、数据表等设计文件进行细致检查复核,进行必要的交叉核验,并从工程性质和工程考核指标方面准确认识招标工程,避免投标报价时错报和漏报,造成合同执行阶段的损失;如果发现或认为有不清楚或矛盾之处,可以招标澄清的方式向业主提出,由业主作出进一步澄清。在合同执行阶段:如果因"最低要求"和"最严格要求"导致较多"额外"工程量和增加工程成本费用的,尽可能用招标文件、投标文件以及合同相关技术附件客观分析说明增加工程量不属于"最低要求"的本意范畴,或不需要按"最严格要求"额外提高技术标准理由,以此争取按合同变更对待。如某国际工程总承包合同的数百项变更索赔申请,其中有一项变更申请被业主以"最低要求"条款前后拒绝过14次,但承包商以事实和技术分析论证,最终,业主同意按变更处理并签发变更令,承包商获得该项变更补偿70余万美元。

第十二章 建设工程勘察设计合同

工程勘察设计直接关系建设工程的质量安全,也关系人民的生命财产安全,因此,《民法典》将勘察设计合同列为典型合同。建设工程勘察,是指根据建设工程的要求,查明、分析、评价建设场地的地质地理环境特征和岩土工程条件,编制建设工程勘察文件的活动;建设工程设计,是指根据建设工程的要求,对建设工程所需的技术、经济、资源、环境等条件进行综合分析、论证,编制建设工程设计文件的活动。《民法典》将勘察与设计放到同一合同,可见工程勘察与工程设计关系的紧密性,勘察结果是设计的重要输入,同时,勘察活动又按照设计要求进行。但这两者合同的内容有一定的区别,特别是专业建设工程设计合同与建设工程勘察合同的内容差异更大,因此,本章将建设工程勘察合同和建设工程设计合同作为关联两类合同分别介绍。

一、建设工程勘察合同

建设工程勘察合同是建设工程发包人与勘察人之间就建设工程勘察活动所订立的合同。

工程勘察一般包括:气象水文、地形地貌、地下水及土壤腐蚀性等工程地质条件,地基土壤物理力学指标,地震效应,不良地质作用,岩土工程评价,地基基础方案分析、评价等。

在实务中,工程勘察按服务的设计阶段可划分为初步勘察和详细勘察,其中,初步勘察即通常简称的初勘,是在建设工程厂址选定后,为工程初步设计(专业工程也称基础工程设计)提供依据;详细勘察即通常简称的详勘,是在初步设计确定具体建筑物、构筑物等的位置后,为工程施工图设计(也称工程详细设计)及工程建设施工提供依据。

建设工程勘察业务包括外业和内业,外业主要包括地形地貌测绘、气象水文监测、勘探施工、检测等,内业包括试验、分析评价并编制勘察成果报告。

(一)勘察合同的主要内容

《民法典》对工程勘察合同的内容规定得相对简单,除合同通常的内容如合同主体、违约责任、争议解决等外,该法第 794 条规定,勘察、设计合同的内容一般包括提交有关基础资料和概预算等文件的期限、质量要求、费用以及其他协作条件等条款。

国家住建部和工商总局于 2016 年 9 月 12 日联合印发《建设工程勘察合同(示范文本)》(GF – 2016 – 0203),该合同示范文本由合同协议书、通用合同条款和专用合同条款三部分组成,其中,合同协议书主要包括工程概况、勘察范围和阶段、技术要求及工作量、合同工期、质量标准、合同价款、合同文件构成、承诺、词语定义、签订时间、签订地点、合同生效和合同份数等勘察合同;通用合同条款具体包括一般约定、发包人、勘察人、工期、成果资料、后期服务、合同价款与支付、变更与调整、知识产权、不可抗力、合同生效与终止、合同解除、责任与保险、违约、索赔、争议解决及补充条款等;专用合同条款是对通用合同条款原则性约定的细化、完善、补充、修改或另行约定的条款。实务中可参照示范文本使用。

勘察成果作为工程设计的一个重要基础,将影响建设工程质量和安全,在实务中,如果勘察场地范围大,对勘察成果真实性、准确性质量要求高,一般采用附加合同附件的方式,通常包括技术附件、实施方案等,技术附件主要包括勘察场地范围、钻孔与布点(一般附加布点设计图)、勘察内容、技术要求、适用标准规范以及勘察报告内容与深度要求等;实施方案附件主要包括勘察外业和内业组织实施、进度安排、关键人员配备等。

(二)勘察合同的关注事项

1. 专业资质

为保证建设工程质量,国家对工程勘察单位实行专业资质管理,勘察单位从事工程勘察的,必须依法取得相应等级的资质证书,并在其资质等级许可的范围内承揽工程；法律禁止勘察单位超越其资质等级许可的范围承揽勘察工程，禁止以挂靠有相应资质及资质等级单位的名义承揽勘察工程①。

2020年11月30日，国家住房和城乡建设部发布《建设工程企业资质管理制度改革方案》(建市〔2020〕94号)，对工程勘察资质进行改革整合，除保留勘察综合资质，不分等级，可承担各类建设工程勘察业务②；整合后分为岩土工程、工程测量、勘探测试3类专业资质，分为甲、乙两级，各专业资质需在本专业领域和相应等级范围内承揽勘察业务，例如，岩土工程专业甲级资质可承担高度≥100m的高耸构筑物基础，而乙级资质则只能承担高度＜100m的高耸构筑物基础。在订立工程勘察合同前，委托方要根据工程实际确定勘察方的最低资质要求，勘察方不得承担超过其资质范围和等级的勘察工程。

2. 勘察成果质量

工程勘察成果作为工程设计的输入条件，直接关系建设工程的质量和安全，因此，勘察方需要保证勘察成果的质量，体现在两个方面：第一，在遵循的标准规范方面，勘察单位必须按照工程建设强制性标准进行勘察，并对其勘察的质量负责。第二，在勘察成果质量方面，按照《建设工程质量管理条例》的规定，勘察单位提供的地质、测量、水文等勘察成果必须真实、准确；《建设工程勘察设计管理条例》规定，建设工程勘察文件，应当真实、准确，满足建设工程规划、选址、设计、岩土治理和施工的需要。具体包括三个方面：一是勘察成果必须真实，如勘察外业按照钻孔设计要求的布点和深度等进行钻孔，按照规范开展内业土工实验等，不得偷工减料、弄虚作假；二是勘察成果必须准确，如岩土取样、内业实验数据、分析研究结论等都要准确；三是勘察成果必须满足建设工程规划、选址、设计、岩土治理和施工的需要，尤其是勘察成果作为工程设计的输入条件，必须满足建设工程的基础工程、岩土治理和施工等需要。

3. 勘察成果质量责任制

如前所述，勘察成果对建设工程质量安全有直接影响，因此，法律对勘察成果的质量责任要求也更为严格，如勘察成果用于建设工程的基础工程，那么，勘察单位需要对该勘察成果的质量承担终身责任。另外，在勘察成果质量的责任主体方

---

① 参见《建设工程质量管理条例》第8条。
② 按照《工程勘察资质标准》(建市〔2013〕9号)规定，勘察综合资质业务范围不包括海洋工程勘察，本书成稿时，新标准尚未正式出台，实务中注意新标准规定。

面,除勘察单位需要对勘察成果质量负责外,勘察单位的法定代表人、项目负责人、审核人、审定人等相关人员,也要分别对勘察质量负责[1]。所以,勘察方不仅要从合同的角度对委托方负责,勘察方及其相关人员还要就勘察成果质量对法律负责。在实践中,建设单位和勘察单位都应避免勘察合同的低价竞争,以免因低收费而影响勘察质量,进而可能造成严重后果。

4. 质量保修期

越来越多的建设工程合同约定质量保修金(质保金)和质量保修期(质保期),即扣留一定比例的应付合同款作为履约交付物质保金,待质保期届满后,再将剩余质保金支付给工程承包方。在实践中,有的工程勘察合同约定的质保期为12个月或24个月,这种约定不太恰当。质量保修通常是指可修改、可维修的质量缺陷,因此,勘察成果质量保修主要是针对勘察报告文件而言的,这种质量缺陷一般在工程设计和施工阶段被发现,地基工程甚至在主体工程建成后才能被发现。一些规模大的建设工程从勘察完成到工程施工甚至工程竣工所经历的时间较长,因此,质量保修期不宜约定绝对期间,可约定至主体工程完工或工程竣工的验收,当然,也应作出例外约定,例如,因委托方原因迟延或暂停工程建设的,经过一定期间如24个月可释放质保金。

二、建设工程设计合同

(一) 工程设计概述

把工程设计与绘制工程图纸等同起来的看法是不准确的,建设工程设计需要对建设工程所涉及的技术、经济、资源、环境等条件进行综合分析、论证,在此基础上编制建设工程设计文件。工程设计按阶段划分,一般分为初步设计和施工图设计两大阶段,但各行业对设计阶段的划分不尽一致,如矿山采选工程设计分为初步设计和施工图设计;加工冶炼工程分为初步设计和施工图设计;石油化工工程分为初步设计和施工图设计,或基础设计和详细设计,两种划分主要从设计深度出发,如新技术石油、石化、化工工程的初步设计和施工图设计工作量各占50%,但基础设计和详细设计工作量分别为60%和40%;水利电力工程设计则引入招标设计概念,如水库、水电工程设计分初步设计、招标设计和施工图设计,其工作

---

[1] 参见《建设工程勘察质量管理办法》(住房和城乡建设部2021年第53号令)第13条。

量分别为25%、20%和55%。在实务中,要注意不同行业工程设计要求的差异性。

工程设计对工程造价控制起着至关重要的作用,同时,在设计阶段需要编制相应的投资总额文件,其中,包括初步设计(基础设计)阶段编制工程概算,施工图设计(详细设计)阶段编制工程预算。为加强工程投资控制,原则上,初步设计概算不超投资估算,施工图预算不超初步设计概算。在工程设计合同实务中,初步设计收费中包含概算编制工作,施工图设计收费不包括预算编制工作,如需要编制施工图预算,可按基本设计费的一定比例收取预算编制费。

在项目建设过程中,由于存在设计变更等因素,需要待工程竣工后按照工程实际编制竣工图,竣工图不属于设计阶段,但编制竣工图需按基本设计费的一定比例收取编制费。

(二)设计合同的主要内容

《民法典》关于工程设计合同的内容规定得相对简单,除合同通用内容外,所规定设计合同的内容一般包括提交有关基础资料和概预算等文件的期限、质量要求、费用以及其他协作条件等条款。其实,有的建设工程设计合同内容比较多,法律之所以对设计合同内容作简单规定,主要是一方面各类设计合同的内容差异较大,另一方面将合同应约内容交给各行业工程设计管理规范约束。

住房和城乡建设部和市场监督管理总局于2015年制定发布两类设计合同范本:《建设工程设计合同示范文本(房屋建筑工程)》(GF-2015-0209)(以下简称《房建工程设计合同范本》)和《建设工程设计合同示范文本(专业建设工程)》(GF-2015-0210)(以下简称《专业工程设计合同范本》),两个版本均由合同协议书、通用合同条款和专用合同条款以及若干附件等组成,内容详细,可供实务参考应用。

《专业工程设计合同范本》适用于专业工程,按照范本说明,该合同范本适用于房屋建筑工程以外的各行业建设工程,包括煤炭、化工石化医药、石油天然气(海洋石油)、电力、冶金、军工、机械、商物粮、核工业、电子通信广电、轻纺、建材、铁道、公路、水运、民航、市政、农林、水利、海洋等工程。本书以为,不同行业的工程所需技术、资源、环境等条件要求不同,如化工石化医药工程存在化学反应工艺,对工艺性能要求高;冶金、机械、核工、电子通信等工程对物理反应精度要求高;商物粮工程存在物理反应和化学反应,对食品安全和人身健康要求高;等等。

因此,使用《专业工程设计合同范本》时,应结合所适用行业领域对合同文本作专项约定。

(三)设计合同的关注事项

工程设计是对建设工程的技术、经济、资源、环境等各方面条件的综合分析、论证并编制设计文件指引工程施工安装,因此,工程设计将直接影响工程质量安全、工程投资造价以及工程效能等各个方面,同时,工程设计也是智力活动的过程,因此,工程设计合同需要关注的事项较多。

1. 专业资质

为保证建设工程质量,国家对工程设计单位实行专业的资质管理,设计单位从事工程设计的,必须依法取得相应等级的资质证书,并在其资质等级许可的范围内承揽工程;法律禁止设计单位超越其资质等级许可的范围承揽工程设计业务,禁止以挂靠有相应资质及资质等级单位的名义承揽工程设计业务[1]。

2020年11月30日国家住建部发布《建设工程企业资质管理制度改革方案》,对工程设计资质进行改革整合,保留综合资质;将21类行业资质整合为14类行业资质;将151类专业资质、8类专项资质、3类事务所资质整合为70类专业和事务所资质。综合资质、事务所资质不分等级;行业资质分为甲、乙两级,其中,公路行业只保留甲级资质,专业资质等级原则上压减为甲、乙两级,其中,市政行业隧道工程专业、铁路行业桥梁专业等9类专业只保留甲级资质。

在订立工程设计合同时,委托方要根据工程实际确定设计方的最低资质要求,设计方则不得承担超过其资质范围和等级的工程设计业务,没有取得相应资质或超越资质等级的工程设计合同无效,同时,设计方还要承担违反资质规定的法律责任。

2. 委托方文件

设计单位开展工程设计需要委托方提供设计基础文件资料,如工程勘察报告、新工艺新技术的工艺设计文件用以开展初步设计(基础设计)、初步设计文件(基础设计文件)用以开展施工图设计(详细设计)等。这些文件资料是设计方开展工程设计的重要基础资料和设计输入,因此,其真实性、准确性和完整性对开展

---

[1] 参见《建设工程质量管理条例》第8条。

工程设计具有重要意义。在实践中,普遍要求委托方对其提供的文件资料的真实性、准确性和完整性负责,如《专业工程设计合同范本》第4.1条约定,"发包人应当……向设计人提供工程设计所必需的工程设计资料,并对所提供资料的真实性、准确性和完整性负责"。本书认为,这项要求是基于合同责任,并无不当,但在实践中,发包人即设计委托方多不是专业技术单位,对提供的有些资料(如工程勘察报告、新工艺、新技术的工艺设计文件或基础设计文件等)是否准确、完整不一定清楚,因此,从有利于建设工程的角度出发,设计方作为专业设计人,应当负有对委托方提交文件资料进行专业检查、复核等责任,以进一步确定委托方提供的文件资料是否符合真实性、准确性、完整性的要求,如设计方未尽到检查、复核等专业勤勉,因委托方文件资料不准确所导致设计返工或设计文件质量问题的,设计方也应承担相应责任。

因此,本书认为,从有利于建设工程质量安全、社会公共安全和人民生命财产安全等角度考虑,工程设计合同除要求委托方对其提供的设计输入文件资料的真实性、准确性、完整性负责外,还应约定设计方从专业技术和工程经验的角度对委托方文件资料的准确性、完整性进行检查、复核、验证等负责。

3. 委托方对设计文件的审查

除法律法规规定的建设工程施工图设计文件报经政府行政主管部门审查外[①],在实务中,委托方及其上级单位从建设工程专业和工程投资等角度对设计文件进行审查,包括对初步设计(基础设计)、施工图设计(详细设计)的图纸和设计文件进行审查,设计方应接受并配合委托方的审查。双方都需要注意:委托方不得利用合同赋予的审查权要求设计方违反工程建设强制性标准降低工程质量进行工程设计。设计方需对设计文件负责,因此,不可将委托方的审查意见视为一种指令。这体现两方面的意思:一是若委托方审查意见违反工程建设强制性标准降低工程质量,设计方应予拒绝;若委托方的审查意见在技术上不可行或存在质量安全问题,设计方应向委托方说明并不予采纳;二是除前述情形外,设计方应仔细研究委托方的审查意见,并修订完善设计文件。

---

① 按照住房和城乡建设部规定,房屋建筑和市政基础设施工程施工图设计文件必须报经县级以上住建行政主管部门组织审查,其他专业工程由相应行政主管部门规定施工图设计文件审查。

4. 设计质量

设计质量直接关系到建设工程质量安全、投资以及工程建设能否顺利实施，因此，设计质量是工程设计合同重点关注的一项内容。工程设计质量包含多方面的内容，通常包括以下几个方面。

一是工程实体本质质量。按照设计文件建设完成的工程实体质量符合相应技术标准规范的要求，包括设计文件中选用的建材、建筑构配件和设备质量要求必须符合国家规定的强制性标准。因此，设计方必须按照工程建设强制性标准进行设计，并对设计的质量负责，即在设计使用期限内对涉及工程实体质量的设计质量承担终身责任。

二是工程性能质量。其主要针对用于生产、运营等建设工程，如工厂、工矿、机场、铁路等工程，按照设计文件建设完工工程的各项性能满足合同要求，包括机械性能和工艺性能，如工厂能够正常安全运转、公用工程消耗、产品及品质等指标满足合同要求等。设计方负责工程性能质量的，分两种情况：其一由委托方提供工艺技术，设计方的工程设计要满足工艺技术要求和标准规范要求，若因工艺技术问题导致性能不达标的，设计方可以免责；其二是不需委托方提供工艺技术的，设计方须对工程性能质量负责。

三是设计合理性。其主要包括三个方面：第一是工程设计布局合理，既符合经济安全的需要，也便于操作维修维护；第二是设计选用设备、材料、构配件等合理，除有特殊要求的建材、专用设备和工艺生产线等外，不得指定或变相指定生产厂、供应商等；第三是工程造价合理，避免"肥梁胖柱"或"偷工减料"这两种情形出现，前者通常发生在单纯工程设计合同的情况下，设计方和其设计人员为规避设计责任，在标准规范裕量基础上一再加码裕量，甚至不合理地提高标准等级，人为增加工程投资；后者通常发生在包括设计在内的工程总承包合同情况下，为了降低工程造价而降低设计标准。

四是设计文件质量。其包括设计深度和可操作性，初步设计深度要满足编制工程招标文件、主要设备材料订货以及施工图设计需要，施工图设计（详细设计）深度满足设备材料采购、非标准设备制作和施工需要，另外，设计图纸尤其是施工图要避免或减少反复修改，避免出现工程现场施工不断返工等情况。

5. 知识产权

工程设计涉及的知识产权归属是个比较复杂的问题，也是工程设计合同实务中常见的争论问题。委托方认为设计任务由其委托并支付报酬,知识产权应归属委托方,设计方认为设计成果属于自己的智力成果,知识产权不能归属委托方,而是应属于设计方。虽然法律规定当事人可以约定设计成果的知识产权归属,但工程设计成果知识产权比较复杂,在清楚理解设计成果所包含的知识基础上,将会更容易约定知识产权归属。其实,工程设计成果知识产权包括两个方面:其一是设计文件的著作权,也即版权;其二是设计文件所包含的专利技术或专有技术权利,即技术权利。

工程设计成果版权主要指设计文件的版权,包括人身权和财产权,即《著作权法》第10条规定的权利,虽然《著作权法》规定受委托创作的作品,著作权的归属由委托人和受托人通过合同约定,但工程设计文件与文学、艺术作品不同,一般约定工程设计文件仅用于特定建设工程,不得公开发表或允许第三人使用,由于设计方需对设计质量承担责任,因此,未经设计方同意设计文件也不得被修改[①],另外,工程设计文件必须由设计单位署名盖章并承担设计责任,因此,简单约定设计文件版权归属委托方或设计方都不确切,在实务中,可约定限制双方使用设计文件的范围,例如,设计方不得使用、发表、转让设计文件,委托方享有为建设工程使用、拥有的设计文件,不得未经设计方同意而擅自修改设计文件或用作合同约定之外的建设工程等。

工程设计文件包含诸多技术信息,包括委托方提供的设计基础信息和设计方自有专利技术或专有技术信息以及公知技术信息等,除特殊情形外,一般按各自技术仍属各自所有,任何一方对对方所有的技术信息承担保密责任和保护责任。另外,在工程设计过程中创新技术的产权归属,可根据合同情况约定归双方共有或一方所有。《专业工程设计合同范本》在知识产权部分强调了著作权的归属,但没有提及设计文件所包含技术方面的知识产权归属问题,在实际使用该示范文本时需要注意。

6.技术服务

工程设计的技术服务包括两类,一是工程设计伴随技术服务,包括设计技术交底,即初步设计方对施工图设计方交底,施工图设计方对施工方交底,解决施工中的设计技术问题,参加工程试车和竣工验收以及参加工程性能考核等技术服

---

① 参见《建设工程勘察设计管理条例》第28条。

务,这些技术服务费用已包含在工程设计费中,是设计方的应尽义务。二是技术服务属于额外服务,如技术复杂的设备采购服务、招标支持服务等,这类服务费不包含在工程设计费中,可另外计费。

在建设工程设计合同实务中,根据工程行业领域以及具体工程设计情况,有针对性地选择将上述关注事项纳入设计合同。

第十三章 技术合同

在我国经济发展新常态下,随着"大众创业,万众创新"态势不断加强,科学技术在经济发展、结构调整等方面发挥着越来越重要的作用,而且,科学技术还在社会和人们日常生活中发挥越来越大的作用。并且,科学技术向生产力转化逐年增加,据统计,2017 年,全国共登记技术合同 367,586 项,合同成交金额达 13,424.22 亿元,同比增长 14.71% 和 17.68%;2021 年,全国共登记技术合同 670,506 项,成交金额 37,294.3 亿元,分别比上年增长 22.1% 和 32%。[①] 据了解,在实践中,尚有数量可观的技术咨询合同、技术服务合同等并未在登记机关登记,因此,全国每年实际的技术合同量和合同金额要比登记的数大。另外,我国技术进出口量也逐年增大,据统计,2018 年 1—8 月全国登记技术进出口合同 9979 份,总金额 379.6 亿美元,同比增长 4.5%,其中出口合同 5093 份,金额 141.1 亿美元,进口合同 4886 份,金额 238.5 亿美元。[②]

可见,技术合同在合同体系中占有较大比重,而且,随着我国科技创新的不断发展,这个比重也将越来越大。因此,本章对技术合同着墨论述。

[①] 参见科学技术部火炬高技术产业开发中心 2018 年 2 月 7 日《关于公布 2017 年度全国技术合同交易数据的通知》(国科火字〔2018〕27 号),2022 年 2 月 22 日《关于公布 2021 年度全国技术合同交易数据的通知》(国科火字〔2022〕59 号)。

[②] 参见中国产业信息研究网(http://www.china1baogao.com/data/20171013/6159547.html),2018 年 2 月 21 日访问。

一、技术合同总述

(一) 技术合同

技术合同是指与技术相关的一类合同,包括技术开发、技术转让、技术许可、技术咨询、技术服务等。因此,技术合同是当事人就技术开发、转让、咨询或者服务订立的确立相互之间权利和义务的合同。技术合同的目的在于将技术成果进行转化、应用和推广。这里的技术成果,是指利用科学技术知识、信息和经验作出的涉及产品、工艺、材料及其改进等的技术方案,包括专利、专利申请、技术秘密、计算机软件、集成电路布图设计、植物新品种等。

技术合同通常指"四技合同",即技术开发合同、技术转让合同、技术咨询合同和技术服务合同四大类合同。当然,每类里面又可再细分类,如技术开发合同可分为委托开发合同和共同开发合同;技术转让合同,又可分为转让合同和许可合同,在转让合同中可再分为专利权转让、专利申请权转让等。

(二) 技术合同的主要内容

技术合同包括四大类型,每个类型合同的主要内容各不相同,如技术开发合同着重约定技术开发的内容、条件、技术成果归属等;技术转让合同则着重于转让技术的权利保障与权利归属等,但这四类技术合同,一般应包括如下条款[①]。

(1) 项目名称。

(2) 合同当事人。

(3) 名词和术语的解释。

(4) 标的的内容、范围和要求。标的的内容随技术合同类型不同而不同,如技术开发合同的标的是新技术、新产品、新工艺或者新材料及其系统的研究开发并可交付的技术成果;技术转让合同的标的是转让方已拥有或有权处置的专利权转让、专利申请权转让、技术秘密转让以及专利实施许可等。其范围和要求也因不同类型的技术合同而有所不同。

另外,技术合同涉及专利的,应当注明发明创造的名称、专利申请人和专利权人、申请日期、申请号、专利号以及专利权的有效期限。

---

① 参见《民法典》第 845 条。

（5）履行的计划、进度、期限、地点、地域和方式。关于技术合同履行条款的内容，包括计划、进度、期限、地点、地域和方式等，其中技术转让合同在期限、地点、地域和方式等方面与其他三类技术合同有所不同，技术转让包括转让和实施许可，一般有期限、地域、转让或实施方式等方面的约定，如技术实施许可仅限于某个工厂使用。

（6）技术情报和资料的保密。

（7）风险责任的承担。这里的风险责任承担，更多在技术开发合同和技术转让合同中体现。

（8）技术成果的归属和收益的分成办法。主要针对技术开发、技术实施许可转让等。

（9）验收标准和方法。四类技术合同履行都有验收问题，只是每类技术合同的验收标准和方法不同，其中，技术开发、技术转让相对复杂一些，更需要详细约定。

（10）价款、报酬或者使用费及其支付方式。价款、报酬主要用于技术开发、技术咨询、技术服务类合同，技术转让合同因包含的内容不同所对应的合同价款构成也不同，如有的技术实施许可合同，包括技术许可、专项服务，那么，合同价款包括相应的使用费和服务报酬等。

支付方式也因不同的技术合同而有所不同，技术开发、技术咨询和技术服务一般都约定相应的支付节点；但技术转让合同的费用支付相对复杂一些，包括一次买断性支付或实施提成支付等。

（11）违约金或者损失赔偿的计算方法。

（12）解决争议的方法。

（13）名词和术语的解释。

另外，与履行合同有关的技术背景资料、可行性论证和技术评价报告、项目任务书和计划书、技术标准、技术规范、原始设计和工艺文件，以及其他技术文档，可以作为合同的组成部分，具体根据每个合同的情况而定。

（三）技术合同的特殊规定

技术合同除具备一般合同的特性外，因其标的的特殊性，特别是技术开发、技术转让等还受到知识产权法律的规范，因此，相比其他类别的合同，法律对技术合同还有一些特殊要求。

1. 合同的形式要求

上述四类技术合同中,因技术开发、技术转让以及技术许可合同标的特殊性,法律要求这类技术合同采用书面形式。《民法典》第851条第3款规定,技术开发合同应当采用书面形式;第863条第3款规定,技术转让合同和技术许可合同应当采用书面形式。

关于技术咨询合同和技术服务合同的形式要求,在《民法典》专编中没有具体要求,表明《民法典》允许这两类技术合同既可以采用书面形式,也可以采用口头形式或其他形式,如一般的技术咨询或技术服务合同可以采用口头形式或其他形式。在实务中,根据合同内容由双方商定所采用的合同的具体形式。

实践中需要注意,对于那些申请或保持高新技术企业资格的单位,作为技术合同受托方,最好对四类技术合同均采用书面形式;按照《技术进出口管理条例》的规定,涉外技术合同,均应采用书面形式。

2. 不具有民事主体资格的科研组织订立技术合同的后果

技术合同主体既可以是法人单位或其他组织,也可以是自然人个人,如个人拥有某项专利技术进行技术转让等。在技术领域实践中,经常出现具有民事主体资格的法人或其他组织设立不具有民事主体资格的科研组织对外订立技术合同的情形,这些科研组织包括从事技术研究开发、转让等活动的课题组、工作室等,特别是在技术开发、专利申请权转让、技术秘密转让、技术实施许可等方面的技术合同。

由这些不具有民事主体资格的课题组、工作室对外订立的技术合同的效力以及后果按具体情况不同可分为如下三类[1]。

第一类是获得授权或认可。不具有民事主体资格的科研组织订立的技术合同,经法人或者其他组织授权或者认可的,视为法人或者其他组织订立的合同,合同发生法律效力,由该法人或者其他组织承担责任。

例如,法人单位研究院授权其设立的不具有民事主体资格的创新研究中心对外订立技术开发合同,技术开发失败或违反保密义务等责任,由该研究院承担。

第二类是未获法人或者其他组织授权或认可,但法人或者其他组织因该合同

---

[1] 参见《技术合同司法解释》(法释〔2020〕19号)第7条。

受益的,合同发生法律效力,该法人或者其他组织应当在其受益范围内承担相应责任,其余责任由科研组织成员共同承担。

例如,法人单位研究院设立的不具有民事主体资格的创新研究中心对外订立技术委托开发合同,合同约定技术开发经费直接支付给创新研究中心,但技术开发报酬直接支付给研究院,同时约定将来申报技术奖项时,研究院与委托方共同申报。在这种情况下,尽管研究院没有授权或明示认可创新研究中心签订的技术开发合同,但研究院因该合同获得一定的经济和荣誉利益,应对该合同承担一定的责任。

第三类是未获法人或者其他组织授权或认可,法人或者其他组织也未因该合同受益的,技术合同发生法律效力,由该科研组织成员共同承担责任。

3. 重复技术开发合同的效力

技术开发合同的特殊性在于标的的非实体性,货物买卖合同的标的物是有形物体,但科学技术成果除通过授予专利或其他文件载明技术成果存在外,它的存在既是客观的,也是无形的,因此,在实践中存在一些非正常的重复技术开发合同。

重复技术开发合同是指当事人一方采取欺诈手段,就其现有技术成果作为研究开发标的与他人订立委托开发合同收取研究开发费用,或者就同一研究开发课题先后与两个或者两个以上的委托人分别订立委托开发合同,重复收取研究开发费用。[1]

重复技术开发合同具备以下两个特征。

一是一方当事人采取欺诈手段让对方与其签订技术开发合同,目的是收取研究开发费用。通常采取欺诈手段的一方是技术研究开发人,如自己已经掌握或拥有某项技术成果,但向对方谎称需要一系列研究开发过程,让对方支付所谓的研发费用。

二是采取以下两种方式:(1)技术研究开发人就其现有的技术成果作为研究开发标的与他人订立委托开发合同收取研究开发费用;(2)技术研究开发人就同一研究开发课题先后与两个或者两个以上的委托人分别订立委托开发合同重复收取研究开发费用。

---

[1] 参见《技术合同司法解释》(法释〔2020〕19号)第9条。

因重复技术开发合同一方当事人采取欺诈手段,按照最高人民法院关于技术合同的司法解释,该类合同构成可变更或可撤销合同。对方当事人依最高人民法院关于技术合同的司法解释和《民法典》第148条的规定向人民法院或仲裁机构申请撤销合同。

如依合同对方申请,重复技术开发合同被撤销的,因技术研究开发人采取欺诈手段订立合同,属于过错方,除非对方也有过错,否则,应适用《民法典》第157条的规定,研究开发人因该合同取得的财产,应当予以返还;不能返还或者没有必要返还的,应当折价补偿;有过错的一方应当赔偿对方因此所受到的损失,双方都有过错的,应当各自承担相应的责任。

4.非法垄断技术的合同效力

无论是规范技术合同行为的《民法典》,还是保护技术成果的《专利法》,都是在保护科学技术成果的合法权利,并按照有利于科学技术的进步,加速科学技术成果的转化、应用和推广的总原则规范科学技术成果权益。《民法典》规定,订立技术合同,应当有利于知识产权的保护和科学技术的进步,促进科学技术成果的研发、转化、应用和推广;《专利法》规定,为了保护专利权人的合法权益,鼓励发明创造,推动发明创造的应用,提高创新能力,促进科学技术进步和经济社会发展。[①]相反,如果技术合同存在非法垄断技术或妨碍技术进步的情形将得不到法律的支持,法律禁止这种行为。

为此,《民法典》第850条规定,非法垄断技术或者侵害他人技术成果的技术合同无效。《专利法》还就发明专利或实用新型专利规定强制许可制度,《专利法》第53条规定:"有下列情形之一的,国务院专利行政部门根据具备实施条件的单位或者个人的申请,可以给予实施发明专利或者实用新型专利的强制许可:(一)专利权人自专利权被授予之日起满三年,且自提出专利申请之日起满四年,无正当理由未实施或者未充分实施其专利的;(二)专利权人行使专利权的行为被依法认定为垄断行为,为消除或者减少该行为对竞争产生的不利影响的。"

可见,非法垄断技术的技术合同为无效合同。

最高人民法院在《技术合同司法解释》(法释〔2020〕19号)中规定,如下六种

[①] 参见《民法典》第844条,《专利法》第1条。

情形属于非法垄断技术①。

(1)限制当事人一方在合同标的技术基础上进行新的研究开发或者限制其使用所改进的技术,或者双方交换改进技术的条件不对等,包括要求一方将其自行改进的技术无偿提供给对方、非互惠性转让给对方、无偿独占或者共享该改进技术的知识产权。

这类情况在委托开发技术合同、技术实施许可合同中时常发生,特别是在引进技术实施许可合同中,国外专利商对技术使用方在同类技术研发、许可技术改进等方面限制极为严格,在技术使用方对许可技术改进的回授方面也极为苛刻。但按照《技术合同司法解释》的规定,如果技术合同中有这些约定的,应为无效约定。

需要注意的是:上述规定是从国家整体技术进步的角度考虑的,就具体技术拥有者而言,在促进技术应用和发展的基础上,如何保护自身技术知识产权和合法权利是个新课题,如技术许可人花费高昂代价开发出新技术,在第一次实施许可后,对方在许可技术的基础上改进升级,造成原许可技术价值大幅下降,甚至难以再对外实施许可,那么,技术许可人将遭受损失。

(2)限制当事人一方从其他来源获得与技术提供方类似技术或者与其竞争的技术。

在技术实施许可合同实践中也经常出现这类情况,技术许可方通常以技术保密和技术"污染"为由,限制技术使用方从其他来源获得类似技术或者与其竞争的技术。当然,这些约定应为无效约定。

需要注意的是:在实践中,技术许可人需要对许可技术性能承担保证责任。但如果技术使用方同时使用或参考同类技术,可能造成技术"污染",导致许可技术性能不能达到保证指标。对于这种情形,在技术合同中应明确约定保证责任的除外情形。

(3)阻碍当事人一方根据市场需求,按照合理方式充分实施合同标的技术,包括明显不合理地限制技术接受方实施合同标的技术生产产品或者提供服务的数量、品种、价格、销售渠道和出口市场等。

在技术实施许可合同实践中,这种情况时有发生,当然,这种限制是无效的。对于技术接受方生产产品仅用于特定区域市场的技术实施许可合同,不同于上述

---

① 参见《技术合同司法解释》(法释〔2020〕19号)第10条。

阻碍性限制约定。

（4）要求技术接受方接受并非实施技术必不可少的附带条件，包括购买非必需的技术、原材料、产品、设备、服务以及接收非必需的人员等。

实践中需要注意区分哪些是实施技术必不可少的附带条件，哪些不是必不可少的附带条件。例如，技术实施许可合同，技术许可方为保护该项技术而与特定制造厂商合作制造工艺技术的关键设备（实践中称为专利设备或专有设备），技术实施许可合同指定技术接受方购买该设备以保证许可装置运转达到性能保证指标，那么，购买这种设备应被理解为实施技术必不可少的附带条件。反之，技术授予方在合同中指定技术接受方购买其生产的催化剂，否则，不承担工艺技术性能保证，而这种催化剂在市场上可以公开购买到，这种情况应被理解为非实施技术必不可少的附带条件。

（5）不合理地限制技术接受方购买原材料、零部件、产品或者设备等的渠道或者来源。这类情况与上述（4）项类似。

（6）禁止技术接受方对合同标的技术知识产权的有效性提出异议或者对提出异议附加条件。

实践中对于专利技术转让或者专利申请权转让合同，技术授予方应当保证合同标的技术知识产权的有效性。

5. 催告解除权期限

《民法典》赋予当事人因对方不履行合同而享有单方合同解除权。其中，一类解除权需要经过催告程序，此处不妨称为催告解除权。催告解除权是指合同一方当事人迟延履行主要债务，经催告后在合理期限内仍不履行的，另一方当事人享有解除合同的权利。《民法典》第563条规定，有下列情形之一的，当事人可以解除合同……当事人一方迟延履行主要债务，经催告后在合理期限内仍未履行……关于"合理期限"，对于不同类型合同的催告合理期限不尽相同。按照最高人民法院《技术合同司法解释》的规定，技术合同当事人一方迟延履行主要债务，催告解约期限有如下两种情况[①]。

一是对方当事人经向违约方催告履行，且催告通知没有附履行期限的，自催告之日起30日为"合理期限"。违约方经催告后30日内仍未履行的，对方依法享

[①] 参见《技术合同司法解释》（法释〔2020〕19号）第15条。

有解除合同权利。

二是对方当事人经向违约方催告履行,催告通知附有履行期限且该期限超过30日的,催告通知要求的履行期限为"合理期限"。如催告通知要求违约方45日内履行合同,那么,催告后"合理期限"为45日。在实践中,催告通知中附有"请在收到本通知之日起××日内履行……"或"请于××××年××月××日前履行……"

上述司法解释没有提到催告通知要求时间短于30日的情形。依上述司法解释所明示的两种情形,应理解为如果催告通知要求履行期限短于30日的,那么,催告后"合理期限"为30日。如催告通知中附有要求"请在收到本通知之日起15日内履行……",尽管催告通知附有履行期限为15日,但该期限短于司法解释规定的30日,应以30日为"合理期限"。

在实践中,无论是违约方还是守约方,都应注意技术合同司法解释关于技术合同催告解约的期限。

6. 技术成果出资的特殊处理

当事人以技术成果向公司、企业出资的情况时常发生,这既是法律许可,也是实务需要。《公司法》第27条规定:"股东可以用货币出资,也可以用实物、知识产权、土地使用权等可以用货币估价并可以依法转让的非货币财产作价出资……"这里的知识产权包括技术成果。在实践中,当事人以技术成果向公司企业出资的,既可以是技术成果的使用权,如当事人拥有某项专利技术,其可以用该专利技术的使用权向其他公司、企业出资;也可以是技术成果的所有权,如当事人以该技术专利权进行出资。具体可根据实际需要和技术成果的价值等综合考虑,并在出资协议中约定。

在实践中,当事人以技术成果向企业出资,除对相关事项明确约定外,按以下几种情况处理[①]。

(1)未明确约定权属。

对于当事人以技术成果向公司、企业出资,但未明确约定技术成果权属的,分两种情况处理。

(a)如果技术成果价值与该技术成果所占出资额比例相当,接受出资的企业

---

① 参见《技术合同司法解释》(法释〔2020〕19号)第16条。

主张该技术成果归其享有的,法院一般应当予以支持。

例如,S公司拥有AA工艺技术,以该工艺技术向C公司出资,合同约定"S公司以其AA工艺技术向C公司出资,占C公司股权的20%"。如果AA工艺技术市场价值约1000万元,此时C公司资产净值4000万元。这种情况下,AA工艺技术应归C公司享有。

(b)如果技术成果价值与该技术成果所占出资额比例明显不合理,损害出资人利益的,接受出资的企业主张该技术成果归其享有的,法院一般不予支持。

例如,S公司拥有BB工艺技术,以该工艺技术向C公司出资,合同约定"S公司以其BB工艺技术向C公司出资,占C公司股权的20%"。如果BB工艺技术市场价值约5000万元,此时C公司资产净值4000万元。在这种情况下,C公司不应享有BB工艺技术,但应享有非独占使用权或部分所有权。

(2)约定权属比例,按共同所有。

当事人对技术成果的权属约定有比例的,视为共同所有,其权利使用和利益分配,按共有技术成果的有关规定处理,但当事人另有约定的,从其约定。

对于技术成果出资,尽管当事人对技术成果的权属约定有比例,但因技术成果为无形财产,不同于实物资产或其他有形财产,因此,法律规定按共同所有对待。当事人另有约定的,从其约定。

关于共有技术权利使用和利益分配规定,可见《专利法》的有关规定。对于共同共有技术的专利权或专利申请权,共有人对权利的行使有约定的,从其约定。没有约定的,在取得全体共有人的同意下,共有人可以单独实施或者以普通许可的方式许可他人实施该专利;许可他人实施该专利的,收取的使用费应当在共有人之间分配[①]。

二、技术开发合同

(一)技术开发合同概述

技术开发合同,是指当事人之间就新技术、新产品、新工艺或者新材料及其系统的研究开发所订立的合同。这里的新技术、新产品、新工艺、新材料及其系统,包括当事人在订立技术合同时尚未掌握的产品、工艺、材料及其系统等技术方案。

---

① 参见《专利法》第14条。

对技术上没有创新的现有产品的改型、工艺变更、材料配方调整以及对技术成果的验证、测试和使用的,不归到技术开发合同类别,可归到技术咨询合同或技术服务合同类别。①

在实践中,当事人之间就具有产业应用价值的科技成果实施转化订立的合同,参照技术开发合同的规定。这种情况,主要是指当事人之间就具有实用价值但尚未实现工业化应用的科技成果,包括阶段性技术成果,以实现该科技成果的工业化应用为目标,约定后续试验、开发和应用等内容的合同②。例如,科研机构开展某项工业应用技术基础研究,并取得了相应技术成果,但该技术研究、技术成果尚不能直接应用到工业项目,需要做工业放大试验和开发,这种情况,可按照技术开发合同对待。

按照《民法典》规定,技术开发合同为要式合同,即技术开发合同应当采用书面形式。

技术开发合同分为委托开发合同和合作开发合同。

委托开发合同,是指一方当事人提供技术开发经费和报酬以及相关基础条件,委托另一方当事人研究开发技术所订立的合同。合作开发合同,是指合同当事人按照约定进行技术开发投资,分工参与研究开发工作所订立的技术开发合同。技术开发合同当事人一方仅提供资金、设备、材料等物质条件或者承担辅助协作事项,另一方进行研究开发工作的,属于委托开发合同③。

委托开发合同与合作开发合同主要区别如表 13 – 1 所示。

表 13 – 1 委托开发合同与合作开发合同对比

合同类别	委托方	研究开发方
委托开发合同	支付研究开发经费和报酬	制订和实施研究开发计划
	提供技术资料、原始数据	合理使用研究开发经费
	提供设备、材料等物质条件(非必然项)	完成研究开发任务
	协作或辅助工作	提供技术资料和必要技术指导
	接受研究开发成果	交付研究开发成果,帮助委托人掌握研究开发成果

---

① 参见《民法典》第 851 条,《技术合同司法解释》(法释〔2020〕19 号)第 17 条。
② 参见《民法典》第 851 条第 4 款,《技术合同司法解释》(法释〔2020〕19 号)第 18 条。
③ 参见《民法典》第 852 条、第 855 条,《技术合同司法解释》(法释〔2020〕19 号)第 19 条第 2 款。

续表

合同类别	委托方	合作开发方
合作开发合同	按照约定进行投资,包括以技术进行投资	按照约定进行投资,包括以技术进行投资
	共同或者分别承担设计、工艺、试验、试制等工作	共同或者分别承担设计、工艺、试验、试制等工作
	协作配合研究开发工作	协作配合研究开发工作
	研究开发成果共有(另有约定的,按约定)	研究开发成果共有(另有约定的,按约定)

(二)技术开发成果归属

两种类型技术开发合同,因合同当事人参与技术研究开发的投入不同,对于研究开发技术成果的权利归属也有所不同。当然,在不违背法律的强制性规定的前提下,《民法典》支持当事人意思自治,因此,无论是委托开发合同还是合作开发合同,如果当事人在合同中约定研究开发技术成果归属的,按照合同约定执行。

如果当事人没有约定或者约定不清楚的,《民法典》对技术开发成果归属的规定如下。

1. 发明创造的专利申请权

委托开发的发明创造的专利申请权归属和实施主要包括如下几点[1]。

(1)委托开发完成的发明创造,除当事人另有约定的以外,申请专利的权利属于研究开发人。

(2)研究开发人转让专利申请权的,委托人享有以同等条件优先受让的权利。

(3)研究开发人取得专利权的,委托人可以依法实施该专利。

按照上述规定,如果委托开发合同当事人没有约定发明创造的专利申请权归属的,那么,研究开发人享有该技术成果的专利申请权,相应地,依照我国《专利法》关于专利权授予专利申请人的原则[2],委托开发的发明创造一旦被授予专利权,那么,该专利权也将归研究开发人所有。另外,不管研究开发人是否申请专利或是否被批准授予专利,委托人均应享有依法实施该技术成果的权利。

---

[1] 参见《民法典》第859条。
[2] 参见《专利法》第8条规定,……申请被批准后,申请的单位或者个人为专利权人。

需要注意的是：在原《合同法》制度下，法律突出委托人免费实施技术成果；而《民法典》则突出依法实施该技术成果。《民法典》强调当事人意思自治，即委托开发合同约定委托人实施技术成果。

因此，在实践中，对于委托方来说，如果委托对方研究开发某项技术仅是为了实施，而不需要技术成果知识产权，可以不需要过多关心技术开发合同中关于技术成果归属的约定。但如果是为掌握某项技术并拥有知识产权，那么，在委托开发合同中需要明确约定清楚。

合作开发完成的发明创造的专利申请权归属和实施主要包括如下几方面[①]。

(1)合作开发完成的发明创造，除当事人另有约定的以外，申请专利的权利属于合作开发的当事人共有。

(2)当事人一方转让其共有的专利申请权的，其他各方享有以同等条件优先受让的权利。

(3)合作开发的当事人一方声明放弃其共有的专利申请权的，可以由另一方单独申请或者由其他各方共同申请。申请人取得专利权的，放弃专利申请权的一方可以免费实施该专利。

(4)合作开发的当事人一方不同意申请专利的，另一方或者其他各方不得申请专利。

需要注意的是，合作开发完成的发明创造，如当事人没有约定，申请专利的权利属于合作开发的当事人共有，除上述(2)、(3)、(4)的情形外，按照《专利法》第14条关于专利申请权或者专利权的规定，专利申请权或者专利权的共有人对权利的行使有约定的，从其约定。没有约定的，按照前述共有技术权益处理。

2. 技术秘密权益

在实践中，当事人为保持技术成果的唯一性，并不对发明创造或其他技术成果申请专利，而是自行采取保密措施或协议方式保密等，以技术秘密方式存在。对于技术开发合同完成的技术秘密成果的权益，包括技术成果的使用权、转让权以及收益分配权，无论是委托开发合同还是合作开发合同，原则上按当事人的约定处理。

如果当事人对此没有约定，或者约定不明确的，并且，按照《民法典》的规定仍

[①] 参见《民法典》第860条。

不能确定的,按照下列原则处理①。

(a)当事人均有不经对方同意而自己使用或者以普遍使用许可的方式许可他人使用技术秘密,并独占由此所获利益的权利。

(b)委托开发合同的研究开发人不得在向委托人交付研究开发成果之前,将研究开发成果转让给第三人。

据此规定,委托开发合同的研究开发人向委托人交付研究开发成果后,有权以普遍使用许可的方式许可他人使用技术秘密,并独占由此所获利益的权利。

(c)未经对方当事人同意或者追认的,当事人不得让与技术秘密成果的转让权,否则,该让与行为无效。

(d)未经对方当事人同意或者追认的,当事人不得以独占或者排他使用许可的方式许可他人使用技术秘密,否则,该许可行为无效。

需要注意的是,上述第(1)项中允许以普通许可的方式许可他人使用技术秘密;第(d)项中未经对方同意或追认,不允许以独占许可或者排他许可的方式许可他人使用技术秘密。技术使用许可分普通许可、排他许可和独占许可三种方式,详细内容请参见"技术转让"一节的具体比较。

(三)技术开发合同实务

在技术研究开发实践中,无论是委托开发合同,还是合作开发合同,都因每个研究开发技术标的和目标、技术研究开发条件和技术本身难度以及各方投入资源等的不同而不同。但共性是要实现各方签订和实施合同目标以及对各方的主要权利、义务和责任等约定清楚。

关于技术开发合同文本,科学技术部曾于2001年制订了系列8套技术合同范本,包括技术开发(委托)合同、技术开发(合作)合同、技术转让(专利申请权)合同、技术转让(专利权)合同、技术转让(专利实施许可)合同、技术转让(技术秘密)合同、技术咨询合同、技术服务合同。② 在技术合同实务中参照这些合同示范文本。有的地方技术合同登记主管部门要求使用这些合同示范文本。这些技术合同范本在实务中都可以引用。

---

① 参见《民法典》第861条,《技术合同司法解释》(法释〔2020〕19号)第20条。
② 参见《科学技术部关于印发〈技术合同示范文本〉的通知》(国科发政字〔2001〕244号)。

但在技术开发实践中,有的技术开发合同的内容相对比较简单,但也有不少研究开发的技术条件和环节复杂,投入资源大,各方责、权、利等方面比较复杂,那么,这类技术开发合同的内容相对复杂,甚至合同文件也由多个文件组成。

案例22

合作开发技术合同案例背景情况:甲、乙双方合作研究开发合成技术,由于该研究开发项目技术复杂、经费投入大,并且从实验室到中试放大,再进行工业化试生产,直到工业化应用,因此,甲、乙双方成立联合研究开发组织,共同投资包括经费、实验室、设施、科研人员、技术人员等,而且,甲、乙各方对研究开发技术成果的诉求各有侧重。因此,技术开发合同由合同主条款和若干附件组成。

第一部分:合同主条款

××××研究开发合同

甲方:(基本情况)

乙方:(基本情况)

介绍甲、乙双方合作开发合成技术的背景情况(××××××××)。

第一:研究开发合成技术目的。主要说明研究开发合成技术的目的,最终是实现工业化应用。

第二:研究开发的主要内容。在该条款中约定研究开发的主要内容。

这部分需详细定义和约定合作研究开发技术的内容,因详细内容多,可设置附件1——研究开发内容。

第三:研究开发合作方式。详细约定双方合作开发方式。

第四:研究开发机构的组建与管理。主要约定组建临时研发组织以及管理。

这部分需详细定义和约定合作研究开发组织机构、科研人员等内容,因详细内容多,可设置附件2——技术研发机构组建、职责与管理。

第五:研究开发课题。主要从科研开发课题角度约定课题的开题、立项等。

第六:课题研究开发过程管理。主要约定科研课题研究开发过程管理。

第五项和第六项需详细定义和约定合作研究开发技术课题内容,因详细内容多,可设置附件3——课题与管理。

第七:研究开发方案与进度安排。主要约定研发的主要方案和各阶段主要进度安排。

这部分需详细定义和约定研发方案、各个阶段、目标进度节点等内容,因详细内容多,可设置附件4——开发方案和进度安排。

第八:经费与经费管理。主要约定研究开发所需经费额度、各方投入经费与拨付、经费使用与管理等。

这部分需详细约定经费来源、使用和管理等内容,因详细内容多,可设置附件5——开发经费与管理办法。

第九:资产管理。主要约定技术开发过程所形成的试验器材、设备、设施等实物资产的购置、建造(如中试设施)、使用、归属、管理等内容。

需要严格管理政府财政资金、国有资金(国有企业、事业单位、科研院所等所有的资金)的使用。详细内容多,可设置附件6——资产管理办法。

第十:知识产权与知识产权保障。主要约定研究成果,知识产权和技术秘密等的归属、专利申请、科技成果鉴定、科技成果奖项申报、科技论文以及保障知识产权和技术秘密的实际归属与掌握等。

这部分涉及内容多,需要详细约定,可设置附件7——技术成果归属与管理办法。

第十一:研发过程检查与成果验收。主要约定双方对课题研发过程的主要环节、内容等进行检查检验,以及科研成果的验收标准、方法等。

这部分是促进和保障技术开发成功的重要环节,以及检验研发成果是否实现目标,需要详细约定,可设置附件8——课题成果技术指标与验收管理办法。

第十二:甲、乙双方的一般权利和责任。主要约定甲、乙各方除上述约定的主要权利、义务和责任外,为实现合同目标,各自还享有的权利和承担的义务与责任。主要目的是促使各方共同努力实现研发目标以及甲、乙各方的目标。

第十三:保障措施。主要约定为实现研究开发技术目标,甲、乙各方应采取的保障措施。

第十四:排他性约定。主要约定在合作期间以及研发成功后的若干年内,排除甲、乙各方与第三方合作相同技术开发,以及利用研发成果与第三方合作等事项,目的是保证技术成果的专有性。这种约定可能碰触《民法典》关于非法垄断技术的规定。

第十五:保密。主要约定甲、乙各方在合作开发期间,以及研发成果后若干时间内的保密要求。

对于技术保密的约定内容多,可另设保密协议。

第十六:技术开发失败。主要约定由于技术本身而非当事人履约原因造成的技术开发不能或失败的处置。

第十七:违约责任。主要约定甲、乙各方的违约情形及违约责任。

第十八:争议解决。主要约定合同履行以及对科研成果归属等争议的解决方式等,包括协商、仲裁或诉讼。

第十九:合同文件。由于该合同包含多个附件文件,因此,该部门主要约定合同文件的构成,合同主条款与附件之间的衔接与优先关系等。

第二十:合同生效与有效期限。主要约定合同的生效方式,以及合同生效前的其他事项的效力、合同有效期限。

第二十一:其他。主要约定合同登记、合同文本份数以及其他杂项等。

第二部分:合同附件

附件1——研究开发内容

这部分详细定义和描述研究开发合成技术内容。

对各个阶段研究开发的内容和工作作详细约定。包括以下几方面。

合成技术配方研究:包括配方优化、合成技术反应性能评价等内容。

合成技术中试研究:包括中试制备、合成技术反应性能评价、合成技术预处理技术、合成技术定型工艺条件优化等。

合成技术工业试产生:包括对中试定性合成技术工业化放大试生产、工业生产合成技术评价等。

进行合成技术性能评价所需的试验条件研究。

附件2——技术研发机构组建、职责与管理

这部分主要详细定义和约定技术研发机构的职责、人员组成、管理关系等,为保证研发机构的有效运转,设置由双方管理层参加的领导协调组、科研团队等完成。

附件3——课题与管理

这部分主要包括:研究开发课题立项,如课题计划、开题报告、课题审批等,对于政府财政资金、国有企业资金以及事业单位等参与的技术研发课题立项环节十分重要;课题管理,主要包括课题研发过程管理、报告等内容;课题档案管理;保密管理以及数据记录与管理等。同时,必要时还可以附上"开题报告"以及过程"报告"的格式要求等。

附件4——开发方案和进度安排

该部分详细约定技术研究开发方案,包括课题划分为若干子课题和各子课题的研究方案、目标等;在进度安排上,按照各个子课题以及整个课题的研发环节,设置每个环节主要的研发内容、目标和时间安排,最终确保科研成果的目标实现。

附件5——开发经费与管理办法

这部分主要详细规定课题研发所需的经费和费用预算总额,一般按照科研课题所需预测;经费来源,各方投入比例、投入时间安排;经费专用账户,账户管理,经费使用核算;经费和费用使用范围,一般可用于课题研发相关管理费、人员费、设备购置费、试验外协费、材料费、资料费、租赁费和其他费用;经费使用审批程序,不同费用审批权限等。如果必要,还可约定对科研经费使用情况审计。

附件6——资产管理办法

这部分主要规定为本课题研发所购置仪器、设备和建造试验设施等资产的管理,包括购置、建造审批,购置、建造方式,使用与维护,以及形成固定资产后的权属等。

附件7——技术成果归属与管理办法

这部分主要详细约定技术开发所形成的技术成果归属,专利申请权归属与申请专利,发明创造人员署名,专利权归属,技术秘密归属,以及技术成果使用等。技术鉴定以及科学技术奖项的署名与排序等。

附件8——课题成果技术指标与验收管理办法

这部分约定技术成果的主要指标,包括合成技术活性指标、机械强度指标,单位损耗指标,生产成本指标等,同时,为体现发明创造成果,还可约定在原材料、制备、配方、应用等方面获得的专利等。

科研成果验收管理,包括验收内容,验收资料,一般包括:工作报告,研究报告,装置建设报告、操作手册、图纸、资料,试验报告,质量标准、工艺指标,创新中心财务结算报告,查新报告,专利申请文件,实验、运转原始记录等;验收方法;验收未通过处理办法;验收通过手续等。

三、技术转让与许可合同

(一)技术转让与许可合同概述

原《合同法》体系下,技术转让合同包含技术转让和技术许可。《民法典》吸收技术转让与技术许可实践的异同,将技术转让合同与技术许可合同分成两个类别的合同。

技术转让合同,是指合法拥有技术的权利人,将现有特定的专利、专利申请、技术秘密的相关权利让与他人所订立的合同。

技术许可合同,是指合法拥有技术的权利人,将现有特定的专利、技术秘密的相关权利许可他人实施、使用所订立的合同。

需要注意的是:保底技术联营合同按技术转让合同或技术许可合同对待。以技术入股的方式订立联营合同,但技术入股人不参与联营体的经营管理,并且以保底条款的形式约定联营体或者联营对方支付其技术价款或者使用费的,视为技术转让合同或者技术许可合同。

技术转让合同具有如下特征:其一,让与人必须是合法拥有技术的权利人,如专利权人、专利申请权人、技术秘密所有人等。其二,技术转让合同的标的必须是现有的特定技术成果,包括专利、专利申请、技术秘密的相关权利。如果标的是尚待研究开发的技术成果或者不涉及专利、专利申请或者技术秘密的知识、技术、经验和信息的,则不属于技术转让合同的范畴[①]。其三,转让方式包括专利权、专利申请权的权利转让和技术秘密成果的权利转让。

因此,技术转让合同包括专利权转让合同、专利申请权转让合同、技术秘密转让合同。

技术许可合同与技术转让合同具有相同的特征,不同之处在于许可合同是将技术成果许可他人实施、使用,而转让合同则是将技术成果的权利让与他人。技术许可只是对现有的专利和技术秘密的相关权利许可他人实施、使用,因此,技术许可合同包括专利实施许可合同和技术秘密使用许可合同两类。

技术转让合同或技术许可合同中关于让与人向受让人提供实施技术的专用设备、原材料或者提供有关的技术咨询、技术服务的约定,属于技术转让合同或技

[①] 参见《技术合同司法解释》(法释〔2020〕19号)第22条。

术许可合同的组成部分①。在技术转让或技术许可的实践中,特别是一些工艺技术许可合同,许可人为保证合同约定的许可技术性能指标,通常要求被许可人购买许可人指定的设备(专利设备或专有设备),某些原材料、催化剂、添加剂等材料,以及相应的技术服务,按照前述规定,这些内容是技术转让合同或技术许可合同的组成部分。

需要注意的是,在技术许可合同实务中,由于技术许可人及其关联人之间的商业结构或商业安排,对于专用设备、原材料、技术服务等可能由许可人关联企业或合作企业提供,由关联企业或合作企业与被许可人签订相应合同。对于这种合同安排,被许可人既要在技术许可合同中约定许可人的相应责任,也要在设备、原材料买卖合同或技术服务合同中约定供应商和技术服务商的相应责任。

(二)五类技术转让合同

技术转让合同包括专利转让合同、专利申请权转让合同和技术秘密转让合同,技术许可合同包括专利权实施许可合同和技术秘密使用合同。

1. 专利转让合同与专利申请权转让合同

(1)专利和专利申请权概述

专利是专利权的简称,是指发明创造人或合法取得权利的人对特定发明创造在一定期限内依法享有的独占实施权利。

发明创造,是指发明、实用新型和外观设计。发明,是指对产品、方法或者其改进所提出的新的技术方案;实用新型,是指对产品的形状、构造或者其结合所提出的适于实用的新的技术方案;外观设计,是指对产品的形状、图案或者其结合以及色彩与形状、图案的结合所作出的富有美感并适于工业应用的新设计②。

专利权具有时间性,即专利权的有效期限。其中,发明专利权的期限为 20 年,实用新型专利权期限为 10 年,外观设计专利权期限为 15 年,均自申请日起计算③。

发明或者实用新型专利权的保护范围以其权利要求的内容为准,说明书及附图可以用于解释权利要求的内容;外观设计专利权的保护范围以表示在图片或者

---

① 参见《民法典》第 862 条第 3 款。
② 参见《专利法》第 2 条第 2 款、第 3 款、第 4 款。
③ 参见《专利法》第 42 条。

照片中的该产品的外观设计为准,简要说明可以用于解释图片或者照片所表示的该产品的外观设计。

发明和实用新型专利权被授予后,除法律另有规定的以外,任何单位或者个人未经专利权人许可,都不得实施其专利,即不得为生产经营目的制造、使用、许诺销售、销售、进口其专利产品,或者使用其专利方法以及使用、许诺销售、销售、进口依照该专利方法直接获得的产品。外观设计专利权被授予后,任何单位或者个人未经专利权人许可,都不得实施其专利,即不得为生产经营目的制造、许诺销售、销售、进口其外观设计的专利产品。

专利申请权,是指对特定发明创造向国家专利行政部门(目前是国家知识产权局)提出专利申请后,专利申请人所享有的自行决定是否继续进行专利申请后续程序的权利,以及申请专利的发明创造被授予专利所享有的专利权。

专利申请权主要是自提出专利申请后至授权专利前的这段时间的权利。从专利申请到被授予专利,需经过国家知识产权局的初步审查、公布、实质审查和授予专利权等环节①。专利申请权可以依法进行转让,受让人取得专利申请权后,将作为该发明创造的专利申请人,履行申请专利的后续程序。一旦该发明创造被授予专利,除双方另有约定外,受让人将拥有该专利权。

专利转让合同和专利申请权转让合同应当采用书面形式,并向国家知识产权局登记,由国家知识产权局予以公告。专利申请权或者专利权的转让自登记之日起生效。

(2)专利和专利申请权转让的特殊规定

①对境外转让。特别注意,中国单位或者个人向外国人、外国企业或者外国其他组织转让专利申请权或者专利权的,除应遵守《专利法》的规定外,还应遵守诸如《技术进出口管理条例》《对外贸易法》等有关法律、行政法规的规定并办理手续。如《对外贸易法》第15条、第16条规定情形的技术属于限制或禁止出口技术。属于禁止出口的技术,不得出口;属于限制出口的技术,实行许可证管理,未经许可,不得出口②。

②境外申请专利的保密审查③。任何单位或者个人将在中国完成的发明或者

---

① 参见《专利法》第34条、第35条、第39条。
② 参见《技术进出口管理条例》第28条、第29条、第30条。
③ 参见《专利法》第19条,《专利法实施细则》第8条。

实用新型向外国申请专利的,应当按照下列方式之一请求国务院专利行政部门进行保密审查:(a)直接向外国申请专利或者向有关国外机构提交专利国际申请的,应当事先向国务院专利行政部门提出请求,并详细说明其技术方案;(b)向国务院专利行政部门申请专利后拟向外国申请专利或者向有关国外机构提交专利国际申请的,应当在向外国申请专利或者向有关国外机构提交专利国际申请前向国务院专利行政部门提出请求。这里所称的在中国完成的发明或者实用新型,是指技术方案的实质性内容在中国境内完成的发明或者实用新型。

③特别许可。国有企业事业单位的发明专利,对国家利益或者公共利益具有重大意义的,国务院有关主管部门和省、自治区、直辖市人民政府报经国务院批准,可以决定在批准的范围内推广应用,允许指定的单位实施,由实施单位按照国家规定向专利权人支付使用费①。

④专利权被宣告无效的处理②。按照我国《专利法》规定,专利权被国家知识产权局依法宣告无效的,视为该专利权自始即不存在。因此,专利权被宣告无效,将按以下几种情况处理。

第一,依《民法典》关于专利实施许可合同只在该专利权的存续期间内有效的规定,专利权被宣布无效的,专利权人不得就该专利与他人订立专利实施许可合同。

第二,在宣告专利权无效前,人民法院作出并已执行的专利侵权的判决、调解书,已经履行或者强制执行的专利侵权纠纷处理决定,以及已经履行的专利实施许可合同和专利权转让合同,不具有追溯力。也就是说,不受该专利权被宣告无效的决定的影响。

第三,尽管有上述第二项的规定,因专利权人的恶意给他人造成的损失,专利权人应当给予受害人赔偿。

第四,依上述第二项的规定,已经履行的专利权实施许可合同和专利转让合同以及法院判决、调解书或已经履行或者强制执行的专利侵权纠纷处理决定,尽管该专利权被宣告无效,已经执行或履行的专利侵权赔偿金、专利使用费、专利权转让费不需要返还;但如果不予返还将构成明显违反公平原则的,收款方应当向

---

① 参见《专利法》第49条。
② 参见《专利法》第47条,《民法典》第865条。

对方全部或部分返还专利侵权赔偿金、专利使用费、专利权转让费。

⑤专利申请权被驳回的处理①。在专利申请权转让合同履行中,因专利申请权被驳回或被视为撤回的,该专利申请权转让合同按以下处理。

第一,在专利申请权转让合同向国家知识产权局登记前,专利申请权被国家知识产权局驳回或被视为撤回,当事人可以专利申请权被驳回或被视为撤回为由向人民法院请求解除合同。

第二,在专利申请权转让合同向国家知识产权局登记后,专利申请权被国家知识产权局驳回或被视为撤回,除合同另有约定外,当事人以专利申请权被驳回或被视为撤回为由向人民法院请求解除合同的,人民法院不予支持。在这种情况下,当事人将需要按照合同约定承担违约责任。

第三,因专利申请权转让合同成立时即存在尚未公开的同样发明创造的在先专利申请而被驳回的,当事人可以依据《民法典》第563条第1款第4项关于不能实现合同目的的规定请求解除合同。

2. 技术秘密转让合同

(1) 技术秘密转让合同概述

技术秘密,有的英语国家称为know-how,它和专利等一样,是技术成果的一种形式,因此,技术秘密以及技术秘密转让合同受法律保护。

技术秘密,是指不为公众所知悉、具有商业价值并经权利人采取相应保密措施的技术信息②。技术秘密具有如下特点:

一是技术秘密是一种技术信息,是技术成果的一种形式。

二是技术秘密具有商业价值。

三是不为公众所知悉并经权利人采取保密措施。

由于技术秘密具有上述特点,特别是技术秘密没有像专利那样被赋予法定保护权利,技术秘密权利的保护更多基于当事人的合同约定以及基于合同所产生的法律权利。因此,相比于专利转让合同而言,技术秘密转让合同有其特别之处。

需要注意的是:由于技术秘密转让不涉及专利权和专利申请权转让登记,转让前后都没有像诸如专利那样被赋予的法定保护,因此,技术秘密转让合同要特

---

① 参见《技术合同司法解释》(法释〔2020〕19号)第23条,《专利法》第10条,《民法典》第563条。
② 参见《技术合同司法解释》(法释〔2020〕19号)第1条第2款。

别关注以下几方面的事项。

第一,技术秘密转让合同让与方须保证其所转让的技术是自己合法拥有的,保证所提供的技术完整、无误、有效,技术的实用性、可靠性,能够达到约定的目标。实践中,最好约定待受让方使用后验证该技术,并约定相应的违约责任。

第二,让与方应当按照约定向受让方提供技术资料,进行技术指导,以让受让方理解并掌握该项技术。

第三,承担保密与不使用义务。这点尤为重要,特别是受让方接受技术秘密后不希望该项技术秘密被他人所知悉的情况下,让与方的保密义务就显得更为重要了,具体包括:让与方不得就该项技术申请专利或转让专利申请权,一旦获取专利,法律将保护专利权,或者即使未被授予专利权,该技术秘密也被部分公布[1];让与方不得自己或授权他人申报科技成果奖项;让与方不得自己或授权他人发布与该技术秘密相关的论文;让与方不得自己或授权他人使用该项技术秘密。

(2)因侵权被认定无效的技术秘密转让合同的处置

技术秘密转让合同发生对第三方技术成果侵权的,依据原《合同法》和现行《民法典》的规定,合同被确定无效的,除法律、行政法规或其他规定外,就当事人之间权利、义务和责任,按如下方式处置[2]。

①受让人与合同让与人之间。因合同被确认无效,该技术秘密转让合同自始不发生法律效力。使用人已向无效合同的让与人支付使用费的,让与人应当返还使用人,并承担合同无效的过错责任。

②受让人善意取得技术秘密。受让人善意取得该技术秘密的,即使技术秘密转让合同被认定无效,受让人可以在其取得时的范围内继续使用该技术秘密,但应当向权利人支付合理的使用费并承担保密义务。这项规定,实际上既保护了技术秘密合法权利人的权益,也保护了技术秘密转让合同善意受让人的使用权。

需要注意以下三点:

一是受让人是善意取得该技术秘密;

二是继续使用该技术秘密的范围,按原技术秘密转让合同约定的使用范围;

---

[1] 按照《专利法》规定,专利申请经国家知识产权局初步审查认为符合《专利法》要求的,自申请日起满18个月,即行在国家知识产权局"中国专利公布公告"中公布,这个阶段,同类或类似技术的研发者可获得相关技术信息。

[2] 参见《民法典》第850条,《技术合同司法解释》(法释〔2020〕19号)第12条、第13条。

三是向该技术秘密合法权利人支付使用费,而不是合同的让与人。

③受让人非善意取得技术秘密。受让人的非善意,包括受让人知道或应当知道对方侵权,以及与对方恶意串通两种情形。受让人与让与人恶意串通或知道或者应当知道对方侵权,仍与其订立或者履行合同的,将被认定为共同侵权。受让人将与让与人承担连带赔偿责任和保密义务;并且,不得继续使用该技术秘密。

④已经发生的使用费用的处置。不管受让人是否善意取得技术秘密,无论受让人是否继续使用技术秘密,受让人均应向该技术秘密的合法权利人支付已使用期间的使用费。

对于受让人来说,除其与合同让与人恶意串通外,因使用技术秘密对第三方造成侵权而使其遭受的损失,可依法律规定或技术秘密转让合同约定,向无效技术秘密转让合同让与人追索。

3. 专利实施许可合同

(1)技术许可合同概述

按照《民法典》和《专利法》的规定,专利实施许可合同,是指专利权人许可使用人实施专利技术,使用人支付专利使用费的合同。

在专利实施许可合同中,专利权人为合同许可人(licensor),专利使用人为合同受让人或被许可人(licensee),所许可实施专利技术为许可技术(licensed technologies)。

依许可实施方式不同,专利实施许可分为普通许可、排他许可和独占许可三种类型[①]。

普通许可,是指许可人在约定许可实施专利的范围内许可被许可人实施该专利,许可人可自行实施使用该许可技术和许可他人实施使用该许可技术。简单地说,除许可合同被许可人可以实施使用许可技术外,不但许可人自己可以实施使用,还可许可其他人实施使用许可技术。许可人以商业化推广应用专利技术的,多采用普通许可的方式。

排他许可,是指许可人在约定许可实施专利的范围内,将该专利仅许可一个被许可人实施,但许可人可自行实施使用许可技术。简单地说,在排他许可的模式下,只有被许可人和许可人能够实施使用许可技术。

[①] 参见《技术合同司法解释》(法释〔2020〕19号)第25条。

独占许可,是指许可人在约定许可实施专利的范围内,将该专利仅许可一个被许可人实施,许可人依约定不得实施该专利。简单地说,在独占许可的模式下,只有被许可人能够实施使用许可技术,许可人不得实施使用许可技术,也不得另行许可其他人实施使用该许可技术。

对于同一许可技术而言,三种许可方式下的排他性和许可使用费比较如表13-2所示。

表13-2 技术许可三种方式对比

许可类型	许可技术使用范围			许可使用费	排他性程度
	被许可人	许可人	许可第三人		
普通许可	可使用	可使用	可许可使用	普通	无排他性
排他许可	可使用	可使用	不得许可使用	高	高
独占许可	可使用	不可使用	不得许可使用	最高	最高

需要注意的是,如专利实施许可合同对许可方式没有约定或者约定不明确的,法律将认定为普通实施许可。因此,在技术许可合同实践中,要明确约定许可方式,避免产生不必要的纠纷和损失。

上述三种类型许可的比较,对于技术拥有方或技术使用方来说,可根据自己的实际需要选择一种方式。

专利实施许可合同应当采用书面形式。在实务中,有些地方的科技管理部门还要求采用科技部印制的技术许可合同范本。技术许可合同实行登记备案制,对于专利实施许可合同,应当自合同生效之日起3个月内向国家知识产权局备案[①]。

专利实施许可使用费的收取与支付方式,一般可有四种方式。

①一次总算、一次总付。

②一次总算、分期支付。

③提成支付。通常有的按照使用技术后新增产值、利润的比例提成;也有的为了计算简单,直接按产品销售额的比例提成。提成比例通常有固定比例、逐年递增比例、逐年递减比例等方式。

④提成支付附加预付入门费。

---

① 参见《专利法实施细则》第14条第2款。

需要注意的是,在实务中,如许可费采用提成支付的,当事人应当在合同中约定许可人查阅被许可人有关会计账目的办法。

(2)专利实施许可合同的特别规定

①专利实施许可合同的前提条件[1]。专利实施许可合同只在该专利权的存续期间内有效。专利权有效期限届满或者专利权被宣布无效的,专利权人不得就该专利与他人订立专利实施许可合同。

实践中存在许可合同履行中或已经履行后,许可专利被宣告无效的情况。按照《专利法》的规定,宣告无效的专利权视为自始即不存在。那么,这种情况下,已经履行的许可合同的效力是否具有追溯力,即存在已经履行的专利实施许可合同的效力是否因专利被宣告无效而应追溯为无效的问题。按照《专利法》的规定,宣告专利权无效的决定,对在宣告专利权无效前已经履行的专利实施许可合同,不具有追溯力。也就是说,专利许可合同已经履行的,特别是使用人按照合同约定支付专利使用费的,不再返还。但是,如果许可专利被宣告无效后,许可人不返还被许可人支付的使用费,明显违反公平原则的,那么,许可人应当向被许可人返还全部或者部分使用费。

②被许可人实施许可技术引起侵权。在技术许可合同实施中,被许可人实施许可专利技术导致侵犯他人知识产权权益的,除被许可人恶意取得外,侵权责任由许可人承担。需要注意的是,在实践中,因为是被许可人实施许可技术生产、销售产品,因此,权利人一般以被许可人为被告起诉。尽管法律规定许可人承担责任,但被许可人应当积极配合许可人应诉。

③推荐性标准所涉专利技术信息。在推荐性的国家标准、行业标准或地方标准中,明示所涉必要专利的信息。使用人在引用和使用这些推荐标准的过程中,涉及使用专利信息时将产生是否需要获得专利权人的许可以及是否需要支付专利权人的使用费等问题。按照法律规定和最高人民法院的司法解释,按如下方式处置[2]。

第一,基本原则。引用或使用推荐标准,使用标准中明示的专利技术信息,应当获得专利权人的许可,未经专利权人许可而使用专利技术信息的构成专利侵权。

---

[1] 参见《民法典》第865条,《专利法》第47条。
[2] 参见《专利权纠纷解释》第24条。

第二,无歧视许可。引用或使用推荐标准,使用标准中明示专利技术信息的,所实施的许可条件、原则由专利权人按照其在标准制定中所承诺的无歧视许可义务与使用人协商确定。

第三,歧视许可的后果。专利权人在与使用人协商专利技术信息实施的条件中故意违背其在标准制定中所承诺的公平、合理、无歧视的许可义务,导致双方无法达成专利实施许可合同,并且使用人在协商中无明显过错的,专利权人请求停止标准实施行为的主张,人民法院一般不予支持。

第四,如果经双方充分协商,仍无法就专利实施条件达成一致的,可以请求人民法院确定。

④许可技术后续改进成果的归属。技术是不断进步的,专利实施许可合同不得限制当事人在许可技术的基础上进行改进,否则,构成"非法垄断技术"可能导致约定无效。那么,当事人对许可技术改进成果归属和分享的约定十分重要,原则上,当事人应当按照互利的原则约定后续改进的技术成果的分享办法;如果没有约定或者约定不明确,依据法律规定仍不能确定的,后续改进的技术成果归改进方所有,其他各方无权分享。①

4.技术秘密许可合同

在实践中,技术成果拥有人出于对一些特定专有技术的特殊保护的需要,并不向专利主管机构申请专利,而是以技术秘密的方式掌控。原《合同法》列名技术合同并未出现技术秘密许可使用,直到2004年最高人民法院公布《关于审理技术合同纠纷案件适用法律若干问题的解释》时才把技术秘密许可合同纳入技术合同范畴,该司法解释于2020年修正。之后,《民法典》吸纳了该司法解释,将技术秘密许可合同纳入技术合同的范畴。

技术秘密许可合同,是指技术秘密权利人许可被许可人使用技术秘密,被许可人支付使用费的合同。

技术秘密许可合同与专利实施许可合同在内容上相似,前述专利实施许可合同所涉内容,除专利权所特有外,如专利实施许可受限于专利权有效期、专利实施许可合同需在知识产权机构登记等,其余相关规定适用技术秘密许可,此处不再赘述。

---

① 参见《民法典》第875条。

但技术秘密并不像专利权那样受法定保护,技术秘密除享受法律对商业秘密的保护外,更多依赖法律基于当事人的约定而予以保护。

特别注意:在技术秘密许可合同中,需要强化对许可技术保密的责任。从许可人或技术秘密拥有人的角度讲,要强化被许可方的保密义务和责任,避免被许可人泄密而导致技术秘密公开化或被其他人掌握,通常的约定包括:①被许可人仅限于在许可范围内使用,如许可合同约定使用许可技术建设一条生产线,被许可人不得用该技术重复建第二条生产线,除非获得许可人许可并再支付使用费;②不得利用许可技术用作合同目的之外的事项,如申请专利、发表论文、申报技术成果奖项等;③被许可人需要采取相关保密措施,如限制本单位接触该技术人员的范围、对接触人员保密的要求等;④被许可人不得向为使用该许可技术所必需其他参与人之外的第三人披露技术信息,如建设生产线需要相应设计机构、设备制造商、生产线施工安装单位参与,可能需要向这些参与方披露许可技术信息,除此之外,不得向其他第三人披露该技术信息;⑤对参与方的保密要求,如签订不低于许可人对被许可人要求的保密义务和责任等的合同;⑥违约责任,加大保密违约责任成本和代价,按照最高人民法院《侵害知识产权惩罚性赔偿司法解释》(法释〔2021〕4号)的规定,可适用惩罚性赔偿,通过加大违约成本和代价来实现对技术秘密的保护。

(三)技术许可合同实务

前面已分述三类技术转让合同和两类技术许可合同,是基于法律按理想情况规定的,但在实践中,多为交叉综合的情况,如一套工艺技术转让,可能包含多项专利、专利申请权以及技术秘密;成套技术许可也多由若干个专利和技术秘密组成。

因此,本部分以成套工艺技术许可为基础案例,介绍技术许可合同的重点事项。

基础案例:许可方除向被许可方许可实施许可技术,许可方将为被许可方编制工艺文件包(以下简称工艺包或PDP),同时,还为被许可方培训专业技术人员以及为许可工厂提供现场技术服务;除此之外,许可方指定专利设备供应商、化工催化剂/填充剂供应商等①。

---

① 编制工艺包是提供技术载体,培训和现场技术服务是保障被许可方能够正常开展工作,以及许可工厂生产运行,指定专利设备供应商、催化剂/填充剂供应商是为许可工厂性能保证所需,否则,将构成《民法典》所规定的"非法垄断技术"。

1. 技术许可的合同群

在基础案例中,可能出现以技术许可而引起的合同群,如图 13-1 所示。

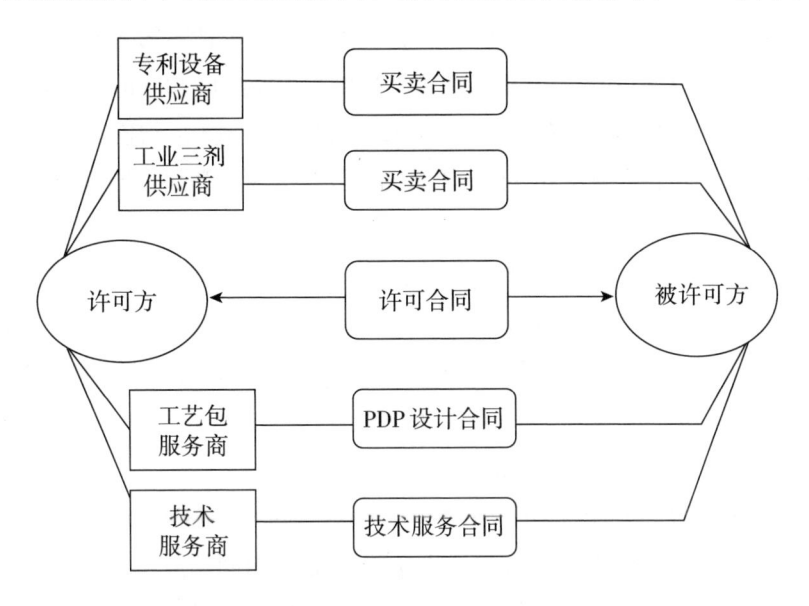

图 13-1 化工工艺技术许可引发合同群示意

在这个以技术许可为基础带动的交易合同群中,各供应商或服务商与技术许可方之间的关系不尽相同,在实践中,对于大型专利设备或专有设备来说,一般由专利商(许可方)与设备制造商合作开发,专利商在许可技术时,指定或推荐被许可方从该制造商处购买专利设备,通常称为专利设备供应商。

对于工业三剂,有的是专利商自己生产,也有的是专利商与生产厂商合作生产,多数情况下是专利商的关联企业生产。

对于工艺包的设计服务,多数由专利商与设计机构合作,但以专利商的名义提供。需要注意的是,按照现行相关法律法规规定,从事工程设计的,必须拥有国内相应工程设计资质①。

由于上述合同中主体不同,并且不同交易业务应纳税种或税率也有所不同,即使是同一主体,也因交易业务不同而税收也有所不同。如在增值税方面,特别是营业税改增值税后,不同交易业务的增值税率不同,有 13%、9%、6% 和 0 等税率,在税法上允许将不同税率项目分别核算,未分别核算销售额的,从高适用税

---

① 参见《建设工程质量管理条例》第 18 条,《勘察设计管理条例》第 7 条、第 8 条。

率;另外,适用减、免增值税的,也应分别核算,未分别核算销售额的,不得免税、减税①。在企业所得税方面也有所不同,按《企业所得税法》规定,居民企业的许可费计入企业收入,在计算应纳税所得额时,企业按照规定计算的无形资产摊销费用,准予扣除,但自行开发的支出已在计算应纳税所得额时扣除的无形资产不得计算摊销费用扣除;非居民企业的特许权使用费收入全额为应纳税所得额。②

因此,在合同和商务设置方面应充分考虑这些要素。如果合同群中供应商主体不同,如专利设备由设备制造商供应,工业三剂由三剂生产商供应,那么,这两个合同由被许可方分别与设备制造商、三剂生产商签订设备买卖合同和催化剂买卖合同;如PDP和其他技术服务由技术许可方统一提供,可统一纳入一个技术许可合同,但合同商务方面应与技术许可分别约定,分为技术许可及许可费、PDP及设计费、技术服务及服务报酬等,而且支付条件也应分别设置。

2.技术许可合同的重点内容

(1)合同文件

首先参考前述合同群中可能涉及交易关系,确定合同关系和合同数量。假定上述基础案例的工艺技术、工艺包、技术服务均由许可方提供,并设置在工艺技术许可合同中,专利设备从设备制造商那里购买,工业三剂从许可方指定的三剂生产关联企业那里购买。

就工艺技术许可合同而言,因合同内容包括工艺包设计和技术服务等非技术许可内容,因此,合同名称可为"××××工艺技术许可与技术服务合同",这样命名可为合同商务设置以及登记备案和纳税带来方便。

合同文件可由合同主文部分加若干附件构成。

就该基础案例而言,可包括如下附件。

附件1:许可工艺技术定义,主要包含许可工艺技术详细描述、包含专利及专利清单、需要的专利设备及清单、技术秘密及清单等。

附件2:许可工厂与工艺描述,主要包括许可技术所建工厂定义、工艺流程以及工艺条件等。

---

① 参见《增值税暂行条例》第2条、第3条、第16条,财政部、税务总局《关于调整增值税税率的通知》(财税〔2018〕32号)第1条、第6条,《财政部、税务总局、海关总署关于深化增值税改革有关政策的公告》(财政部税务总局、海关总署公告)2019年第39号第1条、第2条。

② 参见《企业所得税法》第7条、第12条、第19条。

附件3：许可工厂设计基础，包括许可工厂产能、产品、输入与输出，公用工程消耗等基本参数和条件，工厂的现场条件，工厂建设所需适用的标准规范等。

附件4：主要工艺设备描述及清单，一方面用于被许可方估算建设许可工厂投资，另一方面主要设备是实现工艺性能的基础保障。

附件5：工艺包要求，大型成套的工艺技术由众多专利技术和技术秘密组成，通常由许可方设计工艺包并以工艺包为载体将许可技术交付被许可方使用，同时，工艺包也是许可工厂基础设计（有的行业称为初步设计）的依据和估算许可工厂投资的依据，因此，对工艺包的范围和设计深度需要有相应要求，并将其作为对工艺包的验收基础。

附件6：技术服务，主要包括许可方对负责许可工厂工程设计单位指导，对工程设计文件审查是否满足工艺包要求，对工厂建成后的试车、开车和考核进行技术指导，对许可工厂操作人员技术培训等。

附件7：性能保证，主要是许可工厂产能、转化率、产品品质、公用工程消耗等工厂主要性能保证指标，以及为达到性能保证指标所需要的考核条件，以及性能考核办法等。

（2）许可定义

技术许可定义包括两个方面，即定义许可技术和许可方式范围。

许可技术定义，主要约定许可实施技术范围及技术，一般通过附件1——许可工艺技术定义，附件2——许可工厂与工艺描述和附件7——性能保证等详细定义许可技术。同时，在合同主条款部分进行归纳约定。

技术许可定义，主要包括：许可方式，如是普通许可还是排他许可；许可合同目的，如授予被许可方使用许可技术建设许可工厂、生产产品、销售产品等；许可范围，包括许可使用期限、使用区域，如产品销售区域等，若对产品销售地域有限制，需要明确约定；排除情形，如不允许被许可人运用许可技术再许可等。

另外，在上述基础上，还应约定许可技术的交付形式，如许可方以工艺包形式向被许可方交付许可技术[1]。

---

[1] 在实践中，对于一些相对简单或单一的专利技术，被许可掌握该技术，这种情况下，许可方（专利权人）只需许可被许可方实施该技术即可，不需要交付。

（3）商务设置

就上述基础案例而言，许可协议商务设置包括价格和支付条件等方面。如果将技术许可和工艺包设计、技术服务、专利设备以及专有工业三剂放在一个合同中，那么，要在合同价格设置上把技术许可费、设计费、技术服务费以及专利设备价款、工业三剂价款分别列出。

一方面，各类费用的适用税种和税率不同。如在增值税方面，许可费增值税率为6%，设备费增值税率13%等；技术许可费在纳入企业所得税计算时与其他营业收入也不同，如技术许可方属于非居民企业，按源泉扣缴原则，被许可方按照许可费10%扣缴企业所得税；等等。

另一方面，各类费用的支付条件不同。在技术许可实践中，对于合同价款的支付，往往在许可费支付方面容易产生混乱。采用产品销售额提成或收益提成的计价方式，定期支付比较清晰，只有产品销售额或收益，才有可支付的技术许可费。对于许可费采用一次总算计价方式，就需要注意支付条件的设置了。

实践中可有多种支付条件，但都可归结为一个基本原则：实际使用许可技术并达到约定的性能指标，才支付许可费。这是技术许可的基本含义。

当然，从许可方的角度来讲，也存在对被许可方拖延甚至拒付许可费的担忧，特别是在技术许可进出口实务中尤为突出，为此，许可方往往要求被许可方在工厂或设施建成之时就能拿到绝大多数许可费。

采用一次总算计价方式的技术许可，在被许可方确定建设运营许可工厂或设施的前提下，可采取如下分期支付设置。

第一笔支付：技术许可合同生效后，支付一定比例的许可费，这个比例一般不大，如10%，主要是便于许可方专利商启动技术资料和技术适用条件等准备工作。

第二笔支付：在许可方完成工艺文件包（PDP）设计阶段，可支付一定比例的许可费，这个比例一般也不大。需要注意的是，对于设置PDP设计费的，在许可方完成PDP设计并经过审查合格的，可支付大部分PDP设计费，如80%或85%，因为许可方为PDP付出设计服务。留一部分PDP设计费主要是用于后期许可工厂或设施的机械竣工和性能考核后支付。

第三笔支付：许可工厂或设施已经建设完成，这个阶段表明被许可方完成实际使用许可技术物质基础准备，因此，可支付较大比例的许可费。

第四笔支付：许可工厂或设施完成性能考核并达标，这个阶段表明许可技术符合合同要求,并且许可方已经实际使用许可技术,因此,可支付全部许可费。

在实践中需要注意的是,前面三次支付许可费在本质上是一种预付,在前三个阶段里,第一阶段和第二阶段并不能表明被许可方一定会使用许可技术,如因各种因素导致被许可方不再建设运营许可工厂或设施;在第三阶段,尽管许可工厂或设施实际建成,但可能因许可技术问题造成许可工厂或设施无法生产运营下去。因此,尽管许可合同约定了前三次支付,但在合同中应约定一旦被许可方不实际建设许可工厂或设施,许可方需退还已经收到的许可费,当然,除非许可方责任,这种收、支过程所造成的损失,如银行手续费、外汇汇率损失以及相关税费等,应由被许可方承担;对于因许可技术原因导致许可工厂或设施无法运行而返还已支付许可费的,收、支过程所造成的损失,一般应由许可方承担。

(4)侵犯第三方知识产权的处置

因专利具有地域性和时间性,在技术转让特别是技术许可实施实践中,由于许可方原因或许可技术与第三方专利冲突,被许可方使用许可技术可能构成侵犯第三方知识产权的情况时有发生,主要是可能发生侵犯第三方的专利权。

按照我国《专利法》规定,对于发明或使用新型专利,未经专利权人许可,任何单位或者个人都不得实施其专利,不得为生产经营目的制造、使用、许诺销售、销售、进口其专利产品,或者使用其专利方法以及使用、许诺销售、销售、进口依照该专利方法直接获得的产品。[①] 一旦发生这种情况即构成专利侵权。另外,我国已加入《保护工业产权巴黎公约》,需要履行依据本国法律保护缔约国居民工业产权。

一旦认定构成专利侵权,其后果是停止实施专利技术并赔偿专利权人的损失。赔偿数额按照权利人因被侵权所受到的实际损失确定;实际损失难以确定的,可以按照侵权人因侵权所获得的利益确定;权利人的损失或者侵权人获得的利益难以确定的,参照该专利许可使用费的倍数合理确定。赔偿数额还应当包括权利人为制止侵权行为所支付的合理开支。[②]

因此,在技术许可协议中,对于许可方来说,在许可他人使用许可技术前,应尽可能调查了解清楚,一旦被许可方实施许可技术,在被许可方所在地或所在国

[①] 参见《专利法》第11条。
[②] 参见《专利法》第60条、第65条。

以及许可工厂或设施所生产出产品将销售到市场所在地或所在国,是否侵犯第三方的专利权,特别是被许可方许可工厂生产产品销售市场问题,譬如,许可方知晓在第三国销售许可技术产品将会构成专利侵权的,应当在签订技术许可合同前明确告知对方。另外,还要在这些区域维护好自己的知识产权。

对于被许可方来说,其实施许可技术是通过支付技术许可费获得的,按照合同约定范围实施许可技术构成对第三方专利侵权的责任应当由许可方承担。这个原则需要在合同中明确。此外,在技术许可合同中应对构成第三方专利侵权的处置作出详细约定。在技术许可实践中,一般包括如下几个方面。

一是被许可方实施许可技术构成对第三方专利侵权,包括第三方主张专利侵权和经认定专利侵权,其责任和后果均由许可方承担。

二是被许可方需要配合许可方应对第三方权利主张或法律程序。尽管合同约定实施许可技术构成对第三方专利侵权的责任和后果由许可方承担,但在专利侵权法律关系中,被许可方因实际实施许可技术而成为实际上的专利侵权人,在应对专利侵权纠纷中,仍以被许可方为当事人。

三是如果被认定构成专利侵权,原则上应由许可方通过金钱或其他方式换取被许可方能够继续实施许可技术,特别是在许可工厂已经建成投产的情况下,对被许可方而言,要求许可工厂停产所带来的损失是难以衡量的。如果许可方不能或怠于采取措施保障被许可方得以正常继续实施许可技术,导致许可工厂被迫停产,那么,许可方应向被许可方赔偿因此而遭受的损失。

四是关于许可方责任限额的问题,从许可方的角度讲,希望其对第三方专利侵权所承担的责任和后果有个限额,许可方特别是外国机构通常坚持以收到的许可费为责任限额,其理由是被许可方在选择许可技术时应承担相应的风险。由于许可技术特别是成套技术中包含的技术秘密属于许可方的商业秘密,被许可方无从知晓许可技术是否存在侵犯第三方知识产权的问题,因此,不应当让被许可方承担这样的风险,但从商业风险的角度讲,因许可技术侵权导致许可工厂停产对被许可方所带来的损失赔偿问题,可考虑许可方赔偿责任的限额,具体由双方在合同谈判中协商约定。

(5)许可技术改进

科技是不断进步的,因此,专利技术并不是一成不变的,随着社会技术的进步,专利技术通过总结实际实施的实践检验,以及解决实施中发现的问题,其也是在不断改进,特别是那些成套的工艺技术,通过技术实施,可以改进和提高的地方也很多。因此,技术许可实务中,关于许可技术改进问题是技术许可合同的又一重要内容。

①是否允许被许可方改进许可技术

在技术许可实践中,许可方为了保护许可技术,多在许可合同中禁止被许可方对许可技术的改进和发展,特别是国外专利商对此要求比较严格。但是,这种要求不符合法律关于促进科学技术进步的要求,我国法律规定"非法垄断技术、妨碍技术进步……的技术合同无效",最高人民法院进一步作出司法解释,"限制当事人一方在合同标的技术基础上进行新的研究开发或者限制其使用所改进的技术……"属于"非法垄断技术、妨碍技术进步"的范畴。[①] 可见,技术许可合同限制被许可方研究改进许可技术的约定是无效的。

因此,在技术许可合同应当允许被许可方即许可技术使用人研究改进许可技术。

但在实践中,由于成套工艺技术中既包含专利技术,也包含技术秘密,对于技术秘密部分是否允许被许可方改进或改进成果归属等问题,需具体问题具体对待,双方根据实际情况约定。

②改进许可技术成果归属

在技术许可实务中,技术许可方通常从保持其许可技术完整性等考虑,要求被许可方对许可技术的改进成果无偿转让给许可方。特别是从境外引进技术,专利商以技术完整性和知识产权保护等为由,要求被许可方对许可技术改进成果提供或无偿转让给许可方。这种安排也有违合同法关于"非法垄断技术"的规定,为无效安排。

原则上,被许可方在实施许可技术过程中对许可技术改进部分的成果,应当归属被许可方所有。许可方对许可技术改进的成果仍归属许可方所有。

但需要注意的是,技术改进只是针对所改进部分的技术,并且符合新技术的特征,同时,被许可方仅享有改进技术的成果,不能因改进部分技术而享有全部技术成果,特别是成套工艺技术,不能因被许可方改进某项或某几项技术,就认定整

---

① 参见原《合同法》第329条,《民法典》第850条,《技术合同司法解释》(法释〔2020〕19号)第10条第1项。

套工艺技术都归属被许可方所有。

③改进技术交换使用条件

许可技术在实施使用过程中会得到不断改进,许可方通过自身研发和其他使用方改进反馈而不断改进升级许可技术,被许可方通过实际实施应用而不断改进许可技术。通常许可方会要求被许可方将其改进的技术反馈给许可方,同样,许可方在推广许可技术时承诺向被许可方反馈改进技术信息,并将构成许可技术组成部分。这就是通常所说的交换改进技术。双方需要在合同中约定交换改进技术信息条件,包括是否收费、使用范围与限制等。

(6)工艺性能保证

性能保证(performance guaranty)是技术许可合同中的一项核心内容,也是检验使用许可技术能否实现被许可方预期的目的和目标。性能保证主要设定许可工厂/设施的各项性能指标,包括原料转化率、产品性能、产品合格率、能耗、排放等,在许可工厂/设施稳定满负荷运行阶段对各性能指标进行连续运转72小时的测试和考核。

除许可工艺技术本身外,影响许可工厂/设施的性能指标测试和考核的因素比较多,如以工业工艺为例,下列因素都将可能影响性能考核结果。

①工艺装置机械性能因素,可能是设计、设备、施工安装等不符合工艺要求;也可能外部条件不符合工艺要求,如电力不稳定、蒸汽压力不稳定等。

②工艺装置开车操作因素,可能影响操作程序、方式等。

③原料或原材料因素,如原料或原材料没达到工艺要求。

④工业三剂因素,如催化剂活性没满足工艺要求等。

因此,双方在许可合同中要对性能考核的前提条件约定清楚,对许可方来说,尤其要注意性能保证的前置条件。在实践中,一般把性能保证单独列出作为合同附件,包括:许可工厂/设施性能保证指标、性能保证条件、性能测试考核、性能保证实现、性能保证考核失败处置(一般应允许多次考核,当第一次性能考核失败时,许可方会同被许可方查找分析原因,并提出改进方案,完成改进后,再次进行性能考核)等。

实践中需要注意的是,有的技术许可交易由合同群构成,许可工厂/设施性能考核失败可能由合同群中其他合同导致,如化工工艺装置可能是由于催化剂因素导致原料转化率不达标,也可能是由于工艺装置中某台设备机械性能问题导致产品质量问题或能耗增加或污染排放指标增加等。因此,对被许可方来说,要与许可方在技术许可合同中约定清楚,只要是许可方指定或推荐的设备、原料等,许可方对此要承担连带责任,否则,当许可工厂/设施性能考核失败时,将难以找到责任主体。

(7)保密

对许可技术保护是许可合同中的一项重要内容,尤其是对未申请专利的技术秘密或专有技术保护极为重要,因此,技术许可合同的保密要求相对更为严格,包括保密措施的要求和违反保密义务的后果。其实,技术许可合同的保密包括采取保密措施不泄露给第三人和不在许可使用范围之外使用两个方面的意思,在实践中,不使用限制容易被忽视。实务中,有的许可合同约定专门保密条款,有的许可合同采取"保密条款+保密协议"方式。不管哪种方式,一般约定如下内容。

①保密范围,包括许可技术信息中哪些纳入保密范围以及被许可方可使用的许可技术信息范围,例如,被许可方仅用于许可项目,被许可方自己以及参与许可项目建设的第三方等,所有为许可项目目的接触到保密信息的主体都要承担保密责任。

②保密措施,包括被许可方采取的保密措施,如与接触保密信息的员工签订保密协议等,与参与许可项目的第三方签订保密协议,要求该第三方接触到的保密信息员工保守知道的相关信息等。

③保密期限,设置合理保密期限,从许可方的角度看,保密期限越长越好,但对被许可方来说,承担保密责任是一项负担,因此,保密期限设置应当合理。

④例外情形,主要约定非因被许可方的原因,包括非被许可方及被许可为许可项目披露给第三方的原因,相关技术已经公开等情形,被许可方不应承担相应的保密责任。

⑤违反保密义务的后果,与一般合同违约责任相比,技术许可合同保密义务违约责任的后果更为严重。

在实践中,技术许可合同当事人关于保密条款或保密协议的约定多数是只针对许可技术的保护,容易忽略对被许可方相关信息的保护,例如,许可工厂或设施的上、下游设施技术信息,许可工厂或设施生产信息等,因此,在许可合同保密条款或保密协议中也要相应约定许可方对被许可方相关信息的保密责任。

四、技术咨询与技术服务合同

(一)技术咨询与技术服务分类

技术咨询和技术服务业务在社会经济发展和社会生活中比较普遍,为此,原《合同法》和现行《民法典》都将此作为列名合同专门规定。

技术咨询合同,是指当事人一方(受托人)以技术知识为对方(委托人)就特定技术项目提供可行性论证、技术预测、专题技术调查、分析评价报告等所订立的合同。这里的特定技术项目,包括有关科学技术与经济社会协调发展的软科学研究项目,促进科技进步和管理现代化、提高经济效益和社会效益等运用科学知识和技术手段进行调查、分析、论证、评价、预测的专业性技术项目。[1]

技术服务合同,是指当事人一方(受托人)以技术知识为对方(委托人)解决特定技术问题所订立的合同。这里的特定技术问题,包括需要运用专业技术知识、经验和信息解决的有关改进产品结构、改良工艺流程、提高产品质量、降低产品成本、节约资源能耗、保护资源环境、实现安全操作、提高经济效益和社会效益等专业技术问题[2]。技术服务合同不包括承揽合同和建设工程合同。

技术服务合同根据服务内容的不同,又可分为狭义技术服务合同、技术培训合同和技术中介合同三类。其中,狭义技术服务合同,是指一方当事人(受托方)以技术知识为另一方(委托方)解决特定技术问题所订立的合同;技术培训合同,是指当事人一方委托另一方对指定的专业技术人员进行特定项目的技术指导和业务训练所订立的合同;技术中介合同,是指当事人一方(中介方)以知识、技术、经验和信息为另一方与第三方订立技术合同、实现技术创新和科技成果产业化进行联系、介绍、组织工业化开发并对履行合同提供专门服务所订立的合同。[3]

由于技术服务和技术咨询性质类似,因此,在实践中,容易混淆这两类合同。但这两类合同的责任和后果又不尽相同,如技术服务合同的受托人未按照合同约定完成服务工作的,应当承担免收报酬等违约责任,而技术咨询合同的受托人则

---

[1] 参见《技术合同认定规则》(国科发政字〔2001〕253号)第33条,《技术合同司法解释》(法释〔2020〕19号)第30条。

[2] 参见《民法典》第878条,《技术合同司法解释》(法释〔2020〕19号)第33条。

[3] 参见《民法典》第887条,《技术合同认定规则》(国科发政字〔2001〕253号)第3条、第39条、第43条。

是需要承担减收或者免收报酬等违约责任的;另外,技术咨询合同的委托人按照受托人符合约定要求的咨询报告和意见作出决策所造成的损失,由委托人承担,而技术服务合同并无此类规定,而是要帮助委托人解决技术问题。[①] 因此,需要区分技术咨询合同和技术服务合同。

1.技术咨询合同

技术咨询合同具有如下特性。

(1)合同标的为特定技术项目的咨询课题;

(2)咨询方式为运用科学知识和技术手段进行的分析、论证、评价和预测;

(3)工作成果是为委托方提供科技咨询报告和意见。

因此,具备这些特性的下列几类情形,构成技术咨询合同。

(1)科学发展战略和规划的研究;

(2)技术政策和技术路线选择的研究;

(3)重大工程项目、研究开发项目、科技成果转化项目、重要技术改造和科技成果推广项目等的可行性分析;

(4)技术成果、重大工程和特定技术系统的技术评估;

(5)特定技术领域、行业、专业技术发展的技术预测;

(6)就区域、产业科技开发与创新及特定技术项目进行的技术调查、分析与论证;

(7)技术产品、服务、工艺分析和技术方案的比较与选择;

(8)专用设施、设备、仪器、装置及技术系统的技术性能分析;

(9)科技评估和技术创新项目。

在上述九类技术咨询项目中,如涉及新的技术成果研究开发或现有技术成果转让的,根据其技术内容的比重大小,分别可认定为技术开发合同、技术转让合同或者技术咨询合同。

另外,下列两类咨询合同,不属于技术咨询合同。

一类是就经济分析、法律咨询、社会发展项目的论证、评价和调查所订立的合同。这类活动具有调查、论证、评价等咨询特点,但其咨询的内容不是"特定技术项目",而是经济社会内容。这类活动可归到咨询合同,如"×××问题法律论证

---

① 参见《民法典》第881条、第884条。

咨询合同"。

另一类是就购买设备、仪器、原材料、配套产品等提供商业信息所订立的合同。这类活动包含技术性质，但实际内容是商业信息，是为购买设备、原材料、配套产品等的商业活动服务，不是特定技术项目。[①]

2. 技术服务合同

广义的技术服务合同包括狭义技术服务合同、技术培训合同和技术中介合同，此处专指狭义技术服务合同。

狭义技术服务合同包含以下特性。

(1) 合同的标的为运用专业技术知识、经验和信息解决特定技术问题的服务性项目；

(2) 服务内容为改进产品结构、改良工艺流程、提高产品质量、降低产品成本、节约资源能耗、保护环境资源、实现安全操作、提高经济效益和社会效益等专业技术工作；

(3) 工作成果有具体的质量和数量指标；

(4) 技术知识的传递不涉及专利、技术秘密成果及其他知识产权的权属。

具备上述特性，下列十一类专业技术项目有明确技术问题和解决难度的，属于狭义技术服务合同。

(1) 产品设计服务，包括关键零部件、国产化配套件、专用工模量具及工装设计和具有特殊技术要求的非标准设备的设计，以及其他改进产品结构的设计。

(2) 工艺服务，包括有特殊技术要求的工艺编制、新产品试制中的工艺技术指导，以及其他工艺流程的改进设计。

(3) 测试分析服务，包括有特殊技术要求的技术成果测试分析，新产品、新材料、新品种性能的测试分析，以及其他非标准化的测试分析。

(4) 计算机技术应用服务，包括计算机硬件、软件、嵌入式系统、计算机网络技术的应用服务，计算机辅助设计系统(CAD)和计算机集成制造系统(CIMS)的推广、应用和技术指导等。

(5) 新型或者复杂生产线的调试及技术指导。

(6) 特定技术项目的信息加工、分析和检索。

---

① 参见《技术合同认定规则》(国科发政字〔2001〕253号) 第34条、第35条、第38条。

(7)农业的产前、产中、产后技术服务,包括为技术成果推广,以及为提高农业产量、品质,发展新品种,降低消耗,提高经济效益和社会效益的有关技术服务。

(8)特殊产品技术标准的制订。

(9)对动植物细胞植入特定基因、进行基因重组。

(10)对重大事故进行定性定量技术分析。

(11)为重大科技成果进行定性定量技术鉴定或者评价。

技术培训合同和技术中介合同相对比较简单,这里不再赘述。

(二)法律的特别规定

技术咨询和技术服务类型较多,相比较而言,这两大类技术合同比技术开发合同和技术转让合同简单一些,这里不再一一赘述。但也有其特殊的法律规定之处,主要体现如下几个方面①。

1. 受托人为开展技术咨询或技术服务所发生的费用承担

在技术咨询合同和技术服务合同中约定咨询或服务报酬的,但技术咨询合同受托人进行调查研究、分析论证、试验测定等所需费用的负担没有约定或者约定不明确的,或技术服务合同受托人提供服务所需费用的负担没有约定或者约定不明确的,由技术咨询受托人或技术服务受托人承担。

在技术咨询和技术服务的实务中,受托人尤其要注意上述规定,如果受托人为完成技术咨询或技术服务任务还需要其他费用的,在合同价款约定时应一并考虑。通常可有以下两种方式。

一种方式是在合同价款中一并包括服务报酬和为开展技术咨询或技术服务所需要的花费。这种方式的前提是受托人事先能够预估开展技术咨询或技术服务所需要的具体费用和金额,如差旅费、外委费等。

另一种方式是受托人在开展技术咨询或技术服务前不能确定将需要发生多少费用,那么,合同价款可约定服务费金额,对于将发生的费用采取预估金额的办法,待实际发生并经委托人确认后予以支付。如重大建设工程可行性研究咨询合同,对于可行性研究报告评审会的费用,受托人事先难以预估将召开几次评审会以及评审会的规模和外请专家的人次等,难以估算评审会的费用。这种情况下,

---

① 参见《民法典》第881条、第885条,《技术合同司法解释》(法释〔2020〕19号)第31条、第35条。

可采用第二种方式。

2. 技术咨询信息的保密问题

技术咨询合同因是委托人为特定技术问题向受托人寻求技术咨询，因此，委托人需要向受托人提供相应的技术资料、数据，受托人提出的咨询报告或咨询意见中也包含相应的技术信息。对于这些技术信息的保密或保护，按照下列办法处理。

(1)当事人约定对方保密义务的，各方按照合同约定执行。

(2)当事人对技术咨询合同委托人提供的技术资料和数据或者受托人提出的咨询报告和意见未约定保密义务，当事人一方引用、发表或者向第三人提供的，不认定为违约行为。

(3)尽管有上述第(2)项的规定，但一方当事人在引用、发表或向第三人提供对方技术信息时，也不得侵害对方当事人对此享有的合法权益。否则，该当事人将依法承担相应的民事责任。

3. 使用咨询意见的后果

技术咨询合同的目的是委托人为应对某项决策，而委托受托人就特定技术项目通过可行性论证、技术预测、专题技术调查、分析评价提出咨询意见。受托人的咨询意见作为委托人决策的参考依据之一，如经过分析论证某个项目具有可行性，但委托人从自身市场布局的角度考虑，决定不投资该项目。

正因为技术咨询合同的特性，委托人按照受托人咨询报告和意见所作出的决策，如果决策错误造成了损失，除合同约定受托人承担某种程度的责任外，只要受托人按照技术咨询合同约定并且咨询报告和意见符合合同约定要求，那么，该后果由委托人自行承担。

4. 技术成果的归属

在技术咨询合同和技术服务合同履行中，当事人一方利用对方提供的技术资料和工作条件，或者一方利用对方的工作成果，可能产生新的技术成果，涉及新产生的技术成果归属问题。《民法典》秉持"由谁完成技术成果归属谁"的原则，同时也支持当事人意思自治原则，因此，对新技术成果归属的规定如下：

一是当事人意思自治原则，即当事人在合同中约定当事人一方利用对方提供的资料、工作条件、工作成果所完成的新的技术成果归属的，按照合同约定。

二是当事人没有约定的，受托人利用委托人提供的技术资料和工作条件完成的新的技术成果,属于受托人;委托人利用受托人的工作成果完成的新的技术成果,属于委托人。

(三) 技术咨询与技术服务合同实务

技术咨询和技术服务分别是为特定技术项目提供咨询和解决特定技术问题,其中技术咨询合同的交付主要是咨询报告或者解答问题,而技术服务合同的交付主要是解决技术问题。在合同实务中重点关注以下几个方面。

一是合同归类,具体可参照前面关于技术咨询与技术服务的分类。

二是关注前面所分述的法律的特别规定中所涉及的几个方面,最好在合同中作出明确约定,如对技术资料和信息的保密要求,开展技术咨询和技术服务所需花费等。

三是合同交付验收标准或要求,技术服务合同要求解决特定技术问题,要约定好解决问题的标准,如编制工艺文件包要达到什么深度等;技术咨询合同是为特定技术项目提供咨询并交付咨询报告或者解答问题,检验弹性较大,因此,尽可能把需要咨询的内容及所涉及的事项、深度等在合同中作出要求,如建设工程项目的可行性研究,如有该行业标准,除适用该标准外,委托人有特别要求的,在合同中一并约定。

四是选择受托人。无论是技术咨询还是技术服务,主要靠专业技术人员的技术知识、经验、信息等综合能力来完成,因此,选择受托人对高质量完成技术咨询或技术服务任务十分重要。

在实践中,有些委托人了解受托人的情况,采用直接委托的方式确定委托人;但在多数情形下,委托人基于不了解受托人或合同管理制度的要求,采用招标或询价的方式选择受托人,这种情况下,尤其要加大对投标人(潜在受托人)的咨询服务团队人员的专业技能、经验等要素的要求,以保证后续合同顺利履行。

五是交付物验收。在实务中,不少技术咨询合同把咨询报告与肯定性结果挂钩,如建设工程项目可行性研究咨询合同,约定可行性研究报告通过项目决策部门的评审,并依据可行性研究报告编制的项目申请报告获得政府部门备案。这种约定本质上就是把咨询定位为肯定性结果。对于这种情况,受托人应当基于诚实信用的基本原则,实事求是地进行研究论证。同时,在签订合同时也要明确这方面的意思。

五、技术进出口合同

技术进出口是指通过贸易、投资或者经济技术合作的方式,从中国境外向中国境内或者从中国境内向中国境外,转移技术的行为,包括专利权转让、专利申请权转让、技术秘密转让、专利实施许可、技术服务和其他方式的技术转移。这些技术进出口业务合同均属于技术进出口合同。

国家对技术进出口实行统一的管理制度,技术进出口合同除适用国内技术合同的相关规定外,还要受我国对外贸易法以及技术进出口专门法律法规的管辖,而技术进口合同还将受技术来源国(地区)法律的限制,技术出口合同还将受到出口目的地国(地区)法律的限制,以及相关国际法的管辖,如国际制裁限制某些技术输入被制裁国(地区)等。

(一)技术进出口的特别规定

1.技术进口合同

我国法律对进口技术划分为三类,即禁止进口技术、限制进口技术和自由进口技术,三类技术有如下不同的处置方式①。

①属于禁止进口类技术,不得进口;

②属于限制进口的技术,实行许可证管理,未经许可,不得进口;

③属于自由进口的技术,实行合同登记管理,但不以登记为合同生效的条件,合同自依法成立时生效。

禁止进口和限制进口技术由商务部发布,需要进口技术的,事先要查询我国禁止进口和限制进口技术目录②,如商务部2021年11月2日发布第37号公告,发布《中国禁止进口限制进口技术目录》,属于《中国禁止进口限制进口技术目录》中禁止进口的技术不得进口,属于《中国禁止进口限制进口技术目录》中限制进口的技术实行许可证管理,获得进口许可证的,方可进口。

限制进口技术合同一般要经过两次许可,第一次是许可意向书阶段,拟进口技术当事人向商务部申请进口限制技术,获得许可意向书后,可与对方签订技术

---

① 参见《技术进出口管理条例》第7条、第9条、第10条、第11条、第17条、第20条。
② 在实务中,还要了解拟引进技术所在国(地区)对该技术是否出口限制。

进口合同,但要注意,不能约定合同签字生效,要约定待获得国家进口许可证后生效;第二次是许可证阶段,技术进口合同签订后,向商务部申请技术进口许可证,如获得进口许可证,方可进口该技术。

进口技术合同,进口当事人凭技术进口许可证或者技术进口合同登记证,办理外汇、银行、税务、海关等相关手续。

技术进口合同实务中要特别注意:虽然我国法律规定限制进口技术获得进口许可证后合同生效,自由进口技术合同自合同依法成立时即生效,并且合同当事人可凭许可证或合同登记证办理外汇、银行、税务、海关等相关手续,但在合同付款前还要确认,合同对方所在国(地区)法律是否禁止或限制转让技术,通常要求对方提供所在国(地区)政府或机构出具同意出口技术或提供能够证明转让技术不需要政府或机构批准出口的证明,避免付款后,因对方受限无法履行合同而遭受损失。

在自由进口技术合同中,国家和各地方对一些先进技术给予鼓励政策,如税收优惠等,将在后面介绍。

2. 技术出口合同

出口技术也分三类,分别为禁止出口技术、限制出口技术和自由出口技术,三类技术有如下不同的处置[①]方式。

①属于禁止出口类技术,不得出口;

②属于限制出口的技术,实行许可证管理,未经许可,不得出口;

③属于自由出口的技术,实行合同登记管理,但不以登记为合同生效的条件,合同自依法成立时生效。

禁止出口和限制出口技术目录由商务部发布,需要出口技术的,事先要查询我国禁止出口和限制出口技术目录,并进行调整,如2020年8月28日,商务部和科技部联合发布2020年第38号——关于调整发布《中国禁止出口限制出口技术目录》的公告,属于《中国禁止出口限制出口技术目录》中禁止出口的技术不得出口,属于《中国禁止出口限制出口技术目录》中限制出口的技术实行许可证管理,获得出口许可证的,方可出口。在实务中,还要让相对方查询了解所在国(地区)

---

① 参见《技术进出口管理条例》第28条、第29条、第30条、第32条、第33条、第34条、第35条、第36条、第39条。

对拟出口技术是否有限制。

限制出口技术合同也要经过两次许可,第一次是许可意向书阶段,拟出口技术当事人向商务部申请出口技术,获得许可意向书后,方可与对方进行实质性谈判,签订技术进口合同,但要注意,不能约定合同签字生效,要约定待获得国家出口许可证后方能生效,另外,有的限制出口技术在这个阶段还需要进行保密审查;第二次是许可证阶段,技术出口合同签订后,向商务部申请技术出口许可证,如获得出口许可证,方可出口该技术,技术出口合同自技术出口许可证颁发之日起生效。

出口技术合同,出口当事人凭技术出口许可证或者技术出口合同登记证,办理外汇、银行、税务、海关等相关手续。

技术出口合同实务中要特别注意:虽然我国法律规定限制出口技术获得出口许可证后合同生效,自由出口技术自合同依法成立时即生效,当事人凭出口许可证或合同登记证可以办理技术出口,但要注意对方所在国(地区)对进口该技术的管制情况,要求对方提供所在国(地区)政府或机构出具同意进口该技术或提供能够证明进口该技术不需要政府或机构批准的证明,获得这些证明后再进行实质性谈判和签订合同,同时,实质性谈判前要签订严格保密和不使用该技术协议,加大违约责任,避免因对方技术进口管制或国际制裁导致对方无法履约而泄露技术秘密和信息。

(二)技术进出口所得税与税收饶让

技术许可费用涉及所得税问题,如果技术许可合同的主体是公司、企业,那么,其涉及企业所得税问题。国内企业从外国企业进口技术的,如外国企业符合我国《企业所得税法》关于非居民企业的规定,那么,技术出口方在中国应纳企业所得税的税率为20%,应纳所得税额是特许权使用费全额[1]。也就是说,非居民企业的外国企业应在中国缴纳所获得的特许权使用费20%的所得税,当然,其收取工艺包编制费和技术服务费也将构成企业收入,按照《企业所得税法》扣除相关成本费用后构成应税所得额,缴纳企业所得税。本部分主要分析特许权使用费所得税问题。

---

[1] 参见《企业所得税法》第4条第2款、第19条第1项。

为避免各国政府对企业重复征税,国家政府间就企业所得税的征收问题形成协定,一般是企业收入来源国与企业所在国政府各收一半。相应地,如果外国企业所在国政府与中国政府间签订税收协定,并且约定各征收一半,那么,该外国企业应按技术特许权使用费的10%向中国缴纳企业所得税。按照源泉扣缴原则,由进口企业对外支付时代为扣缴。①

需要注意的是,为了鼓励先进技术进入中国市场,我国采取减免所得税的措施。但如果中国政府对非居民企业(技术进口合同对方)减免企业所得税,而该非居民企业所在国政府认为中国政府没有实际对其征收所得税,而对该非居民企业的中国税不予抵扣,那么,该非居民企业并没有因中国政府的免税而实际得到优惠。在实践中,技术出口方所关心的是税后实际到账的金额。如此,中国政府减免税实际上转移到技术来源国政府。

在国际税收中,存在税收饶让制度。税收饶让,又称税收饶让抵免("Tax – Sparing"credit),是指居住国政府对本国纳税人来源于外国的收入所得当收入来源国减免部分税收时,在本国视同已经缴纳,同样给予税收抵免待遇的一种制度。②

基于技术进口合同对方关心实际收到的税后技术费,因此,如果其所在国与中国政府税收协定有税收饶让安排,那么,中国政府对引进先进技术的减免税优惠政策,实际上是进口技术合同中中国企业得到实惠。同理,就技术出口合同而言,出口方在技术费用定价时要考虑税后所得能实际收到的金额。

截至2008年1月1日,我国对外签署并生效的双边税收协定86个、税收安排2个(香港特别行政区、澳门特别行政区),有36个税收协定中有税收饶让安排。其中,与美国之间的税收协定中没有税收饶让安排;中国与德国、荷兰等税收协定有税收饶让安排,与英国之间的税收协定曾有税收饶让安排,但2007年3月4日期满。

因此,在从事技术进口业务中,要关注交易国与中国政府之间有无双边税收协定以及税收协定中有无税收饶让制度安排,以及一些西方发达国家的税收法律是否给予单边税收饶让制度。如果对方国家对中国没有税收饶让安排,即使进口

---

① 参见《企业所得税法》第37条。
② 参见廖益新主编:《国际税法学》,高等教育出版社2008年版,第233页。

技术属于国家鼓励进口的并给予所得税免税优惠,中国企业也不要帮助对方向中国税务机关申请免征所得税,除非对方一开始报价时已经把税收金额单独列明。①

(三)出口技术保护

很多发明创造技术的开发过程十分艰难,投入也很大,但很容易泄密。除技术转让外,对于技术许可等方式的出口技术,虽然有的是专利技术,也有的是技术秘密,而且专利权保护受时空限制,在我国取得的专利只是受我国法律保护,如未在进口国(地区)申请并获得专利,该专利并不受该国(地区)的法律保护,因而需要通过合同约定保护,进而由调整该合同关系的法律予以保护。因此,出口技术保护问题十分重要。

在实务中,特别是非技术转让的技术出口合同要重点把握好两个阶段。

一是谈判阶段。在谈判阶段,通常需要向对方展示、披露技术信息,但如果因对方决策或者双方政府对该技术进出口限制而无法交易的,双方之间没有形成生效的合同关系来保护当事人的权益,容易造成技术泄密或被侵权。因此,在谈判前,一方面,双方要签订严密和严厉保密协议;另一方面,在展示、披露技术信息过程中也要注意保密措施,如对技术的关键、核心部分采取"黑匣子"方式。

二是合同履行阶段。在合同履行阶段,出口方需要向对方实质性地交付技术资料和技术信息。因此,一方面,在签订技术出口合同时约定好技术保护与保密;另一方面,在履行过程中双方登记好保密资料和保密信息情况;此外,还要做好相应保密措施。

(四)对第三国或地区的限制

技术进出口对第三国或地区的限制包括两个方面。

一是技术限制,即进出口技术不得转让或许可给第三国或地区使用,这主要体现在技术转让合同中。例如,以转让方式引进外国技术的,技术转让方基于其本国法律规定限制该技术进入第三国的;或者基于技术转让方的商业安排而限制受让方向第三国许可实施或转让受让方获得该技术后不得向该第三国许可实施

---

① 按照我国税法规定,非中国居民企业的外国企业在中国境内取得所得,应纳所得税由中方企业代扣代缴。所以,外国企业申请中国税务部门减免税时,一般由中方企业协助办理。

或转让。

二是技术产品限制，即转让技术或许可技术所生产的产品不得销往某第三国，这种情况更为常见，在技术转让合同和技术许可合同中都可能发生。发生这种情况通常有三个方面的原因，其一是技术转让方或许可方所在国法律对第三国的限制，其二是联合国对第三国的制裁限制，其三是技术转让方或许可方的商业安排限制。

通常情况下，商业安排限制具有确定性，在订立技术进出口合同时可以明确，但前面两种原因所导致的产品限制具有不确定性，技术进出口合同一般采取原则上约定的方式，在这种情况下，技术受让方或被许可方需要更加关注此事。

第十四章 融资租赁合同

一、融资租赁概述

融资租赁作为一种融资方式,对企业发展有积极的辅助作用,是企业创新升级的有效途径,为社会经济的发展进步起到至关重要的作用。自20世纪80年代我国引入融资租赁以来,融资租赁业务得到很大的发展,特别2000年以后,融资租赁企业和业务快速发展,相关资料显示,到2020年年底,我国融资租赁企业12,156家(不含单一项目公司、分公司、子公司和收购海外的公司),全国融资租赁合同余额约65,040亿元。可见,融资租赁合同是一类重要的合同,1999年的原《合同法》就将融资租赁合同专章规定。随着融资租赁业务的快速发展以及业务发展过程中发生的各类问题,为更好地规范融资租赁活动并吸取融资租赁合同纠纷审理的司法实践,《民法典》对融资租赁合同的规定更加细致和具体。

按照《民法典》的定义,融资租赁合同是指出租人根据承租人对出卖人、租赁物的选择,向出卖人购买租赁物,提供给承租人使用,承租人支付租金的合同。融资租赁中的租赁物多为生产经营所需设备、物资,对承租人来说,一方面,通过融资租赁的方式,由出租人出资购买承租人所需的生产经营设备或物资,避免一次性投入大量购置资金;另一方面,用支付租金的方式获得生产经营所需的设备或物资。可见,融资租赁具有融资和融物的双重功能。

在融资租赁业务中一般涉及三方主体,包括出租人、承租人、出卖人[①];相应地,在这个业务关系中至少存在两组法律关系,一组是由出租人与出卖人形成货

[①] 在售后回租业务中,出卖人和承租人是同一人,但仍分别是买卖合同关系中的出卖人和融资租赁关系中的承租人。

物买卖关系,另一组是由出租人与承租人形成租赁关系。

按照我国法律对融资租赁的规定,目前融资租赁主要包括两类:一类是直接型融资租赁,也是当前的主要表现形式;另一类是售后回租型融资租赁。

二、融资租赁合同

(一)书面形式要求

融资租赁涉及租赁物要求,特别是用于生产或加工制造的机器设备在技术性能、规格型号、检验标准和方法等技术方面的要求,另外,融资租赁的租期一般较长,租金构成以及支付期限和方式等与一般租赁也有很大不同,有些融资租赁合同还涉及租赁物后期归属与处置等事项,需要详细约定。因此,融资租赁合同为要式合同,需要采用书面的合同形式。①

(二)合同主体的特别要求

融资租赁合同的主体主要是出租人和承租人,有的租赁合同会设置第三人担保从属合同。由于融资租赁的租赁物为非消费性固定资产,在当前的业务领域中,承租人一般为从事生产经营的公司、企业或其他组织,对此不需要过多赘述,这里重点分述出租人这个特殊主体。

从事融资租赁业务的企业主要是受中国银行保险监督管理委员会监管的企业②,目前从事融资租赁业务的主要包括融资租赁公司和金融租赁公司,其他一些非银行金融机构也可开展部分融资租赁业务。

在融资租赁合同关系中,从承租人的角度关注出租人是否具备融资租赁主体资格,以及融资租赁合同业务的可靠性;从出租人的角度,要关注从事融资租赁业务的合规性以及融资租赁的业务风险。这里主要关注的是融资租赁公司和以融资租赁业务为主的金融租赁公司。

---

① 参见《民法典》第736条第2款。
② 2018年4月20日前,融资租赁公司由商务部和地方商务管理部门监管。按《商务部办公厅关于融资租赁公司、商业保理公司和典当行管理职责调整有关事宜的通知》(商办流通函〔2018〕165号),自2018年4月20日以后,融资租赁公司由中国银行保险监督管理委员会监管。2023年3月,中共中央、国务院印发了《党和国家机构改革方案》,决定在中国银行保险监督管理委员会基础上组建国家金融监督管理总局,不再保留中国银行保险监督管理委员会。

1.融资租赁公司和金融租赁公司

融资租赁公司,是指从事融资租赁业务的有限责任公司或者股份有限公司[1]。近些年新设的融资租赁公司在公司名称中一般标有"融资租赁"字样。金融租赁公司,是指经原银监会批准,以经营融资租赁业务为主的非银行金融机构。近些年,新设融资租赁公司在公司名称中一般标有"金融租赁"字样。既然两者都从事融资租赁,为什么还要划分融资租赁和金融租赁呢,其实,两者有区别:首先,两者的性质不同,金融租赁公司属于非银行金融机构,融资租赁公司一般不属于金融机构;其次,两者的经营业务范围也不同。

融资租赁公司可经营下列部分或全部业务[2]。

①融资租赁业务,这是融资租赁公司的主营业务,其融资租赁和其他租赁资产比重不得低于总资产的60%[3];

②租赁业务;

③与融资租赁和租赁业务相关的租赁物购买、残值处理与维修、租赁交易咨询、接受租赁保证金;

④转让与受让融资租赁或租赁资产;

⑤固定收益类证券投资业务,这类业务不应构成融资租赁公司的主要业务,在经营指标要求上,固定收益类证券投资业务,不得超过净资产的20%。

金融租赁公司可经营下列部分或全部业务。[4]

①融资租赁业务,该项业务为金融租赁公司的主要业务;

②转让和受让融资租赁资产;

③固定收益类证券投资业务;

④接受承租人的租赁保证金;

⑤吸收非银行股东3个月(含)以上的定期存款;

⑥同业拆借;

⑦向金融机构借款;

⑧境外借款;

---

[1] 参见《融资租赁公司管理办法》(银保监发〔2020〕22号)第2条。
[2] 参见《融资租赁公司管理办法》第5条。
[3] 参见《融资租赁公司管理办法》第26条。
[4] 参见《金融租赁公司管理办法》第26条。

⑨租赁物变卖及处理业务；

⑩经济咨询。

从上述经营业务的范围可看出融资租赁公司和金融租赁公司的区别,同时,在开展融资租赁业务时,要确认出租方能否从事融资租赁业务。

2. 对融资租赁的主要监管

融资租赁业务一般具有投入资金大、租赁周期长、租金回收具有不确定性等特点,业务风险相对较大,为此,政府监管部门对融资租赁业务的监管力度也大。如对融资租赁公司的经营风险监管都有具体指标,除前述提到经营业务种类比例指标,还有其他的若干监管指标,如融资租赁和其他租赁资产的比重不得低于总资产的60%、固定收益类证券投资业务不得超过净资产的20%等,为防止融资租赁公司在经营业务规模上无限扩张带来风险,还规定融资租赁公司的风险资产总额不得超过净资产的8倍[①]。融资租赁公司的风险资产总额,是指公司总资产减去现金、银行存款和国债后的剩余资产,即风险资产总额＝公司资产总额－(现金＋银行存款＋国债)。

通过风险资产总额对净资产进行倍比限制,实际上,在融资租赁公司净资产不变情况下,限制了融资租赁业务的增加,目的是防范融资租赁风险。对出租人来说,这种风险包括租赁物资产风险、融资租赁租金收入和收益的风险。

除上述三项硬性限制指标外,还从控制单一承租人及承租人为关联方的业务比例分散经营风险进行监管,具体指标有以下几方面。

①单一客户融资集中度。融资租赁公司对单一承租人的全部融资租赁业务余额不得超过净资产的30%。

②单一集团客户融资集中度。融资租赁公司对单一集团的全部融资租赁业务余额不得超过净资产的50%。

③单一客户关联度。融资租赁公司对一个关联方的全部融资租赁业务余额不得超过净资产的30%。

④全部关联度。融资租赁公司对全部关联方的全部融资租赁业务余额不得超过净资产的50%。

上述的关联方,依《融资租赁公司管理办法》的规定,具体按照《会计准则第

---

① 参见《融资租赁公司管理办法》第27条。

36号》的规定认定,据此,下列情况构成融资公司的关联方:该融资公司的母公司;该融资公司的子公司;与该融资公司受同一母公司控制的其他企业;对该融资公司实施共同控制的投资方;对该融资公司施加重大影响的投资方;该融资公司的合营企业;该融资公司的联营企业;该融资公司的主要投资者个人及与其关系密切的家庭成员[①];该融资公司或其母公司的关键管理人员及与其关系密切的家庭成员;该融资公司的主要投资者个人、关键管理人员或与其关系密切的家庭成员控制、共同控制或施加重大影响的其他企业。

上述融资租赁业务的集中度和关联度的指标限制,是出租人需要遵守的监管合规性要求,融资租赁公司在签订融资租赁合同前需要对照上述指标进行核查,避免构成违规经营。

(三)融资租赁物的特殊规定

融资租赁业务主要发生在生产经营领域,因此,对融资租赁物有特殊要求。虽然《民法典》在融资租赁合同章节中并未对租赁物作出特别规定,但《融资租赁公司管理办法》和《金融租赁公司管理办法》都规定融资租赁为固定资产。

《会计准则第4号》第3条规定,固定资产,是指同时具有下列特征的有形资产:一是为生产商品、提供劳务、出租或经营管理而持有的;二是使用寿命超过一个会计年度。

概括地说,企业固定资产指使用寿命超过一年的用于生产、提供劳务、出租或经营管理的资产。按照财政部《关于发布2015版企业会计准则通用分类标准的通知》(财会〔2015〕6号)划分,企业固定资产包括厂房及建筑物、机器设备、办公设备及其他设备、运输工具、电子设备,以及其他固定资产。

承租企业用于生产所需原料、原材料等生产消费品,以及企业经营管理办公耗材等物资不属于融资租赁的范畴。

在实践中,用于形成固定资产的材料应视为固定资产一部分。如承租人投资建设太阳能光伏发电场,通过融资租赁的方式购进光伏组件、支架、逆变器、电缆电线等设备和材料,最终形成完整的太阳能光伏发电设施。

---

① 在融资租赁实践中,一般不发生自然人个人承租业务。

(四)融资租赁合同的分类

融资租赁分为直接型融资租赁和售后回租型融资租赁。

直接型融资租赁,即狭义的一般意义上的融资租赁,是指出租人根据承租人对出卖人、租赁物的选择,向出卖人购买租赁物,提供给承租人使用,承租人向出租人支付租金。

例如,甲公司投资建设工厂,因资金不足,对于工厂所需的压缩机、反应器等设备通过乙融资租赁公司融资租赁使用。甲公司从丙制造商选定压缩机、从丁制造商选定反应器,乙融资租赁公司分别与丙制造商、丁制造商签订买卖合同购买压缩机和反应器设备,出租给甲公司使用,甲公司向乙融资租赁公司支付租金。

售后回租型融资租赁,是指承租人将自有物件出卖给出租人,同时与出租人签订融资租赁合同,再将该物件从出租人处租回的融资租赁形式[①]。在实务中,售后回租型融资租赁也被简称为售后回租或回租。《民法典》中没有对售后回租型融资租赁作出规定,但《融资租赁合同司法解释》(法释〔2020〕17号)通过司法解释在民法体系中认可售后回租型融资租赁合同的法律地位,该司法解释第2条规定,承租人将其自有物出卖给出租人,再通过融资租赁合同将租赁物从出租人处租回的,人民法院不应仅以承租人和出卖人系同一人为由认定不构成融资租赁法律关系。换言之,只要不存在法定无效的情形,应认定售后回租构成融资租赁法律关系。

例如,甲公司为了融资的目的,将自有炼钢厂的生产设施、设备评估作价10亿元人民币出售给乙融资租赁公司;乙融资租赁公司再将该生产设施、设备出租给甲公司使用,甲公司向乙融资租赁公司支付租金。

通过上述案例可见,直接型融资租赁和回租型融资租赁都具有融资和融物的双重功能,但从功能目的来看,直接型融资租赁的主要目的是通过融资获得融物,而回租型融资租赁的主要目的是通过融物获得融资。

(五)融资租赁合同的主要内容

根据《民法典》第736条的规定,融资租赁合同的内容一般包括租赁物的名

---

① 参见《金融租赁公司管理办法》第5条。

称、数量、规格、技术性能、检验方法,租赁期限,租金构成及其支付期限和方式、币种,租赁期限届满租赁物的归属等条款。

由于融资租赁合同具有周期长、融资额度大、租赁物所有权与占有使用权分离、租赁物动态使用、租金结构相对复杂等特点,实务中,一方面需要细化和强化合同的通用内容,另一方面要结合实际补充一些关键内容。

综合实践,融资租赁合同一般涉及如下关键内容。

(1)租赁物。约定清楚名称、数量、规格、技术性能、检验标准和方法等。这在直接型融资租赁合同业务中,因由出租方购买,出租方对租赁物满足承租方要求负责,特别是在出租方主导选择租赁物的情况下。在实践中,一方面在货物买卖合同中通过专门附件的方式详细约定货物,特别是货物的规格、技术性能、质量标准、检验标准、验收办法等,这个附件文件最好由货物出卖人、承租人、出租人共同签订。同时,可以把这个附件文件作为融资租赁合同的一个专门附件。

需要注意的是:在融资租赁业务中,应当以权属清晰、真实存在且能够产生收益的租赁物为载体。融资租赁公司不得接受已设置抵押,属存在争议,已被司法机关查封、扣押的财产或所有权存在瑕疵的财产作为租赁物。[1] 就金融租赁公司开展回租而言,售后回租业务的租赁物必须由承租人真实拥有并使其有权处分。金融租赁公司不得接受已设置任何抵押、权属存在争议或已被司法机关查封、扣押的财产或所有权存在瑕疵的财产作为售后回租业务的租赁物[2]。

另外,有的租赁物经营使用需要获得政府主管部门的行政许可,如飞机、轮船、货运汽车等。在合同中要约定清楚行政许可的取得,并与租金起算挂钩。

(2)租赁物交接。对新购买的租赁物[3],要约定好租赁物的交接办法。在实务操作中,租赁物买卖合同同样需约定清楚,一般约定由出卖人直接将租赁物交付给承租人。但在买卖合同和融资租赁合同中要约定承租人接收、验收等手续文件。

(3)租赁物的维修保养。一些生产机器设备需要定期保养和检维修,为了保证租赁物能够达到正常使用寿命和正常价值,在合同中要进行约定,并约定清楚维修保养费用,一般应由承租人承担,也可约定由出租人承担,但这部分费用计入

---

[1] 参见《融资租赁公司管理办法》第7条第2款。
[2] 参见《金融租赁公司管理办法》第34条。
[3] 实践中,也存在向第三方购买二手生产设备、设施情形。

租金中。

（4）租赁物意外损毁、灭失。对于一些价值高的租赁物，双方协商承租人占有租赁物期间投保财产险，具体由哪方负责投保并承担保费。对于没有投保财产险或不属于保险责任范围的意外毁损、灭失，应约定清楚如何承担后果。需要注意的是，如果没有约定，承租人占有租赁物期间，租赁物毁损、灭失的，出租人有权请求承租人继续支付租金。[①]

（5）对租赁物处置的限制。虽然法律规定和合同约定租赁物所有权属于出租人，但毕竟租赁物所有权与占有权、使用权分离，租赁物由承租人占有、使用和收益，有些生产机器设备与承租人工厂附合、混合形成整体，善意第三人可能并不知晓所有权属于出租人，那么，承租人将租赁物出售、抵押、出租等处置，导致出租人的权利受损。[②] 因此，无论出租人是否登记公示，最好在融资租赁合同中对承租人进行限制性约定。

（6）租赁期限。租赁期限一般较长，租赁期限的设置要考虑租赁物的使用寿命，原则上租赁期限不应超过租赁物的正常使用寿命。

在实务中，融资租赁合同还可约定一个"宽限期"，这个"宽限期"可考虑两个方面因素：一是租赁物的使用寿命，原则上，租赁期限＋"宽限期"不应超过租赁物的正常使用寿命；二是承租人重置租赁物所需的正常合理时间，如承租人自行购买新设备的供货周期和必要安装调试的时间。具体是否设置"宽限期"，由当事人根据实际需要而定。

（7）租金与支付方式。在融资租赁实务中，租金的设置机制比较多，在合同中要约定清楚。如有的融资租金约定采用利率法[③]。但不管采用哪种方式，都要约定清楚；对于采用利率法计算租金的，要约定清楚利率在整个租赁期间是否调整，如果调整，还应约定清楚怎么调整。

关于租金支付，要约定清楚租金的来源，这是实现租金支付的保障，对于一些新设项目公司，通过项目公司生产经营收益支付，如常见的风电企业、太阳能光伏

---

① 《民法典》第 751 条规定，承租人占有租赁物期间，租赁物毁损、灭失的，出租人有权请求承租人继续支付租金，但是法律另有规定或者当事人另有约定的除外。

② 出租人按照法律规定通过登记等方式对租赁物所有权公示，可对抗第三人。

③ 利率法计算融资租赁租金，一般多以某个日期的 LPR 上浮若干基点（对于租赁期限长的，采用 5 年期 LPR 为基数；租赁期限不到 5 年的，采用 1 年期 LPR 为基数。）

发电企业等;具体支付期间,实践中多以季度为支付期等。

特别注意,对于售后回租的,租金与为融资而出售的金额有关,但不得为多获得融资而人为地抬高租赁物出售金额①。《融资租赁公司管理办法》第17条第2款规定,售后回租业务中,融资租赁公司对租赁物的买入价格应当有合理的、不违反会计准则的定价依据作为参考,不得低值高买。《金融租赁公司管理办法》第36条第2款也规定,售后回租业务中,金融租赁公司对租赁物的买入价格应当有合理的、不违反会计准则的定价依据作为参考,不得低值高买。在实践中,多以高值低买方式融资回租。

例如,S公司为满足生产经营与投资建设方面的资金需求,优化公司债务结构,以管道工程资产为标的,以售后回租向Z融资租赁公司融资。管道工程资产经评估净值为115,210万元,融资额度为100,000万元。

(8)租金支付担保。融资租赁合同属于非典型担保合同,但如上所述承租人通过项目公司经营收益支付租金的,存在一些不确定性,这种情况下,对出租人来说可考虑要求承租人提供其他担保,如第三人保证。在实践中,是否要求承租人提供其他担保,主要视租金来源及其保障性而定。

(9)租金提前支付机制。在融资租赁领域,出租人通过融资租赁收取包含高于银行贷款利息在内的租金而获取回报,因此,出租人不希望承租人提前支付租金。但在实践中,因承租人在租赁期间资金充足等各种原因,希望提前偿还全部或部分租金。这种情况下,一般在合同中约定提前支付租金的补偿机制,如以租赁成本作为基数,设置一个补偿机制。

例如,提前偿还补偿金 = 提前偿还租赁成本总额 × 提前偿还日至约定到期日期间的自然月数 × 0.n‰。

(10)租赁期限届满租赁物的归属。理论上,租赁期限届满租赁物应由出租人收回,返还出租人。但实际情况比较复杂,通常有如下情形。

①有些租赁物附合、混合到承租人的其他物体上难以返还,包括租赁物难以从混合体或附合体上拆分出来的,以及如果将租赁物移走将导致其他物体失去功能,如化工厂中的工艺反应器,一旦移走反应器,整个工艺生产线失去功能等,对

---

① 这里所说的人为提高租赁物出售金额主要指出租人为增加融资业务、承租人为获得更多融资而双方协商共同提高出售金额。

于这种情况,双方在签订融资租赁合同时要约定清楚租赁期满后租赁物的归属,如承租人留下租赁物,如何支付费用要约定清楚。

②对于租赁期限长的合同,租赁期满时租赁物也达到或接近使用寿命,此时,租赁物将处于或接近实质报废或财务报废状态。双方要对此约定租赁物的净值及处置办法,如设备或设施报废处理,虽有一定的残值,但处置本身也发生费用,如拆除等。

③整体性设施融资租赁。在近些年实务中,如风力发电场、太阳能光伏发电场等,采用项目法人整体设备、设施融资租赁。总体上,出租人也不可能把出租的设备、设施回收走。因此,在签订融资租赁合同时要约定处理办法。

④在回租的情形下,租赁物的一般情况是承租人原先正在使用中的设备、设施,通过融资租赁的方式后,出租人在租赁期满后也难以回收租赁物。

对于上述几种情形,通常可有三种处理方法:一是在签订融资租赁合同时将期满后租赁物的剩余价值转化到租金中,租赁期满后,租赁物归属承租人;二是租赁物剩余价值不转换到租金中,如租赁期满后承租人需要留下租赁物,在合同中约定对租赁物的价值评估,承租人支付出租人相应的费用,租赁物归属承租人;三是租赁物在租赁期满后应该报废的,可约定报废的处置办法。

在实务中,合同中往往约定一个"名义价款",即租赁期限届满之日,承租人取得租赁物的所有权而向出租人支付租赁物的名义价格。当然,这个名义价格也是根据租赁期限、租金以及租赁期满后租赁物的预期价值综合约定。

(11)租赁物公示。融资租赁合同一般周期长,且租赁物置于承租人占有、使用和收益,特别是回租合同的租赁物原本属于承租人所有,如出租人没有公示其对租赁物的所有权,第三人容易认为租赁物属于承租人所有。出租人为对抗善意第三人或第三人请求人民法院财产保全或财产执行,需要公示租赁物所有权归属。由于融资租赁物是固定资产,采用登记的方式公示。因此,合同应约定出租人对租赁物登记公示,特别是新购买的租赁物由出卖人直接交付给承租人的情形,对于回租合同,因租赁物原先登记在承租人名下,因此,还要约定变更登记。

(12)违约责任。融资租赁虽然合同关系比较简单,但涉及诸如上述一些关键性的内容,在较长的合同期间发生违约的可能性也相对较大,因此,在签订合同时最好把未来可能发生的违约情形及违约应承担的责任约定清楚,如租赁物本质质量问题[①]、不能或迟延支付租金等,特别是当事人可解除合同的违约情形等。

三、融资租赁合同的关注事项

(一) 合同效力

融资租赁合同的法律效力与其他合同的要求并无大异,这里不再赘述。

在融资租赁实务中,需要注意以下两个方面的问题。

一是当事人以虚构租赁物的方式订立的融资租赁合同无效。综合《民法典》《融资租赁公司管理办法》《金融租赁公司管理办法》《民法典担保制度司法解释》的相关规定,虚构租赁物包括:租赁物事实上不存在,当事人虚构融资租赁业务和虚构租赁物购置合同等;售后回租合同的租赁物低值高买等,这在售后回租实践中需要注意,现行制度下不允许低值高买。

二是融资租赁合同效力的独立性。《民法典》第738条规定,依照法律、行政法规的规定,对于租赁物的经营使用应当取得行政许可的,出租人未取得行政许可不影响融资租赁合同的效力。例如,飞机、轮船、货运汽车等营运都需要取得政府主管部门的行政许可,出租人未取得相应行政许可的,不影响融资租赁合同效力,只要该合同没有其他无效情形的,融资租赁合同有效。但租赁物未取得营运许可,承租人无法合法使用,构成出租人违约,需要对承租人承担违约责任。

(二) 登记公示

《民法典担保制度司法解释》将融资租赁纳入非典型担保的范畴,通过担保物权的方式来保障出租人债权的实现。因此,要使融资租赁合同实现担保功能,需要对融资租赁物的所有权担保进行登记,以对抗善意第三人债权。

关于融资租赁登记以及不登记的法律后果,在第十章担保合同中有详细介绍,此处不再赘述。

[①] 在融资租赁实践中,如果租赁物事先由承租人选定,那么,租赁物本质质量问题不应当由出租人负责,承租人可通过买卖合同约定向货物出卖人追责。

第十五章 合伙合同

一、合伙合同

合伙本指两个或两个以上的主体,发挥各自的优势,为共同的目的或目标去做某些事情。合伙行为是一种常见的民事行为,因此,《民法典》将合伙合同作为列名合同专章规范。依《民法典》第967条规定,合伙合同,是两个以上合伙人为了共同的事业目的,订立的共享利益、共担风险的协议。在此之前,原《民法通则》从民事主体的角度专节规定了个人合伙,个人合伙指两个以上公民按照协议,各自提供资金、实物、技术等,合伙经营、共同劳动。[①]《民法典》所规定的合伙合同当事人仅指合伙人,并未明确哪些主体可以成为合伙合同的当事人。但合伙合同在《民法典》合同专编下,结合《合伙企业法》第2条规定,在没有特别规定的情况下,自然人、法人和其他组织均可成为合伙合同的主体,换言之,自然人、法人和其他组织可依法订立合伙合同。当然,虽然一般理解民事主体可构成合伙合同的主体,但在后面介绍合伙企业合同时将会指出,并非所有的民事主体都可以作为合伙合同的当事人,如国有企业不能成为合伙企业的普通合伙人。

(一) 合伙合同关系的认定

在合伙活动中,特别是在不设立合伙企业的情况下,自然人之间的合伙关系有时容易产生模糊,如相互之间帮忙、居间以及民间借贷等容易混同合伙。《民法典》规定的合伙合同强调合伙人共享利益、共担风险。原《民法通则》规定的自

[①] 参见原《民法通则》第30条。

人合伙关系以及《民法通则司法解释》关于合伙合同关系的解释①,综合最高人民法院在(2018)最高法民再216号案中强调,合伙各方是否存在共同出资和共同经营行为,是认定合伙关系是否形成的重要考量因素,共享收益、共担风险这一合伙关系的必要构成要件。② 据此,可认为合伙关系的主要特征为共同出资、共同经营、共享收益、共担风险关系,其中,共享收益、共担风险是构成合伙合同的要件。这些特征在《民法典》关于合伙合同的相关条款中都有体现。因此,判断是否构成合伙合同关系,除形式方面的要求外,如合伙企业合同需要订立书面合同,关键看各方是否共享收益、共担风险。

（二）约定保底条款的合伙合同

在实践中,存在合伙合同约定部分合伙人固定收益或其他的保底条款。通常情况是普通合伙人发起组织合伙投资项目,允诺有限合伙人固定收益并在后期再分配收益,而约定的固定收益率一般高于银行贷款利率,由该普通合伙人承担合伙事务执行人。这种带有保底约定的合伙合同在实务中时常发生。这类合同并不符合共享收益、共担风险的合伙关系的构成要件,不应构成合伙合同。

需要注意的是,虽然带保底条款的合同不被认定为合伙合同,但并不当然被认定为无效合同。除合同违反法律或行政法规的效力性强制规定或违背公序良俗外,在当事人没有举证应当无效或可被撤销的情况下,法院或仲裁机构一般认定合同有效,但并不认定为合伙合同,如当事人以出资方式参与的,可被认定为民间借贷合同关系。当事人在这两类合同中的权利、义务和责任是不相同的,但原则上尊重当事人的合同约定。

（三）合伙合同的主要内容

合伙合同除具备合同所需的一般内容外,如合同主体、合同生效、违约责任等,合伙合同包括以下主要内容。

(1)合伙目的和合伙事项。重点约定清楚合伙事项的内容,如合伙承包工程、合伙投资、合伙开发技术等,在合同中具体约定清楚。

---

① 《民法通则》和《民法通则司法解释》随着2021年1月1日《民法典》开始施行而废止,本章引用,主要用于帮助对合伙关系的理解。

② 最高人民法院再审民事判决书,(2018)最高法民再216号。

(2)出资方式、数额和缴付期限。这是合伙的基础,是构成合伙关系的一个重要因素。每个合伙人的出资数额、缴付期限要约定清楚,另外,在合伙实践中,合伙出资可以是多种方式,包括货币、实物、知识产权、土地使用权、其他财产权利或者用劳务出资。采用非货币出资的,还需要约定评估作价或协商作价,对于劳务出资的,要约定清楚作价办法。出资方式、数额以及缴付期限等,在合伙实务中容易发生纠纷,因此,尽量在合同中约定清楚。

需要注意的是,在实务中,合伙人的出资以及因合伙事务依法取得的收益和其他财产,属于合伙财产。合伙合同终止前,合伙人不得分割合伙财产。

(3)合伙期限。合伙期限是一项重要内容,可以是某个合伙事项的完成时间,如合伙承揽一栋楼房的装修工程,合伙研究开发某项技术等;但若合伙开展多项活动,一般应约定合伙期间。在合伙期限内,除合伙人一致同意外,合伙人不得擅自退伙或解除合同。

合伙合同没有约定合伙期限或者约定不明确,依法不能确定的,视为不定期合伙。对于不定期的合伙合同,合伙人可以随时解除合同,但是应当在合理期限届满之前通知其他合伙人。对于约定合伙期限的,合伙期限届满,如合伙人继续执行合伙事务,其他合伙人没有提出异议的,原合伙合同继续有效,但是合伙期限按不定期对待。

(4)合伙事务的决定与执行。合伙事务的决定需要经全体合伙人一致同意,如合伙合同另有约定按照其约定,但无论怎样约定,需要体现出共同经营的合伙特征。关于合伙事务的执行内容,原则上,合伙事务由全体合伙人共同执行,但在实践中,有些合伙事务委托某个或某几个合伙人执行,这需要在合同中约定清楚,或由全体合伙人共同决定。如在有限合伙企业中,合伙人委托普通合伙人执行合伙事务。如果委托部分合伙人执行合伙事务,其他合伙人将不再执行合伙事务,但是有权监督合伙事务的执行情况。

(5)合伙的利润分配和亏损分担。合同需要明确约定合伙利润分配和亏损分担,通常可以按照合伙人的出资比例进行分配和分担,在实践中,合伙人可以根据合伙事务执行安排等因素而脱离出资比例来约定利润分配和亏损分担,但这种约定仍要体现出利益共享、风险共担精神,违背这个精神可能导致合同性质改变。如果合同对利润分配和亏损分担没有约定或约定不清楚的,合伙人事后又不能协商一致的,按照合伙人实缴出资比例分配、分担;如无法确定出资比例的,由合伙人平均分配、分担。

(6)合伙债务承担。由于合伙的特殊性,合伙债务清偿责任是无限的,即合伙债务必须清偿,合伙财产不足以清偿的,由合伙人清偿,直至清偿全部债务。因此,对第三人而言,合伙债务由合伙人承担连带清偿责任。合伙人清偿合伙债务超过自己应当承担的份额的,有权向其他合伙人追偿。

需要注意的是,这里所说的是清偿合伙债务的合伙人有权向其他合伙人追偿,包含三方面的意思:一是连带清偿债务的合伙人向实际承担合伙债务未达到按约应承担清偿份额的其他合伙人追偿,其所追偿的限额是其他合伙人按约应承担的合伙债务份额的不足部分;二是承担有限责任的合伙人向承担无限责任的普通合伙人追偿;三是普通合伙人中清偿的合伙债务超过自己应当承担份额的合伙人向清偿合伙债务未达到应负份额的普通合伙人追偿。

(7)合伙份额转让。允许合伙人向第三人转让其全部或部分财产份额。合伙合同应对合伙人向第三人转让财产份额的办法约定清楚。如果合同没有约定,需要经其他合伙人一致同意才可以转让。

(8)合伙财产分配处理。合伙合同终止前,合伙人不得分配处理合伙财产。合同终止后,合伙财产的处理原则是,先支付合伙终止而产生的费用,再清偿合伙债务,还有剩余的,用于合伙人分配,具体的分配原则按照利润的分配方式,在合同中应约定清楚。但需要注意的是,如合伙财产不足以清偿债务的,由合伙人清偿。

关于合伙合同的形式,《民法典》没有明确强调,也就是说,书面形式、口头形式以及其他形式都可作为合伙合同的表现形式。在实务中,如果合伙事项复杂,合伙人最好签订书面协议。另外,如其他法律要求某类合伙合同采用书面形式的,应当按要求订立书面合伙合同。如《合伙企业法》第4条规定,合伙协议依法由全体合伙人协商一致、以书面形式订立。

合伙人为合伙事业订立合伙合同的,既可设立有形组织形式即合伙企业,也可不设立合伙企业,而是以合伙合同为纽带的合伙形式存在。

二、合伙企业

(一)合伙企业概述

在市场经济领域,为发挥各自优势,合伙生产经营活动日益增加,合伙企业应运而生。随着我国经济社会的快速发展,合伙企业也迅速发展,同时,合伙企业的形态不断发展,合伙企业协议纠纷也大量涌现。从各类合伙企业实际的经营活动看,当前合伙企业多集中在投资、资产或股权管理、专业服务等领域,而投资、资产和股权管理等领域又是纠纷多发地带。

1. 合伙企业类型

按照《合伙企业法》的规定,合伙企业,是指自然人、法人和其他组织依照该法在中国境内设立的普通合伙企业和有限合伙企业。前述自然人、法人和其他组织是合伙企业的合伙人。

合伙企业是一种企业组织形式,不具有法人资格,但需要进行工商登记注册并领取营业执照。合伙企业既不同于公司法人或企业法人,也不同于公司或企业法人的分支机构。

此前法律所认可的合伙企业都是无限责任,如原《民法通则》所规定的个人合伙企业以及2006年修订前的《合伙企业法》所规定合伙企业都是合伙人对合伙企业承担无限连带责任。2006年修订后的《合伙企业法》增加了有限合伙企业,自此,有限合伙企业和普通合伙企业并存。

按照当前的法律规定,合伙企业包括普通合伙企业和有限合伙企业两大类,其中普通合伙企业还单独分出特殊普通合伙企业这一独特类型。

普通合伙企业,由普通合伙人组成,合伙人对合伙企业的债务承担无限连带责任。[①] 简单地说,在普通合伙企业里,合伙人对外承担合伙企业债务无限的和连带的责任。这种对外无限连带责任不受某个合伙人在合伙企业认缴出资或实际出资比例的限制。当然,合伙人承担合伙企业的对外债务后,可依据合伙协议向其他合伙人追偿。

有限合伙企业,由普通合伙人和有限合伙人组成,普通合伙人对合伙企业的债务承担无限连带责任,有限合伙人以其认缴的出资额为限对合伙企业债务承担责任。有限合伙企业所体现的有限责任主要是指有限责任合伙人对合伙企业债务承担以其认缴出资额为限的责任,但合伙企业仍应对外承担无限责任,在合伙企业的财产不足以承担的情况下,由普通合伙人连带承担无限责任。这与有限责任公司不同,有限责任公司以其全部财产为限对公司的债务承担责任,股东以其

---

① 参见《合伙企业法》第2条第2款。

认缴的出资额为限对公司承担责任。

需要注意的是,就合伙企业对外债务的责任而言,有限合伙企业与普通合伙企业并无不同,都要承担无限责任,先以合伙企业的全部财产清偿到期债务,不足部分,由合伙人承担无限连带责任;不同之处在于普通合伙企业的所有合伙人对合伙企业债务承担无限连带责任,而有限合伙企业仅有其普通合伙人承担无限连带责任。

特殊普通合伙企业,主要针对以专业知识和专门技能为客户提供有偿服务所设立的普通合伙企业,其特殊性在于,一方面,合伙企业以专业知识和专门技能为客户提供有偿服务;另一方面,一个合伙人或者数个合伙人在执业活动中因故意或者重大过失造成合伙企业债务的,应当承担无限责任或者无限连带责任,其他合伙人以其在合伙企业中的财产份额为限承担责任;合伙人在执业活动中非因故意或者重大过失造成的合伙企业债务以及合伙企业的其他债务,由全体合伙人承担无限连带责任。特殊普通合伙企业需要在合伙人名称中加注"特殊普通合伙"字样。比较常见的特殊普通合伙企业如会计师事务所,也有其他以专业知识和专门技能为客户提供有偿服务机构设立的特殊普通合伙企业,如中船产业投资基金管理企业(特殊普通合伙)、广东省健正应用科技研究中心(特殊普通合伙)[①]等。

在实务中,律师事务所也有不少"合伙人""高级合伙人"等,那么,律师事务所是否也应为合伙企业呢?答案是否定的。律师事务所虽也采用合伙制,但它既不是法人企业,更不是合伙企业。律师事务所仅是在司法行政机构审核登记,既不进行工商登记,也不进行民政登记,因此,律师事务所是一种特殊的专业服务机构。但律师事务所需要像类似企业那样依法纳税。

在合伙实践中需要特别注意,合伙企业的合伙人包括公司、企业等营利法人、事业单位、社会团体、基金会、社会服务机构等非营利法人,以及其他非法人组织等,但在普通合伙企业和有限合伙企业中,国有独资公司、国有企业、上市公司以及公益性的事业单位、社会团体不得成为普通合伙人[②]。

2.合伙关系的判断

合伙各方是否存在共同出资和共同经营行为,是认定合伙企业关系是否形成

[①] 参见"国家企业信用信息公示系统"http://www.gsxt.gov.cn/%7B1632C36A7E1362B88D2404695CCFE0F45DE663563B8013B6472A3E972C528A2303B82B8E7F12974D869248830626。

[②] 参见《合伙企业法》第3条。

的重要考量因素,共享收益、共担风险是合伙关系的必要构成要件,在不具备上述条件的情况下,不能认定存在合伙关系。

3. 设立合伙企业的原因

既然合伙企业既没有法人资格,同时合伙人(普通合伙企业的合伙人和有限合伙企业中的普通合伙人)还需要对合伙企业的债务承担无限连带责任,合伙人为什么不设立有法人资格的公司呢?原因是多方面的,本书仅从企业所得税的角度分析为什么设立合伙企业。设立企业的目的是通过企业的生产经营等活动获取盈利。合伙企业既然是企业,需要同其他企业一样缴纳相关税费,但合伙企业不需要缴纳所得税,而是由企业合伙人分别缴纳所得税。[①] 举个例子,假设甲、乙为自然人,按照4:6的认缴出资额共同设立 A 合伙企业,A 合伙企业全年取得100万元利润;假定甲、乙以同样出资额和同样比例共同设立 B 有限公司,B 有限公司全年也取得 100 万元利润。在不考虑公司或企业享受所得税收减免以及 100 万元利润全额分配的情况下,甲、乙可获得收益如下方面。

在设立合伙企业的情况下:

甲可从 A 合伙企业分配40万元(100×4/10);

乙可从 A 合伙企业分配60万元(100×6/10)。

在设立公司情况下:

B 有限公司需要缴纳企业所得税,按照《企业所得税法》第 4 条规定,企业所得税率为25%,即 B 有限公司需要先行缴纳 25 万元(100×25%)企业所得税,用于分配的净利润为 75 万元,那么:

甲可从 B 有限公司分配30万元(75×4/10);

乙可从 B 有限公司分配45万元(75×6/10)。

由以上直观对比可见,在同等条件下,从合伙企业获得的收益要比从公司获得的收益多一些,两者相差主要在企业所得税上。

(二)合伙企业协议

合伙企业协议是合伙合同的一种特殊类型,合伙人的合伙行为通过设立的合

[①] 《合伙企业法》第 6 条规定,合伙企业的生产经营所得和其他所得,按照国家有关税收规定,由合伙人分别缴纳所得税。

伙企业运行。

设立合伙企业的合伙协议必须是书面协议,这是设立合伙企业的一个要件。除此之外,合伙协议一般包括以下主要内容。

(1)协议主体,即合伙人。合伙人是自然人的,应当具有完全民事行为能力,在协议中应写明姓名、住址,在实务中,还应注明合伙人身份证件号码或其他有效证件号码;非自然人的,应写明名称和地址等基本信息。合伙人既可以是原始签约人,也可以是后来加入的合伙人,新加入的合伙人应受合伙协议的约束。

普通合伙企业的合伙人为2个以上;有限合伙企业的合伙人为2个以上50个以下,法律有特殊规定的按特殊规定。

另外,在有限合伙协议中还应明确哪些合伙人是普通合伙人,哪些合伙人是有限合伙人,但有限合伙企业中,至少要有一个普通合伙人。

此外,在有限合伙企业的合伙人中,允许有限合伙人和普通合伙人相互转换,但由于两者的权利、义务、责任不同,需要在协议中约定互换程序以及各自的权利义务。如果协议没有约定,原则上,有限合伙人转换为普通合伙人或普通合伙人转换为有限合伙人的,应当经全体合伙人一致同意。

需要注意的是:有限合伙人转换为普通合伙人的,对其作为有限合伙人期间有限合伙企业发生的债务也要承担无限连带责任;普通合伙人转换为有限合伙人的,对其作为普通合伙人期间合伙企业发生的债务仍要承担无限连带责任[①]。所以,合伙人在角色互换前要对合伙企业的债权债务做总体考虑。

(2)合伙企业的名称和主要经营场所的地点。合伙企业名称中要注明合伙企业的类型,如设立普通合伙企业,需要在企业名称中标明"普通合伙",如×××投资管理中心(普通合伙);设立特殊普通合伙企业的,需在名称中标注"特殊普通合伙",如×××会计师事务所(特殊普通合伙);设立有限合伙企业,须在名称中标注"有限合伙",如×××股权投资基金(有限合伙)等。

(3)合伙目的和合伙经营范围。有些经营范围需要事先经监管部门或行政主管部门审批,如涉及股权投资、证券投资等业务,需要事先获得证券监管部门的批准等,因此,合伙企业协议应约定合伙企业的经营范围,并进行工商登记。

(4)合伙人的出资方式、数额和缴付期限。普通合伙企业,合伙人可以用货

---

① 参见《合伙企业法》第83条、第84条。

币、实物、知识产权、土地使用权或者其他财产权利出资,也可以用劳务出资;但在有限合伙企业中,合伙人不可以用劳务出资。另外,合伙协议还需要对货币以外的其他出资评估办法进行约定,特别是对知识产权、其他财产性权利作价评估并进行更为具体的约定。

(5)合伙事务的执行。由于合伙企业不同于公司或其他法人企业有完整的治理结构,公司可以自行对外开展经营活动,但合伙企业无法自行对外开展活动,合伙事务一般采取委托某个或某几个合伙人对外代表合伙企业执行;对于有限合伙企业,合伙事务不得由有限合伙人执行,应由普通合伙人执行合伙事务。在实践中,合伙人数较少的普通合伙企业,也可约定由合伙人分别执行合伙事务。

有限合伙企业协议,还要约定执行事务合伙人应具备的条件和选择程序;另外,由于普通合伙人和有限合伙人的权利义务不尽相同,在合伙协议中还应约定执行事务合伙人的权限,以及执行事务合伙人的违约处理办法;同时,还要约定执行事务合伙人的除名条件和更换程序。

(6)合伙事务决议。合伙企业的一些重要事务需要合伙人决议,合伙企业协议要把需要决议事项列明,并进一步明确哪些事项需要过半数通过;哪些事项需要2/3多数通过;哪些事项需要全体通过,如合伙人入伙等;同时约定合伙事务决议办法,避免日后产生纠纷。如果合伙协议未约定或者约定不明确的,实行合伙人一人一票并经全体合伙人过半数通过的表决办法。

(7)利润分配、亏损分担方式。合伙企业的利润分配、亏损分担,按照合伙协议的约定办理;合伙协议未约定或者约定不明确的,由合伙人协商决定;协商不成的,由合伙人按照实缴出资比例分配、分担;无法确定出资比例的,由合伙人平均分配、分担。可见,合伙企业协议对合伙企业利润分配、亏损分担清晰约定的重要性。

需要注意的是:普通企业协议不得约定将全部利润分配给部分合伙人或者由部分合伙人承担全部亏损;有限合伙企业不得将全部利润分配给部分合伙人,但是,合伙协议另有约定的除外[①]。据此,可理解为有限合伙企业协议可协议约定全部利润分配给部分合伙人,当然,出现这种情况应有其背后特定的原因。

(8)入伙。在合伙企业协议中,还要约定入伙的条件、程序以及相关责任。

原则上实行协议入伙。新合伙人入伙,应当经全体合伙人一致同意,并订立

[①] 参见《合伙企业法》第33条第2款、第69条。

书面入伙协议,如合伙企业协议有特别约定,按照特别约定的方式和程序入伙;合伙协议还应约定新入伙人的权利和责任,如合伙协议没有约定,入伙的新合伙人与原合伙人享有同等权利,承担同等责任。

需要注意的是:在普通合伙企业中,新合伙人对入伙前合伙企业的债务承担无限连带责任;在有限合伙企业中,新入伙的有限合伙人对入伙前有限合伙企业的债务,以其认缴的出资额为限承担责任。①

(9)退伙。在合伙企业协议中,还要约定退伙的条件、程序以及相关责任。合伙企业退伙,包括法定退伙、当然退伙和除名退伙。

如果合伙协议未约定合伙期限的,合伙人在不给合伙企业事务执行造成不利影响的情况下,可以退伙,但应当提前30日通知其他合伙人。

法定退伙,是指出现法定情形时,合伙人有权退伙。按照《合伙企业法》规定,法定退伙主要包括四种情形:一是合伙协议约定的退伙事由出现;二是经全体合伙人一致同意;三是发生合伙人难以继续参加合伙的事由;四是其他合伙人严重违反合伙协议约定的义务。

当然退伙,是指发生法定事由时,合伙人依法被认定退出合伙企业。按照《合伙企业法》规定,当然退伙主要包括五种情形:一是作为合伙人的自然人死亡或者被依法宣告死亡;二是自然人合伙人个人丧失偿债能力;三是作为合伙人的法人或者其他组织依法被吊销营业执照、责令关闭、撤销,或者被宣告破产;四是法律规定或者合伙协议约定合伙人必须具有相关资格而丧失该资格;五是合伙人在合伙企业中的全部财产份额被人民法院强制执行。

除名退伙,是指合伙人被合伙企业其他合伙人决议除名而退出合伙。按照《合伙企业法》规定,当合伙人出现以下四种情形时,经其他合伙人一致同意,可以决议将该合伙人除名:一是未履行出资义务;二是因故意或者重大过失给合伙企业造成损失;三是执行合伙事务时有不正当行为;四是发生合伙协议约定的事由。

(10)合伙期限、合伙企业的解散与清算。

合伙企业期限。合伙企业应约定合伙期限,在合伙期限内,合伙人不得擅自退伙,否则承担违约责任;但如没有约定合伙期限的,合伙人在不给合伙企业事务执行造成不利影响的情况下,可以退伙,但应当提前30日通知其他合伙人。

---

① 参见《合伙企业法》第44条第2款、第77条。

合伙企业解散。合伙企业协议要约定解散情形和事由,当解散情形和事由发生时,除全体合伙人决定不解散的,可以解散合伙企业。除合伙企业协议约定解散外,按照《合伙企业法》第85条规定,出现下列情形之一的,合伙企业应当解散:

①合伙期限届满,合伙人决定不再经营的;

②全体合伙人决定解散的;

③合伙人已不具备法定人数满30天的(注意,这里的法定人数,包括两个方面意思,一是合伙企业的合伙人为2个以上;二是合伙人中需有相应的普通合伙人数量,有限合伙企业中至少有1个普通合伙人,当仅剩有限合伙人时,即使数量上超过2个,仍应解散);

④合伙协议约定的合伙目的已经实现或者无法实现;

⑤依法被吊销营业执照、责令关闭或者被撤销;

⑥法律、行政法规规定的其他原因。

合伙企业清算。发生上述合伙企业解散,或者合伙企业不能清偿到期债务的,债权人依法向人民法院提出破产申请,合伙企业进入清算程序。合伙企业清算与其他企业清算类似,此处不再赘述。

就合伙企业而言,即使经解散与清算,但仍要注意以下几点[①]。

①清算期间,合伙企业存续,但不得开展与清算无关的经营活动。

②清算人编制的清算报告,需经全体合伙人签名、盖章后,向企业登记机关报送,申请办理合伙企业注销登记。

③合伙企业依法被宣告破产的,普通合伙人对合伙企业债务仍应承担无限连带责任。

④合伙企业注销后,原普通合伙人对合伙企业存续期间的债务仍应承担无限连带责任。这与公司是不同的。

(11)违约责任。合伙企业协议违约责任包括两大方面,一方面是所有合伙人履约合伙协议义务违约责任,如不按照约定出资,与合伙企业同业竞争、与本合伙企业关联交易等,针对具体违约事项约定相应的违约责任;另一方面是执行合伙事务的合伙人执行合伙事务违约责任,如不按照合伙协议约定或合伙人决议执行合伙事务,利用执行合伙企业事务之便,损害或侵害合伙企业利益等,针对其违约

---

① 参见《合伙企业法》第88条、第90条、第91条、第92条。

行为约定相应的违约责任。

（12）争议解决办法。实践显示，合伙企业协议执行中争议较多，建议协议约定解决争议协商机制，特别是在合伙人较多的情况下，这种协商机制更为重要。如无法通过协商机制解决争议，可以通过仲裁或诉讼途径解决。对于合伙企业经营规模较大、合伙人数较多的情况，本书认为采用诉讼方式更为适宜，具体由合伙人根据个案商定。

在实务中，可根据设立合伙企业的经营内容、经营管理模式以及合伙人的出资等实际情况增减调整协议内容。

| 第十六章 | 物业服务合同 |

物业服务尤其是住宅物业服务关系着千家万户所生活的环境,关系着社会和谐。本书认为,法律对物业服务的调整是对该领域的基本要求,尤其是住宅物业服务合同的当事人各方除应遵循法律规范的基本准则外,更要展现出应有的道德规范中的良知——物业服务公司及其管理人员用内心深处的良知去看待自己对业主所做的一切,而业主个体从应有的良知去理解和尊重对方尤其是物业服务公司工作人员所付出的努力。这是将物业服务合同纳入本书的初衷。

一、物业服务概述

物业服务包括居住物业服务、商业物业服务、工业物业服务和其他物业服务。其中,商业物业如办公楼、商场、宾馆酒店等楼堂馆所,工业物业如工厂、工业园区等,商业物业服务和工业业务服务对应的物业主体或物业管理主体相对单一集中,双方之间完全是合同关系,而且多采取招标竞争的方式选聘物业服务公司[①],服务范围、服务内容和标准以及违约责任和解约等由双方在合同中约定,另外,商业物业和工业物业里面虽然人员众多,但这些人员受到物业主体、物业管理主体以及进驻单位的统一管理,相比较而言,商业物业服务和工业物业服务领域合同纠纷相对少一些;而居住物业,包括住宅楼、住宅小区甚至住宅社区、公寓、别墅等,在我国城镇居住物业以住宅楼、住宅小区或住宅社区为主体。

目前,城镇住宅小区或住宅社区主要包括三种形态:一是过去分房制度下多

[①] 在实务中,商用物业楼宇、小区或园区的前期物业服务公司也是由开发商选聘,有的物业服务公司是开发商或开发商股东设立的关联企业。

个单位组成的老的住宅小区,房改后,部分房屋进入市场,住宅小区的住户不完全是原单位职工或退休职工,小区物业服务实行社会化管理,但物业服务公司一般仍由原单位选择;二是完全商品房住宅小区,按照物权法律规定,应当由小区业主大会及业主委员会选聘物业服务公司;三是住宅小区由过去的老住宅楼和商品楼房共同组成。在居住物业服务实践中,由于业主分散,特别是一些物业小区没有或未能成立业主大会和业主委员会的,物业服务公司服务不到位甚至侵害业主利益等的情况相对较多,有的小区物业服务中矛盾甚至比较突出。由于居住物业服务关系老百姓的基本生活和社会和谐,为此,《物业管理条例》自2003年9月1日实施以来,先后经历三次修订,并授权省、自治区、直辖市结合各地实际制定物业管理地方性法规。随着物业管理立法不断加强,住宅小区物业服务管理得到不断改善。但由于各种原因,物业服务纠纷仍然多发,统计数据显示,2019年全国法院系统一审裁判物业服务纠纷案件超过60万件。为了不断改进物业服务,《民法典》把物业服务合同作为列名合同形式列入法典中。

本章重点分述居住物业服务合同。

二、物业服务合同要件

《民法典》将物业服务合同作为列名合同纳入法律规范中。《民法典》第937条规定,物业服务合同是物业服务人在物业服务区域内,为业主提供建筑物及其附属设施的维修养护、环境卫生和相关秩序的管理维护等物业服务,业主支付物业费的合同。

(一)合同形式

由于物业服务内容相对分散、标准不尽一致、服务周期一般具有持续长期性,特别是住宅小区业主众多等因素,因此,《民法典》和《物业管理条例》都明确要求物业服务合同采用书面形式[①]。

(二)合同主体

物业服务合同由业主和物业服务人签订。

---

① 参见《民法典》第938条第3款,《物业管理条例》第34条第1款。

在实务中,签订物业服务合同的业主,既可能是物业业主,如办公楼业主、住宅房屋业主;也可能是物业实际使用人,如租赁办公楼整栋或整层的实际使用单位等。对于住宅小区的物业服务合同而言,业主方一般由业主委员会或物业管理委员会代表全体业主签订物业服务合同[1]。另外,前期物业服务合同由建设单位与物业服务企业签订[2]。

关于物业服务人,按照《民法典》规定,包括物业服务企业和其他管理人。这是从广义物业服务合同而言的,如独立住宅业主委托个人或物业服务企业提供物业管理服务等,本书主要针对物业服务企业提供物业服务方面论述。《民法典》规定了广义的物业服务合同,但从狭义的物业服务合同而言,物业服务提供者应是具有法人资格企业[3]。

(三)物业服务合同的主要内容

物业服务合同一般采用主条款加附件的方式。

物业服务合同主条款一般包括以下主要内容。

①合同当事人双方。业主方,对于住宅小区来说,一般由业主大会或业主委员会或物业管理委员会代表小区全体业主,物业服务方为物业服务公司。

②物业项目基本情况。主要包括物业基本情况、物业小区规划范围、物业服务用房等基本情况,可用附件详细描述。

③物业服务的内容与标准。基本服务范围与内容、专项服务内容、服务标准等,这部分是物业服务合同的核心内容。通常,基本服务范围与内容以及对应的服务标准是支付物业管理费的基础,有的把专项服务内容也列入物业管理费中,但一般把专项服务作为单独收费项,要详细约定专项服务及对应的收费标准。

基本服务范围和内容一般包括:区域内物业共用部位及公用设施设备的日常管理、运行维修养护;消防安全防范;绿化、景观的养护和管理;环境卫生管理;公

---

[1] 物业管理委员会,是不具备成立业主大会的条件或成立业主大会困难或虽然成立业主大会但未能选举产生业主委员会的特殊情况下的临时机构。物业管理委员会各地方规定不尽相同,按照《北京市物业管理条例》规定,物业管理委员会由居民委员会、村民委员会、业主、物业使用人代表等7人以上单数组成,其中业主代表不少于物业管理委员会委员人数的1/2;主任由居民委员会、村民委员会代表担任,副主任由1名业主代表担任。

[2] 参见《物业管理条例》第21条。

[3] 《物业管理条例》第32条第1款规定,从事物业管理活动的企业应当具有独立的法人资格。

共秩序维护和安全防范;装饰装修管理;基本综合管理等。在实践中,可把这些服务范围与内容单独列附件,进行详细描述。

服务标准也很重要,各省市住建部门一般都制定相应的地方物业服务标准,如北京市《住宅物业服务标准》,将住宅物业服务标准划分五个等级,其中,一级标准为最低标准,五级标准为最高标准,并且,每一级标准高于且包含下一级标准。例如,环境卫生中的垃圾收集器清洗管理:一级标准:每月至少清洗1次垃圾收集容器,蝇、蚊滋生季节每5日喷洒1次杀虫药;三级标准:每2周至少清洗1次垃圾收集容器,蝇、蚊滋生季节每日喷洒1次杀虫药。物业服务标准可根据物业实际需要对照当地标准,以附件形式详细约定。

物业服务费,即通常所称的物业费,通常有两种模式:包干制和酬金制,其中,在住宅小区物业服务中一般采用包干制,即业主以专有建筑面积按每平方米的单价计算物业费,每年支付,物业服务公司包干使用。物业费盈余或亏损均由物业服务公司享有或者承担,但物业服务公司不得以亏损为由要求增加费用、降低服务标准或减少服务内容。酬金制相对于包干制来说要复杂一些,一般不用于普通住宅小区物业服务,在此不做赘述。

双方的权利和义务。主要约定双方的基本权利和义务。

合同终止。这部分对物业服务合同来说十分重要,特别是在现实中时常发生物业服务公司不按照合同约定履约,业主难以终止合同,以及业主在合同到期更换物业服务公司后,原物业服务公司不撤离、不清算财务账目、不移交档案资料等情形。因此,这部分要详细约定提前终止合同的条件以及合同期满后终止合同各方尤其是物业服务公司需要履行的义务、责任以及相应的违约责任,这部分违约责任可适当加重。

违约责任。这部分主要约定双方的违约情形及相应的违约责任,尤其详细约定物业服务公司违反物业服务及服务标准的违约情形和责任,以及业主无故拖欠物业费的违约责任等。

争议解决及其他条款。和其他合同相同,物业服务合同争议可以通过诉讼或仲裁等法律途径解决,本书认为,结合物业服务合同的特点,选择诉讼方式将会更适合一些。

合同附件部分主要包括以下内容。

①物业区域范围,如住宅小区范围,通常可辅以规划文件;

②物业具体构成,如哪些楼栋、配套建筑等;

③物业共用部位的描述与清单;

④物业共用设施设备的描述与清单;

⑤服务事项、要求、标准,其他服务事项及收费标准等;

⑥资料与档案管理要求、资料清单等。

具体物业服务合同可参照当地住建部门制订的合同范本。

(四)物业服务合同的特别规定

1. 可专项分包不可转包

物业服务范围较广,有些专业性服务项目需要专业人员和设施,设备维护,绿化、景观维护、安保、垃圾清运等,有的还需要专业资质,如电梯维修、建筑物维修等。这些专业性服务可以委托给第三方专业性服务组织实施,但物业服务公司仍就这些分包事项向业主负责。当然,如果物业服务公司本身具备某项或某几项专业能力和资质,也可以不进行分包。

除专项服务事项分包外,不得将全部物业服务转委托给第三方,即通常所称的转包,也不得部分将全部物业服务支解后分别委托给第三方,即通常所称的变相转包。如果发生这种情况,业主方可以物业服务公司根本性违约而解除合同。

2. 不得"野蛮"催交物业费

在住宅物业服务实务中,部分业主不支付物业费,物业服务公司采取停电、停水、停气等措施催交物业费[1],导致物业服务矛盾不断激化。为此,立法上从两个方面进行规定,一方面,业主不得以未接受或者无须接受相关物业服务为由拒绝支付物业费;另一方面,物业服务公司不得采取停止供电、供水、供热、供燃气等方式催交物业费,可催告支付,如在合理期限内仍不支付的,可以提起诉讼或申请仲裁[2]。

3. 公共区域营收归业主共有

住宅物业特别是住宅小区的共有部位、共用设施设备进行经营收益的归属,是物业服务中容易产生纠纷或物业服务公司侵害业主权益比较突出的问题,常见的如广告收益、共用设施设备租借收益、共用部位出租、设置临时停车位收费等,

---

[1] 在采用水、电、气智能计量表小区,这种情况较少发生。
[2] 参见《民法典》第939条、第944条。

特别是住宅物业小区没有或未能成立业主大会及业主委员会的情况下,这些经营活动和收益基本由物业服务公司操作并将收益归属自己。

为此,《民法典》第282条规定,这些收入在扣除合理成本之后,属于业主共有,依《物业管理条例》第54条,业主这部分收益主要用于补充专项维修资金。

住宅物业小区的共有部位和共用设施设备主要范围如下[①]。

共有部位一般包括:建筑物的基础、承重结构、外墙、屋顶等基本结构部分,通道、楼梯、大堂等公共通行部分,消防、公共照明等附属设施、设备,避难层、设备层或者设备间等结构部分;其他不属于业主的专有部分,也不属于市政公用部分或者其他权利人所有的场所及设施等。

共用设施设备:除共有部位外的其他共用设施设备,如绿地、道路、沟渠、池、井、非经营性车场车库、公益性文体设施和共用设施设备使用的房屋等。

4. 业主享有知情权

物业服务是比较特殊的领域,特别是住宅物业服务,业主支付服务费,住宅楼或住宅小区的服务和相关管理交给物业服务公司,特别是物业服务管理情况以及专项维修资金收集与使用情况直接关系着业主权益,如在住宅专项维修资金使用和管理方面,没有业主大会或业主委员会的决策、监督,物业服务公司在共用设施方面的花费随意性大,但到住宅楼以及公用设施设备真正需要维修、更换时,维修资金不足,如商品房小区,到一定年限后,需要集中更换如电梯等设备、设施较多,需要的资金额度也大,此时,如维修资金不足,一方面业主需要续交维修资金,另一方面需要维修更换的设备得不到及时维修或更换,不但影响业主的日常生活,还存在较大的安全风险。由于业主个体与物业服务公司并无直接合同关系,因此,法律赋予业主对物业服务的知情权十分重要。

《民法典》第943条规定,物业服务公司应当定期将服务的事项、负责人员、质量要求、收费项目、收费标准、履行情况,以及维修资金使用情况、业主共有部分的经营与收益情况等以合理方式向业主公开并向业主大会、业主委员会报告。最高人民法院《建筑物区分所有权司法解释》第13条进一步规定,业主有权要求物业服务公司公布、查阅下列情况和资料。

[①] 参见《民法典》第273条、第274条,《住宅专项维修资金管理办法》第3条,《建筑物区分所有权司法解释》第3条。《民法典》只有共有部分之说,但在《物业管理条例》和《住宅专项维修资金管理办法》中将共有部位和共用设施设备区分开,为适应现实上认知,综合两者进行划分。

①建筑物及其附属设施的维修资金的筹集、使用情况；

②管理规约、业主大会议事规则，以及业主大会或者业主委员会的决定及会议记录；

③物业服务合同、共有部分的使用和收益情况；

④建筑区划内规划用于停放汽车的车位、车库的处分情况；

⑤其他应当向业主公开的情况和资料。

5. 业主决策"双过半"原则

为维护业主权利和利益，物业管理决策事项采取集体决策制度，即区域内所有业主都有参与决策权，业主大会实行集体决策，业主大会应当有物业管理区域内专有部分占建筑物总面积过半数的业主且占总人数过半数的业主参加，简言之，专有建筑面积过半、业主人数过半，即通常所说的"双过半"原则。

"双过半"原则是对物业管理决策的基本要求，对于重要事项，如筹集和使用专项维修资金、改建或重建筑物及其附属设施等事项，则需经专有部分占建筑物总面积 2/3 以上的业主且占总人数 2/3 以上的业主同意；制定和修改管理规约、选举业主委员会或者更换业主委员会成员、选聘和解聘物业服务企业、有关共有和共同管理权利的其他重大事项需要经专有部分占建筑物总面积过半数的业主且占总人数过半数的业主同意。①

三、物业服务合同执行中的突出问题

物业服务合同特别是住宅小区物业服务合同履行中的常见问题，主要表现在物业服务不到位、业主拖欠物业服务费、公共区域经营收入……

(一) 常见突出问题

物业服务关系物业区域内人们日常生活的多个方面，物业服务合同执行中容易产生各种纠纷、矛盾，其中，比较集中和突出的问题表现在物业服务不到位、业主拖欠物业费、专项维修资金的收集与使用不透明、公共收益归属等问题。

1. 物业服务不到位

这个问题比较突出，通常表现在物业公司"管"得多，服务得少，而且是该管的

---

① 参见《物业管理条例》第 10 条、第 11 条、第 12 条。

不管或没有管好,如外来人员随意进出小区,电梯坏了没人管,午间或周末装修噪声扰民不过问等;在服务方面,服务不到位或服务质量差,有些老旧小区甚至出现物业公司只知道收费不知道服务的现象,如某小区为17层住宅楼,物业公司为三栋楼配一名老年保洁员,平时很难看到保洁员的身影,楼道和电梯厅脏乱不堪;楼道窗户冬天进寒风、夏天不通风,物业公司视而不见等。

本书认为,物业公司一方面应基于诚实信用的基本原则,忠实按照物业服务合同约定履行服务义务,另一方面应基于公司的商业道德,正确认识是由业主的付出支撑物业公司的生存和发展。

2. 业主拖欠物业费

业主拖欠物业费主要有两种情形:一是少数业主有意而为之,久拖不付,越积越多,越多越不想付;二是部分业主不满物业公司服务不到位而拒付物业费。

本书认为,业主也应从尊重和理解物业服务的角度对待支付物业费的问题。

3. 专项维修资金的收集与使用不透明

为了保障住宅建筑的共有部位和共用设施设备得到及时维修、更新、改造,法律规定设置相应的专项维修资金,这项资金由业主在购房时支付,包括专项维修资金存储收益以及小区共有经营收益,并在业主分户账面专项维修资金余额不足首期交存额30%的,业主需要及时续交。[①]

在实务中,特别是那些尚未成立业主大会和业主委员会的小区,物业公司资金收集和使用不透明、不规范等问题比较突出。如在维修资金充足时,物业公司花钱的随意性大,如小区苗木不断更换且成活率很低,绿地草皮每年更换,楼房外墙保温层维修没多久脱落而不要求施工单位承担施工质量保证责任,过一段时间再找一个施工队来维修,有的设施不断更换,甚至发生刚换新设施几天就不能正常使用,厂家也不来维修或修而不好等情况,资金使用不透明,而多数业主也不清楚这项资金用途,还以为是物业公司出钱,所以平时过问和监督很少。真正需要花钱时,专项资金账户余额又不充足,如某小区高层住宅楼电梯多次维修仍问题不断,需要更换电梯时维修资金下不来。

4. 公共收益归属

物业小区共有部位、共用设施设备等经营收益,如楼道、电梯、车库、建筑物外

[①] 参见《住宅专项维修资金管理办法》第3条、第7条、第17条。

墙等各类广告,小区共用设施、场所、区域对外出租或临时租用,非规划停车位的小区内道路、绿地等划设停车位等,各类经营性收益也因不同物业小区而异。前面已论述,法律规定的经营收益应归全体业主共有,进入专项维修资金,当然,物业公司可收取必要的管理成本。但在实务中,有些物业公司把这些公共收益作为自己的创收来源,一方面侵害了业主的权益,另一方面也给物业小区的安全带来隐患。

(二)物业服务改进建议

虽然物业公司与业主之间只是一种特殊服务合同关系,对于住宅物业服务而言,这关系着千千万万个住宅楼或住宅小区和谐文明的建设,是和谐文明社会的重要组成部分。本书建议从以下三个方面提升改进。

一是物业公司提高服务意识。从合同关系看,业主支付物业服务费,物业公司提供物业管理服务,这是物业服务公司的应尽义务。有些物业公司为业主提供很好的物业管理和服务,但也存在物业公司服务不到位,甚至出现"只收费不服务"的现象,特别是老旧住宅小区、过去多单位住宅小区等,这种服务不到位的情况尤其突出,小区管理混乱,垃圾不及时清理,没有卫生保洁员或卫生保洁员不到位,楼道脏乱,有的物业公司人员坐在办公室,甚至对业主打起官腔等。物业公司与业主之间矛盾突出,一度成为热点问题。这种情况有物业公司及其从业人员缺乏服务意识、缺少服务态度等多方面原因,但根本原因在于物业公司并不是由业主选择的,物业公司不知道为谁服务。不管什么原因,物业公司需要从根本上改变服务意识,提高物业管理和服务质量。

二是建立有效的业主大会和业主委员会。业主大会和业主委员会是全体业主的决策和执行机构,也是代表或协调业主意见的民间组织,建立有效的业主大会和业主委员会,有利于协调和化解广大业主的不同意见,有利于监督物业公司尽职履责,减少和化解业主与物业公司之间的矛盾,有利于更好地建设安全、文明、和谐的物业小区。

三是政府部门加大监督支持。政府相关部门加强对住宅专项维修资金收集、使用情况的监督,加大对住宅小区安全、消防、环境卫生的检查力度,街道办事处、居委会/村委会加大对住宅物业的管理检查力度;推进协调成立有效的业主大会和业主委员会。

第十七章 投资并购合同

一、并购概述

公司并购业务是公司进行投资、业务扩张、公司扩张等的重要措施,近些年来,无论是在国内还是在国际上,公司并购业务成为一种重要的交易业务。如Bureau van Dijk发布的《2017年中国并购报告》显示,2017年,以中国公司为收购目标的并购交易15,085笔,交易总额7866.36亿美元[1]。在众多并购交易业务中,既有几百万元的单笔交易,也有单笔交易额达几十亿元,甚至几百亿元、上千亿元的单笔交易。如2008年7月世界化工行业巨头陶氏化学(Dow Chemical)宣布收购罗门哈斯(Rohm & Haas),该并购案交易金额高达150亿美元[2];2016年,中国化工集团收购瑞士先正达(Syngenta)94.7%股权,交易金额达430亿美元[3]。根据参考数据,2021年,我国国内企业并购业务超过12,000宗,交易金额折合6370亿美元。

并购实际上是一种泛称,其交易业务可能被冠以诸如"投资""产权转让"等名称,常用的英文"merger and acquisition"也不能完全涵盖现实中以企业资产交易为纽带的交易形式。如《国有资产交易监管办法》所称的资产交易包括企业产权转让、企业增资、企业资产转让三类形态。

关于公司并购分类,目前各种著述从不同的角度进行分类,如按并购双方的

---

[1] 资料来源:财经网·产经,http://industry.caijing.com.cn/20180201/4402916.shtml。
[2] 资料来源:中国化工网,http://china.chemnet.com/。
[3] 资料来源:新浪财经网,http://finance.sina.com.cn/roll/2017-06-08/doc-ifyfzaaq5720781.shtml。

行业关系,分为横向并购、纵向并购和混合并购;按标的企业是不是上市公司,分为私人公司并购、上市公司并购;按并购双方的关系,分为友好并购、敌意并购;按出资方式的不同,分为现金并购、换股并购、增发并购、杠杆并购;按收购公司与标的企业在并购前是否接触,分为直接并购、间接并购。[1]

上述分类既有其合理的一面,但也有不足或不够全面的一面,如把标的企业简单划分为私人公司和上市公司,不能涵盖国内公司的形式,如在非上市公司中,有国有独资公司、国有控股公司等;另外,把并购分为友好并购和敌意并购也不够全面。

当然,由于公司并购涉及的因素很多,难以用很准确的标准对其进行分类。但若从并购标的、并购方式的角度划分并购类型,似乎对实务更具有指导意义。

按并购交易标的的不同,可分为产权并购交易、公司增资交易、公司资产交易。产权并购交易,是指收购方受让转让方对标的企业各种形式的出资所形成权益的交易行为,通常表现为收购标的企业的股份或股权。这类并购是收购方购买标的企业原股东所持的标的企业股份或股权,并购交易并不增减标的企业的资产。[2] 公司增资交易,是指投资方向标的企业增加注册资本以获取对标的企业股权的交易行为。这类交易是通过增加标的企业注册资本金来稀释原股东的股权比例,投资方获得标的企业相应的股权。公司资产交易,是指标的企业对其一定金额的资产进行转让的交易行为。这类交易通常包括公司的生产设备、房产、在建工程以及土地使用权、债权、知识产权等资产对外转让的交易行为。

按并购是否通过产权交易机构进行,可分为进场公开交易和非公开协议交易。进场公开交易,也称场内交易,是指出让方经过产权交易机构通过挂牌进行公开竞争的方式选择产权的受让方,出让方和受让方按照出让条件和产权交易机构规则进行产权交易的方式。按照当前的国家政策,国有或国有控股企业以及国有实际控制企业产权进行转让的,原则上需要进场交易[3]。非公开协议交易,也称场外交易、协议交易等,是指产权转让方与受让方通过直接谈判或其他非经过产

---

[1] 参见中伦文德律师事务所编著:《公司并购实务操作与法律风险防控》,中国法制出版社2015年版,第12-15页。

[2] 这种论述,不包含标的企业是上市公司因受让方影响而导致公司市值增减所形成的公司资产变化。

[3] 参见《国有资产交易监管办法》(国务院国资委、财政部2016年第32号令)第13条。

权交易机构进行挂牌交易的方式。

二、并购业务的主要流程

论述股权或资产并购业务流程时,既要从收购方的角度看待并购流程,也要关注出让方的业务流程,特别是当交易股权或资产涉及国有资产或者上市公司时,都有严格的流程环节。本章主要论述的是国有或国有控股企业及国有实际控制企业中非上市企业并购业务的主要流程,其他非上市企业并购流程根据各自的具体情况参考国有企业并购业务的流程。上市公司并购业务,还要遵守上市公司的相关监管规范,如《证券法》《上市公司重大资产重组管理办法》《上市公司信息披露管理办法》等。

(一)并购的主要流程——收购方

从收购方的角度看,并购股权或其他资产属于公司的投资行为,对于国有或国有控股企业以及国有实际控制企业来说,除按照《公司法》履行公司投资决策程序外,还要遵循国有资产的相关管理规定。一般需要经过以下主要流程。

1. 投资计划。股权并购属于企业投资行为,需要制订相应的投资计划,一般将股权并购纳入企业年度投资计划。股权并购投资计划需经企业内部的决策程序,一般要经过"三重一大"决策程序①,内部决策通过后,还需按照投资授权权限上报上级备案或审批。

2. 项目立项。并购项目立项阶段是在初步选择潜在标的公司(或标的投资项目),并经过初步分析和形成初步交易方案,通常形成并购项目可行性的研究报告,在此基础上,经过企业内部"三重一大"决策程序后,按照投资授权权限上报上级备案或审批。

报经立项决策文件,一般包括:潜在标的公司和投资项目的基本情况及初步方案分析,并购的必要性及初步分析,并购业务风险的初步分析与应对措施,并购交易方案与资金来源等初步方案,并购后投资效果的初步分析,交易合作对方的基本情况与资信状况,以及其他方面的主要事项。

---

① 重大事项决策、重要干部任免、重要项目安排、大额资金的使用,必须经集体讨论作出决定的程序。

因此,在并购项目立项阶段,需要开展大量细致的工作。

3. 评估与尽调。完成并购项目立项审批后,开展评估与尽调阶段工作。这个阶段包括两大方面内容:一是与对方初步协商(如对方依法需要进场交易,原则上不允许对某一方提前谈判),签订框架协议,对方示意性报价等;二是开展尽调工作,包括对标的公司审计、资产评估、业务和技术尽调、法律尽调以及重大并购业务专项风险评估等,这些工作需要合作对方和标的公司配合,同时,借助第三方机构,如会计师事务所、律师事务所、资产评估机构、相关专业业务咨询机构等。

4. 并购方案。在完成评估与尽调的基础上,编制具体的并购方案,并购方案是在立项方案的基础上结合评估尽调等的具体化、落实化,一般包括:标的企业的基本情况及行业或市场分析,并购的必要性分析,并购投资分析,并购投资风险分析与风险应对方案,并购交易方案以及预计对价和资金来源,并购实现后重组或管理预案,以及其他相关内容;同时,还需要提供前期立项决策文件和批文、并购协议书草案、各项评估尽调报告等。

5. 决策审批。并购企业对并购方案履行内部决策审批程序后,按照投资授权权限上报上级备案或审批。

6. 并购交易。完成决策审批程序后,开展实质并购交易,签订并购交易合同。如对方依法进场挂牌交易的,应按照交易所规则摘牌签约。

7. 实施与交割。完成摘牌签约或直接签约后,双方履行合同约定办理支付、交割、变更工商登记等一系列事宜。

8. 重组。如果需对标的公司进行重组的,按照并购方案设定的重组预案和交易合同相关约定,开展标的公司重组工作。

(二)并购的主要流程——转让方

从出让方的角度看,转让企业产权属于企业资产处置行为,对国有或国有控股企业以及国有实际控制企业来说,通常包括无偿划转、非公开协议转让和进场公开转让三种方式,其中,无偿划转、非公开协议转让主要针对特定情形和特殊审批,个案各不相同,不一一赘述。本部分主要论述进场公开转让的主要流程。除按照《公司法》履行公司股权转让程序外,还要遵循国有资产产权转让的相关管理规定。一般需要经过以下主要流程。

1. 转让方案。产权转让方案是转让立项审批的基础,一般包括标的企业的基本情况、产权构成等,转让的必要性及影响分析,计划采取转让方式、转让价格或价格的确定方式,人员安置以及收购方的资格条件等;同时,这个阶段还应当对转让方案进行可行性研究,包括产权转让必要性以及转让后效果(如竞争力、经济效益等)可行性的研究,并形成可行性研究报告。

2. 内部决策。企业内部对产权转让方案履行"三重一大"决策程序,按照投资授权权限上报上级备案。

3. 前期工作。获得产权转让立项内部决策审批后,对转让标的企业进行审计、资产评估以及法律评估,其中,资产评估报告需要报经上级核准备案;设置收购方资格条件等。

4. 决策审批。国有或国有控股企业及国有实际控制企业转让产权的,需要经过严格的审批程序。

除按照《公司法》和相关法律履行企业内部决策审批程序外,企业还需要履行政府国资监管部门甚至政府的审批程序,当然,在非国有资产并购交易中,也需要履行相应的政府监管部门和政府审批,但后者主要是反垄断、国家安全等方面审查和审批。

按照《国有资产法》的规定,国有资产转让由履行出资人职责的机构决定。履行出资人职责的机构决定转让全部国有资产的,或者转让部分国有资产致使国家对该企业不再具有控股地位的,应当报请本级人民政府批准。①

《国有资产交易监管办法》则进一步强调和细化该审批要求:国资监管机构负责审核国家出资企业的产权转让事项,其中,因产权转让致使国家不再拥有所出资企业控股权的,须由国资监管机构报本级人民政府批准。如省级国有资产监督管理委员会(省国资委)负责管理的地方国有企业转让产权的,由该省国资委负责审核;如果该企业产权转让导致国家不再拥有该企业控股权的,须报请该省人民政府批准。国家出资企业的子企业产权转让的审批机构原则上是该国家出资企业,但对主业处于关系国家安全、国民经济命脉的重要行业和关键领域,主要承担重大专项任务子企业的产权转让,须由国家出资企业报同级国资监管机构批准。②

对于非上市金融企业国有产权转让,采取分级审批制度。国有金融企业、国

---

① 参见《国有资产管理法》第 53 条。
② 参见《国有资产交易监管办法》(国务院国资委、财政部 2016 年第 32 号令)第 7 条、第 8 条。

有控股金融企业转让一级子公司的产权由财政部门审批。除国家明确规定需要报国务院批准外,中央管理的国有金融企业、国有控股金融企业转让一级子企业的产权,由财政部审批;地方管理的金融企业国有资产转让的审批权限,由省级财政部门确定。国有金融企业、国有控股金融企业一级子公司(省级分公司或者分行、金融资产管理公司办事处)转让所持子公司产权,由控股(集团)公司审批。其中,涉及重要行业、重点子公司的重大国有产权转让,或者导致转让标的企业所持金融企业或者其他重点子公司控股权转移的,应当报财政部门审批。[①]

上述规定主要从履行出资人职责的角度对国有资产或国有企业产权转让的审批要求,在国有资产转让中,若涉及政府审批事项,如反垄断审查、特许经营权、国有划拨土地使用权、探矿权和采矿权等事项的,还需要按照相关规定履行审批程序。

5. 进场交易。产权进场交易需要经过信息披露和交易环节,信息披露的主要目的在于公开征集受让方。信息披露可采用预披露和正式披露相结合的方式,转让方可以根据企业的实际情况和工作进度安排,但因产权转让导致转让标的企业的实际控制权发生转移的,必须采取预披露和正式披露两阶段信息的披露方式。信息披露期限届满后,按照交易所规则进行交易,签订产权交易协议。

6. 实施与交割。完成受让方摘牌签约或直接签约后,双方履行合同约定办理支付、交割,并协助办理变更工商登记等一系列事宜。

三、企业国有资产并购交易的特别规定

(一)国有资产

国有企业或企业国有资产转让历来是国家法律和监管部门重点监管的对象,这也是由国有企业和国有资产本质所决定的。国有资产转让,是指依法将国家对企业的出资所形成的权益转移给其他单位或者个人的行为。[②] 就国有企业而言,通常包括国有企业、国有控股企业和国有实际控制企业三种情况,通常指以下企业[③]。

---

① 参见《金融企业国有资产转让管理办法》(财政部 2009 年第 54 号令)第 12 条。
② 参见《国有资产管理法》第 51 条。
③ 参见《国有资产交易监管办法》(国务院国资委、财政部 2016 年第 32 号令)第 3 条。

1. 政府部门、机构、事业单位出资设立的国有独资企业（公司），以及上述单位、企业直接或间接合计持股为100%的国有全资企业，即为通常所称的狭义的国有企业。

2. 上述第1项所列单位、企业单独或共同出资，合计拥有产（股）权比例超过50%，且其中之一为最大股东的企业，即为通常所称的国有控股企业。

3. 上述前两项所列企业对外出资，拥有股权比例超过50%的各级子企业。这类企业也为国有控股企业。

4. 政府部门、机构、事业单位、单一国有及国有控股企业直接或间接持股比例未超过50%，但为第一大股东，并且通过股东协议、公司章程、董事会决议或者其他协议安排能够对其实际支配的企业，即国有实际控制企业。

上述四类国有企业、国有控股企业和国有实际控制企业进行股权（产权）转让或并购的行为，需要受到国有资产转让或投资的相关专门规定的约束。

另外，金融类企业国有资产转让，原则上要遵守《国有资产交易监管办法》的相关规定，同时，还要遵守《金融企业国有资产转让管理办法》的相关规定。据此办法，金融企业包括所有获得金融业务许可证的企业和金融控股（集团）公司；金融企业国有资产，是指各级人民政府及其授权投资主体对金融企业各种形式的出资所形成的权益。[①]

（二）进场交易

《国有资产法》和《国有资产交易监管办法》都规定，转让国有资产（股权）的，除按照国家规定可以直接协议转让的以外，需要在依法设立的产权交易场所公开进行；上市公司转让国有股权交易除应遵守《证券法》等规范上市公司法律法规和规章外，也要遵守国有资产法和企业国有资产监督管理规章。可见，转让国有企业、国有控股企业以及国有实际控制企业产权的，原则上通过产权市场公开进行。[②] 目前，国内各地方设立相应的产权交易机构，其中，国有产权交易原则上需在具有国有资产交易资质的产权交易机构进行，其中，中央企业产权交易需要在指定的产权交易机构进行，包括北京产权交易所、天津产权交易中心、上海联合产

---

① 参见《金融企业国有资产转让管理办法》（财政部2009年第54号令）第2条。
② 参见《国有资产管理法》第54条，《国有资产交易监管办法》（国务院国资委、财政部2016年第32号令）第2条、第13条。

权交易所、重庆联合产权交易所等机构。

因特殊情况,经过特定审批或决策程序,也可通过非公开直接协议转让的方式完成交易,主要有以下几类[1]。

第一类是涉及政府或国有资产监管机构主导推动的国有资本布局优化和结构调整,以及专业化重组等重大事项,企业产权在不同的国家出资企业及其控股企业之间转让,且对受让方有特殊要求的,可通过非公开协议转让。

第二类是涉及主业处于关系国家安全、国民经济命脉的重要行业和关键领域企业的重组整合,对受让方有特殊要求,企业产权需要在国有及国有控股企业之间转让,经国资监管机构批准的,可通过非公开协议转让。

第三类是同一国家出资企业及其各级控股企业或实际控制企业之间因实施内部重组整合进行产权转让的,经该国家出资企业审议决策,可通过非公开协议转让。

第四类是国家出资企业及其子企业通过发行基础设施 REITs 盘活存量资产,涉及国有产权转让,报经同级国有资产监督管理机构批准,可通过非公开协议转让。

金融企业国有资产转让,原则上需要进场公开交易,其中,非上市金融企业转让国有产权的,主要通过依法设立的省级以上产权交易机构;上市金融企业转让股份的,主要通过证券交易系统;非上市金融企业国有产权和上市金融公司国有股份进行转让,具有下列情形之一并经国务院批准或者财政部门批准,可以采取直接协议转让方式转让[2]。

(1)国家有关规定对受让方有特殊要求;
(2)控股(集团)公司进行内部资产重组;
(3)其他特殊原因。

此外,对于国有资产转让,如果公开产生两个以上意向受让方,还需采用公开竞价的交易方式。竞价方式应当在产权转让信息披露中确定,通常在产权转让信息正式披露阶段公布竞价方式。产权竞价的方式在不违反国家法律法规规定的情况下,可以采用拍卖、招投标、网络竞价以及其他竞价方式中的某一种。无论采

---

[1] 参见《国有资产交易监管办法》(国务院国资委、财政部 2016 年第 32 号令)第 31 条;《关于企业国有资产交易流转有关事项的通知》(国资发产权规〔2022〕39 号)。
[2] 参见《金融企业国有资产转让管理办法》(财政部 2009 年第 54 号令)第 5 条、第 35 条。

取哪种竞价方式,都应给出转让底价,首次正式信息披露的转让底价,不得低于经核准或备案的转让标的的评估结果;如果在首次正式信息披露期满未征集到意向受让方而采取降低底价转让的,转让底价不得低于评估结果的90%,如果转让底价低于评估结果的90%时,应当经转让行为批准单位书面同意。①

对于非上市金融企业国有产权首次挂牌定价原则与上述规定基本一致,不得低于经核准或者备案的资产评估结果。首次挂牌未能征集到意向受让方,转让方降价重新挂牌的,如新的挂牌价格低于资产评估结果的90%,应当重新报批。②

在实践中,选择竞价方式时要充分考虑产权交易的实际情况以及可能的潜在意向受让方,同时还要考虑所采取的竞价方式对交易的影响。当然,一旦选择某种竞价方式,还应遵守相应法律法规的规定,如选择招投标方式,需要遵循招投标法,如选择拍卖方式,需遵循拍卖法。

(三)信息披露

对于进场公开交易的,转让方需要通过产权转让信息公开披露的方式征集受让方。产权转让信息公开披露的渠道主要是通过产权交易机构网站公布,采取预披露和正式披露两个阶段。设置两个阶段信息披露,一方面增强产权转让的竞争性,另一方面也考虑到收购方的决策流程,更好地实现产权转让与并购。

1. 信息预披露

信息预披露应当在产权转让获得批准后进行。预披露期间没有具体规定,但因产权转让导致转让标的企业的实际控制权发生转移的,信息预披露时间一般不得少于20个工作日。另外,国务院国资委2022年5月16日发布的《关于企业国有资产交易流转有关事项的通知》要求,企业增资可采取信息预披露和正式披露相结合的方式,合计披露的时间不少于40个工作日,其中正式披露的时间不少于20个工作日。在实践中,转让方对信息预披露一般按照20个工作日掌握。

信息预披露至少包括:转让标的基本情况;转让标的企业的股东结构;产权转让行为的决策及批准情况;转让标的企业最近一个年度的审计报告和最近一期财

---

① 参见《国有资产管理法》第54条,《国有资产交易监管办法》(国务院国资委、财政部2016年第32号)第13条、第15条、第17条、第18条。
② 参见《金融企业国有资产转让管理办法》(财政部2009年第54号令)第20条。

务报表中的主要财务指标数据,包括但不限于资产总额、负债总额、所有者权益、营业收入、净利润等(转让参股权的,披露最近一个年度审计报告中的相应数据);受让方的资格条件(适用于对受让方有特殊要求的情形;原则上不得设置受让方资格条件,如特殊需要设置资格条件的,不得有明确指向性或违反公平竞争原则,并在信息披露前向同级国资监管机构备案)。除此之外,转让方还应对标的企业的关联交易、主要债权债务和对外担保情况进行披露等。

2. 信息正式披露

产权转让信息正式披露,也即通常所称的挂牌。信息正式披露必须在预披露结束,且产权转让各项审批完成,转让底价(挂牌价)已确定。信息正式披露的时间不得少于20个工作日。

正式披露的信息至少包括:转让标的的基本情况;转让标的企业的股东结构;产权转让行为的决策及批准情况(主要披露监管机构、审批机构、批准情况等);转让标的企业最近一个年度的审计报告和最近一期财务报表中的主要财务指标数据,包括但不限于资产总额、负债总额、所有者权益、营业收入、净利润等(转让参股权的,披露最近一个年度审计报告中的相应数据);受让方资格条件(适用于对受让方有特殊要求的情形);交易条件、转让底价;企业管理层是否参与受让,有限责任公司原股东是否放弃优先受让权;竞价方式,受让方选择的相关评判标准;其他需要披露的事项。

另外,在挂牌期满没有征集到意向受让方的情况下是否延期,一般采取自动延期方式,如以5个工作日为周期进行延期,直到征集到意向受让方。但需要注意,自首次正式披露信息之日起超过12个月未征集到合格受让方的,需要重新履行审计、资产评估以及信息披露等产权转让工作程序。

(四)底价与价格

1. 必须进行评估

按照法律法规规定,占有国有资产企事业单位的主体除经各级人民政府及其授权部门批准,对整体企业或者部分资产实施无偿划转;以及国有独资企业、行政事业单位下属的独资企业(事业单位)之间的合并、资产(产权)划转、转让等可无须进行资产评估外,转让占有国有资产企业产权或者国有资产单位收购非国有资产的,必须进行资产评估;①但若符合非公开协议方式转让产权的,转让方、受让方均为国有独资或全资企业的,不用必须进行资产评估,也可以最近一期审计报告来确认产权价值。②

国有资产评估项目实行核准制和备案制,其中,经国务院批准实施的重大经济事项涉及的资产评估项目,由财政部负责核准;经省级(含计划单列市)人民政府批准实施的重大经济事项涉及的资产评估项目,由省级财政部门(或国有资产管理部门)负责核准;除此之外的国有资产评估项目实行备案制;③就企业国有资产评估核准备案而言,按照国务院国资委的相关规定,经各级人民政府批准经济行为的事项涉及的资产评估项目,分别由其国有资产监督管理机构负责核准,这与财政部之规定一致;经国务院国资委批准经济行为的事项涉及的资产评估项目,由国务院国资委负责备案;中央企业及其各级子企业批准经济行为的事项涉及的资产评估项目,由中央企业负责备案;地方国有资产监督管理机构及其所出资企业的资产评估项目备案管理工作的职责分工,由地方国有资产监督管理机构根据各地实际情况自行规定。④

2. 首次挂牌价不得低于评估价

企业国有资产产权转让价格必须以经过核准或备案的评估结果为基础确定,并且,产权转让项目首次正式信息披露的转让底价(挂牌价),不得低于经核准或备案的转让标的评估结果,也就是说,产权转让首次挂牌价不得低于经核准或备案的评估值,但可根据情况高于经核准或备案的评估值。⑤

3. 降价转让需审批

国有资产产权原则上不得以低于经核准或备案的评估价转让,但对于进场公开转让项目,信息披露期满未征集到意向受让方的,可以延期或在降低转让底价、变更受让条件后重新进行信息披露。这种降价包括两种情况,一种是首次挂牌价高于经核准或备案评价的,再次挂牌的价格回归到评估价;另一种是首次挂牌价

---

① 参见《国有资产评估管理若干问题的规定》(财政部令2001年第14号)第3条、第4条、第6条,《企业国有资产评估管理暂行办法》(国务院国资委2005年第12号令)第6条、第7条。
② 参见《关于企业国有资产交易流转有关事项的通知》(国资发产权规〔2022〕39号)第4条。
③ 参见《国有资产评估管理若干问题的规定》(财政部令2001年第14号)第8条、第9条、第10条,《企业国有资产评估管理暂行办法》(国务院国资委2005年第12号令)第4条。
④ 参见《企业国有资产评估管理暂行办法》(国务院国资委2005年第12号令)第4条。
⑤ 参见《国有资产交易监管办法》(国务院国资委、财政部2016年第32号令)第12条、第17条。

按经核准或备案评价的,再次挂牌价将按低于评估价。按照规定,转让底价低于评估价90%时,必须报经转让行为批准单位书面同意。① 据此规定,如果产权转让价格降价后在经核准或备案评估价的90%以上的,无须上报并获得转让行为批准单位的书面同意。本书认为,尽管法律和政策规定不需要报经批准,但从企业内部管理规范性以及后期审计等需要,转让方最好书面报请批准单位批复同意,或者至少向批准单位书面报告降价情况。

另外,对于产权降价转让,无论是否达到须报经转让行为批准单位书面同意的条件,转让单位内部均需要履行相应的决策程序,并对降价原因作分析,对降价幅度作出合理分析评估。

4. 价款支付

企业国有资产产权转让的交易价款应当以人民币计价,并且需以货币进行结算。其中,通过产权交易机构公开交易的,需要通过产权交易机构进行结算。原则上,国有产权转让交易价款应当自产权交易合同生效之日起5个工作日内一次付清。对于交易价款金额较大的,可以采取分期付款方式。采用分期付款方式的,首期付款不得低于总价款的30%,并在合同生效之日起5个工作日内支付,对于进场公开竞价交易的,交易机构一般要求事先交付不低于挂牌价30%的保证金,一旦移交成功,保证金将转换为首付款;其余款项应当提供转让方认可的合法有效担保,并按同期银行贷款利率支付延期付款期间的利息,付款期限不得超过1年。②

非上市金融企业国有资产产权转让交易价款支付稍有不同,原则上采取货币性资产支付产权转让交易价款;若以非货币性资产支付产权转让交易价款的,转让方应当按照有关规定委托资产评估机构进行资产评估,确定非货币性资产的价值。另外,对于产权转让交易价款支付,原则上应一次性支付。对于交易价款金额较大的,可以约定分期付款,分期付款期限不得超过1年。采用分期付款方式的,首期付款不得低于总交易价款的30%,并在协议生效之日起5个工作日内支付;其余款项应当办理合法的价款支付保全手续,并按同期金融机构基准贷款利率向转让方支付分期付款期间利息③。

---

① 参见《国有资产交易监管办法》(国务院国资委、财政部2016年第32号令)第17条、第18条。
② 参见《国有资产交易监管办法》(国务院国资委、财政部2016年第32号令)第27条、第28条。
③ 参见《金融企业国有资产转让管理办法》(财政部2009年第54号令)第24条。

四、投资并购实务主要事项

（一）可行性研究

在公司并购实务中,可行性研究一般发生在收购方,当然,转让方也要做相应可行的方案研究。

1. 转让方的可行性研究

对于转让方来说,虽然转让标的企业产权获得资金或其他收益,但在决策之前,也应做系统的研究论证,包括转让产权方案的可行性,以及转让产权后对转让方以及标的企业的影响论证,如主营业务、市场、技术、财务等方面的影响以及债权债务处置方面。另外,产权转让中涉及标的企业职工安置、职工身份置换等事项,如标的企业原是国有及国有控股企业或国有实际控制企业,产权转让后,标的企业转变成非国有及国有控股企业或国有实际控制企业,虽然当前劳动法律没有规定职工身份的置换问题,但在并购重组实务中,多有职工身份置换的补偿问题,这些方面都需要研究论证。

就国有企业而言,无论是单纯的产权转让,还是通过稀释股权为标的企业增资,按照现行法律和政策规定,转让方都需要做相应的可行性研究。

就转让产权来说,转让方应当按照企业发展战略做好产权转让的可行性研究和方案论证,产权转让涉及职工安置事项的,安置方案应当经职工代表大会或职工大会审议通过;涉及债权债务处置事项的,应当符合国家相关法律法规的规定。

就通过稀释股权为标的企业增资来说,稀释股权应当符合国家出资企业的发展战略,做好可行性研究,制定增资方案,明确募集资金金额、用途、投资方应具备的条件、选择标准和遴选方式等。增资后企业的股东数量须符合国家相关法律法规的规定。[①]

2. 收购方的可行性研究

对于收购方来说,无论是从投资角度还是运营角度看,都需要深入系统的可行性研究和方案论证。如果收购方是中央企业或国有及国有控股企业或国有实际控制企业,可行性研究和方案论证是法定的,国家出资企业投资应当符合国家产业政策,并按照国家规定进行可行性研究;与他人交易应当公平、有偿,取得合

[①] 参见《国有资产交易监管办法》(国务院国资委、财政部2016年第32号令)第10条、第36条。

理对价;并深入进行技术、市场、财务和法律等方面的可行性研究与论证,其中股权投资项目应开展必要的尽职调查。①

可行性研究一般从技术、市场、财务、法律、风险等角度进行系统研究,并形成结论意见。因并购行业和标的企业不同,可行性研究相关内容也不尽相同。

下面以国有企业之间收购产权作为基础案例,其可行性研究报告可包含如下主要方面。

(1)第一部分:背景与必要性

①背景:主要阐述并购方企业与上级战略布局,以及当前和未来一段时期涉及并购方企业及上级经营业务和战略布局的国家相关产业政策等情况。

②必要性:主要阐述在上述背景下,并购标的企业的必要性。

(2)第二部分:拟并购标的企业的基本情况

①拟购目标企业的基本条件:主要设定拟收购标的企业需具备的基本条件,包括业务领域、资产规模、人员规模、专业资质/许可、经营状况等。

②拟并购标的企业的情况:主要对应基本条件逐项列明标的企业的事实情况:包括公司概况、经营业务情况、资产结构情况、近三年经营情况、专业资质和特许情况、人力资源情况以及相关其他事项等。

(3)第三部分:并购初步实施方案

①并购实施路径:主要说明并购标的企业的主要路径。

②并购预算与资金安排:主要说明收购标的企业初步预算金额(具体金额在尽职调查阶段通过资产评估和审计得出初步结论),以及收购标的企业的资金来源,一般由收购方自筹资金,在实践中,收购方股东有的采用追加资本金的方式。

③收购后标的企业定位:主要包括标的企业性质定位、发展目标定位、经营业务领域定位、发展方向定位、管理模式等。

④收购后标的企业运营方案:主要包括组织结构、运营方式等。

(4)第四部分:所在行业分析与潜在竞争

①所在行业分析:主要对收购后标的企业或重组企业所在业务领域的行业当前情况分析,以及未来发展趋势分析,用于论证该行业的未来市场。

---

① 参见《企业国有资产法》第36条,《中央企业投资监管办法》(国务院国资委2017年第34号令)第15条。

②所在行业潜在竞争分析:主要分析该行业业务领域中同类的主要公司的竞争力情况。

③收购后标的企业在该领域的竞争力分析:主要分析论证标的企业(重组后标的企业)在该业务领域与主要潜在竞争对手之间的竞争优势、不足等,进而分析标的企业(重组后标的企业)的竞争力。

(5)第五部分:并购重组潜在风险分析与对策

①并购重组战略经营风险分析与应对:主要从整体上分析并购重组在战略、经营等方面潜在风险与应对措施。

②并购活动潜在风险分析与对策:主要分析并购标的企业活动潜在审批程序、技术、经济、法律等方面的潜在风险与应对措施。

③收购后潜在风险与应对:主要分析完成标的企业收购后重组阶段潜在的程序、人员、制度、企业文化等方面的风险与应对措施。

④风险分析与初步结论:主要通过在上述几大方面潜在风险系统分析及应对措施的基础上,得出该案在风险与预控方面的初步结论意见。也就是说,从风险分析角度看,并购重组案是否可行。

(6)第六部分:投资回报与盈利能力初步分析

①经济收益预测:主要分析收购标的企业重组后未来可见几年的经营收益和盈利能力预测,进而分析得出并购投资回报与盈利情况。

②其他方面的收益:除经济收益外,如标的企业还可带来技术、市场、管理等方面的无形"收益",也可一并分析。

(7)第七部分:并购重组计划安排

主要是从并购重组案立项开始到重组完成整个过程,划分主要阶段,以及每个主要阶段预计时间计划安排。如以下几个阶段。

①立项阶段:(××××年××月××日—××××年××月××日),主要包括:收购方内部立项决定,标的企业基本条件设定,初步选出标的企业(经过初步比选,如场内挂牌竞价,通过转让方预披露信息比选),完成可行性论证,向上级申报并购案立项,并购案立项获得批准。

②审核与批准阶段:(××××年××月××日—××××年××月××日)主要包括:双方签订框架协议,完成尽职调查以及相应资产评估,完成产权转让协议草案谈判,完成内部决策程序,编制并购投资方案并上报上级(或股东)审批,获

得上级(或股东)批准。

③收购阶段:(××××年××月××日—××××年××月××日),主要包括:双方签署产权转让协议(如果是场内挂牌竞价,在有效摘牌后按照交易所安排签订转让协议)、支付与交割、标的企业工商变更、其他相关事项。

④重组阶段:(××××年××月××日—××××年××月××日),主要包括后续重组内部决策程序、重组方案审批、重组实施等。

(8)第八部分:结论与建议

主要总结前面分析论证结论——并购重组在技术、市场、经济效益、风险、管理等方面是否可行。

(9)附件。用于支持上述分析论证的相关支持性文件。

(二)决策审批

国有或国有控股企业以及国有实际控制企业产权并购业务,需要履行严格决策和审批,前面已经就转让方和收购方需要履行决策和审批程序进行分析,此处不再重复赘述。

另外,并购业务还要履行反垄断申报与审查,以及国家安全审查申报与审查,这主要涉及外资并购境内企业交易。

(三)尽职调查

尽职调查(due diligence)是收购方并购业务中的一个重要环节,收购方通过开展尽职调查对标的企业以及公司资产、市场、财务、法律风险等系统深入了解,以便客观科学决策。如收购方是国有及国有控股企业、国有实际控制企业或上市公司,尽职调查是并购业务的必经环节。如国务院国资委对中央企业新投资项目规定,应当深入进行技术、市场、财务和法律等方面的可行性研究与论证,其中股权投资项目应开展必要的尽职调查,并按要求履行资产评估或估值程序[①]。

收购方在产权并购中开展尽职调查是履行合同缔结审慎责任的重要方面,特别是对标的企业以及标的企业的市场、财务以及债权债务等情况的调查评估,是收购方在产权交易前必须掌握的信息。如果收购方疏于调查评估,而出让方的出

---

① 参见《中央企业投资监管办法》(国务院国资委2017年第34号令)第15条。

让产权受到处置限制,如股权遭受法院查封、冻结,导致产权交易受阻时,收购方不得以善意取得为由主张实现产权转让,除非法院采取查封、冻结措施没有履行公示手续[①]。在司法实践中,法院对公司股权进行查封、冻结等措施一般都以裁定形式作出,并抄送市场监管部门等协助执行单位。[②]

案例23

亿丰公司与明达公司于2012年5月签订《股权转让协议》,约定明达公司将其持有抚顺银行股权7000万股份转让给亿丰公司,亿丰公司对价1.05亿元,双方履行协议后。该股份原持有人明达公司的债权人申请法院强制执行该股份。明达公司债权人曾因与明达公司借贷纠纷向大连市中级人民法院申请对明达公司的财产保全措施,大连市中级人民法院于2012年1月13日冻结了明达公司持有的抚顺银行的全部股权,并向抚顺市工商行政管理局下达民事裁定书和协助执行书。此后,明达公司债权人起诉明达公司胜诉后,申请法院对明达公司持有抚顺银行股份强制执行。为此,亿丰公司提出执行异议,主张大连市中级人民法院裁定书和协助执行书并未送达抚顺银行,自己对交易标的明达公司持有的抚顺银行股份被查封不知情,属于善意取得,交易应受法律保护。经过法院一审、二审审理判决,认定亿丰公司受让明达公司持有抚顺银行的股份不属于善意取得。为此,亿丰公司于2017年向最高人民法院申请再审。最高人民法院经审理后,作出裁定,认定"亿丰公司系在案涉股权依法被查封期间受让股权,作为商事主体,亿丰公司在受让案涉股权时应明知需对受让的股权是否存在权利负担审慎注意义务,但在原审及申请再审期间,亿丰公司均未能举证证明其在受让股权时曾向明达公司或抚顺市工商局了解案涉股权情况。原审判决认定亿丰公司在案涉股权交易中并没有尽到基本的审慎注意义务,本案不适用善意取得制度,并无不当"。驳回亿丰公司再审申请。[③]

上述案例进一步说明了股权并购业务中审慎原则和尽职调查的重要性。

---

① 参见《最高人民法院关于人民法院民事执行中查封、扣押、冻结财产的规定》(法释〔2020〕21号)第15条、第26条。
② 参见《民事诉讼法》第253条。
③ 参见最高人民法院民事裁定书,(2017)最高法民申3150号。

并购业务尽职调查一般包括财务审计、资产评估、法律尽调、业务和技术尽调、风险评估等。

1. 财务审计

在产权并购业务中,收购方需要分析研究标的企业近三年的财务状况,一般通过委托第三方机构对其近三年各期财务报告进行调查分析。在尽职调查实务中,有的称之为财务审计,也有的称为财务尽职调查,不管哪种称谓,其目的和功能是相同的,都是第三方专业机构对标的企业历史财务信息的鉴证,收购方以此作为评估标的企业的基础。

财务审计主要通过对标的企业近三年各期财务报告所反映的财务信息的真实性、合法性和有效性进行调查评估,重点评估标的企业逐期资产负债表中的资产、负债、所有者权益,在对各期财务报告审计的基础上,再对标的企业的财务状况进行分析,包括资产分析、负债分析、所有者权益分析以及各期经营成果分析(收入、成本、费用、利润等)、现金流量分析、财务指标分析(如偿债能力、营运能力主要指标,盈利能力主要指标等)。

2. 资产评估

在股权并购活动中,对于收购方来说,在对价前,需要了解标的企业或交易产权在基准日的价值。前面提到的财务审计不能代替资产评估,虽然财务审计要调查分析标的企业所有者的权益,资产评估主要也是评估标的企业所有者的权益,但这两者所依据的规则不同,所反映的事实侧重点不同。如标的企业的房产或汽车,在财务报告中一般按购置价值作为原值并按会计准则折旧计净值,也就是说,房产或汽车资产净值逐年减少,但在实践中,房产的市价可能逐年升值,而汽车的市价逐年减值可能大于折旧率。因此,无论是通过直接协议方式交易,还是通过进场竞价方式交易,收购方在尽职调查阶段对标的企业价值进行评估或估值十分重要。

如果收购方是国有及国有控股企业、国有实际控制企业以及上市公司,开展资产价值评估或估值还是法定要求,如中央企业股权投资项目应开展必要的尽职调查,并按要求履行资产评估或估值程序。[①]

同样,在产权并购业务中,转让方也需要进行资产评估或估值工作,以作为定

[①] 参见《中央企业投资监管办法》(国务院国资委2017年第34号令)第15条。

价或议价基础。如转让国有资产的,资产评估或估值是法定程序,转让方必须委托具有相应资质的评估机构对转让标的进行资产评估,产权转让价格应以经核准或备案的评估结果为基础确定。①

当然,转让方和收购方开展资产评估的目的不同,所采用的方法也不尽相同,得出的结论也不尽相同。但如果采用直接协议交易,双方可协商共同委托第三方专业机构进行资产评估,但需要共同商定影响资产评估的因素,如评估范围、评估基准日、基准日财务报告、评估方法、价值类型、评估准则等。

在产权并购业务中,无论是转让方还是收购方在开展资产评估时,都需要确定评估基准日,如果是直接协议转让的,双方要约定评估基准日至交易日期间资产发生变化的处置方式。

涉及国有资产评估的,还要注意特殊规定,一般来说,并购交易的标的企业多为持续经营状态,在这种情况下,原则上要求采用两种以上的方法进行评估,并在评估报告中列示,评估报告依据实际状况充分、全面分析后,确定其中一个评估结果作为评估报告使用结果。

对于转让方来说,评估报告需要报经审核或备案,产权转让价值以经审核或备案的评估值为基础,进场公开竞价交易首次转让挂牌价格不得低于经审核或备案的评估值,直接协议交易价格不得低于经审核或备案的评估值。

对于并购方来说,其所开展的资产评估主要作为对价和决策参考依据,交易价格并不以并购方所做的评估报告为基础,转让方所做的资产评估报告金额在通过核准或备案前都不是最终的,这在并购实务中需要注意,特别并购方是国有企业及国有控股企业或国有实际控制企业,并购股权业务需要履行决策审批程序,上报审批文件中对对价金额要做必要备注说明。

例如,国有企业 S 公司收购国有企业 C 公司所属全资企业 A 公司的全部股权。C 公司采取进场公开竞价的方式转让 A 公司全部股权,在信息预披露阶段,转让价格信息标示"转让标的的对应评估值,最终挂牌价格以经×××集团备案的评估值为准"。S 公司认为资产评估报告是经 C 公司确认并由评估机构正式出版,该评估值应该是准确的最终值,于是,S 公司按照预披露的评估价值金额向上级单位请示审批。评估报告在备案过程中被审查出漏项并相应补正增加 15 万

---

① 参见《中央企业投资监管办法》(国务院国资委 2017 年第 34 号令)第 12 条。

元。在正式披露期间,只征集到 C 公司一家意向方,双方最终按照经备案评估值完成交易。此后,在上级单位对 C 公司的各项内部审计中,不断提问为什么实际收购价格比上报请示文件所列金额多出 15 万元。C 公司每次都需要作大量解释和举证工作。

3. 法律尽调

法律尽职调查是收购方开展股权并购业务中的一项重要内容,收购方委托律师事务所开展此项工作。关于并购业务中法律尽职调查的功能或意义,有多种解读。本书认为,法律尽职调查功能,主要是从法律的视角对标的企业及其重大事项事实进行调查核实,并基于已核实的事实对标的企业及其相关事项的合法性、合规性进行客观评价,发现存在或存在潜在重大法律风险。相较财务审计、资产评估,法律尽职调查更为全面,但不对财务数据的真实性和资产价值进行评价。

法律尽职调查一般包括以下内容。

(1)标的企业基本情况,包括企业设立、历史沿革、注册资本、实收资本、企业经营范围、人员等基本情况。

(2)标的企业股权结构与权利限制情况,除工商登记的股权结构外,还要分析出实际控制人;有无股权权利限制,诸如公司章程和协议对股权转让、稀释等限制,司法冻结,股权权利质押等。

(3)标的企业股东情况,包括标的企业股东、实际控制人情况以及影响控股股东、实际控制人对转让标的企业股权决策的主要事项。

(4)标的企业的资质与证照,主要包括标的企业生产经营活动依法必须取得的各种许可资质和证照等。

(5)标的企业治理情况,主要包括按照《公司法》应建立的董事会(执行董事)、监事会(监事)、经理及相应人员情况,以及公司章程对公司治理结构的职权规定等。

(6)标的企业劳动关系及人力资源情况,包括人员的基本情况以及劳动合同签订、员工社会保险和公积金缴纳、高级管理人员任职情况、竞业禁止,以及相关劳动争议的处理等情况。

(7)标的企业对外投资情况,包括投资设立各类子公司、分支机构以及其他投资。

(8)标的企业重大资产情况,包括土地、房产、在建工程以及其他重大固定资产等。

(9)标的企业重大债权债务情况,包括资产负债、主要债权、债务等。

(10)标的企业知识产权情况,包括知识产权的权利状况,以及是否存在知识产权侵权诉讼等。

(11)标的企业融资与担保,包括融资以及为融资所设定的相关担保,以及标的企业其他对外担保等情况。例如,房产等不动产抵押、权益质押等,容易导致标的企业在交易后价值损失。在实务中,对标的企业价值较大的固定资产、无形资产、知识产权等权利担保和直接对外保证担保等状况进行深入调查了解。

(12)标的企业重大合同情况,包括标的企业关联交易合同,其他重大合同(长期购买或供应、技术许可、大额贷款、公司担保、代理、特许使用等合同)及履行、合同纠纷及处理等情况。

(13)标的企业的税务情况,包括税务登记、主要涉税税种及税率、税收优惠、财政补贴,以及税务缴纳和税务处罚等情况。标的企业因纳税或因财务会计方面的原因,导致漏缴、少缴税款。例如,因适用税种、税目不当导致实际缴纳税款低于应纳税款,财务会计适用不当,导致实缴企业所得税低于应纳企业所得税等,税务部门进行税务稽核发现漏缴、少缴税款的,不但要补缴税款,还需要支付滞纳金。如某企业财务会计处理不当,少缴企业所得税,后经税务稽核发现后,补缴税款和滞纳金达数百万元。

(14)标的企业在环境保护方面的情况,主要标的企业是否取得建设项目环境影响评价报告及其他许可证件(如果有在建工程),是否存在环境保护方面的违法违规情形等。

(15)标的企业诉讼、仲裁及行政处罚情况,包括各类诉讼、仲裁和行政处罚,重大诉讼、仲裁和行政处罚案件的基本情况等。

4. 业务和技术尽调

如果标的企业的主要资产或经营业务专业性或技术性强,为清楚了解标的企业,并购方应委托专业机构对标的企业进行业务或技术尽调。

例如,H公司收购X公司控股股份,在收购阶段,X公司主要资产包括资本金和正在建设的大型工业项目,在前期资产评估中,将在建工程按照已建设工程投资和项目投资概算进行评估。完成收购后,随着项目工程的建设进展,逐步暴露出工程合同的结算金额较大幅度高于合同金额,也高于项目原概算金额,导致项目后期建设因资金不足而进展缓慢。为保障项目工程顺利建成,H 公司只得采取对 X 公司注资和担保借款的方式增加建设工程项目资金。但这些资金属于收购股权对价之外的。

上述案例说明,标的企业资产中包含在建工程的,需要对在建工程进行专业评估,包括在建工程已经投资资金和实际需要投资资金,不宜简单采用项目投资概算减已建工程投资的做法;另外,对项目工程技术本身也要做深入客观的分析评估,避免因技术缺陷带来工程建成后的运行风险和后期改造的额外资金投入风险等。

5. 风险评估

对于重大并购项目,一般应做专项风险分析评估,通常包括对标的企业所在行业产业政策风险、合规风险、环保风险(一般针对新建和在建工程、生产企业等)、技术风险(一般针对新建和在建工程、生产工厂等)、商务风险、财税等风险进行分析评估,并形成风险评估报告。境外并购业务的风险评估涉及方面更多,根据不同项目和所在国等因素而定。

(四)重要事项冻结与替代安排

在并购实务中,从收购方对标的企业初步意向开始到交易完成经历的时间较长,特别是收购方、出让方、标的企业为国有企业及国有控股企业或国有实际控制企业的情况下,各项决策、审批的环节多,时间也较长,如果采用非进场谈判交易,这个过程可能会更长。此间,标的企业因自身经营管理需要或遵循处于其控股股东或实际控制地位的转让方意志的等原因,可能会在生产、经营管理、投资等方面发生与收购方预期不一致甚至相反的变化,特别是并购交易后收购方成为标的企业的控股股东的交易案,这种变化的可能性很大。因此,在并购实务中,一般在交易前期应约定标的企业的冻结事项,如人员与人事、重大财务活动、重要经营活动、投融资与担保等。

当然,每个并购案例所对应的交易内容以及标的企业的经营业务、经营状态不尽相同,在保证标的企业正常运营的情况下(也有少量案例要求标的企业暂停运营),冻结事项也不尽相同。

1. 人员与人事

在人员和人事方面,通常包括:①标的企业的关键管理人员和专业人员调离,特别是那些关键管理人员和专业人员离开将影响标的企业正常经营发展的,转让方和标的企业对于这类人员要保持稳定;②标的企业新增人员,从企业社会责任的角度讲,特别对国企或国有控股企业来说,员工一旦进来,一般也不能轻易让他(她)离开,因此,要避免标的企业突击大量新增员工;③员工职务、职级调整,如在某并购案例中,标的企业突击以各种名目调整员工职务、职级,收购方接手后,享受标的企业中层及以上人员达到员工的 1/3 以上,给后续重组整合带来很多不便;④员工薪酬、福利等调整,因不同行业或地区企业员工的薪酬福利存在差异,有的行业之间差异幅度较大,即使收购方认为应当调增标的企业员工的薪酬福利待遇,也要等到收购后调整,以此作为收购方对标的企业员工的鼓励。

2. 投资与融资

一方面,标的企业新增对外投资行为,特别是重大投资项目不一定符合收购方的整体战略安排或要求;另一方面,涉及新增投资效益问题,如果效益不好,将给收购方带来负面影响。

另外,在此期间,一般也限制标的企业新增大额度的借款和其他融资活动。

3. 重大经营活动

标的企业的重大经营活动将引起新的重大债权、债务关系。收购方根据自身业务和对未来标的企业业务的总体战略布局,可对标的企业在某些业务领域的重大经营活动进行限制,如列明具体经营活动限制清单,或约定新签合同的限额等。

4. 重大资产、权利、特许权等的处置

(1)重大资产。如标的企业是生产性企业,对生产设施等重大资产处置将影响企业的正常生产,因此,可对其进行处置限制。另外,收购方关心的标的企业特定资产,也可限制处置。对于无形资产特别是企业一些关键专利技术、专有技术,尤其是关系新产品市场的技术,如收购方从未来市场竞争等方面布局,可限制标的企业对外转让、许可实施某些技术。

(2)权利。关于标的企业的权利处置,如放弃债权、担保权、利益分配权,以及提前偿还未到期债务等,需要严格限制;另外,在实务中容易忽略一项权利,诉讼时效,对于债权人来说,一旦诉讼时效届满,没有时效中断、中止等法定情形的,将丧失诉讼胜诉权。如标的企业有的债权、权利实现需要通过诉讼、仲裁等法律途径的,要关注诉讼时效。

(3)特许权。有的企业经营业务需要政府特许权的,如交通运输企业、食品加工企业、危化品生产企业、金融企业、保险企业、融资租赁企业等都需要有政府机构或政府授权机构许可,应当要求标的企业保持这些特许权的有效性。

(4)专业资质。有的企业经营业务需要政府或行业协会颁发专业资质,如工程勘察资质、工程设计资质、建筑资质、咨询资质等,从事这些领域经营业务必须在资质范围和资质等级内。因此,可要求保持标的企业专业资质的有效性。

5. 对外担保

一般限制标的企业以其资产、权利等对外新设立担保或标的企业为第三方提供抵押、质押、保证等权利负担的行为。这些担保将来可能产生债务纠纷,甚至因主债权人行使担保权利而造成标的企业资产或权利损失。

另外,也要限制转让方以其所持标的企业股权对外设置权利担保,否则可能带来两种后果:一是转让股权的权利担保责任延续到收购方,收购方因此无端承担担保责任,为未来增添被执行的风险;二是因转让股权设置权利担保而导致转让行为本身受阻,如国有资产转让产权设置权利担保的,除经过出质人与质权人的协商同意外,不得转让;①实务中需要注意,在股权转让手续完成前,如果转让股权因担保债务无法履行而被强制执行的,按照法律关于物权优于债权之规定,收购方因此将遭受损失。

在前面引述的最高人民法院2017年民事裁定[(2017)最高法民申3150号]以及辽宁省高级人民法院民事判决[(2017)辽民终221号]案件中,明达公司将其持有标的企业抚顺银行的7000万股份转让给亿丰公司,因明达公司将其持有抚顺银行全部股权事先质押给抚顺启运融资担保有限公司,后被法院冻结,导致亿丰公司支付股权转让交易款后,无法取得抚顺银行相应的股权。

6. 其他事项

在实务中,根据实际情况还可对标的企业的经营管理产生重大影响,或给标的企业带来重大负担等活动进行限制。具体根据标的企业的不同情况设定,如有的收购方对标的企业一定额度以上的现金流出限制,有的限制标的企业签订重大合作框架协议甚至意向协议等。

---

① 参见《国有资产交易监管办法》(国务院国资委、财政部2016年第32号令)第5条,《民法典》第443条第2款。

7.替代安排

尽管收购方可要求转让方、标的企业对上述诸多事项作出冻结或限制,但股权并购交易时间较长,且大多数并购案例的标的企业在此期间需要开展正常的生产经营活动,如果冻结或限制事项过多或不当,也将影响标的企业,如标的企业为某项重要业务确实需要引进一些专业人员,或需要大额借款,或者从自身经营发展的角度需要争取某项重大业务等。

因此,在使用冻结或限制条款时,还应灵活使用替代安排条款。如在非公开协议交易业务中,可设立标的企业共管小组(共管委员会),共管小组可由收购方和转让方派人组成,也可由收购方、转让方和标的企业派人组成,共管小组可从并购意向开始,直到交割完成。在此基础上,约定标的企业哪些活动需共管小组事先批准同意,哪些需事先征求共管小组意见等。这样安排,既保护收购方并购项目的预期目的,也能让标的企业开展正常的经营管理活动。

(五)对价与支付

在股权并购交易实务中,价款支付和交易标的交割之间存在关联关系,有些并购交割相对比较复杂,尤其是协议交易的支付和交割更为复杂。

进场交易的支付和交割相对简单一些。例如,在北京产权交易所(以下简称北交所)进行国有产权交易的,北交所对转让方披露的信息和材料进行审核,组织报价,并组织交易双方签订《产权交易合同》,组织交易资金结算,结算资金支付到北交所指定结算账户,在各项审查符合并完成交易价款支付后,北交所出具产权交易凭证,该凭证是交易双方到有关部门办理产权交割的重要依据。[①] 对于在北交所进行非国有产权交易的,类似国有产权交易规范,只是更多地尊重交易双方的意见,可参考《北交所非国有产权转让操作规则》的规定,这里不再一一赘述。

但场外协议交易是在法律法规和政策框架下,更多依靠交易各方约定,而支付与交割又是相互关联的,甚至互为前提条件。在实务中,一般先支付后交割。因此,交易各方对交割条件和支付条件的设置就显得极为重要了。

[①] 参见《北交所国有产权转让操作规则》(自 2018 年 5 月 22 日起施行版)第 19 条、第 20 条、第 35 条、第 39 条、第 44 条、第 46 条、第 49 条。

1. 支付条件与支付

除企业国有资产产权转让价款支付需按照国家强制规定外,交易双方可对交易价款支付条件进行约定。但要把握支付条件的设定尺度,一般应在收购方依约支付价款后,保障交易股权在程序上、法律上和事实上能够顺利交割。在实践中,各个交易案件的具体情况不同,所设置的支付条件也不尽相同。下面以案例形式说明。

案例24

地方政府投资企业T公司,其控股子公司(L公司),T公司计划将其持有的L公司的69%股权转让给Z公司。

另外,L公司正在建设一个大型的现代化工厂,工厂项目还涉及建设用地使用权、环境保护、生产运营等。

为此,Z公司与T公司在股权转让协议中设置了股权交割的先决条件(①转让方就目标股权协议及《评估报告》获得省国资委的批准;②转让方就标的企业合法拥有土地、房屋的权属情况作出书面说明并提供相应的权属文件或政府主管部门正在办理权属的证明文件;③转让方就标的企业获得按营业执照进行正常合法经营的全部有效的政府批文、证件和许可等。),并把交割先决条件作为Z公司支付条件,并采取分期支付。约定如下内容。

①根据该评估报告,标的股权的评估价款为人民币××××××万元。经双方友好协商,标的股权转让价款为××××××万元。

②在交割日后××个工作日内,双方共同指定审计机构对基准日至交割日期间标的企业资产的损益变化情况进行最终审计,最终审计结果经双方确认后,双方将根据最终审计结果与前款所述股权转让价款的差额,由一方向另一方进行补偿。

③受让方应在交割先决条件成就日后××个工作日内向转让方支付股权转让价款的65%,即人民币××××××万元。

④剩余价款待双方确认最终审计结果并对股权转让价款调整后,××个工作日内,受让方支付到转让方账户……

2. 对价调整与对赌条款

并购业务交易价格基于标的企业和交易标的的评估值,但由于各种因素,如交易期间标的企业发生经营性损益、评估或尽职调查所依据的基础调整等,当事人在交易协议中约定相应的交易价格调整机制。但国有资产通过进场公开交易后不得以交易期间企业经营性损益等为由调整交易价格。

股权并购领域的价格调整机制常被称为"对赌协议"或"对赌条款"。"对赌协议"或"对赌条款"源自 Valuation Adjustment Mechanism (VAM),本意是价值调整机制,最初被翻译为"对赌协议"或"对赌条款",一直沿用至今。这种价格调整是基于对标的企业或企业资产基于选定的基准日和评估方法确定的价值,因未来不确定的情况或事件导致标的企业或企业资产价值与评估值的差异所做的价值调整。

导致并购交易价格调整的因素是多方面的,从价值评估的角度看主要是两个方面:资产评估基准日和评估方法选定。在资产评估的基准日选定上,根据交易情况,可选择过去、现在或将来某个时点[1],但无论基准日选在哪个时点,实际交割日与基准日一般不会在同一时点上。资产评估通常有三种方法,即市场法、收益法和成本法[2]。但无论采用哪种评估方法,都有相应的适用条件,该适用条件基于标的企业在基准日的状况,当评估所适用条件与实际交割时发生变化,相应的评估值也将发生变化。因此,交易双方往往约定相应的对赌条款。

例如,采用收益法评估标的企业价值的,设定产权交易后未来一段时间标的企业盈利达到设定值时,并购方给予转让方一定金额补偿或授予其在标的企业一定比例股权;相反,如标的企业未达到设定盈利目标低限时,转让方将按交易价外加一定比率的投资回报从收购方回购股权。

例如,C 公司是 G 公司的全资子公司,X 公司购买 G 公司所持有 C 公司的 70% 的股权,交易后,X 公司持有 C 公司的 70% 股权,G 公司持有 C 公司的 30% 股权。X 公司是 C 公司的控股股东。X 公司与 G 公司协议约定:如果标的企业在 2017 年度营业利润低于交易年或出现亏损,G 公司有权要求 X 公司以 G 公司在 C 公司出资额的 2 倍收购其持有 C 公司 30% 的股权;交割完成后的三个会计年度

---

[1] 参见《资产评估基本准则》(财资〔2017〕43 号)第 25 条。
[2] 参见《资产评估基本准则》(财资〔2017〕43 号)第 16 条。

内,如 C 公司当年实现净利润超过××××万元的,G 公司有权按照标的企业市盈率 12 倍的价格向 X 公司转让其持有 C 公司 30% 的股权。

对于成本法或资产基础法评估标的企业价值的,完成交易后,对标的企业进行审计,如评估基准日情况发生变化影响标的企业价值的,或标的企业应收账款的债务人破产而无法收回,或因法律纠纷产生新的债务等,这些情况下,转让方将向收购方退还差价或调整收购方的股权比例。

因此,对于收购方来说,一方面,应在尽职调查期间尽可能充分调查研究标的企业的生产经营、市场、资产等项目;另一方面,如果并购交易后存在评估价值偏离较大的可能性,最好在交易协议中约定价值调整机制。

(六)交割

1. 交割条件

产权转让的交割受制于多种因素,在实际操作中,各个交易案例的交割先决条件也不尽相同。一般情况下,可从三个方面考虑保障股权顺利转让:一是法定审批手续,如企业国有产权转让获得政府监管部门批准,评估报告获得政府监管部门批准或备案,以及规定的企业内部手续完备等;二是标的企业股权对应的资产权属是否清晰,或权属的法定手续是否完善,例如,纳入标的企业资产评估的土地使用权、房屋等不动产权属、无形资产权属等;三是为保证标的企业正常运行所需外部条件得到解决或保障。

2. 交割内容

并购交割内容因各并购交易案以及标的企业情况的不同而不同,如收购标的企业控股股权甚至全资收购的,除交割股权外,还应对标的企业的各类资产、债权债务以及标的企业经营管理的重要事项进行清查交接。一般包括以下几个方面。

(1)资产清查盘点。一般对照《资产评估报告》《审计报告》等对标的企业的主要流动资产、固定资产和无形资产以及主要负债等情况进行清查、盘点。

(2)人员清查。主要对照交易前转让方提供的人员花名册对标的企业的人员情况进行清查。在实践中,不少企业有正式员工(签订劳动合同的员工),还有劳务用工、退休返聘用工等,有的企业劳务用工人数占比很大,这些情况在尽职调查阶段应该调查清楚,在交割时也应进一步清查核实。

(3)主要证照资质清查。该部分包括标的企业的营业执照、主要专业资质证书、特许经营许可证等。这些主要证照在尽职调查阶段应该调查清楚,在交割时也应进一步清查核实。

(4)主要印章清查。该部分主要包括标的企业公章、合同专用章、财务专用章以及相关印鉴等。

(5)主要合同清查。主要对标的企业新签订和尚在执行中的一些重大经营合同、投资合同、融资与融资担保、对外担保合同等进行清查。在尽职调查阶段应该调查清楚这些主要合同,但由于时间变迁,在交割时也应进一步清查核实。

(6)主要档案文件清查。包括标的企业在设立、改制、人事、财务、资产和重大管理事项方面的档案文件进行清查。在实践中,对标的企业的日常经营管理性档案文件不一定面面俱到清查,可采取抽查办法。

(7)交割法定手续。除清查盘点外,股权交割还需要履行法定手续。

①内部手续:标的企业需变更股东名册,把收购方作为新股东列入公司股东名册中,如果转让方转让其全部股权的,应在股东名册中删除转让方,并应收回此前签发给转让方的出资证明书,按照转让方目前持有的股权比例重新签发出资证明书,同时,向受让方签发出资证明书。①

②外部手续:转让方应配合受让方出具相应文件,交由标的企业到市场监管部门办理公司股东信息变更登记手续。场内交易与场外交易所需提交的文件稍有不同。场内交易的,转让方一般需要提供:转让方上级单位(或政府监管部门)同意转让的标的企业股权批复文件(国有及国有控股企业、国有实际控制企业),转让标的企业股权的内部决策纪要文件,转让方发给标的企业转让股权的股东决定文件,转让方营业执照复印件(需加盖转让方公章),关于标的企业工商变更事项的股东决定文件,产权交易凭证第二联(转让方留存联)复印件(需加盖转让方公章)等;场外协议交易的,除没有产权交易机构出具的产权交易凭证外,转让方需要提供的各项文件基本相同。

在实务中,受让方全资或部分并购标的企业,直观表现是受让方对标的企业拥有权益——股权,除受让方单纯出于投资安排外,受让方还有其他方面的安排,如扩展业务领域、增加产品、扩大市场、提高竞争力等。因此,在股权转让合同中,转让方除承担交割产权义务外,通常还要承担其他义务,如停止与标的企业存在

---

① 参见《公司法》第31条、第32条。

竞争关系的业务等。

但在实践中,一旦受让方向转让方支付了转让价款后,转让方不履行或不完全履行义务,导致受让方不能实现或不能完全实现并购标的企业的目标。例如,前面述及的抚顺银行股权转让案中,亿丰公司向明达公司支付 1.05 亿元股权转让价款,明达公司向亿丰公司交割了约定的 7000 万股份,但该 7000 万股份此前曾被明达公司债权人向法院申请冻结,在明达公司向亿丰公司交割后,明达公司债权人向法院申请强制执行该股权,导致受让方亿丰公司支付转让价款后,无法合法享有和行使抚顺银行的股权和股东权益。另一个案例,受让方与转让方约定,完成标的企业产权转让交易后,受让方成为标的企业的控股股东,转让方在约定的时间内注销其与标的企业存在业务竞争关系的另外两个子公司。受让方支付全部价款后,转让方向受让方交割相应股权,但转让方不按约定注销另外两个子公司。最终,双方为此走上诉讼途径。

上述案例的情况说明在股权并购实践中,关于价款支付、股权交割以及转让方履行其他主要义务之间的关联关系,在合同中都要设置好,避免后期各种纠纷的发生,甚至造成当事人的重大经济损失。

五、并购合同

通常所说的并购合同,是指收购方与转让方为正式交易而签订的协议。其实,并购交易业务与其他合同交易业务流程不尽相同,转让方和收购方在正式确定双方交易前,无论是进场公开交易,还是非公开直接协议交易,双方以及标的企业之间需要一定的协作,如收购方对标的企业及标的进行尽职调查,需要标的企业和转让方配合,同时,收购方需要对尽职调查所获得的信息承担保密义务等。

因此,本书认为,并购交易合同包括两个阶段,即前期阶段和交易阶段。在前期阶段,双方签订意向协议(意向协议或框架协议);在交易阶段,双方签订正式交易合同(如"投资合同""产权交易合同"等)。

1. 框架协议

在进场公开竞价交易中,当交易所预披露转让信息时,意向受让方可根据预披露信息进行初步判断,并决定收购意向,如有收购意向,可与转让方协商意向协议(有的称为框架协议),以便对标的企业和转让标的开展尽职调查,制订并购方案并开展内部决策和相关审批程序。对于非公开直接协议交易来说,自双方具有交易意向时即可协商框架协议,以便转让方开展各项前期工作和相应决策程序,收购方开展尽职调查,制订并购方案并开展内部决策和相关审批程序。

进场公开竞价交易的框架协议和非公开协议交易的框架协议的主体内容相似,都要约定双方在前期阶段各自开展工作以及向对方提供诸如尽职调查等配合支持。但两者有一定差异:在进场公开交易模式下,转让方可能与多个收购意向方进行"背靠背"意向协议签订,双方承诺,转让方将按程序挂牌,意向收购方经过尽职调查并获得批准后正式参与竞价;而在非公开协议交易模式下,双方承诺各自努力实现交易,并可约定一段排他期,以及违约责任。

框架协议的具体内容因交易模式(公开或非公开)以及交易标的(如标的企业全部股权、控股股权、非控股股权等)的不同而有所不同。

下面以非公开协议交易的控股股权交易为基础案例,框架协议除对协议主体、订立框架协议背景和目的、相关定义以及一般合同尾部等内容予以约定外,重点约定了以下事项。

(1)交易合作方式。约定协议交易;另外,如收购方希望交易具有排他性,最好约定一段排他期间,即双方在排他期间都不得与第三方开展相同或类似交易商谈。

(2)尽职调查。主要约定转让方以及转让方促使标的企业为收购方开展尽职调查提供配合,并承诺尽职调查所需要的信息应充分、全面、真实;收购方对此承诺承担保密责任。

(3)基准日。约定尽职调查的审计、资产评估基准日期。另外,双方可根据情况约定,基准日之后变化是否补充尽职调查,如不补充尽职调查,可要求转让方披露并及时通知受让方基准日后的重大事项。

(4)定价机制。一般可由双方共同委托评估机构进行评估,双方对评估方法、评估结果认定等进行约定;在评估结果的基础上约定定价机制等。

(5)标的企业债权债务。主要约定实现交易前标的企业的债权债务处置,一般维持原债权债务关系不变。

(6)过渡期安排。主要将从签订框架协议开始至实现交易并完成股权交割这段时间约定为过渡期间,约定过渡期间一些对标的企业的特殊安排和限制,如前面提到的人员和人事、投资融资、对外担保、重大经营活动、重大资产和权利的处置、其他关注事项等。

(7)标的企业保护。有的转让方要求收购方在一定期限内保持标的企业的稳定和发展。

(8)各方权利义务。主要约定转让方、收购方以及转让方促使标的企业在框架协议期间的权利、义务和责任。

(9)违约责任。主要约定违约情形,以及违约方应承担的违约责任,一般以经济赔偿责任为主。

(10)保密。主要约定各方的保密范围、责任以及保密期限等,尤其要严格约定在交易失败情况下收购方的保密责任。对于进场公开竞价的框架协议保密条款应更为严格约束各方。

(11)其他条款。根据并购交易业务的情况,约定各方重点关注的其他事项。

2. 并购交易协议

股权并购交易协议,是指转让方与收购方各自完成前期工作后,确定并购交易而签订的协议。在实务中有多种称谓,如"股权转让协议""产权交易协议""投资合作协议"等。

并购交易协议的具体内容因交易模式(公开或非公开)以及交易标的(如标的企业全部股权、控股股权、实际控制股权、非控股股权、投资稀释股权等)的不同而有所不同。

下面以公开竞价交易模式下的控股股权交易为基础案例。并购交易协议除约定协议主体、交易背景和目的、相关定义与解释以及一般合同尾部等内容外,还要约定两大方面的内容:一是一般并购合同应当约定的通常内容,二是针对收购方通过尽职调查和分析评估发现与转让方披露信息中不一致的事项以及未披露但影响交易的重要事项,双方协商的安排措施。重点约定以下事项。

(1)标的企业。包括标的企业的基本情况(注册情况、控股股东、经营范围等);标的企业的土地和房屋等不动产情况、重要固定资产情况、知识产权或其他无形资产情况,如前述事项多,可列附件描述;标的企业的资产评估情况以及资产评估基准日期等;其他重要事项。

(2)转让标的。主要约定转让方向收购方转让标的企业股权份额,同时,约定转让方原认缴和实缴的出资情况,如转让方未完成认缴出资的,约定将由哪方补缴,是否影响交易价格等;约定清楚转让方是否在其股权上设置质押或任何影响产权转让或股东权利行使的限制或义务,以及是否被法律机构冻结等。

(3)股权转让的前提条件。主要约定双方各自需履行的审批程序,以及双方尤其是转让方需要在正式交易前处理的重要事项等。

(4)股权转让价格。对于进场公开竞价交易的,以摘牌价格为准;但双方可约定是否调价及调价机制。

需要注意的是:交易标的为国有资产的,交易双方不得以交易期间企业经营性损益等理由对已达成的交易条件和交易价格进行调整。

(5)价款支付。约定支付方式,即采用一次支付或分期支付。通过交易所竞价成交的,一般规定先支付不低于挂牌价的30%保证金,一旦成交,该保证金转换为首付款,剩余款项分几期支付,但国有资产转让的价款支付不得超过1年时间;对于分期付款,如转让方要求提供担保,合同应约定相应的担保方式及提供担保的时间等。

(6)交割先决条件与交割。主要约定产权交割的前提条件,通常将双方约定的与股权移交相关联的事项作为交割的先决条件,避免事后产生纠纷;交割成就日期;交割内容以及交割过程中双方履行的配合义务等。

(7)标的企业职工安置。对于标的企业控股股权转让的,一般需要有相应的标的企业职工安置方案,而且,该职工安置方案需要经标的企业职工大会或职工代表大会讨论通过。在实践中,标的企业职工安置方案是由转让方和收购方协商并征求标的企业的意见而形成的,如在公开竞价交易信息披露阶段已完成职工安置方案的,该方案是股权交易的一个条件,收购方只得接受该方案。

(8)标的企业的债权债务承担。原则上仍由标的企业继续承担;但若收购方重组标的企业,标的企业可能丧失法人资格或其他原因导致原债权人异议的,在这种情况下要约定由转让方或收购方承担,除在资产评估或尽职调查中转让方或标的企业故意隐瞒或疏漏而没有向收购方披露外,一般约定由收购方承担标的企业的债务。

(9)双方的权利义务。主要约定为履行本协议各方相应的权利和义务,如股权交割履行工商变更,需要转让方及标的企业提供文件和办理若干事项。

(10)过渡期的特别安排。在框架协议中过渡期安排基础,结合双方在尽职调查以及交易过程中的协商内容,调整过渡期安排。例如,转让方对标的企业及其资产的善良管理义务;过渡期间标的企业出现重大不利影响事项,转让方应作出妥善处理并及时通知收购方;约定转让方或标的企业不得放弃权利;转让方或标的企业能否或如何处理标的企业签订、变更、修改或终止,与标的企业有关的合同和交易以及资产处置等。具体根据各个交易案例的实际情况约定。

(11)特别事项安排。主要针对股权转让交易中的一些特别事项约定,如转让方在交易前为标的企业承担的担保余额处理,转让方对标的企业的债权处理,交割之前标的企业未缴社会保险和住房公积金所产生的问题处理,等等。根据个案具体约定。

(12)股权交易费用承担。包括两部分费用:一部分是各方履行评估、尽职调查以及委托进场代理机构所发生的费用,一般各自承担各自所发生的费用;另一部分费用是交易所发生的费用,各交易所有相应的收费标准,可由各方约定承担,但一般由收购方承担。

(13)双方保证声明。对转让方来说,主要声明对转让股权是否拥有合法、有效和完整的处分权,向收购方提供和披露资料,信息是否真实、准确、完整,各项审批、授权情况,是否设置可能影响转让的担保或限制等;对收购方来说,主要声明其所提供的资料和信息是否真实、准确、完整,各项审批、授权情况,以及收购方标的企业的股权是否符合律、法规的规定等。

(14)违约责任。股权并购交易合同违约责任包括三大方面:一是当事人履行股权交易直接义务的违约责任,如收购方不按约支付价款,转让方不按约办理股权交割等;二是当事人未按照约定促成交易获得批准,或订立交易协议时当事人承诺能够获得批准而实际未能获得批准等,导致合同交易失败的违约责任;三是在前期或订立交易协议中,当事人隐瞒或疏漏披露信息或提供虚假信息等足以影响对方决策或影响交易条件和交易价格等,造成的违约责任。

(15)协议变更与解除。主要约定协议变更的情形及所采取的方式;协议解除的情形等。

(16)争议解决、协议生效以及其他兜底条款等。

六、重组

通常把"并购"与"重组"放到一起,但并购并非当然要对标的企业进行重组,分两种情况:一种情况是收购方以投资为目的购买标的企业部分股权,并且不处于对标的企业的控制地位,一般情况是按照约定调整标的企业股东会决策机制、董事会结构与决策机制,以及经营管理层部分成员等;另一种情况是尽管收购方处于对标的企业的控制地位,收购方满意标的企业的治理结构和各项经营管理,并符合收购方的未来战略规划,收购方对标的企业不做根本性的调整。

在实践中,如收购方完成交易后对标的企业处于控制地位,多数情况下会对标的企业进行不同程度或不同方面的重组,主要是在法人组织、企业治理结构、企业管理、经营业务、人员、资产、企业文化等方面的重组。

(一)法人组织重组

收购方根据业务、法人治理等因素,对标的企业进行法人组织重组,通常包括吸收合并、新设合并、同一控股企业内部股权划转、法人单位改组为分支机构等。

以收购方全资收购标的企业为例。可由收购方直接吸收合并标的企业,标的企业全部纳入收购方,注销标的企业,标的企业原债权债务由收购方承继。也可由收购方子企业吸收合并标的企业,这种情况下,标的企业纳入子企业,标的企业的债权债务由子企业承继,标的企业注销,或由标的企业吸收合并收购方的某个或某几个子企业。

新设合并,是指标的企业与收购方或收购方子企业之间进行合并,设立新的法人企业,标的企业、收购方或子企业注销,标的企业、收购方或子企业原有的债权债务由新设法人企业承继。

股权转移,主要是指收购方对标的企业的股权转移到收购方子企业,完成股权转移后,标的企业成为收购方子企业的控股子企业,各方原来的法律组织不变,原有的债权债务仍由各自承担。如图17-1所示。

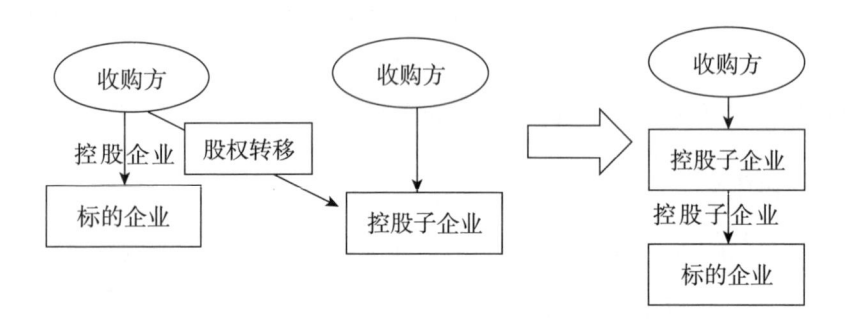

图17-1 股权转移示意

法人单位改组为分支机构,通常由收购方将标的企业改组为本单位的分支机构,如分公司等形式,注销标的企业的法人资格,标的企业原有的债权债务由收购方承继;也可把标的企业改组成收购方子企业的分支机构,标的企业原有的债权债务由子企业承继。在实际操作中,一般是先设立相应的分支机构,再注销法人单位。

在组织重组过程中,涉及法人单位注销的,要做好各项衔接和承继工作,特别是对内部要做好人员安置,尤其是异地人员安置;对外要做好债权债务承继手续。

(二)经营业务重组

除投融资目的外,多数并购案的主要目的是通过收购标的企业或其股权进行业务重整。近些年来,各地国有企业重组,更多的是优化业务和产业结构。当然,在对标的企业业务重组中,相应也会牵涉组织重组、人员重组等情况。

(三)人员重组

在对标的企业业务重组、组织重组过程中,相应涉及人员重组,包括对标的企业人员职务、岗位调整,标的企业与收购方或收购方子企业之间的人员交叉互换调整、人员划转,也存在部分人员解聘等。在实务中,对标的企业人员调整变更往往最为棘手,特别在人员解聘、岗位岗级调低等方面,既要符合法律法规和政策,也要避免激化矛盾,影响员工的稳定性和积极性。

(四)资产重组

资产重组包括资产重组和债权、债务重组。在实践中,资产重组应注意内外两个方面的问题。

(1)内部:需要注意相应的审批和决策程序,尤其是国有及国有控股企业审批和决策程序极为重要;另外,在资产重组中不要损害或影响公司其他股东的合法权益。

(2)外部:需要注意债权债务重组的合法性以及与原债权人或债务人之间的协议性文件,既不能通过资产重组影响原债权人的合法权利,也不宜无端加重自身的债务负担。

(五)企业文化融合

无论是组织重组、资产重组还是人员重组或制度重组,虽然说各有难题,但均可通过法律的手段和行政的手段按照股东或决策层的意志进行重组。但内在的企业文化融合则往往更考验公司重组的效果。企业文化看似是虚拟的东西,但它是企业生存、创造和发展的灵魂。企业文化是企业在经营活动中形成的经营理念、经营目的、经营方针、价值观念、经营行为、社会责任、经营形象等的总和,是企业个性化的根本体现。企业文化既是看不见摸不着的东西,但又是能感悟到、体验到的氛围,例如,一到某公司办公区就能感受到这个公司是积极上进还是消极慵懒,是严肃还是活泼,是团队协作还是各自为阵……

总之,每个企业都有体现自己个性特点的企业文化,因此,企业重组要高度重视企业文化的融合。要发现标的企业的企业文化中的积极因素和消极因素,把积极因素充分发挥出来,通过组织、制度、管理等措施克服消极因素,激发重组后企业整体积极向上的热情和创造性,真正实现"1+1>2"的效果。

例如,位于上海市的H公司全资收购位于河南省的C公司,当时H公司正处于蓬勃发展时期,而C公司是有几十年历史的国有企业,并在当时市场竞争中处于艰难时期,H公司对C公司进行重组,并很好地植入H公司的企业文化,重组后的C公司经营状况快速得到改善。

反之,如果公司重组融合不得当,不但难以实现"1+1>2"的效果,轻则相互之间不信任、不理解,重则产生各种矛盾,影响企业经营发展。这在并购重组实务中时有发生。

七、夹层公司股权并购

(一)夹层公司股权并购概述

夹层并购应是受夹层投资启发而设置的商业交易模式。夹层投资源于麦则恩融资(financing),是介于传统银行融资和一般债权、股权投资之间的投资行为。麦则恩融资将此比喻成两个楼层之间增加一个夹层,因而国内翻译称为夹层投资。

近年来,股权并购业务中出现新型夹层并购,尤其在光伏发电、风电等发电项目领域产生了夹层并购新类型"民企开发、国有持有"。一些新能源公司开发光伏发电或风电等新能源项目,但由于这些新能源项目投资大、回收周期长、投资回报率相对不高,国家将过去电价补贴政策转变为平价或低价上网政策[①],原热衷于投资新能源的民间资本急于脱身,纷纷将已获备案的光伏发电或风电项目转手。但由于国家严禁圈占光伏发电和风电新能源资源,倒卖项目备案批文(俗称"倒卖路条"),即光伏发电或风电项目建成投产运营前,不允许变更项目投资主体。夹层并购公司应运而生。

夹层并购,是指项目公司股东在项目公司与股东之间增设一个夹层公司,收购方收购股东对夹层公司的股权,间接控制项目公司。

在通常股权并购交易中,乙公司是项目公司股东(全资或控股股东),甲公司购买乙公司持有的项目公司股权,实现甲公司对项目公司控股(全资或控股),如图 17-2 所示。但按照国家关于光伏发电、风电等新能源发电项目的监管规定,在项目建成投产运营前,不允许变更投资主体。于是出现夹层公司股权转让,如图 17-3 所示。

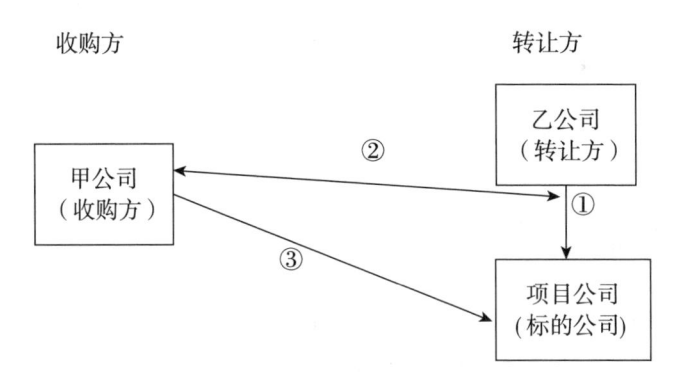

图 17-2 通常股权并购交易示意

注:①乙公司原本是项目公司股东;②甲公司收购乙公司所持项目公司股权;③甲公司成为项目公司股东,即成为项目实际投资方。

---

① 参见国家发展改革委、国家能源局《风电、光伏发电平价上网通知》(发改能源〔2019〕19号)。

在夹层并购中，交易关系就更为复杂。

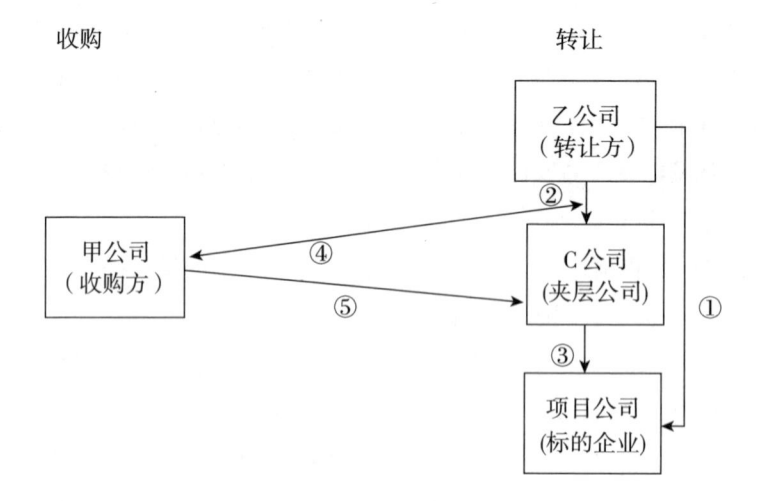

图 17-3　夹层并购

注：①乙公司原本是项目公司股东，是项目的实际投资方；②在乙公司和项目公司之间设立 C 公司，即夹层公司，乙公司成为夹层公司的母公司（全资或控股）；③乙公司将其持有的项目公司股权以出资或其他方式转移给 C 公司，C 公司成为项目公司的股东（全资或控股）；④甲公司收购乙公司持有的 C 公司股权；⑤甲公司成为 C 公司即夹层公司的股东（全资或控股）；⑥待项目公司完成项目建设并投产运营后，甲公司再行重组 C 公司和项目公司，从而实现项目的控制。

（二）夹层并购的注意事项

前面分述的股权并购各项规定和需要做的工作同样适用于夹层并购，此外，光伏发电、风电等新能源领域夹层并购的投资项目尚未建成投产运行，且股权关系很复杂，故其有需要特别处理和关注的问题。

1. 政策法律

国家严禁风电、光伏发电项目在建成运营前变更投资主体（买卖项目备案批文）。《国家能源局开展新建电源项目投资开发秩序专项监管工作的通知》（国能监管〔2014〕450 号）明确"进一步规范新建电源项目投资开发秩序，坚决制止新建电源项目投产前的投机行为"，重点核查"项目投产前的股权变动等情况"。国家发展改革委和国家能源局《关于完善光伏发电规模管理和实施竞争方式配置项目的指导意见》（发改能源〔2016〕1163 号）明确规定"光伏电站项目纳入年度建设规模后，其投资主体及股权比例、建设规模和建设场址等主要内容不得擅自变更"。

按照前述规定,风电、光伏发电等新能源项目禁止在项目建成投产运营前变更投资主体和投资主体的股权结构变动。本书注意到,有的地方政府对光伏发电项目备案通知中具体载明项目投资主体及相应股权结构,有的地方政府在备案通知中还进一步明确自项目备案文件下发至并网运行2年内不得擅自变更项目投资主体。

因此,采取夹层并购模式,仍然存在项目投资主体或投资主体股权结构变更的政策和法律风险,尤其是央企能源企业或地方国资能源企业采用夹层并购模式所面临的政策监管风险更大。

2. 经济评价

和其他股权并购业务类似,资产评估和在建工程项目的经济评价是夹层并购交易收购方决策的一项重要依据,资产评估和经济评价与通常并购业务并无本质不同,此处不再赘述。

但在夹层股权并购交易中,夹层公司并无实体经济资产,而夹层公司资产或控股项目公司资产主要是注册资本金和在建工程,在实务中,在资产评估和在建工程经济评价中应注意易被忽视的问题。

一是融资成本。尤其是项目公司已经签订融资合同情况下的融资成本。在实践中,项目公司多采用融资租赁的方式进行融资,融资租赁的成本比通常商业银行贷款的融资成本高,但在做项目经济评价时,习惯性地按照银行贷款成本对项目进行投资经济评价,实际上是少测算项目运营期间的成本,提高项目的经济性。

二是仅从技术角度评价,高估售电收入,提高了项目的经济性。如备案65MW光电项目,通过优化光伏组件等办法,提高装机总量,从技术角度看装机总量可以达到80MW,在做经济评价时按照80MW装机总量测算售电收入。需要注意的是,光伏发电和风电均有规模和容量限制,虽然从技术上可以达到80MW装机总量,但如没有获得相应上网电量指标,即使能够多发出电量,也无法上网销售。

因此,在实践中要关注上述方面的事项,避免造成决策失误。

3. 项目风险

虽然转让方和项目公司为在建工程签订相应的工程合同,但项目公司和在建工程项目对于转让方和夹层公司(本质上,夹层公司是转让方为转让标的而设置的延伸体)来说只是过渡,容易疏于对在建工程质量的监管(包括工程质量、用于工程的设备和材料的质量),而收购方尚未介入对工程建设的管理,因此,容易产生工程项目质量问题或质量隐患;另外,项目发电量不等于可上网电量和实际销售电量,需要转让方、项目公司解决好政府批文发电指标、电网公司上网指标以及电力实际销售量等问题。对于这些事宜,收购方应与转让方约定清楚。

4. 合同

为推进项目落地实施,出让方、项目公司为项目签订若干合同,如融资与担保、用于项目工程建设的设备材料供应、项目工程建设等合同。需要注意两个方面的问题:一是这些合同的转让问题;二是重大合同的法定招标问题,按照招投标法及其配套规章规定,新能源等能源基础设施项目属于法定招标范围,达到招标标准的,必须进行招标,否则合同无效。如果转让方、项目公司所签订的项目建设合同未履行招投标程序,那么,这些合同是无效的,国有及国有控股企业的收购方如接手这些合同将存在法律和审计方面的风险。

5. 股权转让

在实践中,转让方、夹层公司为项目公司和在建工程项目融资等将所拥有的项目公司股权作为融资担保,这些股权在未解押前不得转让。收购方对担保债权人提供担保以解押股权,或收购方先支付交易价款再等待转让方、夹层公司与担保债权人办理股权解押,对收购方来说都存在一定的风险。因此,在股权转让交割环节需要做好周全安排。

第十八章 二手房二手车买卖合同

随着我国经济快速高质量发展,人们生活条件和生活质量普遍提升,为不断改善生活条件,购置住宅房屋和车辆的交易活动十分活跃,其中,二手房和二手车交易活动随之迅速发展。但由于各种原因,二手房和二手车交易合同纠纷也相应产生,给家庭和个人带来诸多负面影响,甚至给家庭或个人带来巨大经济损失,有的二手车因车况被隐瞒从而引发严重交通事故。为此,本书特将二手房和二手车买卖合同单独成章。

一、二手房买卖合同

(一)二手房买卖合同概述

二手房相对于一手房或商品房而言,是通俗说法,规范说法多称为存量房。二手房买卖是指通过办理不动产转移登记取得房屋所有权证/不动产权证书的房屋再次买卖行为;[①]而通常所称商品房买卖,通俗说法是一手房买卖,是指房地产开发企业将尚未建成或者已竣工的房屋向社会销售并转移房屋所有权的买卖行为。因此,本节所述二手房买卖合同不包括商品房买卖合同,商品房买卖合同相关问题按《商品房买卖合同司法解释》具体规定。

二手房包括住宅二手房和非住宅二手房,本节主要讲述住宅二手房买卖合同。自20世纪末"福利分房"制度转为住房市场化的20多年以来,随着我国经济

---

① 自2015年3月1日《不动产登记暂行条例》实施后,房产所有权和房屋所对应土地使用权两证合一为不动产权证,在此之前,房屋所有权和土地使用权两证分离(自原《物权法》实施后,部分省市开始试行两证合一),房屋所有权以房屋所有权证载示。

社会高质量发展和人们生活水平不断增加,人们对住房和住房条件改善的需求也在不断增加,二手房交易逐年增加,据不完全统计,即使在 2021 年二手住宅房交易量较前几年有所下滑的情况下,2021 年全国二手房交易量也达 390 万套左右。同时,随着二手房买卖交易量增加,二手房买卖合同纠纷也在不断增加,据不完全统计,2021 年全国二手房合同纠纷逾 30 万件。

(二)二手房买卖合同内容

《城市房地产管理法》第 41 条规定,房地产转让,应当签订书面转让合同。书面二手房买卖合同是办理产权转移登记的一个重要文件。实务中,二手房买卖合同内容主要包括:

1. 买卖当事人。[①] 当事人姓名和签字名应与身份证或护照等有效证件一致,并应分别写明各个当事人姓名、性别、出生日期等可区别同名人员的信息,其中,出卖人这一方,包括房屋出卖人和房屋共有人,如当事人委托他人买卖房屋,还应注明委托代理人信息。

2. 房屋信息。①与产权证一致的基本信息,以及必要的附加信息;②房屋权属信息,包括房屋产权证信息,房屋权属性质,即商品房、已购公有住房、向社会公开销售的经济适用住房、按经济适用住房管理的房屋(危改回迁房、安居房、康居房、绿化隔离地区农民回迁房等房屋)、限价商品住房、自住型商品住房、共有产权住房等;③房屋使用状况,如自住、空置、出租等,如果房屋已出租,需说明房屋出租情况,以及房屋转让后对原租赁合同的安排等;④该房屋的抵押情况,如设置抵押,应约定处理方式。

3. 房屋成交方式。自行成交或通过中介机构成交。自行成交是当事人不通过中介机构直接办理房屋买卖的方式。

4. 成交价格、付款方式及资金划转方式。其中,付款方式包括:一次性付款;分期付款,应列明每期付款时间和金额;直接支付加贷款支付(贷款包括公积金贷款、商业贷款),对于贷款付款方面,要约定如买受人拖延申请贷款或贷款机构不批贷情况下的处理办法。

---

① 二手房买卖合同当事人主要为自然人,但也有可能是法人或非法人组织,本书以自然人作为合同主体进行论述。

5.房屋交付。包括房屋本身交付,房屋装修、附属设施、物品交付,费用交接(包括物业管理费、水费、电费、燃气费、有线电视费、网络费)等。

6.房屋买卖活动所发生税费承担。

7.不动产登记。主要是房屋产权转移登记;在实践中,如双方同意,还可办理预告登记,但需要注意,预告登记并不表示产权发生转移。

8.户籍迁出。约定出卖人迁出户籍时间,以及相应的违约责任。另外,有些地区有线电视、网络实行按户实名注册,需要出卖人迁出。

9.陈述保证。约定双方在房屋买卖合同缔结前所披露信息真实、充分,并对所披露信息真实性、充分性承担违约责任。

10.违约责任。交付房屋违约责任、付款违约责任,以及户籍迁出等上述各主要项目违约责任。

11.争议解决办法。通过仲裁或诉讼解决。

房屋买卖合同文本,目前各省、区、市的住建部门和市场监管部门制订相应房屋买卖合同示范文本,可按照本地区示范文本,在此不赘述。

(三)二手房买卖合同注意事项

二手房买卖合同纠纷频发,其中,由买受人提起诉讼或仲裁的居多,主要原因是出卖人处置房屋权利限制或对房屋相关信息披露不充分甚或故意隐瞒相关信息。在可能引起合同纠纷众多因素中,当事人尤其要注意以下事项。

1.夫妻共有房产

按照现行法律规定,夫妻婚后购买的房屋,除非另有约定,无论是登记在一人名下还是双方名下,都属于夫妻共同财产。[①] 出卖房屋属于对不动产的处置,需要共同决定。

在二手房买卖合同实务中,无论房屋产权登记在夫妻一方或双方名下,在由夫妻一方签订房屋买卖合同的情况下,买受人应要求出卖人提供夫妻另一方签字的同意出售该房屋的书面文件,并作为买卖合同附件,避免后续拒绝履行合同。实践中还要注意夫妻一方伪造另一方签名文件的情形,为避免这类情况发生,最好在签约时夫妻双方均到场并现场签字,并出示身份证件。

---

① 参见《民法典》第1062条和第1065条。

另外,在实践中,还存在一种情况,房屋产权登记在夫妻一方名下,在出卖房屋时由登记方出面,并表示该房屋不属于共有房屋,但合同签订后,因房价大幅上涨等原因,夫妻另一方以不知情为由提出主张导致合同难以执行。对此,一方面卖方要基于诚实信用基本原则,披露房屋是否属于夫妻共有财产;另一方面买方可要求在合同中注明卖方所声明情况,并约定违约责任。

2. 遗产房产

在日常生活中,遗产继承纠纷特别是遗产房产继承纠纷较多,相应给遗产房买卖带来诸多变数,特别是实践中存在出卖尚未完成继承手续的遗产房,[①]包括相同继承顺位的所有继承人是否同意出卖房屋、办理房屋出卖代理人的确定等,都将影响房屋能否顺利完成买卖交易。因此,涉及遗产房买卖时,一方面,要了解该房屋继承关系;另一方面,尽可能等出卖房屋完成继承后再购买,当然,实践中,未完成继承的遗产房出卖价格相对低一些,买受人要综合判断。

关于遗产继承,我国原《继承法》以及现行《民法典》都规定法定继承、遗嘱继承以及遗赠,同时,也规定遗嘱或遗赠无效情形。继承开始后,有遗嘱的,按照遗嘱继承或者遗赠办理;有遗赠扶养协议的,按照协议办理。

法定继承是指被继承人没有有效遗嘱、遗赠扶养协议以及在有效遗嘱、遗赠扶养协议之外仍有遗产的,由法律规定该遗产继承人顺位以及分配原则。法定继承分两个继承顺序。其中,第一顺序继承人包括配偶、子女、父母;第二顺序继承人包括兄弟姐妹、祖父母、外祖父母。继承开始后,由第一顺序继承人继承,第二顺序继承人不继承;没有第一顺序继承人继承的,由第二顺序继承人继承。前述所称子女,包括婚生子女、非婚生子女、养子女和有扶养关系的继子女;父母,包括生父母、养父母和有扶养关系的继父母;兄弟姐妹,包括同父母的兄弟姐妹、同父异母或者同母异父的兄弟姐妹、养兄弟姐妹、有扶养关系的继兄弟姐妹。

另外,法律规定允许代位继承以及转继承等。

综上可见,继承关系比较复杂,在遗产房买卖活动中,买卖双方都要细致处理,对出卖人来说,如不能妥善处理继承问题,将可能导致房屋买卖合同违约;对买受人来说,如出卖人没有处理好继承问题,将可能导致房屋买卖合同难以执行。

---

① 在实务中,同一继承顺位有多名继承人,继承人决定出售房屋后分割房款的情况也常见;或者对于夫妻共有房屋,一方去世后,该房屋的一半成为去世方遗产,继承处理更为复杂。

3. 抵押房产

二手房买卖实务中,出卖房屋设置抵押权引起纠纷也比较常见,一般情况下,买方会关注卖方是否将房屋抵押给银行办理购房贷款,即通常所说的按揭贷款房,对于这种情况,双方通常约定以由卖方提前还贷的方式解除银行抵押权。但实践中,还存在其他抵押情形,如卖方为办理其他用途贷款向银行抵押房屋、卖方向银行以外的其他债权人抵押房屋或卖方为亲戚朋友等第三人向他们的债权人抵押房屋,等等。我国法律虽然规定抵押人可以转让抵押期间的抵押财产,但同时也规定,如抵押合同另有约定的,按照约定。[1] 比如有的银行抵押贷款合同约定抵押人转让抵押房屋需经银行书面同意,换言之,如未获得银行书面同意,后续房屋过户将有障碍。

另外,从买方角度看,法律规定抵押权不受抵押财产转让的影响,[2]若二手房买卖双方没有将房屋的抵押担保债务处理好,买方将可能因此遭受损失。例如,卖方亲戚所有的甲公司欠乙公司债务180万元,甲公司承诺4个月内向乙公司偿还全部债务180万元,卖方以房屋提供抵押担保。如甲公司在4个月内不能偿还或不能全额偿还乙公司180万元,乙公司有权对该房屋行使抵押权。

综上,对于二手房买卖合同,从卖方角度讲,一方面,应如实向买方披露房屋抵押情况,并且,双方就已设置抵押担保事宜作出妥善安排,如房屋过户、房款支付以及抵押权人行使抵押权时对买方的补救等;另一方面,卖方决定转让房屋时,还应及时通知银行等抵押权人。从买方角度讲,一方面要了解房屋抵押情况,包括已向银行抵押和向其他第三人抵押情况,既要求卖方披露,也尽可能让卖方协助向房屋登记机构查询,如卖方表示房屋未设置抵押担保,最好列入买卖合同卖方声明中;如存在抵押情况,并且决定购买该房屋,在合同中把房屋过户、房款支付以及抵押担保问题联动起来约定。

二手房买卖实务中,还需要注意一种情况,即房屋抵押未办理抵押登记手续,这种情形多发生于向自然人或规模不大的非国有企业债权人抵押担保。按照法律规定,房屋抵押未办理登记手续的,不产生法律意义上的抵押权,[3]即使如此,买

---

[1] 《民法典》第406条规定抵押期间,抵押人可以转让抵押财产。当事人另有约定的,按照其约定。
[2] 《民法典》第406条规定抵押财产转让的,抵押权不受影响。
[3] 《民法典》第402条规定以本法第395条第1款第1项至第3项规定的财产或者第5项规定的正在建造的建筑物抵押的,应当办理抵押登记。抵押权自登记时设立。

方也会因无法实现债权而面临诸多"麻烦"。因此,对买方来说,一方面要求卖方如实披露房屋抵押情况,另一方面在买卖合同卖方声明中列明这种情况,并在违约责任条款进一步约定卖方对此种情况应承担的违约责任。

4."学区"房产

为了让孩子得到更好的教育环境,有的家庭不惜高额举债在所谓优质学区购买房屋,即通常所称的学区房,当然,学区房价格要比周围同类房屋价格高出很多。

实践中,买方需要关注学区所在当地教育部门关于新生入学政策的调整,以及学区房对应学校入学条件调整,避免希望落空。另外,就买卖双方来说,除一般房屋买卖合同容易产生纠纷的事项外,学区房买卖实践要特别关注几种情况:一是买卖房屋学籍被占用,如有些学校对学区内房屋按户每六年给一个或一户学籍,如该房屋学籍已被使用,且到买方的孩子登记入学前不满六年,这种情况下,该房屋的学籍是被占用的;二是房屋学籍没有被占用,但因各种原因卖方户籍迁不出去或不能按时迁出,导致买方户籍难以迁入或迟延迁入,进而导致新生也难以进入那些要求户籍须在学区内的学校。

本书认为,合同当事人应当本着诚实信用基本原则,一方面,如存在可能影响买方孩子入学的情况,卖方应如实向买方披露,卖方配合协助买方到派出所查询该房屋登记户籍情况;另一方面,从合同角度,在合同中明确买方买房目的,并进一步约定上述情形的违约责任和赔偿责任。

5.特别情形房产

实践中,有些人会关心房屋过去发生的事情,特别是一些令人"忌讳"的事情,如人员病亡、"凶案"、其他刑事案件以及其他特定情况等,这些信息难以像户籍信息那样可以查询。如买方不能接受此类房屋,在订立合同前要求卖方披露,卖方也应基于诚实信用原则如实披露。

从合同角度,可要求卖方在合同中声明该房屋是否存在买方关注的特别情况,并约定隐瞒或虚假声明都构成实质性违约,买方有权解除合同,卖方除返还房款外,还须赔偿买方损失。

6.出租房产

实践中,有些二手房在买卖过程中处于租赁状态,即房屋已由卖方出租给第三人,且房屋租赁合同有效期持续至卖方向买方交付房屋以后一段时间,那么,需要注意两个方面问题：一是法律方面的买卖不破租赁和承租人优先购买权；二是合同方面的房屋租赁合同后期执行。

我国法律规定买卖不破租赁制度，租赁物在租赁期间因买卖行为发生所有权变动的，不影响租赁合同的效力。原《合同法》第229条规定，租赁物在租赁期间发生所有权变动的，不影响租赁合同的效力。《民法典》承袭了该规定，第725条规定，租赁物在承租人按照租赁合同占有期限内发生所有权变动的，不影响租赁合同的效力。对买方来说，一方面，要求卖方对房屋出租情况进行披露，另一方面，如房屋已经出租并且租赁合同还将持续若干时间，买方能否接受，按照买卖不破租赁制度，买方即使取得房屋所有权也无权单方面解除租赁合同。

另外，我国法律还规定承租人优先购买权制度，即在房屋租赁合同有效期内，出租人出卖租赁房屋的，承租人享有以同等条件优先购买的权利。但承租人在房屋的按份共有人或出租人的近亲属面前不享有这项优先购买权。[①] 对卖方来说，如出卖租赁房屋，应当在出卖之前的合理期限内通知承租人。承租人在15日内未明确表示购买的，视为承租人放弃优先购买权。

关于房屋租赁合同后续履行问题，一方面，买卖双方要在买卖合同中进行约定，如后续房屋租金支付给哪方，实践中，既可在房屋买卖价款中考虑租金因素，后续租金直接由买方向承租人收取并归买方所有，也可约定后续租金由卖方继续向承租人收取并归卖方所有；另一方面，在维持租赁合同主要内容不变的情况下，最好由买方、卖方、承租人就租赁合同后续履行事宜签订三方协议，对诸如租金支付、房屋维修以及租期届满交还房屋等进行约定。

7. 房产价格波动

由于政策或市场等因素影响，房屋价格在短期内发生大幅波动，当价格大幅上涨时，出卖人反悔，当价格大幅下跌时，买受人反悔，因此产生合同纠纷，这在实践中经常发生。这将影响某一方或双方利益，特别是在已交付部分房款并交付房屋但尚未完成产权转移登记情况下，这种僵持将严重影响双方权益。

本书认为，双方应基于诚信原则看待价格波动，回归交易当初目标，理性对待房价涨跌。实务中，双方也可约定房价波动调整机制，如自签约之日起一段时间

[①] 《民法典》第726条第1款规定出租人出卖租赁房屋的，应当在出卖之前的合理期限内通知承租人，承租人享有以同等条件优先购买的权利；但是，房屋按份共有人行使优先购买权或者出租人将房屋出卖给近亲属的除外。

里,如果房价波动超过一定幅度的,双方对合同价格做一定比例调整。另外,由于在订立合同时无法预见的政策调整等因素导致房屋价格短期大幅涨跌的,如当事人不能协商解决,可援引情事变更制度向人民法院或仲裁机构请求变更合同或解除合同。

二、二手车买卖合同

(一)二手车买卖合同概述

近年来,国内二手车交易超过 1500 万辆,而且,随着家用车辆保有量逐年增加,二手车交易也将逐年增加。

本章所称二手车,是指从办理完注册登记手续到达到国家强制报废标准之前进行交易并转移所有权的汽车。[①] 也就是说,交易车辆在交易前已经完成过车辆所有权登记注册手续,同时,该车辆尚未达到国家强制报废标准,车辆所有权人或享有处置权人再次出卖车辆。未完成首次交易注册登记手续的车辆买卖是通常所说的"新车"买卖,不属于二手车买卖;已经办理报废手续或达到国家强制报废标准的车辆,不属于二手车买卖范畴。

本章重点分述家庭乘用二手车买卖合同。

机动车辆属于动产,所有权随车辆交付而发生转移,但机动车辆和船舶、飞机等具有特殊性,因此,法律规定机动车辆的所有权转让须经登记来对抗善意第三人;[②]另外,在道路上驾驶机动车行为属于高危行为,按照法律规定,对机动车实行注册登记制度。[③] 因此,机动车辆买卖交易需要履行登记手续。

由于机动车具有上述特点,二手车买卖交易与一般动产买卖交易有所不同。在实务中,二手车买卖交易通常分为三种模式:

一是直接交易,即二手车所有人不通过经销企业、拍卖企业和经纪机构将车辆直接出售给买方的交易行为。需要注意,二手车直接交易须在二手车交易市场

[①] 《二手车流通管理办法》第 2 条第 2 款所定义的二手车,还包括三轮汽车、低速载货汽车(原农用运输车)、挂车和摩托车。本章特指家庭乘用车,其他类型二手车买卖可参考本章。

[②] 《民法典》第 225 条规定船舶、航空器和机动车等的物权的设立、变更、转让和消灭,未经登记,不得对抗善意第三人。

[③] 《道路交通安全法》第 8 条规定国家对机动车实行登记制度。机动车经公安机关交通管理部门登记后,方可上道路行驶。

进行。

二是通过中介经纪机构进行二手车买卖。经纪机构主要负责提供车辆买卖信息、撮合双方达成买卖合同、帮助办理车辆买卖手续等,类似于房屋买卖中介机构功能,经纪机构不是买卖合同主体一方。实务中,当事人也可委托经纪机构直接或代为办理车辆鉴定评估。这种交易模式比较多。

三是通过二手车经销企业出售给买方的交易行为。这种交易方式可解读为间接交易。通常是二手车经销企业先收购二手车,再以经销企业名义出售给买方。随着二手车经销企业的发展,这种交易模式也日益增加。

就买车人和卖车人而言,三种交易模式各有利弊,第一种模式就车辆价款而言对买卖双方最合适,但双方需到二手车交易市场办理交易手续,自行委托车辆鉴定评估等,这种模式比较适合买卖双方之间熟识或经可信赖中间人介绍情形;第二种模式下,经纪机构会帮助或指导买卖双方办理交易手续,但需要支付中介费用;第三种模式下,在卖车或买车手续方面相对简单,并且,经销企业需要向买车人提供质量保证及售后服务,但经销企业要赚取较大买卖差价。

实践中,具体选择哪种交易模式,卖车人或买车人根据各自情况而定。

(二)二手车买卖合同内容

1. 书面形式要求

二手车买卖活动需要办理登记手续,在机动车登记时需要提供机动车来历证明,其中,车辆买卖合同书是证明车辆来历的主要依据。《二手车流通管理办法》也规定二手车交易需要签订书面合同。[①]

2. 合同主要内容

二手车买卖合同内容相对比较简单,主要约定合同主体(自然人主体的,要注明身份证号码);买卖车辆状况(包括车辆基本状况和当前状况等);车辆价款、过户手续费及支付时间、方式;车辆的过户、交付及风险承担,风险承担主要是指对车辆交付前后所遭受损坏、损毁的风险由哪方承担;当事人双方的权利和义务;车辆质量与质量保证,车辆质量保证主要针对卖方为法人的或通过法人机构委托销售、拍卖的车辆而言;违约和违约责任,以及合同争议解决办法等。

---

① 参见《二手车流通管理办法》第16条。

国家市场监督管理总局针对二手车买卖制定了合同示范文本,《二手车买卖合同》(示范文本)(GF-2015-0120),可参照使用或参考合同内容,在此不再对二手车买卖合同内容花费过多篇幅。

实践中,有的二手车企业或二手车交易平台制订相应车辆买卖合同格式文本,购车人可结合上述提到的主要内容、《二手车买卖合同》(示范文本)(GF-2015-0120)以及后文分述的注意事项,认真审查合同格式文本。

(三)二手车买卖合同注意事项

由于机动车买卖尤其二手车买卖双方信息不对称等因素,对买方特别是自然人个人买方来说,往往处于劣势;另外,机动车驾驶行为本身属于高风险行为,因此,法律规定机动车与非机动车驾驶人、行人之间发生交通事故的由机动车一方承担无过错责任。[①] 因此,对于买受人来说,如所购买机动车存在重大安全隐患且其不知情的情况下,其不仅承担财产损失,还承担生命安全风险以及交通事故责任风险,特别是重大安全隐患风险对个人和家庭来说是不可承受之重。

近些年来,一方面二手车交易量快速增加,另一方面二手车交易电子商务平台快速发展,通过电子商务平台交易二手车迅速发展,由于存在车辆信息不实等多种因素,二手车买卖合同纠纷大量发生。

因此,本书特别呼吁二手车经销企业、经纪机构和鉴定评估企业,在经营二手车业务过程中秉持诚实信用的基本原则。

从二手车买卖合同实务角度讲,当事人应注意以下问题:

1. 交易可过户性

二手车买卖需要办理过户登记手续。从机动车管理法律规定来看,机动车信息变更,需要办理变更登记手续;从出卖人角度看,机动车转让后,虽然车辆所有权随车辆交付而转移给买受人,但如未办理机动车变更登记,一旦发生交通事故,将需花费时间精力证明自己免责;从买受人角度看,机动车需要办理登记以对抗善意第三人。

为实现二手车可过户登记手续,出卖人一方主要关注三个方面:

[①] 《民法典》第 1208 条规定机动车发生交通事故造成损害的,依照道路交通安全法律和本法的有关规定承担赔偿责任;《道路交通安全法》第 76 条第 1 款第 2 项规定机动车与非机动车驾驶人、行人之间发生交通事故,非机动车驾驶人、行人没有过错的,由机动车一方承担赔偿责任。

一是出卖人对转让车辆拥有所有权或处置权；

二是所出售机动车不属于法律规定禁止买卖的车辆；[①]

三是拥有车辆相应法定证明、凭证，主要包括机动车登记证书、机动车行驶证、有效的机动车安全技术检验合格标志、车辆购置税完税证明、养路费缴付凭证、车船使用税缴付凭证、车辆保险单。

买受人一方主要关注两个方面：

一是买受人按照机动车辆拟迁入地政府政策享有的机动车购置指标，买受人只有取得购车指标，才能在当地办理车辆登记手续。例如，目前北京、上海、广州、天津、杭州、深圳等城市实行机动车指标限制。

二是二手车符合拟迁入地政府关于环境保护限制条件。各省区以及同一省区内的不同城市之间关于二手车迁入环保标准要求不同，买受人事先要了解二手车拟迁入地对环保标准要求。

2. 车辆信息

机动车辆信息包括基本信息和使用信息。其中，基本信息部分，要关注车辆是否存在前一部分介绍的禁止转让情形，可目测车辆表观信息，以及检测报告所展现信息。使用信息，包括已行驶里程、重大维修、违章情况等。

容易引起争议的是车辆的表征里程，即车辆里程表读数问题。二手车买卖合同纠纷中，经常发生车辆实际行驶里程数被人为调动情况。因此，为避免这种情况发生，买受人在签订合同前可要求出卖人承诺车辆表征里程未被调动并约定相应违约责任，也可事前做相应鉴定。

3. 重大事故

机动车重大事故包括交通事故和涉险事故，如涉水事故等，如这些发生重大事故的车辆维修处理不当，在后续使用中容易发生故障，增加事故风险。如机动车发生过重大事故，可能出现重大损伤，如在4S店维修的，车辆质量安全保障更大一些，但如在非正规店铺维修，车辆质量安全保障系数难免降低；另外，有些人

[①] 《二手车流通管理办法》第20条规定下列车辆禁止经销、买卖、拍卖和经纪：（1）已报废或者达到国家强制报废标准的车辆；（2）在抵押期间或者未经海关批准交易的海关监管车辆；（3）在人民法院、人民检察院、行政执法部门依法查封、扣押期间的车辆；（4）通过盗窃、抢劫、诈骗等违法犯罪手段获得的车辆；（5）发动机号码、车辆识别代号或者车架号码与登记号码不相符，或者有凿改迹象的车辆；（6）走私、非法拼（组）装的车辆；（7）不具有第19条所列证明、凭证的车辆；（8）在本行政辖区以外的公安机关交通管理部门注册登记的车辆；（9）国家法律、行政法规禁止经营的车辆。

对车辆发生过重大交通事故特别是发生人员伤亡交通事故心存顾虑,如果事先知晓这种情况就不会购买这个车辆。

对卖方来讲,应本着诚信原则,如实披露车辆重大事故以及维修情况。对买方来讲,签订合同前要求卖方披露车辆交通事故和维修情况,对自己"顾虑"的事项,要求卖方对披露信息进行保证并约定相应违约责任。

4. 复杂交易关系

随着电商平台的发展,二手车电商交易也快速发展。国家鼓励和支持电商发展,目的是发挥电子商务在推动高质量发展、满足人民日益增长的美好生活需要、构建开放型经济方面的重要作用,并且,这些年来电子商务确实对经济社会高质量发展做出重大贡献,极大便捷了人们日常生活。

但随着二手车电商交易快速发展,这方面的法律纠纷案件也在快速增加,而且出现新趋势——交易关系复杂化、维权难度加大。主要表现如下:

在交易关系方面,设置多个交易环节、形成多个交易合同关系,甚至找不到买卖合同的相对人;另外,在多个交易合同中分别设置仲裁条款和诉讼条款,即有的合同争议只能通过仲裁解决,有的合同争议只能通过诉讼解决,也就是说,当事人无法依据合同将与车辆相关的各方统一到一个仲裁案件或一个诉讼案件中,无法实现各方在一个案件中"当堂对证",导致纠纷难以解决。

案例25

张女士在甲公司负责运营的Y二手车交易平台(简称Y平台)浏览到某品牌二手车,Y平台发布该车辆基本信息,同时标示该车辆是Y平台负责认证的"金牌认证"车辆,相关信息表示"金牌认证"车辆没有发生过重大交通事故、过火和泡水问题。张女士决定全款购买该车辆,根据Y平台信息指引,到达某门店办理购车手续。经门店销售人员介绍并按销售人员指引,张女士签署若干文件,进而形成多个合同关系:张女士与甲公司之间形成车辆售后服务关系,与乙公司之间形成委托购车关系,与丙融资租赁公司之间形成车辆租赁关系,与丁金融公司之间形成借款关系,并且所借款项是以租金方式一次性支付给丙融资租赁公司。没有文件显示车辆买卖关系。另外,服务协议约定仲裁条款,委托购车协议约定诉讼条款、借款协议约定诉讼条款。

车辆使用过程经常发生故障,有些故障难以维修,张女士遂发现车辆此前发生过泡水事故并进行过维修。张女士通过投诉维权无果,想通过法律途径解决,但一方面合同关系复杂,现有证据不能证明买卖关系相对人;另一方面由于几份合同分别约定仲裁、诉讼方式,从法律上难以将甲、乙、丙、丁纳入一个案件进行审理①,对仲裁或诉讼解决纠纷造成极大困难。

本书建议,对于二手车交易平台以及二手车售卖经营者,应严格遵守《电子商务法》以及车辆交易各项法律法规规定,基于诚实信用和公平合理的基本原则,开展二手车经营活动。对于买车人来说,如果遇到诸如上述复杂交易环节和交易关系,要厘清关系后再做决定,必要时先咨询专业人士,避免后续维权困难。

5. 适用《消费者权益保护法》情形

个人购买家庭乘用车属于《消费者权益保护法》中消费商品,但在二手车买卖交易的三种模式中,第一种和第二种交易模式下都是出卖人将自己车辆出卖转让给买受人,因出卖人不构成《消费者权益保护法》所规定的经营者,因此,如在买卖过程存在欺诈行为,如出卖人隐瞒车辆重大事故、更改车辆行驶里程等,买受人不能依据《消费者权益保护法》第 55 条②规定主张三倍赔偿,但可依《民法典》第 148 条规定行使撤销权,并依《民法典》第 157 条主张损失赔偿。

对于第三种交易贸易,即由二手车经销企业向买受人出售二手车,如果存在欺诈行为的,买受人可依《消费者权益保护法》第 55 条规定主张三倍赔偿。经销企业向买受人赔付损失后,是否有权向车辆原所有人追偿,取决于两种情形:(1)如原所有人向经销企业出售车辆时已如实披露车辆信息,特别是车辆曾经发生过重大交通事故、严重浸水、过火等,车辆里程表未做调整等,或经销企业收购车辆后对里程表进行更改、隐瞒车辆重大交通事故、浸水、过火等信息的,经销企业无权向原所有人追偿;(2)如原所有人向经销企业出售车辆时未如实披露车辆信息,根据经销企业收购车辆时合同约定执行。

随着电子商务的快速发展,越来越多二手车通过电子商务平台进行交易,因

---

① 我国民商事合同纠纷采取或裁或审制度,除法律特别规定外,当事人在合同中约定仲裁解决争议的,除仲裁条款(或仲裁协议)无效外,人民法院不予受理;当事人没有约定仲裁条款(或仲裁协议)的,仲裁机构无权处理。

② 《消费者权益保护法》第 55 条规定经营者提供商品或者服务有欺诈行为的,应当按照消费者的要求增加赔偿其受到的损失,增加赔偿的金额为消费者购买商品的价款或者接受服务的费用的三倍。

上述欺诈行为发生《消费者权益保护法》规定的赔偿责任的,如果在车辆交易关系中经销企业处于出卖人角色,买车人可直接向经销企业主张赔偿;如电商平台经营者不能提供经销企业的真实名称、地址和有效联系方式的,买车人可以向电商平台经营者主张赔偿;[1]如果电商平台经营者明知或者应知经销企业利用其平台发布车辆虚假信息侵害消费者合法权益,未采取必要措施的,买车人可向电商平台经营者和经销企业主张连带赔偿责任[2]。

　　本书认为,虽然《民法典》从侵权责任角度不再将机动车列入高度危险作业范畴,[3]这只是从侵权责任划分与承担考虑,并不是否定机动车尤其是轿车、越野车等家庭乘用车在高速公路行驶属于高危行为的客观事实,特别是在驾驶人员不了解车辆存在隐患情况下,发生重大交通事故的可能性大增。这不单是上文所述的赔偿问题,更主要还可能导致生命安全问题。因此,二手车交易各方都应当本着诚实信用基本原则,如实披露车辆信息。

---

[1] 参见《电子商务法》第58条第3款;《消费者权益保护法》第44条第1款。
[2] 参见《电子商务法》第58条第3款;《消费者权益保护法》第44条第2款。
[3] 《民法典》第1240条将高速轨道运输工具纳入高度危险作业范围,经营者承担高度危险侵权责任;原《民法通则》第123条则将高速运输工具与高空作业等同列入高危作业范围。

第十九章 长期协议与框架协议

严格来说,长期协议和框架协议不属于合同门类,而是合同实务中部分门类合同交易条件设置的一种表现形式,是某类合同的一种特殊表现形式。因此,长期协议和框架协议不是与货物买卖合同或服务合同等列名合同并列的合同门类。但长期协议和框架协议在合同实务中较为普遍存在并发挥着重要作用,同时,长期协议或框架协议在实施过程中也存在一些问题,因此,本章专门论述这两种合同门类的特殊情形。

一、长期协议

(一)长期协议概述

长期协议是指交易双方在一定时期内就某类货物或服务多次供应而订立的协议。在行业实践中人们通常简称"长协"。长期协议交易业务既不同于期货交易,也不同于一次性现货交易。长期协议通常多出现在一定期间重复多次供应的货物后服务交易中,常见于机器设备的部件和配件购销、大宗材料购销、大宗原料购销以及商业终端生活消费品购销等。

长期协议具有两个方面特征:一是协议期间长,这是相对于一般合同货物或服务供应周期而言的,目的是在协议期间可多次重复供应货物或服务;二是多次重复供应同类货物或服务,如电煤长期协议,在协议期间,煤炭企业多次重复向发电企业供应动力煤炭。

比较典型的长期协议如煤炭供应协议,特别是动力电煤购销,买方为发电企业,卖方为煤炭生产或销售企业。动力电煤购销长期协议有其特殊性,一方面动力电煤消费占煤炭消费比重大。另一方面煤炭价格直接影响发电企业和煤炭生产企业,煤炭价格过高将影响电力成本,进而影响生产、生活,影响面大;反之,煤炭价格过低,影响煤炭生产企业,进一步影响煤炭供应。为了促进煤炭保价,电煤长期协议基准价由国家发展改革委综合各方面因素加以确定,如2019年电煤长协基准价为535元/吨。[①] 对于其他大宗材料,如钢材、有色金属、水泥等,虽然其价格波动对经济和社会生活产生一定影响,但不像电煤那样影响广泛和深刻,因此,其基准价一般不由政府部门确定。

长期协议是一定期间的多次供应协议,但合同期间长并不一定是长期协议,如一些非标准大型设备或成套设备制造周期较长,几个月、十几个月,甚至几年,虽然合同期间长,但并不属于通常意义的长期协议。另外,分批交货合同与长期协议有相似之处,但也不属于通常意义的长期协议。

长期协议内容与对应标的物常规合同内容基本相同,不同之处在于前者多次重复供应标的物,并在协议期间设置相应的调价机制,后面一节将专门分述调价机制。因此,不再赘述长期协议内容。

(二)长期协议的优点

建立长期协议合同模式,对买卖双方都有裨益。

对买方来说:首先,在一定时期内有稳定的货物或服务供应,特别是在买方需要通过市场持续稳定供应生产资料情况下,长期协议对买方稳供意义重大;其次,价格可预期,特别是原材料或原料所占成本比重大的生产企业,在市场价格大幅波动情况下,通过长期协议确定基准价和相应的调价机制,在一定程度上可控制和预测生产成本和产品成本;最后,通过长期协议,特别是在买方市场情况下,长期协议可获得更多价格优惠。

对卖方来说:首先,产品销售有保障,特别是在产品市场竞争激烈情况下,通过长期协议可有效保障产品销售;其次,长期协议可降低销售成本,增加销售竞争力;最后,一段时期内销售价格可预期,多数长期协议设置相应调价机制,但无论是煤炭长期协议采取基准价占价格一定比例,如50%,基准价不变,调整价格另外50%部分;还是采用基准价直接与调价机制挂钩,因协议基准价是确定的,即使市

---

① 该基准价对应煤炭热值为5500千卡/千克。实践中,多称5500大卡/千克。

场价格波动,仍可对销售价格进行较为准确的预测。

(三)长期协议的注意事项

1. 价格与价格机制

实务中,有的长期协议采用固定单价模式,即不管标的物市场价格波动情况,在协议期间按照约定的单价执行,且不调整单价。但一些大宗材料、大宗原料、受原材料价格影响较大的机械设备部件、配件以及市场价格波动较大的生活消费品等长期协议,一般会约定价格调整机制,协议期间内各个时期价格按照当时市场行情进行调整。

长期协议价格调整机制需要确定相应的基准价格(基准价),电煤等少数物资由国家确定基准价,如前面已提到的2019年电煤长协基准价为535元/吨,相应调价机制制订将以535元/吨为基准,结合煤炭市场,如2019年某电煤长协价格 = $535 \times 50\% + (BSPI + CCTD + CECI 综合)^{①} \times 1/3 \times 50\%$。实际吨煤单价将按照该公式进行计算。

大多数长期协议基准价是通过市场方式确定,如通过招投标、竞争性谈判等竞争方式确定,并制订相应调价机制。例如,动力电缆价格采取与铜价挂钩方式进行调整,比如在招标时确定开标当日为基准日的上海有色网(www.smm.cn)铜现价日均价为当期铜价基准价,进而将当期铜价基准价作为电缆基准价报价基础,该中标报价将为长期协议的电缆基准价,并设定调价机制,电缆价格将随各期约定实际供应日(或实际通知备货日)上海有色网铜现价日均价调整。

影响长期协议结算价格的原因实际上包括两个方面:一是后续市场价格波动,通过调价机制解决;二是基准价,一般通过竞争方式确定。竞争方式是确定基准价的重要手段,但影响基准价的还有一个重要因素,即协议期间交易数量,如标的物市场供应充分甚至供大于求的买方市场,买方采购总量越大,卖方给出的价格优惠相应越多,即基准价越低;反之,如标的物处于卖方市场,买方应锁定协议期采购量,以保证在协议期间获得足量供应。

2. 履约管理

长期协议具有履约期间长和多次交易特点,并且大多数长期协议约定调价机

---

① BSPI——环渤海指数、CCTD——煤炭市场网指数、CECI——中国电煤采购价格指数。

制,特别对交易量大、市场价格波动大的约定调价机制协议而言,可能每个批次供应价格都不尽相同,因此,对每批次实际交易量和交易时间管理十分重要。

对于交易时间,重点管理好调价机制所约定时间,如调价机制按买方备货通知时间,那么,买方应以正式书面通知形式通知并保留相应副本。实务中,有的以未经签字或盖章的可编辑电子文件通知对方,甚至微信通知,这些做法在未来审计时容易产生疑问,尤其是在调价时间点前后市场价格波动较大的情况下。

关于交易数量管理方面,既要准确管理好每批次实际交货数量,还要准确管理好与调价机制直接关联事件所对应数量。例如,按买方备货通知时市场行情调整价格,那么,买方需要管理好每次备货通知提到的交货数量以及卖方按照协议约定的供货周期实际交货,这些都是影响结算调价的因素。

二、框架协议

本章所述框架协议,不同于那些由当事人约定原则性内容的框架协议,后者多是当事人有合作意向并商定合作原则性内容,具体合作尚需签订具体详细合作协议。

本章所述框架协议指协议主要内容齐全,在一定时期内可多次适用的协议。这种框架协议也被称为保护伞协议或合作协议。框架协议既可适用于协议双方,也可适用于买受方下属单位或控股子企业等,协议双方和买受方下属单位或控股子企业统称框架协议适用主体。框架协议对货物或服务的标准、要求、价格或单价以及商务条件、交易条件进行约定,框架协议适用主体将按照框架协议约定条件与供应商签订具体协议或订单。因框架协议对具体内容约定具体全面,具体协议或订单主要约定货物或服务数量以及交付地点,其他内容直接援引框架协议。

(一)框架协议的合同关系

实践中,框架协议使用较多,模式也比较多,总体上比较多见的模式主要表现为如下三大类:

一是企业集团总部与供应商签订框架协议,框架协议适用于集团所属各子企业或所属某些子企业,如办公用品采购合同,工业原料、原材料采购合同,机器设备组件、部件、配件采购合同等。这类框架协议使用广泛(见图19-1)。

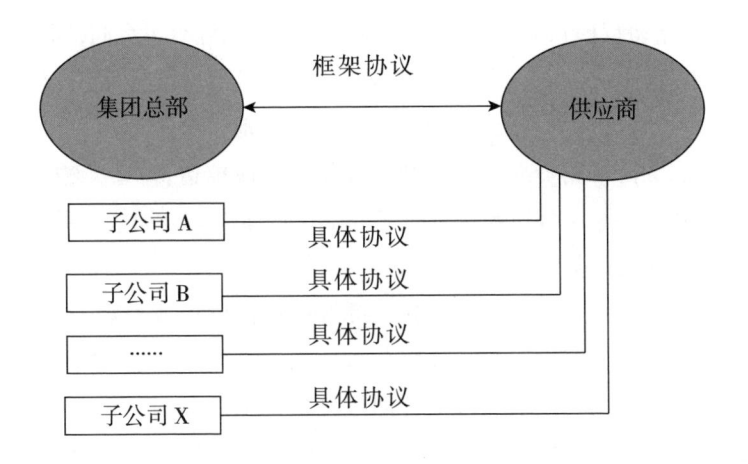

图 19－1　企业集团框架协议适用模式

在这种模式下,集团下面各子分公司执行集团框架协议,分别与供应商按照框架协议内容签订具体协议。这里的子公司,也包括集团内部独立核算的分公司。

二是在大型建设工程项目中,常由项目业主就大宗材料如钢材、电缆、管道、商品混凝土以及仪表、阀门等,与供应商签订框架协议,然后由工程各参建承包商分别与供应商签订具体供应合同。这类框架协议应用实践中,与集团框架协议不同,由于各参建承包商与项目业主之间没有隶属关系,除项目业主与供应商之间框架协议以及供应商与各参建承包商之间具体协议或订单外,项目业主还需要通过与参建承包商之间的协议约定承包商按照框架协议条件与供应商签订具体协议或订单(见图 19－2)。

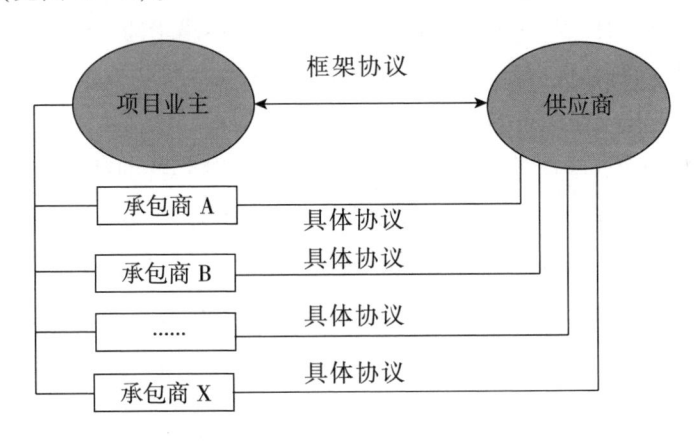

图 19－2　项目业主框架协议模式

在这种框架协议模式下,项目业主与承包商签订工程承包合同,同时约定各承包商接受业主签订的框架协议条件,并在框架协议条件下与供应商签订具体协议。

三是大型工程建设承包企业,持续承揽全国各地多个工程项目,甚至国内外多个工程项目,为降低物资采购成本和保障物资供应渠道,对某类物资使用框架协议方式,具体到某个工程所需物资时采取签订具体供应合同或订单方式。这种情形,与集团框架协议类似。

由上述分析可见,这类框架协议在实际履行中需要构成多重合同关系,包括框架协议本身的合同关系,如企业集团与供应商签订框架协议,集团与供应商之间构成合同关系;框架协议项下具体合同或订单也构成合同关系,如集团所属子企业与供应商按照框架协议内容签订具体合同或订单,那么,该子企业与供应商之间构成直接合同关系,双方按照具体合同或订单执行,子企业向供应商支付价款,供应商向子企业交付货物或服务,并按照框架协议和具体协议或订单约定向子企业承担合同责任。

框架协议体现两个方面的合同功能:一是框架协议当事人向对方承诺保证,并且,这种承诺保证及于具体协议当事人;二是框架协议构成未来具体协议主要内容。

(二)框架协议的优点

框架协议对协议双方来说都有相应的优点。

对需方来说:首先,在一定时期内稳定、统一的货物或服务供应,如集团签订办公用品供应框架协议,在约定的期间,如一年或三年,集团子分公司采用统一的办公用品;其次,价格优惠和可预期,特别是需求量大的货物或服务,供应商因减少销售成本,相应会给予更多优惠报价。

对供应商来说:首先,在一定期间,产品销售有保障,特别是在产品市场竞争激烈情况下,通过框架协议可有效保障产品销售;其次,框架协议可降低销售成本;最后,一段时期内销售价格可预期,有的框架协议锁定货物或服务价格,但也有框架协议期间较长,一般在框架协议中设定价格调整机制,协议基准价是确定的,即使市场价格波动,仍可对销售价格进行预测。

(三)框架协议实务注意事项

框架协议主要目的是在一定期间内约定特定货物或服务供应以及相应价格

条件,因此,框架协议内容相对齐全,诸如货物或服务规格、标准,交付与验收,价格与调价机制以及结算办法、担保等。但多数情况下框架协议当事人并不是具体协议履约当事方,而是由框架协议供应商与具体协议买方按照框架协议和具体协议约定内容履行合同义务,特别是集团框架协议,子公司、分公司一般都按照框架协议所附带的具体协议模板签订具体协议,几乎全部援引框架协议内容。实践中,有些具体协议实际情形与框架协议所设定的交易情形并不相同,如果完全援引框架协议条件,将造成具体协议履行不便甚至增加履约成本和履行困难。

因此,框架协议实务中也需注意一些特殊问题。

1. 不在框架协议范围

框架协议意在确定标的物(货物或服务)标准、规格,以及价格和交易条件等。实务中,对于涉及多品种、多规格、多标准的货物买卖框架协议,如电缆、钢结构以及办公用品等,如具体协议所诉求的某些规格、型号不在框架协议范围,就涉及是否向框架协议供应商采购以及价格问题。

本书建议,在框架协议中设定相应报价机制,对于不在框架协议范围的货物,按照设定的报价机制商定价格。例如采用类比法、差值定价等机制确定价格,这种机制适用于数量和金额不大的货物,如货物数量多、金额大,可设置询价机制,买方通过向包括框架协议供应商在内的同类货物供应商询价,一般以合理的低价为准。

另外,实践中还要注意,如果具体协议中涉及的不在框架协议范围内的货物交易量和交易金额都很大,如达到法定招标标准或企业集团规定的招标标准,除框架协议明确约定按照框架协议设定机制直接签订具体协议外,最好请示集团总部,避免后期集团内部审计认为违规。

2. 价格与调价机制

多数框架协议中约定调价机制和结算支付程序。关于框架协议价格调整问题,本质上与长期协议类似,可参考前面长期协议调价机制,这里不再赘述。具体协议履行中,协议双方要严格按照调价机制进行价格再确认,避免后期结算和支付出现障碍。框架协议要求履行结算手续的,具体协议双方按约定履行结算手续,特别是在具体协议交易量和金额都不大的情况下,当事人容易忽视结算手续要求,一方面容易导致价款支付障碍,另一方面如没有办理结算手续而直接支付,买方将面临内部审计风险。

3. 价款支付

多数情况下，框架协议一般都基于交易量和交易金额大的假定条件，因此，在价款支付设置方面多设置预付款、进度款、验收款和质量保证金等支付环节，相应设置一些付款条件，如预付款保函、履约保函、验收证书（双方或多方签字、盖章）、结算书、银行质量保函等，这对履行周期长、交易量和交易金额大的具体协议具有很好的保障作用。实践中，对履行周期短、交易量和交易金额不大的具体协议而言，上述要求存在操作上的困扰，如买方从框架协议供应商处购买电缆，价值十几万元，供货周期十多天，供应商为简化合同履行，既不要求支付预付款，也不要求支付进度款，电缆交付验收后，请求买方除留5%货款作为电缆质量保证金外，一次支付电缆货款。但从买方角度讲，因为集团框架协议要求供应商提供银行保函，而供应商没有提供银行保函，买方无法向供应商支付货款。反之，如果供应商按约提供各种银行保函，既增加履约成本，也影响协议履行进度。因此，框架协议实务中，不可对所有具体协议采取"一刀切"的要求，而应设置一些例外情形，或在不违反框架协议总原则下赋予具体协议一定程度的变通，如对于类似前面情形，允许具体协议约定供应商交货并经验收合格后支付95%货款，剩余5%货款作为货物质量保证金。

4. 关于担保

框架协议所假定的交易条件一般是合同周期长、交易量和交易金额大，因此，要求供应商提供担保，包括预付款担保、履约担保、质量保证担保等，实践中，有的要求供应商的母公司或股东提供保证担保，有的要求提供银行保函担保。

而集团框架协议下的子分公司签订具体协议时，一般按照框架协议设定的原则，会相应要求供应商提供各种担保。但有些具体协议履行周期短，如协议履行期间只有十几天；有些具体协议交易量和金额都不大，如协议价款只有十几万元或几十万元，供应商可能并不在乎预付款、进度款支付，而更希望交付验收后买方一次性支付价款。相应地，这些具体协议所约定的担保，无论是供应商提供担保，还是买方接受担保，实际履行起来都是比较麻烦和困难的事。实践中，供应商为避免申请银行保函或申请母公司或股东保证担保所带来程序和时间上的麻烦，既不提供担保，也不申请预付款和进度款，而是完成交付验收后一次性向买方申请支付合同价款；买方可能因供应商没有按约提供担保而无法支付合同价款。

因此，本书建议，框架协议实务中，特别是集团框架协议，一方面设定某些情形的具体协议不安排预付款,甚至不安排进度款,相应也不设置对应担保要求;另一方面针对特定情形的具体协议,赋予子分公司在框架协议总原则下适当调整具体协议内容,避免具体协议过于僵化,不利于履行。

5. 交付验收

履约交付验收是一项重要内容,因此,框架协议通常设置验收条款。实践中,有的集团框架协议标的为大宗材料、设备、仪表等货物,设置的验收环节多,验收复杂。例如,某集团电缆框架协议所附带的具体协议文本关于电缆验收方面,除约定工厂检验外,还约定交货后诸多验收环节,包括:进场验收——由业主、供应商、监理、总承包商验收,并在验收合格签字确认后,支付当批货物总价60%的货款;安装调试验收——由业主、总承包商、监理共同验收合格签字确认后,支付至全部货款的95%;质保期验收——安装调试完成并经质检站等有关部门及业主、监理、总承包商共同验收合格、签发竣工证书之日起,24个月质量保修期满,释放质量保证金。这种设置是典型的建设工程验收和支付设置。但电缆电线用于民用或商用,且用量不大,如业主(买方)并没有安排政府质检站参与验收,也无相应竣工证书,合同货款支付将面临诸多困难,甚至引起合同纠纷。

实务中,因集团框架协议项下各个用户情况不同,用量和所需验收环节和方法也不相同,如完全按照框架协议设定验收要求,对有些具体协议来说并非必要,且增加履约成本,有些具体协议也难以实施,容易造成合同纠纷。因此,本书建议,一方面,框架协议要设置严格的验收环节和标准,以保证标的物质量;另一方面,在保障标的物质量的情况下,变通验收环节和标准,设置一些验收例外情形,或设定一些可能的特殊情形赋予具体协议买方根据框架协议总原则的变通权。

第二十章 合同谈判

一、合同谈判概述

合同谈判既常见于市场主体的经济活动中,也存在于人们的日常生活中;既有如大型交易合同的艰难复杂的谈判过程,也有如日常生活中简单快速的合约过程。

例如,市民甲向水果摊主乙购买西瓜。甲:西瓜甜不甜?乙:包甜。甲:多少钱一斤?乙:1元2角一斤。甲:1元,行不行?乙:太少了,1元1角一斤吧。甲:好吧,帮我挑个好的。乙:好嘞。几分钟就完成西瓜买卖合同谈判。

市场经济主体的商事、经济合同谈判,因合同交易不同而不同,有的简单,有的比较复杂。无论是简单谈判还是复杂谈判,都是交易双方为实现交易目的沟通、协商的过程。

关于合同谈判理论说法颇多,法律意义上的谈判是当事人协商过程,但通俗的说法就见仁见智了,有的认为是双方博弈过程,也有的认为是双方妥协过程……例如,某国有企业负责人经历合同谈判后感慨:"如果不把对方谈跑了,似乎没法向公司交代。"言下之意,"你们看,对方都不准备接受合同了,可见,对方报价已经是底线了"。这些观点只是合同谈判的某些现象,不能概括合同谈判全貌,而且容易造成交易双方在缔约和履约中内心抵触和隔阂。

基于意思自治、公平以及诚实信用等基本原则,本书认为,合同谈判是合同当事人为实现各自目的,就交易安排、交易条件以及为实现交易目标各方所需实施行为和救济措施等进行沟通、协商的过程。沟通、协商是合同谈判的主轴,而实践中给人印象深刻的"博弈""妥协",甚至"唇枪舌剑"等只是合同谈判过程中某个环节的方法或策略,是合同谈判过程中"技术性"问题,不代表整个合同谈判过程。

合同谈判可从广义和狭义两个角度看待。狭义的合同谈判可理解为双方坐在谈判桌前在合同文件基础上进行谈判,直到合同文件达成一致或未达成一致而终止谈判;广义的合同谈判可理解为从双方交易意向开始到实现合同缔结的全阶段。本部分所述合同谈判将综合这两个角度。

就市场经济主体进行民商事、经济活动的合同谈判而言,主要围绕"一个目标,两个关键",即实现当事人各自合同目的的目标和两方面关键事项。

(一) 一个目标

一个目标。就是当事人经过谈判,在各自可接受和承受的条件下实现达成合同的目标。例如,货物买卖合同,出卖方的目的是出售货物获得预期价款,买受方的目的是支付合理价款获得预期的货物,买卖双方要实现各自目的,首要共同目标是买卖合同达成一致;再如,借款合同,贷款人的目的是在本金安全的情况下获得利息收益,借款人的目的则是在承担合适的利息情况下获得本金融资,借贷双方谈判期间的共同目标是借款合同达成一致。

虽然合同谈判期间的目标是合同内容达成一致并签订合同,但这个目标是形式的而非实质目标,合同谈判的实质目标是当事人实现各自合同目的。

合同谈判实践中,多数谈判内容和过程都是在各方平和地沟通与协商中度过的,而产生"撞击火花"的谈判内容并不多,而在那些"火花"中,如果事后冷静地去审视,相当一部分对整个合同而言意义并不重大。当然,也有部分关键问题会影响谈判进程甚至导致谈判无果而终,如合同对价,关键工艺设备的性能指标、工艺技术许可的性能保证指标等,对于这部分内容,双方都要本着实事求是并基于各自合同目的进行商谈。

例如,国有企业与外国公司计划在中国境内设立合资公司,在合同谈判中,外方要求中方企业在合同中声明将放弃国家财产豁免权。外方担心将来中方企业因国有企业属于国家财产而享有豁免权,中方企业认为自己无权承诺放弃国家财产豁免权,双方为此僵持不下。其实,按照我国法律规定,在中国境内设立中外合资企业的合同必须适用中国法律,为此,双方可以探讨作为合资公司股东之间将来可能发生的纠纷以及中方企业是否有适用国家财产豁免的法律依据,在法律允许的基础上,双方可就对方担忧问题逐项提出解决方案。这个问题不至于成为合资合同谈判进程的障碍。

因此,对于一些重大复杂的合同谈判,如果能找准当事人各自目的,为实现达成合同一致的目标,当事人各方将会找到更加高效的谈判路径。

(二)两个关键

两个关键主要指基于合同当事人为各自所设定的目的得以实现而在合同中体现的两方面关键事项。

一是为实现各自合同目的而对合同交易内容、交易条件、交易活动以及救济措施等做出安排。这是合同主体内容,也是谈判主要内容。例如,货物买卖合同对出卖方的货物规格、标准、质量、数量、交付方式、交付时间、验收,买受方对价、支付、接收货物等,以及各自的救济措施等做出约定。

二是对合同谈判过程和合同履行过程可追溯性做出安排。这方面在合同实务中容易被忽视或忽略。合同谈判过程和履行过程可理解为合同业务交易过程,该过程可追溯性在于事后能够再现或还原合同谈判和履行过程的真实情形。这种交易过程真实情形可追溯性,体现为以下三个方面价值:

第一个价值是为交易成果的后期服务。例如,设备买卖合同约定出卖方除向买受方交付合格设备外,还要交付设备主要设计图纸、制造工艺、制造过程检验记录、出厂检验记录、交付验收记录、安装调试记录、操作手册、维修维护手册等文件,这些文件给买受方在设备使用期间的使用、维护、维修等提供指导和帮助。实践中,对于这一点价值认知比较充分。

第二个价值是帮助合同主体解决合同争端。合同主体无论是采取协商方式还是通过法律途径解决合同争端,都要基于合同缔结和履行过程中的基本事实,这需要通过合同文件和各种过程文件来再现或还原。合同实务中,这方面需要改进和提高。例如,S公司与G公司签订技术许可合同,合同包括技术许可、工艺包设计、技术服务等内容。按照惯例,合同价格应当分解成许可费、设计费和技术服务费,但该合同未按照三项内容列出价格分项。G公司完成工艺包设计后,S公司因客观因素终止建设工厂。由于合同只约定总价款,未约定分项价款,双方对此产生争议。

第三个价值是支持合同主体接受内部或外部监督。对于国有或国有控股企业、国有实际控制企业以及上市公司等企业来说,其在某些领域(如建设工程、投资、股权并购、技术开发等)的经济活动,尤其是投资性经济活动,需要接受审计或其他监督检查。这些监督检查,有的是法定的,如建设工程竣工验收,必须完成竣工结算、决算审计;有的是企业内部监管要求,通过审计或其他方式对合同交易进行检查和监督;有的是国家法律监管,如对企业税务稽核等。无论是审计、稽核还是其他监督检查,主要载体是合同交易过程文件资料。实践中,被审计或被检查的合同主体常因合同谈判过程资料不全而面临审计监督难题。

例如,某单位接受外部审计,某个合同的价款高于中标单位的投标报价金额,审计机构认为这是严重的问题。被审计单位解释合同价格高于中标价格的原因在于合同谈判中,原合同内容需要一定调整,因此相应地调整合同价格,但在合同谈判过程中,没有形成书面文件。被审计单位无法向审计机构提供支持文件。最终,审计机构不接受被审计单位的澄清解释。

实践中,普遍对合同谈判第二个关键事项关注不够,这需要不断改进和加强。

二、谈判准备

合同谈判,首先要做好谈判准备工作,一般包括谈判目标、谈判策略、组织人员、准备文件、汇报和决策流程等。当然,各个合同业务内容、规模以及复杂程度不同,谈判准备程度也不尽相同。本章以一项较为复杂的通常意义上的合同谈判为基础,分述合同谈判准备工作。

(一)谈判组

首先要组建一个谈判工作组,即谈判组。谈判组[①]是合同谈判的主体,同时,也是合同谈判准备工作主体,以保持谈判组在合同谈判过程的前后连贯。

谈判组的成员可因合同类型和合同内容不同而不同。本书认为谈判组一般应由两人及以上人员组成,对于合同业务规模大、交易结构复杂的合同,应有专业业务人员或专业技术人员加入谈判组。

一般来说,谈判组由商务和专业业务人员作为基本组成人员,对于大型复杂的合同,例如,技术复杂的大型成套设备买卖合同、大型建设工程承包合同、成套工艺技术转让合同、工业投资或融资项目合同、合资合作合同、股权并购合同等,

---

① 实务中,谈判组是单位的代表,在谈判和谈判前的准备工作方面仍需要单位的支持和帮助。

谈判组还应当配备专业技术人员、法律人员、财税金融专业人员;对于涉外合同谈判,还需配备必要的翻译人员等(见图20-1)。

······财税　法律　商务　业务　技术　翻译······

图20-1　合同谈判组构成示意

实务中,根据各类合同情况组建谈判组。但就同一合同谈判而言,谈判组成员最好保持稳定性。

谈判组应当确定一名负责人或主谈人,通常由专业面宽、经验丰富的商务人员担任谈判组负责人,如合同业务专业性或技术性强,谈判组可设置商务和技术双负责人。谈判组负责人应是谈判组的灵魂和总设计师,应熟悉合同业务、精通商务,掌握相应法律、财税等知识,具有统揽合同谈判各个方面的能力。实践中,有的国有或国有控股企业比较注重"官本位",多由"官职"大的人员担任谈判组负责人。若"官职"大的人员符合条件,确能够更好把控和促进谈判工作,但如果仅因为"官职"大而担任谈判组负责人,并不可取,特别是有些合同内容专业性强、涉及业务领域多,需要谈判组负责人知识面宽、统揽能力强。

例如,新能源待建项目并购案中,收购方的谈判组包括技术、技经、商务、财务、法律等专业人员,谈判组负责人由行政管理人员担任,因专业知识面相对狭窄,要求各专业人员"背靠背"各自负责本领域业务。尽职调查阶段,技经评价得出结论认为经济效益和盈利能力都达到内部决策收益指标,其中,电量销售方面按照项目初步设计装机总量75MW测算平均年上网电量,而项目备案批复装机总量则为60MW,按照投资项目核准和备案政策,需要重新备案;[①]而更为重要的是,由于新能源电量具有不稳定性,因此,存在当地容量指标以及电网公司负荷消纳等问题,电站发电后需要通过电网对外销售(通常所称的"上网"或"并网"),需要与当地电网公司签订购电协议确定上网电量。因此,在未确定项目重新备案以及电网公司同意上网电量情况下,按照75MW测算上网电量具有不确定性。此外,项目建设投资融资方面,一般采用银行贷款利率测算项目运营期财务成本,但项目公司实际已经签订融资租赁合同,融资利率比银行贷款利率高。也就是说,在

---

① 《企业投资项目管理条例》第14条规定,已备案项目信息发生较大变更的,企业应当及时告知备案机关。

经济分析中,高估了售电收入,低估了运营中财务成本,相应提高了经济效益和盈利能力。这种情况,主要是各业务小组"背靠背"工作,谈判组负责人未能系统整合,缺乏整体统揽能力所致。

上述案例说明,对于重大复杂合同谈判,谈判组的人员配备十分重要,同时,谈判组负责人更为重要。

需要注意:实践中,对于一些简单或简易的合同,虽然一个人可以包揽合同谈判的全部内容,但本书建议最好还是至少由两人共同承担合同谈判任务,这是基于实务的两个方面因素:

一方面,个人的知识和专业局限性。虽然有些合同交易业务简单或个人能够全面掌握交易业务,但实践中难免有考虑不周或差错,给合同执行造成困扰甚至给本方造成损失。例如2022年5月17日互联网有这样一则新闻,一上市公司发布公告"2022年第一次临死股东大会的法律意见书",这应是将"临时"笔误为"临死",估计因无人帮助检查而未能及时发现。

另一方面,由于合同谈判过程中各方都可能有不同程度的"让步",如果是一个人谈判,将来很难向单位甚至上级或外部审计监督机构解释清楚当初"让步"原因,容易产生不必要的误解。例如,买方购买价格为什么比别人的高,或者为什么某项需要额外收费等;卖方出卖价格为什么比别人的低,或者为什么把标准定那么高;等等。类似问题在谈判时可能有各种客观原因,谈判人员也可能请示过主管,但若干时间后,特别是在没有书面文件佐证情况下,谈判人员将很难让审计监督机构信服。

谈判组组建后,单位要给予充分的权限,避免事事都要请示汇报,这不利于谈判进展。当然,对谈判组来说,并不是说有单位授权就随心所欲,重大事项仍需按单位决策程序执行。

(二)明确目的与目标

谈判组建立后,单位决策层或归口管理部门应向谈判组说明合同目的与谈判目标,谈判组尤其谈判组负责人要清楚认识和理解合同目的和谈判目标,这对谈判组制订谈判策略、方案和计划以及推进谈判进程十分重要。

例如,买方购买设备,计划在对已生产运行多年的大型工厂停产检修期间更换某台工艺设备,市场上能制造该类设备的制造商不多,需要更换的时间已确定;

那么,买方目的很明确,购买设备用于工厂检修更换,谈判组的目标是通过谈判与设备供应商达成一致,签订设备买卖合同,并在既定时间点前收到设备。为实现谈判目标,买方谈判组在制订谈判策略和方案时,需要考虑以下因素:(1)该设备是工艺流程中关键设备,必须保证设备性能和质量;(2)市场可选择性不多,不是买方市场,因此,谈判要有技巧;(3)必须在既定时间前收到新设备,有时间限制,而且要考虑设备制造周期,所以合同谈判不能占用过长时间;(4)由于是卖方市场,设备价格谈判难度大,因此,需要尽快摸清同类设备价格行情等;[①](5)为实现谈判目标,谈判过程中要做哪些取舍等。

(三)摸底与调查研究

对于一般合同谈判,合同标的和价格容易了解,如通用设备、材料、原料,按比率取费或单价收费的服务等,谈判组应事先掌握。对于非通用性合同标的,如非标准设备或专利设备、工艺技术许可、建设工程总承包、融资租赁、投资运营外包、特许经营、PPP、合同能源等,买方谈判组在准备期间要通过摸底或调查研究,如通过市场行情或本领域行情以及对方此前同类业务承诺情况,了解和掌握标的物性能指标、质量标准、制造周期、价格、使用成本等关键信息,避免谈判处于对方设置的框架和条件;卖方谈判组也应了解市场行情,以便在谈判中回应买方要求。

例如,化学公司想从专利商那里通过技术许可方式引进工艺技术,谈判过程中,双方对工艺技术性能指标进行详细约定,对工艺装置能耗、水耗、产能、原料转化率、产品品质等各项指标,专利商都作出保证承诺,并约定了性能考核和考核不达标的整改措施及赔偿等违约责任。但专利商同时也提出条件,要求设备必须从专利商指定的制造商那里购买,并且,未来的催化剂和化工添加剂也要从专利商处购买,否则,不能保证工艺性能指标。专利商的要求表面看来是合理的,但因催化剂和添加剂是专利商独家供应,价格较高。谈判组进一步了解到,该项工艺技术在其他地方许可使用时并未把购买专利商催化剂和添加剂作为工艺技术性能保证的条件,而是被许可方选择使用,为此,要求专利商采取类似的办法。

这个案例说明被许可方谈判组的事前准备工作充分,技术谈判时突破专利商

---

① 实务中,如仍在现用设备厂商那里购买设备,可综合考虑原设备价格、过去若干年制造设备成本变化等因素。

设定的框架和条件。

总之,无论是"买方"还是"卖方",都要对技术、质量、价格等有比较清晰的掌握,必要时可委托第三方专业机构调查评估,如市场调查、价值评估、技术尽调、法律尽调等。这样,在谈判过程中知道哪些可以承诺、哪些可以让步及让步程度有多大。

(四) 制订谈判策略

在开展合同谈判前,谈判组应根据合同目的、交易内容、谈判目标、调查研究和摸底等情况,制订谈判策略和方案,包括总体策略、具体方案、业务或技术谈判与商务谈判的安排,明确必须坚持事项和可以协商事项、关键节点目标以及谈判轮次(对于重大复杂合同交易,一般都需经过多轮谈判)、整个谈判计划等。对于重大复杂合同,双方都要调动相关资源,因此,谈判总体计划安排一般应事先与对方进行初步沟通。

另外,谈判策略还要注意内部的汇报流程和决策流程,包括谈判组内部沟通交流、谈判中一些专业性问题的决策,谈判组向单位汇报流程、单位对谈判中重大事项的决策流程和方式,等等。

注意,谈判中一些重大事项和敏感事项报告和决策,尽量避免"口头请示、口头决策"做法。

(五) 谈判文件

谈判准备阶段尽可能准备好各项谈判文件,包括业务文件、商务文件和主合同文件以及双方之间重要往来文件(格式)等。关于谈判文件,可以边谈边修改,但要尽量避免边谈边起草文件的局面。

关于谈判文件的准备工作,一般分两类情形:一类是双方处于类似"买方"和"卖方"关系的合同业务,即一方主要义务是支付价款,另一方主要义务是交付货物、工程、服务、技术等;另一类是双方处于类似"合作"关系的合同业务,如合资合作、合伙等。

对于第一类合同,谈判文件一般由"买方"准备,但在实务中,对于一些重要合同,"卖方"多愿意准备谈判文件,如技术许可、非通用设备买卖、融资租赁等,目的是占有谈判主导地位;对于如电信、保险、银行借款等服务领域合同,多由"卖方"

提供格式文件，应另当别论。对于第二类合同，哪一方都可准备谈判文件，如在中外合资企业谈判中，外方企业多愿意准备谈判文件，而中方企业因起草外文文件有欠缺，一般也愿意由外方企业准备文件，本书根据实践经验认为准备文件一方容易获得谈判主动权，建议尽量主动准备谈判文件。

案例26

C公司与Y公司开展投资运营外包业务合作合同谈判，C公司是"买方"，Y公司是"卖方"。C公司请Y公司准备包括合同文本在内的谈判文件，Y公司从有利于己方利益出发提供谈判文件和合同文本，以此为基础，双方谈判断断续续进行了半年多仍没有取得实质进展。后来，C公司调换谈判组，新谈判组重新设计合作交易结构、交易基础，并据此起草业务文件和多项合同文本，制订谈判策略和计划。在此基础上，双方重新回到谈判轨道，用了3个月左右时间，双方对各项关键内容基本达成一致，合同文本也达到草签条件，而且，C公司获得的最终报价比此前谈判组所获得的报价有了大幅优惠。

案例26说明，谈判文件起草方在谈判进展和合同权益等方面都能占到一定的主导优势。

三、合同谈判的注意事项

一般合同交易业务谈判相对简单一些，但若合同交易规模大、交易关系复杂等，需要做好前述谈判前准备工作，实践中，有的合同一方处于主动地位，有充分时间为谈判做准备，而另一方处于被动地位，难免准备不足，在这种情况下，可策略性争取准备时间。除为实现谈判目标做好各项准备外，还要注意合同目的可实现性等问题。

（一）合理利益

合同活动是平等主体之间经济业务交易，从第三方角度讲，双方之间主要权利义务尽可能公平合理；但从当事方谈判组角度讲，应尽最大可能为本方争取合理利益。本书之所以用合理利益而没有使用最大利益，是因为合理利益本身就是当事人获取的最大利益。

除单务合同外,一项合同交易中,一方获得利益越多,意味着另一方相应获得利益越少。例如,货物买卖合同,买方获得相同货物所付出的货款越少,表示买方获取利益越大,卖方则获取货款越低,所获取利益越小;服务类合同亦然,服务接受方希望付出最少代价获得更多高水平高质量服务,那也意味着服务提供方付出高质量服务而获取低收入回报。这不是健康合同关系,不利于某一方忠实履行合同义务。例如,卖方获得货款少,甚至赔本,除卖方为获取市场或其他特殊原因急需处置货物外,卖方或将采取让买方不易觉察的办法降低货物质量标准或品质,或采用其他消极方式履行合同。

我国东北流传着一个久远的灰色笑话。有个地主雇了一个长工,地主许诺年底向长工支付若干高粱作为工钱。但地主希望长工多干活,又不想按约付工钱,于是附加一个条件,要求长工帮他剃头,也就是当今所说的理发,而且在剃头过程中不能伤到地主,否则每发生一个伤口,就扣长工一斗高粱。眼见快到年底结账了,地主让长工给他剃头,尽管冬天东北天气寒冷,但地主仍要剃成光头,长工操刀过程中,地主不停扭动头部,导致长工不断"失手",眼看一年的工钱将被扣去大半,长工一气之下拿起剃刀不停地在地主头上划伤口。这个笑话揭示了合同对价合理性的意义。

案例27

大型工厂项目的污水处理设施工程建设总承包合同通过公开招标选择承包商,其中R公司报价不足另外6家投标人最低报价的80%,不足另外6家投标人平均报价的75%,R公司因价格最低而中标。在合同谈判过程中,项目业主方也有人员向谈判组提出建议,认为R公司报价过低,不利于将来工程建设,但谈判组认为价格低可为工程节省成本,对业主更有利。但该合同执行到中期阶段,R公司开始消极履约,设备材料到货拖延,现场施工人员严重不足,工程进度一拖再拖,影响了全厂竣工投产。项目业主方多次召集R公司管理层到项目现场协调,R公司每次都答应增派作业力量,但每次都没有兑现,严重影响工程建设进度。此间,业主方项目组也因合同执行"不力"前后被撤换多任项目负责人。

案例27再次说明了合同双方的权利义务公平合理的重要性。

有的读者会提出一个疑问:既然R公司不按约履行合同,为什么不按照合同约定或法律规定解除合同并课罚违约金？这是个很正常的疑问,是从法律或合同理论方面理解的。实践中,很多情况下并不是靠违约条款就可以解决问题的。在上述案例中,项目业主方依约有权解除合同,并课罚工程进度滞后违约金,但如果这么做了,会成什么样子呢？首先,项目业主方内部需要履行一系列决策程序决定解除合同,然后还要按照一系列程序重新选择承包商来接替该合同,那么,整个工厂的竣工投产将被进一步拖延,带来更大损失；其次,重新选择承包商时,并不能减少该工程费用支出,因为工程造价是客观的。

(二)相互尊重

合同谈判是合作伙伴之间谈判,而不应当把对方当成"对手",因此,在谈判过程中应彼此尊重。当然,在现实中,某项合同主体之间存在大小之别、优劣势之别、买卖之别,但就本合同交易而言,双方是合作关系。相互尊重应体现在以下几个方面：

1. 坚持原则。坚持己方原则是合同谈判活动中的重要原则,也是尊重对方的一种表现形式。这种坚持原则要做到不以弱小而卑微、不以强大而傲慢,只有这样才能维护己方正当合理利益,也有利于未来履行合同。坚持原则,既能维护己方利益,也能赢得对方尊重,同时还是尊重对方的体现。

例如,SH公司与HF公司谈判一项重要合同业务,HF公司非常重视该项合同业务,公司董事长带队谈判,SH公司由年轻人组成谈判组,HF公司董事长是业界有一定知名度的长者,有点儿以职位和年长优势向SH公司谈判组施压,但SH公司谈判组认为自己代表本方单位,不卑不亢,据理力争,原则问题丝毫不动摇,最终完成合同谈判。事后一段时间,这位董事长找到SH公司谈判组主谈人专程表达敬意。

2. 相互尊重。合同谈判的目的不是"打败"对方,而是"说服"并"选择"交易业务合作伙伴,因此,谈判过程也是双方建立信任过程,对日后履行合同有很好的帮助。当然,相互尊重并非只是体现为"谦谦君子",合同谈判中的激烈争论是难免的,只要是合理表达各自立场都是正常的。相互尊重包括自重和尊重对方,具体涉及方方面面,这里不再赘述。

举个细微事例,合同谈判中,双方对合同中一些重要内容达成一致,但因合同文件过多,没有当场逐句修改文件,出于尊重,对方同意由本方会后修改合同文本。在修改合同文本过程中，内部有两种意见，一种意见是合同文本不显示修改内容，由对方自行检查，没有发现修改之处视为对方同意；另一种意见认为合同文本应显示修改内容，至于对方是否同意修改之处，双方可以再沟通。最终采用合同文本显示修改内容的意见。对方收到电子版合同文本后，虽有一些不同意见，但经过双方沟通，很快达成一致并顺利签订合同。事后，对方负责本合同谈判的总经济师专门打电话表示：仅凭你方在修改合同文本中没做文字"手脚"，就打消了我方原先对合同一些内容的疑虑。

（三）内部注意事项

对于谈判组来说，合同谈判是一项工作任务，但合同本身又是企业经济活动，因此，对谈判组甚至合同主体来说，既要关注当前，按照既定目标完成合同谈判和签约工作，也要顾及未来，合同谈判和履行过程能够经受起未来可能的审计、检查、核查和后评价等监管。

1. 系统性。合同谈判有时间节点限制，如某个时间点前完成合同谈判和签约等，因此，合同谈判首先要完成当前工作。但也要顾及未来——用未来的眼光看待当前合同内容也是正确的。实践中，存在这种情况，谈判组必须在某个时间点完成谈判并实现合同签约，对于内容清晰、价款明确的合同，如通过招投标或询价方式选定合同对方的合同，或通用性标的物等合同，这相对简单一些；但若是内容复杂、价款构成复杂且金额大的合同，不但要用当前视角看合同是合理的，而且要用未来视角看合同也是合理的，要经受住未来若干年后可能的检查、审计、核查、后评价等检验。

例如，国有企业 B 公司通过招标方式与民营企业 Y 公司签订投资运营外包合作合同。在招标阶段，B 公司没有要求投标人报价考虑投资成本回收周期，因而各个投标人报价文件掌握尺度不同，有的按 15 年投资回收周期报价，有的则没有明确回收周期，其中，中标人 Y 公司报价就没有投资回收周期因素。实际上，各个投标人不是在相同基础上报价的，而且，如不约定投资回收周期，对 B 公司利益影响很大。谈判组接手合同谈判后，为维护 B 公司利益，要求各个投标人分别按照 10 年、15 年投资回收周期重新报价，并按此标准进行谈判。谈判组综合测算，确定选择 15 年投资回收周期对 B 公司最为有利，有效地压低了价格。

若干年后，上级单位对该合同进行专项检查，检查组提出疑问：为什么是 15

年投资回收周期,而不是5年或更短投资回收周期。针对这个问题,需要把当年谈判时的相关文件找出来,反复解释演示,无论从谈判当年还是今天的视角看,当初设定的合同价格机制对B公司都更有利,也是更合理的。

上述案例进一步说明,合同谈判要有时间上的系统性,既要重点完成当前合同谈判任务,也要顾及未来各项检验。

2. 避免非正常干预。这主要针对谈判组单位内部归口部门或领导等非正常干预。非正常干预,包括不属于他们职责范围而作出的指示、指令,以及虽然属于他们职责范围,但在谈判期间不属于他们决定的事项,或虽然谈判内容属于他们决策的事项,但指令、指示明显不正确。尤其对于一些重大、复杂合同交易业务,合同谈判涉及方方面面,谈判组要尽量避免非正常干预。当然,在实践中,无论是单位领导还是其他同事,绝大多数都是出于善意,主观上是希望帮助谈判组,但谈判组需要甄别,自己要有完整的谈判蓝图,要坚持正确的一面。

例如,通过招标方式选择的长期合作合同,经评标确定中标候选人和中标备选人后,进入合同谈判阶段。单位指令谈判组按照招投标文件和评标结果进行谈判,同时,因客观要求该合同需要在某时间点前签约,因而要求谈判组必须限时完成合同谈判。谈判组接手任务后,经过系统研究分析,认为招标阶段对商业交易策划不到位,可能导致后续招投标出现问题,如按照招投标文件谈判,对己方极为不利。但若修正那些问题既有违反招投标法风险,也有内部管理程序合规性风险,更要做大量艰苦工作。谈判组本着对单位负责、对合同负责的态度,克服诸多困难,修正商业交易条件,重新设计合同结构和起草合同文件。此间,单位因担心不能按时完成谈判签约而多次对谈判组负责人提出批评,要求限时完成合同谈判。谈判组顶着内部压力并克服外部大量谈判工作困难,最终圆满完成合同谈判,其中,仅价格部分,最终合同初始价与投标初始价相比,每年节省一亿多元。

上述案例中,如果谈判组当时按照单位指示直接以招投标文件进行谈判,按照《招投标法》等法律规定和企业内部规章制度,谈判组没有任何过错,但就该项交易业务而言,一方面没有合理维护单位利益,另一方面招投标也难以通过后期审计、评价。

3. 保密。对于一些重要合同谈判,特别是竞争激烈以及合同额度大的合同谈判,对方可能会通过各种方式进行公关或获取买方谈判策略和一些底线。实践中,合同谈判人员可能认为内部同事不会对外泄密,因而披露合同谈判中一些重要信息,或者在单位公开场合无意透露谈判重要信息,但这些信息可能很快传递到对方那里,轻则影响谈判进展,重则难以实现谈判目标,甚至构成违规行为。

例如,竞争性谈判案例中,合同标的额巨大,由三家国际供应商参与谈判,竞争十分激烈,买方谈判组对外严格控制信息传递。但在谈判过程,一家供应商向买方提出异议,理由是买方谈判组一名成员向另一个供应商泄露谈判信息。经核查,这名谈判组成员并未向另一家供应商泄露谈判信息,但该成员在与同事之外的人讨论该谈判项目时谈到相关信息,后来又被传递出去。幸好,谈判组原本计划将这个信息以书面形式同时发给三家供应商,只是其中一家供应商提前通过非正式渠道获得信息,对谈判没有造成实质影响。

(四)外部注意事项

在与对方进行合同谈判中,需要注意的事项很多,如充分准备、保密、摸底、策略等,不一而足,下面主要列举几个易被忽略的重要事项。

1. 合理的思维方式

谈判目的是消除分歧进而实现双方对合同内容达成一致,建议当事人以合理的(reasonable)或思辨的思维方式看待谈判内容,尤其谈判中重要分歧内容,不宜用狡辩的思维方式,这对起草合同和进行谈判十分重要。用狡辩的思维方式可能影响谈判进程,甚至给己方带来不利后果。

例如,中方企业与外方公司在中国境内设立合资企业,外方公司通过许可方式将技术转让给合资企业让其在中国境内特许经营。中方企业要求外方公司在合营期间不得在中国境内经营同类技术业务,这本是很合理的安排。但外方公司提出不合理要求:中方企业及其关联方不得开发同类技术,并且中方企业开发出同类技术后,也不能直接用在自己投资的项目上,而是先把技术特许给合资企业,再从合资企业购买许可使用。中方企业谈判组内部有人提出方案:接受对方要求,但设置条件——如果合资企业与中方企业不能就特许达成一致时,中方企业可直接使用自己开发的技术;届时中方企业在向合资企业特许新开发技术时"漫天要价",以致双方不能达成一致,这样,中方企业就可直接使用自己开发的技术了。

提出这个方案不是基于合理思维方式,如果按照这种方案谈判下去,中方企业将会越谈越被动;而且,若将来发生履约纠纷,法院或仲裁机构会站在客观公允的角度来评判中方企业行为。

当然,实践中,当事人要用合理思维开展合同谈判,也要适当用不合理思维去审视对方的立场和观点。

2. 明确观点和立场

合同谈判要把完整的立场和观点清楚表达出来,同时,也要求对方这么做,一方面便于形成共同点或找出双方分歧点,另一方面可避免产生误解。特别是在涉外合同谈判中,由于中外文化差异、思维方式不同,如果没有把完整观点和立场表达清楚,或者只是就事论事,很容易产生误解,甚至影响谈判进程。

合同谈判过程困难,既是双方立场不同所致,也是谈判中双方表达方式问题所致,特别是一方在某项立场阐述不明确时,容易导致对方怀疑是否隐藏了什么或得寸进尺,这种情况下,即使对方原本愿意接受该方立场,但因担心该方还有新要求而不会轻易接受。

案例28

CC公司与外国SC公司计划在中国境内设立合资企业,双方出资比例为50:50。合同关键内容谈判阶段,SC公司认为合资企业的业务与其在本国的业务基本类似,而且,SC公司在专利技术和生产运营方面有优势,因此,主张合资企业总经理由外方提名;CC公司原则上同意SC公司意见,但要求合资企业设立副总经理,副总经理分管财务、销售和行政等方面业务,由CC公司提名;SC公司谈判组表示可以接受,但因合资企业规模不算大,一般不设副总经理,因此,需要回去向SC公司董事会和监事会汇报以获得两会同意。另外,双方同意合资企业设立董事会,由六名董事组成,双方各委派三名董事。

在下一次谈判会上,SC公司谈判组表示,公司董事会和监事会基于双方合作诚意同意CC公司上述意见。但谈到董事会机制时,CC公司提出合资企业董事长将由其提名,理由是SC公司提名了总经理;SC公司谈判组感到十分不解,也显得十分为难,他们认为既然CC公司要求合资企业设副总经理并由CC公司提名,那么,董事长人选应由双方轮换提名。

本案双方都有良好的合作愿望,后续谈判中采用变通方案解决了这个问题,在此不过多介绍。

这个案例具有一定代表性,即谈判双方按照各自理解谈判内容,没有清晰完整表达立场和观点,结果带来误解。因此,在谈判实务中,不能用自己的理解和判断来推断对方有相同的理解和判断,而应把自己的观点和立场完整清晰表达出来。

3. 分歧多因认知差异

有些合同谈判持续很长时间,但在实质内容上所花费的时间往往并不多,多数时间用在非实质或实体内容分歧上。为此,双方产生相互抵触心理,甚至认为对方不讲道理,进一步影响谈判效果。

经验表明,合同谈判中的一些分歧多数是因为双方对问题认知和理解的差异,一方面是双方对合同性质、内容、条款、概念、文字等有不同理解,比如,技术合同中的知识产权保护,法律专业人员更多从知识产权法律角度去理解,技术专业人员更多从技术角度去理解,两者理解一般不同,这需要商务人员从法律和技术融合角度理解知识产权保护。实践中,即使是同类专业人员,对不同领域问题认知也不尽相同,如从事非实体投资人员和从事实体投资人员对投资收益和风险认识也不尽相同。另一方面是双方尚未建立起信任基础,从保护己方的角度过度扩大了合同风险内涵和分歧。

实务中,有些谈判分歧,本质上并不是一方不接受另一方观点和立场,而是对另一方观点和立场有不同理解和认知,认识到这点对谈判中分析分歧原因采取化解办法具有重要意义。

4. 谈判中的伪命题

合同双方应基于诚实信用的原则开展合同谈判。但实务中,无论是出于谈判策略原因还是其他原因,经常会出现一些伪命题,也就是一方向对方抛出连自己都认为不可接受的要求和条件。通常情况下,谈判双方都会对己方和对方的要求和条件进行评估,一般会将因要求或条件过高而对方不会接受的议题排除掉,但实务中,特别是涉外合同谈判中,还是存在各种伪命题。当然,伪命题因合同类型和内容不同而不同。

例如,中国企业与 G 公司开展合作谈判中,对方提出很高的要求,中方企业当然不同意,但对方既没有坚持这项要求,也没有因中方拒绝其要求而表现出沮丧。中方谈判人员在休会期间询问对方,你们明知我们不可能同意,为什么还提这样的要求？对方很坦然地反问，如果我们不提出来，怎么知道你们同意还是不同意？这恐怕也代表一些外国谈判人员的思维方式。

因此，合同谈判实践中，一方面，要辨别对方的伪命题，并断然回绝对方，不要陷入对方伪命题陷阱里；另一方面，在某些重要谈判中，适当应用伪命题，以调节谈判格局和节奏。

5."让步"只是脱去宽松外衣

合同谈判是为达成一致目标的一个过程，这个过程更多的是阐述各自立场和利益，尽管在谈判实践中每一方都试图掩盖己方所图的合同利益，但如果没有利益哪个企业会签订这份合同呢？

之所以人们认为合同谈判是双方妥协的过程，主要是谈判双方为实现自己的目标，在阐明各自立场时夸大了自己意图，为自己真实目标披上一件宽松的外衣而已。

例如，电机设备买卖合同。买方的目标是买到质量优良的电机设备，卖方则是希望卖掉设备获得金钱，这是买卖双方各自的基本立场和目标，除非特殊原因，这个基本立场是不容妥协的。假设电机设备包括生产、营销和税费所有成本为90万元，为了获得10万元毛利润，卖方售价底线是100万元。除非卖方为了占领电机设备市场份额，否则要价不会低于100万元。为了实现100万元的价格目标，卖方考虑到买方会讨价还价，所以开始开价115万元，经过双方一番谈判，最后以100万元成交。卖方实际上一分钱也没有妥协，只是开始报价时故意虚报了15万元，以此促进双方达成一致。当然，如果这个设备采用公开招标，供应商报价基本上都是底线附近，很难再要求中标单位大幅让价，那应另当别论了。

在谈判实务中识别并揭开这件"外衣"，考验着谈判人员。比如上述案例中，需要谈判人员分析掌握设备成本和市场行情，如果是通用设备，市场上会有参照价格，但若是非通用设备，谈判人员就需要做更多工作以了解设备的成本和售价。

四、招标合同谈判的特别情形

采用招投标方式的采购合同谈判与一般合同直接谈判有所不同，原则上，只能在招标文件和投标文件基础上进行谈判，并且，合同实质性内容不得背离招标文件和投标文件。①

1. 定标前不得进行实质性谈判

《招投标法》第43条规定,在确定中标人前,招标人不得与投标人就投标价格、投标方案等实质性内容进行谈判。

2. 不得背离招标文件和投标文件实质内容

《招投标法》第46条规定,招标人和中标人应当自中标通知书发出之日起30日内,按照招标文件和中标人的投标文件订立书面合同。招标人和中标人不得再行订立背离合同实质性内容的其他协议。《招投标法实施条例》第57条进一步规定,招标人和中标人应当依照《招投标法》和本条例的规定签订书面合同,合同的标的、价款、质量、履行期限等主要条款应当与招标文件和中标人的投标文件的内容一致。同时,据此可认为,合同的标的、价款、质量、履行期限等主要内容是合同实质性内容,不得背离招标文件、投标文件内容。《政府采购法》对通过招标订立政府采购合同的规定更为严格,第46条规定,采购人与中标供应商应当按照采购文件确定的事项签订政府采购合同。

3. 违背规定的法律后果

关于定标前进行实质性谈判的后果。对于法定招标,《招投标法》第55条规定,依法必须进行招标的项目,招标人违反本法规定,与投标人就投标价格、投标方案等实质性内容进行谈判的,给予警告,对单位直接负责的主管人员和其他直接责任人员依法给予处分;影响中标结果的,中标无效。后果比较严重。

关于合同内容背离招标文件和投标文件实质内容的后果。《招投标法》第59条规定,招标人与中标人不按照招标文件和中标人的投标文件订立合同的,或者

---

① 合同实务中,不少人疑惑,招标合同到底以招标文件为准还是以中标人的投标文件为准。招投标实务中,招标文件是对招标采购内容的各项要求以及投标人投标方式等的要求,招标文件还包含合同格式文件。投标文件一般包括:(1)按照招标文件要求提供的自己编制的各项文件,文件内容如履行合同的实施方案、组织人员、进度计划,以及用以证明自己符合招标文件资格条件要求和专业资质要求的文件等;(2)商务与价格文件,投标授权书、投标保函、招标文件要求的承诺函,报价总价以及按照招标文件要求的详细价格分解等;(3)偏离文件,包括技术偏离、商务偏离,如对合同格式文件某些条款提出偏离,对技术要求指标提出偏离,以及建议替代方案等。实务中,有些技术指标不允许偏离,否则,该投标文件不予通过;其他偏离,可能导致被扣分或提高评标价。因此,通过招标方式签订合同的,如招标文件和投标文件指同类内容的,原则上以投标文件为准;投标文件确认"响应"或"接受"等类似表示接受招标文件中某些内容的,以招标文件为准;投标文件按照招标文件要求存在新表述的内容的,以投标文件为准;投标文件对招标文件中内容提出偏离的,原则上以投标文件为准,但招标文件明确标示禁止偏离的除外。

招标人、中标人订立背离合同实质性内容的协议的,责令改正;可以处中标项目金额千分之五以上千分之十以下的罚款。虽然罚款金额不大,但对国有企业或国有控股公司企业来说,遭受行政罚款也是比较严重的事情。

综上,通过招标方式缔结合同的,从招标人角度讲,在招标阶段要把合同各项主要内容和重要内容约定清楚、要求清楚,避免在后期谈判阶段因受限于法律规定而被动;从投标人角度讲,在投标阶段,一方面,要仔细研究招标文件要求和将纳入合同的文件内容,如关于交易业务的各项文件、合同格式文件等,如认为需要调整,在不导致投标文件被否决或扣分情况下,在投标文件中有策略地提出来;另一方面,需要投标人提交的方案、质量标准等要求,如果自己确实做不到,或者如果自己提高标准将对合同实施增加过多额外成本的,那么,投标人需要慎重决定。

五、合同谈判与报告

(一)合同谈判技巧

关于合同谈判或商务谈判技巧很多,如谈判成员角色分配、会场布置、"出牌"方式、"拖延战"、"车轮战"、"极限施压"等,因各合同业务以及当事人不同而谈判遇到的困难也不同,因而所用谈判技巧也不尽相同,而且各类著作中多有论述,本书不再重复。

本书综合实践经验教训,提出以下三个方面供实务中参考。

一是不"夸大"合同风险。商务合同谈判难点主要有三个方面:业务标准、交易对价和风险责任。业务标准是客观的,是不是难点主要在于当事人能否满足业务标准要求,能够满足业务标准要求的就不构成难点;不能满足业务标准要求的,当事人要根据自身实际情况而定,如通过努力或付出额外代价能够满足标准,需要评估所付努力或代价,反之,则明确告知对方。交易对价,需双方经过讨价还价,[1]这也是合同谈判的重点内容,双方都有各自相应的底线或可接受范围,容易把握。关于风险责任,有的合同涉及的风险点多,有的合同涉及的风险点少,因风险具有不确定性,一方提出的风险点越多、后果越严重,对方越不敢接受这样的约定。其实,风险具有不确定性,即风险事件发生的不确定性和风险事件带来的后果的不确定性,而且,同样合同内容,因合同当事人不同,发生风险的概率也不同。

---

[1] 以招投标方式形成合同的,对价可谈判的空间不大。

因此,合同谈判实务中,双方需要对合同中涉及的风险问题各自进行理性评估,避免过度"夸大"风险给谈判带来障碍。例如,对于技术许可合同,被许可方十分担心使用许可技术侵犯第三方知识产权,但许可方应清楚或至少可评估其技术是否存在侵权问题。

二是借助日常事例化解谈判僵局。合同谈判中经常在一些关键问题上产生僵局,各不相让,如果从专业说理角度看,双方都认为自己有道理。举个简单例子,互不相识的两方订立买卖合同,不管先付款后交货还是先交货后付款,都有一方认为不合理或担忧,对于这种情况可以采用履约担保和分阶段付款等方式解决,但有些问题采用这种办法解决不了,反而借助一些日常非专业事例可以帮助打破僵局。

例如,大型工业工厂A与工业气体公司B签订合作协议,B公司在A工厂附近投资运营工业气体工厂,并负责向A工厂持续稳定定向供应工业气体,双方约定按月用气量进行结算(见图20-2)。

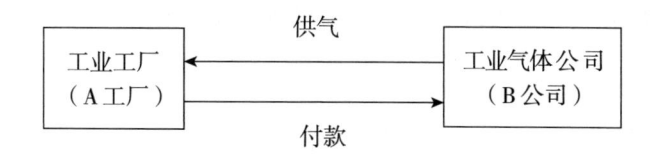

图20-2 定向供应工业气交易示意

价款支付谈判中,B公司坚持一个立场:如A工厂不能按时付款并超过一个月,B公司将停止向A工厂供气。对于一般买卖合同而言,B公司要求是合理的。但就该合同交易而言,虽然A工厂、B公司是两个独立法人之间的合同关系,但两个工厂是"命运共同体",如果B公司停工或不供气,A工厂就得停车;同样,A工厂停车,B公司产品就没有用户。所以,A工厂希望B公司持续正常运行,不会无故不付款,若发生拖欠付款,唯一原因是A工厂出现资金困难,此时,如因B公司停止供气导致A工厂停车,将进一步加剧A工厂资金困难,对外付款更加困难。B公司谈判代表表示,这个道理他们也清楚,但还是坚持自己立场。谈判被迫中止。

双方休会期间闲聊,A工厂谈判代表借助当时就医难的社会热点问题,借机提问:如果一个危重病人躺在医院,正在输氧气,此时,病人没有及时交齐住院费,医院可否拔掉病人输氧管?大家都认为医院应该继续救治病人。A工厂谈判代表遂提议恢复谈判。复谈后,A 工厂用刚才闲聊的医患关系为例阐述两个公司命运与共关系,B 公司不再坚持原先立场,A 工厂也考虑对方的担心,双方理性分析如果 A 工厂拖延不付款的情形,并在不影响两个公司正常运营前提下,制订相应救济办法。僵局得以化解。

三是避免内部过多施压。特别是在关键事项或重要内容上出现僵局情况下,某一方需要采用"时间换空间"策略,如果内部对谈判组过多施加压力,要求在规定时间完成谈判任务,对谈判组极为不利,而且,对方在谈判中也能感受和察觉到这方承受的内部压力,更不容易打破僵局。在实务中,对于一些重要合同谈判,一方面,谈判组要提前策划和安排谈判进度;另一方面,单位管理层和决策层也要避免临时要求短时间内结束谈判。

例如,C 公司和 D 公司开展大型合资项目谈判,在合作协议谈判收尾阶段,双方在几个重要问题上各不相让,形成僵局。此时,传来 C 公司高层指示第二天下午举行签约仪式的消息,C 公司谈判组压力骤增,双方加班谈判,D 公司谈判组也清楚对方压力,C 公司谈判组也比较被动,谈判效果不佳。

(二) 合同谈判逻辑安排

凡事都有相应逻辑关系,合同谈判亦然。合同谈判逻辑安排,是指为实现合同谈判目标,将合同谈判若干事项和内容按照内在因果关系与内在联系进行有效排序和安排。

实践中,合同谈判逻辑安排因交易性质、内容以及谈判方法等不同而异。本书在总结实践经验教训基础上认为合同谈判一般按照下列逻辑安排:

1. 先业务后商务再价格

在需要定义交易标的和交易条件的情况下,一般先定义合同交易标的,即首先商谈合同交易业务;在交易业务达成一致或基本达成一致基础上,商谈交易商务条件;在前两者都达成一致或原则上达成一致基础上,最终确定价格。这个逻辑是基于"买方"和"卖方"不同逻辑有效折中的原因。合同谈判中,"买方"的基本逻辑是用一定金额钱款在风险可控条件下按时保质保量得到标的物;而"卖方"的基本逻辑是用标的物在风险可控条件下按时足额得到相应对价钱款。因此,更为有效的谈判逻辑是折中双方各自逻辑,先将合同交易业务包括标的物、交付条件、交付时间等定义清楚并达成一致,这是合同交易的基础;再基于双方风险担忧,双方商谈相应商务条件,如担保、合同价款支付进度、比例和条件等;最后在此基础上,双方确定交易价格。

通常情况下,合同交易业务内容主要通过合同若干附件表达,而商务内容多在合同主条款中表达。当然,这种安排是总体或主线逻辑,实务中,交易业务、商务条件和合同价款三者在谈判中应该相互交织、互为联动,切不可出现"背靠背、各谈各"的情况。另外,合同附件和合同主条款也要相互联动,不可相互脱节。

2. 先原则后一般

合同谈判原则事项是合同主要事项,是合同内容中关键事项,为实现合同谈判的有效性,避免在具体细节上长时间纠缠不清,双方首先对原则事项进行谈判并取得原则性一致,在原则事项达成一致或基本一致的情况下商谈具体事项。

合同谈判中,对原则事项商谈相对困难一些,与通常先易后难的做法不同,其实,合同谈判历程不是简单的"先易后难",通常是"先难后易再难",这与先原则后一般的逻辑是一致,只是实务中有些环节被忽视。例如,通过招投标形成的设备买卖合同谈判,招投标环节已经对合同原则事项作出决定性安排,所以在具体谈判中没有感受到这个环节的艰难。

(三)合同谈判报告

谈判报告包括谈判过程报告和结果报告。实践中,合同业务简单、交易金额不大的谈判报告可相对简化,但对于那些交易业务和交易关系复杂、交易额度巨大等情形的合同谈判,要重视过程报告和结果报告,谈判过程中重大事项调整还需要经过相应的决策程序。

1. 谈判报告意义

报告合同谈判情况具有多方面作用和意义,就其重要意义而言,一般包括如下几个方面:

企业管理需要。合同谈判是企业经营活动的一个重要环节,特别是重大合同谈判,企业经营管理层和决策层需要了解谈判情况和进展情况,以及对方对交易关键事项态度和立场,知悉和最终决策已经完成的谈判结果等。

获得支持需要。有的合同业务和交易条件涉及单位经营管理多个方面,其中,对于有些问题,谈判组难以或无权处置,通过谈判报告方式,提请并获得支持。

决策程序需要。一方面,合同谈判结果需要由单位管理层或决策层依据授权制度做最终决定;另一方面,对于一些重大合同在谈判过程中需要调整其中的一些内容和事项,如合作模式、重要商务条件、报价、股权比例等,一般都需要经过单位决策程序,有些事项还需要经过单位"三重一大"决策程序,甚至需要上级单位决策等。

历史档案需要。无论是过程报告还是结果报告,都展现合同谈判阶段形成的客观情况,既是档案管理要求,也是未来再现当初合同谈判过程的要求。

2. 合同谈判过程报告

是否形成书面的谈判过程报告,主要取决于合同性质和内容,对于一般性交易业务且交易额度不大的谈判,如一般的材料买卖合同等,不一定采用正式书面报告。但诸如合资合作、股权转让或并购、重大工程建设、重要工艺技术引进或转让、大型成套工艺设备买卖等重大合同谈判,应有相应的过程报告。

合同谈判过程报告一般包括以下主要内容:

(1) 合同交易业务。主要介绍交易业务以及该交易的商业结构或商务安排;

(2) 谈判开展情况。主要介绍双方谈判组情况,截至目前谈判轮次及进展情况,主要内容和关键事项中已达成一致情况、未达成一致情况,未达成一致部分对签订合同影响等。

(3) 双方主要分歧。主要说明分歧关键事项和主要内容,本方立场和意见、对方立场和意见、分歧焦点问题,以及建议解决方案等。

(4) 后续谈判目标与安排。主要说明后续谈判策略和计划调整(如有)、对未完成谈判内容以及主要分歧内容安排、节点目标等。另外,如果需要单位支持、管理层或决策层指示意见、过程决策程序以及其他方面安排的,要一并列明并简要说明理由。

(5) 请示意见。主要是针对双方主要分歧问题及相应建议解决方案以及后续谈判安排需要单位给出明确指示等内容。如没有这方面要求,报告中可不要这一部分。

3. 合同谈判结果报告

合同谈判结果报告是每个合同签订前都需要的,其形式也因合同性质、规模以及当事人内部管控要求不同而异,如一般合同多采用"签报"或"报签"等方式的请示文,而对于那些重大复杂合同,本书建议采用谈判报告形式。

无论是请示文还是谈判报告,一般应包含以下主要内容,实践中,可根据合同情况确定每个方面内容的详略：

(1) 合同交易目的。概述开展本合同交易业务的目的。

(2) 合同交易业务。主要介绍交易业务以及该交易的商业结构或商务安排。

(3) 谈判情况。简要介绍谈判开展情况（不需要像过程报告那样细致），与原定谈判方案关键事项和主要内容偏离的内容以及导致偏离的原因和给本方带来的实质性影响，以及谈判过程本方履行的主要内部决策程序等。

(4) 谈判结果，即合同核心内容，如购买成套设备、交货期、价款以及价款支付安排等。

(5) 后续安排。主要是本方在合同签订前后还需要履行的重要内部程序，如签订前需要报上级单位批准，签订后需要法定登记备案生效等。

六、谈判成果与固化

日常合同谈判中，一般都先有合同文本，如双方对合同内容和文本没有过多不同意见，双方对文本文字做一些修改即达成一致。但多数情况下，合同文本中的重要内容需要经过深入协商，如关于设备要求，除合同主条款进行概述约定外，还需要附件对设备技术质量、性能等要求详细描述，例如，设备不同部位使用材质、设备整体使用寿命、易损件使用寿命、工艺性能指标、机械性能指标（如振动、噪声等）、能耗及用电参数等，在谈判过程中可能应买方需求或上下游条件而对设备相关技术参数做相应调整，这些调整都要在附件中具体固化下来。除此之外，合同谈判过程中双方都会有一些让步或允诺，需要把这些让步或允诺及时形成谈判成果并进行固化。

合同谈判实务中，应关注以下几个方面：

(1) 谈判成果固化到合同文件中。合同各方关注的事项、内容，通过谈判达成一致的，要及时固化到合同文件中。实践中，对那些非面对面谈判情况下，如口头允诺，或者以电子邮件、电子交换数据表达的允诺意思，要及时与对方进一步确认，并固化到合同文件中。

例如，买方购买精密设备，十分关注设备精度，卖方宣传的设备精度也很好，但合同所约定的设备精度参数与双方谈判中所意指参数不同，导致产生合同纠纷。

(2) 谈判文件交换。有些合同需要经过多轮谈判，每轮谈判或多或少都会取得一些进展,这些进展也需要及时固化到谈判文件上。实务中,一般由一方负责记录和修订谈判文件,然后交换给对方。记录方应当基于诚实信用基本原则记录和修订谈判文件,并将记录和修订进行明显标注;但相对方也应做一定的谈判记录,并仔细检查对方交换的谈判文件修订情况。

(3)谈判纪要。一些重大合同谈判中涉及的重要事项和内容,包括达成一致和未达成一致的,可以谈判纪要形式固化下来。其中,达成一致部分及时转化到合同文件中;对于未达成一致部分,应具体记录各方要求和理由,以及双方未达成一致的主要原因等。谈判纪要作为将来再现谈判过程的重要文件。

(4)合同文件草签。完成合同谈判后,形成完整终版合同文件,为固化谈判成果,双方可草签合同文件,实务中多称为"小签",英文合同称为"Initial",总之,双方代表对合同文件逐页签字,表示双方对该合同文件达成一致。

(5)再协商。谈判成果固化草签后,如发现重大问题,应与对方协商争取修正,不可碍于颜面置之不理;如对方认为某个或某些地方需要修正的,也应基于诚信原则和公平原则进行协商。例如,一项大型合作合同谈判达成一致草签后,对方经内部董事会审议认为有的地方不能接受而要求重新谈判,本方评估认为不违背公平并基于诚实信用,双方重新谈判并修订合同文件。合同履约证明这种修订没有影响本方利益,反而有利于双方合作。

第二十一章 合同签约管理

一、合同签约管理概述

合同签约是合同缔结阶段的最后环节,是当事人对合同交易与交易条件协议的最终正式确认程式。对于绝大多数书面形式合同,签约就是合同当事人以签字、盖章或签章形式对协议正式确认并促使协议生效的环节。[①]

合同签约具有三个方面功能:

一是对协议结果的正式确认。当事人各方通过在合同文件上签字、盖章,以表示对合同文件所载内容的最终正式确认。实务中,常会看到合同文本约定"本合同代替双方此前谈判、纪要、备忘录等各项文件",这是对合同文本内容最终正式确认的宣示。

二是促使协议生效。书面形式的合同,绝大多数自当事人签约之日生效;部分合同需要依法办理审批或登记、备案手续后生效,这类合同需要经双方正式签约后方可办理审批或登记、备案手续;还有部分合同由当事人约定附条件或附期间生效,也需要当事人完成签约。可见,书面形式合同签约是合同生效的前提条件。

三是促进协议履行。签约代表当事人对协议内容的承诺和接受,同时也表示协议商谈阶段结束,转入协议履行阶段。自此,当事人将承担着忠实履约的法律

---

① 绝大多数合同经各方当事人签字或签字盖章即生效,但实践中,有些合同当事人在合同中约定生效条件或期间,这些合同待条件成就时或期间届至时生效,有些合同须依法完成审批或登记、备案等手续后才生效。

责任和商业道义责任压力,促使当事人按照协议承诺着手准备履约和开始履约。

合同签约管理一般包括合同文件最终确认、合同评审、签约仪式、签字盖章、生效、登记备案等方面。

二、合同签约文本

用于签约的合同文本应是双方确认的最终文本,如双方草签确认,草签确认的合同也是最终的完整合同版本。因此,合同管理部门或合同经办部门在签约前应对合同文件进行系统检查,尤其注意合同文件多的情况,避免将谈判过程文件混到签约版文件中。实务中还要注意以下两个方面事宜:

一是合同评审对文件的修改。虽然双方合同谈判人员完成合同谈判形成统一合同文件并草签,但一般还需要经过各自内部评审,在内部评审过程中,可能会提出各种修改意见,那么,合同经办人员在修改合同文件前,要先征求对方意见并获得对方同意,双方再次确认签约文本,避免双方使用的签约文本不一致,或者一方先行签字盖章,另一方拟修改意见无法反映到签约文本;采用电子合同的,更要注意这方面问题。

二是签约版与评审版合同文件的延续。不少企业合同管理实行信息化,合同文件起草、评审、批准、用印等环节都在信息系统平台上操作,每个环节所涉文件都留在系统平台上。正常情况下,合同文件评审版在评审意见基础上修订后形成签约版文件,评审没有修改意见即所有参评人员均"同意"的,签约版与评审版合同文件相同;但如果一方在内部评审中提出修改意见,而另一方同意对方修改意见,签约版合同文件实际上是对方修改版。这种情况下,要及时更换系统平台中的签约合同文件并加注说明,避免后期审计、检查时难以解释清楚。

三、合同评审

(一)合同评审意义

合同评审是指正式签约前由单位内部相关部门或人员对合同文件进行系统审查和批准。合同签约前评审主要有两个方面功效:一是通过多专业系统审查,检查合同内容是否全面、合规、可操作;二是通过决策层审批,再次确认是否接受协议内容并签订合同。

就企业合同管理而言,一般由合同主办部门组织合同评审,企业相关部门和主管领导参加评审,具体有哪些部门和人员参加合同评审要视合同交易业务而定。一般情况下,合同主办部门、合同交易业务部门、法律和合同管理部门都应参加合同评审,①其他部门是否参加合同评审要根据合同内容而定。

(二)合同评审内容

合同评审是签约前的系统审查环节,并不是要推翻合同内容,因此,合同评审要有相应的关注点。实践中,因各个合同交易关系、业务内容、交易条件等方面不同,所需要关注的侧重点也不尽相同。从通常合同实务角度看,合同评审一般关注以下几个方面:

(1)合同程序。主要是合同程序的合法合规性,包括是否依法依规进行招标,②合同应招标而未招标是否履行法定或规定程序;不需要招标的合同,是否履行内部立项和相应审批程序等。

(2)合同主体。双方主体资格,包括合同主体签约能力,如法人分支机构是否注册取得营业执照、公司企业工商注册是否正常等;合同主体能否承担本合同特定业务,如融资租赁等;合同主体是否具备法定专业资质要求,如建设工程施工资质、勘察设计资质等;合同主体是否具备履约能力,如大型设备供应商的制造能力、企业资信能力等。

(3)交易业务。主要包括交易业务内容合法性,即合同交易内容是否属于法律禁止或限制项目,若交易内容属于法律限制项目,是否取得相应许可,例如,属于国家限制进出口技术的,需要取得商务部许可;合同对交易业务定义和要求是否完整、清晰等。

(4)合同内容。主要包括交易安排是否合理、合同主要内容是否齐全、合同约定是否具备可操作性等,这部分是合同评审需要重点关注的地方。交易安排方面有多个关注点,如履行期限、履行方式等安排是否合理。

关注合同支付安排是否合理或是否存在风险,合同实务中,一直存在"先交付后付款或先付款后交付"的纠结:交付方担心先交付收不到价款,接收方担心先付

---

① 按照国务院国资委要求,合同当事人如是国有企业或国有控股企业,经济合同须经法律审查,即"3个100%"之一。

② 在合同实务中,有些企业对招投标所设定标准严于招投标法,虽然合同业务不属于法定招标项,但按照企业管理制度或企业上级管理制度要求必须招标的,仍应进行招标。

款收不到合格交付物,等等。

合同主要内容是否齐全方面,包括合同主条款约定内容是否齐全,以及必要附件及附件内容是否齐全,这部分需要系统性审查。有些合同"不经意"间遗漏某个内容,可能给一方当事人带来重大损失。例如,对于委托技术开发合同在合同中没有约定新开发技术成果专利申请权归属的,一般认为委托方支付开发方技术研究开发经费和报酬,提供技术资料,提供技术开发协作等,开发出的技术成果的知识产权当然归属委托方。但法律规定却恰恰相反,按照《民法典》规定,对于委托技术开发所完成的发明创造,如合同没有约定专利申请权归属,则申请专利的权利属于研究开发人。[①]

关注合同约定是否具备可操作性。合同可操作性包括两个方面意思:一方面是合同约定过于粗放而缺少可操作性,如交付物验收仅约定"经甲方验收合格的……",没有约定交付物技术标准、验收标准、验收办法等,这在合同实务中比较常见;另一方面是合同约定过于理论化,缺少实务可操作性。

(5)违约救济方面。包括违约救济措施及其可实施性;违约责任以及违约责任适宜性;争议解决办法等。

(6)合同文件。主要检查合同文件是否齐全,特别是合同附件多的情况下,检查各个文件之间相互衔接情况以及有无遗漏;合同文件之间的一致性,特别是合同主条款与附件就同一事项约定是否一致等。

(三)如何进行合同评审

合同评审要发挥各专业职能,业务部门侧重于合同交易业务范围、质量技术标准、界面以及可操作性等方面;合同经办部门侧重于合同完整性、合同安排的可行性和合理性,以及合同安全性等方面;法律部门侧重于合同合法合规性、合同风险及风险可控性等方面。各专业部门除侧重本领域外,还要审查与本领域相关的其他方面,如业务部门在审查合同业务方面内容时,也要关注合同商务安排是否有利于业务的执行;法律部门在评审合同法律风险时,要研究合同交易业务及履约要求、商务安排,在此基础上判断合同法律风险以及相应防范措施。

[①] 《民法典》第859条规定,委托开发完成的发明创造,除法律另有规定或者当事人另有约定外,申请专利的权利属于研究开发人。研究开发人取得专利权的,委托人可以依法实施该专利。

另外，有些合同内容还存在各个专业相互交叉，例如，合同交易业务涉及专有技术保密问题，[①]一般认为涉及知识产权和保密内容的都应由法律专业负责，因此，合同主条款从法律角度约定严格的保密要求并附加严格的保密协议。其实，对于技术保护和保密措施，法律人员不一定都清楚，这种情况下，需要业务部门从业务开展以及专业技术角度研判采用哪些措施可保护专有技术，以及在现有条件下能否做到所要求的措施等。只有法律和专业相结合，才能更好地保护专有技术。

合同评审实务中，既要发挥各专业部门或专业人员的专业功能，也要避免"铁路警察各管一段"的脱节情况。

例如，转子泵设备买卖合同中，合同技术附件约定泵的设计使用寿命为20年（不包括易损件），对易损件质量保证也分别作出要求：机械密封使用寿命≥24,000小时、轴承使用寿命≥24,000小时、转子使用寿命≥24,000小时。而合同主条款关于设备质量保证部分约定：卖方应在合同规定的质量保证期内负责免费维修或更换有缺陷的部件或设备；并进一步约定，质量保证期自设备安装试运行成功后12个月或设备全部货物交付到现场验收合格后18个月（先到为准）。这个案例就设备质量保证约定来看，合同主条款与技术附件发生脱节，技术附件要求机械密封、轴承、转子等易损件至少能够使用24,000小时，扣除工厂年度检维修时间等因素，大约3年时间。在这3年期间内，转子泵正常使用情况下，发生转子、轴承、机械密封损坏的，卖方应免费维修或更换。但按合同主条款约定，卖方只需在1年时间内承担免费维修或更换机械密封、轴承、转子。对于买方来说，实际上是放弃了2年保障权利。

类似情况时有发生，尤其在一些重大复杂合同中，商务与业务脱节，法律与商务、业务脱节，合同主条款与附件文件脱节等情况颇为常见，因此，加强贯穿于业务、商务、合同、法律等的系统审查尤为重要。

四、合同签约仪式

签约仪式并非合同签约环节的必经程序，但一些重大、重要合同举办签约仪

[①] 实践中，有些企业从保护技术角度考虑，对一些重要核心技术并不申请专利，而是采用专有保护方式，为与专利技术区分，多称为专有技术。

式具有相应的意义和价值。从合同和合同管理角度看，合同签约仪式一般具有如下功能：

一是宣示当事人对签约合同的重视。多数情况下，合同双方主要负责人以及相关干系人参加合同签约仪式，体现出各方对签约合同业务的关注，进而促使当事人以及各自内部资源都要重视该合同的后续履约。

二是争取相关干系人支持。有些合同业务涉及多方干系人，如大型建设工程项目中，除合同直接当事人外，项目所在地政府部门、金融机构、相关合作方等都是建设工程相应干系人。合同签约仪式邀请相关干系人参会，既是通过仪式方式集中向干系人公告合同业务进展，同时也希望相关干系人支持合同业务。

三是促使合同各方忠实履行合同。合同签约仪式一般在一定范围内公开举行，通过签约仪式向公开范围宣示双方缔结合同，进而促使合同各当事人忠实履行合同义务。

四是具有公开宣示征集社会资源意义。有些合同履行需要大量社会资源，如大型建设工程，需要设计、设备、材料、施工等多方资源参与；复杂成套工艺技术或大型设备研发，需要多方科研、设备制造等资源参与；等等。

合同主办部门除组织好签约仪式各项活动外，要提前做好合同文本最终确认和评审工作。通常情况下，合同各方授权代表在签约仪式上履行签字程式，甚至在签约仪式上直接履行合同签字、盖章。因此，在签约仪式前，合同主办部门要与对方完成合同文本的最终确认，同时，组织完成各自内部评审程序。

五、合同签字盖章

1. 签约方式

书面合同签约方式因合同主体不同而异，自然人主体一般用签字方式，[①]法人或非法人组织主体，一般采用授权代表签字加盖章，包括单位公章或合同专用章，也有合同只采用授权代表签字或盖章。具体采用哪种方式，可在合同中约定清楚。

2. 签约授权

合同主体是法人或非法人组织的，签约人应有相应的签约权利，即通常所说

---

① 实践中，自然人主体一般采用签字方式，包括手写签字和签名章签字，也有的采用签字加按指印，或单独按指印。

的签约授权。

合同签约授权管理包括内、外两个部分：

内部授权管理，主要是对签约人授权管理。实践中需要注意，单位对签约人授权属于单位对个人授权，不是单位法定代表人或负责人对个人授权，因此，签约人授权书需要单位落款并盖章，同时也需要法定代表人签字。实践中，经常出现单位法定代表人自称"我是法人"，可以拥有单位一切权力，这是不正确的。因此，从内部授权管理来说，要按照单位授权管理制度履行相应手续后，签发授权委托书。

对外部来说，主要是对方签约人授权管理。如果对方签约人不是单位法定代表人或负责人，需要对方出具相应签约授权文件。[①]

实务中，一般认为单位法定代表人当然拥有签订合同权利，所以很少要求法定代表人签约也提供授权文件的情况。其实，企业内部对法定代表人签约也有相应限制和授权，特别是上市公司，一般都公开公司章程，有的上市公司章程明确担任法定代表人的董事长签订合同授权额度范围，如果合同额度超过公司章程授权范围的，应提供本合同签约授权。例如，按照现行《公司法》规定，未经公司董事会或者股东会、股东大会决议，公司不得对外提供担保，董事长不得签订对外担保合同；[②]有的上市公司章程规定，未经股东大会决议，担任公司法定代表人的董事长不得签订或授权他人签订金额超过公司上一年度经审计的净资产额10%的合同等。

3. 签约用印

合同签约用印包括两个方面：

一是合同用印管理，按照内部印章管理制度履行合同用印手续即可，在此不做赘述。

二是印章授权，这是合同实务中容易忽略的问题。实务中，有的企业因业务和管理等需要，刻制多枚"合同专用章"，但每枚合同专用章都有相应使用范围，即合同专用章使用范围授权；有的合同专用章上面还注明需要经授权才有效，如"经

[①] 实践中，有些单位合同签约授权采取一揽子授权，即在一定期限内，授予某人在一定额度范围内直接代表单位签订合同的权利，因此，合同签约授权可能表现为授权委托书，也可能是其他形式授权文件。

[②] 参见《公司法》第15条。

授权有效"等。如果本方合同专用章需要授权,在合同签约时一并办理授权并随合同文件提供给对方;如果对方合同专用章需要类似授权,则要求对方提供对该印章的相应授权文件,以免合同签约无效。

4. 涉外合同签字特殊情形

涉外合同中,特别是那些约定签字生效的涉外合同,签字人授权比国内企业签字人授权要复杂。欧美一些公司的内部治理与国内公司相似,但内部管理不尽相同。例如,有的公司董事会和经理层权责划分非常清晰,董事会负责公司决策、经理层负责公司经营管理,虽然董事长是法定代表人,但公司章程不赋予董事长对外签订合同权利。这种情况下,如果对方公司由法定代表人签署合同,仍需要提供公司董事会或股东的授权文件。

我国司法实践中,一般将境外公司董事签订合同视为公司行为,按照该理解董事有权代表公司签订合同;境外公司章程对董事签订合同有限制规定的,不得对抗善意相对人,也就是说,如果合同相对方不知道或不应当知道签字人依据其公司章程规定无权签订该合同,其签字行为视为有效代表公司行为。

需要注意,上述司法实践有两个条件:一是该合同纠纷法定或约定适用中国司法管辖或约定在中国仲裁机构解决;二是该境外公司登记地国法律没有相反规定。①

实践中,为避免不必要的麻烦,最好请对方提供相应签约授权文件。另外,如果外国公司董事长没有对外签订合同权利,董事长授权公司人员对外签订合同时,还需要董事会对董事长授权,也就是说,对方需要提供两份授权文件才能构成完整的授权手续。

5. 电子印章

当前,有不少企业使用电子印章。电子印章适用《电子签名法》。关于电子印章的效力,在第七章有具体说明,此处不再赘述。

实践中,为了避免产生合同纠纷对方不承认电子印章或主张合同未生效时,

---

① 《涉外商事海事案件座谈会纪要》第 28 条【境外公司意思表示的认定】在中华人民共和国领域外登记设立的公司的董事代表公司在合同书、信件、数据电文等载体上签字订立合同的行为,可以视为该公司作出的意思表示,未加盖该公司的印章不影响代表行为的效力,但当事人另有约定或者登记地国法律另有规定的除外。公司章程或者公司权力机构对董事代表权的限制,不得对抗善意相对人,但登记地国法律另有规定的除外。

为举证证明合同电子印章符合《电子签名法》所规定的可靠电子签名带来麻烦,最好在合同中明确约定使用电子印章,并进一步明确使用电子印章具有法律效力。

六、合同审批与登记备案

有的合同需要按照审批或登记备案生效,这部分内容在第七章已详细述及,这里不再重复。

这里所述的合同登记备案主要是管理登记备案。包括三个层面:

一是法律规定登记备案。这主要从国家和政府管理层面考虑。例如,《对外贸易法》和《技术进出口管理条例》规定,属于自由进出口的技术合同需要到国家对外贸易主管部门备案登记;[①]又如,属于依法必须招标的城镇房屋建筑和市政基础设施建设工程施工合同,需要在工程所在地县级以上地方人民政府建设行政主管部门备案等。

二是依法登记备案维护合同当事人权益需要。如房屋租赁合同、融资租赁合同等,其中,融资租赁合同通过登记对抗善意第三人。

三是合同当事人内部管理要求。例如按照《政府采购法》第47条和《政府采购法实施条例》第67条第8项规定,政府采购项目合同自签订之日起7个工作日内,采购人应当将合同副本报同级政府财政部门和有关部门备案;企业当事人,特别是多层级企业以及企业集团,从合同管控角度要求下级或下属企业签订的合同到企业总部或集团总部备案。

实践中,在合同签约阶段要检查合同是否属于上述三类有登记备案要求的合同,若属于,应组织好签约后及时开展登记备案工作。

七、合同文件分发

完成合同签约后,应及时进行合同文件分发,以便做好履约准备和履约工作。至于合同文件分发到哪些部门或人员,根据各单位情况而定,一般应向合同履行部门提供完整合同文件,单位财务部门、合同归口管理部门等也应有相应合同文件,另外,还应有一套包括签约前如招投标文件、谈判文件以及完整合同文件在内的文档移交档案,实践中,有的单位要求合同签订后及时存档,有的则要求合同履

---

① 参见《对外贸易法》第14条第3款;《技术进出口管理条例》第35条、第37条。

行完存档,具体按各自单位内部管理要求执行即可。

注意,如果合同有严格保密约定,包括对合同文件内容保密,如商业合作信息、技术信息等,最好在合同文件上加印"保密"字样,在合同文件分发时应特别向接收部门提示保密要求。

实务中,分发合同文件时最好办理相应交接手续,以备不时查证所需。

PART 03

第三部分

合同履行阶段

第二十二章 合同履约前期管理

有些合同订立后立即付诸实施,但对于一些合同特别是重大合同、重要合同,为保障合同得到顺利实施,在正式实施前需要开展一些履约前期工作,诸如合同生效、登记备案、合同交底、履约准备等,有的是法定的,有的是约定的,也有的是当事人基于合作精神与善意履约所实施的。本章列举部分事项,以展现合同履行前期管理的重要性和意义。

一、合同交底

合同交底一般指合同履行前,由负责合同谈判签约的部门或人员(统称谈判人员)向合同履行部门或人员(统称履约人员)就合同主要内容和注意事项进行解释和交代。合同交底的目的是使履约人员快速系统了解和掌握合同主要内容和要求,以便顺利履行合同。

合同交底是合同执行管理的一个重要环节,是顺利开启合同履约阶段的重要保障。实践中,这个环节容易被忽视,一般认为合同文件写得清清楚楚,履约人员按照合同约定履行就可以了。其实不然,有些合同内容复杂,涉及方方面面,有些合同有很强的专业性,合同履约人员短时间内不太容易系统掌握合同内容,因此,对于这些合同进行交底就显得更为必要。

当然,因合同交易业务、合同内容繁简程度不同以及合同履约人员参与合同谈判程度不同,合同交底内容和方式也不尽相同。对于简单合同,如标准设备买卖合同,合同交底相对简单一些,但对于像大型合资合作、建设工程、股权并购、技术开发、投融资等,合同交底就需要系统细致一些,最好以合同交底会议形式组织交底。

通常认为合同交底只是对己方履约人员进行交底。本书认为,为促进合同顺利履行,既要对己方履约人员进行合同交底,在必要时也向对方进行合同交底,当然,两者交底内容不同,各有侧重。

1. 己方合同交底

合同订立后,应尽快开展合同交底,以便履约人员掌握合同内容和要求,开展好履约前准备事项和履约工作。谈判人员要把合同系统结构、合同标的、双方主要权利义务、特别要求、合同履行前重要事项等向履约人员进行交底,突出重点、点面结合。

合同交底一般包括:合同生效及备案登记,多数合同为签订生效且无法定备案登记要求,但有的合同需经过法定登记备案或上级管理备案;履约前要件,如履约通知、提交履约担保、设立专用银行账户、事前审批等;主体资格再核实,特别是法定专业资质和许可等;合同交易主要内容,包括合同标的物交付的数量和质量标准,特别是有特殊要求的质量指标、验收要求等,合同履约期限和关键节点或里程碑,交付关键手续,支付节点与相应支付条件和支持文件等;履约过程中双方应履行的重要手续,特别是那些非实物交付的交接标准与手续等;与合同相关的特别要求,如保密义务、保密措施,特别注意事项,如哪些情形将构成合同变更或不构成合同变更,哪些行为将构成或被视为构成合同组成部分;等等。

合同交底最好采用双向互动,合同订立后及时将合同文件分发给履约人员,履约人员事先研读合同文件,注意不清楚或不理解的地方,提前反馈给谈判人员,以便开展合同交底时更有针对性。

2. 对方合同交底

为了使合同得到顺利履行,对于有的合同,一方有必要向另一方进行交底,让对方对合同要求有更进一步认识和理解。对于内容复杂的合同,如技术开发、建设工程、复杂设备或成套设备采购等,合同交易内容涉及多方面,要求也多,短时间内难以系统理解掌握;对买方要求不宜描述清楚或要求文件过多的合同;买方认为合同交付物对买方至关重要的合同;以及卖方履约需要买方提供重要输入条件、支持配合的合同等,有必要向对方进行合同交底。

实践中,有的人会认为,合同双方是平等主体,交易内容和要求已写在合同文件中,按照约定履行合同是对方的责任,如果履行不好将承担违约责任,因此,没有必要向对方交底合同。本书认为,就合同交易而言,一旦合同订立生效,双方在这个合同交易上就是利益共同体,而不是对手。某些情况下,如果一方履约失败,虽然要承担违约责任,但相对方的损失可能更大。举一个简单的例子,家庭房屋装修,如果装修质量不满足合同要求,装修施工人的损失最多就是不收或少收装修工程费,但业主的损失在有形方面是房屋装修质量不合格,更主要的损失是无形方面——总是感到"闹心",这不是扣减部分装修工程款所能弥补的。实践中,对合同买方而言,合同违约金或其他违约救济措施多数情况下不能弥补违约带来的损失。例如委托技术开发合同,委托方向研发方提供技术资料、要求、经费和报酬等,如委托方没有向研发方就技术资料、研发要求进行交底,导致研发方未能在约定时间(如一年)成功实现研发成果,除研发方承担违约责任外,委托方花费了研发费用,更主要的是一年时间过去了,没有得到想要的技术成果,影响产品转型换代,进而影响产品的市场竞争力,这些损失远远大于研发方所承担的违约责任。

因此,本书建议,一方向另一方进行合同交底有助于促进合同顺利履行,保障合同双方各自实现合同目的。向对方进行合同交底,主要是针对本方在合同中的重要管理要求、专业要求以及关键技术说明等,既可以专业对专业交底,如支付条件交底、关键技术交底等,也可以有各相关人员都参加的交底,实务中根据合同情况而定。

需要注意:合同交底要把握好度,合同交底不是合同解释,更不能在交底过程中改变合同本义。

二、合同履约前期事务

为保证合同得到顺利履行,当事人各方还要做好合同履行前的各项前期事务。履约前期事务主要是通过检查合同约定、相关法律规定以及当事人管理规定列出的相应事项,并按照合同约定或法律规定逐项落实。

因合同内容不同,履约前需要落实的事项也不尽相同,落实履约前期事项的主体也不尽相同。实践中,可根据各个合同情况而定。常见合同履约前期事务主要包括以下几个方面。

(一)合同生效与登记报备

1. 合同生效

合同生效是履约的前提和基础。绝大多数合同约定合同成立时生效,除此之外,关于合同生效还有法律规定的审查许可、登记备案等条件,也有合同当事人约定内部审批生效以及约定附条件或附期限生效等情形。

(1)法定审查登记生效。对于法律规定需要经政府主管部门或机构审查许可、登记备案生效的合同,应按照法律规定办理合同生效手续。例如,在某业务领域重大合资合作、股权并购等的反垄断审查,限制进出口的技术、货物合同审批许可等。完成法定手续后,应知会对方。

(2)附条件或附期限生效。合同管理人员要跟踪所附合同生效条件成就情况和附期限生效的期限届至情况,按照《民法典》规定,附生效条件的民事法律行为,自条件成就时生效;附生效期限的民事法律行为,自期限届至时生效。[①] 有的合同约定的生效条件需要一方或双方当事人按照约定实施,如"本合同经双方决策机构批准生效",那么,合同双方都要组织各自决策机构批准合同,并知会对方。

(3)通知生效。合同实践中,存在当事人订立合同暂不生效情况,并约定由一方当事人通知生效。之所以存在通知生效合同,主要是一方当事人订立合同的前置条件未成就或需要履行内部审批手续等,这种情况下,负责发出生效通知一方的合同管理部门要跟踪检查合同生效条件,并及时向对方发出合同生效通知。

注意:对于重大合同的生效通知,合同管理部门最好履行内部审批手续。

2. 合同登记报备

这里所指合同登记报备与前面提到的为合同生效登记备案不同,前者是为合同生效,后者是为满足管理要求和后续履行。例如,《技术进出口管理条例》规定,属于自由进口的技术,实行合同登记管理,合同自依法成立时生效,不以登记为合同生效的条件,但需要向国务院外经贸主管部门办理登记,获得技术进口合同登记证,凭合同登记证,方可办理外汇、银行、税务、海关等相关手续。[②] 若没有及时办理登记备案的,将影响办理购汇及外汇支付、海关通关等。

另外,有的大型企业或企业集团,要求本系统内子分公司的合同或某些类型合同需要向总部报备。有的企业集团或企业通过信息化系统报备合同,若没有报备将影响合同履约,如无法履行合同付款等;有的要求合同报备则纯属出于合同管控要求。不管哪种情形,合同管理部门都要按照上级管理要求及时办理合同报

[①] 参见《民法典》第158条、第160条。
[②] 参见《技术进出口管理条例》第17条、第18条、第19条、第20条。

备手续。

(二)主体资格条件

有些合同主体需要法定资质、行政许可等,如融资租赁合同的出租方,建设工程设计合同的设计方等,违反法定资格或资质要求,不但导致合同无效,还将受到法律制裁。

实务中,有的合同当事人在合同缔结前期阶段拥有相应的法定资格条件,但因为招投标或谈判时间较长,或当事人自身原因造成相应资质失效或降级等情况,因此,有必要在合同履行前再次检查其资质或行政许可,以确保合同主体资格有效性。

(三)组建履约团队

有的合同履行由当事人单位某个具体业务部门负责,也有些合同约定需要组建履约团队,如较复杂的合资企业设立、技术开发、技术服务、专业咨询服务、工程设计、工程建设、项目管理等合同,一般都约定一方或双方各自组建履约团队,专门负责实施合同履行。实务中,合同项下业务规模大小以及复杂程度不同,履约团队的成员多少和构成也不同,具体根据合同情况而定。

另外,为了保证合同得到顺利执行,有的合同约定一方履约团队成员需要经对方认可,通常像专业咨询服务合同、技术合同、建设工程承包合同、管理服务合同等的采购方要求对方履约团队成员须经采购方审查或面试同意。这些工作都要在履约前组织完成,以便履约团队及时就位,并开展合同履约工作。

需要注意:实务中,通过招投标、询价等竞争方式形成的合同,特别是关注履约团队的合同,如咨询、管理、技术、服务等合同,报价方为提高竞争力,在投标报价时会派出最强团队,但实际履约的可能是另外人员,或报价时履约团队人员只是挂名,这种做法对双方都不好。

(四)履约担保

有的合同约定一方向另一方提供履约担保,如货物买卖、建设工程等类型合同,约定卖方或承包方提交银行履约保函。企业向银行申请保函特别是担保额度大的银行保函,需要相应手续和审核时间,包括申请方内部手续和银行系统审核手续等;有的合同还将银行保函作为付款条件,更需尽快组织保函申请工作,避免影响后续履约。

(五)履约计划与批准

为保障合同得到实际有效履行,一些交易业务规模大、履行周期长的合同,如大型机械设备买卖合同、建设工程承包合同、成套工艺技术开发合同、周期较长的管理服务合同等,一般约定交付方按照合同约定的关键进度控制点编制详细履约计划,并经对方认可后实施。

对于履约计划编制方来说,本着诚信原则和合同严守精神,按照合同约定的控制点编制详细履约计划,包括人员配备、资金准备、其他履约资源调配等,如需要对方输入条件或履约配合条件的,一并具体列出,以保证履约计划得到有效实施。

对于计划审批方来说,从计划的可行性、资源保障等角度仔细审查,如认为有不足或问题,应及时指出,并让对方补充完善,以保证履约计划具有可实施性。

(六)开设银行专门账户

一般双务合同的价款收支通过当事人各自银行账户实现,银行账户由当事人各自使用和管理。但实务中,因法律规定或合同约定,有的合同履约中资金收支以及设置专项资金等需要设立银行专门账户,包括专用账户、共管账户、临时账户等。

有的合同行为必须按照法律要求设立银行专门账户,如法律为保障建设工程领域农民工工资,要求施工总承包单位在建设项目所在地银行开设专项用于支付农民工工资的专用存款账户,并且,施工总承包单位必须在工程施工合同签订之日起30日内开立专用账户,专用账户开立后的30日内报项目所在地专用账户监管部门备案。[①] 由于这类账户设立还需要合同各方主体和银行签订多方协议以及申请、设立等各项手续,需要相应时间,因此,这类银行专用账户需要在合同订立后尽快办理,一方面以符合法律要求和政府主管部门监管,另一方面以满足合同

---

① 参见《保障农民工工资支付条例》第26条,《工程建设领域农民工工资专用账户管理暂行办法》第5条。

履约需要,如及时接收工程款中人工费并按时发放农民工工资,保证工程建设顺利实施。

除法律要求设立银行专用账户外,实务中,有的合同约定设立银行专门账户,如共同投资项目,在项目公司设立前由设立各方共管银行账户,以保障项目前期和建设所需资金收支;股权并购交易中,在完成股权交割等手续前,收购方将对价支付到临时共管账户;履行周期长、金额大的合作开发技术等合作合同、建设工程承包合同等,约定设立银行专门账户,用于专款专用和资金使用监督。对于合同约定的银行专门账户,特别是共管账户,一方面,合同双方需要制订具体可行的银行账户共管协议,实践中,共管协议是否具体可行还应征询开户行意见;另一方面,为银行账户和共管账户的具体实施落实条件,如确定管理人、刻制管理人印鉴等。为不影响合同履行,上述工作都需要尽快完成。

(七)关联合同履约

多数合同及其履行是相对独立的,当事人按照本合同约定履约即可,但实务中,也有不少合同的履约与相关合同履行有一定关系,甚至存在相互制约关系。因此,在合同履行前需要再次检查,并理出关联合同与本合同履行的逻辑关系,以促使本合同和关联合同得以顺利执行。

实践中,关联合同通常包括以下情形:

1. 本合同当事人之间另案合同履行关联本合同履约。例如,甲、乙双方分别订立公用工程供应合同和原料供应合同,其中,甲方在公用工程供应合同中向乙方工厂供应水、电、气等公用工程,乙方在原料供应合同中向甲方工厂供应生产原料,甲方公用工程是乙方工厂运转生产的条件,乙方产品作为甲方工厂原材料,两者相互关联和制约。因此,需要安排好两个关联合同的履行关系。

2. 本方与第三方合同履行关联本合同履约。这种情况比较常见,例如,建设单位与设计院订立工程设计合同、与勘察单位订立工程勘察合同,其中,设计院履行工程设计合同设计义务时,需要工程现场地质勘察资料输入,因此,工程设计合同订立后,建设单位要落实勘察合同履约情况并提供勘察报告资料等。

3. 对方当事人与第三方合同履行关联本合同履约。这类情形与上面情形类似。例如,设备融资租赁合同,出租方需要检查落实设备买卖合同履行,以保证融资租赁合同履约。

实务中还存在其他一些关联情形,此处不再一一列举。总之,在合同履行前期,对可能涉及的关联合同,要及时检查两者之间履约逻辑关系,以促使和保障合同得到顺利履行。

三、合同履约再确认

合同履约再确认,是指一方当事人在正式履行合同主要义务前向对方再次求证履约或向对方指示履约。

法律要求当事人忠实履行合同义务,一旦合同成立生效,当事人应当按照合同约定履行各自义务。但抛开法律规范,合同一旦成立,合同各方在交易业务上成为利益共同体,需要有相应合作精神。因此,对于一些重大合同、关键交易合同,如一旦启动合同主要义务将发生高额费用或引起多方面联动事件发生,为进一步检验各方对合同交易决议以及进一步检查各方对履行合同的准备情况,避免因订立合同基础条件变化等客观因素和当事人或其上级单位主观意志变化等主观因素导致一方当事人不希望合同交易业务发生,而另一方当事人自行履约,因而造成不必要的损失。虽然从法律和合同角度讲,这些损失可能全部或部分可从违约方处得到补偿,但从社会视角看,客观上造成社会资源、财富的损失或浪费。因此,对某些合同而言,履约再确认是十分必要的,也体现当事人合作精神和善意履约精神。

实践中,有的合同约定履约再确认,有的合同虽然没有约定履约再确认,但基于当事人合作精神和善意履约精神,也应当履行履约再确认。履约再确认通常可以以履约通知、开工会等方式进行。

1. 履约通知

合同实务中,有的合同直接约定了开始履约时间或条件,但也有一些合同约定实质履约需要对方通知,如买卖合同,一般由买方向卖方下达备料或排产通知;建设工程施工承包合同,建设单位向承包商发出进场通知或开工令;委托技术开发合同,委托方通知研发方启动研发工作等。这种履约通知,表面上看是一方通知另一方履约,本质上是双方对是否履约以及何时启动履约的再确认。

2. 开工会

开工会(kick‐off meeting)是大型合同履约再确认的一种重要形式,由合同双方代表、履约团队以及相关方代表参加。实践中,合同履约开工会叫法多样,开工会的内容也不尽相同,一般包括对合同标的范围、特别要求、质量标准等再确认,对各方为履约的输入条件落实情况再确认,对履约方案和计划再确认,对双方在履约过程中的主要程序再确认等。

开工会确认的事项用纪要或备忘录等书面文件确定。需要注意,开工会纪要或备忘录具有一定的合同再定义功能,因此,不要改变合同原则内容。

3. 开工式

实务中,有些重要合同或重大合同正式实质履约时举办开工式,合同各方参与,通过行为或其他方式确认开始履约。

四、合同履约客观条件

除上述各项外,一些客观条件是履约基础和前提,包括外界条件、现场条件、合作或协助事项等,在履约前甚至在合同订立前需要落实好,以免影响履约实施。有些条件是法定的,如建设工程施工合同需要政府主管部门的施工许可;有些条件是履约基础条件,如买方向卖方提供制造设备的技术参数等输入条件;有些客观条件影响履约开展,如疫情防控措施等。

合同履行前,各方对照合同交易业务列出制约或影响实质履约启动的条件清单,并逐项落实,需要对方提供条件的,要提前提示对方;外界条件如市场行情变化影响履约的,寻求替代方案,以保障履约正常开启;等等。

第二十三章 合同再定义

合同再定义在合同实务中十分常见,对合同活动和合同管理也起到重要作用。实践中,合同再定义易被忽略,相应功能没有被充分发挥出来。本章引入合同再定义概念,并分述相关内容。

一、合同再定义概述

从法律角度讲,对合同内容的描述一般称为约定,但跳出法律专业角度看,合同所约定的各项内容特别是合同交易业务以及当事人主要权利义务等内容,通常是一种界定或定义,因此,合同内容约定也可理解为对合同内容的定义。本书所称合同再定义,也称为合同后定义[1],是指合同订立后在不改变合同原意情况下对合同部分内容再行充实、延伸、细化的活动。

合同再定义是对合同原有内容的充实、延伸、细化,而不是改变合同内容。合同再定义不改变合同约定的权利和义务内容,而是通过再定义使合同原先约定的权利义务更加清晰和更具可操作性,这是合同再定义的本质所在。

合同理论和合同管理制度一般要求合同文件要规范、系统、详尽、具体、完善,但实务操作中很多情况下难以实现这种要求。造成这种情况的因素是多方面的,如合同谈判签约阶段某些条件尚未成就,待这些条件成就,需要等候很长时间,影响合同业务交易,例如,在建工程转让,工程技术性能指标需要等到工程建成投产

---

[1] 参见夏志宏:《法律顾问实务指引——走出企业法律顾问工作困局》,法律出版社2015年版,第179页。

后才能测试;有些条件在合同签约阶段尚未发生,例如,公司股权并购业务中标的公司资产评估值是基于约定"基准日"的评估值,而从"基准日"到实际完成股权转让交割有比较长时间,这段时间标的公司的资产会随着经营而发生变化,这需要约定股权交易完成后对标的公司股权定价再评估修正;[①]有些条件需要待合同生效或履行到特定阶段才成就,如建设工程承包合同一般要求承包商在订立合同后若干工作日内制订详细的项目进度计划,提交发包方审查批准,并按照批准的进度计划执行,这个经发包方批准的项目进度计划就是承包合同中关于项目进度计划的再定义内容。可见,合同再定义在合同实务中既是必要的,也具有重要实践意义。

二、合同再定义约定

合同缔结阶段基于多种原因需要再定义的,在合同谈判阶段要把再定义事项或内容在合同中进行预留设置,以避免某一方在合同订立后拒绝对该部分事项或内容再定义,或合同内容再定义偏离合同原定原则。

实务中,如需要对合同部分内容再定义,在谈判签约阶段要设定好再定义事项、内容、原则以及再定义细致度,开展再定义的条件、时间和方式,以及再定义表现形式和法律效力等,并纳入合同条文中。

对于合同再定义事项和内容,可视事项和内容复杂程度而决定表现形式,合同明确约定形式的,按照约定形式;合同没有具体约定再定义表现形式,可以采用纪要、备忘录、补充协议或双方均认可的文件形式。不管采用什么形式,合同都需要明确约定再定义内容构成合同组成部分,同时,合同再定义文件也应明确该文件构成合同组成部分。需要注意,即使采用补充协议方式再定义合同内容,也不应变更合同约定内容原意,如不改变合同价款、履约期限以及当事人权益或负担,这是合同再定义与合同变更的本质区别。

三、合同再定义常见情形

若合同部分内容需要再定义的,要及时跟踪了解合同约定的再定义条件成就

[①] 在股权投资并购实践中,如果当事人约定对赌条款,在交易完成后可不需对股权价值修正;另外,国有产权转让,原则上也不允许调整股权价格。

情况,一旦再定义条件发生,要及时组织对约定事项和内容进行再定义,并以特定方式固化下来,构成合同组成部分。

实务中,常见合同再定义情形如下:

1. 合同内容延伸

合同内容延伸主要是指在不改变合同原意和既有权利、义务和责任的原则下,对合同内容进一步深化延伸以满足合同实际履行的条件。合同内容需要深化延伸的因素,通常包括当事人事先确定签约时间,而相关内容在签约前难以深化细化;有的则是合同签约时因客观原因不具备深化细化条件等。无论哪种因素导致合同内容需要进一步深化延伸的,在条件成就时都要及时组织深化延伸,以方便履约和促进履约,避免双方履约产生分歧和纠纷。

例如,甲公司与乙大学联合开发新工艺技术,预计研究开发期间为2—3年,且该技术包含若干子项技术,即工艺技术研发课题包含若干子课题。由于该工艺技术研发采用甲、乙双方组成联合团队实施方式,各子课题研发计划(开题报告)需由联合团队根据总目标编制,而在合作开发技术合同缔约时难以约定每个子课题详细计划。为此,在合作合同中约定了再定义内容:依据本合同成立的联合团队,根据课题研究开发的总体目标并按照附件《课题管理办法》规定,编制各个子课题详细研发计划,包括详细的研究开发内容、目标、进度、费用及使用计划、交付物等内容;详细研发计划经乙方审查同意后,提交甲方审批同意。此后,甲、乙双方以子课题详细计划为基础,以签订子课题专项协议的方式开展各子课题研发工作。

上述合作合同生效后,双方组建联合团队,按照约定编制各个子课题详细计划,甲、乙双方签订的子课题专项协议等内容,都是对合作合同关于各个子课题研发约定内容的再定义。

2. 合同内容再细化

合同内容再细化是在不改变合同约定内容的前提下对合同内容或部分内容具体化、详细化。合同内容再细化是合同再定义最常见情形,通常包括三类情形:

第一类是对标的物再细致定义。对于标的物复杂的合同,如非标准设备或大型成套设备买卖合同对设备功能、范围、材质、主要技术参数有具体约定,但这些约定是"概念"性约定或基本要求,需要供货商在合同订立后按照基本要求对标的设备进行详细设计,经购买方对设计文件进行审查,供货商将按照双方确认一致的设计文件制造设备并供货。

第二类是履约计划再细化。常见履约周期长的合同,如建设工程承包合同一般约定工程总工期、进度关键控制点等一级进度计划,要求承包商按照一级进度计划控制点编制详细的四级、五级进度计划,并报经发包方审核同意后,作为履约依据。

第三类是履约实施方案再细化。常见于以实施行为或活动为主的管理类、服务类等合同,如建设工程监理合同约定监理单位按照合同附件中监理大纲编制监理规划和监理实施细则,报经发包方审批后,作为监理单位实施监理服务依据。

3. 合同内容再确认

合同内容再确认主要针对合同约定待确定事项和再确认事项,在合同订立后一段时间或条件下进行确认。例如,办公场所租赁合同约定预估使用面积,同时约定以双方实际测量面积为准;融资合同约定融资总规模和期间,具体每笔放款额度和时间由借款人提前若干时间书面通知银行,借贷双方在融资合同总体约定下按照借款人书面通知需求确定每次放款时间和额度。

4. 合同内容再补充

合同内容再补充是不改变合同原意情况下对合同内容进行补充,包括两种情形:一种是前面提到的合同内容延伸;另一种是在合同约定的原则或框架内,在不改变双方权利义务情况下补充和充实相关内容,这类情形通常也是订立合同时条件尚未成就所致,一旦条件成就,应及时充实补充合同内容。

四、合同再定义注意事项

合同再定义只是在合同原约定内容基础上进行充实、延伸、细化,不改变合同原约定权利、义务和责任。因此,实务中,要注意以下事项:

一是按照合同约定及时完成再定义内容,避免影响合同履行,甚至造成合同某些内容履约困难。例如,工厂设施投资运营外包合同,约定设施建成投运考核阶段对公用工程消耗指标进行标定,将经双方及专利商共同确定的消耗指标作为外包设施公用工程消耗额定指标,双方将在后续履约中按照额定指标进行结算。若双方在设施运行考核阶段没有按照约定对公用工程消耗指标进行标定,将造成后续履约中公用工程结算量困扰。

二是把握好合同再定义不同于合同变更的本质区别,避免合同再定义过程中变更合同原约定内容或原则,增加一方权利或增加一方义务或负担;更要避免双方履约人员以合同再定义之名变更合同内容之实。

三是注意区分合同再定义与合同变更,特别是合同再定义和合同变更都采用补充协议的情况下,两者容易混淆。为明显区分,建议在补充协议中特别注明,例如,"根据合同第×条约定,为了进一步细化合同约定某某内容,签订补充协议,本补充协议不构成对合同内容的变更"。

四是注意一方当事人以合同再定义为名,向另一方索赔或抗辩己方责任。例如,类似前面提到承包商制订的详细进度计划经发包方批准后执行,承包商不应以发包方批准为由抗辩建设工程进度延误等。

第二十四章 合同表面欺骗性

一、合同表面欺骗性综述

(一) 合同表面欺骗性的定义和特征

按照合同严守原则,当事人应当严格按照约定履约,但实务中,时常发生按约履行而又背离合同原意的情形,这主要是有的合同约定存在表面欺骗性,如不重视这个问题,有时会导致合同履行困难,甚至造成权益损失。这里所称合同表面欺骗性,并非指一方当事人通过合同形式欺骗另一方当事人,或者合同双方当事人通过合同形式欺骗第三方,这两种情形都属于真正的欺骗或欺诈。

本章所称合同表面欺骗性,是指当事人依据合同部分文件或部分条款约定内容,直观表面理解所得出的偏离或背离合同本意的认知。换言之,合同所约定内容本无欺骗性,但具有片面性和表观性,需要将该部分内容与合同其他内容或合同本意结合起来才能得出该部分内容的真实意图,如果仅依该部分约定内容执行,将偏离甚至背离合同原本真实意图。例如,合同支付条款约定"合同生效后15日内甲方向乙方支付总价款20%",在排除该付款为定金前提下,如甲方完成付款后,因客观原因双方终止合同,这笔款项是否该退还甲方呢?单从该支付条款约定看是没有答案的,需要结合合同其他部分或合同本意综合判断。

又如,工艺技术许可协议约定,许可方向被许可方许可展示专有技术的使用,并交付许可技术的工艺设计文件包,即工艺包、许可费和设计费分为三次支付:协议生效后支付总费用的20%,交付第一版工艺包后支付总费用的30%,交付最终版工艺包后支付总费用的50%。支付条款约定的每次付款其他条件,包括银行保函、发票、交付签收文件等手续，在此暂且不论。许可方按约完成设计并交付了最终版工艺包，被许可方先后三次支付了合同全部价款，其中工艺包设计费约占总费用15%，技术许可费约占总费用85%。后因各种原因，被许可方停建许可工厂，双方同意终止许可协议。针对已支付的协议费用是否退还问题产生不同意见，许可方认为按照许可协议支付条款约定，双方履行交付和支付义务，许可方不应退还这笔费用；被许可方则要求退还费用，但被许可方内部对应否退还费用也有疑虑，甚至聘请的律师团也认为根据许可协议条款约定无法要回该笔款项。

技术许可的本质是被许可方实施许可技术，这是许可方获得技术许可费的基础和前提，也是许可协议支付条款默示前提。本例中许可工厂不建了，这个设定的前提就不存在了。虽然工艺包已经包含了许可技术，但被许可方没有且将来不使用该许可技术，因此，无论是从合同本来目的还是相关法律规定看，技术许可费应当退还被许可方；但许可方编制的工艺包是需要付出实际劳动的，工艺包是劳动服务成果，且服务成果也交付给了被许可方，这部分服务费应支付给许可方。

造成许可协议表面欺骗性的主要原因是协议支付条款基于许可工厂建设运营的假设前提，但当事人没有认识到支付许可费的默示前提，在许可协议中没有就如果被许可方停建许可工厂应如何处理许可费用问题作出约定。

合同表面欺骗性一般具有如下特征：

一是合同及其内容是合法有效的，并不带有欺诈性质或以合法形式掩盖非法目的的欺骗性。否则，按合同欺诈或以合法形式掩盖非法目的的欺骗处置。

二是所援引合同中的部分内容具有表观片面性，如果按照合同约定内容直观履约，将偏离甚至背离合同本意。例如，上述技术许可协议支付条款。

三是带有表面欺骗性的合同内容再辅以该合同其他内容的佐证或依据适用法律的解释能够还原其真实意图。例如，买卖合同支付条款约定"货到现场支付货款95%"，那么，交付到现场的货物有质量缺陷是否仍按约支付95%货款呢？这需要结合合同关于标的物质量缺陷处理的约定，合同对此没有约定，可以适用法律规定。依《民法典》规定，出卖人应当交付合格货物，这是货到现场付款的本意。如货物不合格，应按照修、换、退处理，或者折价处理。

(二) 常见合同表面欺骗性

1.支付条款。合同支付条款表面欺骗性常见的有两类，一是支付促进类，主要是合同价款支付条款没有或没有充分与关联条件相连接,如"货到现场支付货款95%",没有与货到现场验收情况连接,从支付条款表面来看,似乎是只要货物交付到现场,买方就应当支付95%货款。这类情形在各类合同实务中比较常见,实践中需要关注。二是支付阻碍类,常见于价款分期支付合同。例如,货物买卖合同约定货款分四次支付,分别为预付款20%、发货前支付60%、货到安装调试合格支付15%、质保金5%,同时,约定出卖人提供总额10%的银行履约保函作为支付预付款和发货款的一个条件,并进一步约定,如出卖人不按时提交银行保函,买受人有权拒绝支付。因前三笔付款间隔时间不长,出卖人意愿待设备交付安装调试合格后一次申请支付前三笔款。买受人则认为按照支付条款约定,出卖人没有提交银行保函,不能支付。

这两类都是合同约定的表观意思,真实意思需要从合同整体理解。在后面例子中,合同约定出卖人提供银行保函的目的是保证按约交付设备,现在设备已经交付并安装调试验收合格,进入质量保证期间,出卖人已履行合同主体义务,即使出卖人提交银行保函,此时也因完成交付履约而应当被释放,因此,前三笔款应予支付。实务中,合同支付条款表面欺骗性情形较多。

2. 标的物标准。常见合同对标的物质量标准没有明确约定或约定不全面,尤其是合同明确约定标的物质量标准相关指标但指标不全面情形,容易被解读为没有约定的标准不属于合同要求标准。例如,合同仅对锻件清洗机约定各项技术指标,没有约定锻件损伤率。机器交付安装调试均满足约定的各项技术指标,但运转中锻件损伤率很高。卖方认为合同没有约定损伤率,该指标不属于机器验收指标;买方也觉得合同没有约定该指标而无法认定机械质量不符合,但又难以接受高损伤率。

合同应尽量详细约定标的物质量标准,但多数合同难以做到这点。在合同没有约定或约定不清的情况下,应依次按国家强制性标准、国家推荐性标准、行业标准来判断;在前述标准都没有的情况下,按同类物品标准判断;如没有同类物品标准,按标的物基本功能标准判断。前述列举的案例中,锻件清洗机功能是清除锻件表层氧化物,在运行过程中难免造成锻件磕碰损伤,但应有合理损伤率,超过合理损伤率即可认为该设备工艺性能质量不合格。

3. 指示意见。常见合同约定接收方对交付方履约过程或过程中间成果进行审查、检查并给出具体意见。实务中,通常把接收方称为"甲方",交付方称为"乙方",并认为乙方应接受甲方审查意见,例如,建设单位审查设计院承担的工程设计文件,委托单位审查审计机构完成的审计报告等。一般认为,既然按照接收方审查意见或指示意见执行,如交付物发生诸如质量问题,交付方应予免责。本书认为,接收方对交付方履约过程或过程成果进行审查,主要是检查交付方是否按照合同约定履约以及履约成果是否满足合同要求,不应超越本业务领域法律规定和业务准则,交付方应当基于本领域的专业与经验谨慎判断,并拒绝接受对方违背法律、标准规范等强制性规定或职业准则的审查意见或指示意见,否则,作为专业机构,仍应承担相应责任。例如,建设单位为降低工程造价,要求设计单位降低规范强制标准,作为独立第三方的审计机构、资产评估机构、律师事务所等接受委托方授意背离本行业工作准则出具专业报告等,都不免除设计单位、第三方专业机构应承担的责任,包括合同责任和法律责任。

4. 交付验收。常见合同对交付物验收方式约定不明确,或者交付物需要分阶段验收的,合同没有明确约定各个验收阶段,导致当事人把交付物交接表面验收理解为交付物实质验收。例如,设备到场开箱验收,主要检验设备数量、外观质量,交接双方经办人员经清点和表观验收签字确认"符合要求",因而被误解为设备通过验收;设计单位向委托单位交付工程设计文件,接收人员对设计文件篇章和图纸进行形式审查后,签字接收等。这些情况都不属于交付物质量验收或实质性验收。

除上述列举情形外,各类合同表面欺骗性还有其他表现形式,合同实践中,应多予留意。

二、避免合同表面欺骗性

为避免合同表面欺骗性,首先,在合同缔结阶段尽量准确细化合同约定,从源头上减少或避免引起表面欺骗性的机会;其次,在履约阶段尽可能从合同整体出发,避免就事论事。

(一)细化合同约定

造成合同表面欺骗性的主要原因在于合同约定不够明确、明晰,或者合同各部分之间没有相互联系起来,导致对合同内容理解出现断章取义情形。因此,应在合同缔结阶段尽可能细化合同文件和文件内容。首先,细化合同各主要内容,如合同交易关系、标的物、价款与支付条件、履约要求、交付等,明确标的使用和适用标准,交接手续与验收办法,双方主要权利与义务,违约救济措施与违约责任等。其次,合同约定描述力求准确,要保持合同主要内容描述所使用术语和词句等准确性,尤其要保持合同中容易产生歧义的重要内容的准确性。最后,把具有关联关系的合同内容联系起来,避免"就事论事"。例如,合同支付条款约定"货到现场支付货款95%",但本质上,"货到现场支付货款"是有相应条件的,包括货物质量、验收、交货进度、发票或收据等,支付条款需要与这些约定关联起来,假设其条款序号分别为第13条、第15条、第12条、第7条,支付条款可相应调整为"在遵守本合同第7条、第12条、第13条、第15条约定前提下,货到现场支付货款95%"。

(二)按合同整体履约

合同表面欺骗性源于合同文件,但通过履约表现出来。实务中,有的单位内部机构职责分工细致,如有的单位合同归口管理部门负责合同付款、业务部门负责标的物交付管理、质量部门负责标的物质量管理,在这种情况下,如果合同内容约定粗放,不同内容相互之间没有关联,就容易让合同表面欺骗性"得逞"。在上述技术许可协议案例中,只要收到许可协议支付条款约定的付款支持文件,合同管理部门即向财务部门申请合同付款,财务部门对付款文件形式进行查验符合后即予支付。一路下来,每个环节看似都没有过错,但结果偏离了技术许可基本原则。

因此,在合同履行中,不能孤立地从合同部分条款断章取义或就事论事,涉及重要权利义务的,要系统查看合同关联部分约定内容;关联部分没有约定或约定不清楚的,要根据合同真实意图以及相关法律规定和行业惯例综合判断。另外,在履约过程中,涉及多个部门的,遇到疑惑时,应相互求证,避免各管一段,合同缔结部门或合同管理部门加强指导。

三、合同表面欺骗性处置

造成合同表面欺骗性的原因主要是合同文件在内容安排和内容约定上存有欠缺,以及当事人对合同相关约定内容认识和理解存有欠缺。例如,在前面列举的工艺技术许可协议案例中,一方面,协议没有约定如果许可工厂停建如何处置技术许可使用费；另一方面，当事人或至少一方当事人误解技术许可本意。实务中，遇有合同表面欺骗性的，应基于诚实信用和公平原则处置。

（一）遵循诚实信用原则

实践中，发生合同表面欺骗性的案例中，至少有一方当事人基于合同约定的表观性在主观认识上偏离合同本意，有的案例存在一方当事人认为按照合同表现意思对己方有利，因而"将错就错"顺着对方遭受表面欺骗的认识履行合同，甚至"引导"认识和解读合同表现意思，这种情形就不属于合同表面欺骗性问题。如后果严重，可按民事欺诈对待。

本书认为，当事人应基于诚实信用基本原则，一方面，如果双方都被合同表面欺骗，当事人应从合同整体理解双方缔约时合同本意；另一方面，如果有一方并未遭受合同表面欺骗，该方应当提示对方，使双方回归合同本意，必要时可按合同原意签订补充协议，完善合同内容，以方便执行合同。不可有意利用合同缺陷，甚至有意钻合同漏洞。

（二）遵循公平合理原则

遇有合同表面欺骗时，当事人除基于诚实信用原则对待合同约定外，还应基于公平合理的原则处理履约问题。例如前面列举的工艺技术许可协议案，从技术许可方角度看，被许可方未使用许可技术，技术许可方应当退还技术许可费；从被许可方角度看，虽然没有使用许可技术，但许可方按约履行工艺包设计，付出实际工作，且许可工厂停建不是许可方责任，因此，被许可方应支付工艺包设计服务费。

总之，遇到合同表面欺骗时，当事人尽可能回归合同本意，如有困难，双方按照法律规定或法律原则以及交易习惯或该领域惯例，公平合理地处理约定事项。

第二十五章 合同履约过程管理

良好的履约过程,是合同目标实现的重要保障。因此,加强合同履约过程管理具有十分重要的意义。

一、履约过程管理概述

所有合同履行都有相应过程管理,如同质量管理强调的"PDCA"循环。P(plan)指代计划,包括质量方针、目标以及活动规划,在合同管理中相当于合同约定;D(do)指代执行,根据方法、方案和计划布局具体实施,在合同管理中相当于履行合同;C(check)指代检查,在合同管理中相当于履约过程管理;A(act)指代处理,在合同管理中相当于合同履约结果处理以及改进今后合同管理工作。

由于对合同活动认知所形塑的合同管理理念,在实务中,合同管理更多强调合同风险甚至压缩到法律与合规风险管控上,这从有些合同文件和合同管理制度中可以体现出来。当前,国内大多数合同主要内容包括三部分,即交易内容、交付与支付、违约责任,强调的是结果与责任,这是当前普遍对合同认知和合同管理理念所然。综合合同实践和国际商事合同可见,好的合同文件主体内容一般包括四部分,即交易内容、措施与救济、交付与支付、违约责任,强调用过程保结果。

本书认为,合同活动和其他活动一样,良好的履约过程是顺利实现合同目标的重要保障。因此,加强合同履行过程管理对促进顺利履约、减少纠纷和损失具有重要意义。

进行合同履约过程管理,首先在合同缔约阶段要做好相应约定,并在内部合同管理制度中设置相应管理要求,以便开展履约过程管理有相应依据。当然,即使没有相应合同约定或制度管理要求,仍应加强履约过程管理。

合同履约过程管理包括两个层面:第一个层面是合同执行人员对合同履行过程管理,也是当前合同管理的普遍做法。但实务中,合同执行人员一般只有依据合同约定进行履约过程管理的权利,没有对合同约定内容变通的权利。

第二个层面是合同管理层对合同履约过程管理,目前普遍做法是单位法律部门或合同归口管理部门代表单位实施合同履约过程管理,他们关注合同履行中是否发生违约、法律纠纷以及遭受损失进行追责,对合同履行中客观条件改变或合同约定不尽适宜等因素引起履约障碍或困难主动关注和关心相对较少。这是合同管理需要改进和提升的地方。合同履约过程管理既要关注可能的违约和法律纠纷,更要关注履约过程中遇到的障碍和困难,并帮助合同执行人员消除履约障碍和困难,从而促使合同顺利履行,否则障碍和困难越积越严重,直至造成严重违约和合同纠纷。例如,近年太阳能光伏发电新能源项目发展迅速,太阳能光伏发电项目建设周期短,光伏组件到货情况直接影响项目建设进展。光伏组件买卖合同约定先付款后交货,并约定买方收到卖方提交的发票等付款申请文件后45个工作日内支付货款,这种付款设置将严重制约光伏发电项目建设进度。从促进履约角度讲,买方合同管理层应协调消除货款支付障碍,或者协调单位财务部门支付程序,抑或与对方协商修改合同支付条款,缩短付款流程和时间,以保障光伏组件早日到达项目现场。

合同履约过程管理,既要对本方履约过程进行管理,也要对对方履约过程进行管理,尤其在对方是履约交付方情况下,更要加强对其履约过程监管,不能等到最后交付时,对履约结果不满意甚至认为对方违约。本书认为,对有的合同当事人来说,仅靠合同约定的违约责任并不能代替或发挥过程管理功效。例如,刑法规定人们不能触犯刑律,否则将承担刑事责任,但世界上每天都发生着各种刑事案件。相较而言,民事法律体系管辖的商事合同违约后果所应承担的法律责任要比刑事责任宽松得多,合同违约责任条款不能代替履约过程管理。因此,加强对当事人履约过程管理,不断调整和矫正并促使履约沿着约定的轨道行进,以实现当事人各自的合同目标。

二、履约过程管理主要事项

合同履约过程管理应包括履约过程各主要事项管理,诸如对合同文件解释,包括内部合同管理部门向合同执行人员的解释,以及合同当事人对合同某项约定的共同解释等;合同再定义,由合同各方共同完成;履约过程沟通管理,包括当事人一方内部沟通和当事人之间沟通管理;合同变更管理,包括当事人内部管理如变更决策等,以及当事人之间履行变更各项手续并最终落实到有效文件上;合同纠纷管理,如履约偏离预警、合同纠纷解决,以及合同纠纷演变为法律纠纷处理与管理,合同文档管理;等等。这些都是合同履约过程管理的重要内容,有些内容在其他章节专门述及。

除此之外,合同履约过程管理还包括履约条件、履约活动、履约进度、履约质量、价款收支、担保管理等过程管理,从而保障交付按期、按量、保质实现,进而实现合同各方合同目的。本章主要分述这部分内容。

(一)履约条件

履约条件是合同履行的基本条件,包括主观方面条件和客观方面条件。

主观方面条件主要包括当事人对合同交易业务的态度和内部管理制度等,如当事人对某合同的态度以及在此态度下为履约所配备的资源条件,若当事人重视合同交易并对履约持积极态度,那么配备的履约团队更有执行力。实践中容易被忽视的主观方面条件是当事人内部合同管理制度和管理机制,好的合同管理制度和机制能够更好地促进合同履行,而有的企业合同管理制度和机制不同程度影响和妨碍履行合同。因此,无论是从企业经营管理还是从合同管理角度看,要审视合同管理制度和管理机制对履行合同的影响,对带有普遍性消极负面影响的合同管理制度和机制进行适当修正和调整。

本书认为,不管当事人对合同交易态度如何,都应当遵守合同严守原则,积极依约履行合同义务。因此,要加强这方面管理,及时调整合同管理制度和管理机制中带有普遍性的问题,加强履约资源配备,保障合同履约顺利进行。同时,也要重视对对方当事人这方面的跟踪监管,如对方当事人是合同履约交付方,更要关注其履约资源配备,以促使对方按约履行义务。

客观方面条件包括合同当事人应提供的客观条件和履约所需外部客观条件。有些双务合同的履行需要对方当事人提供条件,如建设工程施工合同履行需要发包方提供施工现场条件,设计单位履行工程设计合同需要对方提供设计输入条件,融资租赁合同履行需要承租方尽快选定供应商和租赁设备等,买受方为出卖方交付货物提供存放场所,委托技术开发合同的受托方需要委托方按约支付技术开发经费,受托方依约向委托方提供付款所需发票和相应支持材料等。合同实务中,既要关注对方是否按约提供条件,也要关注本方是否按约向对方提供条件,双方相互配合,及时提示和要求本方或对方按约提供条件,促进履约顺利进行。

外部客观条件主要是影响履行合同的各种外部条件,当外部客观条件发生正向变化时,将有利于履行合同,反之,将给履行合同带来阻碍和困难,特别是履约周期长且对外部条件敏感的交易合同,一旦外部条件发生大的变化,有的造成履约成本大幅增加,有的甚至严重阻碍履约。

外部条件变化通常包括三种情形:一是订立合同时所依据和依赖的客观条件发生变化,例如,订立大宗货物进出口合同时货物出口地时局稳定,一段时间后,出口地港口等部分地区发生骚乱,影响货物装船运输。二是订立合同时所设想的客观条件与实际条件有偏差,例如,双方在订立技术开发合同时,都认为在现有技术基础上,经过一年研究期限能够开发出某项工艺技术,但经过一段时间试验发现,还存在诸多未被认识到的困难,因而,需要两年甚至更长时间试验和研究才可能开发出该工艺技术。在这种情况下,如果仍坚持一年研发期限,其结果是既花费了研发经费又没有开发出目标工艺技术。三是市场行情突发重大变化,例如,一段时期煤炭价格骤增,市场供不应求,导致煤炭供应合同履约困难。虽然原则上市场变化是合同当事人应承担的风险,当事人不应以此为由不按约履行合同,但由于市场行情骤变,客观上造成当事人履约困难。

因此,需要加强客观条件变化对合同履约影响的管理,当外部客观条件变化影响本方履约时,一方面要采取措施规避和降低对履约的负面影响;另一方面要及时与对方沟通协商,如构成情事变更,争取双方对合同做一定变更,如延长履约期限、调整合同价款或支付条件等。当外部客观条件变化影响对方履约时,一方面,促使对方采取其他措施以保障本履约正常进行;另一方面,客观评估本合同遭受客观条件变化影响程度以及因此对本方合同目标的影响程度,如客观条件确实对对方履约影响程度大,按约履行合同将给对方带来重大经济损失,或根本无法按约定期限履约,除法定情事变更外,基于公平原则,可与对方协商适当调整履约期限或履行方式等,以使对方有能力按约定质量标准完成履约。

(二)履约活动

绝大多数合同中都有交付义务,履行交付义务需要相应履约活动。

实务中,有些合同履约活动相对简单,如出卖人向买受人交付通用物品,出租方向承租方交付租赁房屋,赠与人向受赠人交付赠与财产等,交付物要么是既定的,要么是通用种类物,履约活动和履约过程相对简单一些。但大多数合同的交付义务需要一定期间持续履约活动保障实现,如非标准设备或特殊材料的买卖合同,出卖人在交付标的物前需要一定期间制造活动,有的设备制造周期需要几个月、十几个月甚至几十个月,并且制造过程不同于标准设备制造过程,而制造活动将直接决定设备质量能否满足合同要求;建设工程施工承包人通过若干时间如几个月、十几个月甚至几十个月持续不断的施工安装作业活动,将工程从图纸建设成为楼房、公路、工厂、港口码头、机场等实体工程;类似还有诸如加工承揽、工程勘探等都是通过持续复杂的履约活动来保障合同交付物的实现。另外,诸如技术开发、技术咨询、技术服务、物业服务以及管理服务等合同,交付物不一定是物理实体物,如解决技术问题,有的合同交付本身就是一种活动,如物业服务等。

因此,合同履约过程管理,需要加强对当事人履约活动及活动过程管理,以引导、保障履约活动按照实现合同目的和目标轨道进行。履约活动管理包括对己方履约活动管理也包括对相对方履约活动管理。

己方履约活动管理,包括两个方面:一是引导、监督己方履约团队按照法律、标准规范、合同约定以及己方制度、标准和规程开展履约活动,以保障履约结果符合合同要求。例如,非标准设备合同供应商,要让设备的设计、选材、制造过程的锻造、焊接、安装等各主要环节以及质检、测试、试验等各主要活动符合相关法律、标准规范、合同要求、制造工序等要求,以保证设备的实体质量、机械性能、工艺性能等满足合同要求。二是通过对己方履约活动进行检查、记录等监督管理,向政府监管机构和合同相对方展示和证明自己履约活动的规范性,以履约活动为主要交付的,履约活动记录用作合同交付的载体,如物业服务等。

相对方履约活动管理,主要通过对相对方履约活动监督管理,促使其依约履行合同义务,以保障相对方合同交付符合合同约定。例如,买受方对出卖方设备制造过程中的关键环节进行监管,如设计图纸审查、重要设备委托专业机构驻厂监造、检验等;工程建设单位通过检查工程监理的现场监理日志与随机抽查监理工程师是否在工程现场等相结合的方式,查验监理方是否依约履行监理服务等。

另外,履约活动管理还有一项重要功能,即通过履约活动管理及时发现不履约或履约不符合合同要求,进而及时采取补救措施或要求相对方采取补救和救济措施。例如,制造厂为赶进度,缩短设备关键部位焊接间隔时间,这样容易造成设备实体质量下降,如变形、氧化层增加、支撑力降低等,为此,可一方面要求制造厂对已焊接部位进行检测,如对设备实体质量造成实质性影响,需要更换;另一方面要求必须按照焊接规程进行焊接。

(三)履约进度

履行期限是合同一项重要内容,也是合同纠纷中常见争议事由。履约进度管理是保障合同交易时间目标的重要方面,因此,加强合同履约进度管理,尤其加强交易复杂、履行期限长的合同的履约进度管理对促进合同履行具有重要意义。

履约进度管理包括对履约进度计划管理和为执行履约进度计划所配备资源的管理,两者相互融合,履约进度计划能否得到实现,根本在于履约方的相应配备资源,包括人员、资金、工具以及履约条件等。

履约进度计划管理,重点监管双方约定的履约进度中关键节点或里程碑是否按时实现,以及实际履约进度滞后于计划进度的补救措施。在合同实务中,如是履约方原因导致履约进度滞后,原则上应由履约方采取增加资源"赶工"补救措施,但若履约方客观上难以采取更多补救措施的,双方首先立足于实现合同目标,理性分析原因并责成履约方修订后续履约计划,努力减少履约延误造成的影响或损失。如由于客观条件导致履约进度滞后,若客观条件属于情事变更情形,双方基于公平合理原则协商调整合同履行期限并修订履约进度计划,或采取"赶工"补救措施及发生额外费用适当分担,以促进合同履行,避免进一步延误合同履行;若客观条件不属于情事变更情形,履约方首先应基于合同严守原则采取补救措施以避免或减少合同履行期限延误或进一步延误,相对方也应基于合同利益共同体理念给予理性理解和必要协助。这是从促进合同履行和合同目标实现角度出发,基于合同严守原则和合同利益共同体理念。但从合同权利、义务和责任角度讲,履约进度滞后归责仍应按照合同约定,否则,将来很难通过合同审计。

另外,通过进度计划执行情况关注履约方相应资源实际投入情况。在实务中,有些履约进度延误是可归属于情事变更或不可抗力等的可免责事由造成的,但多数情况下是由履约方履约资源配置不足造成的,例如,履约人员配备不足或能力不足,或为履约所配置资金不足,或其他履约条件配置不足等。履约方应秉持合同严守原则及时补充履约资源,当然,如果客观上确实存在困难,也要基于诚实信用原则及时与对方沟通,争取对方理解和支持,共同推进履约进程。例如,某施工单位承担建设工程项目,在合同履行过程中,因自身资金发生困难,导致工程施工进度拖延,经向建设单位说明暂时资金困难等情况,确认施工单位暂时资金困难将影响工程施工进展,双方协商在保障合同风险可控情况下,调整合同付款节点,同时,用银行保函置换部分保证金和保留金,释放出来的资金为施工单位增加施工人员创造了条件,施工单位组织抢工和赶工,工程基本按约建成。

实践中需注意:如果履约进度滞后归责于履约方,在修订进度计划时要注意避免造成双方协商变更合同履行期限问题,另外,相对方支持和配合履约方时,也要避免带来难以控制的合同风险。

(四)履约质量

履约交付质量直接关系着当事人能否实现合同目的。合同相关法律一般规定交付时验收,并给出原则性规定,如果交付物验收不合格,接收方有权拒绝接收交付物,履约方承担相应违约责任。但在合同实务中,很多情形并不是接收方拒收交付物就可以解决问题的,而是需要在合同期限内得到合格交付物,例如,工厂急需更换非标准设备,而设备制造周期需要十几个月,工厂无法再等待十几个月时间。因此,加强履约质量过程管理具有重要意义。

有些合同交付质量是不可逆的,如建设工程实体质量是由设计、构成工程实体的材料和设备以及施工安装过程行为等多方面因素构成,设备质量包括设备实体质量、设备机械性能质量和设备工艺性能质量等,如果等到履约交付验收才发现这些交付物存在本质质量问题,这些质量问题将难以通过简单的修复、改造等补救,所带来的损失不是违约金所能衡量,有的损失甚至远超过标的物价值,如某台工艺设备质量问题可能导致整个新建工厂不能正常开车生产。有些合同交付质量是不可再现的,如设备监造服务合同,监造人员是否实际现场监造以及其专业能力所发挥的现场监造效果;又如技术开发合同中,研究开发技术人员在该领域的知识经验对实现技术开发起到重要作用等。因此,加强履约过程质量管理是保障履约交付质量的重要方面。

1.过程质量管理

通过履约过程质量管理以保证最终交付质量。从履约方角度看,应加强履约过程质量保障和质量控制,以实现交付质量合格。从接收方角度看,要加强对履约方在关键环节质量监管,以实现接收物或服务质量合格。

对那些不可逆转、短时间内难以实现替代的标的物,更要加强履约过程质量监管,切不可认为合同有质量不合格违约责任条款就可以高枕无忧。例如,大型建设工程出现严重质量问题,施工单位无力返工,更难以赔偿工程损失;另外,像一些非标准设备,如果交付验收质量不合格,即使卖方可以维修或重新制造,对买方来说可能在时间上等不及。因此,履约方和接收方都要加强对实体交付物的过程质量管控,这方面的具体内容在前面的买卖合同、建设工程合同等章节都有述及。

对于非实物交付物,有的质量具有不可再现性,如技术开发过程中研究人员知识和经验以及为研究开发技术所投入的努力等;有的交付物的质量需要通过其他载体反映,如工程设计文件和图纸质量是否满足合同要求,最终还是需要通过工程建设来检验设计文件和图纸是否符合规范要求,以及通过工程实体质量来检验设计文件和图纸的本质质量是否合格。由于非实物交付物的质量验收相对抽象和难以量化,因此,更要加强对履约过程质量管理。如技术咨询,委托方可从受托方安排的专业人员技能和经验、专业人员开展技术咨询活动等方面检查受托方履约过程质量。

2. 过程及时检验验收

有些履约交付需要过程检验验收,要及时检验验收,以便验证过程质量的情况,如出现过程质量问题,可及时补救,以便保障最终交付物质量合格。尤其对质量不可逆转的交付物,如建设工程、非标准设备等实体交付物,以及不可再现性非实体交付物,双方都要及时对履约过程质量进行检验和验收。

从法律和合同角度看,及时进行过程质量检验和验收既是当事人合同权利,即检查权;也是一项义务,即在约定时间或没有约定时间的应在合理时间内完成检验,否则将视为检验合格。

从保障履约质量合格角度看,当事人及时进行履约过程质量检验,一方面促进履约方严格忠实履行合同义务,保障履约质量;另一方面及时发现履约质量问题或潜在质量问题,促使履约方纠正履约活动并对质量问题予以补救,以保障最终交付物质量合格。

履约过程检验也是不可逆活动,因此,双方要做好相应的检验手续,特别是检验出质量问题或潜在质量问题事项的,双方最好签字确认,以作为纠正履约的一项依据。如对方不认可检验结果,检验方要把检验对象、检验方法、检验适用标准以及发现的质量问题或潜在质量问题如实记录,并且,如果该质量问题或潜在质量问题将对交付物质量产生大的影响,那么,履约方最好对该问题进一步检验和论证,若确实存在质量问题,应及时纠正履约活动并对发生的履约质量问题进行补救。

(五)价款收支

从规范合同方面法律角度看,付款义务虽是合同主义务,但又是简单义务,付款方应按照约定向对方支付价款。但合同实务中因价款支付引起的纠纷所占比例较大,除付款方完全责任的支付违约或交付方交付违约引起合同价款支付纠纷两大主因外,诸如交付手续、担保替代、结算手续或结算分歧、请款手续与发票等因素引起合同价款支付困难,进而导致付款纠纷的情形也不容忽视。因此,加强合同履约过程价款收支管理既是保障交付方合同目的实现,也是避免和减少合同纠纷的重要方面。

1. 收款方

除特殊情形外,合同收款方一般是合同中负担交付履约的一方,及时收到合同价款既是收款方履约对价回报,就有些合同而言,也是保障后续履约顺利进行的基础,如委托技术开发合同的研究开发方及时收到技术开发经费和报酬可保障研究开发有序进行,工程承包商按时收到发包方的工程款可保障工程建设按计划实施等。履约交付方按时保质保量履约是实现收款的基础,对此无须赘述。

实务中,除前面提到的付款纠纷中两大主因管理外,如下影响收款因素也不应被忽视,需要加强管理。

(1)履约与收款联动。实践中,有些单位的合同执行部门也负责收款管理,履约与收款结合比较紧密,也有些单位的合同执行部门只负责履约,收款管理则由另外部门负责,履约和收款之间容易脱节,这种情况下,合同执行部门与收款管理部门要相互联动,前者为后者及时提供履约情况和申请付款输入条件,按照合同约定的节点及时向付款方要求付款。

(2)付款依据。随着合同文件细致化和企业合规管理深入化,越来越多的合同细化价款支付依据的约定,如履约交付的交接签字手续、过程验收文件、合同结算文件等,并且进一步约定完成这些约定行为并提供相应文件后若干时间支付相应价款。在实务中,有些合同约定的价款结算只是程序性的,当事人容易忽略或忽视这些约定;有些合同约定的验收难以操作或不具可操作性,如约定由政府主管部门或具有行政监管职能的机构验收等,而所约定验收客体并不属于这些部门或机构监管对象,结果约定的验收没有实施;有些当事人没有按照合同约定方式和要素进行验收;等等。履约方申请付款时,要么拿不出合同约定的付款支持文件,要么提供的文件不符合合同约定要求,付款方财务部门一般将拒绝支付,进而引起付款纠纷。

实践中,合同约定支付条件的,双方尤其履约方要重视这些条件,及时办理己方应办事项,如属于双方或对方办理事项,也要积极推动对方办理,如及时编制结算报告提交对方审核,提示并协助对方及时检验交付物并出具验收文件,如约定的验收不可操作,通过协调促使对方变通验收方式并及时出具验收文件。

(3)担保替代。合同实务中,有些合同约定履约交付方需向对方提供银行履约保函,用以担保其履约义务,并将提供银行保函作为过程付款的一个条件。因合同履约周期不长,履约方认为申请银行履约保函需要较长时间,于是单方面放弃过程付款要求,或双方合同执行部门口头商定履约方不提供银行保函,也不申请过程付款,待完成主要履约交付后,再合并申请价款支付。因没有相应变更合同付款条件协议文件,付款方财务部门多以没有银行履约保函不符合合同约定为由拒绝支付价款。

上述情形在实践中较为常见。本书建议履约方事先与对方沟通协商,双方签订书面文件,既可以是补充协议,也可以是其他形式文件,如履约方提出申请书,付款方在申请书上认可确认。

(4)付款申请与发票。虽然合同双方主体地位平等,但在合同实践中,普遍采用履约交付方向付款方申请付款的做法,俗称"请款",多数合同约定履约交付方向付款方提交付款申请手续,并附上相应支持文件。另外,虽然法律没有对合同付款方式如是先开票后付款还是先付款后开票作出规定,但单位合同实务中,多要求并约定先提供发票后付款方式。在实践中,除合同明确约定特殊情形外,发票金额与实际付款金额要保持一致。因此,收款方在"请款"前既要备齐合同约定的支持材料,也要与付款方就当期付款金额核对准确,避免更改发票影响付款进度。

在实务中,常见收款方与付款方就付款事宜未协商一致,担心开具发票后得不到付款而带来处理发票的麻烦,付款方也因没有收到相应"请款"手续和发票不能启动付款程序,双方对收付款事宜形成僵局,进而引起合同纠纷,并诉诸法律。虽然目前司法实践普遍认为提交"请款"手续和发票与支付价款是不可等位义务,并认为不应影响付款人支付义务,但从付款方依法合规管理角度看,付款方确实难以启动支付程序。因此,本书认为,收款方应多与付款方沟通协调,按约提供相应支持材料以证明当期付款金额正确性和支付条件已成就,并及时提交"请款"手续和发票。

2. 付款方

除特殊情形外,合同付款方一般是合同中接受履约交付的一方,即履约接收方,因此,支付合同价款是履约接收方应尽的主要合同义务。另外,从企业经济活动和资金管理角度来讲,合同付款是企业内部控制和审计的重点关注事项。因此,一方面,在合同中需约定规范的付款条件,如付款节点与履约进度关系、支持材料等,但应尽量避免不必要或难以操作的条件,在履行付款程序中严格审查付款条件和相应支持文件;另一方面,基于合同严守原则和利益共同体理念,在支付条件成就时应依约及时履行支付义务,特别是履约过程付款,以保障和促进对方顺利履约。至于履约方未及时提交"请款"手续或存在如支持文件、发票等影响付款因素,基于诚实信用原则,在不违背合同原则情况下,双方加强沟通协调,共同促成支付条件实现。

(六)担保管理

从主合同当事人角度看,担保的功能在于促使债务人履行债务,保障债权人实现债权,因此,担保管理是主合同履行过程管理的重要部分。

合同履行过程中的担保管理涉及多方面事项,本部分仅从主合同履行过程管理角度分述担保管理,为聚焦主合同管理,关于从第三方担保人角度的担保管理,可参考第十章担保合同,本部分不再分述。因担保方式不同,担保管理所关注内容和关注点也不尽相同。下面主要从主合同履行中对担保共性事项管理内容进行论述。

1. 债权债务变更

合同履约过程中,因多方面原因导致当事人变更合同内容,特别是合同主债权债务变更以及履行期限变更的,与担保发生直接关系。对于由第三人提供的担保,除担保合同明确约定主合同变更不需要征得担保人同意外,①当事人协商变更主债权债务内容或履行期限的,应当事先征得担保人同意,即使担保合同约定主合同债权债务变更无须事先征得担保人同意的,也最好以书面通知方式知悉担保人。

在原《担保法》规定下,如果当事人协商变更主合同债权债务未经保证人事先同意的,除保证合同另有约定外,保证人不再承担保证责任。《民法典》改进和吸收司法实践,以是否加重保证人担保责任作为判断标准,规定未经保证人事先同意,如果主合同内容变更是减轻债务的,没有增加保证人担保责任,保证人仍对变更后的债务承担保证责任;如果主合同内容变更是加重债务的,保证人对加重的部分不承担保证责任;变更主债权债务合同的履行期限,未经保证人书面同意的,保证期间不受影响。②

因此,在合同履行过程中,如果要变更合同主债权债务的,事先检查由第三人提供的担保合同约定,如需要担保人事先同意的,要促使担保提供方协调担保人,签订担保合同补充协议或同意合同变更承诺函等。如果是限额担保,如银行保函承诺一定金额范围内担保,当主债务增加一定限度时,还需要债务人提供额外担保。

2. 债权债务转让

第三人为债务人的债务提供担保,主要基于第三人对债务人的了解以及包括反担保和授信在内的特定关系,如债务转移给其他人,影响了担保人提供担保的基础。另外,债权人转让债权的,虽没有改变主合同债务,但对担保人履行担保债务有相应影响。因此合同债权债务转让,都会与第三方担保人有相应关系。

(1)债务转让

《民法典》沿用原《担保法》原则,规定债务转让应当经第三方担保人事先书面同意,否则,担保人对债务不再承担担保责任。《民法典》第391条规定,第三人提供担保,未经其书面同意,债权人允许债务人转移全部或者部分债务的,担保人不再承担相应的担保责任。

在实务中,当发生主合同债务转让时,从债权人角度,如果继续需要债权担保

---

① 在银行保函实务中,有些银行保函在约定固定保证金额基础上,约定主合同变更可不经银行同意。
② 参见《民法典》第695条。

的,在同意债务人转让债务前,要求债务人协调担保人同意其债务转让,并继续为债务提供担保;如担保人不愿意为新债务人提供债务担保,债权人要求债务人协调新债务人提供相应担保。从债务人角度看,要协调好担保人对新债务人追偿责任和相关反担保事宜。

(2)债权转让

虽然法律规定当事人有权处置其权利,如转让债权,但如果债权存在第三方担保,债权转让将影响或加重担保人负担,因此,《民法典》对债权人转让债权提出相应要求和限制。一是债权人转让债权的,需要通知保证人,否则,该转让对保证人不发生效力,也就是说,担保人对新债权人不承担担保责任;二是担保合同约定禁止债权转让的,债权人转让债权需要经担保人事先同意,否则,担保人对受让人不再承担保证责任。

3.担保额度变更

有些合同履约周期长,在此期间可能会发生各种情况,其中,涉及担保额度的主要有三类情形:

一是担保额度不需调整,但抵押财产价值减少,抵押财产价值低于担保额度。例如,债务人用其停产工厂设备向债权人抵押的,债务人未正常保护和维护设备,导致设备锈蚀损坏,设备价值加速减少。这种情况下,债权人有权请求恢复抵押财产的价值,或者要求债务人提供与减少的价值相应的担保。债务人不恢复抵押财产的价值,也不提供担保的,债权人有权请求债务人提前清偿债务。[①]

二是担保额度增加。实务中,有些合同约定一方向另一方以银行保函方式提供履约担保,担保额度为合同总价的一定比例,同时约定合同总价每增加一定额度时,需要等比例增加履约担保额度。担保权利人一方需要关注该约定,并要求对方及时提供额外担保额度。

三是担保额度减少。常见于买卖合同、建设工程承包合同等领域,合同约定履行交付义务一方向对方提供履约担保,当实现主交付义务时,担保额度相应降低并转为交付物的质量担保,如合同价款总额10%的银行履约保函调整为合同价款总额5%的银行质量保函。虽然银行保函由银行出具,银行是担保人,但银行保函是由主合同交付方申请并支付费用的,有的还需要向银行提供反担保。

---

① 参见《民法典》第408条。

因此，在合同履行过程中，要加强对担保额度的动态管理，及时调整担保额度，保障债权实现，降低担保成本。

4. 担保物毁损

用物作担保的，如抵押担保，在担保期间可能发生毁损、灭失或者被征收，如机动车发生事故毁损、工厂爆炸导致设备毁损、产品灭失等，担保人可能因此获得保险金、赔偿金或补偿金。但若此时主合同债权的履行期限并未届满的，主合同债权人也要积极按照原抵押权顺位参与到保险金、赔偿金或补偿金等优先受偿的主张活动中去，[1]不能认为主债权履行期限没有届满就不能主张抵押优先受偿权。

5. 担保权利行使

（1）关于担保权利行使方式。因担保方式不同，行使担保权利的方式也不尽相同。抵押担保的，抵押权人可以与抵押人协议以抵押财产折价或者以拍卖、变卖该抵押财产所得的价款优先受偿；未就抵押权实现方式达成协议的，抵押权人可以请求人民法院拍卖、变卖抵押财产。质押担保的，债务人不履行到期债务或者发生当事人约定的实现质权的情形，质权人可以与出质人协议以质押财产折价，也可以就拍卖、变卖质押财产所得的价款优先受偿。至于保证担保的权利行使，一般保证担保情形下，债权人需要在保证期间先对债务人提起诉讼或者申请仲裁，债务人不能履行债务后，再向保证人主张承担保证责任；而连带保证担保，则不需要对债务人先行起诉或提起仲裁。

（2）关于担保权利行使时间。主债权人需要注意行使担保权利的期间，特别是有担保期限的，要在担保期限内行使权利，否则，担保权利将得不到保护或消灭。例如抵押担保的，主债权人（抵押权人）要在主债权诉讼时效期间行使抵押权，否则，人民法院不予保护；一般保证担保的债权人未在保证期间对债务人提起诉讼或者申请仲裁的，连带责任保证的债权人未在保证期间请求保证人承担保证责任的，保证人不再承担保证责任。[2]

特别注意：在银行保函担保中，多数约定"见索即付"条款，即在保函担保期间和担保范围内，银行只要见到债权人书面通知即按通知要求支付款项给债权人，也就是说，债权人无须向银行证明债务人违约。但实践中，债权人依据银行保函

---

[1] 参见《民法典》第390条，《民法典担保制度司法解释》第42条。
[2] 参见《民法典》第419条、第693条。

行使该项担保权利前,需要有充分依据证明债务人(提供银行保函的合同相对方)确实存在违约事实,并且,要求银行支付的金额与违约责任相当。银行保函是银行按债务人(合同相对方)申请并提供相应对价开具的,如债权人滥用担保权,债务人将因此向债权人主张损失赔偿。

6. 担保期限管理

担保期限管理包括担保权利行使期限、担保期间届满、担保延期等。

(1)关于担保权利行使期限,在前面担保权利行使部分已经分述,主要注意除特殊情形外,担保权利最早行使时间是主债权到期或担保合同约定的情形发生;担保权利行使最晚时间在担保期间届满前。

(2)关于担保期间届满。担保期间届满包括担保合同约定的担保期间或虽未约定但依法赋予的相应担保期间届满。从主债务人角度讲,如果是自己向对方提供担保的,如抵押、质押等,及时办理终结担保的相关手续,如取回质押动产,申请人注销不动产抵押登记等;如应主债务人请求由第三人提供担保的,及时提醒并协助第三人办理终结担保的相关手续等。

(3)关于担保延期。实务中,特别是银行保函担保实践中,多约定担保期间,该担保期间由主合同当事人根据主合同履约期限而设定。若主合同履约延期,需要相应延长担保期限。例如,建设工程承包合同工期延误,原银行履约保函担保期间将届满,如果银行履约保函担保期间没有延长,那么银行将不再对承包商履行合同义务承担保证责任。但实践经验表明,除当事人协商变更合同工期外,合同履约延期多处于合同履行中后期,双方分歧也较多,此时,少有当事人主动向银行申请延长保函担保期间,因此,担保权利人一方要关注担保期间,并提前要求对方和担保人协调办理担保延期。

第二十六章 履约交付管理

一、履约交付概述

履约交付通常是指合同履约交付方向相对方交付合同标的物的行为。常见合同的标的物包括物理实体、智力成果、行为或行为结果、权利等。物理实体,如买卖合同交付的材料设备、办公用品、家用电器,建设工程承包合同交付的公路、楼房、工厂、港口等物化的工程实体,融资租赁合同交付的租赁物等。智力成果,如转让或许可专利技术,委托开发新技术,技术服务活动解决技术问题的结果,通过外业勘察和内业分析研究所形成的勘察报告等。行为或行为结果,如建设工程监理服务、物业服务等。权利,如技术转让合同的专利权或专利申请权,并购合同的公司股权等。虽然诸如权利、行为以及智力成果等不属于传统意义上"物"的范畴,为了简化论述,本章将其统称为标的物或交付物。

从上面简要列举的合同交付物可见,有的交付物是可以替换的,如通用设备、办公用品等;有的交付物是不可逆转的,如建设工程等;有的交付物是不可再现的,如工程监理旁站等;有的交付物质量难以及时检验的,如地质勘察报告、工程设计检验需等到工程建设甚至建成后若干年。因此,需要加强履约交付管理。

履约交付管理是合同履约阶段管理的重要环节,具有如下价值和意义:

一是通过履约交付手续确认当事人实际履约。合同通常约定履约期间和交付期限,如货物买卖合同约定交货期,通过办理交付手续确认实际交付时间;另外,有些合同交付并非有形实体,如建设工程监理人员对施工活动监督管理的行为,需要通过监理日志和委托方确认等手续,以表明建设工程监理人员履行了相应监理服务。实务中,时常发生因没有办理或没有及时办理履约交付手续,导致不能证明交付情况或交付时间,进而产生合同纠纷。因此,通过履约交付手续,以确定履约方实际交付以及实际交付时间。

二是通过交付验收确定履约方交付物数量和质量情况。交付验收包括对交付物的数量、质量、规格等验收,其中,有些交付物的质量验收包括交付时表面验收和交付后实质验收,如工程设计文件,交付时初步检查设计文件是否完整、齐全,然后组织评审,一般来说,评审合格仍不能代表设计文件是合格的,还需要工程建设过程和建成运行后进一步检验。

三是通过办理履约交付手续实现交付物所有权等权利转移。动产买卖以动产交付实现所有权转移,但有些交付物所有权与交付物并不同步转移,如房屋买卖,不动产权以办理登记转移,房屋实体则需要当事人办理表观确认与物件清点等交接手续。

四是交付物照管责任与风险转移。对于实体类交付物,除特殊情形外,其照管责任以及损坏、损毁等风险随交付而转移,如买卖合同的标的物毁损、灭失的风险,交付之前由出卖人承担,交付之后由买受人承担;承揽合同的承揽人应当妥善保管定作人提供的材料以及完成的工作成果,因保管不善造成毁损、灭失的,应当承担赔偿责任。

五是履约交付手续构成合同付款成就条件。多数双务合同约定履约交付手续作为合同价款支付的一个重要依据,因此,办理履约交付手续促使合同付款成就。

二、履约交付管理

(一)交付管理事项

合同实务中,履约交付管理既包括交付过程管理,也包括交付后管理。因各类合同标的不尽相同,相应交付管理也不尽相同。以通常标的物交付管理为例,一般包括如下。

1. 交接计划

有的交付物相对简单,双方当面及时清点和查验即可完成交接;但有的交付物相对复杂,需要从专业角度查验方可完成交接,如大型成套设备、建设工程、公司并购等,双方需要事先制订交接计划,包括交付条件、交付物状态、交付开始时间、双方交接人员、交接查验事项与办法等。

实务中,交付物可能存在各种各样的瑕疵或问题,或者双方对交付物有不同看法,在制订交接计划时最好商定相应处理原则,例如,瑕疵对交付物本质质量没有影响或需要委托第三方验证的,由接收方先附条件接收,或接收方为交付方提供交付物合适的存放场所,避免造成交付物损坏或加剧双方分歧等。

2. 及时交接

履约交付是交付方应承担的合同主要义务,也是获得合同价款的基础,同时,大多数合同都约定履约交付期限及逾期违约责任。因此,对交付方来说,一方面,要按照合同约定忠实履约;另一方面,当履约交付物具备交付条件时,按约定方式及时向对方交付,以避免履约延期。对接收方来说,提前准备接收交付物条件,如交付物存放场所和储放条件、接收清查验收工具等,基于诚实信用原则及时组织接收工作,避免人为因素造成交付延误。

3. 清查验收

多数合同交付物以交付为界转移照管责任、风险承担以及所有权等,因此,做好交付物清查验收意义重大。一般包括对标的物数量、规格型号以及外观质量进行清查,对本质质量进行验收。有些实体交付物的数量、规格以及外观质量需要进行测量,如物料重量或体积等,有些交付物属于智力成果或服务成果,如设计文件或咨询报告等文件的格式和基本内容需要进行初步查验。交付物本质质量是当事人更为关注的方面,实体交付物本质质量往往需要通过特定检测、验证,如煤炭的含水量、含硫量以及热值等,机器设备的实体质量、机械性能和工艺性能等;非实体交付物本质质量往往需要通过特定评估、专家评审以及实践检验,如工程设计文件,一般先由专业人员对设计文件进行评审,但还是以最终依此建成的建设工程来检验。有的权利性交付物交付时,如公司股权交易,特别是控股或全部股权交易,还要查验公司实际资产、负债情况。

(1)及时清查验收。对交付物清查验收,是接收方的一项合同权利,但保证清查验收的及时性也是接收方的一项义务。从交付方角度看,交付方应按照合同约定的交付方式进行交付,没有约定交付方式的,应基于诚实信用原则以便于接收的合理方式交付,并配合接收方进行接收清查验收。从接收方角度看,应及时组织交付物清查验收,合同约定交付清查验收时间的,按约定时间及时清查验收,没有约定时间的,也应在合理时间内完成清查验收,否则,法律将视为交付物数量和质量验收合格。① 实践中,多数交付物清查验收需要交接双方共同实施或参与,因此,交接双方都要相互配合。

(2)严格清查验收。除特别约定或交付物内在本质质量外,经清查验收交接后,交付方不再对交付物的数量、外观质量以及损坏、损毁、灭失等负责。因此,接收方要按照合同约定的清查验收的标准和方法,严格清查验收;合同没有约定标准和方法的,也要按照相应标准和合理方法进行清查验收。

实务中,有些交付物需要分阶段验收,在某个阶段验收时要注明该阶段,不要笼统写"验收合格"。如工业用机器设备,一般分为到货开箱检验、安装调试验收、负荷考核验收,每个阶段验收侧重点不同。到货开箱检验主要检查机器设备是否完整、备品备件和随机文件是否齐全、机器设备外观是否存在瑕疵和损坏等;安装调试验收主要验收机器设备物理实体和机械性能;负荷考核验收主要验收机器设备工艺性能等。

(3)规范清查验收。有些交付物数量和品种多,清查验收项目多,因此,在交接前,制定清查验收格式清单,双方按照清单逐项清查、验收,经各自代表签字确认。

4. 交接手续

交付标的物应及时办理交接手续。除交付时产生足以证明实际交付的凭据外,如货物买卖合同代为托运交付所产生的运输单据,交、接双方应当时履行交接手续,并对交付标的物的数量、外观(如接收方认为存在瑕疵或不符合合同约定情形)等进行描述,由双方交接人员签字确认,实践中也存在盖章或签字加盖章确认。对于非交接双方直接交接的,如交付方托运交付,应及时将运单通知接收方。

实务中,有些标的物需在交接时开箱验收,主要是对标的物及其随附件等清点和表观目测验收,交接双方按照所清点情况和对外观目测验收情况进行记录并签字确认。

接收方认为交付物存在重大缺陷等而拒收的,双方也应履行交付拒收手续,如双方对缺陷有不同意见的,可在拒收手续上备注各自意见,并对接收方所指缺陷问题进行描述或通过影像等进行记录。

实践中需要特别注意非实物交接手续,如咨询服务、专业服务、代理活动等,

---

① 参见《民法典》第 621 条、《施工合同司法解释(一)》第 9 条等。

应有相应书面交接手续,避免事后无凭无据。

5. 适当照管

有的交付物在交付后并不能立即进行实质性验收,如有的设备工艺性能验收需要安装调试并且上下游联动带介质满负荷运转,在设备安装调试前的放置期间,接收方应按照设备特性进行合适恰当照管,如防湿、防冻、防碰撞等。当然,交付方应指导接收方实施此等照管。一方面避免导致交付物遭受不必要的伤害,另一方面避免难以分清伤害责任。例如,设备买卖合同,出卖方通过水陆联运方式将设备交付到买受方指定的安装地点,若干天后,买受方在出卖方帮助下安装该设备,发现设备导轨积水并锈蚀;买受方指责出卖方包装不当导致设备在船运中受水锈蚀,出卖方指责买受方对设备照管不当导致设备淋雨锈蚀。

实践中,有的交付物交接过程复杂,持续时间长,在此过程中,因有交、接两个主体,双方都以为应由对方照管,容易造成交付物因疏于照管而遭受损坏、损毁、灭失等,因此,在过渡期间,双方要做好沟通协调,加强对交付物照管。

6. 附随义务

在合同实务中,当事人更多关注主交付物,容易忽略附随义务或从义务的履行与交付。常见伴随主交付物的附随义务或从义务交付主要有,买卖合同的设备的备品备件、技术文件、安装指导、操作培训以及质量技术监督机构为特种设备出具的安全检验合格证等;建设工程承包合同的承包商移交工程竣工资料、提交工程结算文件等;委托开发技术合同的研究开发方除向委托方交付研究开发成果外,还要交付相关技术资料、技术指导,并按约定配合技术开发过程开发费用审计等;工程设计合同的设计方除交付设计文件外,还应向对方进行设计文件交底、委派专业技术人员提供现场技术服务等。

相较于主交付物,附随义务或从义务交付物价值较小,但有些附随义务或从义务交付物对相对方也很重要,甚至影响着主交付物使用或功能,因此,在重视主交付物交付管理时,也要加强附随义务或从义务交付物管理。从交付方角度看,如未依约履行附随义务,可能要向对方承担违约赔偿责任,甚至承担解除合同的后果。《合同通则司法解释》第26条规定,一方未根据法律规定或者合同约定履行开具发票、提供证明文件等非主要债务,对方请求继续履行该债务并赔偿因怠于履行该债务造成损失的,人民法院依法予以支持;若不履行该债务致使对方不能实现合同目的或者当事人另有约定,对方可请求人民法院解除合同。

7. 登记备案

有的交付物需要办理登记备案,包括法定登记备案和管理性登记备案。

交付物法定登记备案主要体现在以下几个方面:一是所有权转移登记,如不动产买卖的所有权转移需要办理登记的,经依法登记,发生效力;除法律另有规定外,未经登记,不发生效力。二是权利转让登记备案,如专利申请权和专利权转让须经国务院专利行政部门登记,并由登记部门予以公告,专利申请权或者专利权的转让自登记之日起生效。三是担保权利设立登记,如不动产或建设用地土地使用权抵押的,应当依法办理抵押登记,抵押权自登记时设立;以基金份额、股权质押的,质权自办理出质登记时设立。四是权利对抗善意第三人登记,如以动产抵押的,抵押权自抵押合同生效时设立,未经登记,不得对抗善意第三人;融资租赁合同出租人对租赁物享有的所有权,未经登记,不得对抗善意第三人。五是法律和行政管理要求,如电梯、起重机械、场(厂)内专用机动车辆等特种设备使用单位需向负责特种设备安全监督管理的部门办理使用登记,取得使用登记证书。六是法律和行政管理其他登记备案要求。[①]

上面列举了几种交付物登记备案的情况,实务中,需要对交付物进行登记备案的情形较多,为维护合同当事人合法权益,满足政府监管要求,在交付物交接过程中及时办理登记备案。实践中,有些交付物可由接收方自行办理登记备案,多数情况下需要双方共同或配合办理登记备案,因此,交接双方要基于合作精神,相互配合及时完成交付物登记备案。

8. 瑕疵处理

履约交付实践中,经常发生当事人对交付物产生分歧情形,尤其在交付物质量方面产生分歧会根本性影响交付物的交接。除交付物确实不符合合同约定外,关于交付物的分歧还存在以下几种情形:

一是合同对交付物标准约定不明确,交接双方对交付物标准要求理解不同。例如,合同约定出卖人供应"合格的压榨食用花生油",交付方可能认为符合压榨二级标准即为"合格",接收方可能本意是出卖方供应一级标准的压榨花生油。

[①] 参见《民法典》第209条、第402条、第403条、第443条、第745条,《专利法》第10条,《特种设备安全法》第33条。

二是合同约定的检验方法、标准或条件等不明确,采用不同检验方法、标准或条件可能导致不同结果。

三是对交付物瑕疵性质认识不同。交接双方都认可交付物存在瑕疵,但双方对瑕疵性质和后果严重程度认识不同,如交付方可能认为瑕疵是非实质性问题,而接收方则可能认为瑕疵属于实质性问题,是不可接受的。

四是交付物瑕疵归责分歧。交接双方都认可交付物存在瑕疵问题,如买卖合同交付的设备有损伤,接收方认为交付的是有损伤设备,而交付方认为设备损伤是接收方储存不当造成的,自己没有责任。

五是交付物潜在瑕疵披露方面分歧。接收方认为交付方没有披露交付物潜在瑕疵,而交付方可能认为瑕疵不属于披露范围或已非正式向接收方披露。

实践中,交付物存在瑕疵或发生瑕疵分歧的,首先按照合同约定方式进行处理,合同没有约定的,应基于诚实信用和公平合理原则及时处置瑕疵问题,避免问题长时间悬而不决,由小分歧演化成大争议,对双方都不利。

(1)及时客观记录交付物瑕疵或分歧。交付物存在瑕疵或双方对瑕疵持有不同意见的,双方应客观评价沟通,如不能达成一致意见,把瑕疵或分歧记录下来并签字确认,不同意见可分别记录,作为后续处理依据。避免双方进行长期争论,既不利于双方履约,也可能造成交付物瑕疵进一步扩大。

(2)双方客观正视问题,避免加深分歧。双方需理性地用合同约定标准衡量交付物,客观评判交付物;若合同没有约定标准的,依序按照国家强制性标准、国家推荐性标准、行业标准对交付物进行评判;如没有相应标准,基于诚实信用基本原则,按照交付物应具备的通用标准或基本功能和用途衡量交付物。

(3)及时采取补救措施,以促进交付。有瑕疵货物类交付物,如可更换、维修则须及时更换、维修;如瑕疵不影响应有功能和正常使用且接收方可有条件接收,双方可合理折价或补偿。权利类交付物,如公司股权交付缺少相关决策性或程序性文件的,及时组织补足相关文件等。

(4)兑现承诺,妥善处理善后。常见双方约定接收方先行接收交付物,交付方将采取补救措施。例如,设备性能不达标,交付方承诺将更换设备零部件等,那么,交付方应按照承诺及时组织设备零部件更换,并且,如果更换零部件后仍有问题的,还应在合理期限内从专业角度解决设备性能问题,不可只承诺不行动。

(二)常见履约交付注意事项

1. 货物类交付

货物是合同履约交付中最普遍、品种最多样的一类交付物,交付手续也是从最简单到最复杂的多样化样态。简单交付,如办公用品及时清点检验即可完成;复杂交付,如复杂机器设备、飞机、轮船等。

以非标准设备交付为基础案例,交接时注意事项包括以下几项:

(1)用于制造设备的材料检验、制造过程关键环节停检、设备部件专项检验试验、设备整机机械试运、设备出厂前检验合格证等。

(2)设备开箱验收,关注设备数量、外观、备品备件、工具、随机技术文件等,其中,设备外观有物理损伤的,要根据合同关于设备交付的约定,如买方指定地点交货的,无论设备是在出厂交运前还是在运输途中受损,损伤风险由卖方负责;若交运交付的,损伤风险由买方承担,这种情况下,要及时通知运输险保险公司现场勘验。

(3)设备运行考核验收,包括安装调试验收以及性能考核验收(包括机械性能和工艺性能)。实务中,有些设备买卖合同没有划分安装调试验收与性能考核验收,双方在安装调试验收合格后即签字确认验收合格,但设备后期正式运行存在性能质量问题。

(4)验收合格不代表完全合格。多数合同技术文件约定设备生命周期,即设备本质质量保证期,如10年、15年或20年。卖方在此期间还要对设备质量负责,包括合同责任和法律责任,例如,设备在保修期满后正常运行情况下发生爆炸并导致工厂安全事故,如确属设备本质质量问题,法律将会追究卖方质量事故责任。

实务中,根据各交付物属性区别关注重点事项,如涉及饮食类的成品、原材料、配料等,除关注数量、质量、品质、食品安全等事项外,还要注意保质期限等。

2. 工程类交付

建设工程不同于货物交付,其交付主要是对竣工工程验收并办理交接手续等,建设工程交付前一般经历单项验收、"三查四定"等一系列工作,工程整体竣工验收合格或附条件验收合格(行业称为"甩项"验收)为工程交付交界点,第十一章建设工程承包合同中有具体介绍。除此之外,工程交付还要关注以下事项:

(1)及时验收。一般由承包方编制竣工验收报告提交给发包方,发包方组织验收。经竣工验收合格的,以竣工验收合格之日为工程竣工日期;但若发包方无故拖延验收的,以提交验收报告之日为竣工日期。[①] 因此,发包方收到竣工验收报告后,如认为有问题,要及时书面反馈给承包方;否则,要及时组织工程验收。

(2)工程照管。在工程交接期间,双方要明确工程照管职责,避免出现空档,造成工程成品损坏或现场安全事故等。

(3)及时销号。多数情况下,工程交付是附条件的,即"甩项"接收,工程移交后,承包商要按照约定及时解决遗留问题。

(4)考核与终身责任。有些工程竣工后,还要进行性能考核,如工厂、机场、铁路、港口码头等,通过考核后,才算真正完成工程交付。另外,即使通过考核,还有保修期,以及终身责任,如基础设施工程、建筑物地基基础工程、主体结构等实行终身责任制。

3. 服务类交付

服务业范围宽广,就合同管理而言,常见服务是生产和生活服务,如金融服务,物业管理服务,居民家政服务,公用事业、电信通信服务,信息咨询服务以及各类技术服务等。因此,服务类交付形态各异,有的形成智力成果,如可行性研究报告;有的是行为活动,如物业保洁服务;有的是信息化功能,如云计算服务等。从交付物看,有的有最终交付物,如市场调查研究报告、解决的技术难题等;有的服务没有最终交付物,而是一个持续行为,物业管理服务、通信服务等。

服务质量取决于服务资源配置、人员专业技能与经验以及参与服务活动人员的态度,因此,对于服务交付,无论是最终交付物还是持续行为,都要在过程中不断检验。

4. 权利类交付

权利移交一般以法定登记为准,如注册商标专用权和专利权等知识产权、公司股权、基金份额等,都以变更登记发生权利转移。但在权利类交付中,除登记外,还要关注以下事项:

(1)专利权交付,还要交付专利技术文件和进行相应技术交底与指导,接收方不仅拥有法律上的权利,还要真正掌握并拥有专利技术。

(2)公司股权交付的,还要关注公司资产情况,实务中,如转让公司全部股权或控股股权,还应对公司主要财产进行清点确认;必要时对公司再审计。

[①] 参见《施工合同司法解释(一)》第9条。

第二十七章 合同变更管理

一、合同变更概述

在合同执行阶段,特别一些周期长的合同以及交易业务较复杂的合同,因各种原因导致合同变更的情况普遍存在,因此,合同变更管理是合同执行阶段管理的一项重要内容。

关于合同变更的概念或含义,有广义和狭义之说。狭义的合同变更专指合同内容变更,即合同内容发生变化;广义的合同变更包括合同内容变化和合同主体变化。当前法理把合同主体变化称为合同转让,列入合同转让制度中,我国原《合同法》和现行《民法典》在立法上把合同转让与合同变更作为两个并列制度,因此,通常所说合同变更特指狭义的合同变更,即合同内容变化。我国立法上所称合同转让包括三种形态:合同权利义务概括转让给第三人、合同权利转让给第三人以及合同义务转让给第三人。[①]

但在合同实务中经常发生合同主体的名称变化以及主体性质发生变化情况,如合同主体 A 公司更名为 BC 公司,或合同一方主体因重组吸收合并或分立,如甲公司分立成新的甲公司和丙公司,新的甲公司承袭原甲公司的合同主体等。本书认为前面情况不属于合同转让范畴,应纳入合同变更范畴,并需要办理相应的合同变更手续,例如,基本变化包括双方之间通知联络、收款或付款账户、发票开具等。

因此,本书认为,合同变更,是指除合同权利、义务或权利和义务之概括转让

---

① 参见《民法典》第 545 条、第 551 条、第 555 条;原《合同法》第 79 条、第 84 条、第 88 条。

外,还包括合同内容和合同主体的各项变化。

从法律角度讲,除法律特别规定外,只要当事人协商一致,就可以变更合同。

二、常见合同变更情形

因合同种类多、合同交易业务也纷繁复杂,因此,合同变更情形也千变万化。本书综合合同实务归纳常见合同变更情形。

(一)合同主体变化

这里所称合同主体变化不同于合同权利、义务转让的主体变更,后者在合同转让制度部分论述。常见合同主体变化如下:

(1)合同主体名称变化。这在合同实务中比较常见,如国有企业进行公司制改革,原先名称为"×××公司"或"×××厂",变更为"×××有限公司";有的合同主体直接更改名称,如将原先的"A 有限公司"变更为"A 投资发展有限公司"等。因公司名称变化涉及合同收支账户及发票等变化,因此,需要纳入合同变更管理中。

(2)合同主体实体变化。包括法人吸收合并、法人分立等情况,具体可参考第六章合同主体的论述,但也需要办理合同变更手续。

(3)合同主体资格条件变化。这包括两个方面:一是合同约定的一些资格条件,如公司资产发生重大变化、资产负债率发生重大变化等,如果给履行合同带来重大影响或产生重大履约风险,合同相对方需要高度关注其履约;二是法定或合同约定的专业资质发生变化,尤其是法定专业资质等级降低或有效期限届满未获展期,甚至因故被撤销等,这将关系履约的合法性问题。

(4)合同主体履约能力变化。包括交付方实际履约能力和接收方财务支付能力,如对履约有重大风险,必要时可行使履约抗辩权。

(二)合同主权利义务变更

合同主权利义务变更通常指与合同标的及标的物交付相关的变更以及合同价款及支付相关变更,是合同变更的主要情形。

1.主权利义务变更起因

合同主权利义务变更通常有 3 种原因:当事人协商变更、法院或仲裁机构裁判变更、法律规定变更。

(1)当事人协商变更。协商变更合同内容是民法体系下当事人意思自治和缔约自由原则的体现,是合同严守原则的例外情形。合同履行过程中,因主客观因素,需要对合同内容做相应调整,这在合同实务中常见不鲜。当事人协商变更合同内容是合同变更的主流情形。

(2)裁判变更。法院或仲裁机构因合同当事人请求,依法对合同权利义务内容作出变更。通常因法定原因①,如情事变更和当事人违约原因,法院或仲裁机构应当事人请求而作出变更合同权利义务的决定。

(3)法律规定变更。这种情形主要是合同生效后,合同所适用的法律发生变化或颁布实施新法律,导致合同内容发生变化。我国《立法法》第93条规定,法律、行政法规、地方性法规、自治条例和单行条例、规章不溯及既往,但为了更好地保护公民、法人和其他组织的权利和利益而作的特别规定除外。据此规定可见我国新法适用是否溯及既往主要有两个原则:一是法不溯及既往原则,二是有利追溯原则。实践中,有的合同履行过程中所应遵守的法律发生变化,如税收、安全生产、环境保护等法律,正在执行中的合同必须满足现行法律规定,如税种和税率调整、环境保护指标提高等,相应需要变更合同内容。②

2. 常见合同主权利义务变更情形

(1)范围变更。主要指合同标的范围增加或减少标的种类。例如,建设工程承包合同在现有厂房工作范围基础上,增加厂区道路工程;办公用品买卖合同,增加打印机供应;成套设备供应合同将设备安装调试指导调整为设备安装调试服务;办公楼物业服务合同增加入室保洁等。合同标的范围变更一般会相应引起合同价款变更。

实践中,还存在合同标的种类变化,本书认为,如果这种情况只是部分标的变

---

① 在原《合同法》制度下,合同一方当事人因重大误解订立的合同或在订立合同时显失公平的,以及一方以欺诈、胁迫的手段或者乘人之危,使对方在违背真实意思的情况下订立的合同,均是当事人请求法院或仲裁机构变更或撤销合同的法定理由(参见原《合同法》第54条)。但在现行《民法典》制度下,欺诈、胁迫或乘人之危情形下所订立合同,直接构成可撤销理由(参见《民法典》第147条、第148条、第149条)。

② 合同实务中,虽然多数合同约定合同价款不随法律变化而变化,但一些合同价款条款明确载明合同价款中不含税金额、应纳税额,并约定如果税收法律变化导致应纳税额变化需要调整合同价款的,当应纳税额因法律变化而变化时,当事人应按约调整合同价款。

更的,可按照合同标的范围变更对待,但如合同标的种类全部改变的,本书更倾向认为按新合同对待。

(2)数量变更。合同标的数量变更主要包括标的物数量和履约工作量方面变更,包括标的物数量或工作量增减变更,例如股权并购由63%调整为67%,办公楼租赁面积增加200m^2,货物仓储延期3个月等。合同标的数量变更一般相应引起合同价款变更。

(3)质量变更。主要是标的物的质量标准变化,如实体标的物质量变化包括技术标准、规格型号、物理质量、性能质量、品质等级等变化;服务性标的物质量变化包括服务标准及等级、服务频次等变化。标的物的质量标准变化一般会相应引起合同价款变更。

(4)交付变更。合同交付变更主要包括交付方式、交付期限、交付条件等变更。交付方式变更因交付标的物不同而不同,如设备工厂交付调整为送货上门车板交货;交付期限变化包括提前交付、延期交付;交付条件变更也因标的物不同而异。合同标的物交付变更的,有的会引起合同价款变更。

(5)价款变更。合同价款变更通常因前述标的物范围、数量、质量、交付等变更而引起,但也有因合同约定或法律规定而引起合同价款变更,例如,公司股权并购合同约定,交易完成后对标的公司再次审计,若某些方面相比基准日审计结果有一定幅度变化,将调整合同约定的交易价格。

(6)支付变更。合同支付变更主要包括支付条件、支付工具、支付比例、支付主体、收款主体、支付期限等变更。合同价款支付主体、收款主体变更主要指依合同付款方指示由第三方向合同收款方支付合同价款,或合同付款方依合同收款方指示将合同价款直接支付给第三方,这种情形在合同法律体系下比较简单,但在财税法律体系下操作相对复杂,特别是在近年来强化"三流合一"情况下,实现前述支付路径变化,需要三方签订补充协议。

(7)期限变更。履行期限变更包括缩短履行期限和延长履行期限,前面所述合同范围、数量、质量等变更,有的也会相应引起履行期限变更;另外,由于合同履行客观情势发生变化,经当事人协商也可变更合同履行期限。

合同主权利义务变更的,双方应当以书面形式加以确认,一般以补充协议的形式或者合同约定构成合同组成部分其他书面形式,如会议纪要、合同变更确认单等,如合同对此没有约定的,以补充协议形式更为稳妥。

(三)合同保障辅助内容变更

合同保障辅助内容变更是合同主权利义务之外的变更,因各类合同不同而不同。这部分内容主要是因合同主权利义务变更而引起相应变更以及当事人协商变更,除关联主权利义务变更引起合同价款变更外,这类变更一般不会引起合同价款变化。常见变更如下:

(1)担保变更。从主合同变更管理角度看,此处担保变更特指由主合同债务人与债权人,不针对提供担保的第三人。担保变更包括担保方式、担保额度、担保期限等变更。例如,合同约定采用保证金,后调整为银行保函或母公司保证担保;合同主权利义务变更带动担保额度调整,或者一方行使履约抗辩权,另一方提供担保或增加担保额度;因主合同履约延期,相应延长担保期限等。

(2)约定条件和期限变更。有的合同约定合同生效条件或解除条件,或附合同生效期限或终止期限。当事人根据需要,变更合同所附条件或所附期限。

(3)监管措施变更。有的持续性合同约定一方对另一方履约过程的监管内容,履约方需要接受并配合对方监管,例如,委托开发技术合同约定委托人对研究开发人履约过程进行监管,因研究开发进展低于预期,双方同意委托方加强监管力度,如派驻监督人员等。

(4)救济措施变更。履约救济措施变更通常是履约方未能按约履行合同而采取约定补救措施后仍未改善,或在采取约定补救措施前已预判难以起到补救效果,双方协商采取其他补救措施。

(5)争议解决方式变更。主要是合同未约定争议解决办法,当事人协商采用仲裁方式解决争议而补充仲裁条款或仲裁协议;或者合同约定仲裁条款,但当事人协商采用诉讼方式解决争议而废止仲裁条款等。

合同保障辅助内容变更一般不会引起合同价款变更,从合同管理规范性角度讲,双方应以书面形式予以记载,一般不需要采用补充协议形式,但涉及争议仲裁的,必须是以具有协议性质的书面形式,最好以补充协议形式记载;另外,涉及合同效力附加条件或期限变更、与合同支付关联的担保变更的,要以合同约定构成合同组成部分其他书面形式记载,如会议纪要等,为避免内部管理歧义,不妨采用补充协议形式。

三、合同变更管理

合同变更是对合同内容调整,多数情况下,合同变更将直接改变当事人权利义务,因此,合同变更管理是合同管理的重要方面,而且,合同变更也是内外部监管如审计等重点关注事项,可见,合同变更管理的重要性不言而喻。

就企业合同变更管理而言,包括内部管理和外部管理两个方面。

(一)合同变更内部管理

合同变更内部管理通常包括以下事项:

1. 合同变更管理制度

为规范合同变更管理,企业应建立相应合同管理制度,尤其国有或国有控股企事业单位、企业集团、上市公司等,还应建立健全相应合同变更管理制度;企业合同业务多,一般应专门制定合同变更管理办法,合同业务相对较少的,可在合同管理办法中专章规范合同变更管理。

合同变更管理制度主要规范合同变更决策、合同变更管理机制、合同变更处理流程和审批权限等,涉及引起合同价款、履约期限等重要变更的,可比照新签合同流程。

2. 合同变更处理方式

一般合同变更是在现有合同基础上调整合同权利义务等内容,但国有或国有控股企事业单位合同以及合同属于法定招标项目,其变更涉及的标的物范围和数量等增加达到招标标准的,需要区分情况,若增加变更项与现合同标的物可分割,例如,合同标的物是高压开关柜,拟增加变更项低压开关柜,除要求使用相同品牌而无法分割外,低压开关柜应按照另外新合同办理,不应对现合同变更;若增加变更项与现合同标的物从技术上或客观上不可分割,例如,增加生产专用原材料数量,可以现合同变更处理。

3. 合同变更程序与审批

合同变更尤其主权利义务变更,无论是标的物范围、数量、质量、履约期限还是价格与价款变更,都会引起双方权益变化,从内部合同管理角度讲,需要规范相应审批流程,例如,质量标准变更,除涉及价格或价款等商务事宜外,履约交付方要评估能否提高或降低标准、能否满足法律要求,接收方要评估降低标准是否符合实际需要和法律强制要求等,因此,合同归口管理部门需要组织内部相关业务部门、商务部门等进行评估和评审。

对于所涉事项和金额不大的合同变更,可参照企业合同缔约阶段决策授权,履行评估和审批手续。但若合同变更涉及事项或金额重大,需要履行相应决策程序,如国有或国有控股企事业单位履行"三重一大"决策程序;有些企业或企业集团要求合同重大变更需要报经上级审批的,应按照要求履行上报审批程序。

4. 依据合理支持充分

合同变更改变原合同内容,特别是经过合同变更增加负担或减损权益情况,将是内部监管、审计或税务稽核等重点关注事项。因此,合同变更要有合理依据,如合同约定依据或法律依据;同时,对于合同变更事实部分要有充分支持文件,在处理变更过程中也要及时形成过程文件并留存,以备事后查询。

(二)合同变更外部管理

1. 合同变更程序与原则

当事人之间处理合同变更应当遵循一定的程序,有的合同约定相应变更处理程序,双方应按照约定履行变更程序;合同没有约定程序的,当事人之间也应临时建立基本程序,例如,买方提出修改设备某项指标,卖方对该指标修改进行技术评估并提出修改设备价格反馈,买方履行内部程序确定修改指标并同意卖方调价,然后双方签订合同变更文件。否则,直接拿出合同变更协议会很突兀,既不利于合同交易业务,也不符合内部监管要求。

处理合同变更中,要遵循合同原则,包含以下几个方面意思:

(1)变更定性认定要遵循合同原则。这在实务中容易产生两种倾向,一种倾向是应当构成合同变更的,对方不认可为合同变更,这在合同纠纷中比较常见;另一种是不应构成合同变更的,双方按照合同变更处理,这在合同审计中比较常见。这两种倾向都背离合同原则。合同变更定性认定应遵循合同约定,如合同没有约定,应遵循规范合同业务的法律规定。

(2)变更量认定要遵循合同原则。包括合同变更引起标的物数量和质量方面变化。认定变更数量一般要认定当前合同约定的标的物数量和变更后的数量,两者相差构成变更数量;标的物质量是否发生变更主要依据约定的质量标准进行判断。实务中,在认定合同变更量方面也存在前述变更定性认定的两种不当倾向,需要加以注意。

（3）变更价款要遵循合同原则。除双方单独就合同价款协商调整外,因合同变更量引起价款变更的,应按照合同约定的单价、费率等计算确定变更价款;合同没有约定相应单价、费率的,按照合同约定的计价办法确认;没有约定计价办法的,基于公平合理原则确定,实务中,也可对同类或相似标的物进行市场询价后将询价结果作为参考依据。

如果合同对合同变更定性认定以及变更量和相应单价、费率没有约定或没有约定相应原则和办法的,参照相关法律规定;法律没有规定的,参照该业务领域惯例。避免在合同变更认定上的主观随意性。

2. 合同变更表现形式

合同变更内容构成合同组成部分,除合同采用非书面形式外,合同变更应当采用书面形式予以确定。这既是约束当事人双方,也是当事人内部管理需要。

如果合同明确约定变更表现形式的,应按照约定的形式。实务中,有的合同约定采用补充协议形式,如"双方可以通过书面协议的方式对本合同进行补充";也有合同约定由双方签字盖章的变更单形式。

如果合同没有明确约定变更表现形式的,除当事人内部管理制度另有规定外,综合合同实践,本书认为涉及引起合同价款、支付、履约期限等事项变更的,应采用补充协议方式;不涉及这些内容的,可用补充协议形式,也可用包括纪要、确认函等双方均可接受的形式,但需有双方签字或其他可认定双方确认的方式。

需要注意,无论采用什么表现形式,都需要对合同变更的内容约定清楚,避免后期产生纠纷。按照现行法律规定,合同变更内容约定不明确的,推定为没有变更。① 这个原则与法律关于合同内容约定不明确处理原则是不同的。

3. 同等关注正负变更

合同管理实务中,一般把引起合同价款增加的合同变更称为正变更,引起合同价款减少的合同变更称为负变更。

合同正变更通常需通过双方"等价交换"实现,如买方要求增加设备质量标准,卖方相应要求提高设备价格,因此,合同双方都会关注正变更,遗漏正变更的可能性较小。但负变更则不同,通常情况下存在一方成为可能的"潜在受益"方,

---

① 参见《民法典》第544条。

例如,建设工程业主委托的设计单位修改设计文件,调低设备参数指标,业主将修改后设计文件转交给供货商,供货商按新参数指标制造设备,除业主要求供货商下调设备价格外,多数情况下供货商并不主动提出下调设备价格,这种情况下,需要业主积极主动提出合同价格变更。实践中,合同负变更遗漏现象比较常见,需要加强管理。

第二十八章 合同纠纷管理

一、合同纠纷管理概述

从法律和法理角度看,合同纠纷是合同当事人因合同的效力、解释、履行、变更、终止等而引起的争议。但若从实务角度看,合同当事人通常因其认为自身合同利益遭受损害或负担遭到加重而产生争议,因此,合同纠纷也可定义为,基于合同的效力、解释、履行、变更、终止等法律事实,合同当事人认为自身合同利益无端遭受损害或合同负担无端遭到加重而产生的争议。合同纠纷并不等于合同纠纷法律案件,只有进入诉讼、仲裁程序或调解程序等法律程序的合同纠纷,才是通常所称的合同纠纷法律案件或合同纠纷案件。

实践中,如当事人之间发生合同纠纷,特别是在当事人一方认为自己已经遭受损失或继续履约将遭受更多利益损失或加重负担的情况下,后续履约一般都会受到影响。因此,合同纠纷管理是合同管理的一个重要方面。

广义的合同纠纷管理不应当简单理解为合同纠纷诉讼或仲裁管理,应包含从合同缔结前和合同履行中的潜在纠纷预防、纠纷化解、纠纷非诉解决以及纠纷涉诉解决等内容。它不应归结为合同管理的一个环节,而是合同管理的一个重要方面。

据不完全统计,我国市场主体每年新签订经济合同数约40亿份,其中,履约率不到60%。[①] 当然,60%履约率并不表示其余部分都构成合同纠纷。实务中,合同未被实际履行原因通常有如下几种:一是合同本身并不具有直接履行性质,

---

[①] 参见组卷网,https://zujuan.xkw.com/7q8845934.html,2021年3月14日访问。

如意向协议、框架协议等,这些合同的实施需要当事人另行签订具体实施协议。二是效力待定合同。例如,未办理法定审批、登记备案手续,或合同约定的双方决策审批手续等,以及合同约定的履行条件尚未成就或履行期限尚未届至,如当年第四季度签订的合同、约定次年履行等。三是合同签订后,客观情况发生变化,双方协商中止或终止合同履行。四是合同因违约不履行或未按约履行。虽然这部分相对数量不会太高,但绝对数量不少。

合同未实际履行的情形是多样的,合同未履行并不表示都构成合同违约或合同纠纷,但每年发生的合同纠纷无论是数量上还是金额方面都是巨大的,仅通过诉讼途径解决的合同纠纷就是庞大数据,如 2020 年通过诉讼审理的合同纠纷达 886 万件。[1] 各类通过协商解决、争议僵持等的非诉合同纠纷数量可能更大,如有些企业经济合同支付纠纷造成暂时或长期不能收回合同款,在企业财务上形成应收账款,据不完全统计,截至 2012 年年底,全国企业应收账款达 20 万亿元,[2] 而且,这个数字随着企业经营活动不断增加而逐年增加,据国家统计局统计,2021 年,仅规模以上工业企业应收账款总额就达 18.87 万亿元。当然,存在应收账款并不表示付款方违约,只有在应收账款逾期未得到支付情况下,才构成付款方逾期付款违约。不管如何,加强合同纠纷管理意义重大。

二、合同纠纷管理功能与价值

谈到合同纠纷管理时可联想仲裁诉讼活动,但更要思考合同纠纷预防、化解以及非诉解决,促进合同顺利履行。因此,合同纠纷管理的功能和价值体现在三大方面。

(一)预防纠纷发生

当事人订立合同的目的是通过履行合同以达到预定目的,如买卖合同中,出卖人的目的是通过销售货物获得相应经济收益,买受人的目的通过付出金钱获得相应的物品。其实,每个合同都有相应的合同目的。因此,合同纠纷管理首要功能是避免或减少纠纷发生,从而促使合同顺利履行,进而实现当事人各自合同

---

[1] 参见《最高人民法院工作报告(摘要)》,载《人民法院报》2021 年 3 月 9 日,第 3 版。
[2] 参见《全国企业应收账款规模达 20 万亿元》,载中国财经网,http://www.ce.cn/cysc/newmain,2021 年 3 月 14 日访问。

目的。

预防合同纠纷发生工作在合同缔结和合同履约阶段可从不同角度开展。

1. 合同缔结阶段

在合同缔结前的纠纷预防管理,重点是对准备缔结合同项下的交易业务和交易条件的正确认知、相对方资信情况的了解、本合同可能发生纠纷的预判以及对可能发生的重大纠纷设置相应阻碍条件或疏导方案等。

(1)正确认识合同业务。合同实践中,不少合同纠纷根源在于一方或双方当事人对合同交易业务和条件没有适当认识,导致合同履行阶段发生履约困难或履约不能。例如,2020年年初新冠肺炎疫情突如其来,其中医用口罩是防护新冠肺炎疫情的一个重要物资,一度极为紧缺,为此,用于加工医用口罩的熔喷布相应紧缺,价格由此前市面上每吨7000~8000元,一路飙升到每吨几十万元。此间,口罩生产加工企业与熔喷布供应商之间的合同纠纷层出不穷,生产企业高价订购熔喷布后不能及时拿到货,供应商收了货款后组织不了货源,等到熔喷布货源充足时,口罩和熔喷布价格又都急速下跌,合同纠纷也因此产生了。新投资建设、改建、扩建的口罩生产加工企业,更多看到的是口罩的需求量和不断高企的价格,而对熔喷布货源以及价格等问题关注不多;而熔喷布供应商更多关注不断高升的价格,而对熔喷布货源关注不多,签订合同后无法组织货源,导致不能按约交货。

可见,对合同交易业务和条件的正确认知,是预防合同纠纷的重要方面。实践中,尤其当事人进入新业务领域、开展新业务,应事先对该领域和业务多做调查了解,对合同交易业务和条件有充分认知,以提高合同履约率,避免或减少后期合同纠纷发生。

(2)了解相对方资信情况。当事人良好资信是按约履行合同的一个重要保障。虽然多数市场主体本质上都愿意遵循诚实信用原则,但放眼充满竞争的世界各地市场,违背诚实信用原则的各类市场主体也不在少数。实践中,一些经济合同当事人之间是首次合作,相互不太了解,事前了解对方资信情况对保障合同顺利履行具有重要意义。当然,在了解对方资信时,既要了解其过去资信状况,更要分析其现在和后续履约能力、影响其履约的因素。

不少诉讼或仲裁案例都显示,当事人在订立合同前相互并不了解,因急于进行合同交易,"闪电"签约,甚至"闪电"付款或发货。

(3)预判可能发生的纠纷情形。预判合同履行中可能发生的纠纷情形,并对可能发生的重大纠纷事项设置相应阻碍条件或疏导路径,是合同缔结阶段对纠纷的高层次积极管理。设置违约金是阻碍合同纠纷发生的一个有效手段,但一些重大合同或重要合同能否顺利履行可能对当事人至关重要,这种情况下,违约金所发挥的作用是有限的,①因此,预判可能发生的重大纠纷情形,并在合同中设置相应阻碍机制或疏导机制对保障合同履行具有更好作用。例如,为预防重要设备可能发生的质量、进度问题,合同约定驻厂监造机制,对制造过程关键环节和工序进行监督、停检;咨询服务、技术开发、委托代理等合同设置相应报告机制和随机检查机制;与生产运营相关的合同,设置托管机制防止生产运营不善问题。

2. 合同履约阶段

一般来说,当事人在缔约阶段带有一定的理想和期待,即通过合同实现相应目的和目标,例如,社会资本参与 PPP 项目预期获得稳定的较高投资回报,合同买方预期获得满意货物等。但在履约阶段,尤其履约交付方将会面对各种现实问题,如对方未按约提供条件或支付进度款、缔约时预计的客观条件差异、市场价格波动等,这些因素都将或多或少影响履约交付方履行合同,有些因素甚至将直接阻碍一方履约,进而产生合同纠纷。

履约阶段合同纠纷预防管理涉及各个方面,总体上可从履约前期管理、履约过程管理以及履约交付管理来预防合同纠纷发生。在第二十二章合同履约前期管理、第二十五章合同履约过程管理、第二十六章履约交付管理中有详细分述,这里不再赘述。

上面提到的三个章节是以单个合同为视角。实务中,企业有多个各类合同同期处于履约情形,每个合同所遇到的状况也不尽相同,因此,需要建立合同纠纷预警和合同纠纷台账管理机制。

(二)化解合同纠纷

除简单合同外,当事人在合同履行过程中难免发生这样那样的分歧或纠纷,其中,大多数合同纠纷并不一定会形成法律纠纷案件,但有些纠纷如放任不管可能会发展成重大合同纠纷,影响后续履约。例如,前面章节列举的高压换热器进

---

① 合同实务中,绝大多数重大合同均设置违约金累计上限,常见有合同价款总额的 10% 和 20%,也有更高或更低的。

口合同案例中,因买方没有及时提供输入参数进而演进到供应商要求解约。因此,加强合同纠纷化解对促进和保障合同履行具有重要意义。

1. 正视合同纠纷

除当事人恶意违约外,大多数合同纠纷是由若干因素累积形成的,重大纠纷多由若干纠纷聚合而成的。因此,当事人要正视履约中发生的各类分歧和纠纷,并在合同原则下及时化解分歧和纠纷,一方面,避免纠纷越积越多、越积越大,增加化解纠纷问题难度甚或难以化解;另一方面,避免因此造成当事人之间善意和信任减少、不信任和恶意增加,形成履约对抗情绪,直至诉诸法律,这不利于合同履行,影响合同目的实现。

2. 及时合理化解纠纷

除当事人恶意违约外,多数履约分歧或履约纠纷形成之初是可以化解的,而且,此时化解纠纷代价比后期解决违约代价要小得多。例如,双方及时解决设备制造前对技术标准的分歧,与交货验收阶段设备因不合格需要更换相比,双方为及时化解分歧所承担的代价要小得多。因此,在履约阶段,如发生合同纠纷或分歧,双方都要本着诚实信用原则和合同利益共同体理念,及时化解合同纠纷或分歧,促进合同顺利履行。

合同履行过程发生的纠纷或分歧因合同种类和同类合同交易业务与交易条件不同而形态各异,在第二十二章合同履约前期管理、第二十五章合同履约过程管理和第二十六章履约交付管理中对主要内容均有述及,本部分不再赘述。

化解合同纠纷实务中需要注意如下两点:

(1)对方当事人恶意违约。虽然我国法律关于合同违约责任实行绝对责任,但从合同纠纷管理角度讲,需要区分合同违约性质而采取不同措施。实务中,有的当事人因对合同业务理解有误或自身履约能力不足,或市场波动带来履约成本大幅增加等,消极履约甚至有意不履约,对于这类情形,要依约或依法自我保护,如行使不安抗辩权等,不宜使用一般化解纠纷的办法。

(2)依约依法化解纠纷。化解合同纠纷或分歧的目的是促使合同履行顺利进行,化解纠纷要符合合同原则和相关法律规定,不实质性增加守约方义务负担或减少权益。当然,如双方因情事变更或其他原因协商变更合同内容的,按合同变更处理。总之,化解纠纷或分歧,既要实现促进当事人履约,也要经受起未来包括审计在内的检验。

(三)解决合同争端

发生合同纠纷后,特别是涉及金钱给付、交付物数量、质量以及迟延交付等直接关系当事人利益的纠纷,当事人双方都要正视和重视纠纷问题,既要积极以非诉协商方式解决纠纷,也要为可能通过法律途径解决纠纷做准备。

1. 合同纠纷解决方式

合同纠纷属于民事纠纷范畴,也有一些合同纠纷被视为商事纠纷,从我国民事法律规范看,商事纠纷属于民事纠纷组成部分,不管怎样划分,都是平等主体之间合同纠纷。[①] 基于此,传统合同纠纷解决方式主要包括协商、调解、仲裁、诉讼。

协商解决合同纠纷,是当事人直接通过协商方式解决他们之间的合同纠纷。协商方式是解决合同纠纷的主要方式,也是几种纠纷解决方式中最能促进履约和避免矛盾激化的方式。

调解解决合同纠纷,是指由第三人组织并主持,促使当事人协商解决纠纷的方式。调解中第三人,既可以是双方认可的自然人,也可是依法成立的调解组织,如有些仲裁机构设立相应的调解组织,以及进入诉讼、仲裁等法律程序后,法院或仲裁机构进行调解解决。需要注意,调解解决合同纠纷是在当事人自愿前提下进行的,即使在诉讼或仲裁程序中由法院或仲裁机构组织调解亦然。

仲裁、诉讼解决合同纠纷,指仲裁机构或法院依当事人申请或提起诉讼并按照仲裁规则或民事法律依法解决合同纠纷。我国民商事合同纠纷实行或裁或诉制度,即当事人协议选择仲裁解决纠纷的,法院不予受理当事人诉讼,反之,当事人没有协议选择仲裁的,仲裁机构无权处理纠纷。

除上述4种方式外,近些年还有形成一些新的纠纷解决方式,如建设工程领域的争议评审以及商事纠纷ADR[②]等方式,都是可以帮助当事人解决合同纠纷的创新方式。

2. 非诉协商解决纠纷

本书认为,当事人应基于诚实信用和公平合理原则依约依法通过非诉协商解决合同纠纷,大多数情况下,民商事"打官司"的结果往往会导致双方"撕破脸"。

[①] 依《政府采购法》形成的采购合同,就该合同权利义务而言,合同当事人也是处于平等地位的。
[②] 非诉讼纠纷解决机制,Alternative Dispute Resolution。

当然，本书并非主张畏惧"打官司"，当合同纠纷无法通过协商等非诉方式解决时，应当坚定通过诉讼仲裁等法律途径维护自身合同权益。

从国内民商事合同纠纷诉讼仲裁实践看，鲜有发生合同纠纷后立即诉诸法律程序的案例，多数"无解"合同纠纷是当事人"放任"纠纷发展，合同纠纷聚积和当事人互信受损造成的，最后不得不诉诸法律。实务中，除当事人恶意违约引起合同纠纷外，绝大多数合同纠纷都是可以通过非诉协商解决的，而且，及时通过协商解决合同纠纷可促进后续履约。不同的合同纠纷解决方案也不同，不同当事人对合同纠纷解决方案选择也不相同，因此，本书不一一列举各类合同解决方案。下面着重分述非诉协商解决合同纠纷应予关注的事项：

（1）正视并积极解决纠纷。有些合同纠纷，特别是在履约前期和履约过程中形成的合同纠纷，具有聚积性，即合同纠纷随着时间推移将连锁导致更多纠纷或加重纠纷争议性。例如，委托技术开发合同中，委托方不满意研究方的研究开发进展而暂停支付开发费，研究方因没有按时收到技术开发费而难以更好推进技术研究工作，导致技术研究开发进展离合同约定目标越来越远；又如，合同价款支付问题发生分歧，当事人久议不决或付款方久拖不付，导致当事人对付款纠纷的善意减少、恶意增加。因此，除恶意违约引起的合同纠纷外，当事人要正视纠纷问题，及时善意协商解决纠纷，以促进双方履约。

（2）依约依法解决纠纷。通过协商方式解决合同纠纷时，首先应在合同原则下进行，合同没有涉及的，按照相关法律规定或原则解决，除政府采购合同的采购方、国有或国有控股公司以及上市公司外，当事人为解决纠纷、促进后续履约，在合理限度内可做相应让步。但政府采购合同的采购方、国有或国有控股公司、上市公司以及监管要求严格的企业在协商解决合同纠纷中，特别涉及金钱给付、交付物数量、质量等纠纷的解决，要严格依约依法进行，既要有充分事实依据，也要有相应合同依据或法律依据，避免今后难以通过包括审计在内的监督检查。

实践中，有的国有或国有控股公司、上市公司等合同主体，在处理金钱给付、交付物争议等合同纠纷中，一方面担心协商解决纠纷将难以经受内部审计等监督检查，另一方面又担心诉诸法律败诉而受到内部追责，特别在争议标的额大的情况下，左右为难，错失协商解决时机。

本书建议上述合同主体及其上级主管单位，制定内部监管制度时适当考虑市场运行特点，赋予合同履行部门依约依法协商解决合同纠纷的灵活机制，更好促进合同履约。

（3）履行没有争议内容。除合同纠纷构成当事人根本性违约外，合同纠纷未得到解决或双方对解决纠纷方案尚未达成一致的，基于诚实信用原则，对于没有争议部分应当按约履行，避免产生新的合同纠纷甚至形成新违约。例如，建设工程总承包合同进度款由设计费、设备材料费、施工费等构成，如果双方对施工费数额有分歧，并且短期难以达成一致的，发包方应及时将当期设计费和设备材料费支付给承包商。从另外一个角度看，虽然发包方未支付当期施工费，但这是因双方对施工费数额存有争议，不同于发包方无端拒绝支付工程款的违约行为，承包商应按约继续履行施工义务，不宜适用先履行抗辩权。

实践中，如果合同纠纷是一方或双方根本性违约所致，或一方当事人恶意行为所致，如发包方以没有事实依据的理由指摘承包商申请工程进度款金额错误而不予支付工程款，或买卖合同的出卖方编制理由一再推迟交付标的物，那么，对方当事人不妨行使法律赋予的先履行抗辩权或不安抗辩权，暂停履行合同，避免遭受损失。

（4）必要时引入第三方机构。在协商解决合同纠纷实践中，所涉争议金额大或交付物争议情况复杂，对引起合同纠纷的事实认定和适用合同或法律依据等方面难以定论的，可以聘请第三方专业机构协助。例如，聘请审计机构或造价咨询机构对所涉争议金额进行审计或审核，聘请专业机构对交付物质量或瑕疵以及导致瑕疵或质量问题的原因进行评估，外聘律师对合同纠纷处理方案进行审查等，参考综合第三方专业意见解决合同纠纷。这样的解决结果更具合理性，对内对外也更有说服力。

前面提到的国有或国有控股公司、上市公司等合同主体，在处理金钱给付、交付物争议等合同纠纷面临两难困局时，可借助第三方机构提供专业咨询，既可依约妥善解决合同纠纷，一定程度上也回应日后内控审计监督的疑虑。

（5）规范手续。当解决涉及价款、重要商务事宜、交付物数量与质量以及其他涉及权利和权益违约事项的合同纠纷解决时，除要有充分事实基础和合同或法律依据外，还应有规范手续。规范手续包括当事人之间解决纠纷的手续文件以及当事人内部决策、审批等手续。

就当事人之间解决合同纠纷而言，除对合同文件理解分歧等非实体性纠纷外，涉及解决权利、利益、义务、责任等实体性合同纠纷的，双方一般会向对方作出某种允诺,为促使当事人践行允诺,双方最好形成书面文件,把纠纷形成主要原因、归责依据及归责情况、解决方案及各方后续行动记述清楚。这样,既便于事后实施,也可避免产生新纠纷。

当事人内部管理方面。一方面,合同管理部门加强对合同纠纷监管,避免合同执行部门在解决纠纷中牺牲单位权益,或纠纷未被妥善处理而影响合同履行或演变为法律纠纷。另一方面,有的合同纠纷需要经过单位内部相应的决策程序或审批手续,在处理合同纠纷过程中要严格履行这些程序和手续,以经得起日后审计等监督检查。

3. 涉诉解决纠纷

实践中,有些合同纠纷难以通过非诉协商方式解决,或者当事人未对合同纠纷有效管理,最终走上通过诉讼或仲裁等法律程序解决纠纷之路。虽然本书主张当事人在履约过程中尽可能通过协商方式解决合同纠纷,但如果存在恶意违约,或者当事人通过协商不能达成一致,或者有的合同当事人认为通过法律途径解决纠纷更有说服力,那么,民事诉讼或商事仲裁程序,也是解决合同纠纷的有效方式。

诉讼或仲裁方式是解决合同纠纷的终极途径,当事人需要自觉执行生效裁判,否则,将被法院强制执行。

鉴于合同纠纷通过诉讼或仲裁等法律途径解决的严肃性,以及诉讼或仲裁活动的专业性,本书将在第三十三章诉讼与仲裁中进行专章分述。

PART 04

第四部分

合同收尾阶段

第二十九章 合同文档管理

合同文档是指合同形成、执行直至关闭全过程所形成的档案文件材料和非档案文件材料,包括文字、图表、声像等形式的记录。合同文档管理是合同管理的一项重要内容,也是企业管理的一项重要内容。[①]

一、合同文档管理价值

合同文档可分为广义和狭义两个范畴。狭义的合同文档是指应纳入企业档案范围的合同文件材料;广义的合同文档包括应纳入企业档案范围的文件材料和不纳入企业档案范围的合同活动文件材料。其中,狭义合同文档是企业档案的重要组成部分,是企业依法必须纳入档案管理的内容。《档案法》第13条第1款规定,直接形成的对国家和社会具有保存价值的下列材料,应当纳入归档范围:……(2)反映国有企业事业单位主要研发、建设、生产、经营和服务活动,以及维护国有企业事业单位权益和职工权益的;第2款规定非国有企业、社会服务机构等单位依照前款第2项所列范围保存本单位相关材料。可见,企业合同文档管理是企业法定义务和责任。

合同文档管理除属于企业法定义务和责任外,就合同管理而言,还具有保存、追溯、凭证和参考等价值。

(1)保存价值。合同文档是对过去和现在合同活动的历史记录,是对合同活

---

① 政府采购合同档案管理纳入机关、团体、事业单位相应档案管理体系中,本章主要阐述公司企业合同文档管理。

动过程的保存。这是所有档案文件的基本价值。

（2）追溯价值。合同活动是企业经济活动的一种表现，而合同档案是对合同活动的原始记录，如合同文件是当事人对交易对价和条件的原始记录，履约过程文件是对交易活动的原始记录，因此，合同档案文件是对企业合同活动或业务交易活动的再现和追溯，如招投标过程文件再现合同价格形成过程。合同文档追溯价值体现在再现合同活动全过程。例如，一项特许经营合同，约定合作对方向第三方销售产品生产过程伴生品时，10%用于冲抵合同结算价款，90%冲抵照付不议量。审计组询问为什么冲抵结算价款只有10%，而不是更高比例。当时合同谈判人员解释，按照当时招投标模式，伴生品属于对方所有，合同约定的10%冲抵结算价款、90%冲抵照付不议量是谈判组尽最大努力并采取极限施压方式争取的额外利益，并回忆当时谈判该议题时向对方施压并中断谈判情景，因没有文件支持，审计组不接受解释。后来，在该合同大量档案文件中找到一份电子邮件打印件，对方谈判组负责人在被迫中断谈判后于酒店给该方谈判组负责人写的邮件，用数据解释不能让步的原因和投标价格考虑的具体因素，同时表达暂不离开谈判城市，希望返回谈判桌。审计组看到这份档案文件后，重新对招标投标文件进行审查，认为确属谈判组争取的额外利益。

（3）凭证价值。档案文件记载内容反映当时真实思想和活动的原始记录，档案文件形成具有原始性，因而，档案文件具有相应的凭证价值。实务中，合同文档的凭证价值有时比其他档案的凭证价值更大，如用于追溯合同活动，这在企业经济责任审计、纳税及税务稽核以及各类检查中都被使用到，另外，合同文档还是合同纠纷法律案件中最直接、最重要的证据。

（4）参考价值。随着市场经济发展和法治体系完善，企业合同活动和合同管理活动也在不断变化，通过对过去合同活动经验教训分析总结和参考借鉴，可以不断改进企业现在和未来合同活动和合同管理。

二、合同文档保管期限

纳入档案管理的合同文档保管期限，原则上不少于企业相应档案保管期限，未纳入档案管理的合同文件材料保管期限，根据文件材料重要性而定。

企业文档保管期限分为永久和定期两类,其中,定期分为 30 年和 10 年两种。[①] 因此,企业合同文档归档保管期限包括永久、30 年、10 年三种期限。

从狭义合同文档看,常见合同文档保管期限如下。

企业合并、分立、改制、上市、破产、解散或其他变更公司形式等过程中形成的文档为永久保管;

企业资产与产权转让、买卖、抵押、租赁、许可、变更、清算、评估、处置、注销等资产变动文档为永久保管;

企业在并购、参股、股权受让、基金业务及债权型投资等投资业务中形成的除决策文件、财务报告等文件资料外,重要的为永久保管,一般的保管期为 30 年;

企业非资本经营业务中与会计师、审计、律师事务所等机构往来文档重要事项为永久保管,一般事项保管期为 30 年;

企业与其他单位或个人发生业务关系签订的战略合作协议、重要谈判的合同协议为永久保管;

企业与其他单位或个人发生业务关系签订的长期合同或协议及其补充协议,重要的为永久保管,一般的保管期为 30 年;

企业与其他单位或个人发生业务关系签订的短期合同或协议及其补充协议,重要的保管期为 30 年,一般的保管期为 10 年;

建设工程项目招投标、协议、合同、申请、审批等文件材料永久保管;建设工程项目检查、竣工验收、重要的专项报告、审批意见永久保管;

物资采购审批手续、招投标文件、合同、协议等,重要物资的保管期为 30 年,一般物资的保管期为 10 年;

企业产品与服务协议书、委托书、合同等为永久保管;

企业销售合同、协议、函件为永久保管;售后服务文件材料保管期为 30 年;

企业在国际交往中签订的协议、协定、备忘录、重要的会谈记录、纪要等为永久保管;

合同纠纷法院判决书、调解书等诉讼和仲裁等文件材料为永久保管;

合同履约交付物为书面材料的属于归档范围,保管期限因交付物不同而不同,如建设工程设计文件、环境影响评价书等均为永久保管。

---

① 参见《企业档案范围和保管期限规定》第 7 条。

三、合同文档范围

因合同交易决策、合同采购方式、合同交易业务、合同履行过程等不同，所形成的文档也不尽相同，实践中，根据每个合同情况确定合同文档范围。下面以招标采购合同形成的合同文档为例，为便于理解，暂且不按档案规则对文件排序，而按合同文档形成时间排序，主要如下：

合同启动审批文件，一般包括合同启动申请和审批文件，重大合同业务还包括决策文件；

合同策划文件，包括合同策划文件评审与审批文件；

招标文件形成，包括完整招标文件评审与审批文件；

最高投标限价文件，包括最高投标限价文件和审批文件；

标底文件，包括标底文件和审批文件；

招标委托文件；

招标公告；

招标文件（用于发售），包括潜在投标人购买招标文件记录表；

投标人资格审查文件，包括投标人资格文件、资格预审等文件；

澄清文件，包括招标人主动澄清文件和投标人询问答疑澄清文件；

评标委员会形成文件，重点是评标委员会中采购方代表人员形成文件；

延标文件，主要包括采购方延迟开标决定及原因等文件；

开标文件，包括开标记录、监标记录等文件（包含在评标报告中）；

中标人投标文件，包括投标函、授权委托书、商务标、技术标等完整文件；

非中标人投标文件（实践中，有的单位将中标备选人的投标文件纳入归档范围）；

清标报告（如有，实践中，有的招标项目需要清标，有的则不需要）；

评标澄清文件；

评标结果公示文件，包括公示期间投标人投诉及处理文件；

中标确认文件，包括对中标确认的审批文件；

中标通知文件，包括中标通知书以及中标人接受中标确认函；

合同谈判纪要或记录文件，以及谈判过程中往来重要传真、邮件和电子邮件等函件；

合同评审与审批文件；

合同文件，包括双方签订人员授权文件；

合同履约文件（这部分文件多，一般分解到各专业业务归档范围，如合同支付文件纳入财务档案，设备交付、测试、考核等文件纳入生产类档案，具体根据每个企业档案管理分类要求）；

合同履行过程中双方往来的与合同直接关联的文件（如对合同条款解释、催款函、催交函等）；

合同变更文件，包括变更审批文件；

合同补充协议，包括补充协议审批文件；

保函文件，包括保函延期、释放等文件；

合同结算文件，包括结算申报文件和经双方确认结算文件；

合同纠纷文件，包括合同纠纷处理结果文件；

合同关闭文件，包括内部关闭文件和双方关闭文件。

上述所列文件属于应当归档的合同文件，除此之外，实务中还会有一些其他文件，虽非归档范围，但可作为合同管理工作文件保管一定期限。

四、合同文档管理

合同文档是企业档案组成部分，总体上，合同文档应按照企业档案统一管理，这里不做过多赘述。但从合同管理角度看，合同文档管理还要注意以下几点。

一是合同文档管理制度。合同文档与企业其他文档有所不同，企业其他文档多有专属性，如企业资产文档多由资产管理部门形成或归口接收，企业设立、变更、解散等文档由企业管理部门形成或归口接收，而合同缔结前期文档有相应专属性，但合同履约阶段文档则分散到企业多部门甚至全企业。因此，如果企业经营范围宽，合同活动多，最好制订专项合同文档管理制度，具体规定合同文档范围与保管期限、各类合同文档归集责任部门、归集办法，特别明确履约阶段合同文档范围与归集责任部门等，避免合同文档缺失。

二是档案与工作文件。首先，要对合同活动过程进行原始记录，形成活动文件，避免追溯、查证需要时无从查找，轻则认为合同管理不当，重则造成企业损失或个人担责，如在合同纠纷诉讼仲裁中，时常发生当事人主张因举证不能而败诉。其次，合同管理部门组织各相关部门尤其合同执行部门及时归集整理合同活动文件。最后，按照档案管理制度甄别合同活动和管理活动档案文件，及时归档；同时，根据合同管理工作需要，建立相应工作文档，以便日常合同管理使用。

三是做好保密。合同文档中多数属于企业保密文件范围，包括合同形成过程中的相关决策文件、合同形成过程文件、合同文件中商务和技术等方面文件，以及履约过程形成的一些文件。对合同文档进行保密管理，既是本企业商业秘密管理需要，同时，也是为相关方信息保密的责任，如投标人的投标文件包含投标人商业秘密、对方交付物包含其知识产权等。

第三十章 合同审计

一、合同审计概述

1. 审计概述

合同审计是内部控制审计的重要内容,也是外部经济责任审计不可忽略的重要内容。

依我国《审计法》定义,审计是指审计机关依法独立检查被审计单位的会计凭证、会计账簿、财务会计报告以及其他与财政收支、财务收支有关的资料和资产,监督财政收支、财务收支真实、合法和效益的行为。[①] 财政收支,主要是指依照《预算法》和国家其他有关规定,纳入预算管理的收入和支出。就合同管理审计而言,政府采购合同支出属于财政资金支出。财务收支,是指国有的金融机构、企业事业单位以及依法应当接受审计机关审计监督的其他单位,按照国家财会制度的规定,实行会计核算的各项收入和支出,也就是说,国有金融机构、企业事业单位等组织的合同收支也属于被审计范围。从审计法角度看,审计机关进行审计主要针对财政收支或财务收支的真实性、合法性和效益性。审计既包括外部审计,也包括内部审计。

内部审计是内部管理的一个方面,主要是通过检查、评价来进行内部监督并提出改进意见和建议。依《关于内部审计工作的规定》,内部审计是指对本单位及所属单位财政财务收支、经济活动、内部控制、风险管理实施独立、客观的监督、评价和建议,以促进单位完善治理、实现目标的活动。[②] 可见,内部审计范围和内容

[①] 参见《审计法实施条例》第 2 条。
[②] 参见《关于内部审计工作的规定》第 3 条。

更宽,除财政财务收支外,还包括经济活动、内部控制、风险管理等。

随着内部控制纳入管理以后,特别是企业风险内部控制管理的引入以及近年来国有企事业单位加强合规管理,内部审计越来越加强。合同是企业经济活动的重要载体,因此,合同活动是审计的重要对象和目标。

从审计角度讲,对政府采购合同和企事业单位合同审计,一般包括对合同活动实施单位和合同执行单位的合同管理制度在内的内部控制等风险防控系统健全性,具体合同采购活动的真实性、合规合法性、效益性,以及合同执行过程和效果等进行审计。

在外部审计或内部审计实践中,如对单位主要负责人离任经济责任审计或任中经济责任审计,经济合同是必须抽审内容;另外,属于政府采购的建设工程、国有或国有控股企业建设工程也要履行审计程序,如工程结算审计、工程决算审计、工程项目管理审计等,相应合同都是审计主要内容;企业投资、并购重组等,也必须经过专项审计;单位内部控制管理审计,经济合同也是必须抽查审计的内容;合同管理专项审计,是专门针对合同活动和合同管理活动进行审计。

就合同审计而言,包括监管者对合同实施单位监管审计和合同实施单位接受监管审计两个角度。本书力求将两个角度糅合进行论述。

2. 合同审计目的

合同审计的目的主要包括两个方面:

一是就具体合同审计微观角度来说,审计的目的在检验合同决策、缔结、履约以及合同管理是否存在问题,以及对存在的问题进行整改。

注意:实践中,对审计发现的问题进行整改,包括改正整改和整改措施两种形态,主要看所存问题能否逆转。例如,发现合同结算多计算价款金额,多算部分金额应予扣除不予支付,已经支付的,需要返还。这类问题可以逆转,需要改正,即把多支付款项要回来。另一类问题是既成事实不可逆转,如先签合同后发中标通知,客观上是不可逆转的,对这种情况,责任单位需要查找原因,如合同管理制度不健全,通过修订合同管理制度来杜绝今后重复犯错。

二是就合同管理总体来说,审计目的在于通过合同审计发现共性问题,分析合同管理制度、体系、机制和要求是否存在缺陷,并不断改进提升。如发现合同签订授权不规范问题,需要分析是否存在授权管理办法以及该管理办法是否全面规范,如存在缺陷,立即制订或修订授权管理制度;如授权管理制度健全规范,但经办人员没有执行授权管理制度,那么,需要加大管理制度培训和执行检查力度。

二、合同管理体系审计

合同管理审计首先审查企业内部控制体系,重点审查与合同活动相关的内部控制体系。就企业合同管理制度体系而言,要求把合同全流程内部控制纳入合同管理制度体系中,因此,企业合同管理制度体系也是内部控制体系的组成部分。

纳入合同管理审计范围的合同管理体系,包括狭义的合同管理制度,如合同立项、合同缔结、合同执行等管理制度,也包括与合同活动相关的更广义的管理制度体系,如包括"三重一大"决策机制、合同收付款财务管理制度、合同纠纷诉讼管理制度等在内的相关制度体系。

合同审计在管理制度体系方面重点关注如下内容:

一是企业是否建立健全相应内部控制体系,以及内部控制体系是否有效。

二是企业是否建立健全合同管理制度体系,包括合同立项决策制度、招投标管理、授权管理、合同过程管理制度等,以及这些管理制度是否符合国家相关法律法规以及上级单位规章制度,包括:(1)合同立项决策制度,是否符合"三重一大"决策机制、上级管理制度要求;(2)招投标管理制度是否符合招投标法、政府采购法相关强制性规定和程序要求,是否符合上级单位关于招投标管理制度要求等;(3)合同缔结阶段管理制度是否包含内部审批,是否符合上级制度要求的提级审批、上报备案,是否符合法律规定履行政府机构审批、登记备案等;(4)合同执行阶段,是否建立合同执行相关管理程序,合同执行程序是否符合企业管理制度和上级相关管理制度要求,是否有效覆盖合同执行过程,是否具有有效性和可操作性等。

例如,审计组对合同管理内部控制体系审计时指出:该企业制定了相应《采购执行计划》《采购管理规定》《采购流程图》《采购文件编码规定》《采购物资编码规定》《现场库房管理程序》,但采购流程及工作程序只列明了流程图,未结合采购业务流程对业务办理及审批权限进行相应的规定,程序文件简单、抽象,不具备指导性。因此,认定企业合同管理内控体系不健全不完善,管理程序与制度不能有效覆盖业务决策、执行和监督的全过程,未明确请购、审批、购买、验收、付款后评估等环节的职责和审批权限,不利于采购工作人员按照规定的审批权限和程序办理采购业务,对采购日常管理工作不具备足够的指导性与约束性。

合同活动是企业生产经营活动组成部分,从宏观角度讲,合同活动更是企业主要经营活动,在强调风险内控和合规管理的大环境下,特别是国有或国有控股企业以及上市公司等企业类市场主体,需要建立健全完善的合同管理内部控制体系。该体系是否健全完善,可从纵横两个维度评判:

横向维度:内部控制体系是否有效覆盖合同活动的决策、执行、监督三条全流程线。

纵向维度:合同管理制度是否有效明确合同立项、决策、招投标、缔结、履约、验收、支付、变更、后评价等环节的权责。

三、合同缔结阶段审计

就具体合同而言,合同立项、采购方式、招投标询价过程、评标定标、合同签订等,每个方面都包含诸多具体事项。本书在此以招投标合同为例,就一些常见重要问题分述如下,其他具体细项不做赘述。

(一)合同立项阶段

从采购方角度来讲,关注合同采购项目是否必要以及是否达到招标采购条件,在此基础上,重点关注:

(1)是否需要履行法定审批程序,包括法律规定的审批程序和内部制度规定的审批程序,如政府采购法定审批备案、上级审批等手续;

(2)是否履行内部决策程序,属于"三重一大"事项的,需要按照"三重一大"决策机制进行决策程序等;

(3)合同项目的必要性、真实性;

(4)重大合同或政府采购合同开展采购活动所需条件是否具备,如招标条件、资金等。

从供方角度来讲,关注供方参与的合同立项决策,尤其那些金额大、商务条件苛刻以及需要担保等条件的合同,内部分析评估和决策在这个阶段十分重要。

在实务中,诸如合资合作、股权转让或并购、投融资等合同,多不采用招投标方式,审计更多关注决策合规性、交易设置合理性以及经济性。

国有或国有控股企业尤其需要注意:对于重大和重要合同业务必须依法依规履行决策程序,否则,违规经营投资将被追究责任。例如,按照《关于建立国有企业违规经营投资责任追究制度的意见》(国办发〔2016〕63号)规定,为落实国有资本保值增值责任,完善国有资产监管,防止国有资产流失,国有企业经营管理有关人员违反国家法律法规和企业内部管理规定,未履行或未正确履行职责致使发生下列情形造成国有资产损失以及其他严重不良后果的,应当追究责任:

(1)购销管理方面。未按照规定订立、履行合同,未履行或未正确履行职责致使合同标的价格明显不公允。

(2)工程承包建设方面。未按规定对合同标的进行调查论证,未经授权或超越授权投标,中标价格严重低于成本,造成企业资产损失。

(3)转让产权、上市公司股权和资产方面。未按规定履行决策和审批程序或超越授权范围转让。

(4)投资并购方面。未按规定履行决策和审批程序,决策未充分考虑重大风险因素,未制定风险防范预案等。

(二)采购方式

在采购方式方面,关注点较多,也是合同审计中出问题较多环节,对于未达到招标标准的,采用非招标方式内部审批程序;达到招标标准的,关注是否规避招标、标段(合同包)划分、潜在合作主体资格条件设置、评审办法等。

1. 是否存在规避招标

前面章节已分述招投标法和政府采购法规定的法定招标范围和标准,另外,有些大型企业或企业集团在法律基础上规定了内部招投标范围和标准,这也是需要遵守的内容,同时也是合同审计中一个重点关心领域。实践中,常见规避招标问题主要有以下几大类情形:

一是"化整为零"规避招标。主要是将本应招标采购合同项目,不合理分解成若干个合同包,单个合同包没有达到招标限额,采用非招标方式采购。在政府采购中,如在一个财政年度内,采购人将一个预算项目下的同一品目或者类别的货物、服务采用公开招标以外的方式多次采购,累计资金数额超过公开招标数额标准的,属于以"化整为零"方式规避公开招标,但项目预算调整或者经批准采用公开招标以外方式采购除外;①《必须招标的工程项目规定》第5条第2款规定,同一项目中可以合并进行的勘察、设计、施工、监理以及与工程建设有关的重要设备、

---

① 参见《政府采购法实施条例》第28条。

材料等的采购,合同估算价合计达到前款规定标准的,必须招标。反之,若没有合并招标的,将构成化整为零规避招标。例如,大型建设工程项目采购风机,在同一段时期内,先后签订3份采购合同,每份合同金额均未达到招标限额标准,因此可采用询价采购,但3份合同总额超过公开招标标准。为此,审计认为该风机采购属于"化整为零"规避招标。

二是曲解法律规定规避公开招标。常见采购人滥用法律规定的例外情形采用邀请招标,规避公开招标。包括《招投标法实施条例》第8条规定的两种情形,《政法采购法》第29条规定的两种情形。

三是歪曲法律规定规避招标。主要是曲解《招投标法》及其实施条例规定的六种情形不招标,[①]曲解《政府采购法》第30条、第31条、第32条规定情形不招标。需要特别注意,依据《政府采购法》第31条的规定,从政府采购合同履行中追加与合同标的相同的货物、工程或者服务的采购金额不得超过原合同采购金额的10%。

2. 标段或合同包划分是否合理

标段或合同包划分是否通过规模过大或过小的不合理划分,保护有意向的潜在投标人,限制或者排斥其他潜在投标人,或者按照潜在投标人划分标段,使每一潜在投标人均有可能中标,导致招标失去意义。

实践中,对同性质工程划分若干标段,如大型建设项目土建施工工程、安装工程等,招标文件规定投标人可以参与各个标段投标,但考虑履行合同能力,只能中标一个标段。几个投标人均参加投标,最终分别中标一个标段。对于这种情况,从审计角度就要分析标段划分科学性,以及每个投标人投标文件合理性。

3. 投标资格设置是否合理

投标人资格设置应当满足合同业务履行客观实际需要和法律规定。投标人资格条件包括专业资质、能力等方面,应当与履行合同业务相匹配。资格条件设置过高,排除了一些本可参与的潜在投标人,资格条件设置过低,一方面难以保证

---

① 六种可不招标情形包括:涉及国家安全、国家秘密、抢险救灾或者属于利用扶贫资金实行以工代赈、需要使用农民工等特殊情况,不适宜进行招标的项目;需要采用不可替代的专利或者专有技术;采购人依法能够自行建设、生产或者提供;已通过招标方式选定的特许经营项目投资人依法能够自行建设、生产或者提供;需要向原中标人采购工程、货物或者服务,否则将影响施工或者功能配套要求;国家规定的其他特殊情形。

合同顺利履行,另一方面也导致真正有竞争力的潜在投标人放弃参与竞争,最终选择到不合适的供应方。

例如,大型建设工程项目招标采购商品混凝土,对混凝土供应商资质要求至少三级,最后三级资质的混凝土供应商中标。由于该工程所需混凝土也包括特种混凝土,而特种混凝土生产资质要求为二级及以上资质。从这个角度看,中标的供应商资质并不满足商品混凝土生产规范要求。

4. 是否设置其他不合理限制或排斥条件

这方面主要是采购人有针对性地设置一些限制或排斥条件。

《招投标法实施条例》规定了七类限制或排斥条件情形:

(1)就同一招标项目向潜在投标人或者投标人提供有差别的项目信息;

(2)设定的资格、技术、商务条件与招标项目的具体特点和实际需要不相适应或者与合同履行无关;

(3)依法必须进行招标的项目以特定行政区域或者特定行业的业绩、奖项作为加分条件或者中标条件;

(4)对潜在投标人或者投标人采取不同的资格审查或者评标标准;

(5)限定或者指定特定的专利、商标、品牌、原产地或者供应商;

(6)依法必须进行招标的项目非法限定潜在投标人或者投标人的所有制形式或者组织形式;

(7)以其他不合理条件限制、排斥潜在投标人或者投标人。

《政府采购法实施条例》第20条规定政府采购中八类情形差别待遇或者歧视待遇:

(1)就同一采购项目向供应商提供有差别的项目信息;

(2)设定的资格、技术、商务条件与采购项目的具体特点和实际需要不相适应或者与合同履行无关;

(3)采购需求中的技术、服务等要求指向特定供应商、特定产品;

(4)以特定行政区域或者特定行业的业绩、奖项作为加分条件或者中标、成交条件;

(5)对供应商采取不同的资格审查或者评审标准;

(6)限定或者指定特定的专利、商标、品牌或者供应商;

(7)非法限定供应商的所有制形式、组织形式或者所在地;

(8)以其他不合理条件限制或者排斥潜在供应商。

需要特别注意,无论是对于审计机构,还是对于采购人或合同主体,上述招投标法和政府采购法规定的情形是原则规定,在实践中,存在一些特殊例外情形。

例如,招标人投资建设新技术工厂,对工艺装置建设工程总承包进行招标,在招标前,招标人已选定工艺技术,该工艺技术专利商为保证工厂装置工艺性能以及保护其知识产权,在工艺技术许可协议中要求招标人须使用专利商指定的专有设备和催化剂等。

【点评】该例子中,专利商为保证工厂性能指标以及保护知识产权,要求招标人在该工程总承包中使用指定的专有设备和催化剂供应商,不应被认为不合理限制或排斥。

又如,采购人向3家供应商询价采购仪表设备,但询价文件中关于仪表设备的技术文件则是由采购人和其中一家供应商前期交流确认的技术文件,导致另外两家供应商没有按照询价文件报价。

【点评】该例子是典型的就同一采购项目向供应商提供有差别的项目信息,应属于差别待遇或者歧视待遇。

(三)招标询价过程与评标

对招标评标等活动,从审计角度关注操作过程是否规范,如公告时间、投标时间、澄清答疑、文件提交、资格评审等,这一般由专业招标代理机构组织,在这里不做赘述。

此外,还要重点关注评标委员会组成是否合规、评标是否异常,以及投标人是否有串标、围标等。

1. 评标委员会组成是否合规

评标委员会一般由招标人代表和专家组成,招投标法规定,依法必须进行招标的项目,其中技术、经济等方面的专家不得少于成员总数的2/3,也就是说,招标人代表不得超过评标委员会的1/3。

2. 评标是否异常

评标异常情况有的可以通过评标过程文件反映出来,有的则需要通过其他方式反映出来。《招投标法实施条例》第71条规定的八类情形是判断评标是否异常的依据:

(1)评标委员会成员应当回避而不回避的。评标委员会成员与投标人有利害关系的,应当主动回避。

(2)评标委员会成员擅离职守。

(3)评标委员会成员不按照招标文件规定的评标标准和方法评标。这在实践中时常发生,在审计中也容易发现,如评委对投标人评分过高或过低,特别是其他评委对某投标文件评分普遍较高或较低,而某评委对该投标文件评分奇低或奇高。

(4)评标委员会成员私下接触投标人。

(5)评标委员会成员向招标人征询确定中标人的意向或者接受任何单位或者个人明示或者暗示提出的倾向或者排斥特定投标人的要求。

(6)评标委员会成员对依法应当否决的投标不提出否决意见。对投标否决有相应法定标准,包括七大类[①]:

①投标文件未经投标单位盖章和单位负责人签字。这一点很清楚,在评标中一般不会出现差错。

②投标联合体没有提交共同投标协议。联合体投标的,必须提交联合体协议或共同投标协议。

③投标人不符合国家或者招标文件规定的资格条件。这点也非常清楚,评标过程也不容易出问题。

④同一投标人提交两个以上不同的投标文件或者投标报价,但招标文件要求提交备选投标的除外。

⑤投标报价低于成本或者高于招标文件设定的最高投标限价。对于招标文件设定最高投标限价的,比较容易把握,超过限价即被否决;实践中对于报价低于成本的把握相对困难一些,这个成本价如何界定和掌握?例如,建设工程招标,某投标人正在该工程附近承建同类工程,可就地动迁施工机具设备和施工人员,那么,其成本相对其他投标人要低一些。

⑥投标文件没有对招标文件的实质性要求和条件作出响应。招标文件对实质性要求和条件都有专门标注,有些实质性要求和条件为否决项,通常加星号"*",也被业界称为"砍头项",只要有未实质响应的,即被否决。

---

① 参见《招投标法实施条例》第51条。

⑦投标人串通投标、弄虚作假、行贿等违法行为。这类情形时常发生,尤其投标人串标、"围标",弄虚作假,在评标中,评标委员会应判断投标人串标问题。

(7)评标委员会成员暗示或者诱导投标人作出澄清、说明或者接受投标人主动提出的澄清、说明。

(8)评标委员会成员其他不客观、不公正履行职务的行为。

3. 投标人是否串标

在招投标实践中,投标人串标形式多样,为此,《招投标法实施条例》规定了十一类情形,其中包括五类串标情形和六类视为串标情形。

五类投标人串标情形:投标人之间协商投标报价等投标文件的实质性内容;投标人之间约定中标人;投标人之间约定部分投标人放弃投标或者中标;属于同一集团、协会、商会等组织成员的投标人按照该组织要求协同投标;投标人之间为谋取中标或者排斥特定投标人而采取的其他联合行动。

六类视为投标人串标情形:不同投标人的投标文件由同一单位或者个人编制;不同投标人委托同一单位或者个人办理投标事宜;不同投标人的投标文件载明的项目管理成员为同一人;不同投标人的投标文件异常一致或者投标报价呈规律性差异;不同投标人的投标文件相互混装;不同投标人的投标保证金从同一单位或者个人的账户转出。

例如,2017年6月,某县公路工程招标,在招投标过程中,有5家投标单位涉嫌围标串标,最终以1.37亿元中标。2019年4月,某市审计局对该两段公路工程进行审计,发现该5家公司的标书关键部分雷同,存在串通投标嫌疑。遂将线索移交给公安机关侦查,进而查出该5家公司串标事实。[①]

4. 投标人是否围标

围标是指几个投标人之间相互约定,共同抬高或压低报价进行投标,形成限制竞争、排挤其他投标人,使得某个投标人中标的行为。目前,在招投标法律中没有"围标"概念,但实践中,围标现象时有发生,实际是投标串标中的特殊情形。

5. 清标环节是否正常

清标并非所有招标评标必有环节,主要是基于招标合同业务和商务复杂情

---

① 参见《涉案1.37亿!涉事53家企业,围标、串标、中标专业户!》,载搜狐网,https://www.sohu.com/a/33 4368227_120245968,2021年4月7日访问。

形,在开标后正式评标前设置的环节,通过采用核对、比较、筛选等方法,对投标文件进行的基础性的数据分析和整理工作,为评标委员会正式评标提供基础。对于这个环节,重点关注清标工作是否客观准确,是否存在营私舞弊和歪曲事实的现象,这些情况都将可能影响评标委员会评审意见。

6. 询价是否同标准比选

招标采购的评价标准是一致的,投标人偏离招标要求实质标准将导致废标,但询价采购,可能涉及各报价人所报标准不相同,缺乏相应比较基础,不能充分发挥询比价竞争作用。

例如,某综合办公楼电气照明采购,采用询比价采购方式,询价文件暂估价材料是飞利浦格栅灯××套、飞利浦 LED 面板灯××套、飞利浦筒灯××套。有三家单位报价,其中 W 公司报价为欧普品牌灯具、J 公司报价为菲利普品牌灯具、S 公司报价为欧司朗品牌灯具。审计认为,三家公司所报价的灯具品牌不同,缺乏价格比较基础。

(四)招标转非招标

招投标法和政府采购法对于法定招标采购项目给出例外规定,经两次招标提交投标文件的投标人都少于三个而导致"流标"的,经履行相应手续后,可转换为非招标采购方式。实践中,这种情形也时常发生,这是合同监管需要关注的地方,也是审计重点关注的地方。

在实践中,应尤其关注两次招标失败原因,如投标门槛设得过高、过低等不合理情况;招标转非招标是否履行审批手续;招标转非招标后所邀请参与方的合理性等。

例如,采购人购买工业回收装备,预估金额超过招标限额标准,采用公开招标方式进行合同采购,有 4 家供应商购买招标文件,但只有 2 家提交投标文件,因投标人不足 3 家而流标;再次招标后,第一次购买标书的 3 家供应商提交投标文件,经评标委员会认定,2 家供应商资质不符合招标文件要求而作废,再次流标。经采购人依据上级规章制度进行审批,转为邀请询价采购。询价文件关于供应商资质的要求与原招标文件一致,但询价评审组对 4 家供应商的报价文件均按有效报价评审,最终选择 1 家供应商中标。审计认为,虽然该公开招标采购转询价采购在程序上履行了审批手续,但在供应商资质未调整情况下仍要求原评标阶段被认定不合格的2家供应商参加报价,并且1家供应商中标,实体方面存在问题。

【点评】:本例子显示问题有两个:一是如果采购人经过招标发现对供应商资质条件设置过高,可在第一次流标后按审批程序调整资质条件进行二次招标,如第二次投标人仍不足3家而流标,经审批程序后可转为询价;二是招标转询价虽履行审批手续,但在供应商资质条件未变的情况下,把原认为资质不合格的2家供应商纳入询价对象,有先射箭后画靶之嫌。

(五)定标与签订合同

在这个环节,重点关注定标审批、中标公示、中标通知、合同签订与中标通知先后顺序、合同与招投标实质内容是否一致等。

1. 定标程序与手续是否合规

评标委员会在评标报告中只是推荐中标候选人,一般按照顺序最多推荐3个中标候选人,法定公开招标的,需要对中标候选人进行公示,公示期间不少于3个工作日。

需要特别注意,国有资金占控股或者主导地位的法定招标的项目,必须确定排名第一的中标候选人为中标人。另外,招标人内部需要履行相应的定标审批手续。

2. 弃标手续与责任

招标人确定中标人后,中标人放弃中标的,招标人应当没收其投标保证金。另外,中标人放弃中标的,招标人应要求其提交书面说明,作为下一步选择次顺位中标候选人或重新招标的支持文件。

合同管理和合同审计实践中,经常见到中标人或第一中标候选人放弃中标而没有没收投标保证金等惩罚措施的情形;实践中还存在招标人通过谈判等手段促使中标人放弃中标等情况。这些都是合同审计需特别关注的地方。

例如,建设工程试夯施工合同公开招标,经开标评标后,HX重型机械化公司(以下简称HX公司)被评标委员会评为中标候选人,随后,HX公司致函招标人称因自身原因退出本次投标,招标人未依招标文件规定没收该公司投标保证金。审计机构认为没有没收投标保证金是未执行招标文件要求,且HX公司因自身原因弃标存疑,因为未查到招标期间该公司生产经营发生重大变故的情形。

3. 中标通知是否按时发出

审计中经常发现先谈判后发中标通知，甚至先签合同后发中标通知等问题。实践中发生这种情形，一方面是招标人与招标代理机构之间衔接问题，另一方面主要是招标人在中标通知发出前与拟中标人谈判，有的合同双方对合同谈判基本完成再发中标通知。这些做法都不符合招投标法规定，也是合同管理和合同审计重点关注的方面。

4. 合同内容是否实质背离招投标文件

按照《招投标法实施条例》的规定，合同的标的、价款、质量、履行期限等主要条款应当与招标文件和中标人的投标文件的内容一致。招标人和中标人不得再行订立背离合同实质性内容的其他协议。但在实践中，这方面容易出现一些问题，包括：(1)因招标文件规定不够明确细致，在合同谈判阶段修订调整合同标的，如工程量调整、技术标准调整等；(2)价款调整，包括中标人优惠而降低价格，或因合同标的调整而调整价款；(3)支付调整，在分期付款条件下，调整各期付款比例、支付时间、支付条件等；(4)交付期调整，特别是交付期延长调整等。

例如，审计发现，消防工程设备框架协议通过公开招标选择供应商，其中部分设备为进口设备，并在招标文件中确定主要设备供应商名单，经评标，X 公司以满分中标。X 公司投标文件承诺各类设备、材料品牌均按招标文件要求，但签订合同时，有部分设备由进口改为国产，有部分设备供应商名单不在招标文件范围，但相应合同单价并未发生调整。审计指出后，当事人对合同进行相应整改。

5. 合同当事人是不是中标人

实践中，有的企业中标后，让其子分公司履行合同，因而由子分公司签订合同。本书认为中标人应当作为合同当事人。

6. 是不是代理人签订合同

代理人签订合同现象在货物进口合同实务中时有发生。通常在招投标阶段，由境外供应商委托境内代理人以供应商名义投标，中标后，境外供应商要求以代理人名义与招标人签订合同，代理人作为合同供应商并履行合同。

例如，国际招标采购差压变送器，某国 A 公司参加投标并中标，发出中标通知后，A 公司委托其在香港的关联企业 Z 公司作为供应商签订本采购合同，并出具"授权书"，授权书载明"授权 Z 公司×××项目产品代理"。招标代理机构认为可由 Z 公司签订合同。采购人认为仅有产品代理授权不能签订合同，要求 A 公司出具承诺书,承诺对其投标及与Z公司签订合同及履行合同和后果承担全部责任。

四、合同执行阶段

合同执行阶段需要关注的事项多,当然,不同类合同在执行阶段所遇到的问题也不尽相同。总体上,需要关注合同执行过程的规范性,这是形式方面问题,更主要的是实质上和实体方面问题,按照目前招投标法和政府采购法划分的工程、物资、服务三大类合同,对合同执行阶段审计,通常关注合同实际履约主体情况、合同内容调整与变更情况、合同实际履行情况、合同结算情况、违约及违约处理情况等。

(一)合同实际履约主体情况

这主要是针对履约交付方而言的,一般应关注以下几个方面:

(1)是否满足招标时规定条件。例如,特种设备制造商、工程类承包商需要相应的专业资质,合同履行期间该专业资质是否继续有效或是否有资质等级降低不满足合同约定等级要求等。

(2)是否存在挂靠。通常表现为借用他人名义投标和签约,而实际履约人不是合同签约人。当然,实务中要区分签约企业将合同业务交由其专业子分公司履行情形。

(3)是否存在违法分包。按照招投标法和政府采购法规定,在获得招标人同意情况下,可以将中标工程项目的部分非主体、非关键性工作分包给他人完成,但分包人应当具备相应的资格条件,并不得再次分包。违法分包情况在工程合同、物资合同、服务合同审计中也常发现。

(4)是否存在转包。招投标法和政府采购法都不允许转包,也不允许将合同项目肢解后分别向他人转包。合同审计实践中,发现有工程合同、物资合同、服务合同转包或变相转包情况。

(5)是否借专业分包之名行实质转包之实。这类情形在建设工程领域常发生。

(6)是否降低履约能力。特别是主要依靠专业人员的服务类合同,服务供应商在投标或合同签订时提供的方案中提供高水平专业人员或高专业等级人员,但合同履行阶段则由低专业等级人员提供服务等。

(二)合同内容调整情况

合同订立后调整合同内容主要通过合同再定义和合同变更等途径,当然,也存在一些不以书面记载的其他方式。合同内容调整是合同审计重点关注的一个方面。

1. 合同再定义是否实质性改变合同内容

实务中,存在并允许当事人在合同履行阶段对合同某些内容进一步定义,如合同约定交付标的标准,但在履行阶段需细化检验或考核具体方案等。合同审计中关注再定义是否实质性改变合同内容,如延长合同履行期限,改变验收责任条件等。

2. 合同变更

应审计是否按照约定履行合同变更手续,重大变更是否履行内部审批,合同变更的必要性和合理性等。合同变更是合同管理和合同审计的关键内容,除前面提到审批手续、必要性外,重点关注变更定性和定量。变更定性——是否构成合同变更,例如,有的"增加"内容属于一方当事人应尽义务和责任范围,把"增加"内容作为合同变更属于定性不准;变更定量——包括合同标的变更数量和所引起价款变更金额。

例如,某建设工程场地平整施工合同变更:由于施工期间当地居民阻挠施工,导致停工 1 个月(10~11 月),因此增加冬季施工工作,双方确认因此导致合同变更工程量(冬季施工工程量)为场平工程面积 25 万 m^2,挖方与回填碾压工程 90 万 m^3,土方外运工程 75 万 m^3,因冬季土方工程施工单价和非冬季单价不同,需要补偿冬季施工增加的费用。审计认为:按照合同约定的计划施工进度,因居民阻挠停工而进入冬季施工的场平工程量应为挖方与回填碾压工程约 50 万 m^3,土方外运工程 22 万 m^3。原变更认定工程量有误,相应多计算冬季施工补偿费应予扣回。

(三)合同实际履行情况

合同实际履行情况因合同内容而不同,有的合同内容简单,审计关注的内容相对少一些,有的合同内容复杂,审计关注的内容就多一些。一般情况下应重点关注以下几个方面:

1. 履约进度方面

包括履行交付进度和付款进度。付款方面,关注是否提前支付、是否提高前期支付比例、是否按约在进度款中扣回预付款等,如果存在,理由是否充分,是否履行审批手续等。

交付方面,关注是否按照合同约定的时间完成相应工作,如工程类过程节点、物资类设备供应的制造节点、服务类阶段成果等,如没有完成,原因是什么,哪方责任;是否按期交工、交货、交付服务成果等;合同工期是否延误及原因等。

2. 履约数量方面

履约数量实际是泛称,有些合同标的可以用数字量化,有的则难以准确用数字量化。但履约数量与合同价款相关,因此,也是审计关注的一项重点内容。

工程类:工程类合同一般都经过结算审计,主要包括工程量和费用,后面结算审计专题专门论述,此处不做赘述。

物资类:物资类合同交付数量可以量化。有些以单件数量计量,比较简单,如几台电脑、几台设备等;有些用数量单位计量,相对复杂一些,如电缆多少米、钢材多少吨、混凝土多少立方米、气体多少标准立方米等,需要相应计量记录。对物资类合同交付数量审计一般关注交付记录、入库与出库、财务会计账目,检查"交付与约定"是否一致、"入库与出库"是否一致、"账目与实物"是否一致等。

例如,工厂办公楼装修分包合同。审计查阅所用材料质量证明档案文件,发现室内1—7层洗脸盆在进场检验表中显示品牌为"×牧",而所附检测报告则为"×标"。审计组为此到现场进行实地勘查,发现1—7层洗脸盆的实际品牌为"×达"。审计认为设备材料进场检验和检测报告没有如实反映所用材料的规格、品牌。

服务类:服务类合同的交付数量更为复杂,有的是以文件成果体现,如咨询报告、研究报告、设计图纸等,是有形的;有的是无形的,如办公楼宇物业服务、食堂餐饮服务、工程监理服务等以实际活动为交付。对于有形成果交付,审计关注交付成果是否满足合同要求以及交付成果签收,如设计图纸的交付签收等;对于以实际服务活动等服务交付,一方面关注服务成效,如物业服务保持办公楼宇整洁卫生等,另一方面还要关注服务活动记录,如履行服务活动人员的考勤以及考勤真实性等。

例如,某工程监理合同约定,监理人员每周至少应休息一天,每周出勤日最多计6天,同时,约定对现场监理人员进行考勤,每月的考勤表须监理人员本人签字和委托人代表签字方为有效。审计发现,12月多人考勤为30天,次年4月多人考勤为31天,监理人员考勤天数明显有错误,至审计时已多计监理费用4万多元。委托人按照审计意见,从监理合同结算款中扣回该笔款项。

3. 履约质量方面

履约质量包括实体质量、性能质量、服务质量。

实体质量,如工程实体质量,货物类的设备、材料、仪器、仪表等实体质量。性能质量,如建设工程的工厂公用工程消耗、原料转换率、产品质量等,设备机械性能以及工艺性能等。服务质量相对比较弹性一些,有的服务交付物是有形的、可评价的,如专业咨询报告、工程设计图纸与文件等,有的服务没有交付物,但可以通过服务对象的结果评价,如工程监理,可以用监理工程"四大控制"(质量、进度、费用、安全)来评价;有的服务通过结果评价,如物业服务场所是否保持干净整洁等;有的服务通过从事服务专业人员素质衡量等。因此,对不同服务内容的质量,审计关注点也不尽相同。

例如,设备性能不满足合同约定。审计查阅某工厂火炬设施合同结算资料,发现离心泵数据表显示超低压凝液泵、低压凝液泵的扬程都是20m,而合同附件中设备一览表显示两种凝液泵扬程为50m。合同附件中设备材料报价表显示:超低压凝液泵扬程为50m、数量1台、单价××××××元;低压凝液泵扬程为50m、数量1台、单价××××××元。为此,审计认为这两台离心泵性能不合格,相应费用不予支付。

又如,未经同意擅自更换服务合同人员。工程监理合同约定,经合同确认的监理人员,未经委托人同意不得更换,监理擅自更换人员将按照不同层级人员进行罚款。审计发现,除总监理工程师外,总监理代表、专业监理工程师、监理员及辅助人员自进场起均发生更换,且未提供委托人同意文件。审计认为这将影响监理服务工作质量。委托单位按照审计意见进行整改,对所有监理人进行考核和考勤管理,保证监理服务质量。

4. 合同价款方面

关于合同价款方面,重点关注合同约定的单价、费率调整以及调整的合理性和依据;合同结算价款真实性与合理性等。其中,合同结算金额将在后面细述,此处不做赘述。

(四)合同结算情况

合同结算是在合同主要义务履行完成或解除合同情况下最终确认合同应付总价款的环节。因此,合同审计中,对有些合同的结算环节关注更多一些,包括合同是否进行结算和结算本身是否真实合理。合同管理实务中,工程类合同一般都进行结算,对于大宗物资合同,采取单价固定、总价预估的合同,一般应履行结算手续,对于非固定总价服务类合同,一般也应履行结算手续。

合同管理审计中,就合同结算部分而言,更多关注包括工程、货物、服务、智力成果等交付成果是否满足合同要求,是否履行必要的结算手续,以及结算数量和所用单价、调价、增加费用的变更等。

(1)交付成果方面。主要通过合同双方或由第三方参加对交付成果验收确认,并签署相应验收合格证明;为验证验收情况,也应查验部分成果。

(2)结算文件方面。关注结算依据、结算资料完整性以及结算程序合规性。重点关注结算资料的完整性、真实性和相符性。

(3)交付数量方面。关注交付量和付出量。交付量,即工程合同完成工程量、物资合同交付物资数量、服务合同交付服务成果等;付出量,如工程合同中施工机具台班、施工人员,服务合同实际派出人员或人工时等。在结算量方面,常见问题是重复计量、以少计多、无中生有情况。

例如,多计量问题。审计查明,某安装工程结算书中存在多计工程量,包括:业主单位提供管道主材被计入结算工程量,冷风道结算重复计算消音器的重量,多计电缆支架槽钢、有机防火堵料工程量,签证重复计取材料费等。因多计量而合计多结算金额300多万元。合同双方按照审计意见,从合同结算金额中扣除多计算金额部分。

这个例子揭示在合同结算中,经办人员以重复计算、以少计多等方式多计合同履约量,导致多算合同结算款。

(4)单价或费率方面。关注是否按照约定单价或费率取费;未约定单价或费率的,取费是否合理;是否按照合同约定规则调整单价或费率;是否存在低价高就等。

例如,公寓楼和档案馆工程结算中,其屋面保温层使用的聚苯乙烯泡沫板,结算按挤塑板,并按挤塑板市场确认价700元/m³单价进行计价。而当时工程所在地区公布的造价信息显示,聚苯乙烯泡沫板价格为 16 元/kg,泡沫板容重为 20kg/m³,换算成单位体积价格为 320 元/m³。屋面保温层泡沫板多结算 16 万元。双方按照审计意见从结算金额中扣除多结算部分。

上述例子说明,采用单价或费率计价合同实际结算支付,特别是在单价或费率发生调整或者应当调整而未调整情况下,容易产生争议,在合同管理中要加强这方面监管。

(五)违约及违约处理情况

实务中,经常发生一方违约,如合同交付方未按约定期限交付等,经过双方交涉,最终交付,守约方不计前嫌,不追究违约方责任,双方"皆大欢喜"。合同守约方对违约方追责,既是弥补因违约遭受的损失,也是一项合同权利。如政府、国有或国有控股企业及上市公司为合同买方,在对方严重违约情况下,须按合同约定追究对方违约责任,这也是近些年来合同审计关注的一项内容。

例如,钢结构采购合同约定第一批交货日期为 2××8 年 11 月 30 日前,全部交货日期为 2××9 年 2 月 28 日前。同时约定,因供货商原因造成延迟交货时,供应商的实际交货日期与材料单注明的合同交货期相比,每迟延一个日历天,供应商即向买方支付合同金额 0.5% 违约金。审计查阅合同到货记录显示,第一批钢结构实际到货时间是 2××9 年 3 月 9 日,比约定第一批交货期迟延 3 个多月,全部完成交货时间是 2××9 年 7 月 22 日,比约定时间迟延近 5 个月。没有双方就供货期调整延后协商的文件。审计机构认为,应按照合同约定作出延迟交货处罚。

(六)合同收尾阶段

实践中,合同收尾阶段多包括前面已述及的合同结算、违约处理等内容,以及档案资料移交或归档等。随着企业管理规范化以及内部控制加强,在合同审计中,越来越关注合同全流程档案资料完整性,对一些关键环节资料不合理缺失引发延伸关注。

例如,在一个重大合同执行过程审计中,审计组认为该合同形成过程中一些关键事项缺乏单位集体决策文件,如合同价格调整机制,因而,认为没有更好维护企业利益。

该合同是 10 年前形成的长期协议，经过国际招标方式选择合作方，审计组所提出的关键事项都是在对方投标文件的基础上为本方争取更有利条件，如价格调整机制，投标文件以基准价的 50% 部分每年按价格系数调整，在谈判过程中，一方面把投标基准价大幅下调，另一方面以下调后基准价的 42% 部分按价格系数调整，与招投标相比，为采购单位争取了最大利益。而按照当时招投标法等法律规定，原则上是不允许对招标价格进行实质性谈判的。例子中合同基准价大幅下调和调价机制调整，是经过谈判努力一点点争取的，不是决策来的。

审计组之所以提出这个问题，主要是用今天的视角和"规范"标准看待 10 年前为争取利益而采取的"非常规"措施。经过与审计组系统解释和展示当时文件，审计组采信解释并认为谈判组确实为企业争取不少额外利益。

第三十一章 合同关闭管理

一、合同关闭管理概述

合同关闭,是指因合同债务履行、合同解除以及其他法定或约定情形导致合同权利义务关系终止后,当事人内部及当事人之间终止或附条件终止履行合同所实施的活动。企业合同管理中,相较于合同缔约、合同履约和合同争议解决受到的关注度,合同关闭管理显得比较陌生。实务中,多数企业关心合同缔约和履约,以及合同争议解决,但对合同关闭管理触及较少,或者尽管开展了相应合同关闭内容,但执行起来不一定尽如人意。但也有一些企业重视合同关闭管理,特别是与涉外企业或与外国企业打交道比较多的企业在合同管理中比较重视合同关闭管理。

合同关闭管理是合同管理系统化、精细化的重要环节,它不是简单履行一个手续或走个形式,而是具有特定的内涵。在传统合同管理中,多数情况下,交付方认为交付合同标的物并获得相应合同价款就算完成合同履行;而接收方则认为收到了合同标的物并支付相应合同价款就算完成合同执行。其实,合同是否执行完毕,或者合同没有执行完毕双方决定不再执行了,不是简单以合同标的物交付或合同价款收讫来评判。交付或支付是合同主体义务,但有些合同主体义务履行完成后,一些附随义务或者附加义务可能还需要持续几年甚至更久。例如,技术许可合同,双方完成许可实施权、技术文件、技术服务交付和相应合同价款支付后,还有知识产权保护、商业秘密保护、技术支持、技术改进应用等。所以,技术许可合同在主体义务履行后不能束之高阁,但也不能让合同长期悬而不决,特别是合同执行团队解散后,需要安排从义务及遗留事项实施责任主体。这种情况下,对内对外需要办理合同关闭手续,终止合同主体权利义务履行,并将从权利义务以及可能的遗留问题分解到相关部门继续执行,如技术受让方法律部门或技术部门负责后续的知识产权保护和保密工作,许可方也明确技术部门或某个部门负责跟踪受让方对许可技术保密和保护情况,对受让方跟踪技术服务。

实务中,有的企业完成合同主体义务履行后,合同执行部门转而执行其他合同,或合同执行团队解散,本该及时收回合同尾款而因没有相关部门跟踪催款,挂账若干年后才发现问题,因时势变迁,再向对方索要时困难重重;有的企业已经按约定履行合同义务,因没有部门及时提起释放合同担保程序,凭空发生额外费用或权利持续受到限制;有的企业没有与对方办理合同关闭手续,后续纠纷不断而又难以划分责任;还有的企业在合同主体权利义务执行后,把合同放到一边,等若干时间后对方诉诸法律,才注意到本方没有按约履行知识产权保护或保密义务等,各种情况层出不穷。可见,需要加强合同关闭管理,特别是要加强那些重大和重要合同关闭管理。

合同关闭管理可以起到三个方面功能:一是系统检查合同主体义务执行情况以及遗留问题,并作出后续解决安排;二是对合同附随义务和附加义务后续履约作出新安排;三是完成合同关闭手续后,合同当事人各方的合同执行部门可集中精力更好执行其他合同。

二、合同关闭管理内容

合同关闭管理,包括内部关闭和外部关闭两个方面。实践操作中,这两个方面不是截然分开的,而是相互交织。比较好的做法是按照"内部→外部→内部"步骤开展。首先从本方内部启动合同关闭程序,各责任部门系统检查双方履约及履约符合性,未完事项及双方依约后续责任及安排等,如果具备关闭或附条件关闭条件,再启动外部关闭程序;双方对照合同约定检查确认合同关闭条件,如具备关闭或附条件关闭条件,双方履行合同关闭手续;再回到内部继续合同关闭程序,结合外部关闭情况,修正内部关闭条件,并完成内部关闭手续。

(一)内部关闭管理

合同的内部关闭程序,一般由合同执行部门或合同执行团队(统称合同执行部门)发起,合同归口管理部门综合指导。当合同主权利义务履行完毕、合同解除以及其他法定或约定情形导致合同权利义务关系终止时,合同执行部门可启动合同关闭程序。

实践中,合同因履行而关闭和因解除而关闭所关注事项和内容不尽相同,各有侧重,但都要系统检视合同双方权利、义务和责任履行情况和问题解决方案等。下面以大型设备买卖合同因履行而关闭为例,分述买方内部关闭合同主要工作。

(1)合同执行部门认为设备买卖合同主要权利义务已执行完毕,并对照合同约定检查双方实际履约情况,同时,协调卖方合同执行部门同步检查合同履约情况,并进行初步对接。

(2)经过检查和与对方初步对接后,认为该合同具备关闭条件的,执行部门编制《合同关闭申请报告》,并提交合同归口管理部门。

《合同关闭申请报告》一般包括:合同概况与合同执行情况;卖方主要交付义务和实际交付情况(包括实际交货时间、设备与验收、资料、备品备件、技术指导与培训、保修期等),并附相应支持文件(如货到现场开箱验收单、安装调试验收单、性能考核验收单、保修期届满确认单等);买方实际支付合同价款情况以及已扣款或应扣款情况(如果存在扣款,说明扣款原因以及对方对扣款的意见);合同附随义务情况(如买方对设备专有技术承担保护和保密义务,卖方承担设备侵犯第三方知识产权义务、对买方商业秘密保护义务、对设备本质质量保证义务等);合同履行中争议、变更索赔已解决或已有解决方案情况;本合同是否存在仲裁、诉讼等法律行动,如存在,当前所处状态等。《合同关闭申请报告》附相应支持文件。

(3)合同归口管理部门对《合同关闭申请报告》进行初步审查,认为需要补充说明或支持文件的,指导合同执行部门补充完善;经初步审查符合关闭条件的,组织企业相关部门评审。

(4)与本合同履约有直接关系或直接监管关系的企业内部门一般应参与《合同关闭申请报告》评审,其中,物资采购部门审查设备实际到货、设备质量等情况;设备使用单位或生产监管部门审查设备质量、运行、考核、保修等情况;财务部门审查合同付款、应扣款项等执行情况;合同归口管理部门综合《合同关闭申请报告》和相关部门评审意见,审核合同是否具备关闭条件或合同关闭所附加条件。如具备关闭或附条件关闭合同的,反馈给执行部门,并指导执行部门与卖方就合同关闭和附加条件以及关闭手续等进行对接。

(5)执行部门按照外部关闭程序与卖方就合同关闭及附加条件、关闭协议(实践中,也可采用合同关闭会议纪要、合同关闭确认单、合同关闭备忘录等双方可接受的形式)对接达成一致。

(6)合同归口管理部门根据双方关闭合同附加条件和关闭协议,拟订内部合同关闭意见,包括合同关闭、开口事项、合同附随义务和附加义务承担部门等,报经企业合同分管领导、物资采购分管领导批准。

(7)合同归口管理部门签发《合同关闭通知》。

(8)相关部门接手合同随附权利义务和开口事项后续工作,合同执行部门承担新合同履约或解散。

需要注意,实务中,有的合同执行部门在合同履行后期不愿处理履约中形成的纠纷问题或遗留问题,希望尽快"脱身",在合同关闭过程中隐瞒相关情况或与对方共同采取背离合同原则的处理方案。合同归口管理部门组织评审时要重视合同关闭不得背离合同原则。

上面分述的合同内部关闭流程和主要内容是以大型设备买卖合同为基础案例,实务中,可根据各类合同实际情况以及企业合同执行和合同管理机制做相应调整。另外,双方同属一个企业集团的合同、交易关系简单的合同等合同内部关闭手续可以从简。

(二)外部关闭管理

合同外部关闭,主要是与合同相对方对合同在主要权利义务履行完成后进行关闭,包括对合同双方履约及履约符合性再确认、合同遗留问题解决或解决方案再确认、合同附随义务和附加义务再确认并作出后续安排等。

通过双方梳理对接,检查双方实际履约结果,如交付物的标准、条件、交付时间等,交付物的缺陷及处理结果,合同价款实际支付及迟延付款原因和后果处理等,合同履行中遗留事项及解决方案等;合同约定的后续随附义务、附加义务需要双方或某一方继续履行及后续履行安排等。按约已履行主体权利义务部分可以关闭或附条件关闭,双方可以集中于后续附随义务和附加义务部分。

仍以上述大型设备买卖合同因履行而关闭为基础案例,以买方角度看合同外部关闭。

(1)合同执行部门对照合同约定系统检查双方实际履约情况,并协调卖方合同执行部门同步检查合同履约情况。

(2)双方合同执行部门按照各自检查情况进行初步对接,对主要履约内容进行初步确认(如设备实际交付时间、设备验收情况、保修期间设备质量缺陷及维修或扣款情况、货款实际支付等);对双方检查结果不一致事项各自复查并查找不一致的原因,形成初步一致意见。

(3)双方对履约遗留事项进行补救,如在双执行层面无法解决的,双方按照合同原则形成解决方案;对后续合同随附权利义务、附加权利义务再确认并形成后续履行方案。

(4)合同执行部门按照内部关闭程序提出关闭申请,合同归口管理部门组织关闭评审,形成关闭意见,包括可否关闭、关闭所附条件、后续各类事项安排等。

(5)双方合同执行部门根据前阶段对接情况和内部关闭程序提出的意见,修正再确认事项、修正遗留问题解决方案、修正合同随附权利义务、附加权利义务后续履行方案,形成合同关闭(包括附条件关闭)协议或纪要等文件。

合同关闭协议或纪要,一般包含合同基本概况;确认双方实际履约主要情况(卖方交付情况、买方付款情况);确认双方履约遗留问题或违约的解决情况;合同随附权利义务、附加权利义务及后续履行方案等;另外,特别约定,合同关闭不影响随附权利义务、附加权利义务特定条款或内容的效力,诸如知识产权保护、保密、争议解决等条款以及关于设备本质质量保证等约定内容。

(6)合同执行部门向合同归口管理部门反馈双方修正情况及合同关闭协议或纪要等文件,合同归口管理部门审查确认并反馈意见。

(7)合同执行部门按照内部程序规定,组织与对方签订合同关闭协议或纪要等文件。

合同外部关闭实务中,可根据不同类型合同的实际情况做相应调整。另外,双方同属一个企业集团的合同、交易关系简单的合同等合同外部关闭手续可以从简。但对提前解除合同尤其合同履约过程中因违约解除合同关系的,重点解决好已履约部分以及违约责任,并按原合同签约方式以关闭协议书形式签订。

第三十二章 合同后评价

一、合同后评价概述

普遍认为合同管理活动至合同关闭就结束了。其实,合同后评价也是合同管理的重要组成部分。实务中,有的企业开展合同后评价部分工作或对某类合同进行系统后评价,只是没有注意或使用合同后评价概念。

合同后评价,是指因合同履行或提前解除而终止合同权利义务关系后,对合同进行系统回顾与履约绩效评价,查找问题,分析原因,总结经验教训,提出对策与改进建议的活动。合同后评价一般在合同主权利义务执行完毕或提前解除合同关系后开展,根据合同和合同管理需要,可以对某个时期一类合同进行后评价,也可以对某个时期企业整体合同进行后评价,还可以对特定个别合同进行后评价。

企业经营性合同的后评价属于合同管理范畴,可以对合同全生命周期进行后评价;也可对合同活动中某个或某几个阶段进行评价,如合同履行阶段评价。而投资性合同后评价则是投资项目后评价的组成部分,国有或国有控股企业投资项目包括直接投资、股权并购等投资项目需要进行后评价,相应地,涉及国有资产投资的合同也将被纳入后评价中。一般经营性合同可不进行单体合同后评价,可纳入企业一段时期一类合同或整体合同管理后评价。但从合同管理角度,可对交易关系复杂重大合同进行单体合同后评价,如大型建设工程承包合同、合作合同、重要技术开发合同等。

合同后评价包括企业自我总结后评价和委托专业咨询机构独立评价两种方式,按现行法律要求,国有或国有控股企业投资项目后评价需要委托专业第三方机构独立开展。企业合同管理后评价工作,除前述法定第三方独立后评价外,可根据自身实际情况采用自我总结后评价,也可委托第三方开展独立后评价,实践中,企业委托咨询机构开展的管理审计,实际上也是第三方评价的一种表现形式。例如,企业重大合同履行完成后,委托审计机构进行审计,实际上也是第三方对合同某些方面的评价。

二、合同后评价内容

合同后评价的目的是通过对合同活动全过程回顾总结并对合同活动效果和绩效分析评价,总结合同活动经验教训,发现不足和问题,找出改进措施。当然,在后评价过程中如发现合同活动中存在违规违法问题或履约中失职失责问题,也将对当事人进行追责。

(一)合同自我后评价

企业合同自我后评价是不通过第三方资源或力量,而是通过企业内部资源对合同进行后评价。一般由企业合同归口管理部门组织,与本合同业务相关的监管部门参加,重点评价合同启动程序合规性、合同形成过程合规性和有效性、双方履约情况以及履约符合性、合同设置合理性与操作性、合同管理制度适宜性等。以大型建设工程承包合同发包方合同后评价为基础案例,论述企业合同自我后评价方法。

1. 总结与自评价

一般先由合同执行部门对合同活动进行系统总结,并形成《自我总结评价报告》,即《自评报告》。

《自评报告》一般包括:(1)合同基本概况,包括合同主体、签约时间、合同工程范围、合同价款、合同工期等。(2)合同启动依据,如履行企业合同启动审批程序等。(3)合同形成主要情况,如通过公开招标的,说明招标机构,有效投标人以及中标单位,中标人投标价格、经评审价格以及签约价格,如三者不一致,说明不一致原因,合同谈判主要情况等。(4)主要履约情况,包括承包商履约情况和发包方履约情况,其中,承包商主要履约情况:工程设计、物资采购、工程施工质量情况,各关键里程碑和实际整体工程完工情况,工程变更情况,工程现场作业安全情况,工程竣工验收情况,工程遗留问题及处理方案(如有),合同纠纷及处理情况

（如有），有无违法转包、变相转包、层层分包等情况；发包方主要履约情况：合同价款支付以及依约扣款情况，甲供设备材料履约情况。(5)合同履约绩效情况：实际完工期、工程竣工验收与考核、工程结算（如实际结算金额超过合同约定总金额的，说明超出原因及依据）。(6)合同管理情况，包括合同管理所依据的管理制度，实际合同管理情况等。(7)自我评价，该合同总体评价，好的经验和问题教训。(8)改进建议，包括合同、合同活动和合同管理制度改进等建议。

2. 合同后评价

一般由合同归口管理部门组织企业内部相关部门参与，对合同进行后评价，主要依据企业规章制度以及相关法律和上级规章制度、合同决策目标、合同文件等，以《自评报告》以及合同执行部门提供的相关文件资料为基础，进行必要的现场查证等核验性工作后，作出结论性评价意见，形成合同《后评价报告》，《后评价报告》主体内容可参照上述《自评报告》主要内容，但以结论性内容为主，如合同形成过程是否合规，履约是否实现合同目的和目标以及履约中存在的主要问题，通过履约情况检视合同设置是否合理等；提出包括合同设置、合同活动、合同管理等需要改进的建议。同时，列出评价中发现的具体实体性问题，责成执行部门或相关部门整改。

3. 《后评价报告》应用

主要是后续改进和整改。后续改进方面，包括合同设置和文本修改完善，如合同约定质量保证金、审计保留金、竣工资料保留金、安全风险抵押金、民工工资保证金等，承包商在履约后期资金压力大，不利于工程建设后期进展，也不符合当前政策法律规定，相应修改合同文本中关于保证金、保留金约定，以用于后续合同设置和约定；以及合同管理制度修订完善等。整改方面，主要是合同履约中实体性问题或典型问题整改，例如，合同变更量认定有误，导致多结算工程款的，需要相应返回等。

（二）第三方独立后评价

第三方独立后评价包括法定和意定两种情形，其中，法定后评价一般是法律规定对投资项目进行总体后评价，合同的形成和执行也是评价的一项重要内容；意定后评价指企业根据管理需要自我决定委托第三方机构开展独立后评价。

下面以股权并购项目后评价为基础案例分述第三方独立后评价。狭义上讲，合同行为只是股权并购活动一个环节或一个方面,若从广义上讲,股权并购活动本身也就是并购合同活动。但在企业管理实务中,股权并购业务属于投资业务,并且后评价的主要目的是检验该项活动能否实现投资目标,一般属于上级对下级评价,多由企业投资部门或规划部门归口管理,少有合同管理部门全流程管理股权并购业务,因此,本部分不具体赘述法定后评价。

企业根据管理需要委托第三方评价机构开展合同独立后评价的,可由企业合同归口管理部门组织。

(1)股权并购后评价主要内容。股权并购后评价主要包括并购过程后评价和效益后评价两大方面,其中,并购过程后评价包括并购准备阶段、并购执行阶段和重组整合阶段评价等。并购准备阶段评价主要包括并购前可行性分析论证、并购初步方案以及各项准备的充分性、适用性和经济性等;并购执行阶段评价主要包括并购方案审批以及按照批准方案执行情况、是否开展尽职调查及其充分性、估价及其合理性、实际交易情况以及合规性等;重组整合阶段评价主要包括组织重组或整合、管理整合、业务重组或整合、人力资源整合、财务整合及其有效性等。效益后评价包括经济效益、社会效益、持续发展能力等方面评价。

(2)并购企业合同归口管理部门组织企业相关部门对并购重组活动进行系统总结,并形成《自评报告》,内容可参考上述企业合同《自评报告》内容,具体以评价机构要求为准。

(3)评价机构开展后评价,合同归口管理部门组织协调企业并购业务、重组整合业务的组织部门和相关部门向评价机构提供必要的信息资料,配合后评价现场调查以及其他相关事宜。

(4)评价机构编制《后评价报告(征求意见稿)》,合同归口管理部门组织企业各相关部门对《后评价报告(征求意见稿)》进行审查,重点关注报告中所认定的事实以及评价意见,如有不同意见,可反馈意见并提供补充材料与评价机构沟通;评价机构根据反馈意见修订完善后,正式出具《后评价报告》。

(5)《后评价报告》应用。合同归口管理部门组织企业各相关部门对《后评价报告》提出的问题进行整改,并组织相应的改进工作。

第三十三章 诉讼与仲裁

一、诉讼与仲裁基本制度概述

民商事合同纠纷解决方式较多,诉讼或仲裁是合同纠纷的终极解决途径。我国民商事实行或裁或诉制度,即只能采用仲裁或诉讼一种方式。[①]

(一)诉讼或仲裁适用

我国法律尊重当事人意愿采用仲裁或诉讼方式解决合同纠纷,但当事人选择采用仲裁方式解决合同纠纷的,应当达成书面仲裁协议,仲裁协议可以是合同中的仲裁条款,也可以是在纠纷发生前或者纠纷发生后达成的请求仲裁的书面协议。根据《仲裁法》的规定,没有仲裁协议,一方申请仲裁的,仲裁机构不予受理;当事人达成仲裁协议,一方向人民法院起诉的,人民法院不予受理,但仲裁协议无效的除外。结合《民事诉讼法》相关规定,民商事合同纠纷采用仲裁或诉讼方式主要按下列情形:

(1)当事人没有约定仲裁协议的,适用诉讼方式;

(2)当事人达成有效仲裁协议的,适用仲裁方式;

(3)当事人达成的仲裁协议无效的,适用诉讼方式;

(4)当事人既约定仲裁也约定诉讼的,仲裁协议应认定无效,适用诉讼方式;

[①] 民商事仲裁实行一裁终局制度,适用于经济合同和商事合同,并非所有仲裁活动都实行一裁终局制,例如,与企业相关的劳动合同争议纠纷实行"一裁二审"制度,即劳动合同争议经过仲裁处理后,当事人对裁决结果不服的,可依法提起诉讼。

但如果一方向仲裁机构申请仲裁,另一方未在仲裁庭首次开庭前提出异议的,视为仲裁协议有效,适用仲裁方式;

(5)当事人达成仲裁协议,一方向法院起诉未声明有仲裁协议,法院受理后,另一方在首次开庭前提交仲裁协议的,除仲裁协议无效外,法院驳回起诉,适用仲裁方式;如果另一方在首次开庭前未对法院受理该案提出异议的,视为放弃仲裁协议,适用诉讼方式。

(二)一裁终局与二审终审制度

我国法律规定商事仲裁实行一裁终局制度,即仲裁裁决书自作出之日起即发生法律效力,并且,当事人就同一纠纷再申请仲裁或者向法院起诉的,仲裁机构或者法院不予受理。但如果仲裁裁决被法院依法裁定撤销或者不予执行的,当事人就该纠纷可以根据双方重新达成的仲裁协议申请仲裁,也可以向人民法院起诉。

我国法律规定民事诉讼实行二审终审制,即民事诉讼一审裁判作出后并不立即生效,当事人不服一审裁判的,可以在法定上诉期限内向上一级法院上诉,第二审法院的裁判是终审的裁判。其中,一审判决上诉期限是自判决书送达之日起15日;一审裁定上诉期限是自裁定书送达之日起10日。

注意:二审终审是民事诉讼普遍制度,二审终审存在例外情形,即实行一审终审制,主要包括:最高人民法院依法负责审理的案件实行一审终审制,即最高人民法院的判决、裁定自作出之日即为发生法律效力的判决、裁定;简易程序中适用小额程序的实行一审终审制;适用民事诉讼特殊程序的案件也实行一审终审制,如实现担保物权案件实行一审终审制。

二、法律案件管理

从合同管理角度讲,法律纠纷案件管理包括两个方面:一是加强合同管理,减少和避免合同纠纷进入诉讼或仲裁途径,这在第二十八章合同纠纷管理中已有具体论述;二是对已发生法律纠纷案件进行管理,包括诉前管理、诉中管理和诉后管理等方面。

(一)诉前管理

诉前管理主要是指诉求方在发起诉讼或仲裁前和被诉方应诉前的各项准备

工作管理。诉求方在诉前要做好引起合同纠纷的客观事实分析、依据合同约定和法律规定分析纠纷责任承担、诉求权利、证据充分性、可能的裁判思路与结果等，制订相应的策略，以及决定发起诉讼或仲裁内部审批程序等。有些企业，如央企和其他国有或国有控股企业、上市公司等要求发起重大涉诉案件需要经过内部决策程序。在法律纠纷案件发起阶段，被诉方相对被动一些，但也要进行相应分析，并制订应对策略，履行内部审批程序，有的企业重大法律纠纷案件，还需要及时逐级上报等。

这个阶段注意事项较多，因个案而异，不再一一赘述。实践中要特别注意一个方面，当发生涉诉案件时，内部相关人员特别是合同谈判、执行方面人员，因担心可能的失误追责，在介绍案情甚至收集证据等方面可能有所保留或夸大对本方有利情形。

(二) 诉中管理

常言道"当面锣、对面鼓"，在诉中阶段，当事人需要面对裁判和对方当事人。这个阶段需要"以事实为根据、以法律为准绳"，对双方当事人来说，基础性准备事项多，需要的应变性应对也较多。同时，这个阶段既要注意程序问题，如管辖异议提出时间、反诉提出时间、补充证据提交时间等；还要高度注意实体问题响应，包括对方新意见、立场、证据等以及裁判关注点和要求反馈等事项；此外，本章后面提及的代理人配备、"配合"裁判、证据表面欺骗性等都是这个阶段需要注意的问题。

(三) 诉后管理

实务中，有的企业认为从涉诉案件审结即裁判文书生效才开始进入诉后阶段，有的企业把裁判执行完结作为诉后阶段起点，此处不妨以裁判文书生效开始作为诉后阶段。如果当事人不认可裁判结果或不配合执行裁判的，诉后阶段需要关注的事项也很多，通常包括对法院判决申请再审程序或申请撤销仲裁裁决或申请不予执行仲裁裁决，申请法院强制执行生效裁判，执行裁判、解除保全措施等。诉后管理另外一个方面是，当事人要通过涉诉案件检视合同设置、合同履行和合同管理中存在的问题和不足之处，并加以改进。

三、法人分支机构的诉讼主体地位

当合同纠纷需要通过法律途径解决时,涉及合同当事人涉诉主体资格问题。本部分不赘述自然人主体资格,主要分述法人分支机构的民商事涉诉主体资格问题。

合同实践中,经常出现法人分支机构作为合同一方主体情形,当发生合同纠纷需要进行诉讼或仲裁解决时,法人分支机构能否作为涉诉当事人,尤其是作为被诉方当事人,需要根据该分支机构法律性质而定,总体上划分如下。

1. 依法设立领取营业执照并有一定的组织机构和财产的分支机构可以成为诉讼或仲裁主体。

《民事诉讼法司法解释》第 52 条规定,《民事诉讼法》第 51 条第 2 款规定的其他组织是指合法成立、有一定的组织机构和财产,但又不具备法人资格的组织,包括:……(5)依法设立并领取营业执照的法人的分支机构;(6)依法设立并领取营业执照的商业银行、政策性银行和非银行金融机构的分支机构……据此规定,依法设立并领取营业执照的企业法人的分支机构可以直接成为民事诉讼和商事仲裁的当事人;依法设立并领取营业执照的商业银行、政策性银行和非银行金融机构的分支机构也可以直接成为民事诉讼和商事仲裁的当事人。

注意,虽然法律承认法人分支机构的诉讼主体资格,但如法人分支机构作为被诉人(民事诉讼被告人或商事仲裁被申请人)且其财产不足以承担裁判所应承担法律责任的,设立该分支机构的法人单位应当继续承担该法律责任。因此,法人单位要加强对分支机构合同活动的日常监管,同时,当分支机构发生涉诉案件时,更要加强对分支机构处理法律纠纷案件的支持和管理。从合同相对方来说,如对方是法人分支机构,尤其是企业分支机构,在起诉或申请仲裁时可考虑把法人单位列为共同被诉人。

2. 依法设立但未领取营业执照的分支机构不可以成为诉讼或仲裁主体。

《民事诉讼法司法解释》第 53 条规定,法人非依法设立的分支机构,或者虽依法设立,但没有领取营业执照的分支机构,以设立该分支机构的法人为当事人。据此规定,未领取营业执照的分支机构不可以成为诉讼或仲裁主体,应以设立该分支机构的法人为当事人。

四、涉诉代理人员配备

一般认为"打官司"是律师的事情，这种观点有其合理性，毕竟诉讼和仲裁都是以法律为准绳的，特别是对那些复杂案件，涉及程序法和实体法的应用多，而且也存在一些专业"技巧"问题。民商事诉讼和仲裁实践中，单位当事人多委托律师或本单位法务人员担任诉讼或仲裁代理人，代理人员也为委托人付出诸多专业服务。

本书从诉讼和仲裁实务的视角认为，诉讼、仲裁活动中，既涉及诸多法律应用问题，需要准备法律文件，委托专业律师或企业法务人员担任代理人对维护当事人权益具有很大帮助；但同时也注意到，当案涉交易业务专业性强或案情复杂时，除精通法律应用外，更要谙熟所涉业务领域。诉讼和仲裁都遵循"以事实为依据"的基本原则，当事人首先需要把合同交易业务以及引起争议缘由和争议事实向裁判人员叙述清楚，特别是交易业务专业性强或案情复杂的案件，更需要当事人能从裁判人员易懂的角度简明清晰地说明案涉交易业务关系和产生争议事实的来龙去脉，这一点十分重要，实践中容易被忽视。裁判人员可能受到专业局限，难以精通所有案涉交易业务，而且，裁判人员更多需要通过当事人对案件事实论述以及相应证据材料来分析和判断案件基本事实。因此，当事人说清案情和事实对裁判人员理解当事人观点和立场十分重要。

例如，建设工程成套设备买卖合同，卖方负责成套设计和设备供应，约定固定总价，合同履行过程中，双方发生争议。买方认为成套设备中缺少一些设备、材料，应该在合同总价款中扣减部分价款；卖方认为，该合同是固定总价合同，并按交货对应价款分批开具发票，发票总金额达到合同总价款金额，因此，不应该扣款。买方花费大量时间和笔墨解释该买卖合同为什么不应该按买卖合同对待，而应该按建设工程分包合同对待。主审裁判人员刚好不了解建设工程中成套设备固定总价的商业机制，当事人花费大量精力解释，却让裁判人员一头雾水——明明合同文件写的是"买卖合同"，怎么就不是买卖合同，而要按工程分包合同对待呢？这样一来，主审人员反而认为买方在无理狡辩，没有支持买方意见。其实，买方应以简单易懂的方式解释，在这个合同模式下，卖方负责供应的成套设备主要包括哪些义务，这种商业模式下的固定总价与一般单一设备买卖合同固定总价的主要区别——卖方负责成套设备设计并提供完整的成套设备系统，其实际价值可能多于合同价款,也可能少于合同价款,但只要是这个成套设备系统正常运转所需要的材料、设备,都应由卖方提供,并不增加合同总价款,相反,如缺少了某些材料、设备,无论是卖方设计漏项还是供货漏项,都要从合同总价款中相应扣减;而且,合同结算总价款与过程分批交付开具发票及发票金额没有必然关系。

类似这种情况,在一些专业性较强的重大纠纷案件仲裁或诉讼实践中时常发生,主要原因在于当事人对涉诉代理人配备欠缺。

从有利于涉诉案件处理,以及有利于维护当事人自身合法权益角度看,对于所涉交易业务专业性较强、案情较复杂的涉诉案件,当事人委托的代理人员,最好包括专业律师或本单位法务人员和本单位的商务人员以及专业业务人员。实务中,存在代理人员数量限制问题,如民事诉讼法规定诉讼代理人1—2人,也有仲裁机构限定仲裁代理人不超过2人等,对于这种情况,当事人除委托代理人外,相关人员要参与对代理人支持,包括帮助代理人梳理业务交易关系、争议事实等,也可申请列席旁听或庭外支持等。当然,对于仲裁机构来说,尽量不要限制仲裁代理人人数,如客观条件所限需要限制代理人数量的,尽可能给予当事人适当充分的代理人名额。

五、"配合"裁判

民商事诉讼和仲裁活动中,双方当事人、裁判(法院合议庭或仲裁机构仲裁庭)三方角色和关注点有所不同,当事人之间处于诉求与抗辩相反立场自不必多言,裁判力求依据事实和法律客观公正解决当事人之间的纠纷。但裁判能否对案件作出客观公正和公平合理的处理结果,除各项适用的程序法和实体法遵循情况以及自身能力外,当事人在案件审理过程中的"配合"度也有一定影响。实务中,当事人"配合"裁判情形较多,如按照诉讼程序或仲裁程序要求及时提交材料(如答辩意见、证据等)、及时正面回应裁判提出的问题等。以下几个方面可供参考。

(一)"认识"裁判

民商事诉讼和仲裁实践中,当事人之所以走上法律途径解决争端,除双方对相关法律和案涉合同理解发生分歧外,多数情况下还是双方对合同项下交易业务和执行该交易业务理解和认识上的分歧,也就是对争议事实的分歧。法官和仲裁员等裁判人员都会遵循"以事实为依据"的基本原则,因此,裁判人员裁判一般基于三个方面:一是程序法,包括诉讼程序和仲裁程序,在程序上保障案件审理的公正性;二是对争议案件事实的认定,这是审理案件实体部分的重要基础和关键所在;三是在认定事实基础上,适用法律进行裁量。通常情况下,裁判人员会很好地把握适用程序法规定,一般不会发生大的程序性问题;而适用实体法律进行裁判的基础是对案件事实的认定,因此,在诉讼或仲裁中,当事人在案件事实表达和举证方面对裁判人员对案件事实认识和认定有着直接影响。

本书所说"认识"裁判,并不是通常所说人情关系的"认识",而是指了解裁判人员是否熟悉案件所涉交易业务以及对纠纷事实的理解,并在案件审理程序中通过适当的论述和举证帮助他们更好理解案件事实。例如商事仲裁,仲裁员队伍都是某个或某些领域的专业人士,不少还是某个领域专家,总体上由三大类专业人员构成:法律教学研究领域的专家、学者、教授,律师,专业实务领域专家。他们各有所长,有的更精通法律规定和法学理论,有的更精通仲裁诉讼的法律问题,有的更精通案涉业务领域,也有的既精通案涉业务领域,也精通法律运用,这是最理想情况。对同一案件事实,不同专业领域人员的认知可能不尽相同,例如,用于建设工程的设备买卖合同,特别是非标准设备、成套设备买卖合同,与一般通用货物买卖合同有很多关键性不同,如裁判人员不熟悉建设工程领域情况,他们可能基于通用货物买卖合同去理解争议,在其内心可能会比照购买一台电冰箱情景去理解设备买卖交易,甚至可能内心疑惑买方为什么那么长时间不验收设备?如按照这种认识去理解争议并进行裁判,可能会对买方不公平。其实,用于建设工程的设备,特别是一些工艺设备,不仅要安装调试到位,还需要所在工艺路线上下游设备设施正常运转甚至需要整个工厂建成投产稳定运行才能开展设备或设施性能验收。

对于一些重大复杂案件,或者所涉交易业务跨多领域案件,当事人宜结合裁判人员专长情况,把纠纷案件所涉交易业务、案情、争议焦点所涉业务以及纠纷起因和发展过程、合同约定以及当事人认为应适用的法律和依该法律对案件的理解表达清楚,以帮助裁判人员对交易业务和纠纷更好地认识和理解。如裁判人员对交易业务领域不熟悉,尽量用通俗易懂方式把合同交易业务表达清楚;对于合同履行产生的纠纷事项,特别是双方对纠纷事项有争议的,应把交易业务、合同要求、实际履行情况表述清楚;对证据所涉复杂业务做一定的解释说明,特别要对证据中有分歧的内容和不同理解的内容,用通俗易懂的方式把专业问题表达清楚;另外,还要把证据与论述相关联起来,让裁判人员对当事人所表达的案情、交易业务、争议焦点问题以及相关合同约定、适用法律规定一目了然。

实践中,有的案件代理人员或者因对案涉交易业务不熟悉,或者认为自己该表达的已经表达,该提交的证据也提交了,剩下的事情是裁判人员的工作。这种做法不太可取。

"认识"裁判第二个方面,是理解裁判人员处理案件的思路。实践中,当事人多从有利于己方的角度去思考和看待案件,有些案件当事人在内部研究讨论时甚至不愿意站在对方的角度看问题,这也是一些当事人对裁判结果无法接受的一个原因。裁判人员是站在中立的角度来处理问题的,他们看问题也是站在中立的立场,当事人要尽量去理解裁判人员的思路,特别是裁判人员在庭审中询问的问题以及关注的问题。实践中,有些当事人把更多精力放在对方当事人思路和意见上,关注和理解裁判人员思路和关注点反而不多,这也是有些案件最终裁判结果并未如当事人所愿的一个重要因素。民商事诉讼和仲裁实行"谁主张,谁举证"制度,除法律规定需要裁判人员对当事人进行释明外,裁判人员对案件中的某些关键事项不能也不会示意当事人。因此,当事人和代理人应多理解裁判人员思路,了解他们关注点,积极回应,如补充证据和补充论述。

(二)不要"考验"裁判

民商事诉讼或仲裁实践中,特别是一些重大案件,当事人各方都十分重视,为实现己方诉讼或仲裁目标,在起诉或应诉以及审理过程中采取一些策略。如诉求方为防止应诉方过早了解己方意见、观点、意图、证据等,有的起诉书或仲裁申请书对争议事实和理由采取一笔带过的做法,有的则长篇大论,但通篇既未把事情原委说清楚,也没有把争议事实和自己请求主张对应起来,裁判人员要想了解案情和理解当事人意见,需要花费大量时间反复研究证据材料才能理出头绪。而应诉方,有的干脆不按通知要求提交书面答辩意见和相应证据材料,等到开庭审理时,带着一堆证据材料,又长篇大论发表答辩意见。

这些做法,表面看起来是"突袭"了对方,但实际效果更像是"考验"裁判。本书认为,一方面,这种所谓策略对当事人并非有利,如对方可以以收到证据材料时间太短而请求延期质证,或请求延期发表意见等,这样就不利于案件审理进展;另一方面,裁判人员在开庭审理前要做充分准备,包括阅卷、研究案情、理出争议点和庭审要点等,并形成初步审理思路,如当事人采取开庭时"突袭"方式,会打乱或扰乱裁判思路，不利于案件审理，同时，裁判人员在短时间内也不一定全部理解当事人意见。

其实，无论是诉讼还是仲裁，当事人主要任务是试图说服裁判人员接受己方观点和立场，而不是去"考验"裁判人员。因此，当事人应尽量配合裁判。在国内诉讼或仲裁，尽量做到以下几点：

一是按照程序要求配合裁判审理案件，如按时提交文件、按时参加庭审、按时提交补充证据和书面意见等。诉讼和仲裁都有相应的审理时限，当事人无故拖延甚至故意庭前"突袭"等情况，都不利于案件的审理工作。当然，如确属因客观原因无法按时提交文件或出庭的，要提前申请，说明原因并提出延期请求。

二是说理清晰明白。无论是诉求还抗辩，当事人主张自己观点时都要把事实、理由说清楚。民商事纠纷案件，通常说法是"你给我事实、我还你法律"，就是要求当事人把争议案件事实说清楚。从诉求方来讲，尽量围绕请求把争议事实的主要来龙去脉说清楚，把对应合同和法律依据说清楚，把支持证据列清楚，并把证据与主张关联清楚；从抗辩方来讲，也是要从事实和依据方面来支撑自己的观点，如对方所说事实、理由明显不成立，尽量言简意赅地指出其不成立之处及原因，并列明对应证据、合同依据或法律依据；对于有争议性事实或依据，尽量从事实、合同、法律角度论述，避免长篇大论和学理论述。

一份好的起诉书或答辩书，能够把案件事实、支持证据、合同和法律依据有效串联起来，思路清晰、观点明确、有理有据、言简意赅。实务中，代理人员多由外请律师或单位法务人员担任，他们擅长说理，但有些代理人对案件事实特别是涉及交易业务专业性强的案件事实表述显得力不从心，这也不利于裁判人员认可其意见和观点。

另外，发表书面意见，如答辩、代理意见等，尽量一次完整表达清楚，避免不断提交书面意见，更要避免每次意见既有重复又有差异。

三是文件力求清晰有序。有些案件证据文件较多，尽量一次性提交，避免不断补充证据，影响案件审理；列出证据文件目录，注明每个证据的证明目的，有的一份证据包含很多文件，但并不是所有文件都是用来证明自己观点的，如一本合同文件有几十页甚至几百页，可能与案件争议相关的也就几页、几十页，要尽量把证明的文件指出来，方便裁判使用证据。

四是没有证据不代表没有事实。实务中，经常发生当事人提不出证据的情况。按民商事举证责任制度,当举证不能时将承担不利后果。这是从法律角度讲的,客观上,没有证据并不一定代表没有事实。在双方当事人证据都不充分情况下,基于案结事了原则,裁判人员将基于现有有效证据并综合当事人陈述和案情,进行一定的推理分析。因此,即使没有证据,也应把客观事实情况呈现给裁判人员,但不可编造事实。

五是不要用"法律"代替"事实"。民商事诉讼和仲裁都是"以事实为依据"的,因此,裁判人员查清案件事实是处理案件的基础。实践中,存在当事人多从法律规定角度或法理角度描述案件事实,因而不能形成合理的事实逻辑链,相应地,裁判人员难以采信这些意见。因此,在表述案情和事实时,尽量从案件客观事实角度阐述,当然,从当事人角度来讲,在表述案件客观事实时也要顾及相应法律后果。

(三)回应裁判关注

裁判人员和当事人出发点不尽相同,关注的问题也不尽相同。当事人应注意并回应裁判的关注点,特别是在庭审中,当事人要多注意和理解裁判人员所关注的问题,比如,裁判人员反复从不同角度问询相同问题,可能是裁判人员认为这个问题对处理案件十分重要,也可能是通过问询这个问题来协助其对另一问题的判断。因此,当事人一方面要理解裁判关注点,并积极回应;另一方面如果当事人认为,对处理案件十分重要的某项或某几项问题没有被裁判人员关注或关注度不够,也应以适当方式表达出来,如当庭提示裁判人员或庭后以补充证据、补充意见或代理意见等方式表达出来。

六、回应对方意见

(一)应诉方回应诉求方意见

应诉方回应诉求方意见主要在答辩和庭审辩论阶段。

应诉方在答辩阶段应按照相应程序规则积极答辩,如应诉方全部或部分否认诉求方的请求以及围绕请求所述事实、理由和相应支持证据的,针对请求事项逐项答辩,并提供相应证据支持答辩意见,避免长篇大论还没有针对性。实践中还需要特别注意几点:一是区分反诉或反请求与抗辩关系,有的当事人把抗辩意见和反诉意见混到一起,影响抗辩的针对性。二是定性定量相结合,特别是对诉求方金钱给付请求,如认为不应给付或不应全额给付,除论述外,要辅以具体数据并提供相应支持证据。三是对过高违约金表示明确意见。实践中,当事人诉请违约金与其他诉请事项是联动的,应诉方担心因抗辩违约金过高问题被认为承认其违约事实,一般采取全盘否定诉请违约金策略。按照法律规定,约定违约金过高的,裁判可依当事人请求进行调整,如应诉方不具体提出请求,裁判难以主动调整违约金。①

辩论阶段主要是围绕案件焦点问题发表意见,通常情况下,合议庭或仲裁庭会综合双方申辩意见、质证意见和案情,理出双方争议焦点问题,当事人围绕争议焦点问题逐项从事实、合同约定和相关法律规定等方面发表辩论意见,辩论意见力求针对争议问题,包括对应诉方的诉请、所述事实、证据以及合同和法律依据,辩论意见要言简意赅、观点明确、论述事实清楚,避免反复长篇大论。当然,实务中,有些问题难以就事论事,这种情况下需要对问题的背景和实际情况做简洁明了说明。

(二)诉求方回应应诉方意见

诉求方回应的对方意见包括应诉方答辩意见和开庭辩论意见。要针对对方抗辩意见从事实、证据依据、合同或法律依据等方面进行回应,具体可参考前面关于应诉方回应意见的做法。

除此之外,诉求方回应应诉方意见时应注意以下几点:

一是恰当处理应诉方答辩意见。有的应诉方遵照程序规则及时提交答辩书,诉求方可根据开庭时间安排情况做两种处理:若收到答辩书时离开庭时间较长,可提前书面回应答辩书意见并尽早在开庭前提交,以便裁判在庭前准备阶段充分了解双方意见;反之,若在庭审辩论阶段一并回应,事先也要做好充分准备。

二是注意回应对方意见方式。应诉方的抗辩主要是破坏诉求方权利主张,重点是引导裁判不支持诉求方意见和诉求;诉求方与应诉方有所不同,即使否定了应诉方意见,也不一定代表自己意见和请求应当被裁判接受和认可。所以,诉求

---

① 司法实践中,有的法院裁判认为当事人否定违约金带有认为违约金过高意思表示。法理界对此有不同观点。2023年12月4日公布的《合同通则司法解释》对此作出相应规定,主要有两点:一是应诉方以不构成违约等为由进行抗辩,未主张调整过高的违约金的,法院将就若不支持该抗辩,当事人是否请求调整违约金进行释明;二是恶意违约的当事人一方请求减少违约金的,一般不予支持。

方在回应应诉方意见时,要"攻防兼顾",就同一事项,既要反驳否定应诉方,也要进一步证明自己意见和诉求应被裁判接受。

双方都要特别注意,若认为对方所表达的重要事实或重要意见没有依据或不正确,即使对方没有提供证据支撑,也要明确表达自己的反驳意见,并提供必要证据,避免裁判认为"没有提出异议"而认可对方意见或所述事实情况。

七、证据的表面欺骗性

裁判和当事人都十分重视证据在民商事诉讼和仲裁中的作用,可以说证据是决定案件最终裁判的基础,这里不再赘述证据的重要性。但有些证据具有表面欺骗性,实践中当事人对这点认识和重视普遍不够,可能影响裁判结果。

(一)证据表面欺骗性概述

证据表面欺骗性是本书通过民商事裁判工作观察和总结得出的一个概念。证据表面欺骗性并非指当事人伪造证据,而是指证据所载内容具有片面性和表观性,需要透过表象看本质或通过佐证才能得出该证据真实意图,如果仅依证据所载示表观内容进行判断和认定事实,将导致对真实意图或客观事实不完整或错误的认知。

证据表面欺骗性具有如下特性:

一是证据本身是真实有效的,即证据具有真实性和合法性。证据表面欺骗性是证据内容给人表观认识与真实意图的差异,并不是指证据或证据内容是伪造的,不属于伪造证据或内容非法性证据。例如,合法有效的合同文件、财务询证函等。

二是证据所载示内容带有表观性或片面性。例如,买卖合同出卖人向买受人交付标的物后,买受人确认了货款,但这并不能当然认定标的物符合约定要求而认为货款支付条件成就,若买受人对标的物质量提出异议,那么,需要综合合同对标的物质量要求及货款支付约定条件来判定应付货款金额和应付条件。

三是证据所载示内容在其他证据佐证下能够还原其真实意图或客观事实面貌。例如,财务询证函载示"应付合同货款 100 万元",如买受人举证出卖人承认其所交付设备存在质量瑕疵并同意从合同货款 100 万元中扣减 15 万元,那么,财务询证函所载示内容本意是指合同总价款中尚有 100 万元没有支付,并不表示需要实际支付100万元货款。

对于民商事涉诉案件中一些重要证据,尤其商事仲裁案件中对己方不利关键证据,最好就是否存在表面欺骗性进行分析和检查。

(二)证据表面欺骗性应对

民商事法律案件中具有表面欺骗性的证据时常出现,如合同文件、专业机构报告、财务询证函、履约交付签收文件、建设工程签证文件、裁判文书等。

1. 合同文件

合同文件是合同纠纷案件最基础、最直接的证据,也是一项最重要的证据。在国内合同实务中,多数合同文件比较简单,而且有些合同文件特别是商务内容没有注重前后关联性,导致一些合同某些条款约定内容所展示意思与合同真实意图并不一致,如果直接适用该条款内容,会造成执行合同不准确甚至背离合同原意的错误。这是导致合同文件证据表面欺骗性的主要原因。

例如,买卖合同的支付条款约定"交货后7日内支付货款90%",出卖人认为按照该条款约定,只要自己交货,买受人就应当在7日内支付90%货款,否则,买受人构成违约。如买受人没有进行有效抗辩,裁判人员可能也认为,既然合同这么约定,就应当支持出卖人主张。但实际上,无论合同是否约定将货物交付验收作为支付货款依据,支付该货款的前提都应是所交付货物符合约定要求,包括数量、质量、规格型号等,这既是基本商业惯例,也是法律基本要求,如原《合同法》第153条和《民法典》第615条都规定"出卖人应当按照约定的质量要求交付标的物"。前述买卖合同支付条款没有把交付货物的数量和质量验收与货款支付相关联,导致合同货款支付条款约定内容具有"表面欺骗性"。在第二十四章合同表面欺骗性中所列举技术许可协议事例中的支付条款就有很强表面欺骗性。

在合同纠纷中,如果存在类似情况,一方面,要研究合同其他文件的约定,如无相应约定,应研究相应法律规定;另一方面,要积极从合同交易业务本质进行分析并作出说明。

2. 财务询证函

财务询证函在企业商业活动中比较常见,一方当事人基于企业改制、并购重组、投融资、破产重整以及内部审计、年度财报审计、税务稽核等多方面需要,向商业合作方询证应收款或应付款、股权或股份等事项,①相对方基于双方合作基础,一般多配合回复,确认询证事项,并多以合同约定金额或份额进行确认。后来双方发生法律纠纷,当事人以此作为证据以证明对方已确认应付款金额或权益份额等。这种财务询证函在民商事案件中往往具有很强的"杀伤力"。如相对方无有力事实反驳,裁判多会支持举证方的主张。

实践中,大多数企业财务记账是以合同或其他法律性文件为基础的,除对合同或其他法律性文件作出有效变更外,一般不过多关注合同或其他法律性文件执行情况。例如企业财务部门一般都有关于合同收支的财务台账,记录合同总金额、分几次收支、已付款或已收款金额、尚未付款或收款金额,除合同执行部门提交有效的法律性文件外,财务台账一般不会修改合同约定事项,而且,在合同台账中把尚未支付合同款标记为"应付款"或"待付款"。财务询证函一般询证截至某时间点的合同总金额和尚未付款金额(应付款金额),同时,询证函中也会有类似"本函仅为复核账目之用,并非催款结算"等注明。收函方财务部门检查询证函所载示合同未付款金额(应付款金额)与合同财务台账记载一致,一般盖章确认。这是造成财务询证函与客观"实际"差异的主要原因,也是造成证据"表面欺骗性"的原因。在涉诉案件中,如果一方当事人以财务询证函作为证据,并且财务询证函所反映的情况确实与客观"实际"不一致的,当事人尽量提供相反证据予以反驳,即使没有相反证据,也应把客观实际情况说明清楚,并把当初出具财务询证函的背景以及当时没有考虑相应因素而导致差异的情况说清楚,供裁判人员参考。

另外,从合同管理角度来说,企业收到询证函,如涉及合同金额大、付款次数多、执行周期长等情况,收函方要组织财务、合同管理和执行部门进行查证后再予回复,若存在需要调整价款金额或对方违约等情形,在对询证函确认时予以注明,以避免日后纠纷。当然,双方对合同价款金额是否应该调整以及是否违约及应承担违约责任尚未形成统一意见的,收函方不宜作出肯定性结论,可附加说明,如在询证函上加注"合同价款有×××万元尚未支付,但双方因设备缺项等问题对其中约×××万元存有不同意见"。

---

① 通常情况下,这类询证多涉及该单位投资、经营数额较大或该单位较为重要的经营业务,包括重大合同、应收或应付账款、投资、股份或股权等。

3. 生效裁判法律文书

民商事案件当事人引用已经生效诉讼或仲裁裁判文书所认定的事实作为证据时，如果该裁判文书中对某些事项认定有误，那么，其"表面欺骗性"更强。普遍认为，生效裁判文书所认定的事实理应予以承认，这也有相应的法律依据，如《民事诉讼证据规定》规定，已为仲裁机构的生效裁决所确认的事实和已为人民法院发生法律效力的裁判所确认的基本事实，当事人无须举证证明。

本书认为上述规定是正常情况下的通常原则，该司法解释对此还作出例外规定，当事人对仲裁裁决确认事实有相反证据反驳的，对法院判决确认基本事实有相反证据足以推翻的，主张该事实的一方当事人仍然需要举证。① 这个例外规定在民商事案件中容易被当事人忽略，特别在商事仲裁中，如对方当事人因忽略该规定而疏于组织相反证据予以反驳或推翻裁判认定事实，将可能因此导致裁判人员对案件事实认定不当甚至错误。

例如，建设工程争议案件，原告和被告在同期先后签订两个不同工程承包合同《A 工程合同》和《B 工程合同》，两份合同设置相似的付款节点，均设置合同价款总额 10% 的预付款，以及合同进度款和工程质量保证金的付款比例。两份合同工程在同时期先后完工并完成结算后，双方因《A 工程合同》结算款支付问题发生纠纷，并通过诉讼解决（前案）。事后，原告发现《B 工程合同》的预付款尚未支付，又以该合同另行提起诉讼（后案）。在后案程序中，被告抗辩称已向原告支付了合同预付款，并提供了发票和相应银行付款凭证；原告则主张，其中一张发票和银行付款凭证是前案合同的付款，而且已生效前案裁判文书认定该笔款项是全部用于支付前案《A 工程合同》价款的事实。

当事人分别对后案案情和抗辩进行举证，经质证和查证，争议发票和银行付款凭证确属两份合同预付款，后案《B 工程合同》预付款实际得到全额支付，按照上述司法解释之规定，后案被告相反证据推翻前案裁判文书认定付款事实。

通过前述例子分析可见，以生效裁判文书认定的事实作为证据时，举证方还

---

① 《民事诉讼证据规定》第 10 条规定：下列事实，当事人无须举证证明：……（5）已为仲裁机构的生效裁决所确认的事实；（6）已为人民法院发生法律效力的裁判所确认的基本事实；……前款第 2 项至第 5 项事实，当事人有相反证据足以反驳的除外；第 6 项、第 7 项事实，当事人有相反证据足以推翻的除外。按照《民事诉讼法司法解释》（法释〔2022〕11 号）第 93 条的规定，已为仲裁机构生效裁决所确认的事实和人民法院发生法律效力的裁判所确认的事实，当事人有相反证据足以推翻的，当事人仍需对该事实进行举证。

要检查生效裁判文书所认定事实是否客观充分,必要时补充证据加以佐证;相对方也不要气馁,更不要认为生效裁判文书所认定的事实一定无法改变,而要客观分析裁判文书所认定的事实是否客观充分,若认定事实有误,组织相反证据以反驳或推翻裁判文书所认定的事实,①维护己方立场和利益。

---

① 对仲裁裁决书所认定事实进行反驳,对法院裁判文书所认定事实进行推翻,但按照《民事诉讼法司法解释》第 93 条的规定,两者都需要足以推翻生效裁判文书所认定事实的证据。

PART 05

第五部分

合同管理体系与工具

第三十四章 合同管理体系与工具

企业是市场主体,合同活动是企业生产经营活动重要方面,从企业合规管理要求来看,企业合同管理是一个系统性工程,需要建立相应的管理体系,同时也应有相应管理工具。

一、合同管理体系

和其他管理一样,合同管理也应有相应的管理体系。实践中,各单位合同管理方式不尽相同,相应合同管理体系也不尽相同,需要根据各自情况建立相应的合同管理体系。合同管理体系包括合同管理组织体系和合同管理制度体系两大方面。

实践中,单位内部的合同执行部门与合同监管部门对合同活动的关注点并不一致,有的情况下甚至相差很大。

在缔约阶段,合同监管部门更多从合规性、效益性角度关注合同,而合同执行部门则更多从专业性和可执行性角度关注合同。例如,企业采购合同,合同监管部门希望采用合规的方式以更低价格选择供应商,而合同执行部门则希望选择曾经有过良好合作的供应商,甚至认为价格越低越不利于合同执行,因而不希望以更低价格选择供应商。

在履约阶段,合同监管部门更多关注履约是否偏离合同约定和合规要求,而合同执行部门则多希望有更大自主性和灵活性。

因此,合同管理体系的设计需要考虑上述因素。当然,合同管理体系需要考虑因素众多,前面章节中分述的合同活动和合同管理中所涉及的一些因素都应考虑，此处不再一一赘述。

本章以国有企业或国有控股企业合同管理为基础案例，对合同管理组织体系和制度体系分述如下，供实践参考，对非国有企业也有一定参考价值。

（一）合同管理组织体系

合同管理组织体系从纵向上讲一般包括决策组织、监管组织和执行组织，如图34-1所示。

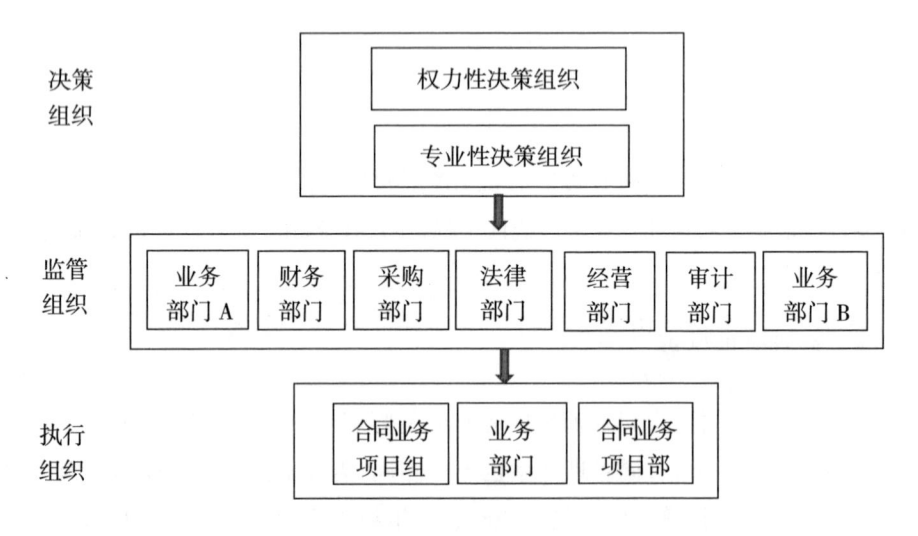

图34-1　企业合同管理组织体系示意

1. 决策组织

合同管理决策组织包括两个层次：一是合同管理专业性决策组织，其是企业专业性合同决策和协调机构，实践中通常有"招投标领导小组（委员会）""合同管理领导小组（委员会）""合同采购领导小组（委员会）"等；二是合同管理权力性决策组织，其是企业业务决策机构，对于国有或国有控股企业来说，主要是合同涉及其"三重一大"事项，需要履行相应决策程序。

（1）合同管理专业性决策组织。这个决策组织是企业专业性兼职组织，是企业合同管理中专业性决策和协调机构。从法律规定来讲，这个组织并不像公司董事会、经理层是法定组织，但从国有或国有控股企业的内部管控和合规管理角度出发，一般都要求设置这样的组织。

实践中，有的企业合同管理专业性决策组织一般都由企业领导班子成员担任,这有些背离其专业性的属性。为充分发挥其专业性功能,这个组织可由企业领导层中负责相关业务成员、企业相关业务部门负责人和精通该领域业务专业人员组成。

企业合同管理专业性决策组织,既可以肩负合同活动的某个环节或某几个环节活动专业性决策,如"招投标领导小组"可承担招投标活动专业性决策;也可以承担合同活动全过程专业性决策和协调工作,如企业"合同管理委员会"可对招投标、合同管理等活动承担专业性决策,包括招投标重要事项,供应商短名单,研究解决招投标过程和合同谈判中重要事项,重大合同变更问题,重大合同纠纷、合同索赔问题,重大合同提前终止或解除问题,重大合同结算问题,相对方提供的银行保函没收等相关问题。

在实务中,各个企业可根据自身实际需要确定合同管理专业性决策组织形式、承担合同管理活动哪些环节以及行使的职责。

(2)合同管理权力性决策组织。这个决策组织是企业权力性机构,按照现行国有或国有控股企业组织结构来说,一般包括董事会、党委会、经理层。[①] 如企业没有设置前述合同管理专业性决策组织,合同管理权力性决策组织承担全部合同管理决策职能;如设置前述合同管理专业性决策组织的,对于合同管理中需要决策的重大事项或属于"三重一大"事项的,交由合同管理权力性决策组织决策。

当然,合同管理权力性决策组织中的经理层、董事会、党委会行使的决策权是不同的,仅就合同管理决策事项而言,党委会一般以前置研究方式介入决策,而以最终决定形式决策的,是经理层或董事会。[②]

按照当前相关法律和政策掌握,与合同决策相关的"三重一大"事项,主要是指重大决策事项、重大项目安排和大额资金运作中需要通过合同约定的事项,具体到每个企业重大和大额的标准各不相同。重大决策事项,如涉及投资参股、股权并购或购买上市公司股票、产权转让等需要通过合同方式落实的资本运作事项;重大项目安排,如超过一定额度规模的投资合同[③];大额资金运作,如涉及超过

[①] 这里指公司企业内部决策,对于需要由股东或上级决定的,由股东或股东会或股东大会决定。
[②] 在实践中,除法定必须由公司董事会决策或股东授权董事会决策外,可根据公司章程规定,若公司章程没有规定,可由公司授权机制确定公司经理层、董事会决策权限。
[③] 实践中,确定纳入"三重一大"决策程序的投资项目额度规模因各企业资产规模不同而不同,如有的央企集团资产规模超过万亿元人民币,以上一年度净资产的一定比例作为划分标准。

一定额度的闲置资金运用合同等。实践中,如果以其他事项通过"三重一大"决策程序的,无须再重复履行合同决策。

2. 合同监管组织

企业的合同监管组织,一般由合同归口管理部门和相关专业管理部门组成。在实践中,企业法律事务部门承担合同归口管理职责,其他诸如财务部门、采购部门、经营部门、审计部门等承担专业管理部门职责。

实践中,也有不少企业的合同管理和合同执行并非截然分开,通常由某个业务部门负责组织缔约、履约和合同管理。有的是因为企业管理部门精简和管理人员精减,"无力"承担合同监管职能,多数是因为沿袭传统模式,即由业务部门承担合同活动和合同管理"一条龙"职责。实践表明,合同执行部门与合同监管部门对合同活动的关注点并不一致,特别是业务部门同时承担缔约、履约和合同管理"一条龙"职责情况下,容易轻视和"放纵"合同风险。因此,本书认为,在条件许可情况下,尽可能将合同监管职能与合同执行职能分开,特别是国有和国有控股企业、上市公司,不能放松合同监管。

当然,合同监管组织并不能只负责合同监督,更多要承担起对合同执行的协调支持,共同促进合同顺利履约,实现合同目标。从某种程度上讲,除肩负监管职责外,合同监管组织要与合同执行组织紧密融合、相互交叉,[1]肩负更多帮助、支持职责。

需要注意,企业的合同监管组织在行使监管职责中,要与合同业务和合同活动实际情况密切结合,否则,容易造成缔约或履约困难,甚至导致缔约或履约失败。

例如,国内大型建设项目,准备把某套装置投资运营外包给专业公司,这种投资运营外包模式主要是大型项目投资方把作为项目组成部分的特定装置外包给专业公司投资建设和运营,专业公司向项目主工厂长期稳定供应原料,双方形成定向有偿供需关系。这也是国际上常见的商业运作模式。项目方邀请多家国内外知名专业公司参加竞争。其中,一家在中国境内注册的外资公司非常希望拿到这个合同,但又担心项目主工厂核心工艺装置不能稳定运行,因为该核心工艺装置当时是国内首次商业化,一旦项目主工厂失败,项目方就不能按照约定使用外

---

[1] 在使用财政资金的政府采购合同的监管方式与企业合同监管方式是不同的,前者更多在于监督管理。

包装置生产的产品,外包装置投资回收困难,左右为难。在谈判过程中,外资公司受制于其外国总部的限制,总是担心合同风险。

项目方向所有参加竞争的公司表示:第一,尽管项目主工厂核心工艺装置是首次工业化,但整个项目投资大,在决定投资建厂前已经从各个角度分析论证是可行的,而且这个项目在国家核准前经专业机构组织各方专家充分论证是可行的,是能够成功的。第二,假设项目建成早期运行不顺利,至少能确保核心工艺装置的上游生产装置成功,可以生产其他产品,同样需要使用外包装置产品。但该外资公司外国总部法律部门还是认为有风险,项目方建议对方谈判团队请其总部法律部门人员来华参加谈判,双方面对面商谈,但对方谈判团队难以请来其总部法律部门人员,聘请国内律师担任法律顾问,在谈判过程中不得不坚持其总部法律意见,整个谈判很难进行,谈判进程非常缓慢。由于外资公司谈判团队无法说服其总部法律部门,遂逐步退出竞争。后来事实表明项目主工厂建成运行十分顺利,投产一次成功,而且当年投产当年盈利。后来,这家外资公司中国区负责人说他们总部管理层事后也很后悔,不仅仅是失去了这单合同业务,更为严重的是影响了其在中国的市场份额。

3. 合同执行组织

合同执行组织是合同设定内容的执行者。就单位而言,[①]合同执行组织可因各合同内容和规模不同而异,一般由相应业务部门履行合同。除此之外,通常还采用项目组或项目部模式履行合同。

(1)项目组。合同业务相对复杂、重要、规模较大等的,成立跨部门的项目组,项目组是履行合同的临时机构,合同履行完毕,项目组的使命也完成。项目组的组成人员也因合同业务不同而不同,如股权并购业务的项目组一般由投资或商务、法律、财务、专业业务等部门人员组成;大型机组设备采购合同的项目组,一般由商务、设备和专业技术等人员组成;建设工程项目可行性研究服务提供方的项目组,一般由工程技术、技术经济等部门人员组成。

单位授予项目组一定的权限,以保障项目组能够组织或直接履行合同各项内容。实践中,即使设立项目组履行合同,仍需要单位各相关部门支持配合。

---

① 企业是经济活动主体,相应地,除人们日常生活中的合同活动外,合同主体中的企业居多,但机关、团体和事业单位通过政府采购商品或服务等合同活动也不少,因此,这里使用的"单位",包括企业,以及机关、团体和事业单位。

(2)项目部。合同业务规模大、履约周期长且业务关系复杂的,通常设立项目管理部、项目指挥部(项目部),相较于项目组,项目部具有更高相对独立性,也获得更多授权,项目部也设有相应决策组织、管理组织和执行组织,如大型建设工程项目的建设单位设立项目部负责项目合同执行与管理,承包商承担大型建设工程全厂总承包合同,一般也设立项目部负责执行和管理总承包合同。

(二)合同管理制度体系

合同管理制度体系可从狭义和广义两个角度理解。

狭义的合同管理制度体系指直接规范合同活动和合同管理的相关制度体系,一般包括合同计划与策划、合同形成方式、谈判与缔约、合同履行、合同变更、合同纠纷等从合同启动到合同履行完毕直线型全过程合同管理制度系统。

广义的合同管理制度体系包含合同全过程管理制度、合同支持保障制度和合同监管制度。换言之,广义合同管理制度体系包括狭义合同管理制度体系以及合同支持保障制度体系和合同监管制度体系。

实践中,各个单位性质、经营业务等不同,合同管理制度体系也不尽相同。本书以大型国有企业或国有控股企业为基础案例,分述合同管理制度体系,供各类单位实践参考。

1. 狭义合同管理制度体系

狭义合同管理制度体系一般包括以下与合同活动和合同管理直接关联的直线型全过程各环节管理制度,在单位内部称为"规定""办法""实施细则""程序"等。

(1)合同启动管理制度

合同启动即启动合同活动,这个管理制度要区分采购方和供应方不同的管理思维。

从采购方角度看,合同启动管理制度一般包含如下内容:

①启动合同采购业务的必要性和目的,以及为什么要开展合同采购。

②启动合同采购的条件,如采购预算及资金来源是否落实等。

③采购策划,如合同包划分、对供应方资格条件要求、采购方式等。

④合同启动程序,有些合同采购业务需要事先履行决策程序,如招标领导小组会议或企业权力性决策,有的还需要上级单位审批等。对于不需要履行决策程

序的合同采购业务,设定相应的内部启动审批流程等。

从供应方角度看,合同启动管理制度一般包含如下内容：

①响应合同的目的,如获取业务,扩大市场份额等。

②响应合同的条件,即自身是否具备合同业务所要求以及自身履约所应具备的技术、装备、资金、资质、资格、人力、专业能力等条件。

③响应合同的策略,如为扩大在该业务领域市场份额,或为了与竞争对手进行业务竞争等,制订相应价格、商务条件等。

④响应合同的后续应对措施,如获得合同或没有获得合同所应采取的应对措施。

(2) 合同采购方式管理制度

按照现行合同采购方式,一般包括招标(公开招标和邀请招标)、询价、竞争性谈判、单一来源采购等方式,实践中,也有拍卖、竞价等方式。

这个制度主要是从采购方角度出发,采购方式管理制度一般包括：每种采购方式的标准、条件、程序、评判标准以及结果处置等。

以招标方式为例,一般规定如下内容：

①招标项目：明确哪些采购项目和相应标准(预计金额数)必须采用公开招标或邀请招标,以及不招标例外情形及审批。

②招标组织：自行招标还是委托招标代理机构实施招标。

③投标人条件：投标人资格和资质条件设置原则,规定什么情况可以接受联合体投标人,什么情况不接受联合体投标人等。

④评标办法设置：规定什么情况下采用综合评标法,什么情况下采用最低价中标,什么情况设置最高限价,什么情况设置标底等；评标办法中价格、商务、技术评分比重；[1]废标要素设置的原则。

⑤评标委员会：包括评标委员会成员组成(原则上是单数人数),各类人员组成比例与采购方代表人数限制,以及评标委员会成员选择方式等。

⑥评标过程：包括评标时间、场所、保密等要求[2],哪些情形需要或不需要设置

---

[1] 对于综合评标法,一般从技术(业务)、价格、商务条件三个部分评分,各自满分为100分,三个部分总和满分为100分,因而,需要设置相应权重(或比重)。对于最低评标价法,首先评审技术部分合格后,进行商务价格评分,但技术部分不计分。

[2] 如果委托招标代理机构实施招标,按照招标代理机构规定即可。

清标,评标过程中澄清情形及澄清办法的规定,评标报告等。

⑦定标:主要规定评标完成后,如何定标,以及定标需要履行哪些关键手续等。

⑧流标与废标:规定流标或本次招标作废情形,以及由招标转换为非招标方式的条件和履行手续等。

(3)投标报价管理制度

这个管理制度主要从合同供应方角度出发,由于供应方投标报价受制于采购文件设定条件限制,[1]因此,也应有相应的管理办法。例如,投标管理办法一般包括:投标的决策程序、投标报价工作组、投标报价策略、投标文件准备与审批、投标担保提供办法[2]、投标现场会议、报价澄清应对、投标后续措施等。

(4)寻源与名单管理制度

主要规范非招标合同寻找合同相对方活动,以及建立潜在合作方名单准入资格条件、方式、更换、黑名单、撤销、使用办法等。

(5)合同缔结管理制度

主要规范合同文件、谈判(包括谈判组、授权、谈判要求、谈判纪要、汇报)、重要事项决策、合同评审与审批、合同签订等。在本书第二部分多章节中已分别论述,可作参考。

(6)合同执行过程管理制度

主要规范合同执行过程主要事项,包括合同执行组织、合同交底、合同再定义、履约过程、履约交付、合同纠纷等活动与管理。本书第三部分重点分述履约过程管理,可作参考。

(7)合同变更管理制度

主要规范合同订立后发生的主体变化和合同内容变更处置。如企业合同数量以及合同变更情形不多,可将合同变更纳入合同执行过程管理制度。

(8)合同关闭管理制度

主要规范合同因履行或提前终止而关闭的条件、对内与对外关闭程序、遗留

---

[1] 在实践中,无论是采用招标、询价、竞争性谈判,还是采用单一来源的合同采购方式,一般情况下,合同采购方会设定一些限制条件,如资格资质、最高价限制等,同时对合同主要内容也事先设定出来。

[2] 实践中,在招标、竞争性谈判等竞争性采购活动中,一般要求投标报价方提供投标报价担保,包括母公司保证、银行保函、保证金等。

问题的处置等。

2. 广义合同管理制度体系

对企业来说，合同活动实际上是生产经营业务活动，合同管理包含了生产经营业务活动管理。因此，除前述狭义合同管理制度体系外，企业合同管理制度体系还包括合同支持保障制度体系和合同监督制度体系。

(1) 合同支持保障制度体系

合同支持保障制度主要是对合同活动支持保障的业务管理制度。一般包括：担保制度，就合同支持保障而言，如参加投标的投标保证金或投标保函，合同履约保函或母公司保证等；合同收付款相关财务管理制度；与合同业务相关的生产经营管理制度；质量保证与质量控制制度；与合同业务相关的生产安全管理制度；与合同履行相关的人力资源调配管理制度等。

(2) 合同监管制度体系

合同监管制度主要是对合同活动进行监督管控，以保障合同活动过程合规合法、规避合同风险和市场风险，最终实现合同目的和目标。一般包括：合规管理制度，国有或国有控股企业、上市公司等企业都建立相应合规管理制度；纪检监察制度，国有或国有控股企业基本建立相应监督制度；审计制度，主要包括对合同活动和结果进行审计；风险控制制度，合同活动属于企业风险控制重要对象；合同后评价制度等。

(三) 合同管理体系注意事项

合同管理体系的设计和设定不可一概而论，特别是附有多个甚至多层下属企业的大型企业或企业集团，在制订合同管理体系时更多立足于合规和风险控制，但若过度强调风险控制，会相应增加合同管理成本、降低效率和合同效益，甚至过犹不及、适得其反。[①] 因此，实践中，单位设置合同管理体系要考虑如下因素：

(1) 总部与下属企业的差异。大型企业或企业集团总部一般承担整个企业或集团的投资运营决策和监管功能，总部直接签订和履行的合同相对不多，一般为企业战略性、合作性合同或服务于企业总部的买方合同，而且即使是总部以卖方角色签订合同的，也多交由下属企业组织履行。

---

① 参见夏志宏：《企业风险内控不应"穿马甲"游泳》，载《神华能源》2013 年第 9 期。

下属企业是生产经营直接责任主体,既有买方角色,如购买原材料,也有卖方角色,如销售产品、服务等,而服务型企业更多承担合同卖方主体责任;基层企业通过合同行为开展生产经营活动,有些合同签约周期和履约周期都比较短,合同活动频繁,难以按部就班做到总部合同管理体系规范要求。因此,合同管理制度体系要适当考虑下属企业生产经营活动的灵活度和能动性因素。

(2)买方与卖方的差异。从买方角度看,更多关注花钱的合规性、低风险性以及获得物有所值的商品、服务、智力成果或工程等,在合同活动中有一定的主动性,相对具备按部就班遵循总部合同管理规范要求的条件。而从卖方角度看,更多关注销售产品,获得合理的价格并能够按约收到价款等,除战略物资和暂时处于卖方市场的产品外,卖方需要为每个销售合同参与市场竞争,除价格和交付物竞争外,还需满足买方的各种要求,方有可能拿到销售合同。当然,销售合同行为也要遵守合规管理和风险控制,但在合规管理和风险控制的方式方法上与购买合同管理应有所不同。

(3)垄断与竞争的差异。有的大型企业或企业集团的某些产品或资源处于市场垄断地位或其产品在某个阶段处于卖方市场,而大多数企业经营活动需要参与市场竞争。处于垄断或卖方市场的企业总部制订合同管理制度体系,要考虑买方市场和卖方市场的差异,不可用处于卖方市场管理思维对合同管理实行"一刀切"的做法。例如,企业集团合同管理制度要求采用书面合同形式,并在合同签订生效后方可实质履行合同,这项规定可有效规范下属企业合同行为的合规性和合同风险防控。但下属企业参与市场竞争可能遇到困惑和困难,例如,对方是合同买方,要求在履行合同签订手续过程中同步开展合同业务,并限定履约交付时间,这种情形在现实中比较常见,下属企业在遵守总部合同管理制度与接受业务之间将十分矛盾。

(4)大企业与小企业的差异。大型企业或企业集团总部各类职能管理部门和人员齐全,决策和管理程序规范,管理组织与管理体系相互匹配。下属企业是生产经营直接责任主体,规模有大有小,其中,中小型企业的组织结构和管理流程相对简单,在机构和人员职能方面难以与总部一一对应,甚至难以做到"管办分离"。

(5)关联交易与非关联交易的差异。大型企业或企业集团系统所属企业之间关联交易现象比较常见,对关联交易合同和非关联交易合同管理应有所区别,关联交易合同更多关注交易合规风险,可淡化合同履约风险,而非关联交易合同既要关注合规风险,更要关注合同履约风险。因此,总部制定合同管理制度时要适当考虑两类合同管理要求的差异因素。

二、合同管理工具

合同管理制度体系规范合同活动,要求下属企业按照合同管理制度开展合同活动。但实现下属企业按照管理体系要求执行,还需要相应的管理工具把下属企业合同活动纳入管理制度体系所规范的轨道上,伴随办公自动化和信息化发展,大中型企业和企业集团陆续开发合同管理平台,有的企业称为法务平台,将下属企业合同活动全部纳入平台,合同启动、合同评审与审批、合同签订授权、合同履约管理、合同纠纷等都在合同管理平台操作。

首先,通过信息化平台工具可以有效把下属企业的合同活动关键环节纳入相同轨道,如合同评审与审批、合同签约、合同收付款、合同变更以及合同纠纷引起的仲裁诉讼案件等都必须在平台上操作,相关流程必须按平台设置进行。其次,通过合同管理信息平台可提高效率,如合同评审环节、合同收付款审批环节等通过平台自动流转和提示,节省大量人工"跑审批"时间,提高评审和审批效率。最后,可有效监控平台上合同活动情形,包括集团总部可随时查看集团系统所有合同活动情形,下属企业内部也可对本企业合同活动情况进行监控,促进合同活动合规性和防范合同风险。

使用合同信息化管理工具能有效加强合同管理,但需要注意以下两个方面:

一是信息化平台更多体现在合同活动程序方面。合同主要内容以及履约过程等通过人为活动所形成事项并不能真实展现在管理平台上,如价格合理性、合同变更真实原因等。因此,从合同监管角度看,仍需强化对合同活动关键环节中具体活动的监管,如合同价格以及支付安排的合理性,交付物符合性,合同变更真实性等。

二是信息化平台设计时适当考虑下属企业实际情况。合同管理信息化平台一般是按照总部合同管理模式和要求开发设计的,但下属企业各有不同,有的企业参与市场竞争多一些,有的企业参与市场竞争少一些,需要在上述合同管理制度体系中分析下属企业多种差异情形,因此,合同信息化管理平台要适当照顾下属企业实际情况,避免"一刀切"。

第三十五章 合同管理不当带来的风险与应对

合同管理的目的是保障合同活动合规性和防范合同风险,保障合同目的和目标实现,因此,加强合同管理具有重要意义和价值,前面各个章节已从多个角度进行阐述。但若合同管理不当或者过度管理也会给合同活动带来风险,这是合同管理实务中需要注意的一个重要问题。

一、合同管理不当带来的风险

风险是指未来可能发生并带来损失或损害,从而给企业经营管理目标和战略带来负面影响的不确定性事项。合同风险本身是伴随合同活动存在的或然事件,合同管理不能消灭风险,而是避免或减少风险事件在本合同活动中发生以及发生风险事件时避免或减少因此遭受的损失和损害。但事物都具有两面性,合同管理本身也要付出相应的成本和代价,如管理不当或过度管理,虽防范了可能的风险,但也伴随引起其他方面的风险。尤其一些国有企事业单位,更加注重程序的合规性,存在管理制度重程序轻实体的缺陷,合同管理制度对程序性内容要求多,也很细致具体,有的企业自上而下层层加码,甚至出现"穿马甲"游泳现象,[①]但在合同活动实体方面规范、指导不多。这些做法虽强化了合同合规管理,但也因此带来新的风险。

合同管理不当或过度管理将引起如下常见风险,需要在合同管理中加以关注。

---

① 参见夏志宏:《企业风险内控不应"穿马甲"游泳》,载《神华能源》2013 年第 9 期。

(一)丧失商业机会

当事人参与市场活动有其各自的目的,如生产企业需要把产品销售出去以获得相应经济收益;投资人希望通过参与某个企业经营或投资某个项目以获取投资回报,实现资本增值;自然人希望获得价廉物美的商品或服务等。市场中,有些领域竞争相对宽松一些,而有些领域竞争则更激烈一些,特别是那些高度关注和强化合同管理的业务,往往处于竞争激烈的领域。

比如,市场上招标或询价采购某项货物或服务,作为供应商,如果为了满足内部严格的合规程序,履行各种会议决策,投标报价文件履行冗长的层层审批手续,反而在研究招标要求、投标报价精心准备方面花费时间和精力减少,将影响投标报价竞争力,中标机会降低。正如在第三十四章合同管理体系与工具中所列举的投资运营外包案例,外资企业总部因过度强调合同风险而失去本来可能赢得的商业机会。

(二)影响效率

合同管理不当或过度管理将会影响合同活动效率,包括合同缔结阶段效率和合同履约阶段效率。

合同缔结阶段,合同采购方式、报价管理、合同谈判与决策、合同审批流程等都有工作效率要求。例如,企业总部合同管理制度规定,达到招标标准的采购项目必须招标,未达到招标标准的采购项目要求采用询比价或竞争性谈判,原则上不允许直接采购。这个规定出发点是保障合同采购活动的合规性和竞争性,但若采购项目金额不大,标的额只有几万元或十几万元,采用公开询价所经历环节和程序一处都不能少,从采购项目立项启动到签订合同经历较长时间,直接或间接参与合同采购活动人员多,所花费人工费用和询价采购活动费用或许超过采购标的价值。

合同履约阶段,履约进展阶段性偏离计划进度以及履约中各种例外情形甚至分歧性争议时常发生,双方合同执行部门可以采取相应措施予以纠正,但如果按照管理制度规定动辄层层上报审批,也会制约履约效率。

(三)影响预期目标

从合同采购方角度看,希望以合理价格选择合适相对方并能够顺利实现高质量履约交付。理论上,这个目标不难实现,可以通过公开招标和询比价等竞争方式选出低对价、高水平相对方。但实践并非如此,即使通过招标或询比价也恐难实现这个目标。例如,合同管理制度从降低成本或防止采购方主观因素影响,要求采用最低评审价中标,对于那些"门槛"不是特别高的采购项目,真正优质供应商因此不参与竞争,采购方只能在中低水平供应商中选择,甚至按照规则不得不选择低水平的中标供应商,有的因此履约不顺畅而增加履约成本,甚至交付物质量不高。这种情况在实务中时常出现,那些本以为可以用合理价格选出理想供应商的采购项目发生多次"流标"这一匪夷所思现象就不难理解了。

(四)增加成本

合同过度管理或管理不当,将会增加成本。这包括两个方面:一是合同管理直接成本,如增加额外管理工具和合同管理人员等带来管理成本增加,这是合同管理直接的显性成本增加。二是增加合同活动成本,这部分是隐性的,实务中,这类增加的隐性成本或许更多。虽然从职业操守角度讲,企业所有员工都应当尽职尽责做好本职工作,并为企业争取最大化利益,但从管理角度不应否认"趋利避害"的人性弱点。实务中存在这种现象:一方面在形式上、程序上严格遵守单位或上级规章制度,另一方面在实质上按照管理制度按部就班,没有发挥主观能动性和创造性,进而造成合同活动隐性成本增加。

这种隐性成本增加的情形较多。例如,在合同采购阶段,为了避免日后审计监督麻烦,扩大招标或询价采购合同范围、降低招标或询价标准,如采购办公用品等低值易耗品,如通过询比价采购所获得价格比通过公开招标所获得采购价格更低,但为避免"合规性"问题,采用公开招标采购,只会徒增成本。类似情况,诸如有的地方政府采购价格高于市场价格或有的国有企事业单位招标采购价高出市场价的舆论时有发生。这并不是说采用招标的采购方式不好,而是从另外一个侧面反映出采购方注重形式流程,而忽略采购活动本质功能。

此外,即使通过询价等竞争方式,有的采购单位会多轮压价,但有的采购单位为满足采购程序"合规性"采用"一锤定音"办法,但两者采购结果动辄相差几万元、十几万元、几十万元,甚至几百万元。

在合同执行阶段,可能有履约人力、机具、原材料等投入,间接增加履约成本。在履约不当或履约过程合同管理不到位导致返工或对方返工的情况下,为避免合同管理制度追责,双方合同执行部门"合意"变更事项,额外增加了合同成本;经过招标采购的大宗货物合同约定的数量不够,需要增加,如就增加部分材料进行市场采购,由于数量相对少等,供应商报价会比现行合同单价高,但如果让现行合同供应商供应,又涉嫌违反单位管理制度或上级管理制度,于是,材料使用单位按照管理制度流程,按部就班,采用招标或询价方式采购,既影响效率,也增加成本等。

(五)重程序轻实体风险

合同类型、采购方式、当事人以及市场环境等不同,相应合同风险也不尽相同,即使同期相同合同,因当事人不同,其潜在法律风险也不尽相同。实践中,企业合同管理制度普遍采取强化逐级审批、决策等程序性管理,以期防范合同活动合规与法律风险,这在合同合规和风险管理中确实发挥着重要作用,但对合同实体权利义务重视不够,"重程序轻实体"现象也比较普遍。例如,企业的合同管理专业领导组织一般由企业领导人员组成,若没有包含合同管理专业人员,难以发挥领导组织的"专业功能";合同评审实务中,常见"找某某签字"或"找某某部门签字",而少见"找某某审查合同",而参与合同评审部门负责人也少有时间系统审查合同业务和实体权利义务,合同经办人员为"签字"花费大量时间,反而没有足够时间研究合同实体问题并与对方谈判协商。

本书认为应当加强合同决策程序管理,但同时也要加强对合同实体权利义务的研究和监管,必要时深入一线与合同谈判人员或履约人员一起研究问题,通过加强合同实体权利义务约定和履约监管,既在实体权利上维护本方合理权益,也可减少和避免合同风险。例如,企业通过招标选择一个长期交易合作伙伴,经过评标后进入谈判阶段,按照法律和企业合同管理制度规定,招标合同谈判主要基于招标文件和中标的投标文件,只要在程序上合规,一般不会有重大实质性变动。合同谈判组通过系统仔细研究招标文件和投标文件,经过多轮谈判,合同价格在中标价基础上下调了40%,由此为企业每年节省1亿多元。若只从合规管理要求出发,谈判组可以只以招投标文件为基础进行谈判,无须对中标价格进行深入研究并采取压价谈判,如此,企业将失去每年1亿多元的实体利益。

(六)引起新的法律风险

合同管理本意是防范法律风险,但如合同管理制度与实际结合度不够,可能会预防了设想的法律风险,但会引起新的法律风险。管理制度是基于制定时的客观环境和基于环境的假设,但情势和假设都会随着客观情况变化而变化,如果管理制度过度强调防范法律风险或采取"一刀切"办法,将会引起新的法律风险。

例如,有些企业管理制度要求必须明确约定合同期限,并确定具体年限。这对企业借用合同文件重复发生交易以及相关人员由此发生腐败等风险具有很好的防范作用。但这种规定也将引起其他潜在法律风险。首先,从法律角度看,合同义务包括主义务和从义务或附随义务,但从合同实务角度看,本书认为合同义务包括交付义务、保证义务和附加义务。例如,设备买卖合同中,出卖人向买受人交付合格设备是主义务,还有交付随机各种文件、备品备件,提供安装调试指导和买受人技术培训以及保修等从义务,这些都是出卖人交付义务;买受人按约向出卖人支付货款,这是买受人交付义务。其次,出卖人除承担交付义务外,还要保证设备的性能、知识产权等,以及易被忽略的长期保证义务,如设备本质质量,除设备易损零部件外,设备本身应有相应的使用寿命,比如10年、15年等,这些都是出卖人对买受人应承担的保证义务。最后,有的买卖合同出卖人还要承担非本合同对价义务,即本书所称附加义务,是当事人基于合同义务而衍生的合同外义务,该义务在未来可能发生在另外合同中,例如,买受人要求出卖人在本合同中承诺未来若干年向其供应零部件,该零部件既不属于本合同供货范围,也不包含在本合同货款里。一般认为履约交付期限加上交付物保修期限构成合同期限,但这个期限要比出卖人保证义务期限以及附加义务期限短得多,如果按照通常理解的期限约定为合同期限,该期限届满时合同关系将被法律解读为终止。那么,出卖人是否还须承担保证义务和附加义务责任,会构成买卖双方之间新的争议问题。

二、不当合同管理风险应对

合同管理的目的是防范潜在风险发生,保障合同顺利履行,从而实现合同目的和目标。如前述分析,合同管理不到位或过度管理都会引发新的合同风险。为避免和减少因合同管理带来的新风险,可从如下几个方面着手。

(一)适宜的管理制度

建立健全合同管理制度,以规范合同活动和合同管理活动。合同管理既要防范合同风险,也要促进合同顺利执行,最终圆满实现合同目的,因此,并不是合同管理制度越严格越好。企业管理制度都有相应主题思想或主导思路,以防范风险为主导思路或以促进履约实现目标为主导思路所作出的合同管理要求和管控措施是不同的。因此,企业在制定合同管理制度时要有适宜性,特别是大型企业和企业集团管理制度适用面大,系统所属企业都要遵守,其合同管理制度更要有适宜性,既要防范风险,也要促进履约;既要抓住关键内容,也要避免以偏概全;既要立足当前环境,也要考虑未来情事变更;既要规定原则,也要赋予下属企业相应的灵活性。

关于企业合同管理制度的适宜性方面,在第三十四章合同管理体系与工具中已相应论述,可供实践参考,这里不再赘述。

(二) 适宜的管理机制

合同管理制度体系通过企业合同管理机制得以贯彻实施,适宜的合同管理机制,既能防范合同风险,也能更好促进合同履行。因此,应建立适宜的合同管理机制,以避免和减少合同管理带来新的合同风险。建议从以下三个方面着手:

一是合同管理组织体系适宜。合同管理是专业性与综合性交织的管理行为,除一些重大合同业务需要权力性决策外,在合同管理组织体系中,少一些"官本位"因素,多一些专业因素。例如,企业合同管理专业领导组织中加入合同、法律等专业人员;合同管理部门人员既要精通法律,也要精通商务和企业主营业务;合同执行组织以业务人员为主,同时配置其他相关专业人员。

二是厘清合同管理纵向职责。就是厘清合同决策组织、合同监管组织和合同执行组织职责,不能层层都要管、层层不负责,做到该管的不但要管好,还要负起责任。

三是赋予合同执行部门一定自主性。合同执行过程内外部环境和情势都在不断变化,有的合同履行过程难以事事严格按照合同约定执行,特别是在合同约定不充分或可操作性不强的情况下,更难以按照合同约定按部就班履约,因此,在对原则问题和关键方面画好红线基础上,赋予合同执行部门更多自主性,有助于推进合同履行。

(三) 适宜的合同设置

适宜的合同文件能够促进履约,相反,则可能制约合同执行。实践中,走上诉讼或仲裁等法律途径的合同纠纷多有如下特点：

一是合同内容约定过于原则、粗放。如合同标的物或服务内容约定不够清晰、明确、细致，质量标准和验收标准不明确等，导致双方在合同执行过程中产生分歧，在合同中又找不到相应明确约定，最终使小分歧变成大纠纷。

二是合同约定过分僵化。特别是有些大型企业或企业集团要求所属企业使用总部制订的合同范本，下属企业使用合同范本时不敢轻易变通，不管范本内容是否适合交易业务，一概放到合同文件中，导致合同执行困难，甚至难以执行。例如，下属企业装修店铺，采购电缆套用集团总部的建设工程设备采购合同范本，按照合同文本关于验收的约定，包括电缆到货验收、安装调试验收、政府质检机构验收、竣工验收等环节，并且这些验收文件作为支付货款依据。供货商按约交付电缆，该企业完成商铺装修后难以按照合同约定组织政府质检机构验收和竣工验收，造成无法支付货款。

三是保障履约措施约定不充分。保障履约措施应是合同内容的重要组成部分，但这部分也是国内合同比较薄弱或欠缺的地方。当一方未按照约定履行时，另一方要求对方纠偏但缺乏合同依据，容易因此激化双方矛盾，不利于合同履行。

因此，合同管理要加强合同约定内容的适宜性和可操作性，减少履约风险和合同纠纷。

（四）适宜的合同监管

加强合同监管在于保障合同活动合规性和促进合同履行，但合同监管应当适宜，不同合同、同类合同不同相对方、不同环境、不同时期等所面临的潜在风险不尽相同，因此，合同监管不可"一刀切"。另外，改变监管只监督不管理的做法，例如，履约进度滞后了，除要求合同执行部门"交代责任"外，更要从管理服务角度，与合同执行部门一起查找分析原因、制订补救措施，帮助协调资源，促进履约回归正轨。

附：法律文件缩略对照表[①]

表1　法律与行政法规

序号	文件缩略名称	文件全称	备注
1	《民法典》	《中华人民共和国民法典》	
2	《民法总则》	《中华人民共和国民法总则》	注1*
3	《民法通则》	《中华人民共和国民法通则》	同注1
4	《合同法》	《中华人民共和国合同法》	同注1
5	《对外贸易法》	《中华人民共和国对外贸易法》	
6	《技术进出口管理条例》	《中华人民共和国技术进出口管理条例》	
7	《货物进出口管理条例》	《中华人民共和国货物进出口管理条例》	
8	《进出口货物原产地条例》	《中华人民共和国进出口货物原产地条例》	
9	《招投标法》	《中华人民共和国招标投标法》	
10	《招投标法实施条例》	《中华人民共和国招标投标法实施条例》	
11	《政府采购法》	《中华人民共和国政府采购法》	
12	《政府采购法实施条例》	《中华人民共和国政府采购法实施条例》	
13	《拍卖法》	《中华人民共和国拍卖法》	
14	《电子商务法》	《中华人民共和国电子商务法》	
15	《电子签名法》	《中华人民共和国电子签名法》	

[①] 说明：本书于2022年年底成稿，所参考和引用法律、法规和司法解释等法律文件是截至2022年年底有效法律文件，请读者注意此后相应法律、法规和司法解释的变化。

续表

序号	文件缩略名称	文件全称	备注
16	《全民所有制企业法》	《中华人民共和国全民所有制工业企业法》	
17	《公司法》	《中华人民共和国公司法》	
18	《合伙企业法》	《中华人民共和国合伙企业法》	
19	《产品质量法》	《中华人民共和国产品质量法》	
20	《安全生产法》	《中华人民共和国安全生产法》	
21	《食品安全法》	《中华人民共和国食品安全法》	
22	《农产品质量安全法》	《中华人民共和国农产品质量安全法》	
23	《消费者权益保护法》	《中华人民共和国消费者权益保护法》	
24	《物权法》	《中华人民共和国物权法》	同注1
25	《国有资产法》	《中华人民共和国企业国有资产法》	
26	《土地管理法》	《中华人民共和国土地管理法》	
27	《土地管理法实施条例》	《中华人民共和国土地管理法实施条例》	
28	《矿产资源法》	《中华人民共和国矿产资源法》	
29	《矿权转让管理办法》	《探矿权采矿权转让管理办法》	
30	《城市房地产法》	《中华人民共和国城市房地产管理法》	
31	《反垄断法》	《中华人民共和国反垄断法》	
32	《反不正当竞争法》	《中华人民共和国反不正当竞争法》	
33	《专利法》	《中华人民共和国专利法》	
34	《危化品安全条例》	《危险化学品安全管理条例》	
35	《海商法》	《中华人民共和国海商法》	
36	《增值税暂行条例》	《中华人民共和国增值税暂行条例》	
37	《企业所得税法》	《中华人民共和国企业所得税法》	
38	《企业所得税实施条例》	《中华人民共和国企业所得税法实施条例》	
39	《进出口关税条例》	《中华人民共和国进出口关税条例》	
40	《个人所得税法》	《中华人民共和国个人所得税法》	
41	《企业投资项目管理条例》	《企业投资项目核准和备案管理条例》	
42	《建筑法》	《中华人民共和国建筑法》	
43	《勘察设计管理条例》	《建设工程勘察设计管理条例》	

续表

序号	文件缩略名称	文件全称	备注
44	《农民工工资条例》	《保障农民工工资支付条例》	
45	《道路交通安全法》	《中华人民共和国道路交通安全法》	
46	《民办教育促进法》	《中华人民共和国民办教育促进法》	
47	《非法集资条例》	《防范和处置非法集资条例》	
48	《担保统一登记决定》	《国务院关于实施动产和权利担保统一登记的决定》	
49	《档案法》	《中华人民共和国档案法》	
50	《审计法》	《中华人民共和国审计法》	
51	《审计法实施条例》	《中华人民共和国审计法实施条例》	
52	《涉外民事法律适用法》	《中华人民共和国涉外民事关系法律适用法》	
53	《民事诉讼法》	《中华人民共和国民事诉讼法》	
54	《仲裁法》	《中华人民共和国仲裁法》	

＊注1：自《民法典》2021年1月1日起施行，原《婚姻法》《继承法》《民法通则》《收养法》《担保法》《合同法》《物权法》《侵权责任法》《民法总则》同时废止，但根据《民法典时间效力司法解释》（法释〔2020〕15号）规定，"民法典施行前的法律事实引起的民事纠纷案件，适用当时的法律、司法解释的规定"，同时，为便于比较《民法典》与原《合同法》等法律，本书仍需援引相关法律。

表2 司法解释与司法文件

序号	文件缩略名称	文件全称	文号
1	《民法典时间效力司法解释》	《最高人民法院关于适用〈中华人民共和国民法典〉时间效力的若干规定》	法释〔2020〕15号
2	《民法典总则司法解释》	《最高人民法院关于适用〈中华人民共和国民法典〉总则编若干问题的解释》	法释〔2022〕6号
3	《民法典担保制度司法解释》	《最高人民法院关于适用〈中华人民共和国民法典〉有关担保制度的解释》	法释〔2020〕28号
4	《民法通则司法解释》	《最高人民法院关于贯彻执行〈中华人民共和国民法通则〉若干问题的意见（试行）》（注2[①]）	法(办)发〔1988〕6号
5	《合同法司法解释（一）》	《最高人民法院关于适用〈中华人民共和国合同法〉若干问题的解释（一）》（同注2）	法释〔1999〕19号

续表

序号	文件缩略名称	文件全称	文号
6	《合同法司法解释（二）》	《最高人民法院关于适用〈中华人民共和国合同法〉若干问题的解释（二）》（同注2）	法释〔2009〕5号
7	《合同通则司法解释》	《最高人民法院关于适用〈中华人民共和国民法典〉合同编通则若干问题的解释》	法释〔2023〕13号
8	《买卖合同司法解释》	《最高人民法院关于审理买卖合同纠纷案件适用法律问题的解释》	法释〔2020〕17号
9	《技术合同司法解释》	《最高人民法院关于审理技术合同纠纷案件适用法律若干问题的解释》	法释〔2020〕19号
10	《融资租赁合同司法解释》	《最高人民法院关于审理融资租赁合同纠纷案件适用法律问题的解释》	法释〔2020〕17号
11	《矿业权司法解释》	《最高人民法院关于审理矿业权纠纷案件适用法律若干问题的解释》	法释〔2020〕17号
12	《施工合同司法解释（一）》	《最高人民法院关于审理建设工程施工合同纠纷案件适用法律问题的解释（一）》	法释〔2020〕25号
13	《商品房买卖合同司法解释》	《最高人民法院关于审理商品房买卖合同纠纷案件适用法律若干问题的解释》	法释〔2020〕17号
14	《物权法司法解释（一）》	《最高人民法院关于适用〈中华人民共和国物权法〉若干问题的解释（一）》（同注2）	法释〔2016〕5号
15	《侵害知识产权惩罚性赔偿司法解释》	《最高人民法院关于审理侵害知识产权民事案件适用惩罚性赔偿的解释》	法释〔2021〕4号
16	《专利纠纷司法解释（一）》	《最高人民法院关于审理专利纠纷案件适用法律问题的若干规定》	法释〔2020〕19号
17	《专利纠纷司法解释（二）》	《最高人民法院关于审理侵犯专利权纠纷案件应用法律若干问题的解释（二）》	法释〔2020〕19号
18	《商标案件司法解释》	《最高人民法院关于审理商标案件有关管辖和法律适用范围问题的解释》	法释〔2020〕19号
19	《食品安全司法解释（一）》	《最高人民法院关于审理食品安全民事纠纷案件适用法律若干问题的解释（一）》	法释〔2020〕14号
20	《网络消费司法解释（一）》	《最高人民法院关于审理网络消费纠纷案件适用法律若干问题的规定（一）》	法释〔2022〕8号

续表

序号	文件缩略名称	文件全称	文号
21	《建筑物区分所有权司法解释》	《最高人民法院关于审理建筑物区分所有权纠纷案件适用法律若干问题的解释》	法释〔2020〕17号
22	《物业服务司法解释》	《最高人民法院关于审理物业服务纠纷案件适用法律若干问题的解释》	法释〔2020〕17号
23	《担保法司法解释》	《最高人民法院关于适用〈中华人民共和国担保法〉若干问题的解释》（同注2）	法释〔2000〕44号
24	《独立保函司法解释》	《最高人民法院关于审理独立保函纠纷案件若干问题的规定》	法释〔2020〕18号
25	《民间借贷司法解释》	《最高人民法院关于审理民间借贷案件适用法律若干问题的规定》	法释〔2015〕18号
26	《民间借贷司法解释（修正一）》	《最高人民法院关于修改〈关于审理民间借贷案件适用法律若干问题的规定〉的决定》	法释〔2020〕6号
27	《民间借贷司法解释（修正二）》	《最高人民法院关于审理民间借贷案件适用法律若干问题的规定》	法释〔2020〕17号
28	《新民间借贷司法解释适用范围批复》	《最高人民法院关于新民间借贷司法解释适用范围问题的批复》	法释〔2020〕27号
29	《涉外法律适用法司法解释（一）》	《最高人民法院关于适用〈中华人民共和国涉外民事关系法律适用法〉若干问题的解释（一）》	法释〔2020〕18号
30	《仲裁法司法解释》	《最高人民法院关于适用〈中华人民共和国仲裁法〉若干问题的解释》（注3②）	法释〔2006〕7号
31	《民事诉讼法司法解释》	《最高人民法院关于适用〈中华人民共和国民事诉讼法〉的解释》	法释〔2022〕11号
32	《诉讼时效制度司法解释》	《最高人民法院关于审理民事案件适用诉讼时效制度若干问题的规定》	法释〔2020〕17号
33	《民事诉讼证据规定》	《最高人民法院关于民事诉讼证据的若干规定》	法释〔2019〕19号
34	《非法集资刑事案件司法解释》	《最高人民法院关于审理非法集资刑事案件具体应用法律若干问题的解释》	法释〔2022〕5号
35	《民商事审判工作会议纪要》	《最高人民法院关于印发〈全国法院民商事审判工作会议纪要〉的通知》	法〔2019〕254号

续表

序号	文件缩略名称	文件全称	文号
36	《贯彻实施民法典工作会议纪要》	《最高人民法院关于印发〈全国法院贯彻实施民法典工作会议纪要〉的通知》	法〔2021〕94号
37	《涉外商事海事案件座谈会纪要》	最高人民法院《全国法院涉外商事海事审判工作座谈会会议纪要》	法(民四)明传〔2021〕60号
38	《涉新冠疫情民事案件指导意见(二)》	《最高人民法院印发〈关于依法妥善审理涉新冠肺炎疫情民事案件若干问题的指导意见(二)〉的通知》	法发〔2020〕17号

①注2：2021年1月1日《民法典》施行后，此前相关司法解释相应废止或修订，根据《最高人民法院关于废止部分司法解释及相关规范性文件的决定》(法释〔2020〕16号)之规定，原《民法通则司法解释》自2021年1月1日废止，但根据《民法典时间效力司法解释》(法释〔2020〕15号)规定，"民法典施行前的法律事实引起的民事纠纷案件，适用当时的法律、司法解释的规定"，同时，为便于法律和司法解释比较，本书仍需援引相关司法解释。

②注3：根据2008年12月16日发布的《最高人民法院关于调整司法解释等文件中引用〈中华人民共和国民事诉讼法〉条文序号的决定》调整。

表3　规章、规范、准则

序号	文件缩略名称	文件全称	文号
1	《必须招标项目范围》	《发展改革委关于印发〈必须招标的基础设施和公用事业项目范围规定〉的通知》	发改法规〔2018〕843号
2	《机电产品国际招投标》	《机电产品国际招标投标实施办法(试行)》	商务部令2014年第1号
3	《工程施工招标投标办法》	《工程建设项目施工招标投标办法》	国家发改委令〔2003〕第30号
4	《工程货物招标投标办法》	《工程建设项目货物招标投标办法》	国家发改委令〔2005〕第27号
5	《技术进出口合同登记办法》	《技术进出口合同登记管理办法》	商务部令2009年第3号
6	《国有资产交易监管办法》	《企业国有资产交易监督管理办法》	国务院国有资产监督管理委员会、财政部令第32号
7	《中央企业投资监管办法》	《中央企业投资监督管理办法》	国务院国有资产监督管理委员会令第34号
8	《会计准则第36号》	《企业会计准则第36号——关联方披露》	财会〔2006〕3号

续表

序号	文件缩略名称	文件全称	文号
9	《会计准则第4号》	《企业会计准则第4号——固定资产》	财会〔2006〕3号
10	《北交所国有产权转让操作规则》	《北京产权交易所企业国有产权转让操作规则》	2018年5月22日起施行
11	《北交所非国有产权转让操作规则》	《北京产权交易所企业非国有产权转让操作规则(试行)》	2018年5月22日起施行
12	《商业银行委托贷款办法》	《中国银监会关于印发商业银行委托贷款管理办法的通知》	银监发〔2018〕2号
13	《财务公司管理办法》	《中国银行业监督管理委员会关于修改〈企业集团财务公司管理办法〉的决定》	中国银行业监督管理委员会令2022年第6号
14	《融资租赁公司管理办法》	《银保监会关于印发融资租赁公司监督管理暂行办法的通知》	银保监发〔2020〕22号
15	《加强中央企业融资担保管理工作的通知》	《国资委关于加强中央企业融资担保管理工作的通知》	国资发财评规〔2021〕75号
16	《担保统一登记办法》	《动产和权利担保统一登记办法》	中国人民银行令〔2021〕第7号
17	《风电、光伏发电平价上网通知》	《国家发展改革委、国家能源局关于积极推进风电、光伏发电无补贴平价上网有关工作的通知》	发改能源〔2019〕19号
18	《增值税暂行条例实施细则》	《中华人民共和国增值税暂行条例实施细则》	财政部令第65号
19	《安全生产费用管理办法》	《企业安全生产费用提取和使用管理办法》	财资〔2022〕136号
20	《农民工工资保证金规定》	《工程建设领域农民工工资保证金规定》	人社部发〔2021〕65号
21	《农民工工资专用账户暂行办法》	《工程建设领域农民工工资专用账户管理暂行办法》	人社部发〔2021〕53号
22	《内部审计工作的规定》	《审计署关于内部审计工作的规定》	审计署令第11号
23	《企业档案范围和保管期限规定》	《企业文件材料归档范围和档案保管期限规定》	国家档案局令第10号